이용희 교수
북한 논문집

이용희 교수 북한 논문집

초판 1쇄 인쇄 2024년 7월 3일

지은이 이용희

펴낸곳 자유와생명 출판사
등   록 2024-000049호
주   소 (08735) 서울특별시 관악구 관악로30길 12
전   화 02-02-6953-6467
메   일 blessingbook@naver.com

디자인 참디자인
인   쇄 프리온

ISBN 979-11-988181-0-2 (03340)

* 책 값은 뒤표지에 있습니다.
* 잘못된 책은 교환하여 드립니다.

이 책의 저작권은 저자와 출판사가 소유합니다. 저작권자의 허락 없이
이 책의 일부 또는 전체를 무단 복제, 전재, 발췌하면 저작권법에 저촉됩니다.

북한 논문집

이용희 교수

| 이용희 지음 |

'북한 경제난 속에서 심화되는
주민들의 마약 중독 실황과 대책' 외
15편의 논문

자유와생명

저자 서문

1995~97년 북한 고난의행군 시기에 필자는 UNDP(United Nations Development Programme, 유엔개발계획) National Consultant(자문관)로 일하면서 수많은 북한 동포들이 굶어 죽어가는 상황을 들을 수 있었다. 안타깝게도 이 시기에 한국 정부는 침묵했고, 언론도 침묵했으며, 대다수의 국민들과 한국 교회도 이러한 상황을 인지하지 못한 채 한반도의 북쪽에서는 '조용한 살인'이 대규모로 진행되었다.

이때부터 굶어 죽지 않으려고 목숨 걸고 압록강, 두만강을 넘어 탈북한 북한 동포들이 중국에서 남한으로 들어올 수 있도록 돕기 시작했다. 중국에서 공안에게 붙잡힌 탈북민들을 대규모로 강제 북송할 때는 중국대사관 앞에서 강제북송 반대 기자회견을 하고, 이러한 의견을 서면으로 중국대사관에 전달하였다.

북한 동포들의 실상을 알리는 많은 글들을 써서 언론을 통해서 알렸고, 단편적인 글만 써서는 안 될 것 같아서 전국과 해외를 다니면서 북한의 실상을 알리는 강의도 열심히 했다. 그러다가 학문적인 연구를 병행해야 한다는 생각이 들어서 2008년부터는 북한에 대한 논문들을 집필하기 시작했고, 남한 국민들이 북한을 바로 알 수 있도록 북한 전반을 알리는 책들도 집필했다. 이러한 학술적 연구의 동기는 북한의 상황을 바로 알릴 뿐 아니라 북한 사람들도 속히 인간다운 삶을 살게 하기 위함이다.

북한 관련 논문을 쓸 때마다 필자는 독자들이 북한 상황을 쉽게 그리고 정확히 이해할 수 있도록 하는 것에 주안점을 두었다. 그리고 북한을 바로 알면 북한 동포들에 대한 애끓는 마음이 일어날 수밖에 없기 때문에 북한 동포들의 해방과 자유 그리고 피폐해지고 굶주린 북한 주민들의 민생과 의식주를 어떻게 남한이 해결해나갈 수 있을지에 대한 고심을 담았다.

남한 국민이 북한을 제대로 파악하는 데는 많은 한계가 있다. 그래서 노동신문 같은 북한 언론매체 외에도 탈북민들과의 대화, 인터뷰, 설문조사 등을 통해 북한의 실태를 파악하여 연구 논문에 담아내었다. 그리고 연구의 결과가 통일정책을 수립하는 데 도움이 될 수 있도록 노력하였다.

분단 79주년, 북한의 3대 세습 독재하에 동포들의 고통과 신음은 계속되고 있다. 각 나라들을 평가하는 국제지수에 의하면 북한은 민주화지수 세계 최하위, 경제자유화지수 세계 최하위, 언론자유지수 세계 최하위, 부패지수 세계 1위, 뇌물지수 세계 1위, 노예지수 세계 1위, 기독교(종교)박해지수 세계 1위이다. 명실공히 21세기 최악의 인권유린 국가가 북한이고, 오늘도 북한 동포들은 김일성 일가 우상화 신격화 체제 속에서 노예처럼 살아가고 있다.

올해 대학을 은퇴하면서 그동안 북한에 관련하여 써왔던 논문들을 묶어서 '북한 논문집'을 출판하게 되었다. 북한에 관련된 다양한 주제를 다루었지만, 북한논문 집필의 목적은 하나였고, 늘 같은 마음으로 연구하며 논문을 써내려갔다. 그것은 북한 사람들도 우리처럼 사람답게 사는 날이 속히 오기를 바라는 마음이었고, 또 이러한 마음이 남한과 해외 교포들과 전 세계 사람들에게 같은 염원으로 번져가기를 바랬다.

북녘땅의 참혹한 소식들을 들으면서 북한 동포들을 향한 애끓는 마음으로 통일의 염원을 가진지가 30년이 되어간다. 그러나 북한 상황은 아직 좋아지지 않았다. 사람의 노력만으로 될 수 있는 일이 아니라고 생각되어서 북한 동포들의 해방과 자유, 특별히 신앙의 자유를 위해 기도하기 시작했다. 정기적으로 금식기도 하기 시작했고, 철야기도 하기 시작했다. 그리고 혼자만 해서는 너무 부족하므로 사람들과 함께 모여서 북한구원 운동을 시작했다.

> 고난의 운명을 지고 역사의 능선을 타고
> 이 밤도 허위적거리며 가야만 하는 겨레가 있다.
> 고지가 바로 저긴데 예서 말 수는 없다.
>
> 넘어지고 깨어지고라도 한 조각 심장만 남거들랑
> 부둥켜 안고 가야만 하는 겨레가 있다.
> 새는 날 피 속에 웃는 모습 다시 한번 보고 싶다.
>
> – 고지가 바로 저긴데, 이은상

이은상 시인의 조국 통일의 염원이 21세기를 사는 대한민국 국민들에게 되살아날 수 있다면 얼마나 좋을까. 이번에 출판되는 '이용희교수 북한 논문집'이 남한 사회에 그리고 해외 교포 사회에 참혹하게 살아가는 북한 동포들에 대한 이해와 관심과 사랑이 일어나는 데 도움이 되기를 바란다. 그리고 이러한 마음들이 모아져서 북한 동포들이 해방과 자유를 누리는 통일로 열매 맺기를 소원한다.

2024년 7월

임박한 통일을 준비하며

이용희

Recommendation

On January 18, 2018, Dr. Thomas Belke, the foremost expert on the Juche religion and I had the opportunity to testify in a U.S. Congressional briefing entitled "Imprisoning Their Minds: How the Lack of Freedom of Thought, Conscience, Religion and Belief Keeps North Koreans Living in the Dark." It was the first hearing ever held to address the grip the Juche religion has on the people of North Korea.

Now, today, Professor Yong Hee Lee has given us critically important research papers for anyone needing to understand, wanting to understand, or simply being curious to understand the motivations behind the triple Kim family dictatorship. Why does North Korea remain one of the darkest places on Earth? How is it unlike any other Communist dictatorship? What can one expect from negotiations with Kim Jong Un and his regime? How does the Kim family maintain this dictatorship when it has killed millions and continues to kill its own citizens? Professor Lee answers these questions by explaining in vivid detail how the Juche religion imprisons the minds and keeps North Koreans living in the dark.

At this time of especially rising tensions, Professor Lee's research paper comes at a critical time for all of us to fully understand what we face! I strongly recommend this collection of research papers on North Korea to those who study North Korea, those who minister to North Korea, those who wish to know North Korea better, and those who pray for North Korea.

_ Suzanne Scholte (Defense Forum Foundation
Chair, North Korea Freedom Coalition)

추천사

2018년 1월 18일, 주체(사상)교의 최고 전문가인 토마스 벨케 박사와 저는 '그들의 생각을 가두다: 사상, 양심, 종교 및 신앙의 자유의 부재가 어떻게 북한 주민들의 삶을 어둠 속에 가두는가'라는 제목으로 미국 의회 브리핑에서 증언할 기회를 가졌습니다. 이것은 주체(사상)교가 북한 주민들을 억압하고 있음을 알리는 최초의 청문회였습니다.

이제, 바로 오늘, 이용희 교수는 김씨 일가의 3대 독재 배후의 내막을 이해할 필요가 있는 분들, 이해하기 원하는 분들, 또는 단순히 궁금해하는 모든 분들을 위해 결정적으로 중요한 연구 논문집을 출간했습니다. 왜 북한은 지구상에서 가장 어두운 곳 중의 하나로 남아 있는가? 다른 모든 공산 독재 체제들과는 어떻게 다른가? 김정은과 그의 체제와 협상할 때 무엇을 기대할 수 있는가? 김씨 일가는 자국민 수백만을 죽였고 계속해서 죽이면서 어떻게 독재 정권을 유지해나가고 있는가?

이용희 교수는 이 질문들에 답을 제시하며 주체(사상)교가 어떻게 주민들의 생각을 가두고(세뇌하고) 북한 주민들을 흑암 속에 살아가게 하는지를 생생하고 자세하게 설명해줍니다.

특별히 북한 때문에 전 세계에 긴장이 고조되고 있는 이때에, 이용희 교수의 논문집은 우리가 직면한 상황을 제대로 잘 이해할 수 있도록 매우 중요한 시점에 나왔습니다! 북한에 대해 공부하는 분들, 북한 사역을 하는 분들, 북한을 더 잘 알기를 원하는 분들, 그리고 북한을 위해 기도하는 모든 분들에게 이 북한 논문집을 강력하게 추천합니다.

_ 수잔 숄티 대표 (북한자유연합, 디펜스포럼재단)

추천사

저명한 경제학자임은 물론 북한 주민을 구원하기 위한 통일운동가이자, 한반도를 예수한국 복음 통일의 땅으로 만들기 위해 헌신하시는 기독교 지도자이신 이용희 교수님께서 정년을 맞이하여 훌륭한 논문집을 발간하시게 된 것을 축하드립니다.

2009년부터 2022년에 이르는 동안 교수님께서 발표하신 주제들은 '북한 경제가 어떻게 중국에 예속되고 있는가?' '주체사상의 경제적 비용' '한류가 북한 사회에 미치는 영향' '김씨 왕조의 신격화와 세습 독재화' '장마당이 북한 사회에 미치는 영향' '코로나 시대의 북한' '북한의 인구문제' '북한의 주민들 사이에 만연되고 있는 마약 문제'로부터 '북한의 핵무기 개발'에 이르기까지 심오하고 다양한 것들입니다.

이처럼 다양한 주제의 논문들은 오랫동안 북한의 해방을 위해 노력해오신 교수님의 행동이 탄탄한 지식과 이론으로 무장되었다는 사실의 증거이기도 합니다. 물론 이 논문집의 주옥같은 글들은 '하나님의 말씀을 경외하는 것이 지식의 근본'이라는 성경 말씀에 근거한 훌륭한 학술업적이기도 합니다.

오랫동안 교수님을 알고 지냈고, 국제정치학, 군사학적인 측면에서 통일운동을 학술적으로 뒷받침하는 연구를 진행해 왔던 저는 이용희 교수님의 논문을 접하면서 북한에 관한 이해의 폭을 대폭 넓힐 수 있었습니다. 믿음 좋고 공부 많이 하시는 전문 학자가 집필한 학술 논문들이지만 북한을 이해하려는 다른 방면의 전문가들에게는 물론 일반인 시민들에게도 좋은 학문적인 길잡이가 될 논문집입니다.

무엇보다도 이용희 교수님의 논문들은 하나님께서 우리 인간들에게 주신, 누구에게도 양도할 수 없는 권리를 철저하게 유린하고 있는 북한 위정자들을 향한 경고입니다. 또한 최악의 잔인한 통치체제 아래 신음하며 살고있는 북한 주민들을 구원하기 위한 복음이기도 합니다.

이용희 교수님의 논문집은 이제 곧 다가올 통일시대를 더욱 앞당기는 방법을 알기 위해 노력하는 모든 사람들, 왜곡된 정보로 인해 우리는 왜 통일을 해야 할까? 라는 질문을 하기도 하는 많은 대한민국의 국민들, 북한을 다시 하나님의 은총 아래 살 수 있는 나라로 만들기 위해 노력하는 모든 사람들이 읽어야 할 필독서입니다.

교수님의 정년퇴임과 논문집의 출간을 축하합니다. 온 국민이 함께 이 논문집을 읽고 공부함으로써 우리는 복음 통일의 날을 대폭 앞당길 수 있으리라 생각합니다.

_ **이춘근 박사 (국제정치 아카데미 대표)**

추천사

　분단은 우리 민족의 최대 비극입니다. 6.25전쟁을 시작으로 연평도 포격, 천안함 폭침 등 오늘날까지 분단으로 인한 고통은 이어지고 있습니다. 이 비극을 끝내는 일은 분단을 극복해야 하는 일, 바로 통일입니다. 하지만 통일은 북한이라는 상대방의 존재로 여러 문제와 갈등을 초래하기 마련입니다.

　통일 연구자들의 목표는 남북 갈등을 관리하며 7천만 민족에게 자유와 풍요를 선사하는 일일 것입니다. 이 목표를 달성하기 위해서는 북한의 실체를 객관적으로 파악하는 일이 전제되어야 합니다. 다만 연구자로서 국제사회의 외톨이로 철옹성을 쌓아 외부와 단절한 북한을 제대로 파악하는 일은 매우 어려운 일입니다. 통일에 대한 사명감을 갖고 끈기있게 자료를 수집하고 분석해야 비로소 가능한 일이며 필자의 논문 곳곳에는 그런 흔적이 담겨 있습니다.

　다행히 남한에는 3만 5천 명의 탈북자가 존재하며 필자는 이들의 생생한 증언을 블랙박스 북한을 관통하는 통로로 활용해 논문의 신뢰를 높이고 있습니다.

　이용희 교수님의 논문은 이런 과정을 통해 태어난 산물들입니다. 논문 속에는 보이지 않는 민족애와 통일에 대한 간절한 염원이 담겨져 있습니다. 논문을 통해 북한은 정치적, 경제적 어려움이 닥칠 때마다 개혁을 들고 나오지만 김씨 세습 공산정권은 민생의 삶보다 권력에 대한 애착이 더 컸음을 확인할 수 있습니다. 대부분 가용 자원을 김씨 일가 신격화와 핵미사일 등에 투입해 인민들의 삶은 피폐해지고 있는 상황을 알 수 있습니다.

　배급제가 와해되어 인민들은 장마당을 통해 생필품을 조달하고 있고 의료 시스템이 붕괴되어 인민들은 마약 등 민간요법에 의존하는 실정입니다.

중국은 이 틈을 비집고 경제적 지원을 빌미로 예속화를 시도하고 있으며 동북공정 등 역사적 왜곡으로 북한 영토를 탐하고 있다는 사실도 깨닫게 됩니다. 역사를 바로 세우고 한미일 동맹을 강화해야 할 이유입니다.

이런 가운데 교수님의 시선은 장마당을 주목하고 있습니다. 장마당에서 인민들은 시장경제원리를 배우고 외부 정보를 통해 정권의 실체를 깨닫고 있다는 것입니다. 무엇보다 김씨 일가는 신적 존재가 아닌 권력에 눈먼 독재자임이 드러나며 위협을 느끼고 있음을 확인하게 됩니다.

필자의 논문은 또한 기독교 정신과 행동하는 양심으로 가치를 더하고 있습니다. 에스더기도운동을 이끌며 복음 통일과 북한 주민의 인권 보호에 앞장서 왔습니다. 북한 전문인 양성을 위한 아카데미, 복음 통일을 위한 컨퍼런스, 전국 통일광장기도회, Jesus Army 발행 등을 통해 미래 통일에 대비하고 있습니다. 필자는 이렇게 비극의 역사를 희망으로 바꿔가고 있습니다.

통일을 원하는 사람들은 누구나 이용희 교수님의 북한 논문집을 손닿은 데 두고 수시로 꺼내 볼 수 있기를 바랍니다. Wunder muss man ausprobieren(기적은 마지막까지 노력하는 자가 만드는 법)이라는 회프너 동독 작센-안할트 前주총리의 발언을 전합니다.

_ 박상봉 박사(독일통일정보연구소 대표, 前통일교육원장)

추천사

눈이 아닌 마음으로 담아야 할 책

누군가 평생을 바쳐 북한 문제를 연구하고 또 현장에서 매일 철야로 동족 구원을 위해 기도했다면 그의 삶은 어떻게 평가될까? 북한을 학문적으로만 접하지 않고, 온 땀방울을 쏟아가며 통일을 위한 길 위에서 한 권의 책을 완성했다. 그래서 이 책은 눈으로 읽는 것이 아니라 마음으로 담아야 한다.

북한의 핵개발 문제와 3대 세습 독재를 다룬 북한정치부터 장마당과 주민의식 변화를 다룬 북한경제, 그리고 북한 내 한류 현상과 저출산, 고령화 실태에 관한 북한사회 분야에 이르기까지 북한 연구의 전 분야를 깊이 있게 다루었다는 점에서 더욱 의미가 크다. 북한을 연구하는 후학들에게는 북한 문제를 다루는 전공서가 되며, 북한을 전반적으로 이해하고자 하는 일반 독자들에게는 교양서로서 가치가 충분하다.

이 한 권의 책을 통해 북한에서 지금 어떤 일이 벌어지는지, 북한체제의 본질은 무엇인지, 북한은 지금 어디를 향해 가는지를 명확히 알 수 있다. 더 나아가 지금 우리가 무엇을 해야 하는지도 분명히 제시해 주는 북한연구의 나침반과 같다. 주저 없이 이 책을 추천하는 이유는 통일을 향한 그의 삶의 모든 궤적이 바로 글자 글자마다 녹아 있기 때문이다. 하나님께 묶인 한 사람이 기도와 눈물로 엮은 평생의 업적을 묵묵히 따라가 본다. 우리 모두 통일의 동역자라는 마음으로 말이다.

_ 강동완 교수 (동아대학교)

목차

저자 서문 · 5
추천사 _ 수잔 숄티, 이춘근, 박상봉, 강동완 · 8

1. 북한 경제난 속에서 심화되는 주민들의 마약 중독 실황과 대책

Ⅰ. 머리말 · 23
Ⅱ. 북한의 마약 생산 및 밀매의 배경 : 남한 공산화 전략의 일환으로서의 마약 생산 및 밀매 · 25
Ⅲ. 외화벌이를 위한 북한의 마약 생산과 밀매 · 29
Ⅳ. 경제난 속에서 심화되는 북한 주민 마약사용과 중독 · 34
Ⅴ. 심화되는 마약 중독의 사회적 현상에 대한 원인과 대책 · 42
Ⅵ. 맺음말 · 50

2. 북한의 핵 개발 실태 및 기회비용에 대한 소고(小考)

Ⅰ. 머리말 · 59
Ⅱ. 북한의 핵 · 미사일 개발 실태 · 61
Ⅲ. 북한의 국방비와 핵 · 미사일 개발 비용 · 68
Ⅳ. 핵 개발의 기회비용 · 73
Ⅴ. 맺음말 · 87

3. 통일한국의 저출산·고령화 대책을 위한 제언

Ⅰ. 머리말 · 97
Ⅱ. 남북한 저출산 · 고령화 실황 · 99
Ⅲ. 통일한국의 저출산 · 고령화 (독일통일 사례 분석) · 109
Ⅴ. 맺음말 · 122

4. 북한의 인구정책과 저출산 고령화 실태

Ⅰ. 머리말 · 131
Ⅱ. 북한의 주체인구학 · 132

Ⅲ. 북한 인구정책의 변천 과정 • 138
　　Ⅳ. 북한의 저출산 고령화 실태 • 150
　　Ⅴ. 맺음말 • 156

5. 코로나19로 인한 북한의 식량 위기와 대책
　　Ⅰ. 머리말 • 165
　　Ⅱ. 북한의 코로나19 대응과 실황 • 167
　　Ⅲ. 북한의 극심한 식량난 • 177
　　Ⅳ. 전망과 대책 • 182
　　Ⅴ. 결 론 • 189

6. 북한 코로나19의 실태와 북중 무역에 미친 영향
　　Ⅰ. 머리말 • 197
　　Ⅱ. 코로나19에 대한 북한 정부의 대응과 실태 • 199
　　Ⅲ. 코로나19가 북중 무역에 미친 영향 • 209
　　Ⅳ. 맺음말 • 222

7. 장마당 활성화가 북한 기업소에 미친 영향
　　- 탈북민의 인식을 바탕으로 -
　　Ⅰ. 머리말 • 231
　　Ⅱ. 북한 시장의 변천과정과 장마당의 활성화 • 233
　　Ⅲ. 해방 이후 북한 기업소의 변천 • 240
　　Ⅴ. 맺음말 • 259

8. 북한 시장화가 주민 가치관 변화에 미친 영향
　　Ⅰ. 머리글 • 271
　　Ⅱ. 북한의 시장화 과정과 현황 • 272
　　Ⅲ. 시장화가 북한 주민 가치관에 미친 영향 • 276
　　Ⅳ. 북한 시장화가 가치관에 미친 변화에 대한 종합적 고찰 • 301
　　Ⅴ. 맺음글 • 304

9. The Impact of North Korean Marketization on North Korean Residents' Awareness and Unification Capacity
　　Ⅰ. Introduction • 312
　　Ⅱ. The Process of North Korean Marketization • 314
　　Ⅲ. Impact of North Korean Marketization on North Korean Residents' Awareness • 320

Ⅳ. Impact of North Korean Marketization on North Korean Residents' Unification Capacity • 326
Ⅳ. Conclusion and Outlook • 333

10. 장마당이 북한 계급제도와 체제에 미치는 영향

Ⅰ. 머리말 • 341
Ⅱ. 장마당의 생성과 발전과정 • 343
Ⅲ. 북한의 계급제도에 대한 고찰 • 351
Ⅳ. 장마당의 활성화가 북한 체제에 미치는 영향 • 361
Ⅴ. 맺음글 • 369

11. 김일성 일가 신격화와 북한의 3대 세습독재

Ⅰ. 머리말 • 379
Ⅱ. 김일성 일가 신격화 • 380
Ⅲ. 김일성 일가 신격화를 통한 3대 세습 독재 정당화와 후계자론 • 398
Ⅳ. 김일성 일가 신격화가 직면한 딜레마 • 402
Ⅴ. 맺음말 • 404

12. 북한 노동자 외국 파견 정책의 추이와 전망

Ⅰ. 서 론 • 413
Ⅱ. 북한 노동자 외국 파견정책의 변천과정 • 414
Ⅲ. 북한 노동자 외국 파견 국가별 현황 • 419
Ⅳ. 외국 파견 북한 노동자의 인권과 임금구조의 문제점 • 427
Ⅴ. 북한 노동자 외화획득의 채산성 검토 • 430
Ⅵ. 전망과 결론 • 439

13. 북한 내 한류가 통일에 미치는 영향

Ⅰ. 머리말 • 451
Ⅱ. 북한 내 한류 분석 • 453
Ⅲ. 북한 주민 및 통일과정에 미치는 영향 • 459
Ⅳ. 동·서독 통일에 있어서 서독 미디어의 역할 • 472
Ⅴ. 통일전략 • 476
Ⅵ. 맺음말 • 482

14. 주체사상의 경제적 비용에 대한 고찰
Ⅰ. 머리말 • 491
Ⅱ. 주체사상의 형성과 변화 • 492
Ⅲ. 종교화된 주체사상 • 498
Ⅳ. 주체사상의 경제적 비용 • 505
Ⅴ. 주체사상 교육에 대한 기회비용 • 512
Ⅵ. 주체사상과 개혁개방정책 • 521
Ⅶ. 맺음말 • 525

15. 북한의 경제특구정책과 실패요인
Ⅰ. 머리말 • 535
Ⅱ. 북한 경제특구정책 • 538
Ⅲ. 중국 경제특구정책과 특징 • 553
Ⅳ. 북한 경제특구정책과 중국 경제특구정책 비교분석 • 559
Ⅴ. 맺음말 • 570

16. 북한 경제의 중국 예속화 현상에 대한 이해와 대응
Ⅰ. 머리말 • 581
Ⅱ. 북한의 경제 개선 정책과 외자 유치 • 582
Ⅲ. 중국 대 북한 경제협력 현황 • 584
Ⅵ. 심화되어가는 북한 경제의 對 중국 의존도 • 592
Ⅴ. 맺음말 • 600

북한 경제난 속에서 심화되는 주민들의 마약중독 실황과 대책

Ⅰ. 머리말
Ⅱ. 북한의 마약 생산 및 밀매의 배경 : 남한 공산화 전략의 일환으로서의 마약 생산 및 밀매
Ⅲ. 외화벌이를 위한 북한의 마약 생산과 밀매
Ⅳ. 경제난 속에서 심화되는 북한 주민 마약사용과 중독
Ⅴ. 심화되는 마약 중독의 사회적 현상에 대한 원인과 대책
Ⅵ. 맺음말

국문요약

본 논문은 갈수록 심각해지는 북한 주민들의 마약 중독 실태를 논의하고 있다. 북한은 해방 이후부터 마약 생산과 밀매를 시작했으며 이것은 남한 공산화 전략의 일환으로서 진행되었다. 그러나 김일성, 김정일 세습 독재 체제가 구축되는 1970년대부터는 북한에서 마약 생산과 밀매는 체제 유지를 위한 주요 외화벌이 수단으로 사용되었다. 1990년대 이후 북한경제가 몰락하면서 식량 배급이 중단되고 국가 의료시스템이 마비되었다. 북한 주민들은 식량 부족은 물론이고 의약품을 구할 수 없어서 마약을 대체의약품처럼 사용하기 시작하였다. 이런 상황이 장기화되면서 마약 상습 복용자들이 늘어났고, 이것은 심각한 사회 문제를 야기시키고 있다. 남한 정부는 북한으로부터 밀반입하여 들어오는 북한산 마약을 차단해야 한다. 그리고 통일한국을 준비하는 입장에서 북한 주민들의 마약 중독 문제를 해결하기 위해 국제사회와 협력하여 적극적으로 대처해나가야 할 것이다.

[주제어]
북한 마약, 마약 생산과 밀매, 마약 중독, 마약 실태조사, 마약 문제 해결

* 2022년 2월 〈통일전략〉 제22권 2호에 실린 논문.

Ⅰ. 머리말

　최근에 마약 투약 혐의로 법원에서 징역 1년 6개월에 집행유예 3년을 선고받은 탈북민이 또다시 마약에 손을 댔다가 실형을 살게 됐다. 국내 교도소에 수감된 탈북민 가운데는 마약 사범이 가장 많다. 지난해 8월 기준으로 탈북민 수감자 175명 중 마약 사범이 60명으로 전체의 34%를 차지했다.[1] 북한의 마약 문제는 탈북민들을 통하여 인지되기 시작했고, 탈북민들을 통한 북한의 마약 중독 실태조사를 했을 때 그 상황은 매우 심각한 것으로 드러났다.

　본 논문은 북한의 마약 문제를 논의하고자 한다. 먼저 2장에서는 북한 마약 생산 및 밀매의 역사적 배경을 고찰하였고, 이어서 3장에서는 1970년대 이후 중요한 외화벌이 수단으로 사용되고 있는 북한 마약 실태를 연구하였다. 1990년대 이후 북한경제가 몰락하면서 주민들의 배급이 중단되고 국가 의료시스템이 마비되었다. 주민들은 병원에서 치료받기도 어렵고 의약품도 구하기 어려운 상황 속에서 손쉽게 주변에서 구할 수 있는 마약을 대체의약품처럼 사용하게 되었다. 4장에서는 이와 같은 경제난 속에서 심화되고 있는 북한 주민들의 마약 사용과 중독 문제를 연구 조사하였다. 5장에서는 북한 주민들의 마약 중독의 사회적 현상에 대한 원인을 분석하고 이에 대한 대책을 제안하였다. 끝으로 북한 주민들의 마약 문제 해결을 위한 남한 정부의 역할에 대해 언급하면서 맺음말을 정리하였다.

　본 연구의 목적은 북한 사회에서 갈수록 심각해지고 있는 북한 주민 마약 실태를 부각시켜 남한 정부와 학계가 이 사안의 심각성을 깨닫고 합당한 통일전략을 세워나갈 수 있도록 하는 데 있다.

　연구방법으로는 본 논문 주제와 관련된 학술 논문들과 저서, 연구기관

---

[1] 『연합뉴스』, 2022년 3월 13일자. "마약 끊지 못한 북한 이탈주민, 집유 기간에 또…실형 1년6개월"

보고서, 언론 보도, 서울중앙지법 판결문, 노동신문, Global Corruption Index(GCI) 등을 수집하여 연구 분석하였으며, 필요한 부분들을 인용했다. 그리고 북한 내에서 주민들의 마약 실태조사를 할 수 없는 상황 속에서 북한 상황을 추정하기 위해 2014년 3월부터 2016년 9월까지 시행된 탈북민을 통한 북한 마약 실태조사 결과를 인용하였다(최근에 북한 마약 관련 조사가 없었으므로 현시점에서 가장 근접한 조사 결과를 사용하였음). 또 논문 주제와 관련하여 탈북민과 직접 대담하여 북한 마약 문제와 관련된 언론 보도와 탈북민 실태조사 결과 등에 대한 의견을 청취하여 반영하였다.

선행연구로는 해방 이후 1947년부터 언론에 보도된 북한 마약밀매에 관련된 기사들을 조사하였으며, 이와 함께 민하주·정형선·김선미(2015) "북한의 보건의료시스템과 그 이용실태에 대한 질적 연구: 2010년대 북한이탈주민의 경험을 중심으로"를 연구하였으며, 양옥경·윤여상·이관형·김성남(2018) "북한주민의 마약 사용 및 중독: 실태와 대책" 연구 조사하였고, 탈북민 설문조사 결과 중 일부를 인용하였다. 그리고 유숙경(2020) "교정시설에 수감 중인 남성 마약류 중독자들의 마약사용 경험 연구: 근거이론 접근. 교정복지연구"와 이근무·유숙경(2021) "북한 이탈주민의 마약 중독 경험연구"를 연구 분석하였다. 이관형(2021) "북한 마약 문제 연구" 박사학위논문과 이관형(2021) "북한의 마약류 생산 및 밀매의 발단" 그리고 이관형(2022) "북한의 '마약사업' 운영과 기반 확장: 1970-1980년대를 중심으로"를 종합적으로 연구 분석하여 필요한 부분들을 인용하였다. 백남설(2021) "북한의 국가적 불법행위에 대한 고찰: 북한의 마약밀매를 중심으로" 연구 조사하였고, 북한 전문 저서인 이용희(2018)『북한 바로 알기』, 이용희(2020)『북한 정치 경제』비교 조사하여 필요한 부분들을 인용하였다.

Ⅱ. 북한의 마약 생산 및 밀매의 배경 : 남한 공산화 전략의 일환으로서의 마약 생산 및 밀매

북한의 마약 생산 및 밀매의 역사적 배경은 1945년 해방 이전 중국 공산당의 아편 생산 및 밀매까지 거슬러 올라가야 한다. 마오쩌둥은 1935년 10월 대장정 이후 산시성, 간쑤성, 닝샤성 등을 아편 생산 지역으로 정하고 이곳에서 생산된 아편을 외부에 판매했으며, 이 아편 판매금은 중국 공산당의 재정에 크게 기여했다.

1949년 10월 1일 중국이 공산화되면서 마오쩌둥은 미국을 비롯한 남한, 일본, 홍콩 그리고 비공산권 국가들에까지 마약밀매를 확대했다. 대표적인 예로 중국 공산당 간첩 장인당은 당시 시가로 150,000~160,000원 상당의 아편을 사용해서 남한에서 1948년 12월부터 1949년 4월 11일 체포될 때까지 간첩 활동을 수행했다. 이뿐만 아니라 6·25전쟁 중에도 중국 공산당은 국군과 유엔군의 마약 중독을 야기해 전력을 약화시키고 후방을 교란하는 군사적 목적을 위해 아편을 밀반입시킨 후 판매했다.[2] 판매대금은 간첩 공작금과 군자금으로 사용했다. 6·25전쟁 당시 유엔군 사령관 리지웨이는 중국이 마약밀매 대금을 중국의 비밀전략물자 구입기금으로 사용했다고 유엔측에 보고했다.

6·25전쟁 이후에도 중국 공산당은 마약 기술 지도원들과 막대한 생아편을 북한에 제공했다고 1954년 10월 남한에서 체포된 북한 공작원이 진술했다.[3] 중국 공산당은 북한 공작기관의 남한에서의 마약밀매가 저조한 것에 대하여 신랄하게 책임을 추궁했고 이로 인해 북한은 서해안의 남북 밀무역 거래선을 이용해서 많은 양의 마약을 남한에 밀매했다고 한다.[4]

---

2 『동아일보』, 1951년 2월 16일자. "阿偏密賣者 一黨逮捕"
3 이관형, "북한의 마약류 생산 및 밀매의 발단," 『한일군사문화연구』, 제33권(한일군사문화학회, 2021), p70~72.
4 『경향신문』, 1954년 12월 13일자. "敵阿片戰術露骨"

북한의 마약밀매의 배후에는 중국만 있는 것이 아니다. 더 근본적으로는 당시 공산주의 국가들의 종주국이었던 소련의 글로벌 전략이 있음을 알 수 있다. 1953년 4월 22일 미국 의회 기록에 따르면 당시 중국 공산당이 생산하고 밀매했던 마약 사업은 소련이 직접 지휘하여 실행되었음을 보여준다. 소련은 공산주의 세계혁명에 성공하기 위하여 글로벌 마약 전략을 전개했으며 주적은 미국이고 서구 유럽국가 등 자유민주주의 선진국들을 글로벌 마약밀매 전략 대상으로 삼았다. 소련은 조직범죄, 정부와 언론에의 침투, 기만전술, 각종 테러 등과 함께 마약밀매를 공산주의 세계혁명 실현을 위한 전술적 도구로 삼았다.

소련은 이같은 마약밀매를 통해서 미국과 민주주의 진영 국가들의 국력을 훼손시키고 또 판매대금은 공산주의 혁명을 위한 공작금으로 사용하였다. 그래서 해방 이후 1950년대까지 소련의 글로벌 마약 전략은 중국은 물론이고 북한에 직접적인 영향을 끼쳤다고 볼 수 있다.[5]

1945년 8월 15일 해방 이후 분단된 남한은 정치적으로 혼란한 정국이었다. 반면에 김일성을 내세운 소련 군정은 북한에서 무력 통치로 공산주의 국가의 조직을 갖추면서 남한 침략 전쟁을 준비하였다. 해방 이후 남북한이 38선으로 분리되었지만, 당시 수풍발전소 등 산업시설들이 대부분 북한에 집중되어 있었기 때문에 남한에서는 전기, 화학, 비료, 각종 광물 등의 수요를 채우기 위하여 남북교역을 할 수밖에 없었다. 북한은 이 남북교역 루트를 통해서도 간첩들을 보내는 것은 물론이고 마약류를 남한으로 밀반입시킬 수 있었다. 그래서 북한 공작기관들은 남북 교역에 사용되는 북한 무역상사들을 통해서 마약류를 밀반입시켰다.

> "정찰국 특수정찰부는 산하에 서양상사, 천일공사, 신흥공사, 조흥공사 등을 두었고 이 상사들을 통해 한국으로 마약류를 반출했다. 특수정찰부

---

5   이관형, 앞의 글, p.72-73.

는 품질 보존을 위해 방수포장을 한 후 드럼통에 넣어 마약류를 한국으로 밀반입했는데 동부 지역은 산악 루트를, 서부 지역은 해상 루트를 활용했다. 당시 특수정찰부는 개성, 연안, 해주, 철원, 청진 등 5개소에 설치된 출장소를 기반으로 남파 루트를 개척하고 대남공작원들을 남파 지점까지 안내하는 역할을 담당했다. 또한 민간 무역상으로 위장해 한국의 상인들을 포섭하기도 했다. 특수정찰부의 각 상사들에는 사장, 부사장, 업무부, 경리부, 영업부 부서들이 존재했고 …(중략)… 사장과 부장은 특수정찰부 현역 장교였고 이들은 모두 민간인 신분으로 위장했다. 동 무역상사들은 공작 활동을 합법적 무역 활동으로 위장하기 위해 부사장과 부원들은 민간인 중에 선발해 공작교육을 시행했는데 부사장의 경우에는 자본가를 포섭 및 입당시켜 활동하게 했다."[6]

이로 인해 6·25전쟁 이전 남한에서는 마약 중독자가 급증하였고, 이에 따라 마약 수요는 갈수록 늘어나서 큰 사회적인 문제가 되었다. 당시 남한에서는 아편이 현금으로 교환이 가능한 고가의 재화였으며, 간첩들은 남파될 때 현금 이외에도 마약을 공작금으로 받아서 침투했다.[7] 1947년 6월 남조선과도정부 보건후생부 조사에 의하면 마약 중독자는 5만여 명으로 발표되었지만 실상은 이십만 명 내지 삼십만 명의 마약 중독자가 있는 것으로 추산되었다[8](마약 중독은 범법자로 간주될 수 있으므로 공식 조사를 통하여 정확한 숫자를 파악하기가 어려움).

위에서 본 바와 같이 해방 이후 중국은 북한에 막대한 아편을 제공했다고 볼 수 있다. 1950년 이후부터 북한도 본격적으로 마약 생산에 들어갔다. 북한 정부는 함경북도 길주, 명천과 함경남도 삼수, 갑산에서 화전민들을 통해서 양귀비를 재배하게 했다. 그 후 북한은 함경북도, 양강도, 자강도 같은 고

---

6   위의 글, p.76-77.
7   위의 글, p.77.
8   『경향신문』, 1947년 6월 19일자. "阿片中毒者 南朝鮮에 五萬名"

립된 산간지역에서 양귀비를 재배하게 했으며 당국에서 직접 관리했다.[9]

6·25전쟁을 일으켜서 남한을 공산화하려고 했던 김일성이 무력통일에서 실패하자 1950년대 중반에 북한의 공작원들을 대량 남파하였다. 그들을 통하여 마약류 밀반입이 급증한 것은 물론이고 마약류 판매를 통해 대남혁명 전술 차원에서 남한의 국력을 저하시키고, 마약 판매대금은 공작금 및 정치자금으로 활용하였다.

〈표1〉 남한 정부가 발표한 북한 마약류 밀반입 실태(1950년대)[10]

발표시기	발표주체	주요내용
1953년 2월	내무부 장관	· 1952년 1년 동안 북한 간첩들의 해상 침투 건수는 127건, 이들이 소지한 공작금은 약 60억 7,658만원(圓) · '재일조선인연맹'원 한○○는 북한에서 일본으로 밀반출된 다량의 아편을 가지고 대남공작대 자금으로 제공하기 위해 한국으로 침투
1953년 2월	서울시	· 서울시를 비롯한 전선 일대에 유입되는 마약류들 중 60%가 북한에서 들어온 것이며 20%가 홍콩 등지에서 밀수입되고 있음
1954년 11월	내무부 치안국	· 1954년 7월부터 10월까지 북한의 대남공작대를 통해 마약류가 유입된 사건은 전국적으로 938건
1954년 12월	내무부 치안국	· 한국으로 밀반입되는 생아편, 모르핀, 헤로인 중 2/3는 북한, 일본, 홍콩 등에서 유입 · 1955년 1월부터 10월까지 경찰에 의해 적발된 전국의 마약 사범은 1,333명이며 여기에서 압수된 마약류는 총 23,438.99kg
1959년 10월	서울지방검찰청정보부	· 북한 당국은 정전 후부터 1959년 9월까지 300명에 달하는 간첩들에게 시가 3억2,000만환(圜)에 달하는 아편 73kg을 한국으로 밀반입

---

9 이관형, 앞의 글, p.78-79.
10 위의 글, p.85.

〈표1〉은 1950년대 남한에서 적발된 북한의 마약류 밀반입 실태이다. 〈표1〉 세 번째 칸을 보면 1954년 7월부터 10월까지 4개월 동안 북한 공작원을 통해 유입된 마약 사건만 해도 938건이다. 1950년대 남한 당국에 의해 적발된 건수만 해도 천 건이 훨씬 넘는다. 적발되지 않은 북한에서 밀반입한 마약 사건까지 합치면 만 건을 넘을 수 있다.

위에서 살펴본 바와 같이 해방 이후 6·25전쟁 기간을 포함한 1950년대까지는 남한 공산화를 위한 전술로써 간첩들을 통해 남한에 마약을 밀반입했다. 초기에는 소련과 중국 공산당의 직접적인 개입이 있었지만 1950년 이후로는 북한 정부가 주도적으로 남한에 마약을 밀반입하였다.

Ⅲ. 외화벌이를 위한 북한의 마약 생산과 밀매

해방 이후 북한 공산정권은 김일성의 지휘하에 마약 생산과 밀매를 시작했고, 1960년대 후반부터 마약 생산과 판매를 확대하기 시작했다. 1970년대 초 김정일이 수령 후계자로 결정되고 김정일이 조직지도부의 실권을 장악하면서 마약 사업을 확장해나갔다. 그는 매제인 장성택을 조직지도부 외교담당 과장으로 임명하고 그와 함께 전 세계적인 북한 외교망을 총동원하여 마약밀매를 지휘했다.

1960년대까지 마약 생산과 밀매가 남한 적화통일을 위한 전술 도구였다면 1970년 이후 마약 생산과 밀매는 김일성 주체사상 하에서 수령독재체제를 강화하기 위해 필요한 재정확보를 위해서 외화벌이의 수단으로 바뀌었다고 볼 수 있다.

김정일은 수령의 후계자로서 실질적으로 당권을 장악하기 위해 1976년부터 모든 주요 결재에 있어서 김정일을 통과하도록 결재시스템을 만들었다. 국가 재정에 있어서도 북한의 마약 사업을 포함하여 모든 외화벌이와 이권이 김정일에게 집중되도록 하였다.[11] 김정일은 1970년대 초부터 '충성의 외화벌이' 조직을 만들어 각 도, 시, 군당에 외화벌이 과업을 주고 최선으로 외화를 벌어들여 상납하게 하였다.

그는 마약 사업을 주요 외화벌이로 간주하였고, 전 세계에 있는 해외 공관들에게 특별지시로 연간 외화벌이 목표액을 각각 할당하였다. 작은 규모의 대사관은 10만 달러, 큰 대사관들은 20만~50만 달러를 상납하게 하였다. 김정일은 모든 외화벌이 창구를 노동당 중앙위원회 39호실로 집중하여 외화벌이 전체 금액을 직접 관리하였다.[12]

1973년 말 세계적인 오일쇼크 이후 북한은 서방 세계의 차관에 대해 이자를 갚지 못하여 채무불이행 국가가 되었고, 이로 인하여 외국 차관과 투자가 끊어지게 되어 국가 경제는 침체하기 시작했다.[13] 반면에 수령독재체제와 김일성 주체사상으로 인한 우상화 신격화 체제의 구축을 위해서 더 많은 비용이 지출됨으로 국가 경제가 더욱 어려워지자 마약밀매를 통한 외화벌이는 더욱 주요국가사업이 되어버렸다.

북한 해외공관에서는 할당된 외화벌이 금액을 맞추기 위해 외교관들과 공관 직원들이 충성경쟁을 벌이며 마약밀매를 적극 추진하다가 발각되어 추방당하는 사례들이 빈번하게 발생했다. 오스트리아, 덴마크, 스웨덴 주재 북한 대사관에서는 마약을 밀매해서 번 달러를 상자에 담아 북한으로 보냈고 북한 당국에서는 이들에게 표창하였다. 그러다가 1978년 스웨덴 주재 길재경 북한 대사가 마약밀매로 적발돼 추방되었고, 곧이어 덴마크, 노르웨이, 핀란드, 오스트리아 등 북한 외교관들의 마약밀매가 적발되어 총 17명이 추방되었다. 김정일은 이같이 추방되어 본국으로 돌아온 북한 외교관들을 오히려 1계급 승진시키므로 전 세계 해외공관에 있는 외교관들이 진행하고 있

---

11 이관형, "북한의 '마약사업' 운영과 기반 확장: 1970-1980년대를 중심으로," 『전략연구』, 제29권 제1호(한국전략문제연구소, 2022), p.270.
12 위의 글, p.271.
13 이용희, 『북한 정치 경제』(서울: 자유와 생명, 2020), p.28-29.

는 '충성의 외화벌이' 운동이 위축되지 않도록 독려하였다. 김정일이 강제추방된 길재경 스웨덴/아이슬랜드 겸임 대사를 중앙당 국제부 부부장으로 승진시켜 국제적으로 화제가 되었다. 그러나 북한의 마약밀매로 인해 국제 여론이 악화되자 미봉책으로 김정일은 1980년대 후반 마약밀매를 중단하라고 지시했다. 대신 북한 내부에서 아편을 대대적으로 재배하여 해외에 내보내기 시작했다. 함경북도 백암종합농장과 양강도 대홍단 종합 농장에서 대규모로 양귀비 생산을 시작하였다.[14] 이후 북한의 북부 지역 농장들은 일정 규모로 양귀비를 재배했다.

북한에서는 마약 제조를 위하여 '완전통제구역'이라고 불리는 '정치범수용소'도 활용하고 있다. 정치범수용소는 국가보위부 농장지도국만이 접근 가능하며, 북한의 제조업, 광업, 농업, 축산업 등에 지대하게 기여하는 거대한 '생산기지'라고 볼 수 있다. 완전통제구역 경비대원 출신 탈북민의 증언에 의하면 그가 근무했던 13호 관리소(함경북도 온성)에서는 1987년에 한 야산을 개간해 양귀비를 재배했다. 양귀비 재배에는 수용소에 수감된 정치범들이 동원되었고, 정치범수용소 내에서도 보안 유지를 위해 양귀비 재배 인력들을 '채소작업반'으로 위장하였다고 하였다. 이외에도 22호 관리소(함경북도 회령), '혁명화구역'인 함경남도 요덕군 구읍리, 입석리, 대숙리 등에서도 양귀비가 재배되었다고 탈북민들은 증언하고 있다.[15] 이렇게 제작된 마약류는 보위사령부 등 최정예 공작원들을 통해 홍콩과 마카오 등 동남아 마약 조직과 접촉해서 판로를 개척했다.

북한 내부의 마약 제조는 국가 차원에서 진행된다. 정찰총국, 보위성, 보위사령부 같은 군부 조직들도 마약 생산과 해외 밀매에 경쟁적으로 나서고 있다. 김정은 집권 이후에도 마약 생산과 밀매는 계속되고 있다. 총정치국 산하 53부에서 평양과 평성 사이에 있는 배산점이란 지역에 필로폰 생산 공

---

14 『조선일보』, 2019년 4월 27일자. "북한에 마약 많이 퍼졌다는 소문 돌지만… 실제론 철저히 단속"
15 이관형, "북한 마약 문제 연구", 박사학위논문 (고려대학교 대학원, 2021), p.234-236.

장을 세워서 운영하고 있으며, 해마다 20t 이상의 필로폰을 생산하고 있다.

해외에 있는 북한 식당도 마약 유통망으로 사용되고 있으며, 심지어 러시아에서 근로 인력으로 파견되어 외화벌이를 하고 있는 벌목공들도 북한 당국으로부터 생아편을 공급받아 블라디보스토크에서 판매하다가 러시아 당국에 적발되었다. 1996년 11월에는 러시아로 아편을 밀반입하다가 러시아 경찰에 체포되자 감옥에서 목을 매어 자살한 북한인이 러시아 언론을 통해 보도되었다.[16]

북한의 마약 해외 밀매 영역은 점점 광범위해지고 있다. 동남아시아는 북한 얼음(필로폰)이 장악했다고 볼 수 있고, 필리핀에서도 유통되고 있다. 동남아시아에 유출된 북한 필로폰은 현지 밀매조직을 통해 미국과 유럽 등으로 넘어갔다. 그래서 2015년 8월 미국 뉴욕 맨해튼연방지법에서는 북한 필로폰을 미국에 밀반입하려던 홍콩 범죄조직의 영국, 체코, 대만, 필리핀 등 다국적 조직원 5명이 검거되어 재판을 받았다. 이들은 북한산 마약을 필리핀에 몰래 들여왔으며 그중에 100kg을 태국을 경유해서 미국에 밀반입하려다 미국 마약단속국(DEA)에 발각됐다.[17]

이와 같은 북한의 마약밀매는 남한에까지 깊숙이 침투해있다. 국내에서 유통되는 메스암페타민(필로폰)의 50% 이상이 북한산이라고 알려져 있다.[18] 아래는 북한산 마약류가 남한에 투입된 경로를 잘 보여주는 사례이다.

2015년 9월 25일 서울중앙지법 판결문에 의하면 아래의 남한 국적 피고인들은 1996년부터 2000년에 이르기까지 5년에 걸쳐 북한과 공모하였다. 먼저 필로폰 제조에 필요한 장비들을 북한으로 보내주었고, 그 후 북한 작전부 소속인 공작원 장△△(일명 김사장)의 안내를 받아 압록강을 넘어 사리원연락

---

16 신준영, "북한의 범죄 부정부패 밀수 위폐제조 마약밀매설의 진상", 『월간말』(월간말, 1996), p.75.
17 『동아일보』, 2019년 5월 24일자. "마약 수출국 된 북한…탈북자 중엔 헤로인 '텐다' 경험자 거의 없는 이유는?"
18 양옥경·윤여상·이관형·김성남, "북한주민의 마약 사용 및 중독: 실태와 대책", 『동아연구』, 74권(서강대학교 동아연구소, 2018), p.259.

소로 들어갔다. 피고인들은 북한 내지에서 북한측 사람들과 함께 직접 필로폰 약 60kg을 제조하였고, 생산된 필로폰 중 일부를 그 대가로 수령하였다. 2004년도에도 피고인은 북한 측과 접촉하여 달러를 주고 필로폰을 구입하였다.[19] 선고됐던 판결문의 일부를 인용하면 아래와 같다.

〈판결문1〉

"피고인 방○○은 1996년경 이○○으로부터 중국에서 메트암페타민(이하 '필로폰'이라 한다)을 제조·판매하여 돈을 벌자는 제안을 받고 수락하였다. 1997년경 피고인 김○○, 황○○에게 함께 하자고 제안하여 동의를 받았다. 이○○은 1997년경 북한 사회문화부 공작원 강△△, 작전부 공작원 장△△(일명 김사장)과 만나 이○○과 피고인들은 필로폰 제조에 필요한 시설, 원료 및 기술을 제공하고 북한은 장소를 제공하여 필로폰 1톤을 제조한 후 이를 1:1의 비율로 분배하기로 합의한 다음, 이러한 내용을 피고인 방○○에게 알려주었다. 피고인 방○○은 피고인 김○○과 함께 1997. 11. 29. 중국으로 출국하여 필로폰 제조에 필요한 반응로, 감속기, 비닐포장기계 등을 구입한 후 1997. 12. 14. 귀국하였다. 그 무렵 피고인 김○○, 황○○에게 필로폰 제조 장소가 북한인 것을 알려주었다. 피고인들은 1997년 말경 필로폰 제조에 필요한 각종 물품과 화학약품을 준비하여 부산에서 북한 나진항으로 보냈다. …(중략)… 피고인들은 1998. 11. 11. 중국으로 출국한 후 1998. 11. 하순경부터 1998. 12. 초순경까지 압록강을 통해 북한으로 들어갔다. …(중략)… 피고인들은 반응로 실외 이동설치, 반응로 및 냉각기 시운전 등을 거쳐 2000. 6. 중순경 필로폰 제조를 시작하였다. 피고인 방○○은 생산과정 전체를 지휘하고, 피고인 김○○, 황○○은 반응로, 냉각기, 탈수기, 여과기 등 가동 및 원료물질 투

---

19 백남설, "북한의 국가적 불법행위에 대한 고찰: 북한의 마약밀매를 중심으로", 「한국테러학회보」, 제14권 제1호(한국테러학회테러학회, 2021), p.105-106.

입 등 작업을 하여 필로폰을 생산하였다. 이로써 피고인들은 공모하여 영리목적으로 2000. 6. 중순경부터 2000. 7. 초순경까지 사리원연락소에서 합계 약 60kg의 필로폰을 제조하였다."[20]

<판결문2>

"피고인 방○○은 2000. 7. 하순경 작전부 전투원들의 호송을 받으며 압록강을 건너 중국으로 나온 후 북한 공작원 장△△로부터 위와 같이 생산한 필로폰 중 일부를 인계받았다. 또한 2004. 4.경 중국에서 황○○과 함께 장△△을 만나 필로폰 1kg을 미화 1만 달러를 지급하고 매수하였다."[21]

북한은 자국 내에서의 마약 제조 및 밀매를 전면 부인하고 있지만, 남한의 판결문을 통해서도 북한에서는 국가가 직접 마약 제조를 진행하고 있으며 남한을 포함한 많은 나라에 밀매하고 있음을 볼 수 있다.

Ⅳ. 경제난 속에서 심화되는 북한 주민 마약사용과 중독

북한이 최초로 마약범죄 방지법을 제정했다. 2021년 7월 1일 개최된 제14기 15차 전원회의에서 마약범죄 방지법을 제정했다. 북한 언론들은 마약범죄 방지법에 대해 "국가사회제도의 안정과 인민의 생명 건강을 해치는 위법행위들을 미연에 방지하기 위한 조항들"이라고 설명했다.[22] 이 법 제정과 함께 곧이어 마약범죄에 대한 검열이 시작됐다. 검열의 대상이 된 기관 근무

---

20 서울중앙지법, 2015.9.25. 선고 2015고합392
21 서울중앙지법, 앞의 글.
22 『문화일보』, 2021년 7월 2일자. "北, 마약범죄방지법 첫 제정"

자들은 모두 가슴을 졸였다고 했다. 마약 생산에 쓰이는 물질들을 다루고 있는 국가연구기관의 종사자들은 이번 마약범죄 방지법 검열에서 걸려들지 않을 사람이 거의 없다고 보고 긴장했다는 것이다.

현재 감기약도 없어서 마약으로 병 치료를 하던 주민들은 국가가 마약을 만병통치약처럼 쓰도록 해놓고 이제 와서 검열을 한다고 비난하고 있다고 했다. "주민들은 거의 30여 년을 마약으로 버텨왔는데 이마저도 막히면 무엇으로 병을 극복해야 하느냐고 불만하고 있다"며 "코로나로 중국약이 유통되지 못하면서 마약이 일반적인 감기약처럼 돼버려 공공연하게 거래되고 있고, 심지어 법 기관에서도 마약을 국경으로 나르는 정도로 …큰일로 여기지 않고 있는 형편인데 (최근) 국가만 문젯거리로 삼고 있다고 말하고 있다"고 전했다.[23]

2021년 뉴스들을 통하여 북한 정권이 그동안 방치했던 마약에 대해서 심각성을 느끼고 마약범죄 방지법까지 제정할 수밖에 없는 상황에 이른 것을 볼 수 있다. 북한에서 마약은 남녀노소 할 것 없이 전 국민이 전국적으로 사용한다고 볼 수 있다. 어린아이들까지도 아프면 부모가 마약을 주고, 노인들도 모든 병과 통증에 마약을 사용하고 있다. 중학생들도 마약을 소지하고 있고, 대학입학선물, 생일선물, 결혼식 부조금, 직장에서 뇌물로도 마약이 성행하고 있다.

북한 주민들의 마약 실태를 알기 위한 학술적 접근(북한 내부 실태조사)은 현재로서는 불가능한 상태이다. 그래서 가장 가까운 시기에 탈북민을 대상으로 실시한 설문조사를 통하여 북한 주민들의 마약중독 실태를 파악하고자 하였다.[24]

2014년 3월부터 2016년 9월까지 북한인권정보센터가 국내에 있는 탈북민 1,467명을 대상으로 실시한 조사에 의하면 북한 마약 문제는 갈수록 심각

---

23 『데일리NK』, 2021년 8월 17일자. "마약범죄방지법 제정 후 첫 검열…국가과학원 등 연구기관이 타깃".
24 양옥경 · 윤여상 · 이관형 · 김성남, 앞의 글, p.239.

해지고 있다. 최종 탈북연도와 교차분석한 결과, 설문 조사 대상자들의 마약 접촉한 경험은 1990년대 탈북한 사람들은 4.7% 그리고 2000년대 탈북민들은 7%에 불과하였다. 그런데 2010~2012년은 13.6%, 2013년 26.8%, 2014년 25% 그리고 2015년 36.7%, 2016년 66.7%로 매우 빠른 증가 추세를 보이고 있다. 북한에 있을 때 마약의 생산, 장사, 밀수를 위한 경험을 했다고 밝힌 경우는 더욱 가파르게 증가함을 보여주고 있다.[25]

북한 주민들이 마약 경험을 많이 사용할 수 있었던 것은 마약을 사고파는 것이 손쉽기 때문이라고 볼 수 있다. 탈북민들의 말을 들어보면 '마약을 쌀보다 더 구하기 쉬운 상품'이라고 한다. 평양시, 함흥시, 회령시 등 큰 도시만이 아니라 시골 산골까지 마약이 들어가지 않은 곳은 없다. 북한 내에서는 마약을 살 수 있는 집을 소분집[26]이라고 부른다. 2000년대 중반부터는 평양시에서 일반 개인집에서도 메스암페타민(필로핀, 히로뽕)을 판매하였는데 탈북민들은 마약을 파는 개인집이 '다수'였다고 말했다.

〈표2〉 탈북민 인터뷰 내용[27]

"북한은 한 집 건너 하나. 너무나도 그러니까 일반화가 됐으니까. 이제는 뭐 생일 같은 날…뭐 좋은 날 있으면 다 이걸(마약)로 있잖아요. 인사하고 이런 판이 되었으니까."
"이제는 평양 100% 다. …(중략) 안 하는 거 머저리라고 하죠. (중략) (경제력 여유 여부와 상관없이) 네. 이젠 다 합니다. 조금만 아파도…늙은이들도 머리가 뻣뻣해지면 … 그거 해야지만 편하니까. 애들도 매일 사다가 한단 말입니다."

---

25   위의 글, p.234.
26   생산자나 도매상, 중간상인 등을 통해 마약을 구입한 후에 개인 수요자들에게 직접 판매하는 개인집.
27   위의 글, p.245.

> "(2000년대 중반 메스암페타민) 개인 집에서 다 팔았습니다. 장마당에서도 모르게 갖고 나와서는 자기네들 단골이 있으니까 팝니다. (중략) 다른 매대[28] 하면서 하죠. (중략) 일반 약 파는 매대에서도 팔고. 대체로 보면 개인집에서 전화를 통해서 갖고 갑니다. (우리) XX구역 내 소분집 대다수입니다. 대다수. 그거 안 하고는 장사 효과 없습니다. 마약 장사해야지만, 장사가 되고 집안이 일어서니까. 돈 좀 버니까. (중략) 담배곽 안에다 넣어서 가지고 다니다가 아는 단골 만나면 꺼내서 팝니다."

　탈북민 설문조사 결과, 마약에 대해서 치료제로 인식하고 있는 경우도 26.6%, 각성제로 인식하는 경우가 18.2%, 약한 환각의 효과를 내는 환각제로 인식하는 경우가 8.3%였고, 실제로 마약으로 인식하는 경우는 30.6%에 불과했다. 북한에서 일부 특권층을 제외하고는 일반 주민들을 대상으로 한 국가적인 의료서비스가 거의 전무한 상태에서 마약이 치료제나 각성제로 널리 인식되고 사용되고 있음을 볼 수 있다. 〈표3〉은 탈북민들의 인터뷰 내용을 정리한 것이다.

〈표3〉 탈북민 인터뷰 내용[29]

> "혈전에 정말 그것 이상 없습니다. 우리 위에 할아버지가 혈전 앓아서…마비와서 몸을 못 썼단 말이에요. 이것도 혈전이 딱 와서 1주일 안에 약(마약)을 쓰게 되면 회복하는데요"

> "(약을) 시킵니다. 감기 왔다 하고, 대장염 왔다 하면 … (중략) 할머니가 다리 아퍼서 이거(얼음) 하겠다고 하면, 조그만 아이들 보면 … '할머니 나 다리 아퍼요. 한 코 할래. 한 코 할래' … (주: '한 코 할래'[30]라고 하는 아이의 연령을 묻자 유치원 다니는 아이였다고 함. 당시가 2010년-2011년이라고 함)"

　마약의 가장 심각한 유해성은 중독이라고 할 수 있다. 여러 이유로 시작한 마약 사용이 상습적으로 되고 빈도가 높아지면서 마약 중독될 경우 시간이 지나면서 폐인이 되고 친지는 물론이고 가족에게조차 버림받게 된다는 것이

28　북한 장마당에서 물건을 놓고 파는 자리
29　위의 글, p.247.
30　남한의 '차 한잔 할래?'와 같은 인사말로, 필로폰을 흡입하자는 뜻으로 쓰이는 은어

다. 마약을 하기 위하여 온갖 도둑질도 서슴지 않으며 집까지 팔아서 마약을 한다고 탈북민들은 증언했다. 마약 판매에 가담하는 사람들의 경우 상당히 많은 숫자가 마약에 중독이 되어 마약을 계속 복용하기 위하여 마약 판매자로 변신한다는 것이다. 북한에서 마약 판매자가 될 경우 판매용 마약 10개를 받으면 7개는 팔아서 대금을 갖다 주고, 3개는 자기 것이 되므로, 마약 중독자들이 더 이상 마약을 사서 사용하기 어려울 때 마약 조직의 일원이 되어서 마약 복용을 지속하게 된다고 했다. 탈북민 설문조사에 의하면 북한 주민의 마약 중독 조사 결과는 〈표4〉와 같다.

〈표4〉 최종 탈북연도에 따른 북한 주민의 마약 중독 인지[31]

구분	2000년대	2010~2012	2013	2014	2015	합계
10% 이하(명)	72	50	70	88	7	287
비율(%)	36	33.3	35	29.6	29.2	32.62
10~30%(명)	63	48	54	92	7	264
비율(%)	31.5	32	27	31	29.2	30.14
30~50%(명)	33	26	40	71	7	177
비율(%)	16.5	17.3	20	23.9	29.2	21.38
50~70%(명)	24	20	29	29	2	104
비율(%)	12	13.3	14.5	9.8	8.3	11.58
70~90%(명)	5	6	6	16	1	34
비율(%)	2.5	4	3	5.4	4.2	3.82
90% 이상(명)	3	0	1	1	0	5
비율(%)	1.5	0	0.5	0.3	0	0.46
합계	200	150	200	297	24	871

조사 결과에서 2000년대부터 2015년까지를 발췌하여 재구성하였음.
위의 글, p.246.

---

31 위의 글, p.248.

위 〈표4〉에 의하면 북한 주민들이 마약에 중독됐다고 보는 비율이 갈수록 높아지는 것을 볼 수 있다. 일례로 북한 주민들 가운데 마약 중독자들의 비율이 30~50%로 보는 탈북민들은, 2000년대 탈북민 가운데서는 16.5%, 2010~2012년의 탈북민들은 17.3%, 2013년 20%, 2014년 23.9%, 2015년 29.2%이다. 즉 최근에 탈북한 북한 주민일수록 북한 마약 중독자들의 비율을 더 높게 보는 것이다. 이 조사 결과에 의한다면 북한 주민들의 마약 중독 비율은 갈수록 더 높아지고 있다는 뜻이다. 북한에서 마약 단속을 하던 탈북 검사도 "북 주민의 30% 이상이 아편과 빙두(얼음·필로폰) 등 마약을 상용하고 있을 것"이라고 하였다.[32] 따라서 시급한 대책을 강구하지 않는다면 북한 사회는 총체적으로 몰락할 수 있고, 이에 따른 사회적·경제적 피해가 급증할 수 있다.

북한에서 마약 중독자들이 자발적 치료를 원한다고 해도 이를 수용할 수 있는 의료기관이 없는 상태이다. 출신성분이 좋거나 돈이 많을 경우 혹 49병동으로 불리는 정신병원에 보내지는 경우가 일부 있지만 마약 중독에 대한 전문병원은 없는 상황이라고 할 수 있다. 평양에 일부 특수계층을 위한 조선인민군종합병원 '11호 병원'이 마약 관련 치료병원으로 알려져 있지만, 일반인들은 사용할 수 없고, 이곳에서도 마약 중독자들을 위한 의학적 치료가 제대로 되고 있는지 확인이 되지 않은 상태이다.

"전문적으로 치료하는데가 있다 해요. … 중독 걸린 사람들은 평양11호 병원 가는거, 거기 외에는 없는 것 같아요. 아니 11호 병원은…특정 인간들을 위한 병원인데 그게. 우리로 말하면 특 … 네. 특수계층을 위한 병원이다 말입니다. …"[33]

---

32 『조선일보』, 2021년 7월 23일자. ""주민 30% 마약…한류에 푹빠져" 김정은이 말한 '악성암' 北 덮쳤다"
33 양옥경·윤여상·이관형·김성남, 앞의 글, p.256.

설문조사에 나타난 북한 당국의 마약 단속에 따른 처벌 사례들을 살펴보면 마약 범죄자들에 대해 공개처형(사형) 12%, 정치범수용소 수감 5.6%, 교화소 수용 44%, 단련대 수용 14.3%, 그리고 뇌물을 주고 석방된 경우가 23.1%로 나타났다. 마약 범죄자들이 가장 많이 가는 교화소의 경우 장기간 구금되어 구타와 강제노동에 처하거나 방치되는 것이 대부분이라고 하였다.[34]

> "병원 가는 거 못 봤어요. 거기는 병원 … 운영 자체가 돌아 안가기 때문에 … 교화소 가서 졸라 두들겨 맞는다고. … 그게 제일 좋은 방법이더라고. 가둬놓고 두들겨 패는거."[35]

북한이 1990년대 이후 마약 사용자들이 급증한 것에 대한 가장 큰 이유는 북한경제 몰락으로 인한 국가배급시스템의 붕괴라고 볼 수 있다. 1990년대 북한의 산업시설 가동률은 20~30%대에 불과했고, 거의 매해 마이너스 경제성장을 했다. 이와 같은 마이너스 경제성장은 보통 전쟁 시 일어나는 상황이다. 북한이 평화 시에도 이와 같이 경제가 몰락한 것은 매우 특별한 경우라고 할 수 있고, 결국 '고난의 행군 시기'라고 불리는 '대량아사사태'를 야기시켰다. 〈표5〉는 1990년부터 1998년까지 북한경제의 계속되는 마이너스 경제성장률을 보여주고 있다.

〈표5〉 북한 경제성장률[36]

1990	1991	1992	1993	1994	1995	1996	1997	1998
-4.3	-4.4	-7.1	-4.5	-2.1	-4.4	-3.4	-6.5	-0.9

34　위의 글, P.258.
35　위의 글, p.259.
36　한국은행 경제통계시스템, http://ecos.bok.or.kr/(검색일: 2022. 6. 8.)

1995년부터 식량 배급이 중단되었고, 1995년부터 1997년까지 '고난의 행군' 시기에 수많은 국민들이 굶어주는 상황 속에서 의료혜택을 받는다는 것은 특권층을 제외하고는 불가능한 일이었다. 병원에도 의약품이 없으니 치료받기 위해서는 의사들에게 뇌물을 줘야 하는 것은 물론이고 본인이 치료받는 데 필요한 의약품들까지 다 사서 가야만 했다. 탈북자들의 증언에 의하면 의사들이 환자에게 필요한 목록을 만들어서 주면 환자들이 장마당에서 약, 주사, 거즈 등 모든 의약품과 의료처치에 필요한 비품들을 사갖고 간다는 것이다. 이때 의사들은 필요 이상으로 요구를 해서 잉여분을 챙긴다는 것이다.

"수술할 때는 의사가 따로 목록을 적어주는데 붕대부터 시작해서 마취약에 주사기까지 다 적어줘요. 항생제부터 시작해서 붕대, 가제 다 사오라고 해요. 사실 그거 다 필요하진 않은데 환자더러 사오라고 해놓고서는 마취과나 수술실에서 재고로 깔아놓는 거죠. 그리고 나중에 친한 사람들이나 간부들이 오면 그걸로 갖고 공짜로 치료해줘요."

"의사들은 환자에게 필요한 페니실린을 장마당에서 사오라고 하는데 만약 20대가 필요하면 40대를 사오라고 해요. 그중에 한 5대 정도는 간호사가 가져가고 남은 것은 의사가 아내를 시켜 다시 장마당에 내다가 팔아요."[37]

---

37 민하주·정형선·김선미, "북한의 보건의료시스템과 그 이용실태에 대한 질적 연구: 2010년대 북한이탈주민의 경험을 중심으로," 『사회보장연구』, 제31권 제4호(한국사회보장학회, 2015), p.73.

V. 심화되는 마약 중독의 사회적 현상에 대한 원인과 대책

1. 원인

북한 사회가 1990년대 들어오면서 최근 30년 동안 마약 중독이 갈수록 심각해지는 것에 대해 그 구체적 요인들을 분석할 때 합당한 처방과 대책이 나올 수 있다.

아프가니스탄은 세계 최대 아편 생산국이다. 유엔마약범죄사무소(UNODC)의 자료에 의하면, 2019년 기준 전 세계 마약 공급량의 80% 이상을 아프가니스탄에서 생산했다. 전 세계 유통 마약의 80% 이상을 생산한다는 아프가니스탄에서 마약 사용 국민은 3%대로 추정된다.[38] 그런데 북한의 경우 마약 사용 국민이 약 30%대로 추정하고 있다. 이것은 북한만이 갖고 있는 마약에 대한 특별한 취약점이 있다는 것을 고려해야 한다. 구체적인 원인들을 분류해보면 다음과 같다.

1) 마약 재배와 구입이 보편화되어서 누구든 손쉽게 마약을 사용할 수 있다는 것이다.

북한 주민들의 경우 자신의 텃밭에서 손쉽게 양귀비를 재배할 수 있고, 북한 농촌에서는 대부분의 농민들이 양귀비를 재배한다는 것이다. 텃밭은 물론이고 인근 산지에서 양귀비를 재배하는 경우도 많다. 심지어 일반 주민들도 필로폰 제조 기술을 습득해서 인적이 드문 오지에서 밀제조를 하고 있다. 이러한 마약류들이 장마당에서 대중적으로 유통되고 있고 소분집과 같은 동

---

[38] 『조선일보』, 2021년 7월 23일자. ""주민 30% 마약…한류에 푹 빠져" 김정은이 말한 '악성암' 北 덮쳤다"

네의 개인집에서도 판매가 되고 있으니 누구나 돈만 있으면 손쉽게 마약류를 사용할 수 있다.

2) 1990년대 경제몰락과 함께 배급이 중단되고 의료시스템이 마비되면서 주민들이 약을 구할 수 없게 되자 손쉽게 구할 수 있는 마약류를 대체의약품 같이 사용하게 되었다.

식량 배급조차 중단된 상태에서 국가의 의료서비스는 특권층을 제외하고는 공급되지 않았다. 이런 상황에서 서민들의 경우 크고 작은 모든 병을 치료하는 만병통치약처럼 마약류가 사용되었다. 특별히 진통 효과가 큰 마약류는 응급처치상황에서 우선적으로 사용하였고, 또 병이 오래되는 경우에는 반복적으로 사용하다보니 마약중독으로 이어지게 되었다. 마약 중독자의 경우 마약 구입을 위하여 도둑질, 강도질은 물론이고 집까지 팔면서 마약을 복용하기 때문에 가정이 파괴되고 가족들까지 등을 돌리는 극한 상황에 직면하게 된다는 것이다. 마약 복용했던 탈북민들의 심층 상담에 의하면 이러한 좌절 속에서 자살을 시도하는 경우가 많았다. 가족들조차 마약 중독은 당사자가 죽어야 해결된다는 생각이 은연중에 공통된 인식으로 공감되고 있다고 하였다. 이런 문제는 가족 문제를 넘어서서 사회적 문제로 대두되고 있다.

3) 정부의 국민 교육·계몽 지도의 부재이다.

앞의 탈북민 설문조사에서 보았듯이 탈북민 다수가 마약으로 인식한 경우가 약 30.6%밖에 되지 않았다(치료제 26.6%, 각성제 18.2%로 인식). 국가적인 계몽에 심각한 문제가 있음을 볼 수 있다. 김일성, 김정일, 김정은 3대 세습 독재 정권하에서 정권 목표의 우선순위가 체제 유지에 있었고, 또 핵과 미사일 개발을 통한 무력도발과 전쟁 시 남한과 미국에 대한 군사 대응력 강화에 최우선하였다. 따라서 1990년대 중후반 수많은 주민들이 굶어죽는 고난의 행군 시기에도 북한 정권은 민생을 돌보지 않고 죽어가는 국민들을 방치했으며, 또 최근에 심각하게 제기되고 있는 마약 중독과 같은 국가적 위기 상황에 처해서도 근본적이고 개혁적인 해결책을 내놓지 않은 상태이다.

4) 사회에 만연한 관료들의 부정부패와 의료서비스의 부정부패가 주민들의 마약 중독을 부추기고 있다.

최근 발표된 자료에 의하면 북한은 전 세계에서 부패지수가 가장 높은 국가이다.[39] 북한에서 마약 퇴치를 위한 범국민 교육과 계몽의 한계가 있을 수밖에 없다. 현 북한 정권 자체가 전 세계에 나가있는 공관들과 인력들을 동원하여 외화벌이로 마약을 밀매하다가 적발돼서 국제적으로 비난을 받고 있는 상황이고, 또 특권층과 당 간부들도 마약을 사용하고 있기 때문에 설득력 있게 국민을 계몽하고 지도할 수 없다는 것이다. 일반 주민들이 당 간부에게 마약을 뇌물로 선물하면 흔쾌히 받는 상황이 계속되었는데, 당 간부들이 갑자기 나서서 마약 계몽 교육을 한다는 것도 주민들이 보기에는 역겨운 일로 여겨질 수 있다.

더군다나 의료시스템의 부정부패도 심각해서 이로 인해 주민들이 마약류 사용을 더 의지하는 형국이다. 앞에서 본 바와 같이 상급병원들은 특권층이 아니면 거의 이용이 불가능하고 중병인 경우에도 뇌물을 크게 써야 큰 병원을 이용할 수 있는 상황이다. 이러니 대다수의 주민들은 의사들에게 뇌물을 주고 치료 받는 것보다 마약을 사서 사용하는 것이 더 싸고 손쉽다고 말한다는 것이다.[40] 간단한 수술을 받으려고 해도 의사들에게 뇌물 주는 것은 물론이고 수술에 필요한 의료장비와 수술도구, 의약품까지 다 사서 가야되는 상황이다. 그런데 의사들은 한술 더 떠서 필요한 것 이상을 사오게 하여 남는

39　Global Corruption Index (GCI), https://globalriskprofile.com/(검색일: 2022. 6. 5.)
40　이근무・유숙경, "북한 이탈주민의 마약 중독 경험연구," 『한국중독범죄학회보』, 제11권 제4호 (한국중독범죄학회, 2021), p.41.

것은 개인이 사용하거나 장마당에 다시 내다 파는 부정부패가 만연하고 있으니 주민들 입장에서는 웬만하면 마약으로 고통을 넘기려는 경우가 많아지고 있다. 이렇게 간단한 의술 서비스도 받기 어렵고 비용(뇌물)이 많이 들어서 마약으로 대체하는 상황이다 보니 마약 중독자 수는 갈수록 늘어날 수밖에 없는 국가적 풍토라고 할 수 있다.

5) 마약 중독에 대한 국가적 의료 및 재활치료 능력 부재이다.

북한에서 마약 중독에 대한 사전 예방 교육은 물론이고 심리치료, 약물치료, 재활치료는 거의 생각하기 어렵다. 실제적으로 마약을 전문적으로 치료하는 기관은 전무하다고 할 수 있다. 11호 병원에 대한 언급이 있지만 특권층만 이용이 가능하고, 이것도 마약 중독 치료를 위한 의료적 서비스가 제대로 되어 있는지는 확인되지 않고 있다. 정권 자체가 마약 중독자 재활에 초점을 두기보다는 공개처형, 정치범수용소 수감, 노동교화소 수용 등 처벌에 중점을 두고 있기 때문에 대부분의 주민은 마약 사용 자체를 숨기려고 한다는 것이다. 그래서 심각한 중독이 되고 난 다음에야 어쩔 수 없이 표출되는데, 이미 이 상황에서는 개인의 삶이 파멸로 치닫거나, 가정이 파탄되거나, 사회적으로 물의가 되는 시점에 이른 상태라고 할 수 있다.

6) 부당한 사회구조에 대한 절망적 출구이다.

출신성분이 나쁜 사람들은 4년제 대학도 갈 수 없고, 군대도 갈 수 없고, 노동당원이 될 수도 없는 계급 구조이다. 잘 모르는 사람들은 공산주의 사회는 평등한 사회로 알고 있는데, 그렇지 않다. 북한은 철저한 계급사회이며, 북한 주민들은 3대 계층, 56부류로 구분된다. 최하계층인 적대계층에 속한 사람들은 남한으로 표현한다면 3D업종에 해당되는 직업을 평생 갖게 되며 탄광촌이나 오지에서 종신토록 살고 이 계급은 대대로 세습된다.[41] 한 탈북자의 진술은 아래와 같다.

> "저희 아버지가 국군 포로 출신이에요. … 제가 사범대학을 가려고 했는데… 떨어진 거예요. 그날 아버지가 울면서 얘기를 하더라구요. 너는 공부에 미련을 버려라. … 이유가 뭐냐고 … 아버지가 '내가 국군포로다!' … 나는 할 게 없는 거예요. 처음에는 마약을 소규모로 시작했지만, 중국과 거래를 터서 대규모로 … 중국에서는 사형이지만 뭐 … 신경 안 쓴다. 이왕 태어난 것 멋지게 살아보자 내가 만약에 사범대학에 갔으면 이렇게 약쟁이하지 않았을 거예요."[42]

부정과 부패가 만연하고 국민들이 공정한 기회를 가질 수 없을 때 마약 사용은 사회적 약자들의 자포자기적 선택이 될 수 있다. '마약은 절망을 먹고 자라는 꽃'이라는 말이 있다.[43] 북한이 철저한 계급사회이고 이 계급은 세습되며, 전 세계에서 가장 부패한 나라이고, 젊은이들에게 균등한 기회가 주어지지 않는 전체주의 국가이기 때문에 최하층인 적대계급의 청소년들과 청년들은 미래를 위한 건강한 비전을 갖지 못한 채 쾌락주의나 한탕주의에 쉽게 물들게 된다. 이렇게 구조적으로 불평등한 국가적 환경은 마약 사용이나 마약 중독을 촉진하는 역할을 하고 있다고 볼 수 있다.

---

41 이용희, 앞의 책, p.176-178.
42 이근무 · 유숙경, 앞의 글, p.35.
43 유숙경, "교정시설에 수감 중인 남성 마약류 중독자들의 마약사용 경험 연구: 근거이론 접근,"『교정복지연구』, (한국교정복지학회, 2020).

2. 대책

1) 북한 주민들의 마약 중독에 관한 정확한 실태조사가 필요하다.

이를 위해서는 유엔마약범죄사무소(UNODC)를 비롯한 마약 문제를 다루는 국제기구들의 도움이 필요하다. 그러나 현실적으로 북한이 국제기구의 마약실태 조사에 응하리라고 기대하기는 매우 어렵다. 그것은 북한 정권 입장에서 볼 때 국가적 차원의 마약 생산과 밀매 행태가 노출될 수 있고, 또 많은 북한 주민들이 마약 중독 행태임이 전 세계에 드러나는 것을 원치 않기 때문이다. 북한 정권은 국민들에게 늘 북한이 전 세계에서 가장 살기 좋은 나라라고 선전해왔고, 전 세계 어느 나라 국민보다 북한 주민들이 행복하게 잘 산다고 선전해왔기 때문이다. 아래의 노동신문을 보면 심지어 수많은 북한 주민들이 굶어 죽었던 고난의 행군 시기인 1996년에도 북한이 현세 천국이며 북한 주민들은 이 천국을 누리면서 살고 있다고 선전하고 있다.

> 로동신문 주체85(1996년 2월 18일)
>
> "이북(북한)이 현세 천국이고 이북 민중이 현세 천국의 향유자, 주인공이라고 볼 때 하느님이 있는 곳은 이북이며 현세 천국의 창업을 이루어 놓으신 김정일 령도자님은 정녕 이 땅 위에 계시는 하느님이시다."

이같은 이유로 북한 정권이 마약 중독에 관련하여 실태조사에 협조하지 않을 것은 자명하다고 할 수 있다. 이런 상황에서 남한과 국제사회의 최선은 남한에 들어온 탈북민들을 통하여 우회적으로 북한 실태조사에 들어가는 것이다. 가장 가까운 시점에서 진행된 실태조사는 2014년 3월부터 2016년 9월까지이다. 이제 2022년을 기점으로 최근 입국한 탈북민들을 대상으로 새로운 실태조사를 실시하여 업데이트된 자료를 통해 북한 상황을 분석하고 대책을 강구하는 것이 필요하다.

2) 북한 정권의 마약 생산과 밀매는 국제적으로 각국의 형사재판 결과를 통하여 드러난 사실이다.

초국가적으로 범죄행위를 자행하는 북한 정권에 대하여 피해국들이 연합하여 더 이상 마약을 통해 외화벌이를 하지 못하도록 대책을 강구해야 된다. 필요하다면 국제기구를 통하여 마약밀매라는 초국가적 범죄행위의 책임자를 국제사법재판소에 회부하는 것도 추진할 수 있다. 대표적인 피해 국가들이라고 할 수 있는 한국, 중국, 러시아, 일본, 미국, 필리핀, 동남아 국가들이 연합하여 '북한마약대책본부'를 만들어야 한다. 그래서 실제적으로 자국에 북한 마약이 더 이상 밀반입되지 않도록 피해 국가들이 북한 마약밀매에 대한 각국의 정보를 서로 공유하며 긴밀하게 협력해야 한다.

3) 북한이 더 이상 국가적 차원에서 마약을 생산하지 않을뿐더러 이미 마약 사용을 통하여 중독증에 빠진 주민들의 치료와 회복을 위하여 남한을 포함한 이해 당사국들의 지원이 필요하다.

또 UNODC와 마약 관련 국제기구들이 협력하여 북한이 마약밀매 국가라는 오명을 벗고 정상적이며 건강한 국가가 될 수 있도록 적극적으로 나서야 할 것이다. 남한은 이 문제에 관련하여 가장 큰 이해당사국으로서 북한 마약 관련 피해국가들은 물론이고 UNODC와 관련 국제기구들을 접촉하며 북한 마약 문제 해결에 앞장서야 한다. 이는 남한과 우리 국민들을 보호하는 것은 물론이고 다가올 통일한국을 준비하는 입장에서 볼 때, 북한이 국제적인 범죄 국가에서 탈피하고 북한 주민들이 건강한 삶을 사는 것이 매우 중요하기 때문이다.

4) 북한 주민들의 마약 중독을 치료하고 상습적인 마약 복용을 멈추게 하기 위해서는 북한 현실에 적합한 남한 정부의 실질적인 대북의료정책이 추진되어야 한다.

최근 BBC 뉴스가 인용한 한국 갤럽 여론조사 결과에 의하면 남한 국민들의 72%가 북한에 의료지원을 해야 한다고 응답했으며, 의료지원을 하면 안 된다는 응답은 22%였다. 코로나19로 인하여 더욱 심각해진 북한 주민들의 보건 및 건강상태에 대하여 남한 국민들은 인도적 차원의 의료지원이 필요하다고 보고 있다.[44] 가장 우선적으로 필요한 것은 마약 중독자들을 위한 의료적 치료 프로그램이고 동시에 의약품이 없어서 북한 주민 다수가 마약을 만병통치약처럼 사용하고 있기 때문에 의약품 공급이 속히 이루어져야 한다. 그러나 그동안 남북관계에서 공식적으로 북한에 지원되었던 의약품을 포함한 많은 물품들이 실제적으로 북한 주민들에게 배급되었다는 것은 확인할 수 없다. 남한에 입국한 대부분의 탈북민들은 남한 정부나 국제기구에서 보낸 지원품에 대해서 배급받은 바가 없다고 증언하고 있다. 외국에서 보낸 대부분의 대북지원은 정부 차원에서 독식하고 좋은 물품일수록 특권층부터 분배된다는 것은 이미 알려진 사실이다. 인도적 차원에서 북한으로 보내진 선진국들의 의료장비와 의약품들도 평양 몇몇 병원에 집중적으로 배분되고 의약품들은 거의 특권층의 몫으로 볼 수 있다.

이런 상황 속에서 남한 정부와 국제기구들은 북한 주민들의 마약 중독을 치료하기 위해서 의료진들이 북한 전 지역으로 직접 들어가서 가지고 간 의료장비와 의약품을 사용하여 북한 주민들을 직접 치료하고 의료혜택을 제공해야 한다. 그렇지 않고 이전처럼 의료장비와 의약품들만 보낸다면 북한 정권과 특권층에만 도움이 될 뿐 북한 주민들이 고통받는 마약 문제 해결에는 거의 도움이 되지 않을 것이다.

이것은 매우 실질적이고 중요한 사안이다. 남한 정부와 국제기구들은 북한 전역에 일정 기간 거주하며 마약 환자들을 치료할 수 있는 의료진들을 선발하여 파견해야 한다. 이것이 실행되지 않는다면 북한의 마약 문제를 해결할 수 있는 실제적인 방안은 없다고 할 수 있다.

---

44 『BBC』, 2022년 5월 20일자. "북한: 국민 10명 중 7명 '북한 의료지원 해야'… 북, 여전히 무응답"

북한에 들어갈 의료진을 모집할 때 인도적 대북지원에 적극적인 국내외 NGO들과 종교단체들의 협조를 구하면 의료진 확보에 있어서 효과적일 뿐만 아니라 비용을 절감할 수 있다. 왜냐하면 인도적 대북지원 단체들은 북한 지원을 위하여 자체예산이 준비되어 있거나 기꺼이 모금 활동(fundraising)을 하려고 하기 때문이다.

　이상과 같이 북한에서 갈수록 심화되는 마약 중독의 사회적 현상에 대한 원인을 살펴보았고, 이에 대해 남한과 피해당사국들의 대책 그리고 실제적으로 북한 마약중독 문제를 해결할 수 있는 대북 의료 대책을 논의하였다. 남한 정부나 국제사회가 합리적인 제안을 하여도 북한 정권이 받아들일지는 미지수이다. 하지만 북한 마약 문제이 있어서 역사적으로 가장 큰 피해국가이며 동시에 통일한국을 준비하는 남한의 입장에서 북한 마약 문제가 조속히 해결될 수 있도록 최선을 다하는 것은 마땅한 일이며 남북한 모두를 위하여 필요한 일이라고 할 수 있다.

VI. 맺음말

　유엔식량농업기구(FAO)가 발간한 '세계 식량과 농업 연감 2021'에 의하면, 북한 전체 인구의 42.4%인 약 1,100만 명이 영양부족 상태이다. 북한의 영양부족 인구 비율은 아프리카 국가들의 평균치인 19%보다 2배 이상 높다.[45] 북한 주민들의 건강과 보건 문제는 매우 심각하다. 이런 가운데 북한 주민들의 마약 중독 문제가 갈수록 중요하게 부각되고 있다. 북한 내에서 정확한 마약 실태조사가 이루어지지 않은 상태지만 탈북민들을 통해 우회적으로 북한 상황을 추정해볼 때 전 세계에서 가장 높은 마약 중독률을 보이고 있다고 사료

---

45 『연합뉴스』, 2021년 11월 5일자. "유엔 '북한 주민 42%가 영양부족…필요한 열량 86%만 섭취'"

된다.

　북한 정권이 주민들의 마약 중독 문제를 합당하게 해결해나가리라고 기대할 수 없다. 왜냐하면 1990년대 중후반 고난의 행군 시기에 수많은 북한 주민들이 아사(餓死)했지만, 북한 정권은 이를 방치했기 때문이다. 1995년부터 1997년까지 3년에 걸쳐 김정일 정권은 죽은 김일성 시신을 보관하기 위한 김일성 태양궁전을 건설했고, 그 비용으로 약 1조 원을 지출했다. 1조 원이면 당시 굶어죽었던 수많은 북한 주민들을 먹여 살릴 수 있는 식량 대금으로 충분한 금액이다.[46] 이를 볼 때 고난의 행군 시기에 북한 동포들이 굶어죽은 것은 북한 정권이 돈이 없어서가 아니라 국가 재정 지출에 있어서 우선순위가 아니었기 때문이다.

　이런 맥락에서 볼 때 북한 주민들의 마약 중독 문제도 북한 정권이 나서서 해결할 것 같지 않다. 계속되는 핵과 미사일 개발을 위해서는 큰돈을 아낌없이 쓰겠지만 주민들의 마약 문제를 해결하기 위하여 김정은 정권이 국가 재정을 지출하리라고는 전혀 기대할 수 없다.

　이제는 남한 정부와 국민들이 인도적 관점에서 그리고 통일한국을 준비하는 마음가짐으로 북한 주민 마약 중독 문제를 해결해나가야 한다. 북한이 마약 문제를 극복하지 못하고 총체적으로 몰락한다면 통일 후 이를 극복해 나가기 위한 사회적 비용은 엄청난 금액이 될 것이다. 개인의 병도 초기에 치료해야 하듯이, 국민적인 건강과 보건도 초기에 치료해야 회복 기간도 단축되고 비용도 절감된다.

　북한의 마약 문제는 남북한만의 문제가 아니라 국제적으로 매우 심각한 사안이다. 따라서 남한은 이제 이 북한 마약 문제를 한반도만의 문제가 아닌 동북아의 문제로, 아시아의 문제로, 그리고 전 세계의 문제로 부각시키면서 국제적인 협력을 끌어내야 한다. 남한 정부는 더 늦추지 않고 전 세계 국가들 앞에서 앞장서서 이 문제를 해결해나가야 할 시점에 서 있다. 한편

46　이용희, 『북한 바로 알기』(서울: 자유와생명, 2018), p.44-45.

UNODC를 포함한 국제기구들과 국내외 NGO들이 마약 중독으로부터 북한 주민들을 살려내기 위하여 협력해야 한다. 이 일도 남한 정부가 주도해나가야 할 일이다.

　남한 정부가 북한 마약 문제를 합당하게 해결해 나갈 수 있도록 통일 연구가들은 이 사안에 대하여 지속적인 연구와 정책 제안을 해야 할 것이다.

참고문헌

김경희 정경환, "통일교육의 정치철학적 함의에 관한 연구 : 자유의 치를 중심으로", 『통일전략』, 제15권 제1호, 한국통일전략학회, 2015.

김재한, "대북 인식의 정권-주민 이원론", 『통일전략』, 제20권 제1호, 서울: 한국통일전략학회, 2020.

김창희, "김정은의 정치리더십에 관한 연구", 『통일전략』, 제17권 제2호, 서울: 한국통일전략학회, 2017.

남성욱, 채수란, "노동신문을 통해 본 북한의 보건안보 대응태세: COVID-19 보도를 중심으로", 제21권 제1호, 서울: 한국통일전략학회, 2021.

민하주·정형선·김선미, "북한의 보건의료시스템과 그 이용실태에 대한 질적 연구: 2010년대 북한이탈주민의 경험을 중심으로", 『사회보장연구』, 서울: 한국사회보장학회, 2015.

박지연, "국제사회의 북한에 대한 경제외교술(Economic Statecrafts) 탐색", 『통일전략』, 제19권 제1호, 서울: 한국통일전략학회, 2019.

백남설, "북한의 국가적 불법행위에 대한 고찰: 북한의 마약밀매를 중심으로", 『한국테러학회보』, 서울: 한국테러학회테러학회, 2021.

신준영, "북한의 범죄 부정부패 밀수 위폐제조 마약밀매설의 진상", 『월간말』, 서울: 월간말, 1996.

양옥경·윤여상·이관형·김성남, "북한주민의 마약 사용 및 중독: 실태와 대책", 『동아연구』, 서울: 서강대학교 동아연구소, 2018.

유숙경, "교정시설에 수감 중인 남성 마약류 중독자들의 마약사용 경험 연구: 근거이론 접근", 『교정복지연구』, 서울: 한국교정복지학회, 2020.

유순호, 『김일성 평전』, 서울: 지원인쇄출판사, 2017.

이관형, "북한의 '마약사업' 운영과 기반 확장: 1970-1980년대를 중심으로", 『전략연구』, 서울: 한국전략문제연구소, 2022.

_____, "북한의 마약류 생산 및 밀매의 발단", 『한일군사문화연구』, 서울: 한일군사문화학회, 2021.

_____, "북한 마약 문제 연구", 박사학위논문, 서울: 고려대학교 대학원, 2021.

이근무·유숙경, "북한 이탈주민의 마약 중독 경험연구", 『한국중독범죄학회보』, 충북: 한국중독범죄학회, 2021.

이용희, 『북한 정치 경제』, 서울: 자유와 생명, 2020.
_____, 『북한 바로 알기』, 서울: 자유와생명, 2018.
정경환, "한반도평화체제 구축문제와 대북협상전략의 방향", 『통일전략』, 제18권 제2호, 서울: 한국통일전략학회, 2018.

『경향신문』, 1954년 12월 13일자.
_____, 1947년 6월 19일자.
『데일리NK』, 2021년 8월 17일자.
『동아일보』, 2019년 5월 24일자.
_____, 1951년 2월 16일자.
『문화일보』, 2021년 7월 2일자.
『연합뉴스』, 2022년 3월 13일자.
_____, 2021년 11월 5일자.
『조선일보』, 2021년 7월 23일자.
_____, 2019년 4월 27일자.
『로동신문』, 1996년 2월 18일자.
『BBC』, 2022년 5월 20일자.

서울중앙지법, 2015.9.25. 선고 2015고합392
한국은행 경제통계시스템, http://ecos.bok.or.kr/(검색일: 2022. 6. 8.)
Global Corruption Index (GCI), https://globalriskprofile.com/(검색일: 2022. 6. 5.)

Abstract

Residents' Drug Addiction and Countermeasures in North Korea's Economic hardship

This paper discusses the increasingly serious situation of drug addiction among North Koreans. North Korea started drug production and trafficking after liberation, as part of strategies for communizing South Korea. However, from the 1970s, when the Kim Il-sung and Kim Jong-il hereditary dictatorships were established, drug production and trafficking in North Korea was used as a major means of earning foreign currency to maintain the regime. As the North Korean economy collapsed after the 1990s, food distribution stopped and the national medical system was paralyzed. North Koreans began to use drugs as alternative drugs because they were unable to obtain medicines as well as food shortages. The prolonged situation has increased the number of habitual drug users, which is causing serious social problems. The South Korean government should block incoming North Korean drugs smuggled from the North. In addition, from the standpoint of preparing for a unified Korea, The South Korean government should actively respond in cooperation with the international community to solve the drug addiction problem of North Koreans.

[Key Words]
North Korean drugs, drug production and trafficking, drug addiction, drug survey, drug problem solving

북한의 핵 개발 실태 및 기회비용에 대한 소고(小考)

I. 머리말
II. 북한의 핵·미사일 개발 실태
III. 북한의 국방비와 핵·미사일 개발 비용
IV. 핵 개발의 기회비용
V. 맺음말

국문요약

북한은 1959년 소련과 원자력 개발을 위한 협정을 맺은 이후 원자력을 개발해왔다. 북한은 2005년 최초로 핵실험을 했으며 2017년까지 총 6차례 핵실험을 실행했다. 북한이 핵실험을 할 때마다 유엔안전보장이사회에서는 대북제재를 결의하였고, 특별히 유엔 안보리 대북제재는 2016년과 2017년에 강력하게 결의됐으며, 이로 인해 북한 경제는 크게 타격을 받았다. 본 연구는 북한의 핵 개발 과정을 설명하고 있다. 북한의 6번의 핵실험에 대한 유엔 안전보장이사회 대북제재결의안을 요약정리하였다. 북한의 국방비와 핵·미사일 개발 비용을 조사하였으며, 핵 개발에 따른 기회비용으로는 1. 무역에 있어서의 수출 감소, 2. 북한 해외노동자를 통한 외화벌이 감소, 3. 만성적인 식량 부족 속에서 기아 및 아사 사태 발생, 4. 북한 주민들의 민심 이반에 대하여 연구하였다. 북한의 핵 개발 목적에 대하여 설명하고, 북핵 저지를 위한 한국과 미국 그리고 국제사회의 대응이 실패로 끝났다는 것을 언급하였다. 끝으로 북한의 무모한 핵 개발로 인한 기회비용을 연구함으로써 북핵 관련 국가들이 연대하여 합당한 대응을 할 것을 제안하였다.

[주제어]
북한, 핵 개발, 기회비용, 유엔 대북제재결의안, 북핵 대응

* 2022년 4월 〈통일전략〉 제22권 4호에 실린 논문.

Ⅰ. 머리말

지난 11월 18일 북한이 화성-17형 대륙간탄도미사일(ICBM)을 발사함으로 전 세계가 북한의 미사일 도발에 긴장했다. 화성-17형은 사정거리가 15,000km이므로 미국의 뉴욕과 워싱턴D.C는 물론이고 미 전역이 북한의 미사일 사정거리 안에 들어간다. 북한이 계속되는 핵실험을 통하여 핵탄두의 소형경량화에 성공하여 소형화된 핵탄두를 화성-17형에 장착할 경우 미국을 포함한 전 세계는 북한의 핵 위협을 피할 수 없게 될 것이다.

북한은 1960년대부터 핵 개발을 추진해왔다. 본격적인 핵 개발은 1990년대부터 진행됐고, 이제 거의 완성 부분에 다다르고 있다. 한국과 미국 그리고 유엔 등 국제사회는 북한의 핵·미사일 도발에 대한 합당한 대응책을 모색해야 할 때다.

본 연구는 1장 서론에 이어 2장에서 북한의 핵·미사일 개발 과정을 설명하고 있으며, 특별히 1~6차 북한 핵실험에 대하여 요약 기술하였고, 이에 상응하는 유엔 안전보장이사회 대북제재결의안도 함께 정리하였다. 3장에서는 북한의 국방비와 핵·미사일 개발 비용에 대하여 설명하였고, 4장에서는 북한의 핵 개발에 대한 기회비용을 연구조사하였다. 북한의 무모한 핵·미사일 개발로 인하여 발생하는 많은 기회비용 중에 특별히 무역에 있어서의 수출감소, 북한 해외노동자를 통한 외화벌이 감소, 만성적인 식량 부족 속에서 기아 및 아사 사태 발생, 그리고 북한 주민들의 민심이반 등을 고찰하였다. 5장에서는 결론으로 북한의 핵 개발 목적에 대하여 설명하고, 북핵 저지를 위한 한국과 미국 그리고 국제사회의 대응이 실패로 끝났다는 것을 언급하였다. 끝으로 북한의 무모한 핵 개발로 인한 기회비용을 연구함으로써 북핵 관련 국가들이 연대하여 합당한 대응을 할 것을 제안하였다.

본 연구의 목적은 북한의 핵·미사일 개발 실태를 바르게 이해하고 이에 따른 기회비용을 연구조사하는 데 있다. 그리고 이를 근거로 북한의 핵·미사일 도발에 합당하게 대응할 수 있는 시사점을 제안하는 데 있다.

연구방법으로는 본 주제에 관련한 연구논문들과 연구기관 보고서, 그리고 국내외 언론 보도와 북한 전문 언론매체 보도를 수집하여 연구 분석하였다. 그리고 북한 정부의 폐쇄성과 비보도성으로 인해 군사비나 핵 개발 비용 등에 관한 정확한 통계를 수집할 수 없으므로 북한 관련 국제단체의 연구보고서나 통계자료를 인용하였다. 그리고 북한 관련 비용을 추산함에 있어서 다양한 추정치와 편차가 큰 데이터에 대해서는 가급적 북한 전문가들의 보편적 의견을 따랐다. 특별히 북한 주민들의 민심을 파악하기 위하여는 탈북민이 아니면서 중국에 체류 중인 북한 시민권자 100명의 면접 설문조사 결과를 인용하였다.

선행연구로는 "김정은 시대 북한사회 변화 실태 및 북한주민 의식조사"와 "사람과 사람, 김정은 시대 '북조선 인민'을 만나다"를 발표한 강동완 · 박정란(2014, 2015)의 자료들을 분석하였고, 북한 주민 면접 설문조사 결과를 인용하였다. 이용희(2016, 2018) "북한 노동자 외국 파견 정책의 추이와 전망"과 "북한 바로 알기", 그리고 김보미(2019) "북한 핵프로그램의 시작과 성장: 1950-1960년대를 중심으로"를 연구조사하였으며, 김명성(2020) "북한 해외파견 노동자 송환 실태와 전망", 김석진(2021) "북한의 제재회피 실태와 그 경제적 의미", 이석 외(2021) "대북제재의 영향력과 북한의 경제적 미래"를 참조하였다. 또한 최용호(2022) "북한 식량 수급의 변화와 함의", 임수호 · 김성배 · 이기동(2022), "북한의 주요 불법거래 수입 추정: 2017~2021년의 시기를 중심으로", 하상섭(2022) "국제사회 극체제 변화 속 북한 국방력 강화가 북한 안보-경제 메커니즘에 미치는 영향"의 내용을 검토하고 분석하였다.

Ⅱ. 북한의 핵·미사일 개발 실태

1959년, 북한은 소련과 '원자력의 평화적 이용에 관한 협정'을 체결한 후 많은 과학자들을 소련의 DAERI(Dubna Atomic Energy Research Institute)에 파견하였다.[1]

북한은 1960년대부터 원자력 기술연구를 진행했다. 평안북도 동남부에 있는 영변군에 원자력연구센터를 설립했으며, 1962년에는 IRT-2000형 연구용 원자로를 만들었다. 이후 북한은 계속적인 소련의 기술 지원과 북한 내부 연구를 통해 5MWe 흑연로를 영변에 건설했으며 1986년부터 이를 가동시켰다.

1985년 12월 12일, 북한 정부는 핵확산금지조약(NPT)에 가입했다. 이로써 북한은 자국 내의 특정한 핵물질과 원자력 시설에 대해서 국제원자력기구(IAEA)에 보고해야 했으며, IAEA의 사찰을 수용해야 했다. 또한 북한은 남한과도 '한반도 비핵화 공동 선언'에 합의하였다.

1992년 북한은 IAEA와 원자력 설비시설 감찰에 관한 특별조약을 체결했으며 IAEA의 핵안전조치협정에 서명했다. 같은 해 5월, 북한은 핵시설에 대한 보고서를 최초로 제출했으나, IAEA의 핵사찰 결과 북한이 신고한 플루토늄의 양이 일치하지 않았다. 이로 인해 IAEA는 영변 핵단지의 신고되지 않은 2개의 시설에 대해 추가로 특별사찰을 요구하였다. 그러자 북한은 특별사찰에 반발하며 NPT 탈퇴를 선언했다. 이후 북한은 국제사회에서 핵 위협국가로 주목되었다.

북한의 NPT 탈퇴를 계기로 국제사회는 북한에 대해 강경 대응을 시작했고, 북·미 관계는 심각한 대립상태가 되었다. 미국의 클린턴 행정부에서는 북한의 영변 핵시설에 대한 '핵 선제공격'이 언급될 정도였다. 그러나 양국은

---

1 김보미, "북한 핵프로그램의 시작과 성장: 1950-1960년대를 중심으로," 『통일정책연구』, 28권 1호 (통일연구원, 2019), p.189.

평화적으로 해결 방안을 모색하기 위해 1994년 10월 제네바 합의를 맺었다. '제네바 기본 합의서'의 핵심 내용은 북한이 핵 개발을 포기하는 조건으로 미국 측에서 2003년까지 경수로 2기를 건설해주고 또 매년 50만 톤의 중유를 지원하는 것이었다. 제네바 합의 이후 북한은 영변 발전소를 폐쇄했으며 건설 중이던 다른 원전시설도 중단했고, 방사화학실험실 폐쇄, 핵 재처리 포기 등 핵 동결조치를 취했다.

1994년 제네바 합의문에 의하면 미국이 북한에 경수로의 핵심부품(원자로 등)을 제공하기 직전에 북한은 IAEA의 특별사찰을 받기로 되어있었다. 그러나 북한 정부는 경수로 공사가 지연되고 있다는 이유를 들어 핵사찰을 거부했다.

2002년 이후 북·미관계의 갈등은 더욱 심화되었다. 2002년 미국의 9·11테러 사건 이후 미국 정부는 북한을 겨냥해서 3대 테러지원국, 핵 잠재 확산국, 대량살상무기 개발국으로 지목했으며, 북한을 '악의 축(axis of evil)'으로 규정하였다.

한편 2002년 10월, 미국의 8명 대표단이 방북한 후 북한 내부에 핵 개발 프로그램이 있음을 발표했다. 그러나 북한에서는 미국이 제네바합의에 따른 경수로 건설을 이행하지 않았다고 주장했으며, 이에 대해 미국은 북한이 제네바합의를 따르지 않고 핵 개발 프로그램을 진행하고 있다며 서로 대립했다. 그러자 북한은 제네바합의에서 중단하기로 했던 흑연감속로를 다시 가동시키겠다고 발표했으며, 이에 따라 2002년 11월에 한국과 일본 유럽 등 한반도에너지개발기구(KEDO) 이사국들은 이사회를 열어서 북한에 지원하기로 했던 중유를 다음 달인 12월부터 잠정적으로 중단하기로 결정하였다. 그에 맞서서 북한은 핵시설 가동과 건설을 재개하였다. 한편 북한은 2002년 11월까지 계속적으로 중유제공 등을 받으며 취할 수 있는 실리적인 모든 이익을 챙겼던 것을 볼 수 있다.[2]

---

2 이용희, 『북한 바로 알기』(서울: 자유와생명, 2018), p.133.

1. 1차 핵실험

북한은 2003년 1월 NPT를 일방적으로 탈퇴하였고, 2005년 2월 10일 핵무기 보유국임을 공식적으로 선언했다. 한편 2003년 8월, 미·중·일·러와 남·북한이 참가한 6자회담에서 북핵의 평화적인 해결 방안을 다시 논의하였다. 그 결과 2005년 북한은 '9·19 공동성명'을 통해 핵무기를 포기하는 조건으로 안전을 보장받으며, 경수로 무상 제공, 대북 송전 무상 제공, 중유 제공 등의 지원을 받기로 했다. 그러나 1년 뒤인 2006년 10월 9일에 북한은 1차 핵실험을 감행했고, 9·19 공동성명은 파기되었다.

2. 2차 핵실험

국제사회는 북한의 1차 핵실험 이후 북한에 대한 압박과 협상을 반복했다. 그래서 9·19 공동성명을 실질적으로 이행할 수 있도록 '2·13 합의'와 '10·3 합의'를 발표하였다. 이에 따라 2008년 북한은 영변 원자로 냉각탑을 폭파함으로 핵을 포기하는 것처럼 보였지만, 1년 뒤인 2009년 5월 북한은 제2차 핵실험을 감행했다. 영변 핵시설 파괴는 보여주기용이었고 실제로 북한의 핵 개발은 은밀한 가운데 계속되었다. 동시에 북한은 제2차 핵실험 직전까지 국제사회로부터 핵 포기를 대가로 받을 수 있는 지원은 최대한 받아내었다.

3. 3차 핵실험

2012년 2월 29일 미국 오바마 정권은 북한과 새로운 합의를 하였다. 합의 내용은 미국이 북한에 식량 원조를 주는 대가로 북한은 핵무기 개발을 중단하겠다는 것이었다. 그러나 북한은 2012년 4월 13일 김일성 탄생 100주년을 기념하는 태양절을 앞두고 '광명성 3호' 미사일을 발사했으며, 곧이어 미국과의 2.29 합의 파기를 선언하였다. 이어 북한은 2013년 2월, 제3차 지하 핵실험을 강행했다.

4. 4차 핵실험

2013년 9월 국제원자력기구(IAEA)는 북한의 계속되는 핵실험에 대해, 북한의 모든 핵 활동 중단과 비핵화를 촉구하는 결의안을 발표했다. 같은 해 10월, 미국과 중국은 6자회담 재개와 북한의 비핵화 방향에 대해 논의했다. 그러나 북한은 2016년 1월 미국, 중국에 아무런 통보 없이 기습적으로 제4차 핵실험을 감행했으며, '시험용 수소탄'으로 핵실험을 했다고 발표했다.

"수소탄 시험은 미국을 위수로 한 적대세력들의 날로 가중되는 핵위협과 공갈로부터 나라의 자주권과 민족의 생존권을 철저히 수호하며 조선 반도의 평화와 지역의 안전을 믿음직하게 담보하기 위한 자위적 조치"라는 북한 '공화국정부 성명'을 통해 본 핵실험을 미국과의 적대적 관계를 염두에 두고 실시했음을 드러냈다.

5. 5차 핵실험

북한은 2016년 9월 제5차 핵실험을 감행했다. 이 핵실험의 규모는 역대 최대로 약 10kt의 폭발력을 가졌으며 이는 히로시마 원폭의 약 70%에 이르는 위력이었다. 북한의 5차 핵실험은 미국 오바마 정부가 표방했던 '전략적 인내 정책'이 실제로 실패했음을 보여주었다.

6. 6차 핵실험

2017년 9월 북한은 제6차 핵실험을 했으며, 대륙간 탄도 미사일(ICBM)에 탑재할 수 있는 수소폭탄 실험에 성공했다고 발표했다. 폭발력은 약 50kt로

5차 핵실험의 5배에 달했다.[3]

북한이 지금까지 진행했던 1~6차 핵실험의 규모와 위력을 정리한 내용은 아래의 〈표1〉와 같다.

〈표1〉 북한 핵실험 현황

구분	1차	2차	3차	4차	5차	6차
일시	06.10.9. 10:36	09.5.25. 09:54	13.2.12. 11:57	16.1.6. 10:30	16.9.9. 09:30	17.9.3. 12:29
규모(mb)	3.9	4.5	4.9	4.8	5.0	5.7
위력(kt)	약 0.8	약 3~4	약 6~7	약 6	약 10	약 50

출처: 대한민국 국방부, 『2020 국방백서』 (서울: 펜립, 2021), p.295.

북한은 6차 핵실험에 앞서 2017년 7월 4일과 28일 두 번에 걸쳐 대륙간 탄도미사일 화성 14호를 시험 발사했다. 화성 14호는 예상 사정거리가 약 1만 km이며 이 미사일에 핵탄두를 장착할 경우 미국 본토 주요 대도시가 북한의 핵 공격 대상이 될 수 있다. 북한은 계속되는 핵실험을 통해 핵탄두의 소형화와 경량화 기술이 이미 상당한 수준에 도달했을 것으로 전문가들은 보고 있다. 그래서 미국은 북한이 미국 본토를 공격할 수도 있는 '직접적인 위협' 대상국으로 간주하게 되었다.

미국 등 국제사회는 북한이 1~6차 핵실험과 중장거리 탄도미사일을 발사할 때 이에 대응하는 유엔 대북제재 결의안을 채택했으며, 이 내용을 요약정리한 국방백서 2020의 내용은 아래의 〈표2〉와 같다.

---

3   이용희, 앞의 책, p.147.

〈표2〉 유엔 안보리 대북제재 결의현황

구분	배경	주요 내용(요약)
1695호 (06.7.15)	장거리 미사일 발사 (06.7.5)	대량살상무기(WMD)·미사일 활동 관련 물자, 기술, 금융자원 이전을 방지하고 감시할 것을 요구
1718호 (06.10.14)	1차 핵실험 (06.10.9)	금수조치, 화물검색 도입, 제재대상 자산동결 및 여행통제 / 유엔 안전보장이사회 산하에 북한제재위원회 설치
1874호 (09.6.12)	2차 핵실험 (09.5.25)	소형무기 수입을 제외한 전면 무기 금수 / 대량살상무기(WMD)·미사일 활동에 기여 가능한 금융거래 금지 / 북한제재위원회 지원을 위한 전문가 패널 설치
2087호 (13.1.22)	장거리 미사일 발사 (12.12.12)	공해상 의심 선박에 대한 검색 강화 기준 마련 추진 / 'catch-all' 성격의 대북 수출통제 강화 / 북한 금융기관 관련 모든 활동에 대한 감시 강화 촉구
2094호 (13.3.7)	3차 핵실험 (13. 2.12.)	핵·미사일 관련 금수 품목 확대 / 금융제재 강화(결의 위반 북한 은행의 해외 신규 활동 금지 등)
2270호 (16.3.2)	4차 핵실험(16.1.6) /장거리 미사일 발사 (16.2.7)	북한과의 군·경 협력 금지 / 북한 행·발 화물 검색 의무화, 제재 대상 선박 또는 불법 활동 연루 의심 선박 입항 금지 / 북한 은행의 해외 지점·사무소의 90일 내 폐쇄 / 북한산 광물(석탄, 철, 금 등) 수입 금지 조치 도입
2321호 (16.11.30)	5차 핵실험 (16.9.9)	북한과의 과학·기술협력 금지 / 북한에 대한 항공기·선박 대여 및 승무원 제공 금지, 북한 행·발 여행용 수하물 검색 의무 명시 / 북한 내 외국 금융기관 전면 폐쇄 / 수출금지 광물(은, 동, 아연, 니켈) 추가 및 조형물 수출 금지 / 북한산 석탄 수출 상한제 도입
2356호 (17.6.2)	중거리탄도미사일 발사 (17.5.14)	제재 대상 지정 확대
2371호 (17.8.5)	탄도미사일 발사 (2017.7.4, 7.28)	대량살상무기(WMD) 및 재래식무기 이중용도 통제 품목 추가 / 북한제재위원회에 금지활동과 연관된 선박 지정 권한 부여 및 회원국의 동 선박 입항 불허 의무 / 회원국들의 북한 해외노동자 고용 제한 / 북한 석탄, 철, 철광석 수출 전면 금지 / 북한 납 및 납광석, 해산물 수출 금지

2375호 (17.9.11)	6차 핵실험 (17.9.3)	대량살상무기(WMD) 및 재래식무기 이중용도 통제 품목 추가 / 기국 동의하 금지품목 의심 선박에 대한 검색 촉구 / 북한 해외노동자에 대한 노동허가 부여 금지 / 대북 유류 공급 제한 / 북한의 섬유 수출 금지
2397호 (17.12.22)	화성-15형 발사 (17.11.29)	영토 및 영해에서 금수품 운송 또는 금지활동 연루 의심 선박 대상 나포, 검색, 억류 / 북한 해외노동자 24개월 내 송환 / 대북 유류 공급 제한 / 북한의 식료품, 농산물, 기계류, 전자기기, 광물 및 토석류, 목재류, 선박 수출 금지 / 대북 산업용 기계류, 운송수단, 철강 및 여타 금속류 수출 금지 / 조업권 거래 금지 명확화

출처: 대한민국 국방부, 『2020 국방백서』(서울: 펜립, 2021), p.292.

    2022년 11월 18일 북한이 화성-17형 대륙간탄도미사일(ICBM)을 시험 발사하면서 다음 단계로 7차 핵실험을 도발할 가능성이 높다고 추측하며 국제사회가 긴장하고 있다.

    화성-17형은 사정거리가 1만5000㎞이며 미국의 뉴욕과 워싱턴DC 등 미국 본토 전역을 타격 가능한 ICBM이라는 것이 입증됐다. 이제 북한은 화성-17형에 탑재하기 위해 소형·경량화된 핵탄두 개발에 온 힘을 쏟을 것이다. 화성-17형은 다탄두 탑재가 가능한 것으로 추측된다. 화성-17형에 만일 3개 이상의 다탄두를 탑재하면 미국의 미사일방어(MD)망을 피할 수도 있다는 것이다.[4]

    소형·경량화된 핵탄두는 단거리 탄도미사일(SRBM)에도 탑재 가능하므로 한국은 직접적인 북핵 위협에 처해 있다. 북한이 7차 핵실험에 성공할 경우 한국만 아니라 조만간 미국 그리고 전 세계 국가들은 북한의 핵 위협에 직면하게 될 것이다.

---

[4] 『문화일보』, 2022년 11월 21일자. "북한, 괴물 ICBM 다음은 '7차 핵실험' … '핵무력선언 5주년' 인 29일에 도발?"

Ⅲ. 북한의 국방비와 핵·미사일 개발 비용

1. 국방비

미국 국무부가 2022년 8월에 발표한 '2021년 세계 군사비 및 무기거래 보고서(WMEAT/2019년 자료 기준)'에 의하면 GDP 대비 군사비 지출 비율에 있어서 북한은 최대 26.4%로, 전 세계 170개국 중에서 가장 높았다.

군사비가 가장 큰 나라는 미국으로 총 7300억 달러를 지출했으며, 미국 GDP의 3.4%이다. 한국은 2.7%, 중국은 1.7%, 일본은 0.9%이다. 보고서는 북한의 군사비 지출을 최대 110억 달러로 추정했으며, 지난 2019년 북한은 국내총생산(GDP)의 1/4 이상을 군사비로 사용했음을 보여줬다.

〈그림1〉 북한의 GDP 대비 군비지출

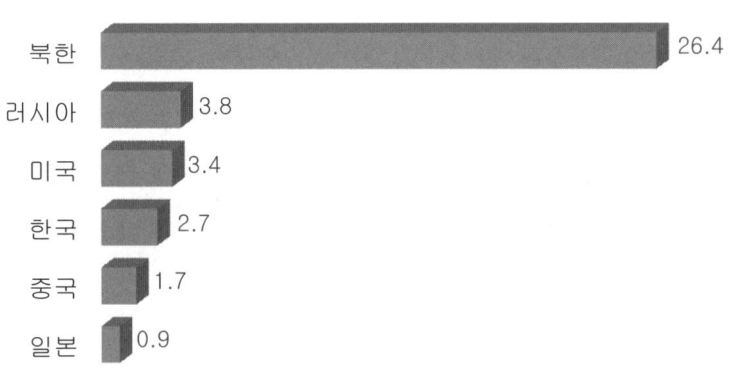

출처: 미 국무부, "2021년 세계 군사비 및 무기거래 보고서(WMEAT)"

〈표3〉 주요국 GDP 대비 군비지출

(단위: 백만 달러)

	국내총생산(GDP)	국방비 지출
북한	16,300	4,310
러시아	1,700,000	65,100
미국	21,400,000	730,000
한국	1,650,000	43,900
중국	14,600,000	254,000
일본	5,080,000	47,600

출처: 미 국무부, "2021년 세계 군사비 및 무기거래 보고서(WMEAT)"

한국국방연구원 성채기 책임연구위원은 '북한 군사경제 실태와 현황' 보고서에서 북한의 실제 군사비는 전체 국가재정의 30%를 상회하는 것으로 추정했다. 성 책임연구위원은 "1972년 이후 북한 공표 군사비의 절반 정도가 은폐됐다", "전체 300개 전후로 추정되는 군수공장들이 8개의 벨트형으로 후방 산악지역에 중점 배치돼 있고 전체 고용인력은 50만 명에 이른다"라고 언급했다.[5]

성 위원의 언급처럼 북한 전문가들은 북한 정권이 통계를 임의로 조절하므로 실제 군사비를 외부에서 정확히 알 수 없다고 한다. 또 북한은 군사국가라는 이미지를 벗어나기 위해 군사비용의 상당 부분을 은폐하고 있는 것으로 알려져 있다. 그래서 북한이 대외적으로 은폐하고 있는 군사비용을 추산해내고 또 실구매력을 반영할 경우 실제 북한 군사비용은 미국 국무부 보고서에서 나온 GDP 대비 최대 26.4%보다 훨씬 더 많을 수 있다는 것이 전문가들의 의견이다.

---

5 『BBC』, 2022년 8월 23일자. "북한 GDP의 25%가 군사비용으로 사용되는 이유"

2. 핵 개발 비용

2022년 12월 8일 통일연구원의 발표에 의하면 북핵 관련 공식 집계가 이루어진 1984년 이후 현재까지 총 183회의 핵 및 미사일 실험이 진행됐다.[6]

정권별로 핵·미사일 도발 횟수를 살펴보면 김일성 정권 8회, 김정일 정권 28회, 김정은 정권 147회로 지난 38년간 전체 발사 중 80.3%가 김정은 정권 때 이뤄졌다. 핵·미사일 최다 도발 연도는 2022년(12월 12일 기준) 39회였으며, 두 번째로는 2016년 25회, 세 번째로는 2014년 18회 순이었다. 가장 빈도수가 높은 3년 모두 김정은 정권 시기이다.

북한의 핵·미사일 개발 비용에 대해서는 발표기관이나 북한 전문가 개인에 따라서 매우 다양한 추정치들이 있을 뿐 아니라 금액의 편차가 크기 때문에 객관적으로 정리하는 데 어려움이 있다.

예를 들면 2012년의 경우 YTN 뉴스는 "북 핵개발 비용 65억 8천만 달러"라고 하였고, 2017년 동아일보는 "북, 핵-미사일개발에 20년간 25억달러 사용"이라고 보도했으며, 최근 2022년 9월 VOA는 "북한 핵 개발 비용 최대 16억 달러...옥수수 부족분 4년치 금액"이라는 제목으로 국책연구기관인 한국국방연구원(KIDA)의 최근 자료를 공개했다. 북한 전문가인 숙명여자대학교 김진무 교수는 "북한이 핵미사일 개발에 매년 20~30억 달러를 지출하는 것으로 추산된다"며 "무기체계들이 다양해지고 고도화되면서 더 많은 자금이 필요할 것"이라고 말했다.[7]

글로벌 반핵단체인 핵무기폐기국제운동(ICAN)은 2022년 6월 공개한 '2021년 글로벌 핵무기 지출' 보고서에서 "북한은 지난해 기준 모두 20기의

---

[6] 통계에는 단·중·장거리미사일, 잠수함발사탄도미사일(SLBM), 순항미사일, 극초음속미사일, 초대형 방사포(KN-25), 신형 대구경조종방사포가 포함됐으며, 한 번에 여러 발을 발사했을 경우에는 1회로 처리했다. 『연합뉴스』, 2022년 12월 8일자. ""북한 미사일 발사 올해가 역대 최다…수위도 높아져""

[7] 『BBC』, 앞의 글.

조립된 핵무기를 보유한 것으로 추산된다", "북한은 지상과 잠수함에서 발사할 수 있는 핵미사일을 개발하고 있다", "북한이 지난해 핵무기 개발 비용으로 6억4200만 달러를 사용한 것으로 추정한다", "이는 북한이 같은 기간 1분마다 1221달러를 핵무기 개발에 썼다는 것을 의미한다"라고 발표했다.[8]

〈표4〉 ICAN이 추정한 핵무장 국가의 2021년 핵무기 비용

국가	비용
북한	6억4200만 달러
미국	442억 달러
중국	117억 달러
러시아	86억 달러
영국	68억 달러
프랑스	59억 달러
인도	23억 달러
이스라엘	12억 달러
파키스탄	11억 달러
총계	824억 달러

출처: ICAN, *2021 Global Nuclear Weapons Spending* (2022).

　ICAN은 북한이 최근 제2의 고난의 행군 시기라고 불리는 심각한 식량난과 경제난 속에서도 2021년에만 핵무기 개발 비용으로 약 6억4200만 달러(약 8285억 원)를 사용한 것으로 추정됐다. 북한을 포함한 미국, 중국, 러시아 등 세계 9개 핵무장 국가들이 2021년 핵무기 개발·배치 등에 지출한 비용은 전체 824억 달러인 것으로 집계됐다.
　ICAN은 핵무기 개발 비용을 비롯한 군사비 지출에 대한 공개적인 정보

8　『문화일보』, 2022년 6월 15일자. "北, 극심한 식량난에도 '핵개발비' 1분당 157만원씩 지출"

가 거의 전무한 북한에 대해서 핵무기 개발 비용을 추정하기 위해 한국 주요 싱크탱크 등의 연구결과를 활용하고 있다. ICAN은 북한이 연간 국민총소득(GNI)의 약 3분의 1을 국방비로 지출한다고 추정하고 있다. 그리고 국방비 중에서 6% 정도를 핵무기 개발 비용으로 사용한 것으로 계산했다.[9]

ICAN이 발표한 자료에 의하면 지난 4년간(2018~2021년) 북한이 핵무기 개발에 들인 비용은 약 25억 달러가 된다.

〈표5〉 북한 핵무기 개발 연간비용

(단위: 달러)

년도	2018	2019	2020	2021	합계
비용	6억	6.2억	6.67억	6.42억	25.29억

출처: ICAN, 위의 책.

북한의 경우 핵 개발 비용도 국가 경제에 큰 비중을 차지하고 있지만, 갈수록 핵무기 유지비용의 부담은 가중될 것으로 보고 있다. 국가안보전략연구원 김보미 부연구위원은 '북한의 핵 무력정책 법제화'를 분석한 연구보고서에서 북한이 선제공격이 가능한 핵 무력 법령을 만들었지만, 핵 태세를 선제타격이 가능한 상태로 항상 유지하려면 이에 상응하는 큰 비용이 발생함으로 체제 불안정 리스크가 생길 것으로 전망하였다.[10]

북한의 국방비와 핵 개발 비용은 정확히 파악할 수 없다. 각 기관과 개인이 나름대로의 근거를 가지고 접근하는 수치를 접할 수 있을 뿐이다. 그러나

---

9 김보미, "북한의 새로운 핵독트린: 최고인민회의 법령 "조선민주주의인민공화국 핵무력정책에 대하여" 분석," 『이슈브리프』, 387호(국가안보전략연구원, 2022), p.8.
10 『VOA』, 2022년 9월 27일자. "한국 국책연구기관 "북한 핵 개발 비용 최대 16억 달러…옥수수 부족분 4년치 금액""

공통적인 것은 국방비는 물론이고 핵 개발 비용이 열악한 북한 경제에 지나치게 큰 규모를 차지한다는 것이고, 이것은 비정상적인 국가 경제 운영임을 볼 수 있다. 더군다나 북한의 핵 무력정책 법제화를 통해 전 세계에 공포했던 것 같이 핵 선제타격 시스템을 항시 운영한다면 북한 경제가 이를 장기간 독자적으로 지탱하기는 매우 어려울 것으로 사료된다.

이와 같은 상황 속에서 북한 정권은 생존과 존속을 위해서 새로운 돌파구를 찾으려고 할 것이고, 이러한 시도들이 한반도는 물론이고 동북아와 미국을 포함한 세계정세를 뒤흔드는 위험변수가 될 수 있을 것이다.

IV. 핵 개발의 기회비용

1. 수출 감소

북한의 1차 핵실험 이후 유엔 안전보장이사회의 대북제재가 구체화 되었고, 특별히 2016년 4차, 5차 그리고 2017년 6차 핵실험 이후 유엔 안보리의 대북제재는 대폭 강화되었다. 2016년부터 유엔 안보리에서는 2270 결의를 통해 북한산 광물에 대해 유엔 회원국들이 수입을 금지하도록 조치했고, 그 이후 계속하여 2321, 2356, 2371, 2375, 2397 결의를 통해 북한의 수출을 금지했다.

이러한 대북수출 금지 조치는 북한의 수출량에 현격한 축소를 야기했고, 이로 인해 북한의 외화수입은 현저하게 감소할 수밖에 없었다. 아래 〈표6〉은 유엔 대북제재가 시작된 2006년부터 2021년까지의 북·중 무역 실적을 보여주고 있다.

⟨표6⟩ 북한의 대중국 교역 실적

(단위:천달러)

	북한수출	북한수입	무역총액	무역수지	중국 점유율[11]
2006	467,718	1,231,886	1,699,604	-764,168	56.7%
2007	581,521	1,392,453	1,973,974	-810,932	67.1%
2008	754,046	2,033,233	2,787,279	-1,279,187	73.0%
2009	793,048	1,887,686	2,680,734	-1,094,638	78.5%
2010	1,187,861	2,277,816	3,465,677	-1,089,955	83.0%
2011	2,464,000	3,165,000	5,629,000	-701,000	89.1%
2012	2,484,699	3,527,843	6,012,542	-1,043,144	88.3%
2013	2,913,624	3,632,909	6,546,533	-719,285	89.1%
2014	2,841,476	4,022,515	6,863,991	-1,181,039	90.2%
2015	2,483,944	3,226,464	5,710,408	-742,520	91.34%
2016	2,634,402	3,422,035	6,056,437	-787,633	92.7%
2017	1,650,663	3,608,031	5,258,694	-1,957,368	94.75%
2018	194,624	2,528,316	2,722,940	-2,333,692	95.76%
2019	215,519	2,878,882	3,094,401	-2,663,363	95.36%
2020	48,001	712,803	760,804	-664,802	88.2%
2021	58,113	623,551	681,664	-565,438	95.6%

출처: KOTRA, 『2021 북한 대외무역 동향』(KOTRA, 2022)

---

11   북한 전체 무역총액 중 중국과의 무역총액이 차지하는 비중

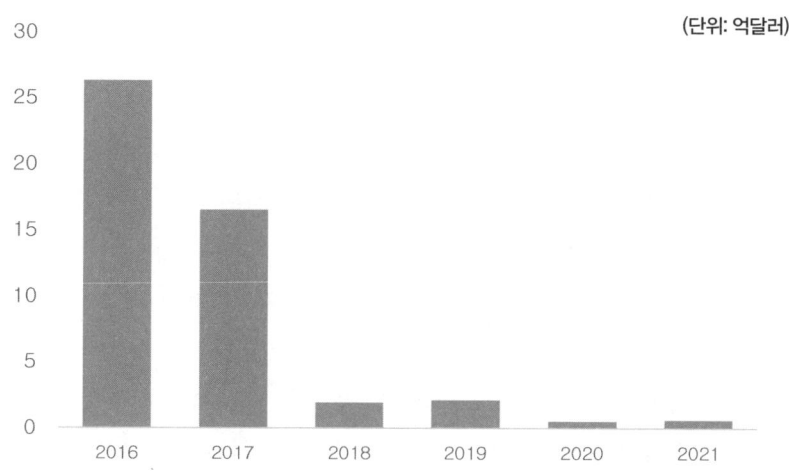

〈그림2〉 북한의 중국 수출

(단위: 억달러)

출처: KOTRA, 『2021 북한 대외무역 동향』(KOTRA, 2022), 저자 재구성

위 〈그림2〉는 유엔의 북한 주요 수출품들에 대한 대북제재가 있기 전인 2016년과 북한 수출에 대해 유엔의 대북제재가 본격적으로 진행되었던 2017년부터 2019년 그리고 코로나19로 국경이 봉쇄되었던 2020~2021년의 북한의 중국 수출 상황을 비교하고 있다. 북한의 중국 수출 통계자료는 KOTRA의 『2021 북한 대외무역 동향』을 사용하였다.

〈그림2〉에서 2016년 북한의 중국 수출액은 26.3억 달러이며 2017년 16.5억 달러, 2018년 1.9억 달러, 2019년 2.2억 달러, 그리고 2020년과 2021년 각각 0.5억 달러, 0.6억 달러로 급감하였다. 앞에서 살펴본 바와 같이 2016년과 2017년에 실행된 유엔 안보리의 대북제재로 북한의 2018년, 2019년 중국 수출 평균치는 약 3억 달러로 2016년에 비해 1/13까지 축소되었다. 그런데 설상가상으로 2020년과 2021년은 코로나19로 북·중 국경이 전면 폐쇄되면서 북한의 중국 수출액은 약 5, 6천만 달러로 급락하였다.

핵 개발로 인한 북한의 대중 수출 감소액을 살펴본다면 비교적 유엔 대북제재의 영향을 받지 않았다고 보는 2016년 26.3억 달러를 기준으로 볼 때 2017년에는 9.8억 달러가 축소되었고, 2018년은 24.4억 달러, 2019년은 24.2억 달러가 각각 축소되었다. 유엔 대북제재로 인한 3개년(2017~2019년) 동안에 축소된 대중 수출의 누적액은 총 58.4억 달러이다. (2020년과 2021년에는 코로나19로 인한 북·중 국경폐쇄에 따른 수출 감소 효과도 포함되어 있기 때문에 계산에서 배제하였음) 그리고 유엔 대북제재가 충분히 효과를 내기 시작한 2018년부터는 한 해에 약 24억 달러 이상 수출총액이 축소된 것을 볼 수 있다. 코로나19 효과는 향후 사라지겠지만, 유엔 대북제재 효과는 계속 유지되고 있다는 점에서 해마다 북한이 치러야 하는 핵 개발의 기회비용은 2018, 2019년을 기준으로 볼 때 매년 약 24억 달러 이상이 될 수 있다.

2017년 이후부터 북한의 세계무역총액 중 중국과의 무역총액이 차지하는 비중이 약 95%에 달하므로 북·중 무역에서의 수출 축소액은 북한 전체 수출의 축소액과 큰 차이가 없다. 2022년 북한 정부의 한 해 예산이 약 92억 달러인 것을 감안할 때 이것은 북한 경제에 있어서 매우 큰 손실임을 볼 수 있다. 북한 핵 개발에 대한 대표적인 기회비용 중의 하나가 북한의 수출 축소와 이에 따른 외화획득에서의 손실이다.

2. 해외노동자 파견 금지에 따른 외화벌이 축소

북한 정부가 외화획득을 목적으로 전 세계에 파견했던 북한 노동자의 규모와 이를 통해 벌어들인 외화의 총액을 아는 것은 매우 어렵다. 왜냐하면 북한이 공식적으로 통계를 발표하지 않기 때문이다. 해외의 각종 노동 현장에서 심각한 인권유린 사태들이 발생하고 있기 때문에 대부분의 경우 드러내지 않고 노동자들을 해외에 파견하며 그들의 임금 대부분을 착취하는 상황이다. 북한의 5차 핵실험 이후 2017년 유엔에서는 본격적인 북한 해외노동자에 대한 규제가 시작됐고, 유엔 안보리 2397호 결의에서는 북한 해외노동자들을 2019년 12월까지 송환하는 것으로 조치했다.

유엔 규제가 시작되기 전인 2016년까지 몇 명의 북한 노동자들이 해외에서 일했는지는 정확히 알 수 없다. 2013년 외교부가 국회에 제출한 자료에서 북한의 해외노동자 규모는 약 4만 6천 명이었고, 2015년 9월 통일연구원이 주최한 국회 세미나에서 발표된 자료에는 약 12만 명으로 추산하였다. 인원 수에서도 큰 편차가 있지만, 외화획득의 규모에 있어서도 작게는 약 2억 달러에서부터 크게는 약 23억 달러까지 추정치가 다양하다.[12]

2016년 "북한 노동자 외국 파견 정책의 추이와 전망"에서 발표된 국가별 파견된 북한 노동자 수는 아래의 〈표7〉와 같다.[13]

〈표7〉 국가별 파견된 북한 노동자 수

(단위: 명)

국가 및 대륙명		파견 노동자 수(명)
1)중국		70,000
2)러시아		30,000
3)중동		9,100
	①쿠웨이트	5,000
	②아랍에미리트	2,000
	③카타르	1,800
	④오만	300
4)아시아 (중국 제외)		3,500
	①몽골	3,000
	②말레이시아	300
	③미얀마	200
5)유럽		2,000

---

12 이용희, "북한 노동자 외국 파견 정책의 추이와 전망," 『국제통상연구』 21권4호(서울: 한국국제통상학회, 2016), p.133.
13 이용희, 위의 글, p.117.

	①독일	1,500
	②폴란드	500
6)아프리카		2,000
	①앙골라	1,000
	②리비아	300
	③나이지리아	200
	④알제리	200
	⑤적도기니	200
	⑥에티오피아	100
		총계:116,600

그러나 〈표7〉도 모든 북한 해외노동자들을 포함한 것은 아니다. 아시아의 경우 태국, 캄보디아, 베트남 등 북한 식당들이 운영되고 있었고 여기에 파견된 해외노동자들이 있었지만, 그들은 정확한 숫자가 규명되지 않아 통계에서 빠졌다. 그래서 보편적으로 유엔의 해외 북한 노동자들의 규제가 있기 전까지 약 12만 명 정도로 보는 것이 유력하다.

유엔 결의안 2397호가 시행됨에 따라 2019년 12월 22일로 북한 해외노동자들의 본국 송환시한이 마감됐다. 2020년 12월 16일 기준으로 유엔 대북제재위원회에 제출된 보고서에 의하면 해외 북한 노동자 33,183명 가운데 23,267명이 송환되고, 11,644명이 체류하는 것으로 나타났다. 이 중에서 러시아 체류 인원이 30,023명이었으며, 18,533명이 철수한 것으로 보고됐다. 그러나 5만 명이 넘는 북한 노동자들이 체류 됐다고 추정되는 중국 같은 경우에는 보고서 내용을 공개하지 않아 정확한 집계를 할 수 없었다.[14] 현재 몇 명의 해외 북한 노동자가 불법으로 외화벌이를 하고 있는지 정확히 알기는 어렵다.

---

14   김명성, "북한 해외파견 노동자 송환 실태와 전망," 『북한』, 578호(북한연구소, 2020), p.52,53.

2022년 미국 국무부의 '인신매매 실태 보고서'에 의하면 유엔 대북제재 결의안에 반해 16개 나라에서 북한 노동자들을 고용한 것이 밝혀졌다. 중국과 러시아를 포함한 16개 국가가 북한 노동자를 현지 고용한 사실이 '인신매매 실태 보고서'에 발표됐다. 미 국무부는 해외에서 일하는 북한 노동자들을 '인신매매 피해자'로 규정하고 있다. '북한 해외 노동자'로 지목된 국가는 모두 16개[15]이다.

2020년부터 얼마나 많은 해외 북한 노동자가 외화벌이를 했는지 정확히 알기는 어렵다. 하지만 중국과 러시아를 제외하고는 소규모로 북한 노동자들이 해외에서 일하고 있는 것으로 추정된다.

러시아의 경우 2019년 한 해 동안 북한인에게 취업이 아닌 학생 비자와 관광비자 발급 건수가 전년 대비 6배 급증한 것으로 나타났다.

러시아 내무부 자료에 의하면, 유엔 대북제재결의안 2397호가 채택되기 전인 2017년에는 러시아가 북한인에게 관광비자와 학생 비자를 발급한 전체 비자 수는 약 1천700건에 불과했었다. 그러나 2018년에 북한인들에게 교육과 관광 목적으로 발급한 비자는 4천645건으로 약 3천 건이 증가하였고, 1년이 지난 2019년에는 약 2만7천 건으로 2018년에 비해 무려 2만2천400여 건이나 증가했다. 특히 유엔 안보리가 정한 북한 노동자 송환 마감 시한인 2019년 12월 22일 전까지 북한인에 대한 학생 및 관광비자 발급이 급증했다.

미국 코리아소사이어티의 스티븐 노퍼 선임연구원은 "러시아와 함께 아마 중국도 제재를 회피하기 위한 방법으로 북한인에 대한 노동 비자를 학생 비자나 관광비자로 변경하고 있을 것"이라고 말했다.[16]

위 기사에서 볼 수 있듯이 러시아와 중국은 북한 해외근로자들이 계속 잔

---

15 16개국 명단 – 아시아(3개): 중국, 인도네시아, 라오스/ 아프리카(9개): 알제리, 베냉, 카메룬, 적도기니, 기니, 모잠비크, 콩고 공화국, 남수단, 탄자니아/ 중동(2개): 이란, 시리아 /유럽(2개): 러시아, 그루지야 내 자치국가인 압하지야. 출처: 『남북경협뉴스』, 2022년 7월 20일자, "16개국서 북한 노동자 고용 … 아프리카는 중국 일대일로 작업장서 노동"

16 『서울평양뉴스』, 2020년 1월 26일자. "러시아, 지난해 대북 관광 학생 비자발급 2만 7천건…'전년 동기 대비 6배 증가'"

류할 수 있도록 취업 비자가 아닌 관광, 교육 등의 비자를 발급하고 있다.

북한 전문가들은 러시아에 약 2만 명 이상, 중국에는 약 3만 명 이상 북한 노동자들이 일하고 있는 것으로 추정한다. 그 외에 여러 나라에서 소규모로 일하고 있는 북한의 해외노동자들을 다 합친다면 약 6만 명 정도로 추산할 수 있다.

유엔 대북제재결의안 이전에 약 12만 명 정도의 북한 노동자들이 해외에서 일했고 2020년 이후에 약 6만 명 규모로 축소되었으며 또 북한 노동자 한 명이 평균 일 년에 만 불씩 외화획득을 했다고 가정할 경우, 유엔 대북제재 이전에는 해마다 12억 달러를 벌었다가 유엔 대북제재 이후에는 6억 달러로 감소했음을 보게 된다. 즉 1년에 약 6억 달러의 손실이 발생했다고 볼 수 있으며, 이것이 해마다 이어지고 있다.

그러므로 북한의 핵 개발로 인한 대표적인 기회비용 중의 하나는 해외 북한 근로자들을 통한 외화수입 감소이며, 해마다 약 6억 달러씩 손실이 축적되고 있다고 추정할 수 있다.

3. 기아 사태

올해 전체 북한 주민의 68.6%가 식량 부족을 겪을 것이라고 미국 농무부가 추산했다. 미국 농무부 경제조사서비스의 '국제 식량안보 평가 2022~2032' 보고서 발표에 의하면, 올해 북한 인구 2천600만 명 중 1천780만 명(68.6%)이 식량 부족에 노출될 것으로 전망했다. 이는 2021년보다 150만 명 증가했으며, 2020년과 비교하면 250만 명 늘어났다.

성인이 건강한 생활을 위해 하루에 필요로 하는 열량 2천100kcal보다 475kcal 적은 1천625kcal가 올해 북한 성인들의 평균 하루 섭취 열량이 될 것으로 보았다. 또 올해 북한의 식량 부족량은 약 121만톤으로 전년도의 104만

톤보다 17만톤이 증가했다고 발표했다.[17]

북한에 있어서 식량 문제는 1990년대 중반부터 만성적인 문제가 되었다. 1994년 김일성 사망 이후 북한에서는 주민들에 대한 식량 공급을 중단하였고, 이로 인해 1995년부터 1997년까지 이른바 '고난의 행군' 시기에는 수많은 사람들이 굶어 죽는 한민족 역사상 초유의 사태가 벌어졌다. 북한 내부의 일이라 정확한 통계를 추정하기 어렵다. 한국으로 망명한 북한노동당 서열 3위였던 황장엽 씨는 2004년 "북한은 지난 90년대만 해도 약 350만 명이 굶어 죽을 정도로 경제가 파산 상태며 주민들에게는 정치, 언론, 종교는 물론 정신적 자유마저도 없다"라고 강연했다.[18]

북한에서 핵 시설은 1986년부터 가동되었고, 1990년대 중반부터 활성화되었다고 할 수 있다. 그래서 1994년 클린턴 정부 때는 영변 핵 시설을 미국에서 선제타격하는 것에 대한 의견이 나올 정도였다고 한다. 수많은 사람이 굶어 죽었던 고난의 행군 시기(1995~1997)에도 북한의 핵 개발은 멈추지 않았다. 위에서 언급된 것같이 엄청난 금액의 핵 개발 비용이 북한 주민들의 생존을 위하여 식량비로 지출되었더라면 대규모의 아사 사태는 발생하지 않았을 것이다.

2010/11년부터 2021/22년까지 북한 식량 부족분의 총계는 약 521만톤이며, 이를 평균 내면 매년 약 43만 4천톤의 식량이 부족하다.[19] 그런데 2022년의 경우 농사가 대흉작인지라 121만톤이 부족한 상황이다. 이 같은 상황 속에서 북한 전문 미디어 매체인 데일리NK나 주요 뉴스들에서는 올해 들어 북한에서 아사자들이 발생하고 있다는 기사들이 계속 보도되고 있다. 〈표8〉는 최근 7개월간 아사자 관련된 북한 기사 제목들을 정리하였다.

---

17 『VOA』, 2022년 9월 17일자. "미 농무부 '북한 주민 10명 중 7명 식량 부족…올해 부족량 121만t'"
18 『매일신문』, 2004년 3월 12일자. "황장엽씨 영주서 통일강연회"
19 최용호, "북한 식량 수급의 변화와 함의", 『보건복지포럼』 제310호(서울: 한국보건사회연구원, 2022), p.27.

〈표8〉 최근 7개월간 아사자 관련된 북한 기사 목록

기사 제목	언론사	보도일
[단독]"신의주에서만 5월 들어 400명이나 사망했다"	시사주간	22.05.23
곳곳서 굶주림에 쓰러진 주민 세대 발생한 혜산시, 봉쇄 완화	데일리NK	22.05.26
아사자 발생해도 '속수무책'…회령선 시신 한데 모아 화장	데일리NK	22.06.07.
수인성 질병으로 북 노인, 어린이 사망자 늘어	RFA	22.07.11
굶어 죽고, 쓰레기 뒤져 먹다 죽고…"김정은 보고 있나"	RFA	22.07.12
식량값 비싸 아사 위기 처한 북 주민 "차라리 전쟁이나" 분노	RFA	22.07.13
4번째 시신 둥둥…北 아사 속출 사태 조짐	채널A	22.07.25
北 고난의 행군 재연되나…"굶어죽는 사람들 속출"	서울경제	22.07.25
"고난의 행군 다시 왔다"… 北, 굶어죽는 사람들 속출	조선일보	22.07.25
군수공장 밀집한 자강도도 식량난 심각…아사자 발생하기도	데일리NK	22.08.03.
"감옥서 암매장되는 北 수감자들…영양실조로 사망자 급증" 주장 나와	서울신문	22.09.07
미 농무부 "북한 주민 10명 중 7명 식량 부족…올해 부족량 121만"	VOA	22.09.17.
질병·생활고로 사망하는 주민 속출…돈주들도 절량세대로 전락	데일리NK	22.09.19
유엔 특별보고관 "북한 어린이들, 코로나 이후 영양실조 악화"	YTN	22.10.15
굶주림의 비극이 또…식량난 시달리던 3인 가족 숨진 채 발견	데일리NK	22.12.07
생계난 맞닥뜨린 20대 청년, 제대 두 달 만에 극단적 선택	데일리NK	22.12.12
北 도시 곳곳에 꽃제비 증가…제2의 '고난의 행군' 오나	데일리NK	22.12.12

  정상적인 정부라면 주민들의 아사 사태를 막기 위해 식량 부족분을 수입하고자 할 것이다. 2022년 미국 옥수수 선물가격은 옥수수 1톤당 172달러이다. 만약에 2022년도 부족한 121만톤을 미국 옥수수 선물가격으로 구입할 경우 약 2억8백만 달러를 지출하면 된다. 이 금액은 앞에서 보았듯이 ICAN에서 추정한 2021년 북한의 핵 개발 비용인 6억4200만 달러의 1/3도 되지 않

는 금액이다. 그럼에도 불구하고 북한 정부는 계속해서 핵 개발을 하고 미사일을 발사하면서도 주민들에게 식량을 배급해주지 않아 주민들이 '제2의 고난의 행군' 시기를 통과하면서 죽어가고 있다.

북한의 핵 개발 비용으로 인해 발생하는 기회비용 중 가장 심각한 것은 북한 주민들의 대규모 아사 사태라고 할 수 있다. 1990년대 중후반 고난의 행군 시기에 수많은 북한 주민들이 굶어 죽었을 때도 북한은 핵 개발과 군사비 지출을 멈추지 않았고, 2021년, 2022년 대흉작을 맞아서 북한 주민들이 또다시 굶어 죽어가는 상황 속에서도 핵과 미사일 무력도발은 계속 진행되고 있다.

4. 민심 이반

1990년대 중반부터 본격적으로 북한의 핵 개발이 지속되었고, 해마다 큰 비용이 지출되었다. 북한 정권은 국민들이 굶어 죽는 상황 속에서도 군사비와 핵 개발 비용을 우선적으로 지출하였다. 이러한 상황이 계속되고 장마당을 통해 남한의 정보와 한류를 접하면서 북한 주민의 마음이 북한 정권으로부터 떠나기 시작했음을 알 수 있다. 그것을 체감할 수 있는 것은 강동완 교수의 설문조사 자료이다.

강동완 교수는 2014년 중국 현지에서 북한 주민 100명을 직접 면접하여 설문조사를 시행했다. 이 설문조사는 면접 대상자들이 탈북민들이 아닌 북한 주민들이다. 이들은 중국에 합법적으로 비자를 받고 입국해서 중국 내의 친지 방문이나 사업을 위해 체류 중인 북한 시민권자들이다. 많은 설문조사 내용이 있지만 4개의 설문을 선택하여 그 결과를 아래와 같이 정리하였다.

〈표9〉 귀하는 사회주의 경제(계획경제)와 자본주의 경제(시장경제, 개인소유경제) 중 어느 것을 더 지지하십니까?

자본주의 경제 훨씬 더 지지	60명 (60%)
자본주의 경제 약간 더 지지	9명 (9%)

두 가지 모두 비슷하게 지지	11명 (11%)
사회주의 경제 훨씬 더 지지	11명 (11%)
사회주의 경제 약간 더 지지	9명 (9%)
합 계	100명 (100%)

강동완 · 박정란, "김정은 시대 북한사회 변화 실태 및 북한주민 의식조사", 『북한학보』, (북한학회, 2014), p.120. 저자 재구성.

　설문 대상이 중국에 비자를 받고 올 수 있을 만큼 안정된 생활을 하는 북한 시민권자들이라고 생각할 때 이들의 자본주의 경제 선호도가 무려 69% (훨씬 더 지지 60% & 약간 더 지지 9%)이며, 사회주의 경제 선호도는 20% (훨씬 더 지지 11% & 약간 더 지지 9%)에 불과한 것은 북한의 상황을 이해함에 있어서 중요한 자료이다. 정상적인 북한 주민들 가운데 10명 중 7명이 자본주의 시장경제와 개인소유 경제를 지지한다면 이는 북한 주민들이 북한의 현 사회주의 경제체제에 대해서 불신하고 있다는 것을 보여준다.

　"통일이 필요한가?"라는 질문에 100명 중 95명(95%)이 통일이 필요하다고 응답했다. 그래서 통일이 필요하다고 응답한 95명에게 다시 "통일이 왜 필요한가?"라는 설문조사를 했고 이에 대한 응답은 아래 〈표10〉와 같다.

〈표10〉 통일이 필요한 이유

경제적으로 더 발전하기 위해서	48명 (50.5%)
같은 민족끼리 재결합해야 하니깐	24명 (25.3%)
남북한 주민의 삶 개선을 위해서	16명 (16.8%)
이산가족의 고통을 해소하기 위해서	6명 (6.3%)
남북한 간에 전쟁을 방지하기 위해서	1명 (1.1%)
합 계	95명 (100%)

강동완 · 박정란, 『사람과 사람: 김정은 시대 '북조선 인민'을 만나다』, (부산: 너나드리, 2015), p.34. 저자 재구성.

위 〈표10〉의 설문대상이 탈북민이 아닌 정상적이고 안정적인 생활을 하고 있는 북한 주민임을 감안할 때 95%가 통일을 원한다는 것은 아주 높은 비율이다. 그리고 〈표10〉을 볼 때 '경제적으로 더 발전하기 위해서(50.5%)'가 북한 주민들이 통일을 바라는 가장 큰 이유이다. 북한 주민들에게 가장 절실한 것은 국민들이 잘살 수 있는 경제 발전이라고 볼 수 있다. 두 번째로 25.3%가 민족끼리의 재결합을 통일의 이유로 대답했다. 세 번째로 남북한 주민의 삶 개선을 위해서라고 답한 사람은 16.8%이다. 주민의 삶 개선은 민생이 나아지는 것이라고 간주할 수 있으므로 첫 번째 경제적인 발전과도 같은 맥락이라고 볼 수 있다. 즉, 주민들이 잘살기 위해서 통일을 해야 된다는 의견이 50.5%와 16.8%를 합친 67.3%라고 할 수 있다. 설문에 응한 북한 주민들의 2/3 이상이 더 잘살기 위해서 통일을 바란다는 것이다. 반면에 남북한 전쟁 방지를 통일의 이유로 답한 사람은 1.1%(1명)에 불과했다.

〈표11〉 통일조국은 어떤 체제가 되어야 하는지

남한체제로 단일화	34명 (34%)
남북한의 체제를 절충한다.	26명 (26%)
통일이 이루어지기만 하면 어떤 체제든 상관없다.	24명 (24%)
통일 이후에도 남북한 두 체제를 각기 유지한다.	8명 (8%)
북한체제로 단일화한다.	7명 (7%)
모름	1명 (1%)
합 계	100명 (100%)

강동완·박정란, 위의 책, p.133. 저자 재구성.

이번 설문에서 북한 주민들의 마음을 잘 보여주는 것은 통일조국의 체제에 대한 응답이다. 중국의 비자를 발급받아 나올 정도의 정상적인 생활을 하는 북한 주민들이 북한체제를 선호(7%)하기보다는 남한체제를 선호(34%)한다는 것이다. 특별히 북한체제를 선호하는 경우가 10명 중 1명도 채 안 되는 것은 북한의 현 정권에 대해 민심이 돌아섰다는 것을 보여주고 있다.

〈표12〉 통일 이후의 거주지

북한에서 살 것이다.	41명 (41.4%)
남한에서 살 것이다.	32명 (32.3%)
남쪽이든 북쪽이든 처한 상황에 따라 선택할 것이다.	23명 (23.2%)
외국에 나가 살 것이다.	3명 (3.1%)
합 계	99명 (100%)

강동완 · 박정란, 위의 책, p.119. 저자 재구성.

〈표12〉에 의하면 현재 중국에 체류 중인 북한 시민권자 100명을 대상으로 통일된 이후의 거주지를 묻는 질문에서 32.3%가 남한에서 살겠다고 응답했고, 23.2%는 상황에 따라 남한 혹은 북한을 선택하겠다고 했다. 이 설문대로라면 통일 이후에 북한에서 남한으로 이주하기를 희망하는 사람들은 32.3~55.5%가 될 수 있다. 장마당을 통하여 자본주의 시장경제를 경험했고 또 시장에서 얻은 정보와 함께 한류를 통해 북한 주민들은 남한에 대해 이미 많은 지식을 갖고 있는 상황이므로 통일 이후의 거주지에 대해서도 남한을 선택하는 사람들이 상당히 많음을 보여주고 있다.

위 4가지 설문조사 결과에 의하면 첫째, 북한 주민들은 경제 방식에 있어서 사회주의 경제보다는 시장경제를 선호하고, 둘째, 통일조국의 체제도 북한체제보다는 남한체제를 선호하고, 셋째, 대다수가 통일을 원하지만 그 이유는 잘살기 위함이라는 것을 알 수 있다.

이러한 결과에서 보듯이 북한 주민들은 북한의 현 체제와 정권에 등을 돌렸다고 볼 수 있다. 그것은 북한 정권이 주민들의 생존과 민생보다 과도한 군사비 지출과 핵무기 개발을 더 우선한 것에 관한 결과라고 여겨진다. 따라서 핵무기 개발에 대한 기회비용 중의 하나는 '북한 주민들의 민심 이반'이라고 할 수 있다.

V. 맺음말

　미 국방정보국(DIA)은 "북한은 우월한 미군과 한국군의 전략을 억제하기 위한 최선의 정책으로써 핵무기 개발을 시도한 것"이라고 말했다.[20]
　북한의 핵 개발 목적은 첫째 핵 개발을 통해 대남군사력의 절대적 우위 확보, 둘째 체제 유지를 위한 수단, 셋째 핵 카드를 이용하여 미국의 개입을 제한하고 더 나아가 주한미군 철수를 유도, 넷째 남한을 협박함으로 경제적 지원을 받아내고 유사시에는 남한 적화를 위한 수단으로 사용하기 위함이라고 볼 수 있다.
　미국은 1990년대부터 지금까지 약 30년 동안 북한의 핵무기 개발을 저지하려고 했지만, 번번이 실패했다. 클린턴, 부시, 오바마, 트럼프, 바이든 행정부에 이르기까지 북한이 계속해서 핵 협상을 하며 씨름했지만, 북한의 대외 협상술을 간파하지 못함으로 많은 경우 북한의 필요만을 채워주고 끝났다.
　이 논문은 북한의 핵 개발 실태를 조사하고, 무리하고 부당한 핵 개발로 인한 부작용을 기회비용이라는 차원에서 정리하였다. 1990년대부터 북한 정권은 북한 주민들의 대규모 아사 사태 중에도 이를 무시하고 핵 개발을 진행했으며 제2의 고난의 행군 시기라고 불리는 최근에도 강행하고 있다. 이에 따라 수많은 북한 동포들이 기아로 죽어갔고, 지금도 굶어 죽어가고 있다는 뉴스들이 빈번하게 전해지고 있다.
　무모한 핵 개발로 인해 북한은 국제사회에서 제재를 받고 경제적으로 더

20　이용희, 앞의 책, p.138.

욱 어려운 상황을 자초하고 있다. 대북제재 속에서 북한 경제는 갈수록 경제는 더욱 어려워질 것이고, 민생을 돌보지 않는 정권인지라 다수의 민심은 이반됐다고 볼 수 있다.

손자병법에 지피지기면 백전불태(知彼知己百戰不殆)라는 말이 있다. "상대를 알고 나를 알면 백 번 싸워도 위태롭지 않다는 뜻으로, 상대편과 나의 약점과 강점을 충분히 알고 승산이 있을 때 싸움에 임하면 이길 수 있다는 말."이다.[21] 북한은 핵 개발에 있어서 거의 마지막 지점까지 이르렀다. 이제 핵탄두를 소형·경량화하면 전 세계를 위협할 수 있는 상황이 된다. 마지막 시점을 앞두고 한국, 미국, 유엔 등 북핵 관련 국가들과 국제사회는 합당한 대응을 위해 전략과 힘을 모아야 할 것이다.

본 논문에서 살펴본 북한의 핵 개발에 대한 기회비용은 앞으로 한국과 국제사회가 함께 북한의 핵·미사일 무력도발에 대응하기 위한 좋은 착안점이 되기를 바란다. 북한의 강점과 약점을 바로 알고 동시에 우리의 강점과 약점도 바로 알 때, 북한과의 핵 협상이나 북한의 계속되는 무력도발에 대해 합당하게 대처하고 최선의 결과를 도출할 수 있을 것이다.

---

21 두산백과, "지피지기 백전불태," http://www.doopedia.co.kr (검색일: 2022.12.04.).

참고문헌

강동완·박정란,『사람과 사람: 김정은 시대 '북조선 인민'을 만나다』, 부산: 너나드리, 2015.
_____, "김정은 시대 북한사회 변화 실태 및 북한주민 의식조사,"『북한학보』, 서울: 북한학회, 2014.
김명성, "북한 해외파견 노동자 송환 실태와 전망,"『북한』, 서울: 북한연구소, 2020.
김보미, "북한의 새로운 핵독트린: 최고인민회의 법령 "조선민주주의인민공화국 핵무력정책에 대하여" 분석,"『이슈브리프』, 서울: 국가안보전략연구원, 2022.
_____, "북한 핵프로그램의 시작과 성장: 1950-1960년대를 중심으로,"『통일정책연구』, 서울: 통일연구원, 2019.
김석진, "북한의 제재회피 실태와 그 경제적 의미,"『온라인시리즈』, 서울: 통일연구원, 2021.
김재한, "대북 인식의 정권-주민 이원론,"『통일전략』, 제20권 제1호, 서울: 한국통일전략학회, 2020.
김창희, "김정은의 정치리더십에 관한 연구,"『통일전략』, 제17권 제2호, 서울: 한국통일전략학회, 2017.
대한민국 국방부,『2020 국방백서』, 서울: 펜립, 2021.
박광득, "북한의 제7차 노동당대회 이후 북핵문제와 한반도 통일에 관한 연구,"『통일전략』, 제16권 제3호, 서울: 한국통일전략학회, 2016.
박지연, "국제사회의 북한에 대한 경제외교술(Economic Statecrafts) 탐색,"『통일전략』, 제19권 제1호, 서울: 한국통일전략학회, 2019.
이석 외, "대북제재의 영향력과 북한의 경제적 미래," 세종: 한국개발연구원, 2021.
이용희, "북한 코로나19의 실태와 북중 무역에 미친 영향,"『통일전략』, 서울: 한국통일전략학회, 2021.
_____,『북한 바로 알기』, 서울: 자유와생명, 2018.
_____, "북한 노동자 외국 파견 정책의 추이와 전망,"『국제통상연구』, 서울: 한국국제통상학회, 2016.
임수호·김성배·이기동, "북한의 주요 불법거래 수입 추정: 2017~2021년의 시기를 중심으로," 서울: 국가안보전략연구원, 2022.
임을출, "대북 제재의 이행평가와 북한 경제에 미친 영향-유엔 안보리 결의 2270, 2321호를 중심으로," 『통일연구』, 연세대학교 통일연구원, 2017.
장형수 · 김석진, "북한의 외화수급 및 외화보유액 추정과 북 · 미 비핵화 협상에 대한 시사점," 『현대북한연구』, 서울: 북한대학원대학교, 2019.
정경환, "한반도평화체제 구축문제와 대북협상전략의 방향," 『통일전략』, 제18권 제2호, 서울: 한국통일전략학회, 2018.
최용호, "북한 식량 수급의 변화와 함의," 『보건복지포럼』, 서울: 한국보건사회연구원, 2022.
하상섭, "국제사회 극체제 변화 속 북한 국방력 강화가 북한 안보-경제 메커니즘에 미치는 영향," 『한국시스템다이내믹스연구』, 서울: 한국시스템다이내믹스학회, 2022.

KOTRA, 『2021 북한 대외무역 동향』(KOTRA, 2022)
미 국무부, 2021 World Military Expenditures and Arms Transfers, 2021.
ICAN, 2021 Global Nuclear Weapons Spending 2022.

『두산백과』, "지피지기 백전불태," http://www.doopedia.co.kr (검색일: 2022.12.04.).

『남북경협뉴스』, 2022년 7월 20일자.
『매일신문』, 2004년 3월 12일자.
『문화일보』, 2022년 11월 21일자.
_____, 2022년 6월 15일자.
『서울평양뉴스』, 2020년 1월 26일자.
『연합뉴스』, 2022년 12월 8일자.
『BBC』, 2022년 8월 23일자.
『VOA』, 2022년 9월 27일자.
_____, 2022년 9월 17일자.

Abstract

A Study on North Korea's Nuclear Development Status and Opportunity Cost

North Korea has developed nuclear power since it signed an agreement with the Soviet Union for nuclear power development in 1959. North Korea conducted its first nuclear test in 2005 and carried out a total of six nuclear tests by 2017. Whenever North Korea conducted a nuclear test, the UN Security Council resolved sanctions against North Korea, and in particular, the UN Security Council sanctions against North Korea were strongly resolved in 2016 and 2017, which severely damaged the North Korean economy. This study explains the process of North Korea's nuclear development and summarizes the UN Security Council resolutions against North Korea for North Korea's six nuclear tests. North Korea's defense budget and nuclear missile development costs were investigated. Opportunity costs of nuclear development include: 1. Decreased exports in trade, 2. Decreased foreign currency earning through North Korean workers overseas, 3. Starvation and hunger amid chronic food shortages. The occurrence of starvation, 4. Research on North Korean residents' dissatisfaction with the North Korean regime. The purpose of North Korea's nuclear development was explained, and it was mentioned that the response of South Korea, the United States, and the international community to deter North Korea's nuclear program ended in failure. Lastly, by studying the opportunity cost of North Korea's reckless nuclear development, it was suggested that the countries related to the North Korean nuclear issue make a reasonable response in solidarity.

[Key Words]

North Korea, nuclear development, opportunity cost, UN resolution on sanctions against North Korea, response to North Korean nuclear issue

통일한국의 저출산·고령화 대책을 위한 제언

Ⅰ. 머리말
Ⅱ. 남북한 저출산·고령화 실황
Ⅲ. 통일한국의 저출산 고령화 (독일통일 사례 분석)
Ⅳ. 통일한국의 저출산 고령화 대책을 위한 제언
Ⅴ. 맺음말

국문요약

　　남한은 전 세계에서 합계출산율 최하위 국가이며, 인구 고령화는 전 세계에서 가장 빠르게 진행되는 나라이다. 북한은 최빈국에 속하면서도 다른 최빈국 국가들과 비교할 때 저출산·고령화의 문제가 심각한 나라이다. 본 연구는 남한과 북한의 저출산·고령화 실황을 각각 설명하였다. 또 남북한이 통일할 때 두 나라 공동의 과제인 저출산·고령화의 문제를 바르게 대처할 수 있도록 동서독 통일의 사례를 비교 연구하였다. 그리고 통일 이후 저출산·고령화 대책을 위한 현실적 제언을 하였다. 남북한이 통일되면서 북한에서 남한으로의 대규모 인구이동을 막기 위해서는, 통일 직후 남한 정부는 북한 전 지역에서 주민들을 위한 의식주의 기본 생활을 보장해야 한다. 이와 함께 남북한 경제협력을 통해 북한 내에서 충분한 일자리가 창출되도록 해야 할 것이다. 그래서 북한의 주민들이 일자리를 찾아 대거 남한으로 이동하는 것이 아니라 북한 내에서 일자리를 찾을 수 있도록 미리 기획하고 준비하여야 한다. 통일한국 국가전략을 수립함에 있어서도 가장 심각하면서도 중요한 주제인 인구 문제가 최우선으로 반영될 수 있도록 노력해야 한다.

[주제어]

저출산·고령화, 합계출산율, 통일한국 인구 문제, 통일독일 인구 문제, 저출산·고령화 대책

* 2021년 4월 〈통일전략〉 제 21권 4호에 실린 논문.

I. 머리말

남한은 전 세계에서 합계출산율[1] 최하위 국가이며, 인구 고령화는 전 세계에서 가장 빠르게 진행되는 나라이다. 남한의 저출산 문제는 어제오늘의 이야기가 아니다. 합계출산율이 2.1명 이하이면 '저출산 국가'라고 부르고, 1.3명 이하이면 '초저출산 국가'라고 한다. 남한은 1983년 합계출산율 2.03명으로 저출산 국가가 되었고, 2002년부터는 합계출산율이 더 하락해 1.18명으로 초저출산 국가가 되었다. 합계출산율이 1.3명일 경우 매년 인구가 1.6%씩 줄어들어서 43년 후에는 인구가 절반으로 감소한다. 2020년 남한의 합계출산율은 0.84명으로 세계 최하위인데, 서울의 경우 합계출산율이 0.64명을 기록하여 더 심각한 상황을 보여주고 있다.[2]

세계은행의 분류에 의하면 북한은 최빈국에 속한다. 그러나 다른 최빈국 국가들과 비교할 때 저출산·고령화의 문제가 매우 심각한 나라이다. UN통계에 의하면 북한은 1995년경부터 합계출산율이 2.1명이 안 되어 저출산 국가가 되었다. 이러한 합계출산율은 최빈국의 다른 국가들과 비교할 때 현저하게 낮은 수준이다. 북한은 합계출산율이 지속적으로 감소하는 추세이기 때문에 향후 인구 감소를 겪을 수밖에 없는 상황이다.

본 논문은 남한과 북한의 저출산·고령화 실황을 각각 설명하고 있다. 그리고 남북한이 통일할 때 남북한의 공동의 과제인 저출산·고령화의 문제를 합당하게 대처할 수 있도록 동서독 통일 시에 있었던 저출산·고령화와 인구이동 사례를 비교 연구하였다. 또 통일 직후 저출산·고령화 대책을 구체적으로 실행할 수 있도록 현실적인 제언을 하였다.

본 연구의 목적은 남북한 모두에게 시급하면서도 가장 중요한 문제인 저

---

1 여성 1명이 가임기간(15~49세)에 낳을 것으로 기대되는 평균 출생아 수로, 출산력 수준을 비교하기 위해 활용되는 대표적 지표이다. pmg 지식엔진연구소, "합계출산율", 『시사상식사전』(박문각, 2021).
2 『서울신문』, 2021년 9월 30일자, "[씨줄날줄] 출산율과 국가균형발전/전경하 논설위원"

출산·고령화 실황을 부각함과 동시에 통일한국 국가전략을 수립함에 있어서 저출산·고령화 대책이 우선적으로 반영될 수 있도록 강조함에 있다.

연구 방법으로는 논문 주제와 관련된 저서와 논문들, 연구기관 보고서, 언론 보도 및 북한 관련 통계자료와 뉴스들을 수집하여 분석하였다. 저출산 고령화에 관련된 통계자료를 얻기 위해서는 북한당국의 발표, 남한 통계청 자료, 유엔인구기금 등 UN 발표 자료를 활용하였다. 북한 정부의 폐쇄성으로 인하여 관련 자료 수집에 한계가 있을 때는 UN이 발표한 통계 가운데 북한 관련 자료들을 수집하여 인용하였다. 그리고 북한 주민들의 통일 관련 의식을 조사하기 위하여 정식 비자를 받고 중국을 방문 중인 100명의 북한 주민과 면담하여 조사한 강동완·박정란의 설문조사 결과를 사용하였다.

선행연구로는 강동완·박정란(2015)의 "사람과 사람, 김정은 시대 '북조선 인민'을 만나다"을 연구 분석하였다. 김재현·정은찬(2018)의 "북한 인구 남한 유입의 사회경제적 효과 분석"과 김창권(2018)의 "독일 통일 과정에서의 구 동독지역 인구이동과 도시발전 및 한반도를 위한 정책적 시사점", 그리고 최지영(2020)의 "독일통일을 통해 본 남북한 인구통합 전망" 등의 연구 내용을 종합하여, 남북한 통일의 과정에서 발생할 인구이동과 관련된 사안에 대하여 동서독 통일 시 있었던 인구이동 사례를 비교하여 분석하였다. 홍제환 외(2020)의 "북한의 인구변동: 추세, 결정요인 및 전망", 이용희(2021)의 "북한의 인구정책과 저출산 고령화 실태" 그리고 이종석(2021)의 "통일시나리오 분석과 북한지역 주택정책 연구" 등의 자료를 종합 비교 분석하여 통일한국의 저출산·고령화 대책을 위한 정책 제안을 할 수 있도록 정리하였다.

본 연구를 통하여 남북통일이 국가적인 인구위기를 극복하는 기회가 될 수 있도록, 다양한 통일 시나리오에 대응하는 합당한 인구정책이 수립되기를 기대한다.

II. 남북한 저출산·고령화 실황

1. 남한의 저출산·고령화 실황

남한의 저출산 상황은 매우 심각한 상태이다. 2020년 합계출산율은 0.84명을 기록했다. 〈그림 1〉에서 보듯이 OECD 평균 합계출산율이 1.61명(2019년)인 것과 비교해볼 때 한국은 약 절반 수준이라고 볼 수 있다. OECD 국가 중 출산율이 가장 높은 나라는 3.01명인 이스라엘이며, 프랑스 1.83명, 미국 1.71명 등 선진국들도 우리보다 2배 이상 높다. 전 세계에서 대표적인 저출산 국가인 일본도 1.36명으로 우리나라보다 훨씬 높은 상황이다. 남한의 합계출산율은 현재 OECD 38개 국가 중 최하위이며, 유일하게 0명대의 합계출산율을 기록하고 있다.

〈그림 1〉 OECD 주요 회원국 합계출산율

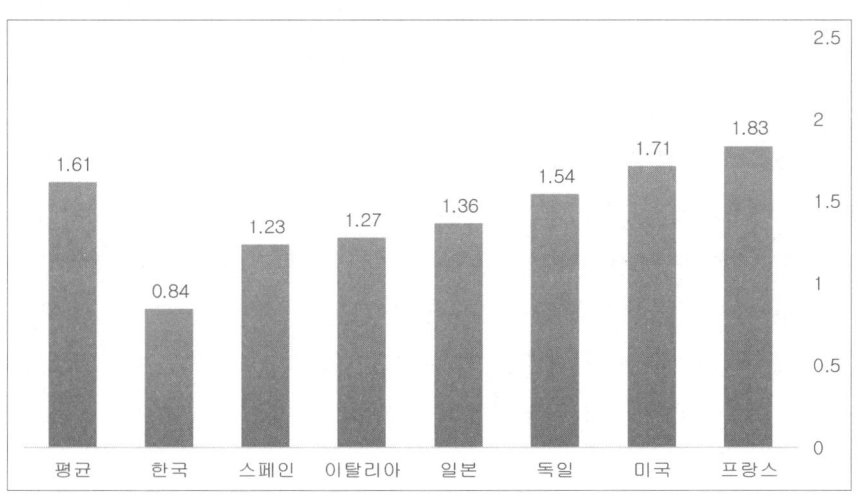

출처: 통계청

〈그림 2〉 남한의 합계출산율

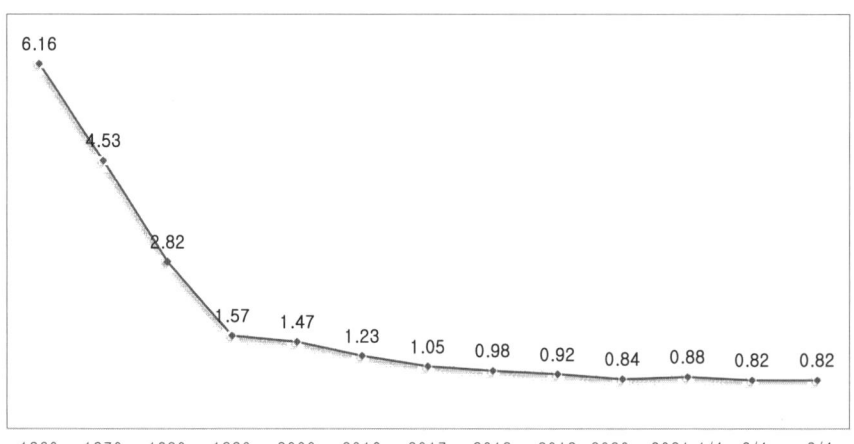

출처: 통계청

〈그림 2〉에서 볼 때 남한의 합계출산율은 1960년 6.16명에서 2020년에는 0.84명으로 급락했다. 출산율이 60년 만에 1/7 (13.6%) 수준으로 떨어졌다. 전 세계 어느 나라에서도 찾아볼 수 없는 급격한 인구 추락이다. 합계출산율이 1.3명 이하이면, '초저출산'이라고 부른다. 남한은 2000년대 초부터 '초저출산' 현상이 나타났다. 2020년도 0.84명에 이어 2021년에도 2분기에 0.82명, 3분기에도 0.82명으로 역대 최저치 기록을 갱신하고 있다. 이러한 추세라면 한국은 전 세계에서 가장 빨리 소멸될 나라가 될 것이다.[3]

정부는 저출산 문제를 극복하기 위하여 2006년부터 2021년까지 무려 200조 원에 가까운 국가 예산을 쏟아부었고, 특별히 2021년은 42조가 넘는 예산을 지출하고 있음에도 불구하고 합계출산율은 오히려 지속적으로 급격

---

3 2008년 United Nations Population Fund(UNFPA, 유엔인구기금)가 발간한 세계인구보고서는 한국이 2305년 지구상에서 소멸될 최초의 국가라고 예측했다.

히 추락하고 있다. 그래서 과연 국가 예산이 합당하게 그리고 효율적으로 쓰였는지 문제가 제기되고 있는 상황이다.[4]

남한의 저출산은 매우 심각한 사안이지만 저출산과 함께 고령화도 급속하게 진행되고 있어서 인구문제를 더욱 어렵게 만들고 있다.

〈표 1〉 남한의 고령화 현황

국가	도달연도			증가소요년수		
	고령화사회	고령사회	초고령사회	고령화→고령	고령→초고령	합계
프랑스	1864	1979	2018	115	39	154
이탈리아	1927	1988	2006	61	18	79
영국	1929	1976	2026	47	50	97
독일	1932	1972	2009	40	37	77
미국	1942	2015	2036	73	21	94
일본	1970	1994	2006	24	12	36
한국	2000	2017	2025	17	8	25

출처: 통계청, 장래인구추계 결과(2006.11); 통계청, 장래인구추계: 2015~2065년(2016.12), 저자 재구성 및 일부 재작성

UN에서는 인구분포에서 65세 이상 노인들이 7%를 넘어서면 고령화사회, 14%를 넘어서면 고령사회, 20%를 넘어서면 초고령사회라고 부른다. 〈표 1〉은 고령화사회로 진입한 연도를 기준으로 OECD 국가 중 대표적인 선진국들의 고령화 속도를 보여주고 있다. 프랑스 같은 경우는 1864년 고령화사회가 된 이후 고령사회가 될 때까지 115년이 걸렸고, 초고령사회가 될

---

[4] 『국민일보』, 2021년 8월 25일자, "43조원 예산, 대체 어디에… 합계출산율 0.84명 추락"

때까지는 39년이 걸렸다. 총 154년에 걸쳐서 고령화사회에서 초고령사회로 진입하였다. 그래서 사회적으로도 비교적 어려움 없이 초고령사회에 적응해 나갔고, 프랑스 정부와 국민은 서서히 현실 상황을 반영하며 노인복지 등의 정책을 개발해 나갔기 때문에 사회적 갈등을 야기시키지 않고 초고령사회로 정착되었다. 반면에 1970년 고령화사회가 되었다가 36년 만인 2006년에 초고령사회로 단기간 내 진입한 일본의 경우 인구 구성에 있어서 노인 인구 비율이 급속히 늘어나자 큰 사회적 문제로 대두되었고, 현재도 노인복지 대책 및 이에 따른 사회적 갈등을 해결하는 데 많은 어려움을 겪고 있다. 남한은 일본보다 더 심각한 상황을 겪게 될 수 있다. 일본은 36년 만에 고령화사회에서 초고령사회가 되어서 신기록을 세웠다. 그런데 2000년에 고령화사회가 된 남한이 2017년 고령사회가 되었고, 예상대로 2025년에 초고령사회로 진입한다면 세계 역사상 가장 짧은 기간인 25년 만에 고령화사회에서 초고령사회로 진입한 국가가 될 것이다.

2020년 남한 출생아 수는 27만 명으로 감소한 반면, 사망자 수는 30만 명을 기록해 예상보다 빨리 사상 처음으로 인구 감소가 시작되었다. 2023년에는 출생아 수가 23만 명대로 줄어들고, 2070년에는 20만 명까지 감소할 전망이다(2070년 10만 명대까지 떨어질 가능성도 예측되고 있다). 반면 2020년 사망자 수가 30만 명을 넘었고, 2030년에는 40만 명을 넘어서고, 2070년에는 70만 명으로 2020년보다 2.3배 많아질 전망이다. 이러한 추세로 계속된다면 자연감소[5] 규모는 2020년에는 -3만 명, 2030년에는 -10만 명, 2070년에는 -51만 명 수준으로 계속 증가할 것으로 전망한다.[6]

남한의 중위연령[7] 통계는 1976년에는 20세, 1997년에는 30세, 2014년에는 40세로 점점 증가하였으며, 2031년에는 50세에 도달할 것으로 보이며,

---

5 자연감소=출생아 수-사망자 수
6 통계청, "장래인구추계: 2020~2070년," (통계청, 2021), p.5.
7 전체 인구를 연령 순서로 나열할 때, 중간 지점인 정 가운데 있게 되는 사람의 연령

2056년에는 중위연령이 60세까지 이를 것으로 전망하고 있다.[8] 이제 남한은 2031년에는 국민 중 50세 이상이 절반을 차지하고, 2056년에는 60세 이상이 국민 절반을 차지하는 노인국가가 될 것이다.

합계출산율도 세계 최하위인 남한이 고령화 속도에 있어서도 세계 1위이다. 이러한 심각한 인구문제는 국가적 차원에서 볼 때 단순한 사회적·경제적 문제를 넘어서서 국가적인 위기로 간주해야 한다. 국가가 시급히 대책을 마련하지 않는다면 국가적인 몰락을 면할 수 없을 것이다.

2. 북한의 저출산·고령화 실황

UNFPA(유엔인구기금)이 발간한 2021년 세계인구 현황보고서에 따르면 북한의 합계출산율은 1.9명으로 발표됐다. 전체 조사대상국 198개국 중 119위이며, 남한 1.1명보다는 높지만, 세계 평균인 2.4명에는 많이 미달하는 수준이다. UN 통계를 기준으로 1965년부터 2020년까지 북한의 합계출산율을 정리해보면 아래의 〈표 2〉와 같다.

〈표 2〉 북한 합계출산율 추정치

년도	합계 출산율	년도	합계 출산율
1960~1965	3.9	1990~1995	2.3
1965~1970	4.4	1995~2000	2.0
1970~1975	4.0	2000~2005	2.0
1975~1980	2.9	2005~2010	2.0
1980~1985	2.8	2010~2015	1.9
1985~1990	2.4	2015~2020	1.9

출처: UN, 「World Population Prospects: The 2015 Revision」

---

8   위의 글, p.16.

앞선 〈그림 2〉에서 살펴본 한국 통계청에서 발표한 남한의 합계출산율로 남북한을 비교해볼 때 1960년 남한의 합계출산율은 6.16명이고, 북한은 3.9명, 그리고 1970년 남한은 4.53명으로 북한의 4.0명보다 각각 높은 수준이었지만, 1980년 남한의 합계출산율은 2.82명이 되고 같은 기간의 북한의 합계출산율은 2.9명이므로, 1980년이나 1980년대 초반을 기점으로 남북한의 합계출산율 수치가 역전되는 것을 볼 수 있다.[9] 1990년의 경우 남한은 1.57명, 북한은 2.4명이며, 2000년 남한은 1.47명, 북한은 2.0명을 기록했다. 이때부터 북한의 합계출산율은 국가인구 유지를 위한 대체출산율인 2.1명 이하로 감소하였다.[10] 2010년 남한은 1.23명, 북한은 1.9명, 2020년에는 남한은 0.84명, 북한은 1.9명을 유지하고 있다. 현재 남한의 합계출산율은 북한의 절반에도 미치지 못하는 상황이다.

북한의 조선중앙통계국과 UN이 발표한 북한의 인구추계를 비교해보면 아래의 〈표 3〉과 같다. 인구추계에서는 남한도 북한도 UN도 가능한 여러 시나리오에 근거해서 출산율도 고위, 중위, 저위 등 다양한 출산율을 함께 발표하고 있으나 본 논문에서는 보편적 추정치라고 할 수 있는 '중위'를 사용하였다.

〈표 3〉 북한의 합계출산율

연도	조선중앙통계국(2016)	UN(2019)
2010~2015	1.89	1.93
2015~2020	1.87	1.91
2020~2025	1.84	1.86
2025~2030	1.84	1.83

9　UN 추계치는 5년 평균치를 사용하고 있고 해마다 변동 상황을 제때 반영하지 못함. 그래서 남한 합계출산율은 해마다 발표되는 남한 통계청 자료를 사용했으나, 북한 합계출산율에 대해서는 정확한 정보를 파악할 수 없는 상황이어서 UN 통계를 사용하였음.

10　남한은 1985년 합계출산율 1.94명이었으며, 이때부터 국가인구 유지를 위한 대체출산율인 2.1명 이하로 감소하였다.

2030~2035	1.84	1.80
2035~2040	1.84	1.78
2040~2045	1.84	1.77
2045~2050	1.84	1.76

출처: 홍제환 외, 『북한의 인구변동: 추세, 결정요인 및 전망』, KINU 연구총서 20-22(통일연구원, 2020), p.256, 저자 재구성

위 〈표 3〉에 의하면 북한 조선중앙통계국이 발표한 북한의 합계출산율은 2015년 1.87명에서 2020년 이후 1.84명으로 감소했지만, 그 이후 2050년까지 1.84명으로 동일한 수준을 유지하고 있다. 반면에 UN 추계에 의하면 북한의 합계출산율은 2020년까지 1.91명이지만 그 이후 1.86명으로 감소하였다가, 소폭으로 계속 감소하여 2050년에는 1.76명으로 줄어든다. 30년 동안 총 0.15명이 감소하였고, 연평균으로 계산한다면 해마다 0.05명의 작은 규모로 합계출산율이 서서히 감소했다고 볼 수 있다.

그러나 북한의 합계출산율은 정상적인 경우가 아니다. 아래의 〈표 4〉에 의하면 2020년 기준 전 세계 개발도상국의 평균 합계출산율은 2.6명이고 최빈국 평균은 3.9명이다.

〈표 4〉 합계출산율과 고령 인구(65세 이상) 구성 비율

세계 및 지역별 자료	총인구 (백만명)	합계출산율 (여성1명당)	연령별 인구 구성 비율		
			0-14세 (%)	15-64세 (%)	65세이상 (%)
세 계	7795	2.4	25.4	65.2	9.3
선진국지역	1273	1.6	16.4	64.3	19.3
개도국지역	6521	2.6	27.2	65.4	7.4
최빈국지역	1057	3.9	38.8	57.6	3.6
북 한	25.8	1.9	19.8	70.8	9.3

출처: 인구보건복지협회, 유엔인구기금(UNFPA), 『2020 세계인구현황보고서』, 2020

세계은행은 전 세계 217개 국가를 소득수준을 기준으로 4개의 국가군으로 분류하였는데, 1. 고소득국가 2. 중상소득국가 3. 중하소득국가 4. 저소득국가이다.[11] 세계은행은 북한을 4개의 국가군 중에서 최하위 소득 국가군인 저소득국가로 분류하였다.

　그렇다면 저소득국가인 북한은 자신이 속한 최빈국 합계출산율의 평균인 3.9명에 근접하거나 아니면 그 위 단계인 개발도상국 평균 2.6명에 가까워야 하는데 오히려 선진국 평균인 1.6명에 더 근접하고 있어 매우 특이한 합계출산율을 나타내고 있다. 최빈국과 개도국은 공통적으로 인구가 증가하는 추세이지만, 북한은 경제적 최빈국임에도 불구하고 합계출산율이 대체출산율[12]인 2.1명에 이르지 못하므로 향후 점진적으로 인구 감소 현상이 나타날 것으로 예측된다.

　세계은행에 의해서 최빈국으로 분류되었던 북한에서 같은 최빈국에 속한 다른 국가들과는 달리 매우 심한 저출산 현상이 나타난 것에 대해서는 북한만이 안고 있는 특별한 상황을 고려해야 할 것이다.

　첫째는 대부분의 주민이 의식주를 위해서 장마당을 통해 생업을 이어가고 있는데 장마당에서 장사하는 사람들이 대부분 여성이라는 것이다. 여성들이 돈을 벌어서 온 가족이 먹고사는 상황인데, 만약 출산할 경우 장마당에 나와서 생업을 유지하기가 어려우므로 정부의 20년에 걸친 적극적인 출산장려정책도 북한 주민들에게 전혀 실효를 거두지 못하는 상황이다.[13]

11　1. 고소득국가는 1인당 GNI $12,055 초과, 2. 중상소득국가는 1인당 GNI $3,896~$12,055, 3. 중하소득국가는 1인당 GNI $996~$3,895, 4. 저소득국가는 1인당 GNI $996 미만을 기준으로 분류했음.

12　대체 출산율은 한 국가가 현재의 인구 규모를 장기적으로 유지하는 데 필요한 출산율의 수준을 의미한다. 다시 말해, 한 세대의 부부가 그들을 대체하기 위하여 가져야 할 자녀 수를 나타낸다. 유엔 유럽 경제위원회(UNECE)의 보고서에 따르면, 가임 여성 한 명당 2.1명의 자녀를 두는 것이 적정한 수준의 대체 출산율이라고 보고 있다. 이는 유아 사망률이 상대적으로 낮은 선진국의 경우에 해당하는 수치로, 유아 사망률이 높은 개발도상국의 경우에는 대체 출산율을 3명 전후로 설정한다. 두산백과, "대체 출산율", http://www.doopedIa.co.kr(검색일: 2021.12.11).

13　이용희, "북한의 인구정책과 저출산 고령화 실태", 『통일전략』, 21권3호(한국통일전략학회,

둘째는 국민이 내는 세금이 경제발전과 국민 복지를 위해서 합당하게 쓰여야 하는데, 북한의 경우 국민에게 많은 징수를 하지만 정부 배급은 중단된 지 오래고 또 핵과 미사일 개발, 과도한 국방비, 체제유지비 등으로 국가 경제가 피폐해져서 서민들이 정부로부터 받은 복지혜택은 거의 전무한 상태이다. 설상가상으로 정부 관리들이 뇌물을 지나치게 요구하는 등 주민들에 대한 착취행위는 도를 넘어선 상황이다.[14] 서민들은 국가의 지원 없이 장마당에서 벌어먹기도 힘든 상황 속에서 정부에 세금을 내야 하고 관리들에게는 계속해서 뇌물을 줘야만 살아남을 수 있으므로 다른 저개발국보다 훨씬 더 열악한 상황에서 생존을 위해 악전고투하고 있는 실정이다. 이런 상황에서 자녀 출산은 장마당에서 하루 벌어 하루 사는 서민들에게는 매우 힘든 선택이 될 수밖에 없다.

〈표 4〉에서 65세 이상 고령 인구비율에서도 북한의 인구분포는 일반적이지 않고 매우 특이하다. 북한 고령 인구비율은 9.3%로 최빈국 평균치인 3.6%보다 약 3배 가까운 높은 수치이며, 개도국 평균인 7.4%보다도 더 높은 상황이다. 이것은 북한이 최빈국답지 않게 고령화 현상이 상당히 진행되었음을 표방하고 있다. 고령화 비율이 높다는 것은 국가적으로 노년부양비[15]가 높다는 것을 뜻하며, 주변의 저개발국들과 경제성장을 비교할 때는 불리한 요인으로 작용할 수밖에 없다.

2021), p.118.

14 '2021년 글로벌 부패지수' 보고서에서 북한은 196개국 중 최고점인 86.44점을 받아 전 세계에서 부패가 가장 심한 나라로 지목됐으며, 또 북한의 뇌물지수는 94점으로 조사대상국 194개국 중 가장 높아서 전 세계에서 뇌물이 가장 만연한 나라로 발표되었다. 국민일보, 2021년 11월 18일자, "올해 전세계 부패 순위 1위는 '북한'…한국은 청정 순위 21위"

15 노년 부양비 = $\frac{고령인구}{생산연령인구} \times 100$

⟨표 5⟩ 저개발국과 북한의 고령화 속도

구분	시작년도			소요기간		
	고령화 (7%)	고령 (14%)	초고령 (20%)	고령화→고령 (7→14%)	고령→초고령 (14→20%)	합계
저개발국	2018	2048	2084	30년	36년	66년
북한	2004	2034	2060	30년	26년	56년

출처: UN, 『World Population Prospects: The 2015 Revision』, 저자 재구성

⟨표 5⟩는 저개발국 고령화 추세와 비교하여 북한의 고령화 속도를 보여주고 있다. 북한과 같은 전 세계 저개발국들이 고령화사회에 진입하는 평균치는 2018년이고, 이들 국가들이 고령사회로 진입하는 것은 30년 뒤인 2048년이다. 반면에 북한은 2004년에 이미 고령화사회에 진입하였고, 30년 후인 2034년에는 고령사회로 진입할 예정이다. 즉, 고령화사회도 14년 먼저 진입하였고, 고령사회도 14년 먼저 진입할 것으로 예상한다. 그리고 초고령사회의 경우 저개발국들의 평균치인 2084년보다 24년을 앞당긴 2060년에 진입할 것으로 UN에서는 예측하고 있다.

⟨표 5⟩를 통하여 분석하였듯이 북한은 저개발국으로서 경제발전에 역점을 두어야 하는 시점임에도 불구하고 고령화 추세로 국가적인 노년부양비가 증가하고 있으며, 이로 인해 경제발전에만 전념할 수 없는 상황이 되었다.

이런 저출산·고령화의 실황을 고려할 때 북한 정부는 북한만의 특별한 상황을 타개하기 위하여 각별한 노력을 기울여야 할 것이다. 만약 북한의 저출산·고령화 문제를 해결하지 못한다면 장기적인 경제 회복과 발전은 기대할 수 없고, 갈수록 더 심각한 경제적, 사회적 문제가 발생할 것이다. 이는 김정은 정권의 장기 집권에도 영향을 줄 수 있는 중요 변수가 될 것이다.

Ⅲ. 통일한국의 저출산 · 고령화 (독일통일 사례 분석)

 통일한국의 저출산 · 고령화와 인구 문제를 논의하기에 앞서 어떠한 형태의 통일인가에 대해서 전제해야 한다. 통일은 경제 논리를 넘어선 정치, 외교, 군사, 국제관계 등 여러 요소에 의하여 결정될 수 있기 때문에 그동안 연구되었던 주요 통일 시나리오들의 유형을 간략히 정리한 내용을 아래의 〈표 6〉에서 볼 수 있다.

〈표 6〉 통일 시나리오의 유형

연구자	통일유형
양호민(1992)	① 북한 주도 하의 통일, ② 남한 주도 하의 통일, ③ 합의에 의한 통일, ④ 남북한 장기공존
삼성경제연구소 (1996)	① 유도형 통일, ② 자멸형 통일, ③ 합의형 통일, ④ 충돌형 통일
안병준(2000)	① 현상유지 및 평화공존, ② 본격적 개방 및 개혁과 합의통일, ③ 내부갈등 심화 및 흡수 또는 자충수에 의한 통일
경기개발연구원 (2007)	① 평화적 남북통합, ② 북한 내부폭발 및 급속통합, ③ 전쟁에 따른 남북통합
한국정보화진흥원 (2010)	① 평화체제, ② 합의흡수통일, ③ 적대적 공존, ④ 흡수통일
최진욱, 김진하 (2011)	① 북한의 급변사태 통일, ② 북한의 체제전환 이후 통일

출처: 고경민, "남북한 정책 선택과 통일 시나리오 분석", 『한국동북아논총』, 제74권(한국동북아학회, 2015), p.90. 저자 재구성

 본 논문에서는 남북통일을 정치적인 면보다는 경제적인 면에서 접근하고자 한다. 그리고 어떠한 형태의 통일이 이루어지든지, 통일 이후의 경제는

남북한 모두 시장경제 원리에 의해서 운영된다고 가정한다. 그래서 북한에서도 사유재산제도가 인정되고, 남북한 간에 생산 요소(자본과 노동력)가 이동할 수 있고, 국가의 존망이 달린 인구 문제 해결을 우선시한다는 가정하에서 본 연구를 진행하고자 한다.

최근에 발표된 UN 인구전망과 동서독 통일 사례에 의하면 남북통일이 남한의 심각한 저출산·고령화 상황을 해결하는 데 큰 도움은 되지 않는다는 것을 보여준다. 다시 말하면 북한이 남한보다 출산율이 2배 정도 높기 때문에 통일되면 남한의 '인구절벽'[16] 문제가 해결될 수 있다고 생각하는 것은 현실적이지 않다는 것이다. 그리고 남북한 모두 고령화가 진행되고 있기 때문에 남북통일이 남한의 극심한 고령화 상황을 충분히 해결해줄 수 없다는 것이다.

본 장에서는 통일한국의 저출산 문제와 고령화 문제를 각각 살펴보고 예상되는 남북한 인구이동에 대해서도 논의하고자 한다.

1. 통일한국의 저출산 문제

UN 추계(2019)에 의하면 북한의 2020~2025년 합계출산율은 1.86명이다. 만약 2025년 이내에 통일이 된다면 통일 이후에도 북한에서 합계출산율 1.86명이 유지될 수 있는지는 누구도 장담할 수 없다. 독일의 사례를 보면 1989년 11월 9일 베를린장벽이 무너지고 1990년 10월 3일 동서독이 통일된 이후 동독의 합계출산율에는 커다란 변화가 있었다. 아래의 〈그림 3〉은 이것을 설명해주고 있다.

16　생산 가능 인구가 급격하게 줄어드는 현상. 네이버 국어사전, "인구절벽," https://ko.dict.naver.com/(검색일: 2021.12.11.).

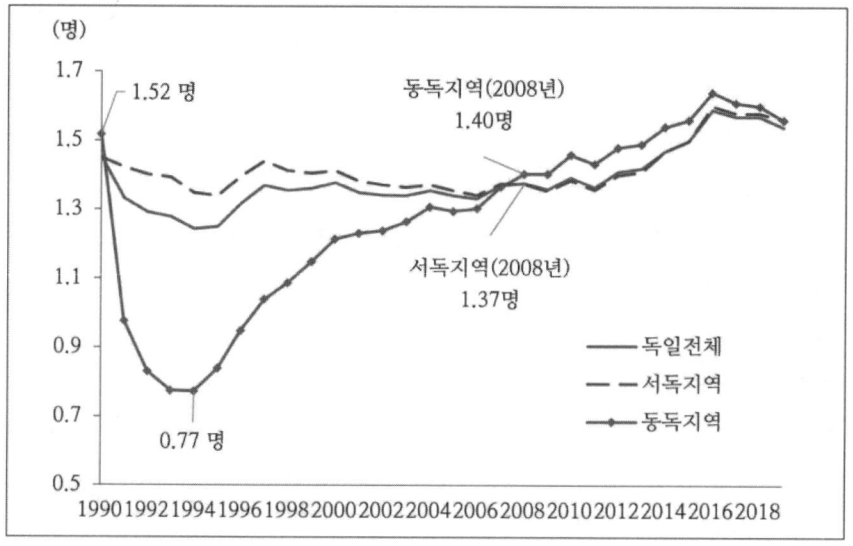

<그림 3> 통일 이후 동서독 지역의 합계출산율 변화 (1990~2019년)

출처: 최지영, "독일통일을 통해 본 남북한 인구통합 전망", 『북한연구학회보』, 제24권 제2호(북한연구학회, 2020), p.82.

1990년 통일 당시 동독의 합계출산율은 1.52명이었지만, 통일 직후 합계출산율은 절반 수준인 0.77명까지 떨어졌다. 이는 공산주의 체제가 붕괴되고 동독이 서독으로 흡수통일되는 과정에서 동독 지역의 많은 젊은 여성들이 서독으로 일자리를 찾아 이동하였고, 변화된 체제에 적응하기 위하여 출산을 연기하는 경우들이 만연하였다. 위 <그림 3>에서 보듯이 동독의 합계출산율이 1990년 1.52명에 근접하는 1.4명까지 회복되는 데는 2008년까지 무려 18년이 걸렸다. 그리고 2014년이 되어서야 동독 합계출산율이 1.52명이 되어 24년 만에 통일 당시의 동독 출산율로 회복되었다.

통일 이후 동서독 지역의 합계출산율이 일치했던 해는 2019년이다. 통일 당시 동독이 서독보다 합계출산율이 높았지만, 통일 이후 동독의 출산율이 급락하므로 서독의 출산율보다도 낮았다. 2008년이 되어서야 동독 출산율이 회복되어 서독을 앞서기 시작했고, 갈수록 그 격차가 축소되다가 2019년에 이르러서 동서독 지역이 각각 1.56명으로 동일한 합계출산율에 이르렀다. 통일되고 29년 만에 동서독의 합계출산율이 똑같아졌다.

　동독의 사례는 비슷한 시기에 공산주의 체제에서 개혁개방을 거쳐 시장경제 시스템과 자유민주주의 체제로 변모했던 동유럽 국가들에서도 나타났다. 체코의 경우 합계출산율이 1989년에는 1.87명에서 2000년에 1.15명으로 떨어졌으며, 슬로바키아는 2.07명에서 1.3명, 에스토니아는 2.22명에서 1.36명으로 각각 하락하였다.[17] 이와 같이 체제의 변화는 단기적으로 합계출산율 급락 현상을 보였고, 이는 국민이 새로운 체제에서 생존하고 적응하기 위한 사회 현상으로도 이해될 수 있다.

　동서독의 통일 사례는 통일한국을 예상할 때 시사하는 바가 크다. 남북통일이 되어 북한 사람들이 자유롭게 남한으로 올 수 있다면, 많은 젊은 북한 여성들이 일자리를 찾아 남한으로 진출할 것이고, 이와 같은 상황은 동독 사례에서 살펴보았던 것 같이 북한의 합계출산율을 급락시킬 수 있다. 또 통일된 독일이 29년이 지나서야 동서독의 합계출산율이 일치됐던 것과 같이 남북이 통일되더라도 남북한 합계출산율이 일치되기까지는 약 30년의 시간이 걸릴 수 있다. 바꾸어 말하면 남북통일 이후 실질적으로 정치, 경제, 교육, 문화 등을 종합하여 남북한 국민이 동질화되는 데는 약 30년의 시간이 걸릴 수 있다는 것을 시사한다.

2. 통일한국의 고령화

　많은 사람이 남한의 저출산·고령화 문제의 해결책으로 남북통일을 기대하고 있지만, UN이 발표한 자료에 의하면 남한의 심각한 인구 문제를 해결하는 데 기대하는 만큼의 도움은 안 되는 것으로 분석된다.

---

17 『조선일보』, 2017년 11월 21일자, "북한도 저출산·고령화… 당장 통일돼도 17년뒤 인구감소"

〈표 7〉 선진국과 저개발국의 고령화 속도

	시작년도			소요기간		
	고령화 (7%)	고령 (14%)	초고령 (20%)	고령화→고령 (7→14%)	고령→초고령 (14→20%)	기간 합계
세계 평균	2002	2041	2083	39년	42년	81년
남한	2000	2017	2026	17년	9년	26년
북한	2004	2034	2060	30년	26년	56년
남북한	2001	2021	2031	20년	10년	30년

출처: UN, 『World Population Prospects: The 2015 Revision』, 저자 재구성

〈표 7〉에서 보듯이 남한은 이미 고령사회에 진입한 상태이고, UN 추계에 의하면 2026년 초고령사회에 진입할 것으로 예상한다.[18] 이럴 경우 남한이 고령화를 거쳐 초고령사회로 진입하는 데는 불과 26년이 걸릴 것이며, 이는 세계 역사상 최단기간이 될 것이다. 북한의 경우 이미 고령화사회에 진입하였고, 2060년 초고령사회에 진입할 때까지 56년을 예상하고 있다.

남북한 통일을 가정할 경우 고령사회 진입은 2021년이고 초고령사회 진입은 2031년으로, 고령화를 거쳐 초고령사회까지 도달하는 데 총 30년을 예상한다. 남한의 경우 2026년 초고령사회로 진입을 예상하는데, 통일될 경우 2031년으로 연기되어 5년의 기간이 더 연장될 수 있다. 그리고 초고령사회에 도달할 때까지의 소요기간도 26년에서 4년 더 연장된 30년이 걸릴 것으로 예상한다.

통일이 고령화 속도를 완만하게 하는 데 도움은 되지만 인구 문제의 출구

---

[18] 그러나 최근 남한의 합계출산율이 더 급속하게 하락하고 고령화 인구 비율이 높아지는 관계로 2026년보다 빠른 2025년에 초고령사회로 진입할 것을 예상하고 있다. 〈표 1〉에서는 최근 통계를 기준으로 하여 2025년에 남한이 초고령사회로 진입하는 것으로 작성하였다.

가 될 만큼 큰 변화를 일으키지 못하는 이유는 첫째, 남한의 인구가 북한의 약 2배이므로 남한의 인구 추세가 통일한국의 고령화 추세를 결정하기 때문이다. 둘째, 북한도 저개발국 중에서는 비정상적일 정도로 빠른 속도로 고령화가 진행되고 있기 때문이다. 셋째, 동서독이 통일된 이후 젊은 동독 여성들이 서독으로 이주하여 동독의 합계출산율이 급락하였고, 동시에 노령화는 더 진전되었던 경험을 비추어보아 남북한이 통일될 경우 북한의 고령화 속도가 더욱 빨라지게 될 것으로 예상하기 때문이다. 넷째, 남북통일로 인하여 북한 주민들에게 의료혜택이 확대되어 기대여명[19]이 짧은 시간에 늘어날 것으로 볼 때 인구 구성에 있어서 노령 인구의 비율이 더욱 높아지기 때문이다.

3. 통일 이후 남북한 인구이동

남북한 통일 이후 남북 간에는 많은 인구이동이 예상된다. 특별히 경제가 어려운 북한에서는 많은 주민들이 일자리를 찾아서 그리고 복지 혜택을 누리기 위해서 남한으로 이동하려고 할 것이다. 앞서 통일이 되었던 독일의 상황을 분석하며 남북통일 이후 있을 인구이동에 대하여 언급하고자 한다.

---

19 통계적인 평균에 기초하여, 특정 연령층의 사람들이 기대할 수 있는 생존 가능한 햇수. 네이버 국어사전, "기대여명," https://ko.dIct.naver.com/(검색일: 2021.12.11.).

⟨표 8⟩ 동 · 서독 간 인구이동 추이: 1950~2015년

(단위: 천 명)

기간	동독→서독 (A)	서독→동독 (B)	동독순유출자수 (A-B)	당시 동독인구 (기준연도[20])
1950~1961	3,855	400	3,454	18,790(1949)
1962~1988	626	70	556	17,079(1961)
1989~1990	784	41	742	16,675(1988)
1991~1999	1,665	1,203	462	16,028(1990)
2000~2008	1,433	874	559	15,217(1999)
2009~2015	933	886	47	18,790(1949)
1950~2015	9,294	3,474	5,820	18,790(1949)

출처: 김창권, "독일 통일 과정에서의 구동독지역 인구이동과 도시발전 및 한반도를 위한 정책적 시사점",
『경상논총』, 제36권 2호(한국경상학회, 2018), p.6., 일부 수정 및 저자 재구성

⟨표 8⟩은 1949년 동서독이 분단되었고 1990년 통일된 후 2015년까지 65년 동안 동서독 간의 인구이동을 기간별로 정리하였다. 분단 이후 1950년부터 1961년 베를린 장벽이 설치되기 직전까지의 기간 동안 동독에서 서독으로 무려 3백 86만 명이 이동하였고 서독에서 동독으로 40만 명이 이동하여, 실제 동독에서 서독으로 빠져나간 인구는 3백 45만 명이었다. 이 기간에 동독에서 서독으로 이동한 연평균 인원은 32만 명 규모이다. 1962년 베를린 장벽이 세워진 후 1988년 베를린장벽이 무너지기 전까지의 인구이동을 살펴보면, 동독에서 서독으로 63만 명이 이동했고, 서독에서는 동독으로 7만 명이 이동하여 실제 동독에서 서독으로 이동한 수는 56만 명이다. 베를린장벽

---

20 분석기간의 이동인구의 규모를 비교하기 위해 해당 분석 기간의 직전 연도를 기준연도로 정하였음.

으로 인하여 동서독 간에 자유로운 이동이 금지되면서 이 기간에 동독에서 서독으로 이동한 연평균 인원은 2만 3천 명에 불과했다. 그러나 베를린장벽이 무너진 1989년 11월 9일부터 동서독 통일이 이뤄진 1990년 10월 3일까지 약 1년 동안 동독에서 서독으로 78만 명이 이동하였고, 서독에서 동독으로는 4만 명이 이동하여 동독 순유출자 수는 74만 명이었다. 특징적인 것은 베를린장벽이 무너졌던 1989년 11월 한 달 동안에만 약 13만 명이 동독에서 서독으로 이동했다는 것이다.

동서독 통일 이후 1991년부터 1999년까지 10년간 동독에서 서독으로 1백 67만 명이 이동했고, 서독에서는 동독으로 1백 20만 명이 이동하여 동독 순유출자 수는 46만 명이다. 이 기간 동독에서 서독으로 이동했던 연평균 인원은 18만 5천 명이다. 통일 직후 약 1년 기간에 동독에서 서독으로 이동한 인구만 약 56만 명에 달했다. 이를 통해 베를린 장벽이 무너지고 난 직후부터 통일 이후 1년까지 약 2년에 걸쳐 130만 명 이상의 인구가 동독에서 서독으로 이동하였음을 알 수 있다.

2009년 이후 동독에서 서독으로의 인구이동 수치와 서독에서 동독으로의 인구이동 수치의 격차가 좁아지기 시작했다. 그래서 2009년부터 2015년까지 7년 동안 동독 순유출자 수는 4만 7천 명에 불과했다. 이를 통해 통일 이후 25년이 지나서야 동서독 간의 인구이동이 균형을 이루고 있음을 볼 수 있다.

동서독 분단 이후 1950년부터 2015년까지 65년 동안 동독에서 서독으로 이동한 인구는 총 9백 29만 명이고, 서독에서 동독으로 이동은 3백 47만 명으로, 동독 순유출자 수는 5백 82만 명이다. 이 숫자는 분단 직전 동독 인구인 1천 8백 79만 명의 32%에 해당하는 숫자이다. 이는 체제경쟁에서 우위에 있었던 서독으로 인구가 집중되는 현상을 보여주고 있으며, 남북한 통일의 경우에도 북한의 많은 인구가 남한으로 이동할 수 있음을 시사하고 있다.

Ⅳ. 통일한국 저출산·고령화 대책을 위한 제언

위에서 살펴본 바와 같이 남한의 저출산·고령화 문제는 통일 이후에도 계속해서 심각한 인구문제로 우리에게 부각되고 있다. 통일이 남북한의 인구문제를 함께 해결할 수 있는 출구가 될 수 있기 위해서는 동서독의 통일 사례를 연구하고 우리에게 발생할 수 있는 상황들을 예측하며 세세하게 통일 인구정책을 준비해야 할 것이다. 특별히 통일 직후 대규모 인구이동이 북에서 남으로 발생함으로 독일에서 발생했던 것과 같은 북한의 합계출산율의 급락과 함께 고령화 비율이 더 높아지지 않도록 해야 할 것이다.

국가적인 위기로 대두되고 있는 저출산·고령화의 문제를 해결하기 위해서는 통일 이후 '이윤 극대화'의 경제 논리보다도 인구문제 해결을 더 우선시하는 특별 대책을 준비해야 할 것이다. 남북한 통일의 경우 동서독 통일과는 비교할 수 없는 대규모 인구이동이 충분히 예상되기 때문이다. 북한 사람들의 통일에 대한 바람과 통일 이후의 거주 문제에 대한 설문조사를 인용하면 아래의 〈표 9〉, 〈표 10〉와 같다. 이 설문조사의 특징은 강동완·박정란이 중국 현지에서 중국에 합법적으로 비자를 받고 입국해서 체류하고 있는 북한주민(탈북민이 아님) 100명을 대상으로 면접 조사를 했다는 것이다.

〈표 9〉 통일이 필요한 이유

경제적으로 더 발전하기 위해서	48명 (50.5%)
같은 민족끼리 재결합해야 하니깐	24명 (25.3%)
남북한 주민의 삶 개선을 위해서	16명 (16.8%)
이산가족의 고통을 해소하기 위해서	6명 (6.3%)
남북한 간에 전쟁을 방지하기 위해서	1명 (1.1%)
계	95명 (100%)

출처: 강동완·박정란, 『사람과 사람, 김정은 시대 '북조선 인민'을 만나다』, (서울: 너나드리, 2015), p.119, 저자 재구성.

〈표 9〉는 중국에 있는 북한 주민들에게 통일이 필요한 이유 중 가장 큰 이유는 경제발전(50.5%)이었고, 두 번째로는 같은 민족의 재결합(25.3%)이었다. 그리고 남북한 주민의 삶 개선이 16.8%인데 '주민의 삶 개선'도 복지라고 하는 차원에서 생각한다면 경제적인 이유로 볼 수 있고, 이럴 경우 북한 주민들의 약 67%가 잘 살기 위해서 통일을 바란다고 생각할 수 있다. 설문조사 대상은 중국에 합법하게 비자를 받고 올 수 있을 정도로 북한에서 정상적인 생활을 하는 북한 주민이라고 생각할 때 이들의 통일에 대한 의견 표명은 비중 있게 고려되어야 할 것이다.

〈표 10〉 통일 이후의 거주지

북한에서 살 것이다.	41명 (41.4%)
남한에서 살 것이다.	32명 (32.3%)
남쪽이든 북쪽이든 처한 상황에 따라 선택할 것이다.	23명 (23.2%)
외국에 나가 살 것이다.	3명 (3.1%)
계	99명 (100%)

출처: 위의 책, p.119., 저자 재구성.

〈표 10〉은 통일 이후 거주지에 대한 중국 방문 중인 북한 주민들의 대답이다. 이들 중 남한에서 살겠다는 사람이 32.3%, 상황에 따라 남한에서 살지 북한에서 살지를 결정하겠다는 사람이 23.2%가 되었다. 이 조사 결과대로라면 통일 이후 북한에서 남한에 내려올 사람은 최소 32.3%, 최대 55.5%까지 예상할 수 있다. 〈표 8〉의 동서독 사례에서 볼 때 통일 이후 1991~2015년까지 25년 동안 동독에서 서독으로 이동한 인구는 4백 3만 명으로, 동독 인구의 21%에 해당하였다. 그런데 북한의 경우 통일 이후 더 많은 인구이동도 예측할 수 있다는 것이다.

필자도 수년 전 북한에서 탈북하여 하나원 교육을 수료한 청년들 5명과

집단면담을 한 경험이 있었다. 이들이 왜 남한에 왔는지 물었을 때 특별히 한 여자 청년의 대답이 인상적이었다. 남한 드라마를 보고 남한을 동경하게 되었고, 남한 남자와 결혼하기 위해서 왔다는 것이다. 그 이유를 물었더니 남한 드라마 중 남녀 간의 데이트 도중에 여자가 남자 따귀 때리는 장면을 봤는데 남자가 따귀를 맞고도 여자에게 친절하게 대하는 모습을 보면서 충격을 받았다고 한다. 북한의 경우 가부장적인 문화가 지배적이고 가정 폭력도 빈번한 상황이다. 그런데 한류를 통하여 남한 사람들이 잘사는 모습과 여성 인권이 존중받는 것을 보고, 많은 북한 여성들이 남한으로 오는 것을 동경하고 있다는 것이다.

통일 후 남북 간 인구이동에 대하여 많은 변수가 있겠지만, 남북한 공동의 국가적 과제인 저출산·고령화에 대한 대책을 최우선 순위로 두고 통일한국 인구정책을 수립한다면 북한에서 남한으로의 인구이동은 엄격한 기준을 가지고 제한해야 할 것이다. 통일 직후 동독의 경우 전문인력과 젊은이들이 대거 서독으로 이동함으로 동독은 생산인력 공동화 현상이 일어나고 이와 함께 출산율이 급락하고 고령화는 더 심해지는 상황이 되었다. 북한의 경우도 이러한 상황이 나타날 가능성이 매우 높다.

북한 주민들이 남한으로 이동하려는 가장 큰 이유는 경제적인 이유일 것이다. 일자리를 찾아서 오는 그들을 북한 내에서 일할 수 있도록 일자리를 창출해주는 것이 매우 필요한 과제가 될 것이다. 그리고 남한으로 내려오려고 하는 사람 중 상당수는 북한에 있는 3대 계층 중 전체 인구의 약 27%에 해당하는 적대계층[21] 사람들일 것이다. 그들은 북한에서 조상 대대로 박해를 받으며 탄광 등 오지에서 살아야만 했던 사람들이다.[22] 핍절한 북한 주민들

---

21 북한은 3대 계급으로 나누어져 있으며 핵심계층(지배계층) 28%, 기본계층(동요계층) 45%, 복잡계층(적대계층) 27%이다. 이용희, "장마당이 북한 계급제도와 체제에 미치는 영향", 『통일전략』, 18권 4호(한국통일전략학회, 2018), p.125.
22 "복잡계층으로 분류된 주민들은 북한사회의 모든 분야에서 차별대우를 받는다. 이들은 북한 내에서 3D업종에 해당되는 위험하고 힘든 중노동에 종사하게 된다. 또 복잡계층으로 판별될 경우 즉시 강제이주를 통해 격리 수용되며 거주지역도 전국의 시에 거주하는 비율은 매우 낮고 오지

이 남한에 오지 않도록 하기 위해서는,

첫째, 북한 주민들의 의식주의 문제를 해결해줘야 한다. 먼저 기본적인 식량을 조달해야 하고 또 주택을 제공해야 한다. 기존의 북한 주택들은 너무 오래되고 낙후할뿐더러 난방도 잘되지 않는 상황이므로 재건축이 필요한 상황이고 또 주택량도 부족하여 대규모 신규 건축이 필요한 상태이다. 북한의 지역별로 주택 수요를 조사하고 이에 필요한 예산을 통일기금으로 준비해야 할 것이다.

둘째, 기본 인프라를 구축해야 한다. 오랜 경제 침체로 인하여 도로, 철도, 항만 등 대부분의 공공시설이 낙후된 가운데 대대적인 보수 공사와 신축 공사가 필요하다. 향후 북한의 경제발전을 위하여 필요한 대대적이며 최신식 인프라를 구축해야 하며, 첨단 IT 산업이 개발될 수 있도록 전국 인터넷 통신망을 설치해야 할 것이다.

셋째, 현재 북한 내에서 운영되고 있는 장마당이 더욱 활성화되도록 지원함으로 북한에 시장경제 시스템이 잘 정착되어 경제활동의 생산성과 효율성이 극대화되도록 해야 한다. 북한은 현재 국가 경제는 몰락했지만, 장마당의 신흥자본가층인 돈주들이 직접 자금을 대고 공장과 기업소, 운수업, 건설업, 금융업 등을 운영하고 있는 실정이다. 통일 이후 자생적 자본가층인 돈주들의 역할이 확대되어 더 많은 일자리를 창출하고 또 북한 내 자본이 축적될 수 있도록 지원하고 협력해야 할 것이다.

넷째, 북한은 중앙급 개발구와 시도 개발구 그리고 공업, 농업, 관광, 수출가공, 첨단기술 등 분야별로 총 27개 경제지구를 지정했다.[23] 이런 경제지

탄광지대나 중노동 지역으로 배치되어 살아가게 된다." 위의 글, p.126.

23 　중앙급개발구: 원산-금강산국제관광지대, 라선경제무역지대, 황금평 위화도경제지대, 금강산국제관광특구, 신의주국제경제지대, 강령국제록색시범구, 은정첨단기술개발구, 진도수출가공구 등, 자강도: 만포경제개발구, 위원공업개발구, 함경북도: 청진경제개발구, 어랑농업개발구, 온성섬관광개발구, 경원경제개발구, 량강도: 무봉국제관광특구, 혜산경제개발구, 평안북도: 압록강경제개발구, 청수관광개발구, 강원도: 현동공업개발구, 함경남도: 흥남공업개발구, 북청농업개발구, 남포시: 와우도수출가공구, 황해북도: 송림수출가공구, 신평관광개발구, 평안남도: 청남공업개발구, 숙천농업개발구, 평양시: 강남경제개발구를 지정한 상태다. 차명철,「조선민주주의인민공

구 외에도 북한경제 발전을 위해 전국적으로 경제특구를 지정하여 최대한 활성화시킴으로 전국이 균형있게 발전하도록 해야 한다. 경제특구가 활성화되어 지역마다 경제가 되살아남으로 국민들의 일자리가 전국적으로 균등하게 제공될 수 있고, 이를 통해 생활이 안정되어야 일자리를 찾기 위해 남한 지역으로 이동하는 것을 막을 수 있다.

다섯째, 통일한국은 중국과 러시아와 국경을 접하게 되므로 동북아 경제 발전을 위해 중심축이 될 수 있는 허브 지역을 구축해야 한다. 한반도와 대륙을 연결하는 물류 라인을 구축하고 이를 위해 거점도시들을 개발해야 할 것이다. 중국을 통한 물류 라인을 개발하고 또 유라시아 대륙을 거쳐 유럽까지 물류 라인을 연결하기 위한 대륙철도연결 사업을 위해서는 중국 단동과 마주하고 있는 신의주가 개발되어야 할 것이다. 러시아의 시베리아와 극동지방 자원 개발을 위해서는 러시아와 국제철도 운송로를 개발해야 하고, 이를 위해서는 러시아와 함께 국경을 접하고 있는 훈춘이 개발되어야 할 것이다.

남북한이 통일되면서 남한에게는 절실하고 중차대한 저출산·고령화의 '인구절벽' 위기를 극복하기 위해서는, 통일 직후 북한 전 지역에서 주민들을 위한 의식주의 기본 생활 보장과 함께 활발한 경제개발이 시작됨으로 북한 내에서 충분한 일자리가 창출되도록 해야 할 것이다. 그래서 북한의 주민들이 일자리를 찾아 대거 남한으로 이동하는 것이 아니라 남북한 경제협력을 통해 북한 내에서 일자리를 찾을 수 있도록 미리 기획하고 준비하여야 한다. 또 이를 위한 예산 확보를 위하여 통일기금을 준비해야 한다. 남한 정부는 인구위기를 돌파하기 위해서 특별한 대책을 세워야 한다. 남한은 2006년 이후 200조 원의 저출산 예산을 지출했고 2021년의 경우 저출산 대책으로 한 해에만 무려 42조 9003억 원을 투입했음에도 불구하고 합계출산율은 계

화국 주요경제지대들』(평양: 외국문출판사, 2018)

속 곤두박질을 치며 전 세계 저출산 1위를 기록하고 있다.[24]

남한에서 투입했던 저출산 예산의 10%만 통일 직후 북한에 지출된다면 북한에서는 어떠한 결과가 나왔을까 생각해봐야 한다. 남북한의 통일이 국가적인 인구 위기를 극복하는 절호의 기회가 되기 위해서는 남한 정부는 지금부터 특별한 준비를 시작해야 한다. 다양한 통일 시나리오에 맞는 적절한 인구정책을 수립하고 이에 따른 예산 확보도 시작해야 한다.

V. 맺음말

영국의 옥스퍼드 인구문제연구소는 향후 '지구상에서 가장 먼저 사라질 나라'는 '대한민국'이라고 발표했다.[25] 유엔인구기금(UNFPA)이 발표한 2021년 세계인구현황보고서에 의하면 남한은 합계출산율에 있어서 조사 대상인 198개 국가 및 지역 중 198위로 꼴찌다. 남한의 합계출산율은 2020년 조사에서 처음으로 꼴찌가 된 뒤 2년 연속 최하위다.[26] 남한은 고령화 속도에 있어서도 전 세계 1위이다. 이 추세로 가면 2025년에 초고령사회로 진입하게 되고, 2031년에는 50세 이상이 국민의 절반을 차지하고, 2056년에는 60세 이상이 국민의 절반을 차지하는 노인국가가 된다. 이로 인해 국가적으로 노인부양비는 급증하게 되고 장래의 젊은이들은 노인세대를 부양하느라 허리가 휠 것이다.

국가의 저출산·고령화 상황이 이렇게 심각함에도 불구하고 정부는 마땅히 강조해야 될 만큼 인구문제의 심각성을 부각하지 않고 있다고 생각한다. 이것이 5년 단임제 정부의 한계일 수 있다. 남한 정부는 5년 안에 실효를 거

---

24 『한국경제』, 2021년 8월 28일자, "황당한 저출산 대책…200조원 퍼붓고 '출산율 0명'된 이유"
25 『정경뉴스』, 2015년 7월 6일자., "충격! 한국, 인구감소로 국가소멸 순위 세계 1위"
26 『한겨레』, 2021년 4월 14일자, "한국 출산율 198개국 중 198등…2년 연속 '꼴찌'"

두어 열매를 딸 수 있는 현안과 정책에만 집중하고, 장차 10년, 20년, 30년, 50년 뒤 다가올 국가 위기에 대해서 힘을 쏟지 않는다. 이럴 경우 10년, 20년 후에 밀어닥칠 국가의 위기 앞에서 누가 국민을 구할 수 있겠는가.

많이 늦었지만 이제라도 인구절벽 위기를 돌파하고 인구 문제로 닥칠 국가적 재난에 대비하는 '특별대책반'이 설립되어야 한다. 이 특별대책반 멤버들은 사법부가 정부로부터 독립적이듯이, 국가의 인구문제를 해결하기 위해 독자적인 권한을 가지고 국민과 직접 소통하면서 장기 대책을 수립하고 또 집행해나가야 할 것이다. 그렇지 않으면 전 세계에서 가장 심각한 남한의 인구문제를 해결하기 어려울 것이다.

이러한 상황 속에서 남북한 통일의 경우를 대비해야 한다. 자유민주주의와 시장경제가 전제되는 남북통일을 가정할 때, 통일상황이 남북한 공동의 과제인 저출산 · 고령화를 최대한으로 해결하는 출구가 될 수 있도록 다양한 통일 시나리오에 대비한 구체적인 대책을 준비해야 된다. 본 논문은 남북한 모두에게 심각한 저출산 · 고령화 실황을 부각하였고, 이를 통해 통일을 대비한 인구문제 대책이 현실적으로 준비될 수 있도록 제언하였다.

향후 학계에서는 남한의 저출산 · 고령화 실태를 집중적으로 연구 분석하면서 곧 닥칠 인구문제로 인한 국가적인 재난을 온 국민에게 알려야 한다. 이를 통해 사회적 공론이 조성되면 정부도 구체적인 노력을 기울일 것이다. 그리고 통일한국 국가전략을 수립함에 있어서도 가장 심각한 주제인 인구문제가 최우선으로 반영될 수 있도록 노력해야 할 것이다.

참고문헌

강동완 · 박정란, 『사람과 사람, 김정은 시대 '북조선 인민'을 만나다』, 서울: 너나드리, 2015.
고경민, "남북한 정책 선택과 통일 시나리오 분석", 『한국동북아논총』, 경기: 한국동북아학회, 2015.
김재현 · 정은찬, "북한 인구 남한 유입의 사회경제적 효과 분석", 『통일문제연구』, 서울: 평화문제연구소, 2018.
김창권, "독일 통일 과정에서의 구동독지역 인구이동과 도시발전 및 한반도를 위한 정책적 시사점", 『경상논총』, 부산: 한국경상학회, 2018.
박춘성, "우리나라 인구구조 및 경제 환경 변화의 주택시장에 대한 영향", 『주간금융브리프』, 서울: 한국금융연구원, 2018.
백명숙·김성배, "북한시장에서 재산권의 보호 메커니즘 : 사적 침해에 대한 공식 및 비공식제도의 비교", 『통일전략』, 제21권 제3호, 한국통일전략학회, 2021.
유엔인구기금(UNFPA), 『2021 세계인구현황보고서』, 서울: 인구보건복지협회, 2021.
유엔인구기금(UNFPA), 『2020 세계인구현황보고서』, 서울: 인구보건복지협회, 2020.
이수진, "방북 국민의 신변안전위기 시 역대정부의 위기관리 실태와 발전방향", 『통일전략』, 제21권 제1호, 한국통일전략학회, 2021.
이용희, "북한의 인구정책과 저출산 고령화 실태", 『통일전략』, 제21권 제3호, 한국통일전략학회, 2021.
이용희, "장마당이 북한 계급제도와 체제에 미치는 영향", 『통일전략』, 제18권 제4호, 한국통일전략학회, 2018.
이종석, "통일시나리오 분석과 북한지역 주택정책 연구", 동국대학교 대학원 북한학과 박사학위논문, 2021.
이용희 · 한승대, "통일 대비 북한의 인구이동 대응 방안 연구: 주거와 인프라 공급을 중심으로", 『인문사회21』, 광주: 아시아문화학술원, 2018.
이진석, "북한이탈주민의 취업지원제도 개선에 관한 연구", 『통일전략』, 제20권 제3호, 한국통일전략학회, 2020.
정경환, "한반도평화체제 구축문제와 평화협정문제의 상관성", 『통일전략』, 제21권 제1호, 한국통일전략학회, 2021.
조한승 · 박아영, "국제기구를 통한 통일대비 대북지원의 함의: UNFPA의 북한인구조사를 중심으로", 『분쟁해결연구』, 경기: 단국대학교 분쟁해결연구센터, 2018.
최지영, "독일통일을 통해 본 남북한 인구통합 전망", 『북한연구학회보』, 경남: 북한연구학회, 2020.
최지영, "통일과 고령화," 『BOK 경제연구』, 서울: 한국은행, 2017.
통계청, "장래인구추계 결과", 서울: 통계청, 2006.
통계청, "장래인구추계: 2015~2065년", 서울: 통계청, 2016.
통계청, "장래인구추계: 2020~2070년", 서울: 통계청, 2021.
하광민, "중국소수민족정책의 관점에서 바라본 한반도통일", 『통일전략』, 제20권 제4호, 한국통일전략학회, 2020.
홍제환 외, 『북한의 인구변동: 추세, 결정요인 및 전망』, 서울: 통일연구원, 2020.
『국민일보』, 2021년 8월 25일자.
『국민일보』, 2021년 11월 18일자.
『서울신문』, 2021년 9월 30일자
『정경뉴스』, 2015년 7월 6일자.
『조선일보』, 2017년 11월 21일자
『한국경제』, 2021년 8월 28일자.
『한겨레』, 2021년 4월 14일자.
차명철, 『조선민주주의인민공화국 주요경제지대들』, 평양: 외국문출판사, 2018.
UN, 『World Population Prospects: The 2015 Revision』, 2015.

Abstract

Suggestions for countermeasures against low birth rate and aging population in unified Korea

South Korea is the world's lowest total fertility rate, and the aging population is the fastest country in the world. North Korea belongs to the poorest country, but the problem of low birth rates and aging population is serious compared to other poorest countries. This study explained the actual situation of low birth rates and aging population in South Korea and North Korea, respectively. In addition, a comparative study was conducted on the case of unification of East and West Germany so that South and North Korea could properly cope with the problem of low birth rate and aging population, which is a common task when the two Koreas unify. And after reunification, realistic suggestions were made for measures to solve low birth rates and aging population. In order to prevent large-scale population movement from North Korea to South Korea as the two Koreas are unified, the South Korean government must guarantee a basic life of food, clothing, and shelter for residents in all parts of North Korea immediately after reunification. In addition, sufficient jobs should be created in North Korea through economic cooperation between the two Koreas. Therefore, it is necessary to plan and prepare in advance so that North Korean residents can find jobs in North Korea rather than moving to South Korea in large numbers. Efforts should be made to reflect the most serious and important topic, the population problem, as a top priority in establishing a national strategy for a unified Korea.

[Key Words]

Low birth rate and aging population, Total fertility rate, Unified Korea population problem, Unified Germany population problem, Countermeasures against low fertility and aging population

북한의 인구정책과 저출산 고령화 실태

- I. 머리말
- II. 북한의 주체인구학
- III. 북한 인구정책의 변천 과정
- IV. 북한의 저출산 고령화 실태
- V. 맺음말

국문요약

　본 논문은 먼저 사회주의 인구학의 기초가 되는 마르크스 인구론에 대해서 살펴보고 북한의 경우 마르크스 인구학이 어떻게 주체인구학으로 변모되었는지를 설명하고 있다. 그리고 해방 이후 북한의 인구정책의 변천 과정을 정책 내용을 중심으로 5단계로 나누어 분석했다. 북한은 최근 20년에 걸친 출산 장려 정책이 실패하면서 저소득국가임에도 불구하고 저출산 고령화의 문제가 발생했다. 본 연구에서는 현재 북한의 저출산 고령화 실태를 각종 통계를 중심으로 분석했다. 북한의 경제위기와 식량난, 그리고 저출산 고령화의 인구 문제를 함께 극복해나가는 것이 김정은 정권의 최대 과제이다.

[주제어]
주체인구학, 북한 인구정책, 출산 장려 정책, 합계 출산율, 저출산 고령화

* 2021년 3월 〈통일전략〉 제21권 3호에 실린 논문.

Ⅰ. 머리말

남한의 저출산 고령화는 심각한 상황이다. 한 국가의 인구가 유지되기 위해서는 합계출산율[1]이 2.1명이어야 한다. 최근 남한의 합계출산율은 2019년 0.92명, 2020년 0.84명, 2021년 2분기 0.82명으로 남한은 전 세계 1위의 저출산 국가가 되었다.[2] 그런데 저출산 고령화는 남한만의 문제가 아니다. 북한은 저소득국가임에도 불구하고 2020년 합계출산율이 1.9명(UN 추계치)으로 향후 인구 감소가 예상되는 상황이다. 그리고 북한은 2001년 65세 이상 노인 인구가 7%를 초과하여 고령화사회가 되었다.[3]

본 논문은 북한의 인구문제를 고찰하고자 한다. 먼저 사회주의 인구학의 기초가 되는 마르크스 인구론에 대해서 살펴보고 북한의 경우 마르크스 인구학이 어떻게 주체인구학으로 변모되었는지를 설명하려고 한다. 그리고 북한의 인구정책 변천 과정을 정책 내용을 중심으로 5단계로 나누어 조사하고 정리할 것이다.

이어서 북한 인구정책의 결과라고 할 수 있는 현재의 저출산 고령화 실태를 각종 통계를 중심으로 분석하려고 한다. 그리고 맺음말에서는 북한의 전체적인 상황 속에서 경제위기와 식량난, 그리고 저출산 고령화의 인구문제를 함께 극복해나가는 것이 김정은 정권의 최대 과제임을 설명할 것이다.

본 연구의 목적은 북한의 경제 문제 못지않게 심각한 인구문제를 부각시켜 북한의 인구정책과 저출산 고령화 실태를 이해함으로 통일전략을 바르게 세워나갈 수 있도록 하는 데 있다.

연구 방법으로는 논문 주제와 관련된 논문들과 연구기관 보고서, 언론보

---

1 여성 한 명이 가임기간에 낳을 것으로 예상되는 평균 자녀 수. 출산이 가능한 연령대인 15세부터 49세까지를 기준으로 한다. 국립국어원, 『우리말샘』.
2 『국민일보』, 2021년 8월 25일자, "43조원 예산, 대체 어디에… 합계출산율 0.84명 추락".
3 유엔은 고령인구 비율이 7%를 넘으면 고령화사회, 14%를 넘으면 고령사회, 20% 이상이면 초고령사회로 분류한다. 한국은 2000년 고령화사회에 진입한 지 17년 만인 2017년에 고령사회로 들어섰다. 한경닷컴, 『한경 경제용어사전』.

도 및 북한 언론매체와 북한 자료들을 수집하여 분석하였다. 저출산 고령화에 관련된 통계를 얻기 위해서는 북한 공식 발표, 남한 통계청 자료, UN 발표 자료 등을 활용하였다. 북한 정부의 폐쇄성으로 인하여 자료 수집에 한계가 있지만, 접근 가능한 정보들을 수집하였다. 그리고 북한 사람들의 출산에 관련된 실태를 파악하기 위해 각각 2007년과 2008년에 탈북한 두 명의 40대 탈북민 여성을 인터뷰하여 북한 사정을 청취하였고, 그 내용을 논문에 포함시켰다.

선행연구로는 이철희(2018)의 "저출산ㆍ고령화 대응 정책의 방향: 인구정책적 관점", 강인호ㆍ이계만(2019)의 "통일 이후 북한의 축소도시에 관한 시론적 연구", 김지희(2019)의 "북한의 인구관과 인구정책 분석", 통계청(2019)의 "세계와 한국의 인구현황 및 전망", 홍제환 외(2020)의 "북한 인구변동: 추세, 결정요인 및 전망", 이용희(2020)의 "북한 정치 경제" 그리고 홍제환ㆍ김석진(2021)의 "북한의 소득–인구 퍼즐: 실태와 원인" 등의 자료를 비교 분석하였다.

II. 북한의 주체인구학

1. 사회주의 인구학

1789년 맬서스의 인구론이 출판되면서 전 세계는 인구 종말론을 걱정하게 되었다. 맬서스는 인구 폭발이 되면 식량 부족으로 인류는 존재하기 어렵다고 주장했다. 세계 인구가 10억 명을 넘어선 때는 1804년으로 추정하며 123년 뒤인 1927년 20억 명, 1965년에는 40억 명, 2000년 60억 명을 넘어선 세계 인구는 2020년 78억 명에 이르렀다. 식량은 산술급수적으로 증가하지만 인구는 기하급수적으로 증가하기에 식량 증가가 인구 증가를 감당할 수 없다고 보고 맬서스 시대 학자들은 인구한계선을 20억 명으로 계산했었다.

그러나 맬서스는 인구가 크게 늘어날 것만 예상했지, 인류의 기술 진보와 농업 기술의 발달은 예측하지 못했다.[4]

맬서스의 인구론에 대해 마르크스는 인구문제는 자본주의 사회에서 발생하는 문제이지 공산주의 사회에서는 문제되지 않는다고 주장했다.[5] 마르크스는 계획경제인 사회주의 사회에서는 인구와 생산 수단을 통제하며 균형에 이르게 하므로 공산주의만이 인구 과잉 문제를 해결할 수 있는 유일한 체제라고 주장했다.

마르크스의 공산주의 인구관은 많은 사회주의 국가들의 인구정책에 영향을 미쳤다. 그래서 대부분의 공산주의 국가들은 초기에 출산 장려 정책을 폈다.

중국은 1949년 공산주의 혁명 이후 마르크스의 인구학 이론에 근거하여 출산장려정책을 펼쳐나갔다. 모택동을 비롯한 중국 지도자들은 당시 자본이 부족하고 자본 유치가 어려운 상황에서 인구가 많을수록 농업과 공업 등에 더 많은 노동력을 제공할 수 있고 이것이 경제발전의 자산이 될 수 있다고 생각했다. 1949년 중국 공산당은 다음과 같은 공표문을 발표했다.

> "중공이 방대한 인구를 가졌다는 것은 퍽 다행스런 일이다. 중공의 인구가 수배로 늘어난다 하더라도 중공은 그 해결방안을 가지고 있다. 식량의 증산이 인구증가를 따라가지 못한다는 맬더스와 같은 서구 부르죠아 경제학자의 어리석은 논리는 오래 전에 맑스에 의해 철저한 비판을 받았거니와 소련이나 사회주의혁명 후의 중공에서의 현실이 그 논리를 완전히

---

4 "경제학자인 인두르 고클라니가 분석한 바에 따르면, 1961년에 곡물을 생산했던 방식이 1998년에도 이어졌다면, 세계 인구 60억 명을 먹여 살리기 위해 79억 에이커의 농지가 필요했다. 하지만 농업집약화 기술과 공기 중의 질소를 고정한 비료 기술 덕분에 37억 에이커면 충분하게 됐다. 줄어든 면적은 칠레를 제외한 남아메리카 면적과 맞먹는다. 맬서스는 인류의 기술 진보가 이 정도로 높아질지 몰랐다."『한국경제』, 2020년 11월 23일자, "빗나간 맬서스의 인구론…그는 기술진보를 예측못했다".

5 독고순, "사회주의 인구문제 논쟁과 중공의 인구정책에 관한 연구", 석사학위논문 (연세대학교, 1988).

뒤집어 놓았다. 인간이야말로 세상에서 가장 귀중한 것이다. 중국공산당의 영도력하에서는 인민이 있는 한 혁명이야말로 모든 것을 변화시킬 수 있으며, 머지않아 방대한 인구와 부를 가진 새로운 중공이 태어나고, 그 때에는 생활이 풍부해지며 문화가 윤택해질 것이라고 믿는다. 모든 비관적인 견해는 조금도 근거 없는 일이다."[6]

중국 공산당은 인구수가 증가하면서 노동력이 많으면 많을수록 좋다고 생각했지만, 막상 대약진 운동[7]이 실패로 끝나고 기근과 흉작으로 수천만 명이 굶어 죽게 되자 중국의 인구정책은 근본적으로 바뀌기 시작하였다. 계속되는 경제 침체와 농업생산량 부족 상태로 인해 전국민적인 빈곤과 식량 부족을 해결하지 못했고, 이로 인해 출산억제정책을 도입하였고, 장기간에 걸친 한 자녀 갖기 인구정책을 통하여 인구 증가를 억제하였다. 마르크스의 낙관적인 사회주의 인구관은 중국의 현실 속에서는 실현되지 못했다.

2. 북한의 주체인구학

(1) 북한의 마르크스 사회주의 인구학

북한도 마르크스 사회주의 인구론에 영향을 받아서 해방 이후 김일성 정권은 인구 증식에 힘을 쏟았다. 중국 공산당과 마찬가지로 인구가 많을수

---

6 김지희, "북한의 인구관과 인구정책 분석," 석사학위논문 (이화여자대학교 대학원, 2019), p.14.
7 "대약진이라는 말은 <인민일보>의 1957년 11월 13일자 사론인 '전민을 발동하여 40조 강요를 토론하고 농업생산의 새로운 고조를 일으키자.'에서 비롯되었다. 이와 같은 구호 아래 중국 내부적으로 7년에 영국을, 8년 혹은 10년 안에 미국을 따라잡는다는 목표를 설정하고 공업생산의 지표를 높였다. 그 결과 급격한 공업노동력 수요로 농촌에서 과도한 인력을 강제로 착출하였고, 이로 인하여 도시의 인구가 급격히 증가하여 필수품의 공급부족이 일어났으며 노동력을 잃은 농촌의 농업생산력은 급격히 저하되어 농업경제의 파탄을 가져왔다. 이로 인한 농업생산량의 부족에 연이은 자연재해로 인한 흉작과 구소련과의 관계 악화로 인한 경제원조 중단의 계속으로 인하여 수천만 명의 아사자(餓死者)가 발생하였다." pmg 지식엔진연구소, "대약진운동", 『시사상식사전』(박문각, 2021).

록 노동력이 풍부해져서 국가경제발전에 자산이 된다고 여겼다. 그리고 6·25전쟁을 계획하는 김일성의 입장에서 1946년 당시 북한의 인구는 약 925만 명이고, 남한 인구 약 1,930만 명의 절반밖에 되지 않으므로 남한을 제압하기 위하여 북한의 인구 증가는 매우 필요한 일이었다.

6·25전쟁에서 실패한 김일성 정권에게 있어 남북 대치 상태에서 남한 인구와 비교할 때 북한 인구의 수적 열세는 계속적인 부담이었다. 그래서 전쟁이 끝난 1953년부터 1970년에 이르기까지는 지속적인 인구 증가 정책을 펼쳐나갔다.

그러나 1970년대부터 북한 정권은 경제적인 어려움에 봉착하게 되었다. 특별히 1973년 세계적인 오일쇼크에서 받은 경제적인 타격을 극복하지 못했고, 1974년 북한 정부는 무역 대금을 결제하지 못하는 상황이 되었다. 이어서 1975년 북한에 차관을 준 OECD 국가들과 지불연기 교섭을 하였고, 이로 인해 서방 세계에서 북한의 신용은 급락했다. 이후 일본과 서유럽국가들로 구성된 채권단은 북한경제 상황의 회복의 어려움을 고려하여 채무상환유예(Rescheduling)[8] 조치를 취했다.[9]

1970년대 북한 경제가 무너지기 시작하면서 북한의 마르크스의 사회주의적 낙관적인 인구정책은 지탱할 수 없었고, 당장 국가 경제를 지탱하기 위해 여성 노동력을 경제현장에 끌어들여야만 했다. 그래서 여성들이 출산을 많이 할 경우에는 경제현장에서 일할 수 없기 때문에 출산을 억제하기 위해 결혼을 늦추게 하고 결혼한 여성들도 가급적 출산을 적게 하도록 인구정책을 펼쳐갔다.

---

8 외국으로부터 돈을 빌려온 나라가 대출국에 상환할 시기를 당초 계약보다 뒤로 미루는 것으로 채무재조정 또는 채무상환연기라고도 한다. 한국국제협력단(KOICA), "Rescheduling," 『국제개발협력용어집』(2010)
9 이용희, 『북한 정치 경제』(서울: 자유와 생명, 2020), p.136-137.

2) 김일성 주체사상과 주체인구학의 등장

이와 때를 같이 하여 1970년 11월 제5차 전당대회에서 김일성 정권은 조선노동당 활동의 지도적 지침을 마르크스-레닌주의에서 김일성 주체사상으로 고쳤다. 이로써 김일성 주체사상은 노동당의 지도적 지침이 되었고, 더 나아가 1972년 12월에는 개정 헌법에서 북한은 김일성 주체사상을 인민공화국의 '자기활동의 지도적 지침'으로 개정하고 공식적으로 선언함으로써 김일성 주체사상은 최초로 헌법에서 명문화되었다.[10]

1974년 4월 "당 유일사상체계확립 10대 원칙"을 공포하여 김일성 주체사상을 북한 주민들의 삶의 모든 영역에서 구체적인 규범과 강령으로 삼게 하였다. 유일사상 10대 원칙은 모든 주민이 숙지하도록 했으며 현재까지 북한 모든 주민들에게 가장 강력한 행동 규범이 되었다.

1980년 10월 노동당 제6차 전당대회에서는 "조선로동당은 오직 위대한 수령 김일성 동지의 주체사상, 혁명사상에 의해 지도된다"라고 당규를 개정함으로써 김일성 주체사상이 마르크스-레닌주의를 대체하는 새로운 지도이념으로 발표됐다.[11] 이러한 상황 가운데서 북한의 인구학은 마르크스 사회주의 인구학에서 주체인구학으로 수정되었다.

'주체사상'은 "북한의 최고 통치이념…다른 어떤 이데올로기나 사상보다도 최우위에 있으며 사회의 모든 부분을 구속하는 초법적인 힘을 가지고 있다. 즉 주체사상은 북한의 정치, 외교, 사회, 군사, 문화 등의 모든 분야에서 유일한 지도이념…"[12]이라고 정의된다.

김일성 주체사상의 토대를 둔 북한만의 독특한 인구관인 주체인구학, 즉 사람 중심의 인구학을 제시하고 있다.[13] 주체인구학에서는 마르크스 인구론

10　1972년 개정 북한 헌법 제3조
11　이상우,『북한정치 변천』(서울: 오름, 2017), p.184.
12　이명재, "주체사상",『북한문학사전』(국학자료원, 1995).
13　리기성,『인구학개론』(평양: 과학백과사전종합출판사, 1996), p.10.

이 인구현상을 사회역사적 관점에서 체계화하는 데는 공헌을 했지만, 인구현상과 인구 발전과정의 주인이 되는 사람이 인구론에서 특별한 지위와 역할을 하지 못하고 있음을 한계로 지적하고 있다. 주체인구학에서는 인구정책의 본질이 주체사상에 의해서만 가장 올바르게 해결될 수 있다고 주장하고 있다. 북한에 주체인구학자 리기성은 인구학개론에서 아래와 같이 말하고 있다.

> "인구정책은 다른 모든 정책이 그러한바와 같이 사회의 주인인 사람의 자주성을 옹호하고 그들에게 자주적이며 창조적인 생활을 마련해주기 위한 것으로 되어야한다.… 우리나라의 주체적인 인구정책의 특징은 무엇보다도 먼저 그 내용이 사람들의 지위와 역할을 끊임없이 높이기 위한 것으로 일관되어 있는데 있다."[14]
> "인구자원의 사회적 리용에서 가장 중요한 것은 로동능력 있는 인구를 옳게 리용하는 것이다."[15]

주체인구학의 일차적 목적은 인민대중의 자주적 요구에 맞도록 인구문제를 해결하는 것이다. 그리고 사회경제발전을 이룩하기 위해 인구자원을 사회적 이용에 맞도록 노동 인력을 옳게 이용하는 것이 주된 목적이다.[16]

이와 같이 북한의 인구학과 인구정책은 1945년 해방 이후 마르크스 사회주의 인구학에 기초해서 시작되었다. 그러나 1970년대 북한 경제가 어려워지기 시작하면서 마르크스의 낙관적인 인구정책은 지속될 수 없었고 이 시대에 등장했던 김일성 주체사상에 근거한 주체인구학이 북한에 새로운 인구학으로 대두되었다. 이후로는 주체사상을 토대로 하는 주체인구학과 인구정책이 북한 정부에 의해서 추진되고 있다.

---

14 위의 책, p.51.
15 위의 책, p.39.
16 김지희, 앞의 글, p.24.

Ⅲ. 북한 인구정책의 변천 과정

1. 해방 이후 1960년대

북한은 해방 이후 소련 군정하에서 김일성이 공산당을 조직하였고 1946년 2월 북조선임시인민위원회[17]를 만들었다. 이 위원회는 같은 해 3월 토지개혁 법령을 발표하고 '무상몰수'에 의한 토지개혁을 실시했다. 이어서 임시인민위원회는 1946년 8월 주요 산업의 국유화 법령을 공포했으며, 12월 지하자원·산림·수역을 모두 국유화하였다. 북한은 실질적으로 1946년 김일성이 북한 전역을 장악했다고 볼 수 있다.

김일성은 처음부터 남한을 침략하여 한반도를 적화통일하기를 원했기 때문에 북한이 군사나 경제적인 면에서는 남한을 앞서있었지만, 인구에 있어서만큼은 당시 남한 인구의 절반밖에 되지 않았으므로 인구 증대를 위해 출산장려정책에 적극적이었다.

6·25전쟁에서 한반도 적화통일을 이루지 못하고 실패함에 따라 전쟁 책임론이 대두되자 김일성은 생존을 위해 50년대에 힘든 정치적 투쟁을 해나가게 된다. 6·25전쟁의 북한 측 피해는 막대했다. 특별히 인구 부분에 있어서 손실은 매우 컸다.

---

17 북조선임시인민위원회(北朝鮮臨時人民委員會)는 1946년 2월 8일에 조선로동당 주도로 개최된 「북조선 각 정당·사회단체·각 행정국 및 각 도·시·군 인민위원회 대표 확대협의회」회의 결과 조직되었고, 위원장으로 소련의 지원을 받은 김일성이 추대되었다. 이후 북조선임시인민위원회는 1947년 2월 21일에 북조선인민위원회로 개편될 때까지 북한 전역을 포괄하는 중앙기구 역할을 하였고, 김일성이 실질적으로 북한지역을 통치하는 지도자 역할을 했다. 오일환,『한국민족문화대백과사전』(한국학중앙연구원, 2012).

<표1> 북한의 인구 통계

UNFPA 제출 인구 통계					『인민경제발전통계집』 총인구
	총인구	남성	여성	성비	
1946	9,257	4,629	4,628	100	9,257
1949	9,622	4,782	4,840	98.8	9,622
1953	8,491	3,982	4,509	88.3	8,491

출처: 이석, 『북한의 통계: 가용성과 신뢰성』(통일연구원, 2007). p.94. 저자 재구성

6·25전쟁 전인 1949년 북한 인구는 962만 명이었는데 전쟁이 휴전된 1953년에는 무려 113명이 감소한 849만 명이었다. 특별히 전쟁으로 인해서 북한 남성의 인구가 여성보다 현저하게 많이 감소했다. 1949년 북한 남성 인구는 478만 명에서 전쟁 후인 1953년에는 398만 명으로 약 80만 명이 감소하였다. 반면에 여성 인구는 전쟁 전인 1949년 484만 명에서 1953년에는 약 451만 명으로 33만 명이 감소하였다.

여성 노동력도 감소했지만, 남성 노동력의 경우 무려 80만 명이나 급감하였다. 그래서 김일성 정권은 전쟁으로 인한 인구 감소를 최대한 빨리 만회하기 위해 인구 증가에 특별한 노력을 기울였다.

"우리는 인구가 2,000만 명으로 늘어나도 좋고 3,000만 명으로 늘어나도 좋습니다. 문제는 모든 사람들을 다 잘 먹이고 잘 입히는 데 있습니다. 우리는 얼마든지 모든 사람들을 잘 먹이고 잘 입힐 수 있습니다."[18]

김일성의 이와 같은 발언과 함께 출산 장려를 위한 다양하고 적극적인 인

---

18 김일성, "조선로동당 제5차대회에서 한 결론," 『김일성저작집25』 (조선로동당출판사, 1983), p.369.

구 정책을 추진했다. 모든 어린이들은 탁아소와 유치원에서 국가가 직접 기른다고 장담하였고, 출산을 많이 한 여성 또는 가정에게 특별배급 또는 생활지원 등 직접적인 경제적 혜택을 주었다. 또 제1차 전국어머니대회를 개최하여 전 인민 출산장려를 위한 선전작업을 하였으며, 이 자리에서 김일성은 연설을 통해 가정에서 '혁명적 어머니'들의 임무와 역할에 대해 강조하였다.[19] 그리고 인민보건법 제11조[20], 보육교양법 제2조[21] 등 출산 장려 법적조치를 실행하였다.

2. 1970년대 인구정책 - 출산 억제

1945년 해방 이후 1960년대까지 지속적인 출산장려정책에 의하여 북한의 인구는 증가하였다. 그러나 1970년대에 들어오면서 북한 경제는 쇠락하기 시작한다. 그 이유는 첫째, 지나치게 중화학공업 육성에 주력하였다. 1964년도에는 전체 산업에 대한 정부 투자 중 중공업에 대한 투자가 73.8%에 달하고, 1965년에는 무려 87.3%로 증가한 반면 경공업에 대한 투자는 12.7%에 불과했다.[22] 국민들의 의식주를 해결하기 위해서는 경공업 부문이 일정 수준 유지되어야 함에도 불구하고 중공업 부문에 대한 과다투자는 국가경제 불균형을 야기시켰다. 이와 같이 중공업에 대한 과도한 투자는 아무 때라도 기회가 생기면 전쟁을 하기 위한 준비였다고 볼 수 있다. 〈표2〉는 이와 같은 상황을 보여주고 있다.

---

19 『노동신문』, 1971년 11월 17일자, 2면.
20 "국가는 여성들이 어린이를 많이 낳아 키우는 것을 장려하며, 한 번에 여러 어린이를 낳아 키우는 여성과 그 어린이들에게 특별한 대우를 베푼다."
21 "모든 어린이들을 탁아소와 유치원에서 국가와 사회의 부담으로 키운다."
22 이용희, 『북한 정치 경제』(서울: 자유와 생명, 2020), p.134.

〈표2〉 북한 정부 투자 중 산업별 비중 추이

(단위: %)

구분	1961	1962	1963	1964	1965
전체산업*	58.1	55.8	56.0	65.0	66.7
중공업**	69.7	63.7	68.2	73.8	87.3
경공업	30.3	36.3	32.8	26.2	12.7

출처: 오승렬, 『북한경제의 변화: 이론과 정책』(서울: 통일연구원, 2002), p.13, 저자 재구성
*전체산업 비중은 (전체산업 투자/정부투자) x 100
**중공업, 경공업 비중은 (중공업, 경공업/전체산업 투자) x 100

두 번째로는 김일성 주체사상의 대두와 김일성 김정일 세습제도가 구축되면서 주체사상 선전비용과 김일성, 김정일 가계 우상화 비용이 상당 부분을 차지하기 시작했다. 전국민적인 홍보 및 교육으로 많은 시간과 국가적인 힘을 여기에 투입하였고, 이것이 경제발전에 걸림이 되었다. 세 번째로는 전 세계적인 경제 불황을 일으켰던 1973년 오일쇼크였다.

특별히 북한은 1973년 세계적인 오일쇼크에서 받은 경제적인 타격을 극복하지 못했다. 1974년 북한은 외환이 부족하여 무역 대금을 결제하지 못했고, 1975년에는 차관을 준 OECD 국가들과 북한 정부가 지불연기교섭을 하였고, 서방국가들로 구성된 채권단은 북한에 대해 채무상환유예(Rescheduling) 조치를 취했다. 이로 인해 북한의 국가신용은 급락했고, 더 이상의 외자유치를 할 수 없게 되었다.

이러한 상황 속에서 김일성 정권은 인구 증가를 통해 늘어난 어린이 보육을 국가가 감당하는 것이 부담이 되었고 무엇보다도 경제 회복을 위하여 노동력이 절실한 상황에서 여성 인력을 경제 현장으로 투입하는 것이 급선무였다. 이를 위해 미혼여성은 만혼을 권장했고, 기혼여성은 출산을 가급적 제한함으로 육아에 묶이지 않고 노력 동원에 동참하도록 유도하였다. 이 시기에 김일성의 발언을 보면 아래와 같다.

"지금 해마다 인구가 계속 늘어나는 조건에서 그에 맞게 알곡생산을 늘여야 늘어나는 인구를 먹여 살릴 수 있으며 인민들의 생활을 높일 수 있습니다. …(중략)… 그런데 최근년간 알곡생산이 빨리 늘어나지 못하고 있습니다."[23]

"우리나라에서 국가부담으로 키우는 어린이들과 학생들이 약 860만 명에 이릅니다. 이것은 우리나라 인구의 절반을 차지합니다. 인구의 절반을 차지하는 어린이들과 학생들을 국가가 맡아서 키운다는 것은 큰 부담이 아닐 수 없습니다."[24]

"우리 당이 녀성들을 사회주의건설에 적극 참가시키는 것은 그들을 혁명화, 로동계급화 하려는데 중요한 목적이 있습니다. …(중략)… 녀성들을 혁명화, 로동계급화하는 중요한 방도는 그들을 사회주의 건설에 적극 참가시키는 것입니다. 녀성들이 로동생활도 하지 않고 조직생활도 하지 않고 가정에 들어앉아 있어서는 혁명화 될 수 없습니다."[25]

1970년대 북한은 경제난관을 타개하기 위해 여성을 노동시장에 적극 동원시키기 위한 방안으로 출산을 억제하는 정책을 적극적으로 시행하였다. 북한은 가족법 제9조에서 "…사회와 집단을 위하여 보람 있게 일한 다음 결혼하는 사회적 기풍을 장려한다."고 규정[26]하고 미혼자들에 대하여 혼인 적령기를 남자 30세 이상, 여자 27세 이상으로 권장했다. 이를 통해 여성들을 실질적으로 노동현장에 투입시켰으며, 또 다산이 아닌 적당한 수의 자녀를 갖게 하려는 정부의 의지를 표출하였다.

---

23 김일성, "알곡생산을 늘이기 위하여 나서는 몇가지 문제에 대하여", 『김일성저작집25』(조선로동당출판사, 1983), 438.
24 김일성, "어린이보육교양사업을 더욱 발전시킬 데 대하여", 『김일성저작집31』(조선로동당출판사, 1986), p.83.
25 김일성, 위의 책, p.85.
26 김두섭 외, 『북한인구와 인구센서스』(통계청, 2011), p.254.

3. 1980년대 인구정책 - 출산 억제

1980년대에 들어서면서 북한 경제는 더 악화되기 시작하였다. 70년대의 경제 난관을 극복하지 못한 상황에서 계속적인 중공업 위주의 산업구조는 주민들의 의식주를 해결하지 못하는 경제구조로 고착화 되었다. 이에 따라서 비공식 시장인 농민 시장이 더욱 활성화되었고, 이를 억제하기 위한 농민 시장에 대한 정부의 제재는 또 다른 경제 비효율을 만들어냈고, 경제 침체를 야기시켰다.

70년대 국제사회에서 북한의 국가신용도가 급락하면서 서방 세계의 차관이 단절되었고, 외자 유치도 어려운 상황에서 경제 쇠퇴는 가속화되기 시작하였다. 이런 경제 상황에서 유아 보육에 대한 국가부담을 줄이고 여성 노동력을 사회주의 건설 현장에 끌어들이기 위한 출산 제한 정책은 더 강화되었다. 1983년 정부가 낙태 수술을 허용하였고, 학교 수업을 통하여 임신과 관련된 생리학 교육과 피임 교육을 확대하였으며, 주민들이 손쉽게 피임할 수 있도록 적극 지원하였다. 이와 함께 다자녀 출산에 대해서는 출산휴가를 주지 않는 등 구체적인 출산억제책을 시행하였다.

1970년도부터 80년대에 이르면서 북한의 출산율은 떨어지기 시작하였고, 출산 억제 정책은 효력을 발생하였다. 그러나 80년대 출산율 하락에 대해서는 단순히 정부의 출산 억제 정책의 효과라기보다는 국가경제쇠퇴와 함께 주민들의 의식주가 해결되지 않자 주민들의 스스로의 선택도 많은 부분을 차지하고 있다. 북한 주민들에게 있어 당장 먹고 살기가 힘들고 생필품도 부족하고 배급량도 축소되는 상황에서 아이를 출산한다는 것은 큰 부담이 아닐 수 없다.

북한의 경제 쇠락은 자연스럽게 주민들이 생존 본능을 위하여 저출산을 택하는 현상을 야기시켰다. 그리고 이러한 현상은 북한 경제가 회복되지 못한 현재까지도 지속되고 있다고 볼 수 있다.

4. 1993년~2011년 인구정책 - 출산 장려

한 국가가 국민 수를 유지하기 위해서 필요한 합계출산율은 2.1명이다. 북한의 경우 1970년 5명대의 합계출산율에서 1987년의 경우 2.25명까지 떨어지는 상황이 되자[27] 북한 정부는 인구정책에 있어서 새로운 전환을 시도하였다. 북한 정부의 출산 억제 정책도 효과가 있었지만 이와 함께 북한 주민들이 계속되는 경제난 속에서 국가에 대한 신뢰가 약해지고 기본적인 의식주가 해결되지 않는 상황 속에서 출산을 기피하는 현상이 만연해지게 되면서 국가는 인구정책에 있어서 새로운 문제의식을 느끼게 되었다. 특별히 80년대 말부터 공산주의 종주국인 소련의 경제 몰락과 이에 따른 체제몰락, 그리고 동구 유럽 공산국가들의 개혁개방과 시장경제 유입은 북한 정권으로서는 큰 위기의식을 갖게 하였다.

이러한 국제적인 상황 변화 속에서 개혁개방과 시장경제 도입을 거부하고 경제가 몰락하면서도 폐쇄적 사회주의 경제 제도를 고집하던 북한으로서는 경제위기를 극복할 방법이 없었다. 경제 난관을 타개하지 못할 때 북한 주민들의 북한 정부에 대한 불신과 출산 기피 현상은 계속되었으며, 이것을 극복하기 위하여 북한 정부는 이전의 출산 억제 정책에서 대대적으로 전환하여 출산 장려 정책을 시행하게 되었다.

대표적인 출산 장려 정책으로는 1983년 허용했던 낙태 수술을 10년이 지난 후인 1993년부터는 금지하였고, 이를 어기는 의료진은 법적으로 처벌하였다. 그리고 출산의 기회를 확대하기 위하여 결혼 연령을 남자는 26세, 여자는 24세로 하향 조정하였고, 국가적으로 출산을 장려하는 선전 사업을 광범위하게 시행하였다. 다산 여성을 '모성 영웅'이라고 높였으며, 세 자녀 이상 출산한 가정에는 식량 추가 배급, 주택 우선 배정 등 특혜 정책을 공포하였다.

---

27 김지희, 앞의 글, p.48.

그러나 1994년 김일성이 죽고 난 이후 배급이 중단되고 수많은 사람들이 아사 사태에 이르는 '고난의 행군' 시기(1995~97)를 통과해야만 했던 북한 주민들에게는 허울만 좋고 시행되지 않는 식량 추가 배급, 주택 우선 배정 등은 설득력이 없었다. 그러나 정부 입장에서는 고난의 행군 시기에 수많은 사람들이 아사했고, 당시 영양실조로 몸에 장애가 생겨 노동할 수 없는 주민들이 많아지면서 사회건설을 위한 노동현장에 동원할 노동력이 급감했다. 따라서 노동력 부족을 극복하기 위해 출산 장려는 더욱 시급한 국가적 과제가 되었다.

북한 정부의 출산 특혜 정책에도 불구하고, 북한 주민들의 합계출산율은 계속 감소하였다. 그러자 2000년대에 들어와서 더욱 적극적인 출산 장려 정책을 펼쳐나갔지만, 북한 정부가 주민들에게 배급을 주지 못하고 생계에 꼭 필요한 의식주도 책임지지 못하는 상황 속에서 실효성이 적은 출산 장려 정책은 국민들에게 영향을 주지 못했다. 오히려 2000년대에 들어오면서 합계출산율은 1990년대보다 더욱 떨어지는 상황이 되었다. UN 발표에 의하면 1990년대 초반에 북한의 합계출산율은 평균 2.3명이었는데, 2000년대에 들어서면서 평균 2.0명으로 감소하였다.[28]

정부의 선전과 출산 장려 정책에도 불구하고 북한 주민들이 출산을 기피하는 가장 큰 원인은 경제난이라고 할 수 있다. 북한 주민들 사이에서는 출산만이 아니라 결혼 자체를 기피하는 현상까지 나타나기 시작했다. 배급이 중단되고 대부분의 기업소와 공장들이 정상으로 가동되지 않음으로 직장에 가도 별로 할 일이 없고, 직장에서 임금을 주지 못하는 경우가 다반사이고, 임금을 받아도 그 임금으로는 전혀 생계를 유지할 수 없는 상황이므로 대부분의 사람들이 직장에 출근하지 않고 텃밭을 일구거나 장마당을 통해 생계를 유지하는 상황이었다.

---

28 홍제환 외, 『북한 인구변동: 추세, 결정요인 및 전망』, KINU 연구총서 20-22(서울: 통일연구원, 2020), p.110.

스스로 일하지 않으면 당장 먹을 것이 없는 상황에서 결혼을 하고 임신을 하여 장마당에 나가지 못하면 생계를 유지할 수 없었다. 또 남자들이 장마당에서 일하는 것을 금했기 때문에 젊은 여성들이나 중년 여성들이 장마당에서 일해서 남편과 아이들의 생계를 유지해야만 했다. 이러한 상황에서 임신을 하고 출산을 한다는 것은 가족 전체의 생계에도 위협이 되었고, 주변의 사람들도 출산을 만류하는 경우가 대부분이었다. 이러한 사회적 상황 속에서 국가의 출산 장려 정책은 효력을 상실했다고 볼 수 있다. 근본적으로 경제 시스템이 회복되고 주민들의 먹고 사는 문제가 해결되기 전에 무리한 출산 요구는 주민들에게 설득력이 없다고 할 수 있다.

2006년도에 탈북한 박 모 씨의 경우 결혼하면 자녀 1명 낳는 것이 대부분이고, 집안이 잘살면 2명도 낳는다고 한다. 정부가 출산을 장려해도 주민들의 반응은 냉담했다고 한다. 본인의 표현에 의하면 "배급도 안 주면서, 장마당에서 장사해야 먹고 사는데 아기 낳으라고 하니 정부가 뻔뻔하다."라고 정부를 욕했다고 한다. 또 아이를 많이 낳으면 '머저리'라고 손가락질했다고 한다. 3명 낳은 가정에 대해서는 동네 사람들이 '자기도 고생하고 애들도 고생시킨다'고 바보 취급했다는 것이다.[29]

2008년도에 탈북한 장 모 씨의 경우 당시 결혼한 부부들은 자녀 1명 낳는 것이 일반적이었고, 둘은 안 낳는 추세라고 했다.

> "나라가 주는 것도 없이 아이만 낳으라고 하니 불만이 많다. 결혼 연령대도 늦어지고 있는데, 결혼하면 남자까지 챙겨야 하니 힘들다."
> "생활이 어려워서 결혼식도 못하고 사는 경우가 있는데 아이를 많이 낳으면 '떨떨하다'고 하거나, '생각이 모자라다'고 하거나, '바보 천치'라고 놀렸다."[30]

---

29 2021년 9월 12일 필자와 면담한 탈북민 박 모 씨의 이야기
30 2021년 9월 12일 필자와 면담한 탈북민 장 모 씨의 이야기

그리고 북한의 경제몰락과 함께 공교육이 부실해지면서 자녀교육을 위한 사교육비가 발생하기 시작했고, 자녀 기르는 비용이 높아지면서 출산율은 더욱 감소하였다.[31] 이런 상황이다 보니 원치 않는 임신이 되면 의사에게 뇌물을 주고 불법 낙태 수술을 하는 경우도 많았다고 한다.

5. 2012년 이후 현재까지 인구정책 - 출산 장려

2012년부터 김정은 정권이 시작하면서 출산 장려 정책을 더욱 강화해나갔다. 2012년 북한 정부는 매년 11월 16일을 어머니날로 공포하고 이날을 공휴일로 지정했다. 또 제4차 어머니 전국 대회를 개최하여 김정은이 직접 아이들을 많이 낳아 키우는 모범적인 여성들을 칭송하며 '다산'은 '애국'이라고 강조했고, 출산을 적극 장려했다.[32]

"모든 녀성들은 조국의 전도와 미래를 위하여 더 많은 자식들을 낳아 시대 앞에 떳떳이 내세움으로써 조국의 부강번영에 참답게 이바지해야 한다."[33]와 같은 선전 문구를 사용하면서 북한 정부는 노동신문 등 모든 언론 매체를 동원하여 출산 장려에 힘썼다.

2015년에는 김정은의 지시에 의해 40세 이상인데 자녀의 수가 3명이 안 되는 경우에는 간부로 임명되지 못하도록 하였다.[34]

이와 같은 최고지도자의 적극적인 출산 장려에도 불구하고 북한 젊은 여성들 사이에서는 '출산은 고생의 시작'이라는 인식이 팽배해지고 있다. 단순히 임신과 출산 기간 동안 장마당에서 장사를 못해서가 아니라 출산 이후에

---

31 『자유아시아방송』, 2010년 5월 14일자, "[북한언론의 겉과 속] 말뿐인 출산장려정책"
32 『조선녀성』, 2013년 제5호, p.33~34.
33 『로동신문』, 2018년 3월 8일자, 1면
34 『자유아시아방송』, 2015년 7월 29일자, "북 "간부되려면 애 많이 낳아라""

도 아이에 대한 양육비와 사교육비가 크게 부담이 되고 있다는 것이다. 여성만이 아니고 사회 전체 구성원들이 아이를 두 명 이상 낳으면 바보 취급을 하는 분위기가 되고 있으니 대부분의 출산 장려 정책은 실효가 없다고 볼 수 있다.

이전에는 아이를 낳으면 국가가 책임지고 탁아소와 유치원에서 길러줬는데, 이제는 북한 경제가 몰락하면서 국가가 운영하는 탁아 시스템은 유명무실해졌고, 부모들이 직접 아이들을 길러야 하는 상황이 되었다. 출산 장려 정책에 의해 출산휴가를 총 8개월로 확대했다고 해도 실제로 혜택을 받는 여성 근로자도 극소수며, 특권층에 해당된다고 볼 수 있다. 대부분의 여성들이 기업소나 공장에서 근무하지 않고 텃밭을 일구면서 또 장마당에서 장사를 하며 생계를 유지하기 때문이다.

이런 상황 속에서 2021년 1월 노동당 제8차 대회에서 남성 군복무를 9~10년에서 7~8년으로 단축함으로[35] 젊은 남자들의 노동력을 산업현장에 투입하려는 의지를 보여주고 있고, 또 군 복무 기간이 10년에서 7년으로 줄어들 경우 자연스럽게 군대 후 결혼이라는 북한 결혼문화 속에서 전체 결혼연령이 낮아지게 될 것이다. 이것도 출산 장려 효과를 나타낼 것으로 사료된다.

이러한 김정은 정권의 출산 장려 정책에도 불구하고, 2017년 미국 중앙정보국(CIA)의 『월드팩트북(The World Factbook)』에 따르면[36], 북한의 합계출산율은 1.96명이며, UN이 발표한 2015~2020년 평균 합계출산율도 1.9명이다. 한 국가가 인구 유지하기 위해 필요한 합계출산율 2.1명에도 못 미치는 상황이다. 보통 OECD 선진국들의 경우 합계출산율이 낮을 수 있지만, 북한과 같은 저소득국가에서 합계출산율이 2명이 안 된다는 것은 매우 특별한 경우로 볼 수 있다.

---

35 『연합뉴스』, 2021년 2월 16일자, "北, 군복무 줄여 '젊은 노동력' 생산현장 투입…병력감축 주목"
36 CIA, 『The World Factbook』, 2017.

김정은 정권은 만성적인 경제난 이외에 인구문제를 해결해야만 되는 상황이 되었다. 2021년 코로나19로 인한 북·중 국경폐쇄로 식량난과 경제위기가 극심해지는 가운데서 인구 문제를 함께 해결해나가야 하는 것이 현 북한 정부의 당면한 과제이다.

북한 정부의 시기별 인구정책 변천 내용을 요약하면 아래의 〈표3〉과 같다.

〈표3〉 북한의 시기별 인구정책 변천 내용

기간 / 정책방향	정책 내용
해방이후~ 1969 출산장려	· 제1차 전국어머니대회 개최 · 출산 장려를 위한 법적 조치 인민보건법 11조 "국가는 여성들이 어린이를 많이 낳아 키우는 것을 장려하며, 한 번에 여러 어린이를 낳아 키우는 여성과 그 어린이들에게 특별한 대우를 베푼다." 보육교양법 2조 "모든 어린이들을 탁아소와 유치원에서 국가와 사회의 부담으로 키운다."
1970 ~ 1979 출산 억제	· 가족법 제9조 "국가는 청년들이 조국과 인민을 위하여, 사회와 집단을 위하여 보람 있게 일한 다음 결혼하는 사회적 기풍을 장려한다." · 남자 30세, 여자 27세 이상 만혼 권장 · 여성 노동력 사회 건설현장에 적극 참여토록 권장
1980 ~ 1992 출산 억제	· 낙태 수술 허용(1983) · 다자녀 출산에 대한 억제책 시행 · 학교 수업을 통해 임신과 관련된 생리학 교육 및 피임 교육 시행 · 무료 피임서비스 제공, 자궁 내 피임장치 보급
1993 ~ 2011 출산 장려	· 낙태금지 및 낙태수술 의사 처벌(1993) · 제2차, 3차 전국어머니대회 개최: 출산 장려 · 혼인연령 하향 조정(남자 26세 여자 24세) · 임신 여성에게 특별혜택 제공 · 다산여성 '모성영웅' 호칭 및 '따라 배우기 운동' 전개 · 3자녀 이상 출산자에게 특별혜택 제공
2012 ~ 출산 장려 (김정은 정권)	· 2012년, 매년 11월 16일 어머니날로 제정(공휴일 지정) · 제4차 전국어머니대회 개최: 출산 장려 · 출산휴가 3개월 확대(총 8개월) 등 각종 출산 장려 정책 시행 (사회주의노동법, 여성권리보장법 일부개정) · 군복무기간 9~10년에서 7~8년으로 단축(사회진출 연령 하향)

IV. 북한의 저출산 고령화 실태

본 장에서는 북한 인구 정책의 결과라고 할 수 있는 북한의 현 인구 상황과 저출산 고령화 실태에 대해서 각종 통계를 중심으로 살펴보려고 한다.

〈표4〉 북한 인구추계 비교

연도	북한 공식발표	통계청 (1998)	통계청 (2011)	유엔 추계치 (2019)
1950	9,622	9,746		10,549
1955	9,359	9,113		10,087
1960	10,789	10,789		11,424
1965	12,408	12,252		12,548
1970	14,619	14,002		14,410
1975	15,986	16,172		16,275
1980	17,298	18,170		17,472
1985	18,792	19,995		18,877
1990	20,960	21,720		20,293
1995	22,114	23,261	21,715	21,862
2000	22,963		22,702	22,929
2005	23,612		23,561	23,904
2010	24,345		24,187	24,549
2015	25,030		24,779	25,184
2020			25,368	25,779

출처: 홍제환 외, 앞의 책, p.44. 저자 재구성

북한에 대한 인구 관련 자료는 기본적으로 북한 정부의 발표(UNFPA에 제출된 인구 통계)와 이에 근거한 각종 추정치로 각 기관마다 발표하므로 객관적으로 완벽하게 검증된 자료라고 볼 수 없다. 하지만 현실적으로 사용 가능한 통계로 다양한 기관과 개인의 발표가 있지만, 본 논문에서는 북한 공식 발표와 통계청 발표(1998, 2011) 그리고 UN 추계치(2019)를 인용하였다.

위와 같은 북한 인구통계를 볼 때 북한은 1950년 약 962만 명으로부터 시작해서 2015년 약 2,503만 명까지 꾸준히 인구가 증가했다(북한 공식 발표). UN추계치(2019)에 따르면 2020년 북한 인구는 약 2,578만 명이다. 그러나 최근에는 인구증가율이 감소하고 있고, 또 2010년 이후 합계출산율 추정치가 1.9명으로 국가인구 유지에 필요한 2.1명에 미치지 못하므로 향후 북한 인구는 감소할 것으로 예상된다. 아래의 〈표5〉는 UN의 북한 합계출산율 추정치이다.

〈표5〉 북한 합계출산율 추정치

년도	1965~1970	1970~1975	1975~1980	1980~1985	1985~1990	1990~1995
합계출산율	4.4	4.0	2.9	2.8	2.4	2.3
년도	1995~2000	2000~2005	2005~2010	2010~2015	2015~2020	
합계출산율	2.0	2.0	2.0	1.9	1.9	

출처: 홍제환 외, 앞의 책, p.110. 저자 재구성

아래의 〈표6〉은 북한의 인구 자연 증가율과 소득수준 기준으로 분리한 국가군별 인구 자연증가율을 비교하였다.

〈표6〉 북한 및 소득수준 기준 국가군별 인구 자연증가율

(단위: 천 명당 증가 인구수)

	고소득국가	중상소득국가	중하소득국가	저소득국가	북한
1965~1970	9.3	24.5	23.4	25.3	27.6
1970~1975	8.0	21.9	23.6	26.7	24.3
1975~1980	6.8	17.4	23.7	27.4	14.2
1980~1985	6.3	16.7	24.0	28.5	15.5
1985~1990	5.6	18.1	22.7	28.9	14.5
1990~1995	5.1	12.3	20.9	27.9	14.9
1995~2000	4.1	9.7	19.1	27.8	9.7
2000~2005	3.7	8.2	17.9	27.8	8.5
2005~2010	3.8	7.8	16.9	28.1	5.5
2010~2015	3.0	7.7	15.6	27.8	5.3
2015~2020	2.1	6.9	14.3	26.8	4.9

출처: 홍제환 외, 앞의 책, p.65. 저자 재구성

세계은행은 소득수준 기준으로 전 세계 217개 국가를 4개의 국가군으로 분류하였다(2019년 6월 기준). 1. 고소득국가(1인당 GNI $12,055 초과), 2. 중상소득국가(1인당 GNI $3,896~$12,055) 3. 중하소득국가(1인당 GNI $996~$3,895) 4. 저소득국가(1인당 GNI $996 미만). 세계은행은 북한을 4개의 국가군 중에서 국민 1인당 GNI가 $996이 안 되는 저소득국가군으로 분류하였다.

전반적으로 4개의 국가군에 속한 나라들의 인구자연증가율은 '천 명당 인구증가 수'를 기준으로 5년 단위로 평균치를 내었고, 기간은 1965년부터 2020년까지 조사하였다.

〈표6〉에서 북한을 각 국가군의 인구자연증가율과 비교해볼 때 1975년까지는 저소득국가군과 거의 비슷한 상황이었지만, 그 이후 증가율이 현저하

게 떨어져서 1975~2005년까지는 중상소득국가 증가율과 비슷한 수준이 되었고, 2005년부터는 증가율이 더 떨어져 고소득국가군에 육박하고 있다. 이러한 상태가 계속된다면 북한의 인구는 조만간 인구감소 현상이 나타날 것이다.

전 세계적인 인구 추세로 볼 때 저소득국가군에서 인구 자연 감소가 발생하는 것은 매우 특이한 상황이라고 할 수 있다. 향후 인구 자연 감소가 예상되는 북한 인구에 대해서 구체적으로 연령대에 따라 유소년(0~14세), 생산가능 인구(15~65세), 노년(65세 이상)으로 분류한 뒤 유소년부양비와 노년부양비를[37] 4개의 국가군과 비교하면 아래 〈표7〉과 같다.

〈표7〉 소득수준 기준 국가군별 유소년부양비와 노년부양비

(단위: %)

	고소득국가		중상소득국가		중하소득국가		저소득국가		북한	
	유소년	노년	유소년	노년	유소년	노년	유소년	노년	유소년	노년
1965	45.3	14.5	72.5	7.1	76.0	6.5	80.5	5.5	61.2	5.3
1970	43.3	15.5	70.4	7.6	76.0	6.7	83.3	5.6	75.3	5.7
1975	40.3	16.4	68.2	8.1	74.3	6.9	84.8	5.7	69.7	5.7
1980	36.9	17.3	60.9	8.6	72.3	7.0	85.8	5.9	61.3	5.9
1985	33.9	17.1	52.6	8.6	70.6	7.0	86.5	5.9	48.3	6.0
1990	32.1	18.2	48.8	8.9	68.2	7.0	86.8	6.0	39.6	6.3
1995	30.9	19.3	45.2	9.4	64.7	7.3	86.1	6.1	39.7	7.5

---

[37] 총부양비 = $\frac{유소년인구+고령인구}{생산연령인구} \times 100$ 유소년부양비 = $\frac{유소년인구}{생산연령인구} \times 100$

노년부양비 = $\frac{고령인구}{생산연령인구} \times 100$

2000	29.3	20.3	40.3	10.2	59.7	7.5	85.5	6.0	38.1	8.6
2005	27.5	21.3	33.3	10.7	55.4	7.7	84.1	6.0	36.4	10.9
2010	26.3	22.5	30.4	11.1	51.7	7.8	82.1	6.0	33.0	12.8
2015	25.7	25.3	29.7	12.6	48.3	8.2	78.9	6.0	30.2	14.0
2020	25.6	28.2	29.7	15.8	45.4	9.1	74.6	6.0	28.0	13.2

출처: 홍제환 외, 앞의 책, p.76. 저자 재구성

위 〈표7〉에 의하면 북한은 저소득국가군에 속했음에도 불구하고 유소년 부양비는 중상소득국가군의 수치와 근접하다. 반면에 노인부양비는 1990년까지는 저소득국가군과 거의 일치하지만, 1995년에는 중하소득국가, 그리고 2000년부터는 중상소득국가와 비슷한 수준을 보이고 있다. 이와 같은 북한의 부양비 비율을 살펴볼 때 북한의 출생률은 중상소득국가군과 비슷하며, 인구 고령화에 있어서는 1990년까지는 저소득국가군에 일치하고 2000년까지는 중하소득국가군과 일치하며, 2005년부터 현재까지는 중상소득국가 수준으로 진행되고 있음을 보여주고 있다. 이것은 북한의 고령화가 저소득국가군에 속했음에도 불구하고 매우 신속하게 진행되고 있음을 설명한다.

실제로 북한의 경우 2001년 65세 이상의 노인 인구가 전체 인구의 7%를 초과하여서 고령화사회로 진입하였고, UN 인구추계에 따르면 북한 2030년, 노인 인구가 14%를 넘어 고령사회가 될 것이고, 2055년에는 노인인구가 20%를 초과하여 초고령사회가 될 것을 예상하고 있다.[38]

---

38 홍제환 외, 앞의 책, p.298.

〈표8〉 선진국과 저개발국의 고령화 속도

	시작년도			소요기간	
	7% (고령화)	14% (고령)	20% (초고령)	7~14%	14~20%
선진국	1950이전	1995	2022	45년 이상	27년
저개발국	2018	2048	2084	30년	36년
세계 평균	2002	2041	2083	39년	42년

출처 : UN, 『2015 세계인구전망』

〈표8〉에서 보듯이 북한은 저개발국이지만, 저개발국 평균치인 2018년(세계 평균 2002년)보다 빠른 2001년 고령화사회에 진입하였다. 그리고 고령사회는 저개발국 평균치인 2048년(세계 평균 2041년)보다 18년 빠른 2030년 진입 예정이고, 초고령사회도 저개발국 평균치인 2084년(세계 평균 2083년)보다 29년 빠른 2055년 진입 예정이다. 이것은 북한 사회가 경제적으로는 저개발국 수준이지만, 국가적인 고령화에 있어서는 세계 평균을 넘어서서 오히려 선진국 수준에 근접해가고 있음을 보여주고 있다.

위의 통계들을 통해서 살펴보았듯이 북한의 저출산 고령화는 북한의 경제 수준에 비해 훨씬 심각한 상황이다. 대부분의 저소득국가군에 속한 나라들은 인구문제 해결보다는 경제발전에 주력하는 상황인데, 북한의 경우 저소득국가임에도 불구하고 인구문제와 경제발전을 함께 해결해나가야 할 상황이 되었다.

앞으로 북한 정부가 경제위기 극복과 함께 저출산 고령화의 인구문제를 어떻게 해결해나가느냐가 향후 김정은 정권의 장기 집권 여부를 가름하는 중대 현안이라고 사료된다.

V. 맺음말

　마르크스의 낙관적인 사회주의 인구론은 현실에서 실현되지 못했다. 중국과 북한의 경우가 각각 마르크스 인구론에 근거한 인구 정책을 시도했다가 실패한 경우이다. 마르크스 인구론은 경제적인 풍요가 뒷받침할 때 인구 증가정책이 가능한데 공산주의 국가들은 사회주의 경제 체제가 현실 세계에서 몰락하게 됨으로 국민들의 의식주를 감당할 수 없는 지경까지 되어 마르크스 인구 이론은 실패로 끝났다.

　북한의 경우는 독특해서 1970년대 김일성 주체사상이 등장하면서 이 사상이 북한의 모든 영역을 망라하는 근본이 되었고 심지어 인구학에 있어서도 마르크스 인구학이 주체인구학으로 변모하는 상황이 되었다. 주체인구학은 인구정책에 있어서 인간의 자주성과 창조성을 중요시하며 '로동능력 있는 인구를 옳게 리용'하는 것이 가장 중요하다고 주장한다. 하지만 주체인구학으로도 현재 북한의 인구문제는 해결하지 못하고 있는 상황이다.

　북한의 인구문제는 북한의 경제가 쇠락하기 시작한 1970년대부터 부각되었다. 경제가 어려워지자 여성 노동력을 노동현장에 투입하기 위해 저출산 정책을 추진했는데, 경제는 회복되지 못하고 갈수록 더 어려워졌고, 저출산 정책으로 인하여 앞으로 인구가 감소될 지경까지 이르자 이제는 출산 장려 정책을 서두르고 있지만 효과가 없는 상태이다.

　사회주의 국가가 주민들에게 배급을 주지 못하고 의식주를 보장하지 못할 때 국가의 선전 활동과 국민 계몽은 실효가 없음을 보여주고 있다. 최고 지도자가 직접 나서서 출산 장려를 하고 있지만, 국민들은 냉담하고 정부 시책에 따라 출산을 많이 하는 사람들은 '바보', '머저리' 취급을 받는 사회 분위기가 되었다. 최근 20년에 걸친 출산 장려 정책이 실패하면서 북한은 저소득 국가군임에도 불구하고 인구문제에 있어서 저출산 고령화의 실황은 선진국 수준에 근접하는 상황이 되었다. 합계출산율이 2010년 이후 1.9명으로 떨어지면서 인구 감소가 예고되고 있으며, 2001년 65세 이상 노인인구가 7%가 넘으므로 고령화사회가 되었고 2030년에는 노인인구가 14%가 넘어 고령사회로 진입할 예정이다.

　노인 인구가 늘어남으로 노년부양비가 늘어난다는 것은 국가의 사회적 비용이 늘어나는 것이다. 저출산으로 인하여 생산가능인구가 줄어가는 추세 속에서 노인 비율이 늘어나는 것은 사회적 비용 증가는 물론이고, 몰락한 북한 경제 시스템을 회생하는 데도 큰 걸림돌이 될 것이다.

　김정은 정권은 최근 경제난, 식량난과 함께 저출산 고령화의 인구문제를 해결해야 하는 국면이 되었다. 그런데 이것은 북한이 안고 있는 특수한 상황을 고려할 때 결코 쉬운 문제가 아니다.

　북한이 안고 있는 특별한 상황이라는 것은 첫째, 남북한이 대치중인 휴전 상태이기 때문에 군사비에 많은 정부 예산이 계속적으로 들어가야 하는 상황이며, 둘째, 핵과 미사일 개발에 대한 UN의 대북제재로 인하여 2017년 이후 경제상황이 매우 악화되었고, 셋째, 코로나19로 인한 북·중 국경폐쇄로 경제위기와 함께 식량난이 겹친 상태이며, 넷째, 전 세계 유일의 폐쇄된 공산주의 국가로서 배급 시스템이 중단되고 공식적인 경제는 몰락하고 비공식 경제인 장마당에 의해서 주민들의 생계가 유지되는 상황인데 최근에 장마당마저 운영이 제대로 되지 못하고 있는 상황이다.

　현 상황에서 김정은 정권이 현실을 타개하기 위한 특단의 조치가 필요한 상황이다. 저출산 고령화 인구문제는 당장의 시급한 문제는 아니다. 그러나 이것을 계속 방치할 경우 경제위기와 식량난과 함께 맞물려서 국가적인 위험 사태를 초래할 수 있다. 인구문제는 단기간에 회복되지 않기 때문에 국가가 적시에 합당하게 대처하지 않는다면, 향후 장기간 회복이 어려울 수 있고 국가적 재난이 될 수 있다. 김정은 정권은 지금 시험대 위에 올라와 있다. 경제 문제와 인구 문제를 어떻게 극복해나가느냐가 김정은 정권의 장기 존속 여부를 결정짓는 열쇠가 될 것이다. 그리고 향후 북한의 고령화 저출산 문제를 대한민국의 저출산 고령화 문제와 비교분석하여 다가올 통일한국의 저출산 고령화 문제에 대한 연구가 요청되는 바이다.

참고문헌

강인호 · 이계만, "통일이후 북한의 축소도시에 관한 시론적 연구", 『한국정책과학학회보』, 제23권 제1호, 서울: 한국정책과학학회, 2019.
국립국어원, 『우리말샘』
김두섭 외, 『북한인구와 인구센서스』, 통계청, 2011.
김지희, "북한의 인구관과 인구정책 분석", 석사학위논문, 이화여자대학교 대학원, 2019.
독고순, "사회주의 인구문제 논쟁과 중공의 인구정책에 관한 연구", 석사학위논문, 연세대학교, 1988.
오승렬, 『북한경제의 변화: 이론과 정책』, 서울: 통일연구원, 2002.
오일환, 『한국민족문화대백과사전』, 한국학중앙연구원, 2012.
이명재, "주체사상," 『북한문학사전』, 국학자료원, 1995.
이석, 『북한의 통계: 가용성과 신뢰성』, 서울: 통일연구원, 2007.
이상우, 『북한정치 변천』, 서울: 오름, 2017.
이용희, 『북한 정치 경제』, 서울: 자유와 생명, 2020.
이철희, 『저출산 · 고령화 대응 정책의 방향: 인구정책적 관점』, 세종: 한국보건사회연구원, 2018.
한경닷컴, 『한경 경제용어사전』
한국국제협력단(KOICA), "Rescheduling", 『국제개발협력용어집』, 2010.
홍제환 외, 『북한 인구변동: 추세, 결정요인 및 전망』, 서울: 통일연구원, 2020.
홍제환 · 김석진, "북한의 소득-인구 퍼즐: 실태와 원인", 『KDI북한경제리뷰』 2021년 2월호, 세종: 한국개발연구원, 2021.
pmg 지식엔진연구소, "대약진운동", 『시사상식사전』, 박문각, 2021.

김일성, "조선로동당 제5차대회에서 한 결론", 『김일성저작집25』, 평양: 조선로동당출판사, 1983.
_____, "알곡생산을 늘이기 위하여 나서는 몇가지 문제에 대하여", 『김일성저작집25』, 평양: 조선로동당출판사, 1983.
_____, "어린이보육교양사업을 더욱 발전시킬 데 대하여", 『김일성저작집31』, 평양: 조선로동당출판사, 1986.
리기성, 『인구학개론』, 평양: 과학백과사전종합출판사, 1996.

『국민일보』, 2021년 8월 25일자.
『로동신문』, 2018년 3월 8일자.
_____, 1971년 11월 17일자.
『연합뉴스』, 2021년 2월 16일자.
『자유아시아방송』, 2015년 7월 29일자.
_____, 2010년 5월 14일자.
『조선녀성』, 2013년 제5호, p.33~34.
『한국경제』, 2020년 11월 23일자.

CIA, 『The World Factbook』, 2017.
UN, 『2015 Revision of World Population Prospects』, 2015.

Abstract

North Korea's population policy and low birthrates and aging population

This thesis first examines Marx's demographic theory, which is the basis of socialist demographics, and explains how Marx's demographics transformed into Juche demographics in the case of North Korea. In addition, the process of change in North Korea's population policy since 1945 was analyzed by dividing it into five stages, focusing on the policy contents. North Korea's policy to encourage childbirth over the past 20 years has failed, causing problems of low birthrates and aging population despite being a low-income country. This study analyzed the current low birth rate and aging population in North Korea, focusing on various statistics. The biggest challenge of the Kim Jong-un regime is to overcome the North Korean economic crisis, food shortages, and population problems of low birthrates and aging population.

[Key Words]

Juche Demography, North Korean Population Policy, Fertility Promotion Policy, Total Fertility Rate, Low Fertility and Population.

코로나19로 인한 북한의 식량위기와 대책

Ⅰ. 머리말
Ⅱ. 북한의 코로나19 대응과 실황
Ⅲ. 북한의 극심한 식량난
Ⅳ. 전망과 대책
Ⅴ. 결론

국문요약

이 연구는 북한 정부의 코로나19에 대한 대응 조치에 대해 2020년 1월부터 2021년 6월까지 조사하였다. 그리고 북한 전문매체를 통하여 북한의 코로나19 실태를 추정하였다. 최근 5년 동안 북한의 경제는 침체되어 마이너스 성장을 하고 있으며, 2021년에는 심각한 식량난에 직면하고 있다. 그 이유로는 UN의 대북제재와 2020년의 자연재해 그리고 코로나19로 인한 북중국경폐쇄를 들 수 있다. 2020년 북한의 곡물 수확량은 급감하였고, 1990년대 후반 고난의 행군 시기 이후의 최악의 식량난이다. 코로나19로 인한 북중국경폐쇄와 장마당 통제는 북한경제와 식량 상황을 동시에 악화시켰으며, 식량난은 갈수록 심각해지고 있다. 지금 이 식량난을 극복하지 못하면 북한경제는 '잃어버린 10년'을 맞을 수도 있다. 북한 정부는 직면하고 있는 국가적인 재난인 식량난을 해결하기 위하여 획기적인 대책과 특별한 노력을 기울여야 한다.

[주제어]
코로나19, 북중국경폐쇄, 식량난, 북한경제, 대책

* 2021년 2월 〈통일전략〉 제21권 2호에 실린 논문.

Ⅰ. 머리말

2021년 북한이 직면하고 있는 식량난은 1990년대 후반 '고난의 행군' 시기 이후 최악의 상황이라고 할 수 있다. 이같은 북한의 심각한 식량난의 주요 원인은 UN의 대북경제제재, 2020년 자연재해 등을 들 수 있지만, 가장 결정적인 요인으로는 2020년 1월 이후 코로나19로 인한 북중국경 폐쇄를 들 수 있다.

김정은 집권 10년 차를 맞으며, 이번 식량난은 김정은 정부로서는 최대의 경제위기이다. 2017년부터 북한은 마이너스 경제 성장을 하고 있으며, 지금 직면한 식량 위기를 극복하지 못한다면 북한경제는 '잃어버린 10년'을 맞을 수 있는 상황이며 또 김정은 정권 유지에도 비상이 걸릴 수 있다.

본 연구는 Ⅰ장 머리말에 이어 Ⅱ장에서 북한의 코로나19 상황과 북한 정부의 대응 조치에 대하여 조사하였다. 북한은 최근까지도 코로나19 확진자들이 단 한 명도 발생하지 않았다고 세계보건기구(WHO)에 보고하였지만, 북한 전문가들은 북한에서도 상당한 숫자의 확진자와 사망자가 발생했다고 추정하고 있다. 이러한 북한 실황에 대하여 북한 전문매체를 통하여 북한 코로나19 실태를 살펴보았다. Ⅲ장에서는 이같은 북한 식량난의 직접적 원인인 코로나19로 인한 북중국경 폐쇄가 야기한 식량 위기에 관하여 연구하였고, 2021년 북한이 직면하고 있는 식량난의 실태를 조사하였다. Ⅳ장은 최근 북한 경제불황 상태를 설명하고 북한 정부가 식량 위기를 극복할 수 있기 위한 대책을 7가지로 정리하여 제안하였다. Ⅴ장은 맺음말로서 코로나19로 인한 북한 식량 위기에 북한 정권이 잘못 대처할 경우 '잃어버린 10년'과 같은 경제불황을 넘어서서 김정은 정권의 몰락을 불러올 수도 있음을 시사했다.

본 연구의 목적은 북한의 코로나19 실황과 코로나19로 인한 북한의 식량 위기의 심각성을 조사하고 이에 근거하여 북한 정부에 대해 합당한 정책적 제안을 하는 데 있다. 남한의 학계와 정부 관계자들에게는 북한의 심각한 식량난 사태가 제2의 고난의 행군으로서 수많은 아사자를 발생시킬 수 있다는 것을 인지하도록 하며 북한 체제 유지에도 위협을 줄 수 있는 상황이 전개될 수 있음을 알리는 데 있다.

연구 방법으로는 본 논문 주제와 관련된 연구 논문들과 연구기관 보고서, 세계 언론 보도와 북한 전문 언론매체 보도를 수집하여 집중적으로 분석하였다. 코로나19와 관련해서는 북한 정부의 폐쇄성과 비보도성으로 인해 북한 전문매체의 정보, 북한 전문가 의견, 탈북민 증언 등과 함께 노동신문, 조선중앙방송, 조선신보 등의 북한매체들의 뉴스 등을 종합 정리하여 북한 실태를 추정하였다. UN 대북제재와 코로나19로 인한 북중국경폐쇄가 미친 경제적 영향에 대해서는 한국과 중국의 수출입 통계자료와 통관자료 그리고 관련 연구기관들의 연구보고서와 연구 논문들을 사용하였고, 코로나19 백신에 관해서는 북한에 관련된 세계 뉴스들을 종합하였다.

최근 진행되고 있는 코로나19로 인한 북한의 식량 위기는 북한 정부의 코로나19 관련 비보도성의 원칙에 따라 북한으로부터 공식 통계를 구할 수 없었고, 식량 사태에 대해서도 북한이 공적인 발표를 하지 않고 있다. 그리고 북한의 실태조사를 위하여 탈북민들에 대한 설문조사를 통해 접근하는 경우도 있지만 최근 북중국경이 봉쇄되어있고 경계가 매우 삼엄하므로 2020년 이후 탈북이 거의 불가능한 상황이다. 그러므로 탈북민을 통한 북한 최근 실황 파악은 불가능한 상황이라고 할 수 있다. 따라서 본 연구의 상당 부분은 북한 전문 언론매체나 UN산하 국제기구들의 통계와 추정에 의존할 수밖에 없었고 최근 북한 상황을 언급한 각종 국내외 뉴스를 통해 북한 상황을 파악하는 데 노력했다.

선행연구로는 노동신문을 통하여 북한의 코로나19 실태를 연구한 남성욱(2020), 북한의 기술적 대응에 대하여 분석한 강영실(2020), 북한 코로나19가 북중 무역에 미친 영향에 대해 연구한 이용희(2021) 등을 참조하였다. 그리고 신영전(2021)의 코로나19 최근 동향, 권태진(2021)의 북한의 농업 및 식량 상황, 홍재환(2021)의 국경봉쇄 조치 이후 북한경제의 동향, 헤이젤 스미스(2021)의 대북제재와 식량불안, 그리고 최장호, 최유정(2021)의 코로나19가 북중경제에 미친 영향에 대한 자료를 비교분석하였다.

Ⅱ. 북한의 코로나19 대응과 실황

1. 북한 정부의 코로나19 대응

2019년 12월 31일 중국 정부는 집단 폐렴 환자가 발생했다고 발표했고, 2020년 1월 9일 이로 인해 첫 사망자가 나오자 중국 당국은 이 집단 폐렴의 원인병원체를 '신종 코로나바이러스'라고 명명했다. 한국에서는 이 바이러스에 대하여 '코로나19'라고 불렀고, 세계보건기구(WHO)의 정식 이름은 'COVID-19'이다. 중국과 국경을 접하고 있는 북한은 중국에서 코로나19 사망자가 발생하자 곧바로 1월 21일 북중 국경을 폐쇄하였고, 전 지역을 국가비상방역체계로 돌입하였다.[1] 외부 세계로부터 코로나19가 유입될 수 있는 공항, 항만, 기차역 등에 대한 철저한 검역이 시행되었고, 외국 입국자 모든 사람에 대해 강제 격리조치를 실시했다.

그 이후 북한 정부는 2002년 이후 사스, 신종플루, 에볼라, 메르스 등의 세계적인 전염병에 대한 대응보다 훨씬 더 강력한 방역조치를 취해왔다. 북한은 2021년 6월 현재까지도 코로나19 확진자가 한 명도 발생하지 않았다고 공식적으로 발표하고 있다. 북한 정부의 코로나19 대응에 대해 다음과 같이 3단계로 나누어볼 수 있다.[2]

---

[1] 『로동신문』, 2020년 2월 1일자. "신형코로나비루스감염증을 막기 위한 사업을 강도높이 전개하자"
[2] 신영전, "북한의 코로나19 대응과 최근 동향", 『KDI 북한경제리뷰』, 2021년 5월호(세종: 한국개발연구원, 2021), p.52~59.

(1) 1단계: 2020년 1~3월

북한 정부의 코로나19 대응은 남한보다 훨씬 더 신속하고 분명했다. 중국에서 코로나19 사망자가 발생하자 북한은 외국으로부터의 코로나19 유입을 막기 위해 곧바로 모든 국경을 폐쇄했으며, 국가비상방역체제로 전환했고, 1월 30일 남한과의 접경지대인 개성공단도 봉쇄하여 개성 남북연락사무소로 출근하던 남한 인력 출입을 금지시킴으로 남한으로부터 코로나19 유입 가능성도 차단하였다. 당시 노동신문은 "국경과 지상, 해상, 공중 등 모든 공간에서 코로나비루스가 들어올 수 있는 통로를 선제적으로 완전히 차단 봉쇄하여야 한다".[3]고 언급하며 감염을 막기 위한 최선의 방법은 코로나19가 북한 내에 들어오지 못하도록 모든 경로를 완전히 차단하는 것이라고 강조했다. 외국인 관광도 중단하였고, 외교관, 국제기구 관계자, 사업가 등 특별한 목적으로 입국하는 경우에도 지정된 장소에서 한 달간 격리조치를 시행했다.

코로나19의 확진 발생과 완치 여부를 알기 위해서는 진단 키트가 필요하다. 그러나 북한은 초기에 진단 키트 없이 코로나19 방역을 해나가야 했다. 의료장비도 부족했지만 진단 키트를 구할만한 여력이 없었다. 이런 상황 속에서 북한은 코로나19 방역을 철저히 하기 위해 잠복기를 14일에서 30일로 연장했다. 그리고 국경폐쇄와 함께 해외에서 유입되는 통관물자에 대해서 10일의 검역 기간을 시행했다.[4] 진단 키트가 없는 상황 속에서 코로나19 환자를 발견하기 위해서 '호담당의사제'를 활용하였다. 그래서 의사 1인당 약 500명의 담당 주민의 집을 일일이 방문하여 고열 환자를 찾아내도록 지시하였다. 방문 의사들도 의료 장비나 치료약이 제대로 구비되지 않았기 때문에 코로나19 의심환자인 고열환자를 발견하더라도 자가격리 외에 별다른 조치

---

[3] 『로동신문』, 2020년 1월 26일자, "신형 코로나비루스 감염증을 철저히 막자"
[4] □로동신문□, 2020년 3월 13일자, "신형코로나비루스감염증을 철저히 막자, 국가적인 초특급방역조치 더욱 엄격히 실시"

를 취할 수 없었고, 코로나19 확진 여부도 판정할 수 없었다.

북한에서는 '의학적 관찰대상자'와 '의진자'[5]로 구별하여 집중관리대상자를 관리하고 있다. 북한은 코로나19 대응을 의심환자의 격리 위주로 수행했다. 집단격리 시 약 30일 동안 격리된 사람들에게 식량을 공급해야 하는데, 식량을 주기 어렵기 때문에 주민들은 자기의 집에서 격리하도록 했다. 주민들의 다른 지역으로의 이동은 금지되었다. '기능성 마스크'와 같은 기본 보호장비가 절대적으로 부족해서, 의료인들도 감염 위험 속에서 의료활동을 해야만 했다. 가장 열악한 것은 치료 장비로서 음압 병실(음압시설을 갖춘 격리병실)이 거의 존재하지 않고 인공호흡기도 부족하여 코로나19 의심환자들에 대한 적합한 치료가 어려운 상황이고, 치료약도 절대적으로 부족한 상태였다.

(2) 2단계: 2020년 4~9월

북한 정부는 4월 초부터는 각급학교의 부분적인 개학을 허용하고 6월에는 전면적으로 개학을 하게 하였다. 그러나 국경폐쇄, 지역 간 주민 이동제한, 소독 등의 조치는 계속되었다.

북한 당국은 2020년 4월 개정된 전염병예방법을 발표하였고, 이를 통해 코로나19의 세계적 대유행에 대응하기 위해 전염병 관리체계를 대대적으로 수정했으며, 감염병 대응 방역 조치들을 위한 법률적 근거를 만들었다. (비상방역기간에 단체, 기업소, 기관, 공민과 외국인의 의무와 금지행위 그리고 전염병예방법 위반 시 법적제재 포함) 중앙인민보건지도위원회가 비상방역체계 전환을 결정하고, 전염병의 전파 속도와 위험성 등을 고려하여 1급, 특급, 초특급으로 비상 방역등급을 정하도록 하였다. 각 비상 방역등급의 내용은 아래와 같다.

---

5 '의학적 관찰자': 병 증상은 없으나 병이 발생하기 전 24일(잠복기)동안 바이러스 전파지역을 여행, 거주했거나 감염환자와 접촉한 사람 / '의진자': 확실한 증거는 없으나 전염병을 앓는 것으로 의심되는 자로, 코로나19와 유사한 병을 앓고 있는 사람. 출처: 신영전, "북한의 코로나19 대응과 최근 동향", 『KDI 북한경제리뷰』, 2021년 5월호(세종: 한국개발연구원, 2021), p.54.

> - 1급: 전염병 환자 및 의진자(의심환자)와 접촉한 사람들을 의학적으로 감시해야 한다. 또 국경 통행과 동·식물, 물자 반입을 제한한다. 전염병 발생지역에 대한 인원과 동식물, 물자 유동 역시 제한한다.
> - 특급: 전염병 환자 및 의심환자와 접촉한 사람을 '격리'한 뒤 의학적으로 감시한다. 해당 지역은 봉쇄한다.
> - 초특급: 환자와 의심환자를 격리하며 국경과 지상·해상·공중을 비롯한 모든 공간을 '봉쇄'한다. 전염병 발생 지역 역시 완전히 봉쇄한다. 특히 행사와 회의를 비롯한 단체모임과 체육 경기, 공연, 영업, 학업, 관광 등을 제한 또는 금지한다.
>
> 출처: 『동아사이언스』, 20년 4월 22일자, "북한, 전염병예방법 개정해 코로나 대응 '시스템화'"

2020년 7월 중순, 탈북자가 남한에서 몰래 DMZ를 넘어 불법적으로 북한의 개성으로 간 사건이 발생했을 때 북한 정부는 개정된 전염병예방법에 의해 개성 전역을 봉쇄했고 '최대비상체제'를 선포했다. 이것은 비상 방역등급 중 특급 조치로 보이며, 작년 9월 서해에서 국경을 넘어 바다에서 표류했던 남한 공무원을 피살했던 것도 이 법령과 관련이 있는 것으로 생각해볼 수 있다.[6]

3) 3단계: 2020년 9월 말~현재

9월 말부터 북한 당국은 코로나19 확진 대량 검사가 가능한 정도의 PCR 기계와 진단 키트가 확보되면서 코로나19 확진 검사가 매주 상당한 규모로 진행되었고, 그 결과를 세계보건기구(WHO)에 보고하였다. 작년 9월 중순까지는 코로나19 검사가 매주 200건이 채 되지 않았으나 10월부터는 1,400건 이상 검사가 진행되었다. 2021년에 들어와서는 1월부터 3월까지 공식적인 코로나19 관련 보고를 중단하였다가 3월 말부터 다시 WHO에 보고를 시작하였다.

---

6   신영전, "북한의 코로나19 대응과 최근 동향", 『KDI 북한경제리뷰』, 2021년 5월호(세종: 한국개발연구원, 2021), p.56.

⟨표1⟩ 북한과 남한의 코로나19 통계 비교

지표	북한 (2020.12.31)	남한 (2020.12.30)	비고
검사 건수 (A)	24,704	4,159,522	
검사율 (A/100,000)	98.8	8319.0	북한/남한 =1.2%
확진 건수(B)	0	59,773	
의진자 수(B')	12,489	–	
10만명당 확진 건수 (B/100,000) (C)	–	119.5	
10만명당 의진자 수 (B'/100,000) (C')	50.0	–	(C'/C)*100=41.8%
사망자(F)	0	879	
사망률	0	1.62%	

신영전, "북한의 코로나19 대응과 최근 동향", 『KDI 북한경제리뷰』, 2021년 5월호(세종: 한국개발연구원, 2021), p.58.

    2020년 12월 31일 기준으로 북한이 WHO에 보고한 북한의 코로나19 관련 수치를 남한과 비교해보면, 검사 건수는 24,704건으로 북한이 인구 2567만 명(2019년)을 감안할 때 약 1,040명 중의 1명이 코로나19 확진 검사를 받았다고 할 수 있다. 반면에 남한의 경우 검사 건수는 4,159,522건으로 남한 인구 5171만 명(2019년)을 감안할 때 남한은 약 12명 중의 1명이 코로나19 확진 검사를 받았다.[7] 북한은 확진자 수가 한 명도 없다고 보고했지만 의진자 수(B')인 12,489명을 확진자라고 가정한다면 북한은 2,055명 중 1명이 확진자(0.05%)라고 간주할 수 있고, 남한은 865명 중 1명이 확진자(0.12%)임을 알 수 있다. 국민 인구수 비례 2020년 코로나19 검사 건수는 남한이 북한보다 약 84배 높고, 국민 인구수 비례 확진자 수는 남한이 북한보다 2.37배 높

---

7 2019년 남북한 인구는 각각 세계은행 통계를 인용함

앉다. 북한은 2020년 12월 31일까지 코로나19 확진자가 단 한 명도 없었다고 WHO에 보고했으며 2021년 6월 현재까지도 코로나19 확진자가 한 명도 발생하지 않은 것으로 보고하고 있다.

2. 코로나19 관련 북한 정부의 주요 조치

북한 정부가 2020년 1월 코로나19 초기 대응부터 2021년 6월 현재까지 코로나19 대응 관련 주요 조치를 정리하면 아래의 〈표2〉와 같다.

〈표2〉 북한의 코로나19 대응 조치

날짜	조치 내용	출처
20.1.21.	중국관광객 포함 모든 외국관광객의 입국 금지조치[8]	자유아시아방송, 20.1.21.
20.1.28.	위생방역체계를 '국가비상방역체계'로 전환 국경과 항만, 비행장 등 국경 통과 지점의 검사검역 강화 및 신의주–단둥 세관 폐쇄 등	조선중앙방송, 20.1.31.
20.1.31.	북송자 송환 잠정 중단 요청 및 투먼대교 폐쇄	VOA, 2020.2.2.
20.2.1.	평양–블라디보스토크 노선 항공편 운항 잠정 중단	연합뉴스, 20.2.2.
20.2.5.	마스크 수요 급증으로 마스크 추가 생산 본격화	로동신문, 20.2.5.
20.2.12.	내각총리는 비상방역지휘부 점검, 국경 지역의 철저한 검사검역 및 방역수칙 준수 등 지시	민주조선, 20.2.12.
20.2.12.	코로나 바이러스의 잠복기간이 24일이라는 연구 결과에 따라 격리기간을 30일로 연장	조선중앙통신, 20.2.12.
20.2.21.	4월 개최 예정이었던 '평양 국제마라톤' 행사 취소	연합뉴스, 20.2.21.

---

8 2003년 사스, 2014년 에볼라 바이러스가 발생했던 당시에도 외국인 관광객들의 입국을 금지하였음

20.2.27.	탁아소, 유치원, 소학교, 초급·고급 중학교, 대학교 개학 연기	조선중앙방송, 20.2.27.
20.4.	전염병예방법 개정: 전염병의 전파 속도와 위험성에 따라 1급, 특급, 초특급으로 구분	민주조선, 20.4.22.
20.4.8.	WTO 보고: 코로나19 진단검사 결과 확진자 0명, 격리자 509명, 격리해제자 24,842명	연합뉴스, 20.4.8.
20.7.	국경과 해안 연선에 대한 봉쇄와 집중감시, 해상·공중에서 오는 물체 등 소독, 소각 처리	민주조선, 20.7.7.
20.7.	코로나19 백신 관련 임상시험을 진행 백신에 대한 연구 사업 진행	미래, 20.7.18.
20.8.25.	당 중앙위원회 제7기 제17차 정치국 확대회의: 긴급전신지시문과 긴급포고문 전달 ('국경 1km 내에 접근자는 이유 불문 사살' 지시)	조선중앙방송, 20.8.26.
20.10.10.	노동당 창건기념일 열병식에서 김정은 위원장은 코로나19 확진자가 없다고 연설	데일리NK, 20.11.04.
20.10.15.	함북 국경연선 지역, 최전방 지역 거주민 대상 오후 6시~아침 7시까지 야간 통행금지 조치	뉴시스, 20.10.16.
20.11.3.	국정원: 코로나 관리하지 못한 간부 사형. 코로나 관리위반은 군법으로 처벌, 8월 세관에서 남측 물자 반입한 직원들 대규모 처벌	KBS, 20.11.3.
20.11.	북한 해커 단체가 코로나19 백신과 치료제를 개발 중인 제약사 7곳 해킹 공격을 감행	YTN, 20.11.14.
21.1.	유럽국가 대사관들에 코로나 백신 확보 방법 문의 세계백신면역연합(Gavi)에 백신 신청서 제출	월스트리트저널, 21.1.4.
21.2.3.	'코백스 퍼실리티' 북한 첫 배포대상 선정. 아스트라제네카 백신 199만 2000회분(996,000만명분)을 공급하기로 함	중앙일보, 21.2.4.
21.3.4.	국경에서의 수입물자 소독 절차, 방법을 제도화하는 '수입물자소독법' 채택	로동신문, 21.3.4.
21.4.1.	코로나19 방역 조치인 북중국경봉쇄에 따른 의약품 등 생필품의 심각한 부족으로 외교관들과 가족들 철수(북한 주재 외국 대사 9명만 잔류)	연합뉴스, 21.4.1.

21.4.6.	코로나19 사태로 선수들을 보호하기 위해 7월 개막 예정인 도쿄 올림픽 불참 선언	조선체육, 21.4.6.
21.4.19.	코로나19 방역 강화를 이유로 장마당 매대들을 1m 간격으로 재배치, 격일제로 운영	RFA, 21.4.27.
21.5.4.	'코로나19 사태의 장기화는 피할 수 없는 현실'이라며 철저한 대비를 강조	로동신문, 21.5.4.
21.5.11.	WHO 보고: 확진자 0명, 사망자 0명, 누적 검사자 수 25,986명	매일경제, 21.5.11.
21.5.	양강도 보천군 지역 죽은 제비 3마리가 발견되어 코로나 방역을 이유로 해당 지역을 7일간 봉쇄령 조치	데일리NK 21.6.3.
21.6.	코백스를 통한 북한의 백신 공급이 지연	연합뉴스 21.6.4.

출처: 이용희, "북한 코로나19의 실태와 북중 무역에 미친 영향", 『통일전략』, 제21권 제1호(한국통일전략학회, 2021), p.110~112.; 『매일경제』, 21.5.11.; 『로동신문』, 21.3.4.; 21.5.4.; 『연합뉴스』, 21.4.1.; 21.6.4.; 『조선체육』, 21.4.6.; 『RFA』, 21.4.27.;『데일리NK』, 21. 6. 3. 저자 재구성.

3. 북한의 코로나19 실황

(1) 코로나19 확진자와 사망자에 대한 추정

과거 사스와 에볼라 그리고 메르스 같은 전염병이 발생했을 때 북한 당국의 언론 보도는 매우 폐쇄적이었고 비공개적이었다. 북한에서 전염병이 발병됐다고 보도한 적은 한 번도 없었다. 사스가 유행했던 2003년에도 북한에서는 사스 환자가 1명도 발생하지 않았다고 보도했으며, 오히려 북한 보건제도의 완벽함과 탁월함을 선전했다.[9] 이번 코로나19의 경우도 북한 당국은 공식적으로 확진자가 한 명도 발생하지 않았다고 발표하고 있다. 그러나 북

---

9 남성욱, "노동신문을 통해 본 북한의 COVID-19 실태와 대응 동향 연구", 『북한 COVID-19 확산실태와 창의적 남북 보건의료협력 세미나』 (고려대학교대학원 통일보건의학협동과정, 2020) p.5.

한 전문 언론인 데일리NK나 북한 전문가들에 의하면 상당한 수의 코로나19 확진자와 사망자 수가 발생한 것으로 추측하고 있다. 그러나 이것은 정부가 발표한 공식적인 자료에 근거하지 않았기 때문에 공식적인 통계로는 간주할 수 없다.

2020년 11월 3일 데일리NK 보도에 의하면, 2020년 1월부터 11월 말까지 코로나19로 군대 내 격리시설에 들어간 군인들의 누적 숫자는 육군 43,000명, 해군 6,200명, 공군 5,420명이며 총 54,620명이다. 그리고 2020년 11월 1일 기준 국가 지정 시설에 격리된 민간인 누적 숫자는 총 81,000명이다. 코로나19 관련 격리된 군인들과 민간인들의 총누적 숫자를 합치면 135,620명에 달한다.[10] (이는 북한 인구의 약 0.53%에 해당된다.) 보도에 따르면 코로나19 관련 군대 내 격리시설에 있다가 사망한 군인들의 수는 총 4,180명(육군 2,800명, 해군 920명, 공군 460명)으로 격리된 군인들 중 약 7.65%가 사망했다.

2021년 1월 6일 매일경제는 일본 주간지 겐다이 비즈니스에 보도된 내용을 인용하여 평양에 주재했던 중국인 북한 전문가의 말에 의하면 2020년 1년 동안 코로나19 확진자 수는 10만 명이고, 코로나19로 인한 사망자 수는 6천 명이 넘으며 계속 증가하는 중이라고 보도했다.

북한의 경우 대도시인 평양이나 극소수 권력층들을 위한 시설을 제외하고는 제대로 된 의료 시설과 코로나19 진단 키트 등이 부족하여 지방의 경우 일반 독감과 코로나19를 구별하기가 어렵다. 코로나19 사태로 북중 국경이 폐쇄됨으로써 수입되던 의약품들의 품귀현상이 일어났으며 수입 약의 경우 국경폐쇄 전인 2019년과 비교해서 10배 이상 가격이 올랐다고 한다.[11] 국가 의료시설도 환자들을 돌보지 못하고 주민들이 장마당에서 약을 구입하기도 어려운 상황이 돼서 많은 주민들이 죽어가고 있지만 사망 원인도 규명할 수 없는 상황이다.

---

10 『데일리NK』, 2020년 12월 3일자, "북한 군 코로나 의심 누적 격리자 5만 5천명 육박"
11 『데일리NK』 2021년 4월 15일자, "북한, 약 품귀 현상으로 가격 폭등… "진통제 140% '껑충'""

탈북 의사의 증언에 의하면 "북한의 전염병 환자 1차 대책은 자가 격리이지만 지방에서는 제대로 지켜지지 않고 있다. 주민들은 일주일도 안 돼 먹고 살기 위해 북한의 농민시장인 장마당으로 나올 수밖에 없다는 것이다. 감염자가 면역력을 회복하면 다행이지만 회복이 안되면 전염병 사망이 아닌 과로사로 분류되는 일도 발생한다."고 한다.[12]

이러한 상황 속에서 북한에서 코로나19에 대한 정확한 실태조사를 하는 것은 불가능하고 다만 북한 전문가들의 의견에 근거해서 코로나19 확진자와 사망자가 상당수 있다는 것을 추정할 수 있다. 2021년 6월 4일 데일리NK 보도에 따르면 북한 전체 군인 중에서 20~25%의 군인들이 코로나19로 관련하여 격리 중이고, 격리된 병력이 많아지면서 일부 부대에서는 3교대로 했던 근무를 2교대로 전환했다고 알려졌다.[13]

올해 초 UN 산하 식량농업기구(FAO)·세계식량계획(WFP)·세계보건기구(WHO) 등이 공동 발표한 보고서인 '아시아·태평양 지역 식량안보와 영양'에 의하면, 2017~2019년 북한에서 영양 결핍인 인구는 조사대상국 중에서 가장 높은 45% 이상으로 발표됐다. 그리고 북한의 6~23개월 영유아 가운데 70% 이상이 최소 식단 기준에도 미치지 못하는 영양 부족인 식사를 하고 있다고 밝혔다.[14]

북한의 이러한 상황 속에서 코로나19가 유행할 경우 의료시설이 취약하고 국민 영양 상태가 매우 열악함으로 면역력이 부족한 주민들과 아이들은 쉽게 코로나19에 감염될 것이고, 영양이 안 좋은 상태에서 병에 대한 저항력이 떨어지므로 코로나19를 극복하지 못하고 사망할 확률이 높다. 이것이 북한이 2020년 1월 말부터 급속하게 국경을 봉쇄하고 세계 어떤 나라보다 더

---

12 『동아사이언스』, 2020년 10월 9일자. "탈북 의사들 '북한, 코로나 진단장비□시약없어… 감염병 사망자, 과로사로 분류'"
13 『데일리NK』, 2021년 6월 4일자, "북한군, 백신 수급 발등에 불 떨어져… '무엇이든 일단 들여와라'"
14 『KBS』, 2021년 1월 22일자, "유엔 '북한 주민 45% 이상 영양결핍 상태'"

강력한 비상 방역체계를 진행하는 이유일 것이다.

Ⅲ. 북한의 극심한 식량난

1. 북한의 식량 위기와 그 주요 원인

최근 권태진 GS&J 인스티튜트 북한·동북아연구원장은 "올해 식량 상황은 김정은 정권 출범 이후에 가장 나쁜 한 해가 될 거라고 본다"면서 "일단은 작년 작황이 좋지 않았던 것이 핵심이다. 올해도 곡물 수입이 굉장히 저조할 것"이라고 전망했다. 권 원장은 이어 "5월 이후 계속 흐리고 비가 와 모내기가 늦어지고 생육에 지장이 있다"면서 "올 가을 작황도 출발이 좋지 않은 상황이라고 올해 말까지 식량 사정이 계속 어려워질 것"이라고 말했다.[15]

2021년 5월 5일 유엔 산하 세계식량계획(WFP)과 식량농업기구(FAO) 등 국제기구 연합체인 세계식량위기네트워크(Global Network Against Food Crises 2021)는 '세계 식량 위기 연례보고서(2021 Global Report on Food Crises)'를 발표했다. 이 보고서에 의하면 세계식량위기네트워크는 식량부족 국가들을 1. 최소상태(Minimal), 2. 긴장상태(Stressed), 3. 위기상태(Crisis), 4. 비상상태(Emergency), 5. 기근상태(Catastrophe/Famine) 등 다섯 단계로 분류했고, 북한은 세 번째 단계인 위기상태(crisis) 이상의 심각한 등급으로 발표했다.[16] '위기상태'인 경우 국민들의 재산은 탕진되어서 스스로 식품을 구입하기 어렵기 때문에 국가가 나서서 국민들을 위하여 식량을 조달하지 않으면 위험한 상황이 발생하게 된다.[17]

---

15 『조세일보』, 2021년 6월 4일자, "북한 전문가들 '올해 김정은 집권 이래 최악의 식량난'"
16 FSIN and Global Network Against Food Crises, *Global Report on Food Crises*(2021), p.11.; 『서울평양뉴스』, 2021년 5월 6일자, "유엔기구들 '북한 식량난 실태 파악 쉽지 않아'"
17 권태진, "북한의 농업 및 식량 상황: 2020년 동향과 2021년 전망", 『KDI 북한경제리뷰』, 2021년

북한의 심각한 식량난의 요인으로는 2017년부터 본격화된 북한의 핵과 미사일 개발에 따른 국제사회의 대북제재와 그리고 2020년 자연재해(봄 가뭄과 여름 홍수 등)와 아프리카돼지열병(ASF) 발생 등을 생각할 수 있다. 그러나 가장 직접적이고 결정적인 요인으로는 2020년 코로나19로 인한 북중국경봉쇄 등을 들 수 있다.

　북중국경봉쇄는 최근 북한의 식량난에 직접적인 영향을 주고 있다. 북한에서는 비료가 절대적으로 부족하여 매년 비료 수십만 톤을 중국을 통해 수입 또는 원조로 조달해 왔는데 북중국경봉쇄는 이를 어렵게 했다. 또 북한은 식량이 매년 부족하여 중국을 통한 수입이나 원조를 통해 식량 부족분을 충당해왔는데, 북중 국경봉쇄는 식량 유입을 위축시키는 결과를 낳았다. 그리고 그동안 비공식적으로 이루어졌던 북·중 간의 보따리 무역도 북중국경봉쇄로 차단되어서 보따리 무역상들을 통한 식량과 다양한 식품 수입도 거의 전무하게 되었다. 따라서 2020년 북중 국경봉쇄는 북한의 식량 사정을 갈수록 악화시키고 있다고 볼 수 있다.

2. 북한의 식량 실태

　유엔 식량농업기구(FAO)와 세계식량계획(WFP)이 가장 최근인 2019년에 추산한 북한의 한 해 곡물 소요량은 575만 톤이다. 그래서 북한 인구에 큰 변화가 없는 상황이므로 2021년도 북한의 식량 소요량도 약 575만 톤으로 추정하고 있다.

5월호(세종: 한국개발연구원, 2021), p.38.

〈표3〉 북한의 연간 곡물 소요량 추정치[18]

(단위: 천 톤)

용도	쌀	옥수수	밀/보리	잡곡	감자	콩	합계
식용	1,621	2,110	219	156	269	139	4,513
사료		137	-	-	20	-	157
종자	46	51	13	13	85	6	214
수확 후 감모	276	413	12	30	125	16	871
합계	1,942	2,710	244	198	499	162	5,755

주: 정곡 기준이며, 감자는 곡물 환산치임. 출처: FAO, Democratic People's Republic of Korea: FAO/WFP Joint Rapid Food Security Assessment(2019), p.26.

〈표3〉에 의하면 북한 주민들이 식용으로 사용되는 곡물 중 쌀이 차지하는 비중은 36%, 옥수수 47%, 밀·보리, 잡곡, 감자, 콩 17%이다. 북한 주민들이 현재 가장 많이 먹는 주식은 옥수수이며, 북한경제가 어려워질수록 북한 주민들은 쌀을 구입하기 어렵기 때문에 옥수수와 밀, 보리, 잡곡, 감자 등을 주식으로 더 많이 먹게 된다.

2020년 코로나19 방역 조치를 위한 북중국경봉쇄 조치는 2021년 북한의 식량난에 지대한 영향을 미쳤다. 북한은 농산물 생산 극대화를 위하여 비료 공급이 필수이며, 이를 위해 해마다 수십만 톤의 비료를 중국에서 조달했다. 그런데 2020년에는 중국에서 1만 9천여 톤의 비료를 수입함으로 전년도인 2019년과 비교해서 6분의 1 수준(16%)으로 급격하게 줄었다. 그리고 이전과는 달리 2020년에는 중국의 북한에 대한 무상 비료 원조도 없었다. 이와 같은 비료의 공급 부족으로 2020년 북한의 농산물 수확량은 크게 줄었다.

---

[18] 권태진, "북한의 농업 및 식량 상황: 2020년 동향과 2021년 전망", 『KDI 북한경제리뷰』, 2021년 5월호(세종: 한국개발연구원, 2021), p.40.

⟨표4⟩ 북한의 연도별 식량 생산량 추정치[19]

(단위: 천 톤)

2012	2013	2014	2015	2016	2017	2018	2019	2020
4,676	4,807	4,803	4,512	4,823	4,701	4,558	4,640	4,398

주: 식량 생산량은 정곡 기준임. 출처: 국가통계포털 북한통계

위의 ⟨표4⟩는 2012년부터 2020년까지 최근 9년간 북한의 연도별 생산량 추정치를 보여주고 있다. 2012년부터 2019년까지 8년 동안의 생산량 평균과 2020년 생산량인 약 440만 톤을 비교하면 지난 8년 평균에 비해 약 6.2% 부족하다.

⟨표5⟩ 2020년 북한의 곡물 생산량 추정치(정곡 기준)[20]

구분		계	쌀	옥수수	서류	맥류	두류	잡곡
2020년 생산량(만톤) (A)		440	202	151	54	16	15	2
2019년 생산량(만톤) (B)		464	224	152	57	15	14	2
2019년 대비	증감량(만톤) (A-B)	-24	-22	-1	-3	1	1	0
	증감비율(%) [(A-B)/B×100]	-5.2	-9.8	-0.7	-5.3	6.7	7.1	0

주: 1) 쌀은 정곡 기준 (쌀 수량 = 조곡 × 0.72)임
2) 서류: 감자(생체중의 25%), 고구마(생체중의 30%).

⟨표5⟩에서 보듯이 2020년 총 곡물 생산량은 직전 연도인 2019년과 비교할 때 24만 톤이 적다. 2020년 곡물 생산량의 구성은 쌀 생산량은 전년보다

---

19 홍제환, "국경봉쇄 조치 이후 북한경제의 동향: 진단과 전망", 『KDI 북한경제리뷰』, 2021년 5월호 (세종: 한국개발연구원, 2021), p.66.
20 권태진, 앞의 글, p.43.

22만 톤 감소한 202만 톤으로 추정했고, 옥수수와 감자와 고구마 등 서류 생산량은 각각 1만 톤과 3만 톤 감소한 151만 톤과 54만 톤으로 추산했다.

　북한의 연간 식량 소요량은 575만 톤이고 2020년 북한의 연간 총 곡물 생산량은 440만 톤(추정치)에 그쳤으므로 135만 톤이 부족한 상태이다. 이러한 상황에 대해 권태진 원장은 "북한의 곡물 수입량을 연간 20만~30만t, 국제사회의 식량 지원 규모를 10만~30만t으로 잡더라도 올해 식량 부족분은 70만~100만t에 이를 것이라며, 이는 북한이 자체적으로 해결할 수 있는 범위를 벗어나는 것"라고 언급했다. 계속적인 식량난에 시달리고 있는 북한 주민들은 이른바 '보릿고개'라고 불리는 봄부터 6월 말까지, 전년에 수확한 식량이 거의 떨어진 상황 속에서 보리 수확을 기다리며 굶주림을 견뎌내야 한다.

　조충희 굿파머스 연구소장(탈북민 출신 농업전문가)은 최근 북한의 장마당에서 쌀 가격은 오르지 않고 옥수수 가격이 오르는 현상에 대해서 "옥수수 가격이 5월부턴가 (킬로그램 당) 1천900원 선에서 2천600원까지 올랐다가 조금 떨어져서 지금 2천500원 정도 하고 있는데, 그러니까 시장이 위축되고 시장에서 소득이 없으니까 주민들이 구매력이 떨어져서 쌀보다는 옥수수의 수요가 높아지는 게 이상 현상이죠."라고 설명했다. 조한범 박사(통일연구원)는 북한의 쌀 생산량만 놓고 비교해보면 과거 '고난의 행군' 시기와 큰 차이가 없을 만큼 부진한 상황이며, "지난해부터 취약계층 사이에 산으로 들어가 토굴 생활을 하며 화전을 일구는 사람들이 생긴 것으로 전해지고 있다"고 북한 상황을 말했다. 권태진 원장은 "중국의 대규모 지원이 있기 전에는 북한이 올해를 넘기기 굉장히 힘들다, 특히 그 피해는 취약계층에게 바로 돌아가기 때문에 당국으로선 특단의 대책을 강구하지 않으면 올해에는 진짜 어려운 사람들 사이에서 굶는 사람들이 나올 수 있다"고 예측했다.[21]

21　『VOA』, 2021년 6월 3일자, "북한 올해 식량 부족분 최대 135만t… 수입 등 고려해도 자체 해결 범위 밖"

Ⅳ. 전망과 대책

1. 북한경제의 '잃어버린 10년'의 가능성

2011년 12월 17일 김정일이 사망하고 2012년 김정은 정부가 본격적으로 출범한 이후 경제 부분에서는 큰 무리가 없이 진행됐다고 할 수 있다. 그러나 2016년과 2017년에 북한은 3번의 핵실험과 4번의 미사일 도발을 했고, 이로 인하여 UN의 대북제재는 이전의 대북제재와는 비교할 수 없을 정도로 광범위하고 강력하게 진행되었다. 이러한 대북제재가 영향력을 발휘한 2017년부터 북한경제는 현격히 타격을 받았고 특별히 수출 부분이 급속하게 감소함으로 북한의 외화 재정은 크게 감소하였다.

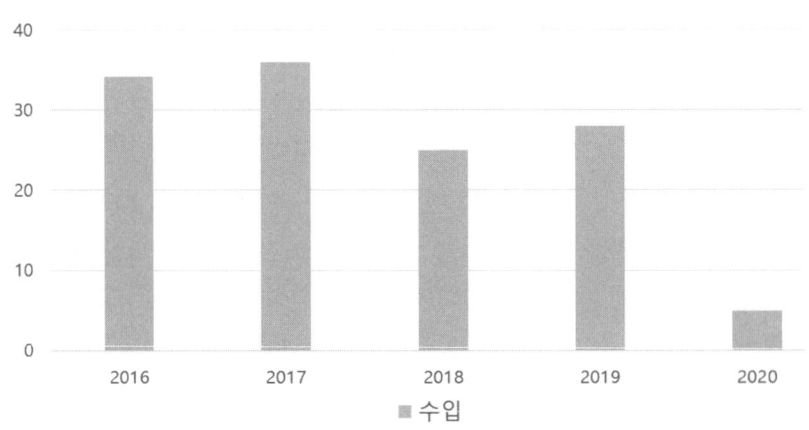

〈그림1〉 북한의 對중국 수입

(단위: 억 달러)

출처: KOTRA 신북방동북아팀, "2019 북한 대외무역 동향", (서울: KOTRA, 2020).; 2020년 통계는 중국해관통계, http://english.customs.gov.cn(검색일: 2021.4.15). 저자 재구성.

위 〈그림1〉에서 보듯이 2017년 중국으로부터 총 수입액은 36.1억 달러에서 UN 대북제재의 영향으로 2018년과 19년에는 각각 25.3억 달러, 28.8억 달러로 축소되었다. 그러나 2020년 코로나19 방역을 위해 북중국경이 폐쇄되면서 2020년 중국으로부터의 수입액은 4.9억 달러로 현격하게 감소되었다. 이 금액은 UN 대북제재의 영향을 비교적 받지 않았던 2016년과 비교해서 약 14%에 해당하며, 4년 만에 1/7 규모로 축소되었음을 알 수 있다.

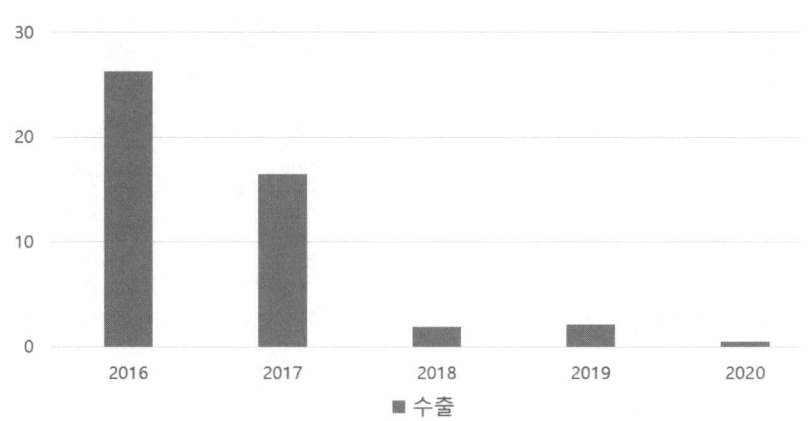

〈그림2〉 북한의 對중국 수출

(단위: 억 달러)

출처: KOTRA 신북방동북아팀, "2019 북한 대외무역 동향", (서울: KOTRA, 2020).;
2020년 통계는 중국해관통계, http://english.customs.gov.cn (검색일: 2021.4.15). 저자 재구성.

위 〈그림2〉에서 보듯이 북한의 對중국 수출의 경우 UN의 대북제재가 2017년부터 결정적인 영향을 미쳤다고 볼 수 있다. 2016년 중국 수출액은 26.3억 달러였는데 2017년에는 16.5억 달러로 약 10억 달러 가까이 축소되었고, UN 대북제재가 북한 수출에 대해 지대한 영향을 미쳤던 2018년과 19년에는 각각 1.9억 달러, 2.2억 달러로 급감하여 2016년과 비교할 때, 1/14과 1/12로 각각 그 규모가 축소되었다. 2020년에는 코로나19로 북중국경이 폐쇄되면서 북한의 對중국 수출액은 1억 달러도 채 안 되는 4천 8백만 달러로 현저히 줄어서 2016년과 비교할 때 약 1.8%에 해당하며, 1/55의 규모로 현격히 축소되었다. 결국, UN 대북제재와 코로나19의 영향으로 북한의 수출은 거의 전무한 수준이 되었다고 할 수 있고, 이와 같이 수출을 통한 외화 수입이 없는 상황에서 북한의 외환보유액은 거의 소진된 상태로 추정할 수 있다.

〈표6〉 북한의 對중국 교역 실적

(단위: 백만 달러)

	북한 수출	북한 수입	무역 총액	무역 수지
2016	2,634	3,422	6,056	−788
2017	1,651	3,608	5,259	−1,957
2018	195	2,528	2,723	−2,334
2019	216	2,879	3,094	−2,663
2020	48	491	539	−443

출처: KOTRA 신북방동북아팀, "2019 북한 대외무역 동향", (서울: KOTRA, 2020); KITA 북한무역통계 (2021.1) 저자 재구성

위 〈표6〉는 지난 4년간 북중교역에 있어서 수출과 수입의 총액이 현저하게 준 것은 물론이고 더욱 북한경제를 어렵게 하는 것은 중국에 대한 무역 역조 현상이 매우 크게 나타났다는 것이다. UN 대북제재로 對중국 수입도 줄었지만, 對중국 수출은 월등하게 더 많이 줄어서 해마다 무역적자 폭이 매우 컸으며, 이것이 4년간 누적되면서 북한의 외환보유액은 거의 바닥이 났다고 생각할 수 있다. 2016년 −7.9억 달러의 무역적자가, 2017년 −19.6억 달러, 2018년 −23.3억 달러, 2019년 −26.6억 달러로 갈수록 크게 증가했다.

〈표7〉 북한 경제성장률[22]

2011	2012	2013	2014	2015	2016	2017	2018	2019	2020
0.8	1.3	1.1	1.0	-1.1	3.9	-3.5	-4.1	0.4	-5~-10(추정)

〈표7〉에서 보듯이 지난 10년의 북한 경제성장률을 돌아볼 때 김정은 정부가 본격적으로 가동이 된 2012년부터 2016년까지는 비교적 정상적인 경제운영이 가능했지만, 2017년부터 마이너스 경제 성장이 일어나는 것을 볼 수 있다. 2020년의 경우 UN 대북제재 외에도 코로나19 방역을 위해 북중국경을 폐쇄하자 경제성장률은 -5%~-10%까지 예측하는 상황이 되었다.[23] 2021년은 농작물 수확이 김정은 정권 이후 최악이었기 때문에 2021년 한 해 심각한 식량난이 예상되고 이에 따라 북한의 경제 성장도 매우 어려우리라고 추정한다. 2017년부터 2021년까지 5년간 연속된 경제불황도 어려웠지만, 북한이 2021년 직면하고 있는 심각한 식량난을 해결하기 위하여 획기적이며 근본적 변혁을 일으킬 수 있는 정책이 도입되지 않는다면 극심한 식량난은 2022년도에도 계속 되리라고 예상되며, 이것이 장기화될 경우 마이너스 경제 성장이 주류를 이루었던 지난 5년을 넘어서 향후 5년까지도 경제가 복구가 안 되는 '잃어버린 10년'을 맞을 수 있다.

2. 식량난에 대한 대책

북한의 심각한 식량난에 대한 대책을 아래의 7가지로 정리해보았다. 당사자인 북한 정부가 앞장서야 하는 해결책들이지만 객관성이 있고 시의적절한 대책들을 언급하였다.

22　한국은행 경제통계시스템, http://ecos.bok.or.kr/(검색일: 2021.6.1.);『VOA』, 2020년 11월 11일자, "'북한 경제, 제재·국경봉쇄로 큰 타격…올 성장률 -5~-10%'"
23　『VOA』, 2020년 11월 11일자, "'북한 경제, 제재·국경봉쇄로 큰 타격…올 성장률 -5~-10%'"

1) 코로나19 상황일지라도 다른 나라들처럼 통관 검역을 강화하면서 우선적으로 북중국경을 다시 개방하여 공식적인 북중 교역이 가능토록 하고, 북한의 식량 유입에 큰 제한이 없어야 한다. 또 북중, 북러 보따리장수 등 비공식적인 식량 교역도 이전처럼 허용함으로 북한에 식량과 다양한 식품이 공급될 수 있어야 한다.

2) 코로나19 상황 속에서도 가능한 장마당 통제를 완화함으로 주민들이 장마당을 통하여 손쉽게 식량을 구입할 수 있어야 한다. 북한 전문가들은 북중 국경봉쇄가 길어지고 장마당을 통한 경제활동이 크게 제약을 받으면서 북한 주민들의 소득이 줄어들고 이에 따라 장마당에서 쓸 수 있는 현금 보유량도 줄고, 식량도 살 수 없는 상태라고 보고 있다.[24] 그래서 장마당 경제활동을 최대한 보장해줌으로 이전처럼 주민들의 소득이 증가하고 구매력이 증가할 수 있도록 조치해야 한다. 그래서 주민들이 장마당에서 식량도 구입할 수 있고 생존이 가능할 수 있어야 한다.

3) 국가적인 재난을 극복하기 위해서는 대규모로 식량을 수입해야 한다. 기본적으로는 북한경제에서 지하자원 등을 수출한 대금으로 식량을 수입해야 하는데 국제사회의 대북제재와 코로나19로 인한 국경봉쇄로 2020년 수출도 전년도 2019년과 비교하면 1/5로 규모가 줄어든 상황이므로 국가의 외화재정이 어려운 상황이다. 이럴 경우 북한의 최우방국이라고 할 수 있는 중국에 대규모 식량 원조를 요청해야만 한다. 무상원조가 안 되면 차관원조라도 받아서 주민들의 아사 사태가 발생하지 않도록 응급조치를 해야 할 것이다.

4) 국제사회에 인도적 식량 지원을 요청해야 할 것이다. 국가가 재정 능력이 없을 때 국제기구나 민간 NGO들로부터 인도적 식량 지원을 받으려면 지원받은 식량을 다른 용도로 사용하지 않고 주민들에게 직접 배급할 것이라는 믿음을 줄 수 있어야 한다. 그리고 이러한 식량 지원이 지속적으로 유지

---

24 『서울평양뉴스』, 2021년 6월 4일자, "전문가들, '北 올해 경제·식량난, 김정은 집권 이래 가장 어려울 것'"

되기 위해서는 신뢰 관계가 형성되어야 한다. 북한 정부는 인도적 식량 지원을 확보하기 위해서는 식량 배급 과정을 투명하게 공개하는 것이 향후 국제기구나 민간 NGO로부터 원조를 받을 수 있는 길이 될 것이다.

    5) 일단 핵과 미사일 개발을 멈추고 국민들의 먹고 사는 문제를 최우선으로 해결해야 할 것이다. 북한은 식량난 속에서도 2019년 한 해에만 핵 개발에 약 7000억 원을 사용했다고 2020년 보도되었다.[25] 1990년대 중후반에 있었던 고난의 행군 시기처럼 많은 북한 주민들이 굶어죽지 않도록, 식량난이 심각한 2021년에는 핵 개발에 사용할 금액 중 일부를 돌려서 주민들의 식량을 수입하는 데 우선적으로 지출해야 할 것이다. 그리고 2017년부터 광범위하게 진행되고 있는 UN의 대북 경제제재를 풀어달라고 국제사회에 요청해야 할 것이다. 이를 위해서 핵과 미사일과 관련된 사안을 국제사회와 협상함으로 장기적으로 북한경제가 회복되고 자생적 식량 조달이 가능한 체제를 세워나가야 할 것이다.

    6) 농업생산력이 증진될 수 있도록 해야 한다. 북한 식량난의 근본적인 문제는 농업생산 부문의 투자에 소홀했기 때문이다. 충분한 비료 조달은 물론이고 농약, 농기구, 관개시설 확충, 토양 관리 등 근본적인 농업생산 기반을 확충해야 한다. 이를 위해서는 대규모 투자가 있어야 하고 필요하면 국제적인 투자를 유치해야 한다.[26] UN의 대북경제제재가 풀리지 않아서 서방국가들의 투자를 유치하기 어렵다면, 북한의 우방국인 중국과 러시아의 자금을 유치해서라도 농업생산력 증대를 위한 상당한 투자를 조속히 시행해야 한다. 그렇지 않으면 다람쥐 쳇바퀴 돌 듯이 해마다 발생하는 식량난을 벗어나지 못할 것이고 코로나19와 같은 전염병 시대에는 국가적인 재난을 피할 수 없게 된다.

---

25 『연합뉴스』, 2020년 5월 14일자, "국제 반핵단체 '북한, 지난해 핵개발에 6억2천만 달러 사용 추정'"
26 헤이젤 스미스, "대북제재와 식량불안: 향후 국제사회의 공공정책 방향은?", 『KDI 북한경제리뷰』, 2021년 5월호(세종: 한국개발연구원, 2021), p.82.

7) 북한 정부는 신속한 백신 접종을 통해 집단면역을 형성할 수 있도록 특별한 노력을 기울여야 한다. 연초에 국제 백신 프로젝트 '코백스 퍼실리티(COVAX Facility)'는 올해 상반기 중 코로나 백신 총 199만 2천회분을 북한에 공급할 예정이라고 밝혔다. 이 백신은 2회 접종해야 하기 때문에 총 99만 6천 명분에 해당되는 백신이다. 그러나 아직까지도 북한에 백신이 배급되지 않은 상태에서, 지난 6월 3일 UN은 "북한에서 코백스 퍼실리티를 통한 코로나 백신 접근과 백신 배포를 지원하는 것이 가장 취약한 주민들을 보호하기 위한 유엔의 2021년 우선순위"[27]라고 발표했다. 약 100만 명분에 달하는 백신의 공급은 북한 내부의 최상위계층부터 혜택을 보겠지만 북한 당국은 가능한 빨리, 가능한 최대의 백신을 공급받기 위하여 특별한 노력을 해야 할 것이다.

많은 나라들이 2022년부터는 집단면역이 형성되어 주민들이 자유롭게 이동하며 무역도 제한이 없을 수 있지만, 북한의 경우 백신의 공급이 늦어진다면 2022년까지 국경이 폐쇄되고 장마당의 사용도 제한되고 수많은 주민들이 경제난과 식량난에 허덕이면서 국가적인 재난을 맞게 될 것이다. 최근 북한이 러시아에서 개발한 '스푸트니크 V' 백신과 '스푸트니크 라이트' 백신에 관심을 보인다고 보도되었다.[28] 국제기구로부터 받는 백신 공급이 소량이고 또 늦어진다면, 북한의 우방국인 러시아로부터 백신을 저렴한 가격에 직접 공급받아서라도 최대한 빨리 북한 주민 60~70% 이상이 백신을 맞아서 집단면역이 형성될 수 있도록 최선을 다해야 할 것이다.

백신 접종을 통하여 집단면역이 형성됐을 경우, 북한의 현 상황 속에서 1석 3조의 효과가 있다. 집단면역의 효과로는 첫째, 코로나19의 감염 문제가 해결된다. 둘째, 코로나19 방역으로 인한 각종 제한조치로 국가적인 큰 손실은 물론이고 주민들 각 개인적으로도 경제활동에 제한을 받아 소득이 감

---

27 『VOA』, 2021년 6월 4일자, "UN '북한 내 코백스 통한 백신 배포 지원, 올해 우선 순위'"
28 『서울평양뉴스』, 2021년 6월 5일자, "北, 러시아 코로나백신 관심…전문가들, 'WHO 승인여부 지켜볼 것'"

소하고 정신적 소모도 컸는데 국가와 개인이 자유로워지며 북한경제 전체가 다시 숨통이 트이게 된다. 셋째, 북중 국경이 개방되어 중국으로부터 식량과 비료 등 공급이 원활해지고, 장마당이 제한받지 않고 운영되며 개인의 이동이 자유로워짐으로 장마당 경제활동을 통해서 개인의 소득이 증대되고 구매력이 늘어나게 된다. 국가적으로도 식량 유입이 쉬워지고 개인적으로도 장마당에서 식량 구입이 수월해지므로 심각한 식량난이 해결될 수 있다. 백신 접종을 통한 집단면역 형성은 코로나19로 갈수록 심각해지는 식량난과 경제난, 그리고 이로 인한 국가적 재난을 해결하는 최선의 방책이다.

V. 결론

Ⅳ장에서 언급된 7가지 대책에서 볼 수 있듯이 북한의 현 상황은 북한 스스로 해결할 수 있는 상황을 이미 넘어섰다. 국제사회의 도움이 필요한데 북한이 핵을 포기하지 않는 한 UN과 서방국가들과 남한의 도움은 어려울 것이다. 이러한 상황에서 북한이 해결할 수 있는 출구는 중국과 러시아라고 생각할 수 있다. 중국으로부터는 식량을 지원받고, 코로나19 백신에 대해서는 러시아에 지원을 요청한다면 이것이 현실적으로 가장 가능성 있는 출구일 것이다.

2021년 북한 정부가 당면한 식량 위기를 제대로 해결하지 못한다면 갈수록 더 어려운 국면에 직면하게 될 것이다. 제2의 고난의 행군이 언급되는 상황에서 이번에도 북한 주민들의 아사 사태가 대량으로 발생한다면 주민들의 대응은 90년대 중후반 고난의 행군 시기와는 사뭇 다를 수 있다. 그때에는 주민들에게 외부 정보가 철저히 차단됐었기 때문에 주민들은 굶어 죽어도 반정부적인 행태를 띠지 않았다. 그러나 2000년 이후 장마당이 활성화되면서 대부분의 북한 주민들은 시장경제를 통해 자본주의와 사유재산권에 대한 의식이 생겼고, 장마당을 통해 외부 정보가 범람하면서 북한 주민 대부분이 남한과 외부 세계에 대한 정보를 접하고 있으며, 특별히 한류를 통해 잘 사는 남한 사회를 동경하는 북한 주민들이 많다. 최근 장마당 세대는 김정은에 대한 우러나오는 존경심은 희박하다고 할 수 있고, 김일성·김정일·김정은 3대 세습 정권과 북한의 현 체제를 지켜야 한다는 인식도 매우 약해졌다고 할 수 있다.

 2009년 11월 30일 화폐개혁을 통해 돈주들의 영향력을 줄이고 장마당 통제를 시도했다가 북한 주민들이 크게 반발하자 두 달여 뒤인 2010년 2월 5일 내각 총리가 인민반장들을 모아놓고 사과를 하는 초유의 사태가 발생했다. 그리고 화폐개혁 실패에 대한 책임으로 계획재정부장 박남기를 총살시켰다.[29] 이러한 사례가 있었기 때문에 또 다시 생계에 지장을 주는 사태가 발생한다면 북한 주민들의 반발은 북한의 체제 유지에도 큰 위협을 주는 변수가 될 수 있다. 그렇기 때문에 최근 김정은 공식적인 자리에서 식량 위기에 대해서 이례적으로 많이 언급하고 있음을 본다.

 이번 식량 위기는 단순히 잃어버린 10년을 초래하는 것으로 끝나지 않을 수 있다. 김정은 정권이 제대로 대응하지 못한다면 김정은 정권의 몰락으로 이어질 수 있고, 이것은 북한 내부는 물론이고 남한과 동북아 정세 그리고 국제사회에 큰 변동을 불러올 수 있다. 북한 정부가 현 상황을 타개하기 위해 어떠한 특별조치를 취할지 주목하며 이에 따른 합당한 대응책을 남한은 준비해야 할 것이다. 그리고 현재 북한의 위기상황이 앞으로 통일 전선에 어떤 영향을 미칠 것인지에 대해 통일전략을 연구하는 학계와 정부는 지대한 관심을 기울여야 할 것이다.

---

29 이용희, 『북한 장마당의 개혁 개방적 역할에 대한 고찰』(서울: 자유와 생명, 2017), p.81~82.

참고문헌

권태진, "북한의 농업 및 식량 상황: 2020년 동향과 2021년 전망", 『KDI 북한경제리뷰』, 2021년 5월호, 세종: 한국개발연구원, 2021.
김규철, "코로나19가 북한의 무역에 미친 영향", 『KDI북한경제리뷰』 2021년 1월호, 세종: 한국개발연구원, 2021.
김재한, "대북 인식의 정권-주민 이원론", 『통일전략』, 제20권 제1호, 서울: 한국통일전략학회, 2020.
김창희, "김정은의 정치리더십에 관한 연구", 『통일전략』, 제17권 제2호, 서울: 한국통일전략학회, 2017.
남성욱, 채수란, "노동신문을 통해 본 북한의 보건안보 대응태세: COVID-19 보도를 중심으로", 제21권 제1호, 서울: 한국통일전략학회, 2021.
_____, "노동신문을 통해 본 북한의 COVID-19 실태와 대응 동향 연구", 『북한 COVID-19 확산실태와 창의적 남북 보건의료협력 세미나』, 고려대학교대학원 통일보건의학협동과정, 2020.
박지연, "국제사회의 북한에 대한 경제외교술(Economic Statecrafts) 탐색", 『통일전략』, 제19권 제1호, 서울: 한국통일전략학회, 2019.
신영전, "북한의 코로나19 대응과 최근 동향", 『KDI 북한경제리뷰』, 2021년 5월호, 세종: 한국개발연구원, 2021.
이 석, "〈총론〉 북한의 경제위기, 어디까지 진행될까?", 『KDI북한경제리뷰』 2021년 1월호, 서울: 한국개발연구원, 2021.
이용희, "북한 코로나19의 실태와 북중 무역에 미친 영향", 『통일전략』, 제21권 제1호, 서울: 한국통일전략학회, 2021.
_____, 『북한 장마당의 개혁 개방적 역할에 대한 고찰』, 서울: 자유와 생명, 2017.
정경환, "한반도평화체제 구축문제와 대북협상전략의 방향", 『통일전략』, 제18권 제2호, 서울: 한국통일전략학회, 2018.
홍제환, "국경봉쇄 조치 이후 북한경제의 동향: 진단과 전망", 『KDI 북한경제리뷰』, 2021년 5월호, 세종: 한국개발연구원, 2021.
_____, "코로나19 충격과 북한경제", 『현안분석-온라인시리즈』, 서울: 통일연구원, 2020.
헤이젤 스미스, "대북제재와 식량불안: 향후 국제사회의 공공정책 방향은?", 『KDI 북한경제리뷰』, 2021년 5월호, 세종: 한국개발연구원, 2021.

FSIN and Global Network Against Food Crises, Global Report on Food Crises, 2021.
KOTRA 신북방동북아팀, "2019 북한 대외무역 동향", 서울: KOTRA, 2020.
KITA 북한무역통계, 2021.

『데일리NK』, 2021년 6월 4일자.
＿＿＿, 2021년 4월 15일자.
＿＿＿, 2020년 12월 3일자.
『동아사이언스』, 2020년 10월 9일자.
『로동신문』, 2020년 3월 13일자.
＿＿＿, 2020년 2월 1일자.
＿＿＿, 2020년 1월 26일자.
『서울평양뉴스』, 2021년 6월 5일자.
＿＿＿, 2021년 6월 4일자.
＿＿＿, 2021년 5월 6일자.
『연합뉴스』, 2020년 5월 14일자.
『조세일보』, 2021년 6월 4일자.
『KBS』, 2021년 1월 22일자.
『VOA』, 2021년 6월 4일자.
＿＿＿, 2021년 6월 3일자.
＿＿＿, 2020년 11월 11일자.

세계은행 통계, "남북한 인구"
중국해관통계, http://english.customs.gov.cn(검색일: 2021.4.15).
한국은행 경제통계시스템, http://ecos.bok.or.kr/(검색일: 2021.6.1.)

Abstract

North Korea's Food Crisis due to Covid-19 and Countermeasures

The study examined the North Korean government's countermeasures against Covid-19 from January 2020 to June 2021 and the report of media specializing in North Korea relating to the real situation of Covid-19 in North Korea. In the past five years, North Korea's economy has been stagnant, showing negative economic growth, and facing a serious food shortage in 2021. The reasons are the UN sanctions against North Korea, the 2020 natural disaster, and the closure of the border between North Korea and China due to Covid-19. In 2020, North Korea's grain yields dropped sharply, and it is the worst food shortage since 'the March of Troubles' of the late 1990s. Without overcoming this food crisis now, the North Korean economy could face a 'Lost Decade'. The North Korean government should take groundbreaking measures and make special efforts to solve the food crisis, the national disaster it faces.

[Key Words]

Covid-19, the closure of the border between North Korea and China, food shortage, North Korean economy, countermeasures

북한 코로나19의 실태와 북중 무역에 미친 영향

- Ⅰ. 머리말
- Ⅱ. 코로나19에 대한 북한 정부의 대응과 실태
- Ⅲ. 코로나19가 북중 무역에 미친 영향
- Ⅳ. 맺음말

국문요약

본 연구는 북한 정부의 코로나19에 대한 대응 조치와 북한의 의료 시스템에 대하여 조사하였다. 북한은 무상 치료제를 내세우며 주체의학의 우월성을 선전하지만 실제로 의료 상황은 매우 열악해서 대부분의 북한 주민은 병원 치료를 제대로 받지 못하고 있다. 북한 당국은 코로나19 팬데믹이 시작된 이후 단 한 명의 감염자도 없었다고 WHO에 보고했다. 2020년 1월, 북한은 코로나19 유입을 막기 위해 국경을 폐쇄하였다. 그 이후 북한의 중국 수출과 수입은 중단되었다. 북한은 전체 무역에 있어서 중국이 차지하는 비율이 95% 이상이며, 북한 경제는 심각할 정도로 중국에 종속되어 있다. 중국과의 수출입 중단으로 북한 장마당에서는 중국 상품이 고갈되었고, 북한 당국의 코로나19 방역 조치로 장마당이 폐쇄되거나 운영시간이 축소되어 주민들의 생계에 큰 위협이 되고 있다. 북한 정권은 코로나19로 인하여 국가적인 경제위기를 직면하고 있으며, 이를 타개하기 위하여 특별한 조치가 필요한 상황이다.

[주제어]

코로나19, 무상치료제, 국경폐쇄, 북중 무역 중단, 경제위기

* 2021년 1월 〈통일전략〉 제21권 1호에 실린 논문.

Ⅰ. 머리말

코로나19의 WHO 공식 이름은 COVID-19[1]이다. 중국 정부는 2019년 12월 31일 원인을 알 수 없는 집단 폐렴 환자가 발생했다고 발표했다. 이로 인해 2020년 1월 9일 중국에서 첫 사망자가 발생했으며, 중국당국은 집단 폐렴의 원인 병원체가 '신종 코로나바이러스'라고 발표했다. 그 후 WHO(세계보건기구)는 2020년 2월 12일 이 새로운 변종 바이러스의 명칭을 'COVID-19'로 발표했다.

1월 30일 WHO는 '신종 코로나바이러스'에 대해 '국제적 공중보건 비상사태(PHEIC)'를 선포했다. 이러한 국제적 비상사태는 국가를 넘어 세계로 확산하는 심각한 전염병에 대한 비상조치이다. WHO가 이와 같이 선포한 것은 신종 인플루엔자 A(H1N1)(2009년), 지카 바이러스(2016년), 에볼라 바이러스(2019년) 등에 이어 여섯 번째다. COVID-19는 빠른 속도로 전 세계에 확산되었고, 전 세계 114개국에서 확진자 118,000여 명 그리고 사망자 4,290여 명이 보고되자, 3월 11일 감염병 경보단계 중에서 최고 위험 등급인 팬데믹을 WHO가 선언하였다.[2] 2021년 2월 13일 현재 전 세계 확진자 수는 108,451,254명, 총사망자 수는 2,383,004명이다.[3]

본 연구는 2020년 1년 동안 전 세계를 휩쓸었던 코로나19에 초점을 맞추었다. Ⅰ장 머리글에 이어 Ⅱ장에서는 북한에서의 코로나19에 대한 북한 정부의 대응조치들과 북한 내에서의 코로나19 대응 의료시스템과 주체 의학의 한계를 분석했다. Ⅲ장에서는 코로나19가 특별히 북중 무역에 미친 영향을

---

1 "2019년 12월 중국 우한에서 처음 발생한 이후 중국 전역과 전 세계로 확산된, 새로운 유형의 코로나바이러스에 의한 호흡기 감염질환이다. 코로나바이러스감염증-19는 감염자의 비말(침방울)이 호흡기나 눈·코·입의 점막으로 침투될 때 전염된다. 감염되면 약 2~14일(추정)의 잠복기를 거친 뒤 발열 및 기침이나 호흡곤란 등 호흡기 증상, 폐렴이 주증상으로 나타나지만 무증상 감염 사례 빈도도 높게 나오고 있다." pmg 지식엔진연구소, "코로나바이러스감염증-19", 『시사상식사전』 (박문각, 2021).
2 두산백과, "코로나바이러스감염증-19", http://www.doopedia.co.kr (검색일: 2021.2.1).
3 "세계 코로나 현황", https://corona-live.com/world(검색일: 2021. 2. 13).

분석했다. 코로나19가 발발하기 직전인 2019년까지 북한의 핵과 미사일 도발로 인한 'UN 안보리 대북 제재'와 2020년 코로나19로 인한 '북중 국경 봉쇄 정책'이 각각 북중 무역에 미친 영향을 한국과 중국의 통계자료를 인용하여 분석하였고, 이것이 북한 내부 경제에 미친 영향을 연구하였다. Ⅳ장에서는 위 연구에 대한 결론적인 분석과 필자의 의견을 피력하였다.

본 연구의 목적은 코로나19로 인한 국경봉쇄 정책이 북중 무역에 미친 지대한 영향과 그 결과로 발생한 국가적 위기를 분석 연구하는 데 있다.

연구 방법으로는 코로나19에 대한 북한 정부의 대응조치들을 파악하기 위하여 북한, 남한, 세계 언론 보도와 연구기관 보고서 등을 종합·정리하였으며, 북한의 의료시스템과 주체 의학에 대한 실태를 연구하기 위해서 북한 내부를 직접 파악하는 것이 현실적으로 불가능하기 때문에 탈북민 의사들의 증언들과 관련 선행연구들을 인용하였다. 그리고 UN 대북 제재와 코로나19가 북중 무역에 미친 영향을 분석하기 위해서는 한국과 중국의 공식적인 수출입 통계자료를 수집하여 이를 통해 북한의 중국 수출입 내역을 파악하였다.

선행연구로는 북한의 코로나19와 관련하여 조성은(2020)이 실황과 대응조치를 연구하였고, 최영진(2020)은 북한의 국경봉쇄와 의심자 격리조치에 대하여 발표하였다. 강영실(2020)은 북한의 기술적 대응에 대하여 분석하였고, 장혜원·윤병수(2020)는 북한 경제에 미친 영향을 발표하였다. 남성욱(2020)은 노동신문을 통해 북한의 코로나19 실태와 주체 의학의 한계에 대하여 연구하였으며, 손광수(2020)는 남북보건협력 전망에 대하여 분석하였다. 김규철(2021)은 코로나19가 북한 무역에 미친 영향, 이석(2021)은 북한의 경제 위기, 최지영(2021)은 북한의 환율 변동에 대하여 각각 연구 분석하였다.

II. 코로나19에 대한 북한 정부의 대응과 실태

1. 코로나19에 대한 북한 정부의 대응

2020년 1월 9일 중국에서 코로나19로 인한 첫 사망자가 발표되고 중국에서 코로나19가 확산되기 시작하자 북한은 서둘러 1월 21일 북중 국경을 폐쇄하였고, 1월 28일 비상설중앙인민보건지도위원회를 구성하여 코로나19를 대처하기 위하여 국가비상방역체계로 전환하였다.[4] 이와 함께 국가비상방역지휘부를 각 도·시·군에 조직하여 국경, 항만, 비행장 등 외부 세계와의 접촉점에 대한 검역을 강화하였고, 외국에서 입국하는 모든 사람에 대해 격리조치를 시행했다.

박명수 보건성 국가위생검열원 원장은 "병을 미리 막자면 국경, 항만, 비행장들에서 위생검역사업을 강화하여 우리나라에 이 병이 들어오지 못하도록 철저한 방역대책을 세워야 한다", "감염을 막는 제일 좋은 방도는 이 바이러스가 우리나라 경내에 들어오지 못하도록 그 경로를 완전히 차단하는 것", "국경과 지상, 해상, 공중 등 모든 공간에서 코로나바이러스가 들어올 수 있는 통로를 선제적으로 완전히 차단 봉쇄하여야 한다".[5]고 언급하며 육·해·공 모두 봉쇄해야 함을 강조했다.[6]

국경 전면봉쇄 방침에 따라 첫 번째로 외국과의 접촉지점을 철저히 봉쇄했다. 1월 말에 평양~베이징과 평양~심양의 중국 노선 그리고 평양~러시아 블라디보스톡 고려항공의 운항을 중지했다. 외국인 관광도 중단하였고, 외교관, 국제기구 관계자, 사업가 등 특별한 목적으로 입국하는 경우에도 지

---

4 『로동신문』, 2020년 2월 1일자. "신형코로나비루스감염증을 막기 위한 사업을 강도높이 전개하자"
5 『로동신문』, 2020년 1월 26일자. "신형 코로나비루스 감염증을 철저히 막자"
6 남성욱, "노동신문을 통해 본 북한의 COVID-19 실태와 대응 동향 연구", 『북한 COVID-19 확산 실태와 창의적 남북 보건의료협력 세미나』(고려대학교대학원 통일보건의학협동과정, 2020) p.10-11.

정된 장소에서 한 달간 격리조치를 시행했다.

중국에서 근무하던 북한 파견 노동자들과 중국에서 체포된 탈북민들 송환, 그리고 중국으로부터 물품 이동으로 활발하게 교류했던 북·중 두만강 접경 지역인 도문(투먼)대교도 사실상 폐쇄됐다. 외국인 관광객은 물론이고 북한 정부에서 외국으로 파견하여 근무했던 북한노동자들의 입국도 금지시켰는데, 이러한 자국민에 대한 입국 금지는 국제법상 불법이다.

북한은 1월 30일 개성 남북연락사무소로 출근하던 남측 인력 10명의 출입을 금지시켰다. 중국과 러시아의 국경지대 봉쇄에 이어 남한과의 접경지대인 개성공단을 봉쇄하여 남한으로부터의 바이러스 유입 가능성도 차단하였다. 북한은 8월에 특수작전부대를 보내서 북·중 국경을 철저히 차단했으며, 북·중 국경 1㎞ 내에 접근하는 사람에 대해서는 '이유 불문 사살하라'라고 지시했다.[7]

2020년 북한 당국은 비상설중앙보건위원회로 시작해서 국가비상방역지휘부가 출범됐고 계속해서 국가초특급비상방역위원회와 국가비상방역사령부 및 위생방역체계, 그리고 국가비상방역체계에 이어 국가비상체제로 대응 주체와 체계를 격상시키면서 신속히 선제적인 현장 방역을 했다. 북한당국이 2020년 1월 코로나19 초기 대응부터 1년이 지난 2021년 2월까지 코로나19 대응 관련 주요 조치를 정리하면 아래의 〈표1〉와 같다.

---

[7] 『자유아시아방송』, 2020년 8월 30일자.

⟨표1⟩ 북한의 코로나19 대응 관련 조치

날짜	조치 내용	출처
20.1.21.	중국관광객 포함 모든 외국관광객의 입국 금지조치[8]	자유아시아방송, 20.1.21.
20.1.28.	위생방역체계를 '국가비상방역체계'로 전환 국경과 항만, 비행장 등 국경 통과 지점의 검사검역 강화 및 신의주–단둥 세관 폐쇄 등	조선중앙방송, 20.1.31.
20.1.31.	북송자 송환 잠정 중단 요청 및 투먼대교 폐쇄	VOA, 2020.2.2.
20.2.1.	평양–블라디보스토크 노선 항공편 운항 잠정 중단	연합뉴스, 20.2.2.
20.2.5.	마스크 수요 급증으로 마스크 추가 생산 본격화	로동신문, 20.2.5.
20.2.12.	내각총리는 비상방역지휘부 점검, 국경 지역의 철저한 검사검역 및 방역수칙 준수 등 지시	민주조선, 20.2.12.
20.2.12.	코로나 바이러스의 잠복기간이 24일이라는 연구 결과에 따라 격리기간을 30일로 연장	조선중앙통신, 20.2.12.
20.2.21.	4월 개최 예정이었던 '평양 국제마라톤' 행사 취소	연합뉴스, 20.2.21.
20.2.27.	탁아소, 유치원, 소학교, 초급·고급 중학교, 대학교 개학 연기	조선중앙방송, 20.2.27.
20.3.17.	평양종합병원 착공식 진행. 평양종합병원 건설을 당 창건 75주년 중요 사업으로 규정	로동신문, 20.3.18.
20.4.	전염병예방법 개정: 전염병의 전파 속도와 위험성에 따라 1급, 특급, 초특급으로 구분	민주조선, 20.4.22.
20.4.8.	WHO 보고: 코로나19 진단검사 결과 확진자 0명, 격리자 509명, 격리해제자 24,842명	연합뉴스, 20.4.8.
20.5.19.	자국내 외국인들에 대한 제한 조치 추가 완화: 일부 백화점과 대형마트 방문 허용	연합뉴스, 20.5.19.
20.7.2.	1~6월까지의 악성 전염병을 방지하기 위한 사업정형을 총화하고 국가비상방역사업을 강화	조선중앙통신, 20.7.3.

---

8 2003년 사스, 2014년 에볼라 바이러스가 발생했던 당시에도 외국인 관광객들의 입국을 금지하였음

20.7.	국경과 해안 연선에 대한 봉쇄와 집중감시, 해상·공중에서 오는 물체 등 소독, 소각 처리	민주조선, 20.7.7.
20.7.	보육기관 운영 잠정 중단, 5살 미만 보호자들 휴가와 보조금 지급, 임산부 대상 먼거리 의료봉사	내나라, 20.7.12.
20.7.	코로나19 백신 관련 임상시험을 진행 백신에 대한 연구 사업 진행	미래, 20.7.18.
20.7.20.	김정은 국무위원장: 평양종합병원 건설현장 현지지도, 마구잡이식으로 공사를 진행했고 주민 부담 가중시킨 것을 질책, 지휘부 교체	조선중앙통신, 20.7.20.
20.7.25.	당 비상확대전원회의 긴급 소집: 탈북민 귀향 사건 발생. 최대비상체제로 이행. 개성시 완전 봉쇄. 중앙비상방역지휘부 특급경보 발령	조선중앙방송, 20.7.27.
20.8.25.	당 중앙위원회 제7기 제17차 정치국 확대회의: 긴급전신지시문과 긴급포고문 전달 ('국경 1km 내에 접근자는 이유 불문 사살' 지시)	조선중앙방송, 20.8.26.
20.10.10.	노동당 창건기념일 열병식에서 김정은 위원장은 코로나19 확진자가 없다고 연설	데일리NK, 20.11.04.
20.10.15.	함북 국경연선 지역, 최전방 지역 거주민 대상 오후 6시~아침 7시까지 야간 통행금지 조치	뉴시스, 20.10.16.
20.11.3.	국정원: 코로나 관리하지 못한 간부 사형. 코로나 관리위반은 군법으로 처벌, 8월 세관에서 남측 물자 반입한 직원들 대규모 처벌	KBS, 20.11.3.
20.11.	북한 해커 단체가 코로나19 백신과 치료제를 개발 중인 제약사 7곳 해킹 공격을 감행	YTN, 20.11.14.
21.1.	유럽국가 대사관들에 코로나 백신 확보 방법 문의 세계백신면역연합(Gavi)에 백신 신청서 제출	월스트리트저널, 21.1.4.
21.2.3.	국제 백신공동구매 협의체 '코백스 퍼실리티' 북한 첫 배포대상 선정. 아스트라제네카 백신 199만 2,000회분(99만 6,000만 명분)을 공급	중앙일보, 21.2.4.
21.2.7.	코로나19 변이바이러스 전 세계 확산 공지 단 몇 분도 해이하면 방역 실패 철저한 방역 단속	로동신문, 21.2.7.

출처: 조성은, "북한의 방역체계와 코로나19 대응", 『감염병 공동대응을 위한 남북인도협력: 코로나19를 중심으로』(서울: 통일연구원, 2020), p.73~74.; 강영실, "코로나19에 대한 북한의 기술적 대응", 『KDI북한경제리뷰』 2020년 9월호 p.38~40. 외 저자 재구성.

2. 코로나19 대응 의료 시스템과 주체의학의 한계

북한 정부는 코로나바이러스 감염 방지에 최대의 역점을 두면서 이를 국가 존망에 관련된 사안으로 간주하였다. 『로동신문』(2020.1.19.)에서는 '신형코로나비루스감염증을 철저히 막자면' 제목하에 "모든 당 조직들에서는 감염증의 전파를 막기 위한 사업을 '국가 존망'과 관련된 중대한 정치적 문제로 여기고 정치사업을 강화", 또 "당 조직들이 각급 비상 방역 지휘부들과 위생 방역 기관, 치료 예방 기관, 의학 연구기관들에서 진행하는 주민들에 대한 의학적 감시와 진단, 치료약물 개발과 관련한 연구 등이 성과적으로 진행될 수 있게 적극 밀어 주어야 한다"고 강조했다.[9]

북한은 코로나19 사태가 국가의 존망이 걸린 중차대한 일로 여기고 주민 감염 방지를 위하여 진단과 치료 그리고 관련된 연구를 적극 밀어줄 것을 강조했지만 실제로 북한의 의료 체계가 붕괴된 상황에서 주민들을 대상으로 하는 코로나19 진단과 치료는 제대로 실행되지 못했다. 2020년 10월 8일 '북한 코로나19 확산실태와 창의적 남북 보건의료협력'이라는 제목으로 개최된 세미나에서 탈북 의사들의 증언이 소개되었다. 최정훈 탈북 의사는 "북한 병원에서는 일반 세균과 변종 바이러스를 분리하는 진단 장비와 시약이 없어 일반 독감인지 신종 바이러스인지 구분하지 못한다"고 했으며 "코로나19 환자가 발생했어도 실제로 확진 판정을 내릴 수 없을 것"이라고 말했다. 북한 당국은 중증급성호흡기증후군(SARS·사스)이 발생했던 2003년에도 "북한에서 환자가 발생하지 않았다"라고 발표했었다.

북한 주민들은 감염이 의심될 경우 코로나19 치료제가 아닌 약물을 사용하고 있고, 이마저도 병원에서 구하기가 어려운 상황이다. 북한 보건 의료의 심각한 문제는 치료약을 생산할 만한 능력이 안 된다는 것이다. 『로동신문』

---

[9] 남성욱, "노동신문을 통해 본 북한의 COVID-19 실태와 대응 동향 연구", 『북한 COVID-19 확산실태와 창의적 남북 보건의료협력 세미나』(고려대학교대학원 통일보건의학협동과정, 2020) p.10.

(2020.1.28.)에서는 자체 개발한 '우웡 항바이러스 물약' 등 항바이러스제들을 코로나19 치료제로 사용하겠다고 하였지만, 이 물약은 2016년 개발한 것으로 코로나19를 위한 합당한 치료제는 아니라는 것이 전문가들의 의견이다.[10] 주민들이 병원에 가도 치료약을 구할 수 없는 상황이라고 할 수 있다.

북한은 개정된 사회주의 헌법(2019년) 제56조에서 "국가는 전반적 무상치료제를 공고 발전시키며 의사담당구역제와 예방의학제도를 강화하고 보건부문에 대한 물질적 보장사업을 개선하여 사람들의 생명을 보호하며 근로자들의 건강을 증진시킨다"라고 규정하였고, 무상 치료제와 예방의학제도를 국가 의료보건정책의 기본 방향으로 밝혔다.

북한에서 선전하는 주체의학은 "의사담당구역제를 실시하며 의사들이 담당구역주민들을 찾아다니며 사람들이 병에 걸리지 않도록 예방대책을 철저히 세우고 병이 나면 제때에 무상으로 치료하여 그들의 생명을 보호하고 건강을 증진시키는 것을 기본으로 삼고 있는 가장 우월한 인간중심"[11]의 의학을 뜻한다. 북한은 1947년부터 사회보험법에 의한 무상치료제를 시작해서 1953년 전반적 무상치료제로 발전했고 1960년 완전하고 전반적인 무상치료제를 선언했다. 1998년 제정된 의료법 3조에서도 무상치료제를 선언하였다.

그러나 환자에게는 질병 치료의 대가에 대해 무상이냐 유상이냐보다 실제로 치료를 받을 수 있느냐가 더 중요하다. 병원이 환자를 치료할 능력을 갖추지 못한 상태라면 전반적 무상치료제는 정치적 선전에 불과하다. 북한의 의료법 2조에서는 국가는 의료사업을 끊임없이 발전시킨다고 규정했지만, 북한 정부는 선군정치를 앞세우며 과다한 군사비 지출과 핵 개발 비용 등으로 주민들의 민생을 돌보지 못했고, 특별히 의료사업에 합당한 투자를 하지 않았다. 결과적으로 전반적 무상치료제를 지속적으로 선전하고 있지만 대부분의 환자들이 병원에 가도 무상치료는 차치하고 치료 자체를 받을 수

---

10 『동아사이언스』, 2020년 10월 9일자. "탈북 의사들 '북한, 코로나 진단장비 · 시약 없어…감염병 사망자, 과로사로 분류'."
11 전미영, "주체의학", □한국민족문화대백과사전□(서울: 한국학중앙연구원, 2012).

없는 상황이 되었다.[12]

"북한에서 이동을 차단했는데도 불구하고 유사 전염병 환자가 발생할 경우, 격리 이외의 치료는 속수무책이다. 확진 장비는 물론 음압병실, 치료 주사나 항생제, 해열제 등 환자 치료에 필요한 의료시설이 극소수 평양 권력층이 이용하는 1호 특수병원을 제외하곤 사실상 없다는 것이 탈북 의사들의 증언이다. 평양조차 우리의 국립중앙의료원과 같은 전문 격리 병원이 없어 환자치료가 어렵다 (탈북의사 이도향의 증언)."[13]

1990년 초반 소련과 동유럽 등 공산주의 국가들의 경제 몰락과 1990년대 중반 수많은 북한 주민들이 굶어 죽었던 고난의 행군 이후 열악한 경제 상황으로 북한 내의 대부분의 병원에는 의료시설과 의약품, 의료기기 등 필수적인 보건의료 제품의 공급이 제대로 이루어지지 않았다. 탈북의사들의 증언에 의하면 병원 내 의약품이 없어서 환자 개인이 의약품을 장마당에서 사서 먹어야 하고 무상치료제는 일부 특수계층에 국한된 것으로 전락했다. 장마당에서 환자들이 손쉽게 구한 의약품의 오용과 남용이 심각한 상황을 야기시킬 수가 있다. 의사들은 사실상 시장화되어 있는 북한의 의료서비스 시스템에서 살아남기 위해 약을 도매상으로부터 직접 구입한 후 수익을 내기 위해 환자들에게는 돈을 받고 약을 판매하기도 하고 또 일과 후 개인 진료소를 운영하여 환자들로부터 돈이나 선물 등 물질적 보상을 받고 의료행위를 하여 생계를 유지하는 상황이다.

코로나 사태 이후 국경이 봉쇄되어 수입되는 의약품이 급감하면서 일반 주민들이 장마당에서 약을 구하기가 더 어려워졌다. 일반 약은 시장이나 마

---

[12] 남성욱, "노동신문을 통해 본 북한의 COVID-19 실태와 대응 동향 연구", 『북한 COVID-19 확산실태와 창의적 남북 보건의료협력 세미나』(고려대학교대학원 통일보건의학협동과정, 2020) p.13.
[13] 위의 글, p.14.

을에 있는 약 판매집에서 살 수 있지만, 수입 약품은 밀수꾼이나 병원 및 약국 관계자들을 통해 뒷거래로 구할 수 있다. 이전에는 주민들이 기침약, 해열제, 지사제 등 기본 약품 외에도 주사기, 의료용 바늘, 수액 등을 손쉽게 구입할 수 있었지만 최근에는 이를 구하기 힘든 상황이고 또 가격도 매우 올랐다.

특별히 수입 약의 경우 국경봉쇄 전인 2020년 1월 말과 비교할 때 1년 만에 기본 10배 이상 가격이 폭등하면서 판매자가 부르는 게 값인 상황이 되었다. 평양제약공장과 순천제약공장 등 북한 제약회사에서 생산되는 약도 가격이 6배 이상 상승한 것으로 알려졌다.

이런 상황에서도 북한당국은 코로나19 팬데믹 속에서도 확진자가 한 명도 없었다고 주장하면서 이는 뛰어난 북한의 보건의료 정책의 결과라고 선전한다. 즉, 무상치료제와 당의 예방의학제도 그리고 의사담당구역제의 3가지 축으로 이뤄진 주체의학체제를 자본주의 국가와 구별되는 사회주의의 특성이자 김정은 정권의 업적으로써 선전을 계속하고 있다.

북한에서는 허울뿐인 무상치료제도를 없앨 경우 김일성 수령님의 사회주의 혁명역사를 부정하는 것이 되므로 감히 현실을 반영하는 보건의료제도 개선을 시도하지 못하는 형편이다.[14]

이러한 상황인지라 북한당국은 국제사회에는 코로나19 백신 지원을 요청하면서도 남한 측의 의료협력 제안은 수용하지 않고 있다. 이것은 남한과 체제경쟁을 하고 있는 상황에서 남한의 의료지원과 치료제를 지원받는 것은 주체의학체제의 탁월함을 선전해온 김정은 정권의 입장에서는 모순된 일이기 때문이다. 그래서 2019년 상반기 아프리카돼지열병이 평안북도를 뒤덮어서 수많은 돼지들이 죽었지만, 북한당국은 남한에 방역을 위한 의료지원을 요청하지 않았었다.[15]

---

14 『데일리NK』, 2021년 1월 4일자. ""돈 있어도 약 못 구해"…코로나 사태로 北 '무상의료제도' 더 악화".
15 『동아사이언스』, 2020년 10월 9일자. "탈북 의사들 "북한, 코로나 진단장비·시약없어…감염병

3. 북한에서의 코로나19 실태(언론에 보도된 북한의 코로나19 확진자와 사망자에 대한 예측)

김정은 위원장은 2020년 10월 10일 노동당 창건기념일 열병식장에서 "세상을 무섭게 휩쓰는 몹쓸 전염병으로부터 이 나라 모든 이를 끝끝내 지켜냈다는 사실에 감격의 기쁨으로 눈앞이 흐려지고 모두가 건강한 모습을 뵈니 고맙다"며 북한에 코로나19 확진자가 없다고 연설했다.

데일리NK 보도에 의하면, "북한 당국은 코로나 의심 증상으로 격리시설에 있던 환자 중 사망한 사람들의 사인(死因)을 파라티푸스나 급성 장염으로 진단하고 있지만 의료진들은 코로나19에 의한 사망으로 판단한다고 한다." 그러나 "이제서야 코로나 확진자가 발생했다고 밝히는 건 영도자의 영상(이미지)이 흐려지는 것이고 당의 의학적 방침이 잘못됐음을 인정하는 꼴이 된다"며 북한당국은 "앞으로 코로나 감염자가 발생했음을 국제기구에 공식 보고할 가능성은 거의 없을 것"임을 보도했다.[16]

세계적인 전염병에 대한 북한 언론의 보도 원칙은 폐쇄성과 비공개성이라고 할 수 있다. 과거에 유행했던 전염병에 대한 북한 관영언론들의 보도 행태도 동일했다. 로동신문을 비롯한 관영언론들은 2003년 사스와 2014년 에볼라 바이러스, 그리고 2013~2015년 메르스(MERS·중동호흡기증후군) 등이 유행할 당시 해외 발생 및 감염 동향과 바이러스 북한 내 유입을 막기 위한 정부 차원의 검역 조치를 상세히 기술했지만, 북한 내 발병 여부에 대해서는 보도하지 않았다. 오히려 사스가 한참 유행했던 2003년 5월 7일, 북한에는 사스 환자가 1명도 없다고 보도했으며, 이어서 5월 18일에는 북한 보건제도의 탁월함을 선전했다.[17]

사망자, 과로사로 분류""
16 『데일리NK』, 2020년 11월 4일자, "北 내부 집계 결과… '코로나 의심 누적 격리자 최소 8만명"
17 남성욱, "노동신문을 통해 본 북한의 COVID-19 실태와 대응 동향 연구", 『북한 COVID-19 확산실태와 창의적 남북 보건의료협력 세미나』(고려대학교대학원 통일보건의학협동과정, 2020)

WHO에서 2021년 1월 8일에 발표한 보고서에 따르면 북한은 2020년 1년 동안 13,259명이 코로나19 검사를 받았으며, 확진자는 1명도 없었다. 이는 북한이 WHO에 보고한 내용을 그대로 반영한 것이다. 그러나 북한 전문 매체인 데일리NK 2020년 12월 3일 보도에 의하면 2020년 1월부터 11월 말까지 군 코로나 격리시설에 격리된 군인의 누적 숫자는 총 54,620명(육군 43,000명, 해군 6,200명, 공군 5,420명)이었으며, 같은 기간 동안 국가 지정 시설에 격리된 누적 인원은 총 81,000명이다. 민간인과 군인의 숫자를 합치면 코로나19 때문에 격리된 누적 인원은 총 135,620명이다. 이 보도에 의하면 격리시설에서 사망한 누적 군인 수는 총 4,180명(육군 2,800명, 해군 920명, 공군 460명)이었으며, 이는 군 누적 격리자의 7.65%가 사망하였음을 보여준다.[18]

  북한은 코로나19 팬데믹 속에서도 확진자가 한 명도 없었다고 계속 발표하고 있지만, 지난 1월 6일 일본 주간지 겐다이 비즈니스 보도에 따르면 "연말 기준 북한 내 코로나 확진자와 사망자 수가 각각 10만 명, 6천 명을 넘어섰고 계속 증가하는 중"이다. 또 "북한은 현재 중국에 백신을 한시라도 빨리 제공해달라고 요구한 상태지만, 지금 받는 건 노동당 간부들부터일 것"이라고 보도했다.[19]

  여러 가지 언론 보도들을 감안할 때 북한의 확진자 여부에 대해서 단언하기는 어렵지만 많은 북한 전문가들이 북한 내부에서 확진자는 물론이고 사망자도 발생했으리라고 추측하고 있다.

---

18 『데일리NK』, 2020년 12월 3일자. "북한 軍 코로나 의심 누적 격리자 5만 5천 명 육박" p.5.
19 『매일경제』, 2021년 1월 6일자. "북한 코로나 확진자 0명?…中소식통 '사망자만 6천 명'"

Ⅲ. 코로나19가 북중 무역에 미친 영향

1. 북한 경제의 중국 종속화 현상

북한과 중국의 무역 거래에 있어서 가장 현저하게 눈에 띄는 특성은 북한 무역이 심각할 정도로 중국에 집중되어 있다는 것이다. 아래의 〈표2〉는 이와 같은 상황을 잘 보여주고 있다.

〈표2〉 북한의 對중국 교역 실적

(단위: $1,000)

	북한 수출	북한 수입	무역 총액	무역 수지	점유율
2001	166,797	570,660	737,457	−403,863	27.6%
2002	270,863	467,309	738,172	−196,446	32.7%
2003	395,546	627,995	1,023,541	−232,449	42.8%
2004	582,193	794,525	1,376,718	−212,332	48.5%
2005	496,511	1,084,723	1,581,234	−588,212	52.6%
2006	467,718	1,231,886	1,699,604	−764,168	56.7%
2007	581,521	1,392,453	1,973,974	−810,932	67.1%
2008	754,046	2,033,233	2,787,279	−1,279,187	73.0%
2009	793,048	1,887,686	2,680,734	−1,094,638	78.5%
2010	1,187,861	2,277,816	3,465,677	−1,089,955	83.0%
2011	2,464,000	3,165,000	5,629,000	−701,000	89.1%
2012	2,484,699	3,527,843	6,012,542	−1,043,144	88.3%
2013	2,913,624	3,632,909	6,546,533	−719,285	89.1%
2014	2,841,476	4,022,515	6,863,991	−1,181,039	90.2%

2015	2,483,944	3,226,464	5,710,408	-742,520	91.34%
2016	2,634,402	3,422,035	6,056,437	-787,633	92.7%
2017	1,650,663	3,608,031	5,258,694	-1,957,368	94.75%
2018	194,624	2,528,316	2,722,940	-2,333,692	95.76%
2019	215,519	2,878,882	3,094,401	-2,663,363	95.36%

출처: KOTRA 신북방동북아팀, "2019 북한 대외무역 동향", (서울: KOTRA, 2020).; 2010년도 이전 통계는 2005~2010년도 "북한대외무역 동향" 참고. 저자 재구성.

2001년도 북한 전체 무역에서 중국의 점유율은 27.6%였는데, 2019년에는 무려 95.36%가 되었다. 19년 사이에 점유율은 약 3.5배 증가하였다. 북중간 총무역량도 2001년에는 약 7.4억 달러였는데 2019년에는 약 30.9억 달러로 약 4.2배 증가하였다. 양국 간의 무역 수지를 비교해볼 때 북한은 해마다 큰 폭의 무역 적자를 내고 있다. 2001년의 경우 약 4억 달러의 무역 적자였는데, 2019년에는 약 26.6억 달러로 19년 사이에 적자 폭은 약 6.7배 늘어났다. 이러한 큰 규모의 무역 적자가 해마다 누적되고 있으므로 중국은 앞으로 북한에 대하여 채권국과 같은 양상이 될 수 있다.

2000년대에 들어오면서 북한 무역의 중국 집중화 현상이 가속되었다. 2001년에는 북한 전체 무역에서 중국의 점유율이 27.6%였지만, 4년 뒤인 2005년에는 최초로 50%를 넘었고, 5년 후인 2010년에는 80%, 2014년에는 90%, 그리고 급기야 2018년과 2019년에는 각각 95%를 넘어섰다. 전 세계에서 이와 같은 경우는 매우 드문 일이다. 이와 같은 상황이 지속된다면 북한 경제는 중국 종속화를 넘어서서 중국 예속화를 우려해야 되는 상황이 된다. 북한과 교역이 많은 10개국을 살펴보면 아래의 〈표3〉과 같다.

<표3> 2019년도 북한의 10대 무역국

(단위: $1,000, %)

순위	국가명	북한의 수출 금액	북한의 수입 금액	수출입 합계 금액	비중
1	중국	215,519	2,878,882	3,094,401	95.36
2	러시아	3,037	44,866	47,903	1.48
3	베트남	24,909	3,008	27,917	0.86
4	인도	1,439	10,400	11,839	0.36
5	브라질	193	10,599	10,792	0.33
6	방글라데시	3,394	0	3,394	0.10
7	스위스	0	3,307	3,307	0.10
8	파키스탄	2,713	0	2,713	0.08
9	남아공	281	2,221	2,502	0.08
10	나이지리아	1,871	590	2,461	0.08

출처: KOTRA 신북방동북아팀, "2019 북한 대외무역 동향", (서울: KOTRA, 2020), p.12. 저자 재구성

위 <표3>에서 보듯이 북한과 교역이 가장 많은 중국 비중은 95.36%이고 두 번째로 교역이 많은 러시아의 경우 무역 비중은 1.48%이다. 북한의 무역 비중에 있어서 1위국인 중국은 2위국인 러시아의 약 64배이다. 이와 같이 북한 무역이 매우 편향적으로 중국에 집중되어 있으며, 북한 경제가 중국이라는 한 나라에 심각할 정도로 종속되어 있음을 알 수 있다.

2. UN 안보리 대북 제재가 최근 북중 무역에 미친 영향

북한이 2006년부터 핵과 대륙간탄도미사일(ICBM: Inter- Continental Ballistic Missile)을 본격적으로 개발하면서 핵실험과 미사일이 발사될 때마다 UN 안

전보장이사회(안보리) 대북 제재가 결의되고 실행되었다. 2006년부터 북한의 핵과 미사일의 중요한 도발이 있을 때마다 각각에 상응하는 UN 안보리 대북 제재는 총 11번 있었다. 아래의 〈표4〉는 이와 같은 UN 안보리 대북 제재를 일목요연하게 정리하였다.

〈표4〉 UN 안보리 대북 제재 결의현황

구 분	배 경	주요 내용(요약)
1695호 (06.7.15.)	장거리 미사일 발사 (06.7.5.)	대량살상무기(WMD) · 미사일 활동 관련 물자, 기술, 금융자원 이전을 방지하고 감시할 것을 요구
1718호 (06.10.14.)	1차 핵실험 (06.10.9.)	금수조치, 화물검색 도입, 제재대상 자산동결 및 여행통제 / 유엔 안전보장위원회 산하에 북한제재위원회 설치
1874호 (09.6.12.)	2차 핵실험 (09.5.25.)	소형무기 수입을 제외한 전면 무기 금수 / 대량살상무기(WMD) · 미사일 활동에 기여 가능한 금융거래 금지 / 북한제재위원회 지원을 위한 전문가 패널 설치
2087호 (13.1.22.)	장거리 미사일 발사 (12.12.12.)	공해상 의심 선박에 대한 검색 강화 기준 마련 추진 / 'catch-all' 성격의 대북 수출통제 강화 / 북한 금융기관 관련 모든 활동에 대한 감시 강화 촉구
2094호 (13.3.7.)	3차 핵실험 (13.2.12.)	핵 · 미사일 관련 금수 품목 확대 / 금융제재 강화(결의 위반 북한 은행의 해외 신규 활동 금지 등)
2270호 (16.3.2.)	4차 핵실험(16.1.6) /장거리 미사일 발사 (16.2.7.)	북한과의 군 · 경 협력 금지 / 북한 행 · 발 화물 검색 의무화, 제재대상 선박 또는 불법 활동연루 의심 선박 입항 금지 / 북한 은행의 해외 지점 · 사무소의 90일 내 폐쇄 / 북한산 광물(석탄, 철, 금 등) 수입 금지 조치 도입

2321호 (16.11.30.)	5차 핵실험 (16.9.9.)	북한과의 과학 · 기술협력 금지 / 북한에 대한 항공기 · 선박 대여 및 승무원 제공 금지, 북한 행 · 발 여행용 수하물 검색 의무 명시 / 북한 내 외국 금융기관 전면 폐쇄 / 수출금지 광물(은, 동, 아연, 니켈) 추가 및 조형물 수출 금지 / 북한산 석탄 수출 상한제 도입
2356호 (17.6.2.)	중거리 탄도미사일 발사 (17.5.14.)	제재 대상 지정 확대
2371호 (17.8.5.)	탄도미사일 발사 (2017.7.4.,7.28.)	대량살상무기(WMD) 및 재래식무기 이중용도 통제 품목 추가 / 북한제재위원회에 금지활동과 연관된 선박 지정 권한 부여 및 회원국의 동 선박 입항 불허 의무 / 회원국들의 북한 해외노동자 고용제한 / 북한 석탄, 철, 철광석 수출 전면 금지 / 북한 납 및 납광석, 해산물 수출 금지
2375호 (17.9.11.)	6차 핵실험 (17.9.3.)	대량살상무기(WMD) 및 재래식무기 이중용도 통제 품목 추가 / 기국 동의하 금지품목 의심 선박에 대한 검색 촉구 / 북한 해외노동자에 대한 노동허가 부여 금지 / 대북 유류 공급 제한 / 북한의 섬유 수출 금지
2397호 (17.12.22.)	화성-15형 발사 (17.11.29.)	영토 및 영해에서 금수품 운송 또는 금지활동 연루 의심 선박대상 나포, 검색, 억류 / 북한 해외노동자 24개월 내 송환 / 대북 유류 공급 제한 / 북한의 식료품, 농산물, 기계류, 전자기기, 광물 및 토석류, 목재류, 선박 수출 금지 / 대북 산업용 기계류, 운송수단, 철강 및 여타 금속류 수출 금지 / 조업권 거래 금지 명확화

출처: 대한민국 국방부, 『2020 국방백서』(서울: 펜립, 2021), p.292.

위의 〈표4〉에서 보듯이 북한의 핵과 미사일 도발은 2006년부터 2015년까지 5회이며, 이에 따른 UN 안보리의 대북 제재는 총 5회이다. 반면에 2016년과 2017년에는 북한은 7번의 핵과 미사일 도발을 했고 이에 따른 UN 대북 제재는 총 6회이다. 여기에서 보듯이 북한은 2016년과 2017년까지 2년 사이에 무려 7번의 핵과 미사일 도발을 했으며 이로 인한 UN의 대북 제재는 과거 10년 동안 있었던 총 5번의 UN 대북 제재와는 비교할 수 없을 정도로 강력하고 광범위했다.

2006년부터 2015년까지 10년 동안 1695호, 1718호, 1874호, 2087호, 2094호의 총 5회 UN 대북 제재가 실행되었지만, 북한과 중국 간의 무역에 큰 영향을 주지 않았다. 반면에 2016년에 실행된 UN 대북 제재 2270호, 2321호와 2017년에 실행된 2356호, 2371호, 2375호, 2397호는 제재의 내용이 강력하고 거의 전방위적이라고 할 수 있어서 북한 경제의 지대한 손상을 입혔고, 특별히 북한 무역 수출 부분에 결정적인 타격을 입혔다.

앞서 본 〈표2〉 북한의 對중국 교역 실적을 살펴볼 때, 2016년부터 강력한 UN 안보리 대북 제재가 영향을 미치기 시작하면서 다음 해인 2017년 북한의 對중국 수출액은 17억 달러로 전년도인 2016년 약 26억 달러보다 9억 달러가 줄었다. 한 해 사이에 수출액이 전년 대비 약 30%가 감소한 것이다. 2년이 지난 2018년의 경우 북한의 對중국 수출액이 약 1.9억 달러로 크게 축소되어 2016년도에 비해 14분의 1(7%)로 줄어들었다. 3년이 지난 2019년의 경우 북한의 對중국 수출액은 2.2억 달러로 2016년도에 비해 12분의 1(8%)로 줄었다.

2016년과 2017년에 실행된 UN 대북 제재는 북한의 수입보다는 수출에 대해서 심각한 타격을 주었다. 이로 인해서 북한은 수출을 통한 외화/달러 확보가 현격하게 줄었고, 수출의 급격한 감소를 통해 무역 적자는 더욱 커졌으며 북한 경제는 총체적인 위기를 직면하게 되었다. UN 대북 제재 이후 북한의 주요 수출품인 무연탄, 철광석과 같은 광석물 그리고 수산물과 임가공 의류 등의 수출이 금지됐다. 이는 북한이 핵과 미사일을 개발하지 못하도록 북한의 외화수입원을 끊으려고 하는 UN의 의도로 볼 수 있다. 반면에 북한의 수입에 대해서는 군사적으로 사용될 수 있는 물품들을 제외하고는 크게 제약하지 않았다. 따라서 북한의 수출총액은 현저하게 줄었지만 수입총액은 그다지 줄지 않았다.

구체적으로 UN 대북 제재 이전과 이후 수출과 수입을 비교해보기 위해서 대북 제재 이전인 2016년 북한의 중국 수출액과 수입액 그리고 대북 제재가 제대로 반영된 2018년과 2019년의 수출액과 수입액 평균치를 비교해볼 때, 수출은 UN 대북 제재 이후 92% 감소(13분의 1로 축소)했으며 수입은 21% 감소(5분의 4로 축소)했다. 그러므로 UN 대북 제재는 소기의 목적대로 북한의 중국 수출총액을 현격하게 감소시킴으로 북한의 외화수입원을 차단하였고 북한 경제를 크게 압박하였다고 볼 수 있다.

3. 코로나19가 북중 무역에 미친 영향

2020년 1월 21일 북한당국은 코로나19의 해외 유입을 차단하기 위해 신속하게 북중 국경과 북러 국경을 폐쇄하였고 사람들의 출입은 물론이고 무역까지도 차단하였다. 이런 상황에서 북한 전체 무역의 95% 이상을 차지하고 있고 비공식 거래(밀수 및 보따리 무역 등)까지 합치면 약 98%를 차지하고 있는 중국 수출과 수입도 함께 차단되었다.[20]

(1) 코로나19가 북한의 중국 수출과 수입에 각각 미친 영향

아래의 〈그림1〉과 〈그림2〉는 UN의 강력한 대북 제재가 있기 전인 2016년과 UN의 대북 제재가 진행 중인 2017년부터 2019년 그리고 코로나19로 국경이 봉쇄되었던 2020년의 북한의 중국 수출과 수입 상황을 각각 비교하고 있다. 북한의 중국 수출과 수입 통계자료는 2016년부터 2019년까지는 대한무역투자진흥공사(KOTRA) '2019 북한 대외무역 동향'(서울: KOTRA, 2020)을 사용하였고, 2020년 통계는 중국해관통계(http://english.customs.gov.cn)를 사용하였다.

---

20   이용희, 『북한 정치 경제』(서울: 자유와 생명, 2020), p.212.

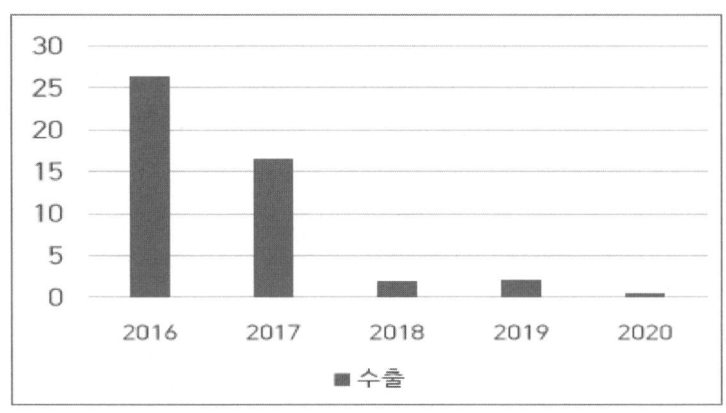

〈그림1〉 북한의 중국 수출

(단위: 억달러)

출처: KOTRA 신북방동북아팀, "2019 북한 대외무역 동향", (서울: KOTRA, 2020).;
2020년 통계는 중국해관통계, http://english.customs.gov.cn (검색일: 2021.2.11). 저자 재구성.

〈그림1〉에서 보듯이 2016년 북한의 중국 수출액은 26.3억 달러이고 2017년에는 16.5억 달러, 2018년에는 1.9억 달러, 2019년에는 2.2억 달러, 그리고 2020년에는 0.5억 달러로 급감하였다. 앞에서 살펴본 바와 같이 2016년과 2017년에 실행된 UN 안보리의 대북 제재로 북한의 2018년, 2019년 중국 수출 평균치는 2016년에 비해 13분의 1까지 축소되었다. 그런데 설상가상으로 2020년 코로나19로 국경이 폐쇄되면서 북한의 중국 수출액은 5천만 달러로 급락하였다. 이것은 UN 대북 제재 중이었던 전년도 2019년 북한의 중국 수출액과 비교해볼 때 약 23%에 해당하며 이는 2020년 수출액이 전년 대비 4분의 1 이하로 축소되었음을 보여준다. 그리고 2020년 북한의 중국 수출액은 UN 대북 제재나 코로나19의 영향을 받지 않았던 2016년 북한의 중국 수출액과 비교해볼 때 약 1.9%에 해당되며 이는 수출액이 4년 만에 53분의 1로 축소되었음을 나타낸다.

결과적으로 2020년 북한의 중국 수출액은 두 국가 간의 교역이 거의 없다고 할 정도인 1억 달러도 안 되는 5천만 달러에 그쳤고, 이는 북한의 중국 무역 거래에 있어서 사상 유례없는 금액이었다. 북한으로서는 무역 거래에 있어서 최악의 1년이었다고 할 수 있다. 이와 같은 수출 급락은 북한의 내부 경제에도 심각한 타격이 되어서 전국적으로 장마당 상황도 악화됐으며 장마당에서 생계를 이어가던 주민들의 민생에도 악영향을 미쳤다.

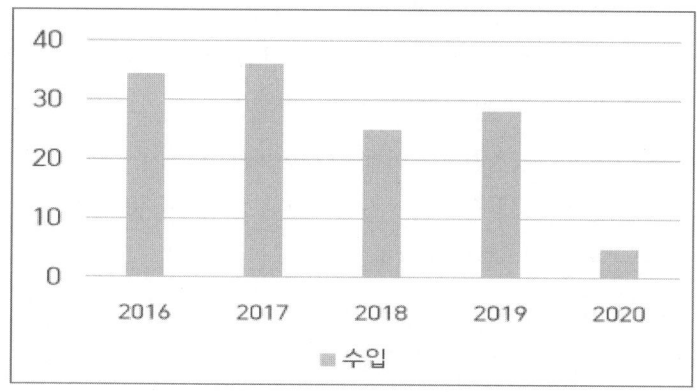

⟨그림2⟩ 북한의 중국 수입

(단위: 억달러)

출처: KOTRA 신북방동북아팀, "2019 북한 대외무역 동향", (서울: KOTRA, 2020).; 2020년 통계는 중국 해관 통계, http://english.customs.gov.cn (검색일: 2021.2.11). 저자 재구성.

⟨그림2⟩에서 보듯이 2016년 북한의 중국 수입액은 34.2억 달러이고 2017년에는 36.1억 달러, 2018년에는 25.3억 달러, 2019년에는 28.8억 달러, 그리고 2020년에는 4.9억 달러로 급감하였다. 앞에서 살펴본 바와 같이 2016년과 2017년에 실행된 UN 안보리의 대북 제재로 반영되었다고 볼 수 있는 북한의 2018년과 2019년의 중국 수입액 평균치는 약 27억 달러로, UN 대북 제재의 영향을 크게 받지 않았던 2016년 중국 수입액의 약 79%에 해당된다. 그런데 2020년에는 코로나19로 연초부터 국경이 폐쇄되면서 북한의

중국 수입액은 4억 9천만 달러로 급락하였다. 이것은 UN 대북 제재 중이었던 전년도 2019년 북한의 중국 수입액과 비교해볼 때 약 17%에 해당하며 약 6분의 1의 규모로 축소되었다. 그리고 2020년 북한의 중국 수입액을 UN 대북 제재나 코로나19의 영향을 받지 않았던 2016년 북한의 중국 수입액과 비교해볼 때 약 14%에 해당하며, 이는 4년 전인 2016년과 비교하여 수출액은 약 7분의 1로 축소되었음을 나타낸다.

북한의 중국 수입 부분에 있어서 UN 대북 제재의 영향력은 수출에 비해 크지 않았다고 할 수 있다. 대북 제재 이후 중국 수입액 평균치 감소량은 UN 대북 제재의 영향을 크게 받지 않았던 2016년도에 비해 약 21% 정도 감소하였다. 그러므로 중국으로부터 평소 수입했던 물품들은 군사 관련 UN 대북 제재 물품 외에는 대부분 수입에 큰 차질이 없었다고 본다. 그러나 2020년에 들어서면서 코로나19 사태는 전혀 다른 상황을 초래했다. 2020년 1월부터 국경 전면 봉쇄에 들어가자 2020년도 북한의 중국 수입액은 전년도인 2019년에 비하여 6분의 1 규모로 축소되었고 이는 중국 상품을 대부분 취급하던 북한의 장마당에 큰 타격을 주었다. 중국에서 수입해오던 곡물은 물론이고 생필품들의 희귀현상이 장마당에 일어나면서 일부 품목 물가가 급등했다.

(2) 코로나19로 인한 북중 무역 축소가 북한 내부 경제에 미친 영향

2017년 이후 북한 경제의 지대한 영향을 미쳤던 두 요인은 첫째, UN 안보리 대북 제재와 둘째, 2020년 코로나19에 대한 북한당국의 대응조치에 따른 국경봉쇄라고 할 수 있다. 첫째 요인인 UN 안보리 대북 제재는 북한의 중국 수출에 결정적인 타격을 주어 제재 3년 만에 중국 수출액 규모를 이전의 13분의 1까지 축소시켰고 북한의 외화수입원을 효과적으로 차단하였다. 반면에 UN 대북 제재는 북한의 중국 수입에는 큰 영향을 주지 않았고 따라서 북한의 내부 경제와 장마당은 비교적 안정적으로 운영되었다고 볼 수 있다.

그러나 둘째 요인인 코로나19 사태의 경우 방역 조치를 위해 국경 전면을 폐쇄하자 수출과 수입 모두가 거의 불가능한 상태가 되었다. 전년도인 2019년 대비 2020년 북한의 중국 수출은 4분의 1로, 수입은 6분의 1로, 1년 만에 대폭 축소되었다. 4년 전인 2016년과 비교할 때는 수출은 53분의 1로, 수입은 7분의 1로 각각 급락하였다. UN 대북 제재 하에서도 유지해왔던 수입 부분이 2020년 코로나19로 인한 봉쇄 조치로 인해 붕괴되었다. 결국 북한 무역 거래의 95% 이상을 차지하는 중국과의 수출입이 거의 중단되다시피 하면서 북한 경제는 위기 국면을 직면하게 되었다.

북한이 직면한 경제위기 중의 하나는 코로나19로 인한 북중 무역 축소로 북한의 민간시장인 장마당이 큰 타격을 입었다는 것이다. 1994년 정부 배급이 끊어지면서 북한 주민들은 장마당을 통해서 생계를 이어갔고, 2003년 이후로는 장마당이 공식화되면서 전국적으로 활성화되었는데, 최근 코로나19로 인한 국경봉쇄로 장마당 상품이 고갈되었다. 북한전문매체 데일리NK는 "계속되는 봉쇄로 시장에서 상품이 말랐다"면서 "특히 식용기름의 경우 구하기 힘들어 1kg 25,000원에 거래되고 있다"고 전했다.[21]

알렉산드로 마체고라 북한 주재 러시아 대사는 코로나19로 인한 국경봉쇄로 북한은 각종 물품 조달에 있어서 심각한 차질이 빚어지고 있다고 했다. 또 봉쇄 조치는 북한에 있는 외국인들에게도 똑같이 적용되고 있으며, 2020년 1월부터 외교관들이 평양 밖으로 나가는 것이 금지됐고 아이들도 대사관 밖으로 나갈 수 없다고 전했다. 그리고 "외국인들에게 약 300곳의 평양 내 상점과 1곳의 특별 시장을 이용할 수 있도록 허용됐지만, 수개월의 봉쇄 뒤에 매대 물품은 최저 수준으로 줄어 밀가루·식용유·설탕 같은 기본 식료품을 구매하는 것조차 어려워졌으며 옷가지나 신발도 없다", "뭔가를 살 수 있다고 하더라도 가격이 위기 이전보다 3~4배 비싸다"고 북한 현지 실상

---

21 『데일리NK』, 2021년 2월 2일자, "(단독) 北 변종코로나로 국경도시 봉쇄 또 강화…장마당 상품 고갈"

을 알렸다.[22]

장마당 상품이 고갈되는 것보다 더 심각하게 북한 주민들의 생계를 위협하는 것은 코로나19 방역을 위하여 북한당국이 장마당 운영을 격일제나 운영시간 축소 등으로 제한하고 있는 것이다. 언론매체에 의하면 "당국이 코로나19 방역을 이유로 지역이동을 제한해서 주민들의 발을 묶어 놓더니 이제는 장마당 운영까지 격일제로 제한하고 나서니까 주민들은 '그러지 않아도 먹고 살기 숨찬 지경인데 장마당 장사까지 제한하면 굶어 죽으란 말이냐", "코로나19 사태로 주민들이 가장 두려워하는 것은 전염병에 걸려 죽는 것보다 당국이 주민들의 생계 활동을 막는 바람에 눈뜨고 굶어 죽는 것"이라면서 "당국의 코로나19 방역이란 게 식량공급은 한 번도 없고 주민들을 옭아매는 데에만 주력하고 있다", "…코로나19로 의심되는 독감 환자들이 여러 명 발생한 지역에 한해서는 방역당국이 사람들이 밀집되는 장마당부터 통제하고 있다"면서 "소독을 이유로 장마당을 잠정적으로 폐쇄했다가 주민들의 반발이 거세지면서 이틀 만에 개장하기도 했다"고 현지 주민들의 사정을 전했다.[23] 이와 같이 코로나19 여파는 북한 대부분의 주민 생계를 위협하는 상황이 되었다.

코로나19로 인한 북중 무역 축소는 북한의 시장가격과 환율 변동에도 큰 영향을 미쳤다. 2017년부터 2019년까지 UN 대북 제재가 강화되면서 북한의 외화수입원은 수출 급락으로 인해 큰 폭으로 축소되었지만, 장마당이 활성화되는 상황에서 북한의 시장가격과 환율은 비교적 안정적이었다. 그러나 2020년 연초부터 코로나19 사태로 국경이 폐쇄되고 거의 대부분의 수출과 수입 거래가 동시에 중단되자 물가 변동과 함께 북한 시장환율의 등락 폭도 큰 폭으로 확대되었다.

---

22 『서울경제』, 2021년 2월 10일자. "'코로나 봉쇄' 북한 실상은…"아이들 신발 돌려 입고 생필품 부족""
23 『뉴스핌』, 2021년 2월 2일자. "北, 코로나19 방역 위해 장마당 운영 '격일제'로 제한…주민들은 '울상'"

2018년부터 2019년까지 북한의 월별 시장 환율의 연간 최대치와 최소치를 비교하면 그 변동 폭은 최소치를 기준으로 약 1~6% 수준이었다. 그런데 2020년의 경우 북한 시장환율의 월별 최대치와 최소치의 차이는 최소치를 기준으로 무려 25%가 넘는다. 이는 2020년에 북한의 시장환율이 과거에 없었던 큰 폭으로 급등락을 했다는 것을 뜻한다. 그 원인은 2020년 10월 갑자기 북한 시장환율이 무려 30% 이상 급등하였기 때문인 것으로 알려졌다.[24] 여기에는 북한당국의 정책적 개입이 있었으리라는 것이 여러 전문가의 추측이다.

코로나19로 인하여 2020년 수출로 인한 외화 수입이 거의 바닥을 치면서 달러 공급이 현격히 줄었다. UN 대북 제재로 인하여 2017년부터 수출이 급락하면서 달러 부족이 누적돼왔는데 2020년에 이르러서는 거의 한계점에 이르렀다고도 볼 수 있다. 이와 같은 상황 가운데서 최근 북한 시장 거래에서 일어나고 있는 현상이 탈(脫)달러라이제이션(De-dollarization)이다. 이전에는 장마당의 활성화로 인해서 규모가 큰 거래나 중요한 거래는 대부분 북한 원화가 아닌 달러로 결제하였고 또 2009년 화폐개혁 실패 이후 북한 원화에 대한 신임이 떨어지면서 장마당 돈주들의 경우 대부분 부의 축적도 달러나 중국 위안화로 하였다. 이러한 상황들이 북한 내의 달러라이제이션(Dollarization)[25] 현상을 가속시켰다고 볼 수 있다. 그러나 최근 수년에 걸친 북한의 수출 급락과 이에 따른 외화수입원 차단은 북한 내의 달러의 만성 공급 부족 사태를 불러왔다. 이러한 상황이 지속되자 결국 북한 시장 내에서는 달러라이제이션(Dollarization)에 반대되는 탈(脫)달러라이제이션(De-dollarization)

---

24 이석, "〈총론〉 북한의 경제위기, 어디까지 진행될까?", 『KDI북한경제리뷰』, 2021년 1월호(서울: 한국개발연구원, 2021), p.10-11.
25 브라질의 자유변동환율제 이행을 계기로 아르헨티나 등 자국통화를 미국 달러화에 고정시켜왔던 일부 국가들이 자국 화폐를 달러로 대체하자는 데서 부각되기 시작한 용어이다. 달러 통용화는 두 가지 경로로 나타날 수 있다. 우선 자국 통화의 평가절하나 고(高)인플레 지속이 예상될 경우 가치저장 수단으로 달러 수요가 급증, 결국 달러화가 자연스럽게 교환수단으로까지 확대되는 것이다. 미래와경영연구소, "달러라이제이션", 『NEW 경제용어사전』(미래와 경영, 2006).

현상이 났다. 결국 코로나19 사태로 인한 북중 수출 급락이 북한 경제에 있어서 탈(脫)달러라이제이션 상황을 초래했다고 볼 수 있다.

IV. 맺음말

2012년 김정은 정권의 출범은 김정일 정권과 비교할 때 상대적으로 친(親)시장경제 성향이라고 할 수 있다. 김정일 정권은 2009년 화폐개혁을 통해 장마당과 돈주들을 통제하려고 했지만 실패하였다. 장마당이 전국적으로 확장되고 활성화되는 상황 속에서 김정은 정권은 장마당을 통한 조세 수입을 늘리고 신흥자본가층인 돈주들의 자금을 기업소와 공장 사업에 끌어들이므로 국가 경제에 유리하도록 운영하고 있다.

김정은 정권의 경제정책에 있어서 대외적으로 가장 중요한 부분은 무역이고 특별히 전체 무역 비중의 95% 이상을 차지하는 중국과의 교역에서 '북한의 중국 수출'이라고 할 수 있다. 그 이유는 북한 정권이 1. 김정은 통치자금, 2. 핵과 미사일 개발, 3. 수입대금 결제 등을 위해서 필요한 외화를 확보해야 하는데, 이를 위한 가장 중요한 수입원 중의 하나가 북한의 중국 수출을 통한 외화획득이기 때문이다.

그런데 코로나19 사태는 중요한 외화 수입원이었던 북한의 중국 수출에 결정적인 타격을 주었다. 4년 전인 2016년에 비해서 53분의 1로 축소된 수출 규모로는 도저히 김정은 정권이 필요한 외화를 충당할 수가 없는 상황이다. 그래서 중국과의 무역이 다시 활성화되거나 다른 방법을 통해 필요한 외화가 공급되지 않는다면 더 이상 북한 경제를 지탱하는 데는 한계점에 이르렀다고 할 수 있다.

북한 내부 경제에서 가장 중요한 영역은 민간 부분에 의해 운영되는 장마당이다. 그런데 코로나19는 북중 무역에만이 아니라 장마당에도 두 가지 면에서 큰 타격을 주었다. 첫째, 코로나19로 인한 국경폐쇄는 중국 간의 공식적인 교역은 물론이고 비공식적인 거래(밀수와 보따리 무역 등)까지 차단하였다. 무역을 통한 중국 수입 제품들과 밀수와 보따리 무역 등을 통한 각종 제품들로 장마당이 활성화되었었는데 이제는 중국제품들이 제대로 공급되지 않기 때문에 장마당은 활성화되지 못하고 침체에 빠졌다. 장마당 거래가 줄어들자 장마당을 통해 생계를 해결해가던 대부분의 서민들의 소득이 현저하게 줄어들었고, 이것은 국가 경제의 침체는 물론이고 주민들의 먹고 사는 문제에까지 심각한 경고음을 내고 있다. 그래서 1990년대 중후반에 있었던 '고난의 행군'과 같은 국가적 위기가 다시 발생할 수 있다는 긴장감이 북한 내부에서 돌고 있다.

둘째, 코로나19 방역을 위하여 장마당에서 감염자로 의심되는 사람들을 발견할 경우 장마당을 폐쇄시키고 모이는 날짜와 영업시간을 통제하여 장마당이 침체되고 있으며 장마당을 통해서 생업을 유지했던 사람들은 심각한 위기를 맞게 되었다. 그래서 국경봉쇄가 해제되고 무역이 활성화된다고 할지라도 코로나19가 해결되지 않는다면 장마당에서 이전처럼 활발하게 영업할 수 없을 것이고 이것은 국가 경제는 물론이고 장마당을 통해서 살아가는 대다수 주민들의 생업에 큰 위협이 될 것이다. 현재 당국의 장마당 통제에 대해 주민들의 불만과 비판은 매우 고조된 상태이다.

결국 코로나19 팬데믹 속에서 북한이 코로나19 사태를 얼마나 빨리 해결할 수 있느냐에 북한 정권의 사활이 걸렸다고 할 수 있다. 이제 북한 정권은 주체의학의 무상 치료제를 대내외적으로 선전하기보다는 현실을 직시하고 코로나19 사태의 타개를 위하여 국제적인 도움을 요청해야 할 것이다. 이러한 상황 속에서 북한 정부가 유럽의 여러 대사관들에게 코로나19 백신을 얻기 위해 문의했다는 것이 외신에 보도되었고, 또 국제 백신 프로젝트인 '코백스 퍼실리티'(COVAX Facility)를 통해서 북한이 올해 상반기 중 코로나19 백신 약 200만 회분을 공급받게 됐다는 것은 매우 고무적인 일이다.[26] 백신 200만

---

26 『The Wall Street Journal』, January 4, 2021. "North Korea Requests Covid-19 Vaccines From Global

회분은 한 사람이 2번씩 백신을 맞을 경우 백만 명이 혜택을 볼 수 있다. 북한 국민 2천 5백만 명 중 최대한 많은 국민들이 올해 내에 백신을 맞기 위해서 북한 당국은 각고의 노력을 해야 할 것이다.

만약 올해 내에 코로나19 사태를 해결하지 못한다면 북한 정부는 '방역이냐, 경제냐' 둘 중 하나를 선택해야 하는 상황에 직면하게 될 것이다. 방역을 택하면 국가 경제가 대규모로 몰락하면서 수많은 주민들의 생계가 심각하게 위협을 받을 것이고, 경제를 택할 경우 코로나19가 북한 전역에 확산되어 많은 주민들이 생명을 잃게 될 것이다. 이것이 김정은 정권의 딜레마이다. 장마당을 봉쇄하자 불만을 토로했던 북한 주민들의 말처럼 '굶어 죽는 사람이 더 많을지' 아니면 '코로나19로 사망하는 사람이 더 많을지' 북한 정부는 정밀하게 분석하고 예측하고 결단해야 할 것이다.

북한은 코로나19 확진자가 한 명도 없다고 계속해서 선전하고 있지만 국경봉쇄로 인한 경제적인 타격은 심각하며 이로 인한 국가적 위기를 타개하지 못한다면 북한 내부는 물론이고 동북아 정세에 큰 변동과 혼란을 야기시킬 수 있다. 남한 정부와 UN 등 국제사회는 북한 상황에 대해 예의주시하며 합당한 대책을 세워야 할 것이다.

Group"

참고문헌

강영실, "코로나19에 대한 북한의 기술적 대응", 『KDI북한경제리뷰』 2020년 9월호, 서울: 한국개발연구원, 2020.

김규철, "코로나19가 북한의 무역에 미친 영향", 『KDI북한경제리뷰』 2021년 1월호, 서울: 한국개발연구원, 2021.

김창희, "김정은의 정치리더십에 관한 연구", 『통일전략』, 제17권 제2호, 서울: 한국통일전략학회, 2017.

남성욱, "노동신문을 통해 본 북한의 COVID-19 실태와 대응 동향 연구", 『북한 COVID-19 확산실태와 창의적 남북 보건의료협력 세미나』, 고려대학교대학원 통일보건의학협동과정, 2020.

_____, "북한의 6차 핵실험 이후 트럼프 미행정부의 대한반도 정책의 변화와 전망", 『통일전략』, 제17권 제4호, 서울: 한국통일전략학회, 2017.

대한민국 국방부, 『2020 국방백서』, 서울: 펜립, 2021.

미래와경영연구소, "달러라이제이션", 『NEW 경제용어사전』, 미래와 경영, 2006.

박광득, "북한의 제7차 노동당대회 이후 북핵문제와 한반도 통일에 관한 연구", 『통일전략』, 제16권 제3호, 서울: 한국통일전략학회, 2016.

박범종, "한반도 통일의 정치·경제적 효과와 지역발전", 『통일전략』, 제16권 제2호, 서울: 한국통일전략학회, 2016.

배영애, "김정은 현지지도의 특성 연구", 『통일전략』, 제15권 제4호, 서울: 한국통일전략학회, 2015.

박지연, "국제사회의 북한에 대한 경제외교술(Economic Statecrafts) 탐색", 『통일전략』, 제19권 제1호, 서울: 한국통일전략학회, 2019.

손광수, "북한의 코로나19 동향과 남북보건협력 전망", 『KB북한연구』, 서울: KB금융지주 경영연구소, 2020.

이석, "〈총론〉 북한의 경제위기, 어디까지 진행될까?", 『KDI북한경제리뷰』 2021년 1월호, 서울: 한국개발연구원, 2021.

이용희, 『북한 정치 경제』, 서울: 자유와 생명, 2020.

_____, "장마당이 북한 계급제도와 체제에 미치는 영향", 『통일전략』, 제18권 제4호, 서울: 한국통일전략학회, 2018.

이종규, "북한의 재정 충격, 경제적 영향은?", 『KDI북한경제리뷰』 2021년 1월호, 서울: 한국개발연구원, 2021.
장혜원·윤병수, "북한 코로나19의 경제적 영향", 『하나 북한정보』 북한 경제이슈분석(7), 서울: 하나은행 하나금융경영연구소, 2020.
전미영, "주체의학", 『한국민족문화대백과사전』, 서울: 한국학중앙연구원, 2012.
조성은, "북한의 방역체계와 코로나19 대응", 『감염병 공동대응을 위한 남북인도협력: 코로나19를 중심으로』, 서울: 통일연구원, 2020.
최영진, "환동해의 범유행 감염병, 대응조치와 시스템 위험 및 감염재난 협력체제 구축: 코로나19의 사례를 중심으로", 『아시아연구』 제23권 제4호, 한국아시아학회, 2020.
최지영, "시장의 물가·환율 변동을 통해 본 북한경제", 『KDI북한경제리뷰』 2021년 1월호, 서울: 한국개발연구원, 2021.
홍제환, "코로나19 충격과 북한경제", 『현안분석-온라인시리즈』, 서울: 통일연구원, 2020.
KOTRA 신북방동북아팀, "2019 북한 대외무역 동향", 서울: KOTRA, 2020.
pmg 지식엔진연구소, "코로나바이러스감염증-19", 『시사상식사전』, 서울: 박문각, 2021.

『뉴스핌』, 2021년 2월 2일자.
『데일리NK』, 2021년 2월 2일자.
_____, 2021년 1월 4일자.
_____, 2020년 12월 3일자.
_____, 2020년 11월 4일자.
『동아사이언스』, 2020년 10월 9일자.
『로동신문』, 2020년 2월 1일자.
_____, 2020년 1월 26일자.
『매일경제』, 2021년 1월 6일자.
『서울경제』, 2021년 2월 10일자.
『자유아시아방송』, 2020년 8월 30일자.
『The Wall Street Journal』, January 4, 2021.

두산백과, "코로나바이러스감염증-19", http://www.doopedia.co.kr (검색일: 2021.2.1).
중국해관통계, http://english.customs.gov.cn (검색일: 2021.2.11).
세계 코로나 현황, https://corona-live.com/world (검색일: 2021.2.13).

Abstract

The reality of Covid-19 in North Korea and its affect on trade between North Korea and China

This study investigated North Korean government's countermeasures against Covid-19 and the North Korean medical system. North Korea promotes the superiority of Juche medicine by claiming free treatments, but in reality the medical situation is very poor, so most North Koreans are not receiving proper medical treatments. North Korean authorities reported to WHO that there has been no single infected person since the start of the Covid-19 pandemic. In January 2020, North Korea closed its borders to prevent the influx of Covid-19. Since then, exports and imports between North Korea and China have ceased. In North Korea, China accounts for more than 95% of total trade, and North Korean economy is severely dependent on China. Due to the suspension of imports and exports with China, Chinese goods have been depleted in North Korean Jangmadang(marketplaces), and the market has been closed or operating hours are reduced due to North Korean authorities' measures to prevent Covid-19, which poses a great threat to the livelihood of the residents. North Korean regime is facing a national economic crisis due to Covid-19, and special measures are needed to overcome it.

[Key Words]

Covid-19, free treatment, border closures, trade suspensions between North Korea and China, economic crisis

장마당 활성화가 북한 기업소에 미친 영향

— 탈북민의 인식을 바탕으로 —

Ⅰ. 머리말
Ⅱ. 북한 시장의 변천과정과 장마당의 활성화
Ⅲ. 해방 이후 북한 기업소의 변천
Ⅳ. 장마당 활성화가 북한 기업소에 미친 영향에 대한 북한 주민들(탈북민)의 인식
Ⅴ. 맺음말

국문요약

　본 논문은 북한체제 내에서의 민간시장의 변천 과정과 1990년대 중반 이후 민간시장(장마당)의 활성화 과정에 대하여 연구조사하였으며, 이와 함께 북한 기업소의 변천 과정을 연구조사하였다. 그리고 장마당의 활성화가 기업소에 미친 영향을 파악하기 위하여 탈북민 173명을 대상으로 한 설문조사를 통해 장마당과 기업소에 관한 실태조사 결과를 분석하였다. 설문조사 결과는 북한의 기업소가 이전보다 훨씬 열악한 생산환경에 처해있으며 북한 주민들은 기업소보다는 장마당에 더 의존적이라는 것을 실증적으로 보여주었다. 북한 기업소는 1990년대 몰락하여 가동률이 20%대로 떨어졌지만, 2000년대 장마당이 활성화되면서 장마당에서 축적된 돈주들의 자금이 기업소의 생산자금으로 사용되었고, 기업소는 다시 가동되기 시작했다. 돈주가 기업소와 단합하여 직접 기업소를 운영하여 발생한 수익을 돈주와 기업소가 나누는 상황이 되었고, 이러한 수익으로 기업소는 근무하는 노동자들에게 임금을 지불할 수 있게 되었다. 최근 돈주들은 무역업, 운송업, 건설업, 제조업, 금융업 등 다양하게 투자 범위를 넓히고 있으며 많은 부분 기업소와 협력관계를 이루고 있다. 장마당에서 형성된 자본이 기업소를 통하여 효과적으로 활용될 수 있다면 향후 북한경제 발전에 크게 도움이 될 것이다.

[주제어]
북한 경제, 장마당, 기업소, 돈주, 탈북민 실태조사

* 2020년 3월 〈통일전략〉 제20권 3호에 실린 논문.

Ⅰ. 머리말

본 연구의 중요 키워드는 1. 장마당, 2. 기업소, 3. 장마당이 북합 기업소에 미친 영향(탈북민의 인식을 바탕으로)이다. 그래서 첫째, 북한체제 내에서의 민간시장의 변천과 장마당 활성화 과정에 대하여 연구 조사하였으며 둘째, 북한경제에 있어서 기본적인 단위라고 할 수 있는 기업소가 1945년 해방 이후 어떻게 변천해왔는지를 고찰했으며 셋째, 1994년 김일성의 사망 후 북한 정권의 배급이 중지되면서 활성화되기 시작한 장마당이 기업소에 미친 영향에 대해서 분석하였다.

북한은 해방 이후 사회주의 경제체제를 구축하면서 국가의 모든 토지와 산업시설을 국유화하였다. 북한당국은 기업소 생산에 필요한 모든 생산자재와 운영자금과 인력을 제공하였고, 기업소는 국가가 명령한 목표량을 생산하였다. 그러나 국가 경제가 어려워지면서 당국이 생산자재와 자금을 기업소에 공급할 수 없게 되자, 기업소가 자력갱생할 수 있도록 지배인의 권한과 기업소의 자율성을 강화시켰다.

2002년 7·1 조치 이후 장마당이 공식적으로 활성화되면서 기업소와 장마당은 밀접하게 연결되어 있으며 공생관계에 이르고 있다. 최근 대외적인 경제제재가 지속되고 당국에서는 주민들에게 배급을 중단하지 오래지만, 북한경제가 지탱하고 있고 서민들이 생계를 꾸릴 수 있는 것은 장마당이 활성화되었기 때문이라고 할 수 있다. 장마당은 북한경제만이 아니라 북한 주민들의 전통 관습, 출신성분·계급제도, 통일의식 등에 많은 영향을 주었다.

이 연구의 목적은 북한의 최근 경제 실태를 이해하는 데 도움이 될 수 있도록 북한 시장과 기업소의 변천과정을 요약하고, 장마당이 활성화되면서 북한 기업소에 미친 영향과 장마당과 기업소에 상호관계를 분석하는 것이다.

연구 방법으로는 본 연구의 목적에 부합하는 선행연구 자료들과 관련된 북한 자료 등을 조사하였다. 또한 북한 주민들을 대상으로 실태조사하는 것이 불가능한 상황 속에서 탈북민 173명을 대상으로 한 설문조사를 통해 장마당과 기업소에 관한 실태조사 결과를 분석하였다.

선행연구로는 북한 시장의 변천과정과 장마당 활성화와 관련하여 임강택(2009)이 북한경제 시장화 실태에 관한 연구 발표를 하였고, 정형곤·김병연·이석(2012)은 북한 내의 시장화 현황과 경제체제 변화를 연구하였다. 곽인옥(2013)은 북한 시장 실태분석과 변화의 방향성에 대해 분석하였다. 이용희(2018)는 장마당이 체제에 미치는 영향에 대하여 연구하였으며, 성현국·이창희(2019)는 김정은 시대의 북한경제에 대해서 발표하였다. 정은미(2019)는 북한의 시장이 가져온 변화에 대하여 연구하였고, 이용희(2020)는 북한 시장화가 북한 주민에게 미친 영향력에 대하여 분석 발표하였다.

북한 기업소의 변천과정에 대한 선행연구로는 김영윤(1997)이 북한 에너지난의 실상을 조사하여 전망을 제시하였고, 이석기(2009)는 북한 기업소의 변화와 행위자를 분석하였고, 박영자 외(2016)는 북한 기업소의 운영실태와 지배구조에 대해 발표했다. 김차영·김명철(2019)은 김정은 시대의 북한 기업소의 생산성 제고와 자율권 확대에 대하여 발표하였고, 이용희·김광중(2019)은 북한 시장 활성화가 소속집단인 기업소에 미치는 영향에 대해 발표하였다.

본 연구는 북한경제가 몰락하면서 기업소의 가동률이 한때 20%까지 떨어졌지만, 장마당이 활성화되면서 장마당 자금으로 기업소들이 가동되고 있는 북한 실태를 분석하였다. 코로나19 사태로 최근 북한경제가 침체되어있지만, 향후 북한경제의 활성화 여부는 북한 당국과 기업소가 장마당 자본을 생산적이며 효과적으로 적극 활용하면서 공생관계를 유지할 수 있는지에 달려있다고 할 수 있다.

Ⅱ. 북한 시장의 변천과정과 장마당의 활성화

1. 북한에서 민간 시장의 생성과 변천

북한은 1945년 8월 15일 일본 식민 체제에서 해방되면서 공산주의 체제로 국가를 변모시켜 나갔다. 북한 정권은 농지개혁을 단행했고 농업 집단화 조치를 시행했다. 북한은 사회주의 경제체제로 전환하면서 식량 배급을 1946년부터 실시했다.

당시 민간시장인 농민시장을 합법적으로 허용했다. 그래서 해방 이후 1950년까지 전통적인 재래시장을 인민시장이라고 불렀으며, 농촌의 경우 3일장 내지 5일장으로 열렸고, 실제적인 시장 역할을 하였다. 1947년에 북한 정권은 인민시장을 사용하는 사람들에게 시장세를 징수하여 국가 수입으로 삼았다.[1]

북한 내부자료에 의하면 1949년 북한에는 도시와 농촌에 상설시장이 93개, 정기시장이 382개 운영되었다.[2] 농촌의 경우에는 3일장 혹은 5일장으로 열렸다.[3]

북한 정권은 1950년 인민시장을 농촌시장으로 명칭 변경하였다. 1958년 8월 내각결정 140호에 따라 북한 정권은 농업 협동화가 완료되자 농촌시장을 농민시장이라고 이름을 변경하였다. 농민시장에서 쌀, 옥수수 등 곡식과 공산품은 거래가 금지되었고, 채소와 부식물만이 거래될 수 있었다. 이는 북한 사회주의 경제체제를 강화하기 위한 조치이다. 북한의 『조선중앙년감』 자료에 의하면, 1958년 조치 이후 소매상품 유통액 전체에서 농민시장이 차지

---

[1] 정형곤 · 김병연 · 이석, "북한의 시장화 현황과 경제체제의 변화전망", 『KIEP 정책연구 브리핑 연구보고서』 12-26(세종: 대외경제정책연구원, 2012), p.48.
[2] 정은미, "북한의 시장, 변화의 중심에 서다", 『내일을 여는 역사』, 제74호(재단법인 내일을여는역사재단, 2019), p.215.
[3] 임강택, "북한경제의 시장화 실태에 관한 연구", 연구총서, 09-04(서울: 통일연구원, 2009), p.101.

하는 비중은 1%에 이르지 못했다.[4]

  1969년 3월 김일성이 과학교육 부문 일군들과 가진 담화에서 발표한「사회주의경제의 몇 가지 리론 문제에 대하여」[5]에서 농민시장의 현실적인 필요성을 강조하였다. 그럼에도 불구하고 북한 정권은 민간시장은 자본주의적인 잔재이며 또 인민들에게 자본주의 사상을 일으키고 또 전체주의를 손상시킨다고 간주하여, 1969년 김일성은 도시에서 농민시장을 폐쇄하였고, 지방의 경우 각 군에 한 개의 농민시장만 허락하였다.

  1976년 북한은 경제난관을 극복하지 못하고 모라토리움(Moratorium)[6]을 선언함으로 국제적으로 고립되었고, 이로 인해 북한경제는 더욱 침체되었다. 북한의 경제침체가 장기화되면서 주민들에게 배급되는 생필품은 더욱 부족하게 되었고, 주민들은 꼭 필요한 생필품을 얻기 위해서는 암시장을 찾을 수밖에 없었다. 이러한 상황 속에서 1982년 북한정권은 농민시장을 상설했고, 또 도시에서 폐쇄시켰던 농민시장을 1985년에 특별시에 다시 허용했다.

  북한정권의 배급이 갈수록 줄어들면서 주민들은 텃밭 농사 등 스스로 살길을 찾았고, 농민시장의 거래량도 크게 증가하였다. 이를 억제하기 위해 1987년 북한 정권은 상설시장을 일주일에 하루만 개설하도록 했지만, 농민시장에 대한 실질적인 수요를 막을 수 없어서 1989년 농민시장을 다시 3일장으로 변경했다.

---

[4] 정은미, "북한의 시장, 변화의 중심에 서다",『내일을 여는 역사』, 제74호(재단법인 내일을여는역사재단, 2019), p.216.

[5] 김일성, "사회주의경제의 몇 가지 리론 문제에 대하여",『김일성저작집 23』(평양: 조선로동당출판사, 1983).

[6] 『매일경제용어사전』"한 국가가 경제·정치적인 이유로 외국에서 빌려온 차관에 대해 일시적으로 상환을 연기하는 것을 말한다. 모라토리엄은 상환할 의사가 있다는 점에서 지급거절과 다르다. 그러나 외채를 유예받는다고 하더라도 국제적으로 신용이 하락하여 대외거래에 갖가지 장애가 뒤따른다. 또한 환율이 급등하고 신용경색으로 인해 물가가 급등하여 전반적으로 심각한 경제적 혼란을 겪게 된다." https://terms.naver.com/entry.nhn?docId=4165&cid=43659&categoryId=43659 (검색일: 2020.10.1).

2. 배급제 중단과 장마당 활성화 배경

북한은 1989년 13차 세계청년학생축전을 개최하였고 경제 침체 속에서도 이 국제행사를 위하여 과도한 재정을 지출했다. 이로 인해 북한경제는 큰 타격을 받았다. 설상가상으로 1991년 소련이 붕괴하자 북한경제는 결정적으로 어려워지기 시작했다. 북한은 소련으로부터 이전처럼 싼 가격에 석유를 수입할 수 없었고,[7] 이로 인해 에너지난이 촉발되었다. 에너지난은 곧바로 전국적인 전기 부족 상태를 야기시켰고, 전력 부족은 국가의 공장 가동률을 40% 이하로 떨어뜨렸다. 1990년대 중반 전기 부족과 경제 상황이 더욱 악화되었고, 국유기업의 가동률이 20~30%로 떨어졌다.[8]

1995년부터는 '고난의 행군'으로 불리는 '식량대란'이 일어나면서 수많은 북한 주민들이 아사하였다. 1994년 북한 정권은 평양을 제외한 전 지역에 배급을 중단하자 주민들은 직장이나 협동농장보다 자신들이 비공식으로 경작하는 텃밭 농사, 자경지[9] 농사, 부업 그리고 장마당에서의 장사에 주력했다.

공장과 기업소의 가동이 멈추고 식량과 생필품의 배급이 중단되자 북·중 국경 지역 밀무역이 성행하였고, 이를 통해 식량을 포함하여 중국산 생필품들이 장마당에 유입되어 거래되었다. 장마당이 활성화되고 규모가 커지면서 장마당은 체계적으로 분업화되기 시작했다. 도매시장과 소매시장으로 나뉘고, 장마당에서 큰돈을 벌어 운용하는 '돈주'라는 신흥 부호가 생기고, 중간 유통을 담당하는 '데꼬'라고 불리는 거간꾼이 생겼고, 짐만 전문적으로 배달

---

[7] 1990년 당시 북한과 소련 간의 무역은 북한 전체 무역량 중에서 53%로 가장 큰 비중이었다. 그리고 구상무역 결제방법을 통해 북한은 소련으로부터 석유를 국제 시세의 50% 가격으로 구입했었다. 정형곤·김병연·이석, "북한의 시장화 현황과 경제체제의 변화전망", 『KIEP 정책연구 브리핑 연구보고서』 12-26(세종: 대외경제정책연구원, 2012), p.59.

[8] 김영윤, "북한 에너지난의 실상과 전망", 『북한 경제난의 현황과 전망』, 제25회 국내학술회의 (97.11.24) 발표논문집(서울: 민족통일연구원, 1997), p.37.

[9] 정부로부터 받은 30평의 텃밭을 넘어서서 농가 주위에 있는 평지와 산간 지대를 밭으로 개간하여 불법적으로 직접 농사짓는 소토지를 의미한다. 경작하는 인구수는 북한 전체 인구의 50~60% 정도로 추정할 수 있다. 이용희, 『북한 장마당의 개혁 개방적 역할에 대한 고찰』(서울: 자유와 생명, 2017), p.121.

해주는 '달리기꾼'이 등장했다. 소매상인도 장마당에 매대(좌판)을 두고 장사하는 매대상인과 이곳저곳을 옮겨 다니며 단속을 피해 물건을 파는 '메뚜기상인'으로 구분되었다. 고리대금업을 하는 '돈장사'도 출현하였고, 훗날 사금융으로 발전되었다. 북한경제 몰락은 장마당을 스스로 진화하게 만들었다.[10]

90년대 이후 주민 가계소득을 분석해볼 때, 월급 및 배급에 의한 공식소득의 비율은 12.5%에 그쳤고 반면에 비공식소득의 비율은 87.5%라는 연구결과가 있다.[11] 배급제가 중단되면서 북한 주민들의 생존 수단이었던 장마당은 2002년 북한의 「7·1 경제관리 개선조치」에 따른 후속 조치들에 의해 합법화되었다. 북한 정권은 장마당에서 쌀과 옥수수 등 곡식 판매와 공산품 거래를 허용하였고, 2003년 4월 장마당을 확대 개편하여 종합시장이란 이름으로 개설하였다. 북한 당국은 시장관리소를 만들어서 상인들로부터 매대 크기와 장소에 따라 매일 장세(시장사용료)를 거두고, 또 수입 규모에 따라 수입의 일정 비율로 '국가납부금'을 월 1회씩 받아냈다. 시장 상인들로부터 거두어들인 이와 같은 세금은 지방정부 재정을 위한 주요 수입원이 되었다.[12]

장마당이 전국적으로 활성화되면서 북한사회에서는 자본주의적인 사회현상인 배금주의, 개인주의 그리고 각종 부패와 뇌물 등이 범람하자, 북한 정권은 2005년 본격적으로 장마당을 통제하였다. 2007년에는 그루빠[13] 검열을 실시해서 각종 부정부패와 장마당 내 불법거래들을 단속했다.[14]

2009년 11월 북한 정권은 제5차 화폐개혁을 실시했다. 이 화폐개혁은 장마당이 활성화되면서 새롭게 부상하는 자본가인 '돈주'들의 부(富)와 영향력

---

10 정은미, "북한의 시장, 변화의 중심에 서다", 『내일을 여는 역사』, 제74호(재단법인 내일을여는역사재단, 2019), p.219.
11 곽인옥, "북한시장의 실태분석 및 변화과정에 관한 연구", 『2013 북한 및 통일관련 신진연구 논문집』(서울: 북한자료센터, 2013), pp.27-28.
12 정은미, 앞의 글, p.220.
13 『북한정보포털』, 북한은 1980년 말 소련과 동유럽 사회주의 국가들의 붕괴 이후 외부사조의 유입증가로 주민들의 일탈행위가 빈발함에 따라 이를 검열·단속하기 위해 비사회주의 그루빠를 조직·운영하고 있다. https://nkinfo.unikorea.go.kr/nkp/term/viewNkK nwldgDicary.do?pageIndex=1&dicaryId=108(검색일: 2020.10.3).
14 이용희, 『북한 장마당의 개혁 개방적 역할에 대한 고찰』(서울: 자유와 생명, 2017), p.32-108.

을 통제하여 무력화함으로써, 김정은 세습을 앞두고 김일성-김정일-김정은 3대세습 권력기반을 확실하게 세우기 위함이었다.

장마당을 통제하여 주민들의 생존을 위협하는 화폐개혁에 대하여 북한 주민들은 강력하게 반발했으며, 북한 당국의 통제력은 한계에 부딪혔다. 화폐개혁 시행한 후 두 달여가 지난 2010년 2월 5일, 인민간부들과 인민반장들 앞에서 김영일 내각 총리가 직접 잘못된 화폐개혁에 대해 사과했다. 내각 총리가 인민들 앞에서 공식적으로 사과한 일은 북한 역사상 최초였다. 그리고 화폐개혁 책임자인 박남기 계획재정부장을 총살시켰다.[15]

북한 당국은 시장을 현대식 건물로 지은 후 여기저기 노상에서 장사를 하던 사람들을 건물로 들어오게 하고 장사하는 사람들이 국가납부금과 시장사용료를 내면 합법적으로 시장을 사용할 수 있는 권한을 부여하였다. 북한 당국은 2009년 화폐개혁 실패의 경험을 통해 장마당 폐쇄가 현실적으로 매우 어렵다는 것을 경험했고, 장마당을 폐쇄할 수 없다면 오히려 이를 적극적으로 활용하여 최대의 이익을 얻고자 한다고 볼 수 있다.

〈표1〉 북한 체제 내의 시장의 변천과 장마당 활성화 과정

(해방 이후 김정일 정권까지)

일시	조치(법)	내 용
1945	인민시장	상설시장(도시), 3일 또는 5일장(농촌)
1947.02-03	인민시장법	인민시장의 운영 규정으로 인민시장이 국가의 통제에 들어감을 의미
	개인상점 허가제	개인상점은 북한 정부당국의 허가 하에 운영된다는 내용으로 사유기업을 국가의 통제하에 두겠다는 의미

---

15 장용훈, "화폐개혁 희생양, 북한 박남기 총살." 『연합뉴스』, http://www.yonhapnews.co.kr/politics/2010/03/18/0511000000AKR20100318085100014.HTML(검색일 2020. 10. 13).

시기	조치	내용
1950.01	농민시장 개설에 관한 결정서	한국전쟁을 앞두고 시장의 역할 변화를 꾀함. 매일장(도시), 3일 또는 5일장(농촌)
1958.08	내각결정 140호	국유화의 완성으로 농민시장의 품목을 개인 텃밭에서 생산한 농산물로 제한
1969.03	"사회주의 경제의 몇 가지 리론 문제에 대하여"	농민시장은 사회주의 체제에서의 과도기적 상업형태이고 주민들에게 이롭기 때문에 허용해야 한다(김일성)
1969	전국상업 일꾼 열성자회의	10일장 전환(매월 1, 11, 21일) 암시장 생성 도시 농민시장 폐쇄, 1군에 1개소씩 개설허용
1982		농민시장 상설화
1985		특별시에도 농민시장 생성
1987		농민시장 주일장 전환
1989		농민시장 3일장으로 회귀 비허가 시장 폐쇄 시도(실패)
1992	비사 그루빠활동	시장에서의 비사회주의적 판매 감시 강화
1993		매일장(상설장)으로 전환 농민시장/장마당 기능이 급격히 강화 쌀, 옥수수 등 곡물과 공산품 등 각종 제품 판매 허용
2003	2002.7.1. 경제관리 개선조치와 관련 후속조치	종합시장으로 전환 곡물 및 공업품 판매 허용
2007.04		전국 농민시장 정돈사업 (남자 및 40세 이하 여성 판매 금지) 20만 원 이상 시장에서 판매 금지

2008.11	시장 억제조치	종합시장 폐쇄 예고(미시행)
2009.05–06		150일 전투, 100일 전투 동원으로 시장접근 제한 평성시장 폐쇄 (나머지 시장들은 폐쇄 안함)
2009.11		화폐개혁 실시, 시장 통제 강화
2010.02		김영일 내각총리 화폐개혁 공식 사과 장마당 이전처럼 운영

출처: 이용희, "장마당이 북한 계급제도와 체제에 미치는 영향," 『통일전략』, 제18권 제4호(한국통일전략학회, 2018), p.116–117. 저자 재정리 및 재구성

   2012년부터 시작된 김정은 정권하에서는 장마당에 대한 직접적인 통제는 없었다. 김정일과 김정은은 모두 장마당을 인정하고 양성화·합법화하였지만 김정일은 장마당에 대한 통제와 허용을 반복하였다. 반면 김정은은 집권 이후 장마당에 대한 통제가 없었고 오히려 장마당을 국가적으로 활용하고 있다고 볼 수 있다.

   현 김정은 정권은 조세 수입 증가와 북한 내부경제 활성화를 위해서 장마당을 효과적으로 이용하며 상부상조한다고 볼 수 있다. 돈주들에 사이에서 국가를 위한 거액의 기부금 경쟁을 유발시켜 김정은 수령에 대한 충성심을 표현하도록 하고 있다. 또 지방자치단체들이나 기업소들이 돈주들과 협력함으로 돈주들의 자금을 활용하여 국가적인 프로젝트들을 추진하고 있다. 김정은 정권은 장마당을 활용하면서 장마당에서 발생된 신흥 자본가층인 돈주들과의 공생관계로 볼 수 있다.

Ⅲ. 해방 이후 북한 기업소[16]의 변천

1. 해방 이후: 중앙집권적 계획경제체제 속에서 지배인 유일관리제

1945년 해방 이후 북한은 1946년 토지개혁을 실시하면서 주요 산업시설의 국유화를 착수하였다. 일본인들과 친일파로 지정된 자들의 토지와 산업시설들 그리고 지주들의 토지를 몰수하였다. 이렇게 몰수하여 국유화한 산업시설들을 기반으로 사회주의 경제구조를 세워나갔다.

당시 북한에서는 중앙집권적 계획경제 체제를 구축해서 경제에 관한 모든 결정권을 국가에 집중시켰다. 중앙계획당국→내각(성(省), 위원회)→기업소의 위계구조로 구성되었으며 국가가 생산명령을 내리면 기업소는 생산하는 시스템이라고 할 수 있다. 기업소의 생산에 필요한 모든 자재를 국가가 현물로 공급하는 중앙집중적 자재공급체제이며, 기업소에 필요한 모든 자금도 국가가 공급하는 유일적 자금공급체제이고, 국가가 인력 규모를 규정하고 인력을 배정하는 인력배정체제이다.[17] 따라서 기업소는 국가로부터 원자재와 자금과 노동력을 지원받으며 국가가 명령한 목표량을 생산하였다.

기업소에서 생산된 모든 상품들의 가격은 국가가 결정하였고, 상품은 국가가 지시한 곳으로 공급되었다. 국가가 인력을 배정하기에 기업소에게는 노동 시장이 필요 없고, 원자재 구입과 생산품 판매를 위한 별도의 노력도 필요 없다. 기업소는 국가의 명령을 따르면 되는 생산현장이었다. 초창기 북한의 기업소 관리운영은 '지배인 유일관리제'였다. 지배인이 기업소 생산 전반을 관리, 운영하고 그 결과에 대해서도 책임을 졌다.

---

16   생산, 교통, 운수, 유통 따위의 경제 분야에서 독립적으로 경영 활동을 진행하는 사업체. 국립국어원 우리말 사전, "기업소", https://opendict.korean.go.kr(검색일: 2020.6.14).
17   박영자 외, 『북한 기업의 운영실태 및 지배구조』, KINU 연구총서 16-10(서울: 통일연구원, 2016), p.21-22.

<표2> 공장·기업의 관리·운영조직체계

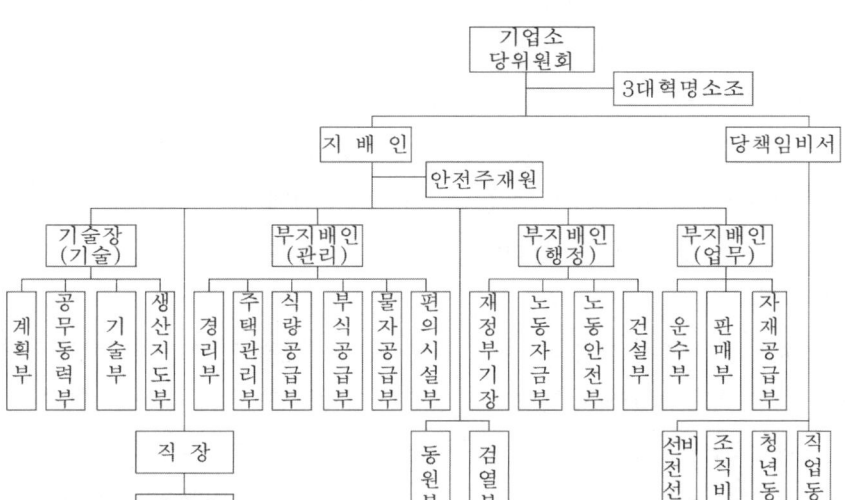

출처: 통일부, 『북한개요』(서울: 통일부, 1984), p.84. 저자 재구성

2. 1960년대 : 대안의 사업체제

1961년 12월 김일성이 공장 현지 지도를 통하여 기업소 관리 방안을 제시함으로 '대안의 사업체제'가 도입되었다. 기존의 지배인 유일관리체제에서는 생산 과정에서 노동자의 참여가 배제됨으로 지배인의 독단적인 운영이 발생하였다. 이러한 지배인 유일관리제의 문제점을 개선하기 위해 당이 기업소 내 의사결정을 주도하는 '대안의 사업체제'가 제시되었고, 이 체제는 당위원회에 의한 집단적 지도가 특색이다. 당위원회의 구성은 당비서, 지배인, 기사장, 기술자대표, 생산핵심당원, 근로단체 책임자 등으로 이루어지며, 당위원회가 기업소 생산 활동의 전반을 관할하기에 기업소 운영에 대한 모든 사항은 당위원회에서 집단적으로 결정하며 결과에 대한 책임도 당위원회

에 있다.

이때부터 북한에 기업소 운영 체제는 당위원회가 최고의사결정 기관이 되었으며, 이에 필요한 자재공급, 재정, 노동, 후방공급 사업 등 생산 활동과 행정 전반은 지배인이 총괄하고, 기업소 노동자들의 정치조직 생활에 대한 지도는 당비서가 관할하게 되었다. 실제로 당비서가 당위원회의 의장을 맡고 있기에 의사결정을 주도하였고 지배인보다 지배력이 강했다. 따라서 당에서 임명한 당비서의 통제 속에서 기업소의 모든 경영활동이 이루어졌다고 볼 수 있다.

시간이 지나면서 기업소는 국가가 지시한 생산량을 달성하기 위해서 자체의 생산능력은 축소해서 보고하고 필요한 자재와 재정, 노동력은 과다하게 신청하는 경향을 띠게 되었다. 비용을 줄이고 생산성과 효율성을 높이는 것보다는 목표량을 채움으로 좋은 평가를 받는 데 집중하였다. 따라서 자원이 비효율적으로 배분되어 사용되었으며, 목표량을 달성하기 위해서는 과다한 비용 발생도 불사하였다. 또 기업소들이 기한 내에 자사의 목표 생산량만을 달성하는 데 급급했기 때문에 다른 기업소들의 생산계획 달성은 고려하지 않았다. 따라서 다른 기업소들과의 협력 및 유대 관계가 형성되지 못했고, 이에 대해 김일성은 '협동생산규율' 위반을 지적하며 여러 차례 비판하였다.[18]

북한의 중앙집권 계획경제 체제에서는 기업소에서 이윤이 발생하면 국가가 그 이윤을 가져갔으며, 적자가 발생할 경우에는 국가 재정으로 이를 충당했다. 따라서 기업소는 이윤 극대화를 위해서 열심히 노력할 수 있도록 동기부여가 되지 않았다. 이러한 사회주의 계획경제 시스템의 비효율성이 계속적으로 대두되고 또 기업소들의 적자가 계속 누적되면서 1970년대부터 북한 경제는 침체되기 시작했다.

이러한 경제침체를 극복하고 기업소의 생산성을 높이기 위해서 북한 당

---

18   양문수, 『북한경제의 구조: 경제개발과 침체의 메커니즘』(서울: 서울대학교출판부, 2001), p.216.

국은 당에 집중된 기업소 운영에 관한 의사결정 권한의 많은 부분을 기업소에 이양하고 기업소의 자율적 운영권을 증진시켰다.

3. 1980년대 : 새로운 기업소·공업 관리체계

1984년 11월 이후 연합기업소 체제가 공식적으로 도입되었다.[19] 연합기업소란 "일종의 트러스트 형태로 이루어지는 북한의 기업연합체. 서로 밀접한 연관이 있는 기업들을 묶어 계열 생산체제를 형성하는 방식"[20]이다. 연합기업소를 전격적으로 도입한 것은 여러 공장·기업소를 묶어 연합체를 만듦으로써 관리대상과 관리 단계를 효과적으로 관리하는 데에 목적이 있다고 볼 수 있다. 이것은 기업소들이 자사의 목표 생산량만을 달성하는 데 주력하고 다른 기업소들의 생산계획 달성을 고려하지 않음으로 김일성으로부터 '협동생산규율' 위반에 대해 비판을 받아왔었는데 이러한 문제점에 대한 강구책이기도 하였다. 기업소 간의 자사이기주의로 말미암아 서로 협동하지 않음으로 발생하는 지역경제 전체의 비효율과 부작용을 극복하기 위한 조치라고 할 수 있다. 이러한 변화와 함께 기업소의 독립채산제가 강조되기 시작했다.

80년대 북한경제의 중요한 변화는 1984년 8월 3일 김정일이 인민소비품[21] 생산운동을 지시한 것이다. 기업은 8·3 인민소비품을 생산을 위해 상부기관의 승인을 받을 경우 이에 따른 일정 금액을 납부하면 됐다. 8·3 인민

---

19 "연합기업소의 도입 목적은 ① 산업생산 부문별 관리의 효율화 ② 대안의 사업체계의 효과적 운영 ③ 분권화와 물질적 자극 강화 ④ 자재공급 문제에 대한 대처의 측면으로 살펴 볼 수 있다. 특히 대안의 사업체계 실시 이후 경제전문가도 아닌 당비서가 경제전문가 행세를 하면서 공장·기업소의 경영을 좌지우지 하는 현상을 제거하기 위해 유관 공장·기업소를 한데 묶어 관리하는 방식을 채택하였다." 통일부 북한지식사전, "연합기업소", https://nkinfo.unikorea.go.kr(검색일: 2020.10.12).
20 두산백과, "연합기업소", http://www.doopedia.co.kr(검색일: 20. 10. 12).
21 8.3 인민소비품은 기관, 기업소, 협동단체와 가내작업반, 부업반 등에서 유휴자재와 폐기물, 폐설물, 부산물을 이용하여 만든 생활소비품으로 국가계획상에는 없는 제품을 뜻한다. 이는 8.3 인민소비품창조운동이라는 대중운동 방식으로 전개되어 오늘날까지도 북한의 부족한 소비품 공급을 담당하고 있다. 통일부 북한지식사전, "8.3 인민소비품", https://nkinfo.unikorea.go.kr(검색일: 2020.10.12).

소비품의 생산을 통해 중앙계획적인 영역 밖에서 기업소의 자율적인 생산을 허용하기 시작하였음을 볼 수 있다.

4. 1990년대 : 중앙집권적 물자공급체계의 붕괴

북한경제는 1970년대 후반부터 쇠퇴하기 시작했고, 1980년대까지는 국가 예산에서 공장 운영자금이 공급되었으나, 1990년대에 들어서면서 더 이상 국가 예산으로 지급할 수 없는 지경이 되었다. 따라서 북한 정부는 자력갱생을 더욱 강조하고 독립채산제를 강화시키면서 유동자금의 공급을 중단하였다. 국가적으로 중요한 사업과 신규 건설에 소요되는 기본건설자금과 이에 따른 대보수자금만 공급되었다. 이러한 상황 속에서 기업소들은 필요한 운영자금을 자체적인 방법으로 조달하든지 은행 대출을 받아야만 했다.

90년대 중반부터 주민들에 대한 식량 배급이 중단됨에 따라 기업소들은 종업원들의 식량 문제도 해결해야 하는 상황이 되었다. 기업소들마다 중앙정부로부터의 지원은 없고 종업원들의 생계까지 해결해야 하는 상황 속에서 기업소들의 은행 대출자금 수요는 급증하였지만, 은행 자금도 제한적이므로 기업소들은 심한 자금난을 겪게 되었다.

그럼에도 중앙정부는 기업소에게 동일하게 계획 달성을 요구했고, 기업소들은 외부의 비공식적인 루트를 통해서 생산자재와 자금을 조달하여 제품을 생산·판매하며, 스스로 생존 방안을 추구했다. 이렇게 중앙정부가 자재와 자금을 공급하지 못하는 상황에서 기업소가 독자적으로 생산을 하다 보니 기업의 자율성이 더욱 강화되었고, 반면에 당국의 통제력은 약화되었다.

기업들은 생산 목표를 맞추기 위해 당국의 묵인하에 유휴원자재를 서로 교환하였고 또 제조한 상품을 주고 필요한 자재를 얻어쓰기도 했으며 경우에 따라서는 장마당을 통해 필요한 자재를 구입하여 조달하였다. 이와 같은 기업의 자율성 강화는 기업소 내의 의사결정에도 영향을 주어 지배인의 의사결정 권한을 증대시켰다. 상대적으로 기업소 내에서 지배인을 통제, 감독하였던 당비서의 역할과 권한은 축소되었다.

5. 2000년대 : 기업소 경영 자율성 확대

2002년 북한은 7·1 경제관리개선조치(7·1 조치)를 발표하면서 기업의 자율성 강화를 공식화했다. 국가적으로 중요한 지표에 대해서는 국가가 계획을 작성하지만, 그 외의 지표는 현지 실정에 맞게 지방 당국과 기업에서 계획을 수립하게 했다.

김정일은 2001년 10월 3일 '강성대국 건설의 요구에 맞게 사회주의 경제관리를 개선 강화할 데 대하여'라는 담화를 통하여 "자재공급사업도 계획에 맞물려 생산, 공급하는 것을 기본으로 하면서 보충적으로 사회주의 물자교류 시장을 조직하여 운영하는 것이 필요", "공장, 기업소들 사이에 여유가 있거나 부족한 일부 원료, 자재, 부속품 같은 것을 서로 유무상통[22]"하는 물자교류시장의 조직 운영에 대한 지침을 내렸다.[23]

북한당국은 7.1 조치를 통해 기존에 운영됐던 암시장 형태의 생산재 시장을 공식화시켰고, 또 이를 국가가 중개하는 방식으로 통제하기 위해 '사회주의 물자교류시장'을 도입하였다. 따라서 기업소들은 자재조달을 위해서 '사회주의 물자교류시장'을 공식적으로 활용하였다. 그런데 사회주의 물자교류시장은 북한의 국가계획위원회의 중재와 통제 아래 이루어지기 때문에 내용적으로 시장이라고 할 수 없다. 사회주의 물자교류시장은 명목에 그쳤고 실제로 암거래로 이루어지는 생산자의 현금거래시장은 사라지지 않았다.[24]

7·1 조치 이후 고정재산 확대재생산 비용 지급이 축소되었고, 고정재산

22　김정일 담화, "강성대국건설의 요구에 맞게 사회주의 경제관리를 개선강화할 데 대하여", (2001.10.3).
23　박형중, "최근 북한의 경제개혁에 대한 평가와 전망", 『사회연구』, 6호(한국사회조사연구소, 2003), p.107-108.
24　임수호, 『계획과 시장의 공존』(서울: 삼성경제연구소, 2018), p.152.

단순재생산 비용과 함께 대보수자금의 지급이 폐지되었다. 기업소들은 은행에서 대부를 받거나 사금융을 통한 자금확보(이것은 돈주들의 자금이 기업소에 들어오는 상황을 유인하는 결과가 되었다), 그리고 8·3 상품 등 계획 외 상품의 생산·판매 등을 통해 기업소 운영자금을 마련해야 하는 상황이 되었다.

7·1 조치 이후 기업소들은 공식적으로 더욱 자율적인 경영을 할 수 있게 되었다. 첫째, 기업소가 계획에 의거해 생산된 제품 이외에도 스스로 계획한 제품을 생산해서 장마당에 판매할 수 있게 되었고 둘째, 기업소를 평가했던 이전의 기준(현물지표나 액상계획·총생산액)과 비교해볼 때, 기업소의 입장에서는 더욱 수익성과 생산성 위주의 생산을 할 수 있게 되었다.[25]

임금 지급 방식에서는 생산성을 높이기 위해서 차등임금제가 확산되기 시작했고, 따라서 사회주의의 기본원칙인 '분배의 평균주의'가 경제 현실에서 무너지기 시작했다. 이와 같은 맥락에서 실제 작업량과 생산성과에 따라 임금이 지급되는 도급지불제가 확대되었고, 일한 시간만큼 차등 없이 임금을 지급했던 정액지불제를 대체하기 시작했다.

7·1 조치는 기업소 내의 지배인의 권한 강화를 촉진시켰고, '대안의 사업체계'에서 강조되었던 '당위원회의 집체적 지도'로부터 '지배인 유일관리제'로의 변화를 일으켰다. 당위원회의 의장인 당비서의 역할은 당조직과 정치사업으로 제한되었고, 기업소 내의 당조직도 축소 개편되었으며, 인원도 필수요원만 남겼다.

지배인의 권한이 강화되었어도 노동자를 해고하는 권한은 없기 때문에 노동력 배치 권한을 활용하여 생산성을 높였고, 불필요한 인력 충원을 거부함으로 경영상의 효율성을 높였다. 이것은 기업소에 투입된 모든 노동자들의 생계를 기업소가 담당하기 때문이었다.

1990년대부터 북한경제가 몰락하면서 기업소가 20%대밖에 가동되지 못

---

25 박영자 외, 『북한 기업의 운영실태 및 지배구조』, KINU 연구총서 16-10(서울: 통일연구원, 2016), p.35.

하므로 노동자들이 출근해도 일거리가 없는 상황이었고, 기업소에서 노동자들의 생계도 책임질 수 없는 상황이었다. 반면에 장마당이 활성화되면서 노동자들은 기업소에 출근하는 대신 장마당을 통하여 생계를 꾸리기 시작했다. 이러한 상황 속에서 기업소들은 일정 금액을 내는 노동자들은 출근을 안 해도 처벌하지 않았다. 장마당을 통해 번 돈이 기업에 지불하는 금액보다 더 많기 때문에 많은 노동자들이 기업소에 출근하는 것보다는 장마당에서 상업활동을 하였으며 이러한 노동자들을 '8·3 노동자'라고 불렀다. 기업소는 8·3 노동자들이 지불한 돈을 액상목표를 달성하는 데 사용하였고, 또 기업소에 출근하는 노동자들의 임금에도 활용하였다.

이러한 상황 속에서 북한 기업소에서는 '내부자 통제'(insider control) 현상이 나타났다. 내부자 통제란 "통제권이 중앙당국으로부터 기업으로 이전되며, 기업에 대한 외부 감독기관의 감독·통제가 효과적으로 이루어지지 않는 상황"을 의미한다.[26] 기업소에 대한 법적 소유권은 국가에 있지만, 국가 통제 시스템이 붕괴되어 기업소 경영의 통제권이 당국에서 기업으로 이전되었기에 기업소 내 지배인, 중간간부, 노동자 등 내부 구성원들이 담합을 하여 자신들의 이해를 관철시키는 현상을 말한다.

2000년대 장마당이 활성화되면서 '기업소와 돈주들의 담합 현상'이 나타났다. 장마당을 통해 형성된 신흥 자본가층인 돈주들의 자금이 돈주들이 운영하는 개인 사업인 사적 부문을 넘어서서 기업소 등 공적 부문에까지 투입되기 시작했다.

장마당 자본의 공적 부문 투자는 돈주들이 기업소에 직접 투자를 하고 일정 기간 후에 자신이 투자한 금액에 대한 수익을 환수하는 형태이다. 많은 기업소들이 운영자금이 없어서 기업소 운영이나 정부에서 위임받은 사업을 착수하지 못하고 있는 상황 속에서 돈주들과의 담합을 통해서 사업을 추진

---

26 이석기, "북한 기업의 변화와 행위자 분석", 이석 외, 『북한 계획경제의 변화와 시장화』 (서울: 통일연구원, 2009), p.166.

하고 사후 이익을 돈주에게 배당해주는 경우이다. 시장경제와 자본주의 시스템으로 해석해본다면 실제로 북한에서 돈주들이 기업가와 같은 역할을 한다고 볼 수 있으며, 명의를 대여한 대가로 돈주가 기업소에 내는 돈은 회사가 정부에 법인세를 내는 것과 같은 형태로도 생각할 수 있다.

사회주의 경제에서는 생산수단의 사적 소유를 인정하지 않음에도 불구하고 시장을 통해 자본을 축적한 돈주들이 초기에는 소상공업 등에 사적 자본을 투입하다가 돈주들의 자금의 규모가 확대되면서 최근 무역업, 운송업, 건설업, 제조업, 금융업 등 공적 부분에까지 다양하게 투자 범위를 넓히게 되었다. 갈수록 돈주들의 투자가 광범위해지면서 중앙당국의 대규모 사업과 국가적인 기간산업에까지 확장되고 있다.

6. 2011년 이후 : 김정은 정권의 '사회주의 기업소 책임관리제'와 '우리식 경제관리방법'

〈표3〉 김정은 정권에서의 경제관리방법과 기업소의 자율권 확대

일시	조치(법)	내 용
2012	6.28 우리식경제관리	생산단위 자율성과 인센티브제도 확대-협동농장과 국영기업소의 시장과 관련된 불법적이거나 반합법적 활동들을 합법화한 것으로 평가됨
2013	신경제 관리개선 체계	기업소 자율권 부여 수요와 공급에 따른 시장원리에 의한 가격 결정
2014	5.30 조치	사회주의 기업소책임관리제 -사회주의 국가경제 내에서 시장경제를 분리하여 시장을 허용한 정책
2016	제7차 당대회	각 경제단위의 독립채산제 및 경영 분권화 조치 확대
2019	최고인민회의	경제 원리 강조 -가격, 재정, 금융 문제를 경제원리에 맞게 해결하여 기업체들과 생산자들이 높은 의욕과 열의를 가지고 일하도록 함

출처: 이용희, 「북한 장마당의 개혁 개방적 역할에 대한 고찰」 (서울: 자유와 생명, 2017), p.96,97,102; 김철희, "북한의 최근 경제개혁 동향 및 시사점", 「북한 FOCUS」(서울: KDB미래전략연구소, 2019), p.7.

2012년 김정은 정권의 통치가 시작되면서 6월 28일 '우리식 경제관리방법'(6·28 방침)이 발표되었다. 이는 기업소의 경영 권한을 현장에 부여한다는 내용이었다. 기업소에서 생산계획을 세우는 것부터 시작해서 생산 전 과정과 제품 판매, 그리고 수입에 대한 처분까지 모든 과정에 있어서 기업소의 권한 확대를 꾀했다고 볼 수 있다. 그리고 기업소가 계획지표 이외의 제품도 스스로 결정하여 생산·판매할 수 있게 하였고, 또 지방 기업소 등과 국영상점 등의 개인 투자도 허용하였다.

2014년 5월 30일 담화를 통해서 김정은은 '사회주의 기업소 책임관리제' 도입을 언급하였다. 이 담화의 요점은 기업소에게 생산권, 분배권(임금 결정 및 이윤 사용 등), 무역권을 부여한다는 것이며 기업소 경영 자유권을 확대한다는 것이었다. 이로써 지배인의 기업소 경영에 대한 책임 권한이 확대되었다고 볼 수 있다.

김정은은 2016년 신년사에서 "우리식 경제관리방법을 전면적으로 확립하기 위한 사업"을 강조했고, 2016년 5월에 개최된 제7차 당 대회에서 '우리식 경제관리방법'의 전면적인 확립을 천명함으로 공식화하였다. 기업소 부분에서는 '사회주의 기업소 책임관리제'하에 각 경제단위가 경영분권화조치 및 독립채산제를 확대실시하도록 하였다. 지방에 있는 기업소의 경우 국가계획 외에 기업소의 자체 계획에 의해 생산량, 생산품의 가격과 판매, 노동자 임금 등을 결정할 수 있는 권한을 부여했으며 목표치를 초과한 생산품은 시장에서 판매하는 것을 허용했다.[27] 2019년 최고인민회의 시정연설에서 김정은은 경제원리를 통하여 "…기업체들과 생산자들이 높은 의욕과 열의를 가지고 일해 나가도록 하여야 합니다."라고 말하며 효율성과 생산성을 높이도록 강조하였다.[28]

김정은 정권의 2012년 6·28 우리식 경제관리방법은 2002년 7·1 조치와

---

27 이용희, 『북한 장마당의 개혁 개방적 역할에 대한 고찰』(서울: 자유와 생명, 2017), p.101-102.
28 김철희, "북한의 최근 경제개혁 동향 및 시사점", 『북한 FOCUS』(서울: KDB미래전략연구소, 2019), p.6-8.

같은 맥락이라고 할 수 있다. 따라서 김정은 시대의 우리식 경제관리방법은 7·1조치와 6·28 조치를 기점으로 추진되고 있는 경제개혁조치가 경제 현실에서 실제적으로 정착될 수 있도록 중앙당국이 주도하고 있는 경제관리방법이라고 생각할 수 있다.

Ⅳ. 장마당 활성화가 북한 기업소에 미친 영향에 대한 북한 주민들(탈북민)의 인식

북한 시장 활성화가 북한 주민들과 소속집단(기업소)에 미친 영향을 조사하기 위하여 필자가 탈북민 173명을 연구대상자로 하여 2019년에 실시한 설문조사 결과를 인용하고자 한다.[29] 본 설문조사는 장마당의 활성화가 북한 주민들의 가치관 변화와 그들의 소속집단인 기업소에 미친 영향을 파악하기 위한 것이었다. 이 중에서 특별히 기업소와 장마당에 관련된 10가지 설문조사 결과를 논하고자 한다. 〈표4〉, 〈표5〉, 〈표6〉는 173명의 설문조사 대상자의 남녀구성비와 연령분포도, 출신 지역을 나타낸 표이다. 설문조사 대상자 중에서 여성 비율이 높은 것은 전체 탈북민들의 여성 비율이 높기 때문이다. 통일부 북한이탈주민 통계(2019년 12월 기준)[30]에 따르면 대한민국에 입국한 탈북민 33,523명 중 24,160명이 여성으로, 여성 비율이 72.1%이다. 전체 탈북민들의 여성 비율을 고려할 때 본 설문조사 대상자의 성비가 적절하게 구성되었다고 할 수 있다. 그리고 탈북자 출신지로 함경북도와 양강도가 많은 것은 이 지역이 중국 국경과 접해있고, 또 쉽게 압록강과 두만강을 넘을 수 있는 지리적인 이점이 있기 때문이다.

---

29   본 설문조사는 2019년 미래사회연구소의 재정 지원으로 진행되었음.
30   통일부, "북한이탈주민 통계," https://www.data.go.kr/data/15019661/fileData.do(검색일: 20.6.14).

<표4> 탈북민 설문조사 대상자 173명의 성비 분포표

	남자	여자	합계
인원	62	111	173
비율(%)	35.8	64.2	100

<표5> 탈북민 설문조사 대상자 173명의 연령분포표

	20대	30대	40대	50대	60대 이상	합계
인원	39	37	36	36	25	173
비율(%)	22.5	21.4	20.8	20.8	14.5	100

<표6> 탈북민 설문조사 대상자 173명의 출신 지역

	인원	비율(%)		인원	비율(%)
평안남도	10	5.8	강원도	7	4
평안북도	15	8.6	양강도	32	18.5
함경남도	25	14.5	자강도	5	2.9
함경북도	61	35.3	평양시	9	5.2
황해남도	2	1.2	개성시	1	0.6
황해북도	3	1.7	남포시	3	1.7
합계	116	67.1	합계	57	32.9

위의 탈북민 173명이 경험했던 북한의 기업소와 장마당 실태에 대한 10가지 문항에 대한 설문조사 결과를 아래와 같이 1. 기업소의 생산환경, 2. 기업소 내의 안전과 복지와 남녀평등, 3. 장마당의 경제적 보상, 4. 기업소와 장마당의 상호관계 등 4개의 카테고리로 나누어 분석해 보고자 한다.

1. 기업소의 생산환경

〈표7〉 관공서, 지방기업소, 공장 등에 정부의 물자지원은 원활하게 공급된다고 생각하십니까?

	1 (매우 그렇다)	2 (그렇다)	3 (보통이다)	4 (아니다)	5 (매우 아니다)	합계
응답 인원	1	1	26	105	40	173
비율 (%)	0.6	0.6	15	60.7	23.1	100%

〈표7〉에 의하면 관공서, 지방기업소, 공장 등에 정부의 물자지원이 원활하게 공급된다고 생각하는 사람은 전체 답변자 173명 중 2명에 불과하다. 비율로 본다면 1.2%(매우 그렇다 0.6%, 그렇다 0.6%)이다. 반면에 물자지원이 원활하지 않다고 답변한 사람은 83.8%(매우 아니다 23.1%, 아니다 60.7%)로 원활하다고 답변한 사람의 약 70배에 해당한다. 사회주의 계획경제에서 중앙당국이 물자를 지원할 수 없을 경우, 경제의 축을 이루는 기업소와 공장은 가동될 수 없고 경제는 몰락하게 된다. 최근 기업소에서는 중앙당국의 물자지원 없이 독자적으로 물자를 구해서 운영하는 상황이 되었다.

〈표8〉 소속된 조직의 전기공급은 원활하게 되어진다고 생각하십니까?

	1 (매우 그렇다)	2 (그렇다)	3 (보통이다)	4 (아니다)	5 (매우 아니다)	합계
응답 인원	2	8	20	87	56	173
비율 (%)	1.2	4.6	11.6	50.3	32.4	100%

〈표8〉에 의하면 소속된 조직의 전기공급이 원활하게 된다고 생각하는 사람은 전체 답변자 중 5.8%(매우 그렇다 1.2%, 그렇다 4.6%)에 불과하다. 반면에 전기공급이 원활하지 않다고 답변한 사람은 82.7%(매우 아니다 32.4%, 아니다 50.3%)로 원활하다고 답변한 사람의 약 14배에 해당한다. 전기공급이 원활하지 않을 때 기업소나 공장이 제대로 가동하는 것은 매우 어려운 일이다. 모든 생산 활동의 근간이 되는 전기 부족은 관공서, 기업소, 공장의 운영만이 아니라 북한 전 주민들의 기본생활환경 그리고 심지어 군사 훈련과 국방에까지 지대한 영향을 미치게 된다.

2. 기업소 내의 안전과 복지와 남녀평등

〈표9〉 작업시설과 현장의 안전은 이전보다 더 좋아졌다고 생각하십니까?

	1 (매우 그렇다)	2 (그렇다)	3 (보통이다)	4 (아니다)	5 (매우 아니다)	합계
응답인원	2	7	44	98	22	173
비율(%)	1.2	4	25.4	56.6	12.7	100%

계속되는 질문에서 '이전'의 기준은 김일성 사망 후 북한 정권의 배급이 끊어지면서 장마당이 활성화되기 시작했던 1994년 이전을 의미한다. 그러나 1994년 이후에 태어난 젊은 탈북민들의 입장에서는 자신이 경험한 직장의 처음 환경과 마지막 환경을 비교해서 답했다고 생각하면 된다.

〈표9〉에 의하면 작업시설과 현장의 안전이 이전보다 더 좋아졌다고 생각하는 사람은 전체 답변자 중 5.2%(매우 그렇다 1.2%, 그렇다 4%)에 불과하다. 반면에 아니다라고 답변한 사람은 69.3%(매우 아니다 12.7%, 아니다 56.6%)로 작업시설과 현장의 안전이 더 좋아졌다고 답변한 사람의 약 13.3배에 해당한다.

보편적으로 직장의 안전상태가 갈수록 더 좋아져야 하는데, 북한의 경우 시대에 역행하는 것을 보게 된다. 근무 중 안전위험이 더 커질수록 직원들의 직장 이탈률은 더 높아질 수밖에 없다. 중앙당국에서 기업소의 생산물자를 공급하지 못하는 것은 물론이고 기존 설비에 대한 재보수 비용과 안전시설 확보를 위한 비용을 조달하지 못하기 때문에 기업소의 시설이 갈수록 낙후되어 근무시간 중 노동자들에 대한 안전도가 계속 떨어지는 것으로 볼 수 있다.

〈표10〉 직장 내 근무환경에서 근로자의 복지혜택이 더 좋아졌다고 생각하십니까?

	1 (매우 그렇다)	2 (그렇다)	3 (보통이다)	4 (아니다)	5 (매우 아니다)	합계
응답 인원	2	4	13	90	64	173
비율 (%)	1.2	2.3	7.5	52	37	100%

〈표10〉에 의하면 직장 내 근무환경에서 근로자의 복지혜택이 더 좋아졌다고 생각하는 사람은 전체 답변자 중 3.5%(매우 그렇다 1.2%, 그렇다 2.3%)에 불과하다. 반면에 아니다라고 답변한 사람은 89%(매우 아니다 37%, 아니다 52%)로 복지혜택이 더 좋아졌다고 답변한 사람의 약 25.4배에 해당한다. 직장 안전도와 마찬가지로 복지에 대한 부분도 이전보다 더 나빠졌다는 의견이 무려 25배가 넘는다.

중앙당국에서 기업소에 대한 물자지원 중단과 함께 운영자금(노동자 임금 포함)도 중단된 상태에서 90년대 기업소의 가동률은 20%까지 떨어졌었다. 국가적으로 볼 때는 주민들에 대한 식량 배급도 중단되고 임금도 지불하지 못하는 상황 속에서 노동자들에 대한 복지까지 돌볼 상황이 아니었음을 보여주고 있다.

〈표11〉 소속집단(직장) 내에서 남, 녀의 업무가
이전보다 평등하게 배정된다고 생각하십니까?

	1 (매우 그렇다)	2 (그렇다)	3 (보통이다)	4 (아니다)	5 (매우 아니다)	합계
응답 인원	17	19	54	31	52	173
비율 (%)	9.8	11	31.2	17.9	30.1	100%

〈표11〉에 의하면 직장 내에서 남녀의 업무가 이전보다 평등하게 배정된 다고 생각하는 사람은 전체 답변자 중 20.9%(매우 그렇다 9.8%, 그렇다 11%)이다. 반면에 아니다라고 답변한 사람은 48%(매우 아니다 30.1%, 아니다 17.9%)로 남녀 의 업무가 평등해졌다고 답변한 사람의 약 2.3배에 해당한다. 북한 사회는 전반적으로 보수적인 사회였지만, 장마당이 활성화되면서 여성의 역할이 증진되고 이와 함께 여성 인권도 증진되었다고 할 수 있다. 하지만 설문조사 결과는 기업소에서는 남녀평등이 이전보다 존중되지 않고 있다는 것을 보여주고 있다. 기업소에서의 남녀차별이란 일반적으로 보수와 승진 등에 대한 인사에서 차별이 있음을 뜻한다. 그래서 여성 노동자들은 기업소보다는 장마당을 택하는 편이 더 늘어나는 추세라고 할 수 있다. 이러한 상황은 기업소 내의 여성 노동자들의 직장 이탈율을 높이는 결과를 초래한다.

3. 장마당의 경제적 보상

〈표12〉 장마당의 시장활동을 통해 노력한 만큼 보상(소득)이 이루어지고 있다고 생각하십니까?

	1 (매우 그렇다)	2 (그렇다)	3 (보통이다)	4 (아니다)	5 (매우 아니다)	합계
응답 인원	16	70	37	22	28	173
비율 (%)	9.2	40.5	21.4	12.7	16.2	100%

〈표12〉에 의하면 장마당의 시장 활동을 통해 노력한 만큼 보상(소득)이 이루어지고 있다고 생각하는 사람은 전체 답변자 중 49.7%(매우 그렇다 9.2%, 그렇다 40.5%)이다. 반면에 아니다라고 답변한 사람은 28.9%(매우 아니다 16.2%, 아니다 12.7%)로, 노력한 만큼 보상이 이루어진다고 생각하는 사람이 1.7배 더 많다. 장마당에서 노력한 것만큼 소득을 얻을 수 있다는 질문에 대해 부정적이지 않은 답변은 71.1%(매우 그렇다 9.2%, 그렇다 40.5%, 보통이다 21.4%)이다. 전반적으로 볼 때 장마당에서의 경제활동에 대해서는 노력한 만큼 소득을 얻을 수 있다는 인식이 보편적이라고 할 수 있다.

〈표13〉 이전의 배급과 직장의 월급을 합한 수입보다 장마당을 통한 수입이 더 크다고 생각하십니까?

	1 (매우 그렇다)	2 (그렇다)	3 (보통이다)	4 (아니다)	5 (매우 아니다)	합계
응답 인원	84	50	5	8	26	173
비율 (%)	48.6	28.9	2.9	4.6	15	100%

〈표13〉에 의하면 이전의 국가 배급과 직장 월급을 합한 수입보다 장마당을 통한 수입이 더 크다고 생각하는 사람은 전체 답변자 중 77.5%(매우 그렇다 48.6%, 그렇다 28.9%)이다. 반면에 아니다라고 답변한 사람은 19.6%(매우 아니다 15%, 아니다 4.6%)로 장마당을 통한 수입이 더 크다고 답변한 사람이 약 4배 많다. 대부분 북한 주민들은 국가에서 주는 배급이 중단된 상황 속에서 장마당에서의 경제활동이 국가 배급과 기업소 월급을 합한 것보다 훨씬 더 큰 돈을 번다고 생각하기 때문에 기업소에 일정 금액을 지불하고는 장마당에서 돈을 번다. 8·3 노동자들이 여기에 해당한다.

4. 기업소와 장마당의 상호관계

〈표14〉 직장에서 습득한 기술과 경험이 시장참여에 있어 도움이 된다고 생각하십니까?

	1 (매우 그렇다)	2 (그렇다)	3 (보통이다)	4 (아니다)	5 (매우 아니다)	합계
응답 인원	21	30	51	49	22	173
비율 (%)	12.1	17.3	29.5	28.3	12.7	100%

〈표14〉에 의하면 직장에서 습득한 기술과 경험이 시장참여에 있어 도움이 된다고 생각하는 사람은 전체 답변자 중 29.4%(매우 그렇다 12.1%, 그렇다 17.3%)이다. 반면에 아니다라고 답변한 사람은 41%(매우 아니다 28.3%, 아니다 12.7%)이다. 즉 기업소에서 일한 경력이 장마당에서의 경제활동에 도움이 안 된다는 의견이 더 많은 편이다. 기업소의 직장 경력이 장마당 경제활동에서 도움이 되지 않으며 장마당에서 직장 임금보다 훨씬 더 많은 돈을 벌 수 있다면, 기업소 노동자들은 최대한 빨리 기업소를 떠나 장마당 경제활동에 참여하려고 할 것이다.

<표15> 직장에서 관계 맺은 인간관계가 장마당을 통한 경제활동에 도움이 된다고 생각하십니까?

	1 (매우 그렇다)	2 (그렇다)	3 (보통이다)	4 (아니다)	5 (매우 아니다)	합계
응답 인원	17	46	57	32	21	173
비율 (%)	9.8	26.6	32.9	18.5	12.1	100%

<표15>에 의하면 직장에서 관계 맺은 인간관계가 장마당을 통한 경제활동에 도움이 된다고 생각하는 사람은 전체 답변자 중 36.4%(매우 그렇다 9.8%, 그렇다 26.6%)이다. 반면에 아니다라고 답변한 사람은 30.6%(매우 아니다 12.1%, 아니다 18.5%)로 거의 비슷한 수준이다. <표12> 결과를 볼 때, 기업소에서 일하면서 형성된 인간관계가 장마당 경제활동에 도움이 된다고는 보기 어려운 상황이다.

<표16> 직장 내 국가물자를 개인적으로 빼돌려서 시장에서 판매를 하는 일들이 많아졌다고 생각하십니까?

	1 (매우 그렇다)	2 (그렇다)	3 (보통이다)	4 (아니다)	5 (매우 아니다)	합계
응답 인원	60	57	20	9	27	173
비율 (%)	34.7	32.9	11.6	5.2	15.6	100%

<표16>에 의하면 직장 내 국가물자를 개인적으로 빼돌려서 시장에서 판매를 하는 일들이 많아졌다고 생각하는 사람은 전체 답변자 중 67.6%(매우 그렇다 34.7%, 그렇다 32.9%)이다. 반면에 아니다라고 답변한 사람은 20.8%(매우 아

니다 15.6%, 아니다 5.2%)로, 직장 내 국가물자를 빼돌려서 시장 판매를 하는 일들이 많아졌다고 답변한 사람이 약 3.2배 많다. 이것은 국가 경제가 어려워지면서 주민들에게 식량 배급이 중단되고 임금 지불도 제대로 안 되는 상황에서 기업소 내의 부패는 더 심각해지고 있음을 보여준다. 이러한 기업소의 부패는 장마당과 연결고리를 갖고 있어서 기업소에서 몰래 훔친 장물 처리는 장마당에서 이루어진다.

V. 맺음말

앞장에서 2019년 탈북민 173명을 대상으로 조사한 설문조사 결과를 통해서 장마당 활성화가 북한 기업소에 미친 영향에 대한 북한 주민들(탈북민)의 인식을 분석하였다.

북한의 장마당과 기업소와 관련된 10개의 설문조사 결과를 토대로 고찰해볼 때, 북한경제의 몰락으로 인해 기업소의 생산환경이 열악해지고, 기업소 내의 안전과 복지와 남녀평등 지수가 이전보다 떨어지면서 많은 북한 주민들이 기업소로 출근하지 않고 (대신 일정 금액을 기업소에 납부함) 장마당으로 나가 경제활동을 하며 스스로 생계를 유지하고 있음을 알 수 있다. 장마당이 활성화되자 많은 노동 인력들이 기업소로부터 장마당으로 빠져나가면서 기업소의 입장에서는 남은 노동자들만 가지고 국가가 정한 목표를 수행하는 상황이 되었다.

탈북민들의 실태조사를 분석해 볼 때 장마당이 활성화되기 이전보다 최근의 기업소의 생산환경은 매우 열악하다고 볼 수 있다. 정부의 물자지원은 거의 없고 전기공급도 원활하지 않으며 더욱이 작업환경의 안전도 이전에 비해 매우 위험한 상황이다. 노동자에 대한 복지혜택도 이전보다 훨씬 나쁘고, 남녀평등이나 인사와 임금에 있어서 차별은 더 심해졌다. 반면에 장마당의 경우 노력한 만큼 소득이 이뤄진다고 생각하는 사람이 대다수이며 장마당을 통한 수입이 이전에 정부에서 받았던 배급과 기업소의 월급을 합친 것보다 훨씬 더 많다는 것이 지배적이었다. 그러므로 북한 주민들은 당연히 기업소를 떠나서 장마당으로 갈 수밖에 없는 상황이라고 볼 수 있다. 더군다나 기업소에서 습득한 기술과 경험 그리고 인간관계가 장마당에서 경제활동을 하게 될 경우 큰 도움이 되지 않는다고 답변하였기 때문에 기업소에 오래 근무할 이유가 없고 조금이라도 빨리 장마당으로 진출하려고 할 것이다.

먹고 사는 생존의 문제에 어려움이 있자 북한에서 부정부패와 도둑질은 사회 전반에 만연하고 심지어 기업소 내의 국가물자들도 빼돌려서 장마당에 판매하는 일이 부지기수라고 한다. 이와 같은 국가물품을 도둑질하는 것도 장마당이 활성화됐기 때문에 가능한 일이다. 과거 70년대, 80년대만 해도 기업소 물품들을 개인적으로 빼돌릴 경우 장물 처리가 쉽지 않았고 발각될 위험부담이 컸다. 그러나 장마당이 활성화되면서 모든 물품이 장마당에서 유통되고 판매되기 때문에 기업소에서 빼돌린 물품들도 쉽게 유통, 판매할 수 있게 되었다. 이같은 상황은 기업소 내의 부정부패를 가속화시켰다고 볼 수 있다.

한편 장마당의 활성화는,

첫째, 몰락해가는 기업소를 소생케 하는 요인이 되었다. 사회주의경제 체제하에서 중앙당국이 기업소에 대한 생산물자와 운영자금의 지원을 중단한 이후에도 현재까지 기업소가 유지되고 계속 운영될 수 있었던 것은 장마당의 자본이 뒷받침했기 때문이라고 할 수 있다. 2000년대에 들어서면서 장마당을 통해서 형성된 자본과 이 자본을 사용하는 신흥자본가층인 돈주들이 기업소들의 운영자금을 조달함에 따라 기업소들은 새로운 출구를 얻게 되었다.

둘째, 기업소 노동자들에게 임금 지불도 가능하게 되었다. 중앙당국으로부터 생산물자와 운영자금 지원이 중단된 상태에서 기업소들은 돈주들의 자본을 융통해서 기업소의 운영자금으로 사용하였고, 필요한 생산요소들을 장마당에서 구입하여 생산 활동을 할 수 있었다. 그 결과, 기업소는 당국이 요구한 생산 목표치를 초과한 상품들과 자체적으로 계획하여 생산한 상품들을 장마당에 내어 판매하여 수익을 올렸고, 이러한 수익금을 기업소 노동자들에게 임금으로 지불할 수 있게 되었다. 이로써 정부의 배급이 중단된 상태에서 정부 대신 기업소들이 노동자들의 생존을 가능하게 하는 역할을 하게 되었다.

셋째, 장마당과 기업소에서 벌어들이는 수입으로 인하여 국가 경제가 유지되고 있다. 장마당의 영향력은 여기에서 멈추지 않았다. 장마당에서 형성된 자본을 가지고 돈주들이 국유기업소들을 직접 운영하여 수익을 내면서 기업소 노동자들에게 임금도 지불하고, 당국에는 기업소 운영 수익의 일부를 납부하는 형태가 늘어나고 있다. 장마당이 없었다면 국가 경제가 몰락하면서 국유기업소들도 함께 문을 닫고 경제가 파국에 이르렀을 것인데, 장마당으로 인하여 오히려 기업소들이 생산활동을 유지하고 또 기업소에서 벌어들이는 수입으로 인하여 국가 경제가 지탱되고 있다고 볼 수 있다.

돈주들은 1990년대 후반부터 2000년대 초반에 걸쳐 북·중 국경선 밀수무역과 가내수공업, 소상공업 등에 자본을 투자하였다. 이러한 투자들이 성공적으로 진행되자 최근에는 돈주들이 당국과 단합하여 무역업, 제조업, 건설업, 금융업, 운수업 등 거의 모든 분야에 광범위하게 투자하고 있다. 최근 코로나19 사태로 북한경제가 전반적으로 침체되어있지만, 향후 북한경제의 활성화 여부는 장마당에서 축적된 자본이 얼마나 더 생산적이며 효과적으로 기업소를 통하여 활용될 수 있는가에 달려있다고도 볼 수 있다.

참고문헌

김근식·조재욱, "북한의 시장화 실태와 시장권력 관계 고찰: 향후 북한 정치 변동에의 함의", 『한국과 국제정치』, 33권 3호, 서울, 경남대학교 극동문제연구소, 2017.

김영윤, "북한 에너지난의 실상과 전망", 『북한 경제난의 현황과 전망』, 제25회 국내학술회의(97.11.24) 발표논문집, 서울, 민족통일연구원, 1997.

김차영·김명철, "김정은 시대 북한의 경제 변화 방향성에 관한 연구-북한 학술지『경제연구』주제 분석을 중심으로-", 『통일연구』, 제23권 제2호, 서울, 연세대학교 통일연구원, 2019.

김창희, "김정은의 정치리더십에 관한 연구", 『통일전략』, 제17권 제2호, 서울, 한국통일전략학회, 2017.

김철희, "북한의 최근 경제개혁 동향 및 시사점", 『북한 FOCUS』, 서울, KDB미래전략연구소, 2019.

곽인옥, "북한시장의 실태분석 및 변화과정에 관한 연구", 『2013 북한 및 통일관련 신진연구 논문집』, 서울, 북한자료센터, 2013.

남성욱 외, "북한 여성과 통일한국의 양성평등 과제", 『통일전략』, 제17권 제3호, 서울, 한국통일전략학회, 2017.

박범종, "한반도 통일의 정치·경제적 효과와 지역발전", 『통일전략』, 제16권 제2호, 서울, 한국통일전략학회, 2016.

박영자 외, 『북한 기업의 운영실태 및 지배구조』, KINU 연구총서 16-10, 서울, 통일연구원, 2016.

박형중, "최근 북한의 경제개혁에 대한 평가와 전망", 『사회연구』, 6호, 한국사회조사연구소, 2003.

배영애, "김정은 현지지도의 특성 연구", 『통일전략』, 제15권 제4호, 서울, 한국통일전략학회, 2015.

성현국·이창희, "김정은 시대의 북한 경제와 전망", 『평화학연구』, 제20권 1호, 한국평화연구학회, 2019.

양문수, 『북한경제의 구조: 경제개발과 침체의 메커니즘』, 서울, 서울대학교출판부, 2001.

오경섭, "북한시장의 형성과 발전: 시장화 특성과 정치적 결과를 중심으로", 『세종정책연구』, 2013-22, 성남, 세종연구소, 2013.

오일환, "북한 노동당 제7차 대회와 김정은 당 유일영도체계 확립 전략", 『통일전략』, 제

16권 제3호, 서울, 한국통일전략학회, 2016.
이석기, "북한 기업의 변화와 행위자 분석," 『북한 계획경제의 변화와 시장화』, 서울, 통일연구원, 2009.
이용희 · 김광중, "북한 시장 활성화가 북한 가족사회와 소속집단에 미치는 영향", 가천대학교 산학협력단 연구보고서, 미래사회연구소, 2019.
이용희, 『북한 장마당의 개혁 개방적 역할에 대한 고찰』, 서울, 자유와 생명, 2017.
이용희, "북한 시장화가 주민 가치관 변화에 미친 영향", 『통일전략』, 20권 1호, 한국통일전략학회, 2020.
이용희, "장마당이 북한 계급제도와 체제에 미치는 영향," 『통일전략』, 18권 4호, 한국통일전략학회, 2018.
임강택, 『북한경제의 시장화 실태에 관한 연구』, KINU 연구총서 09-04, 서울, 통일연구원, 2009.
임수호, 『계획과 시장의 공존』, 서울, 삼성경제연구소, 2008.
정상돈, "김정은 시대의 사회통제 정책 평가", 『세계북한학 학술대회 자료집』, 3권, 북한연구학회, 2016.
정은미, "북한의 시장, 변화의 중심에 서다", 『내일을 여는 역사』, 제74호, 재단법인 내일을 여는역사재단, 2019.
정정길 · 전창곤, "북한 농민시장의 실태 분석", 『농촌경제』, 제23권 제2호, 전남, 한국농촌경제연구원, 2000.
정형곤 · 김병연 · 이석, "북한의 시장화 현황과 경제체제의 변화전망", 『KIEP 정책연구 브리핑 연구보고서』, 12-26, 세종, 대외경제정책연구원, 2012.
채경희, 『북한의 '장마당세대' 의식 특성에 관한 연구』, 북한대학원대학교 박사학위논문, 2018.
통일부, 『북한개요』, 서울, 통일부, 1984.
통일준비위원회, 『북한 시장화 지원방안』, 서울, 한반도개발협력연구소, 2015.

〈북한 자료〉

김일성, "사회주의경제의 몇 가지 리론 문제에 대하여", 『김일성저작집 23』, 평양, 조선로동당출판사, 1983.
김정일, "강성대국건설의 요구에 맞게 사회주의 경제관리를 개선강화할 데 대하여", 2001.

〈인터넷 자료〉

국립국어원 우리말 사전, "기업소", https://opendict.korean.go.kr (검색일: 2020.6.14).

두산백과, "연합기업소", http://www.doopedia.co.kr/ (검색일: 2020.10.12).

매일경제용어사전, "모라토리움", https://terms.naver.com/entry.nhn?docId (검색일: 2020.10.1).

북한정보포털, "비사회주의 그루빠", https://nkinfo.unikorea.go.kr/nkp/term/viewNkKnwldgDicary.do?pageIndex=1&dicaryId=108 (검색일: 2020.10.3).

장용훈, "화폐개혁 희생양, 북한 박남기 총살", 『연합뉴스』, http://www.yonhapnews.co.kr/politics/2010/03/18/0511000000AKR20100318085100014.HTML (검색일: 2020.10.13).

통일부, "북한이탈주민 통계", https://www.data.go.kr/data/15019661/fileData.do (검색일: 2020.6.14).

통일부 북한지식사전, "연합기업소", https://nkinfo.unikorea.go.kr (검색일: 2020.10.12).

통일부 북한지식사전, "8.3 인민소비품", https://nkinfo.unikorea.go.kr (검색일: 2020.10.12).

Abstract

The Impact of vitalization of Jangmadang on North Korean companies

— Based on the recognition of North Korean defectors —

This paper conducted research on the process of private market change within the North Korean regime and the process of revitalization of private market (Jangmadang) after the mid-1990s, along with the process of change of North Korean enterprises. In addition, the survey of 173 North Korean defectors analyzed the results of a survey on Jangmadang and state-owned companies in order to find out the impact of the vitalization of Jangmadang on state-owned companies. The survey results empirically showed that state-owned companies in North Korea are in a much worse production environment than before, and that North Koreans are more dependent on Jangmadang than on state-owned companies. North Korean state-owned companies collapsed in the 1990s and their operating rates fell to the 20 percent range, but as Jangmadang became active in the 2000s, money accumulated in Jangmadang was used as production funds for the state-owned companies, and the companies were able to operate again. The profits generated by the operation of the the state-owned companies have become divided between the Donju and the companies, and these profits have allowed the companies to pay wages to the companies' workers. Recently, Donju have expanded their investments in various fields, including trade, transportation, construction, manufacturing and finance, and have partnered with many businesses. If the capital formed in Jangmadang can be used effectively through the state-owned companies, it will contribute to develop the North Korean economy in the future.

[Key Words]

North Korean econom y, Jangmadang, state-owned company, donju, survey of North Korean defectors

북한 시장화가 주민 가치관 변화에 미친 영향

- Ⅰ. 머리글
- Ⅱ. 북한의 시장화 과정과 현황
- Ⅲ. 시장화가 북한 주민 가치관에 미친 영향
- Ⅳ. 북한 시장화가 가치관에 미친 변화에 대한 종합적 고찰
- Ⅴ. 맺음글

국문요약

　90년대 중반 북한 정부의 배급이 끊어지자 민간시장인 장마당이 주민들의 생존수단으로 활용되었다. 장마당은 전국적으로 확대되었고, 북한 주민들은 장마당에서의 거래활동을 통해서 시장경제원리를 터득했다고 볼 수 있다. 장마당을 통해서 얻은 외부 정보들과 한류의 영향은 주민들의 가치관에 많은 변화를 일으켰다. 북한의 젊은 세대인 장마당 세대는 결혼관에 있어서 부모 세대와는 많은 차이를 보이고 있다. 그리고 자녀 출산, 전통 관습, 출신성분과 계급제도에 대한 가치관도 시장화로 인하여 상당 부분 바뀌었다고 볼 수 있다. 시장에서 습득한 시장경제 원리와 시장화를 통한 결혼, 출산, 관습, 계급제도 등에 대한 북한 주민들의 의식변화는 남북한 사회의 사회, 문화, 경제적 격차를 줄일 뿐만 아니라 남한 사회에 대한 인식과 남북 간 통일에 대한 북한의 국민적인 지지를 높이는 역할을 하고 있다고 보인다. 따라서 북한의 시장화가 진전될수록 이는 향후 남북한 경제통합과 통일에 대해 매우 긍정적인 기여를 하게 될 것으로 예측한다.

[주제어]
장마당, 시장 경제, 시장화, 주민 가치관 변화, 남북한 경제통합

* 2020년 1월 〈통일전략〉 제20권 1호에 실린 논문.

Ⅰ. 머리글

본 연구는 북한 내에 활성화되고 있는 민간시장인 농민시장의 생성과 발전과정에 대하여 정리하였고, 특별히 현재 진행되고 있는 시장화가 북한 주민 가치관 변화에 미치는 영향에 대해서 분석하였으며, 북한 시장화가 주민 가치관에 미친 변화에 대해서 남북한 경제통합의 관점에서 고찰하였다. 먼저 김일성 김정일 김정은 정권하에서 변천되어 온 민간시장의 발전과정을 조사하였고 특별히 90년대 중반에 북한 정권의 배급이 중지되면서 활성화되기 시작한 장마당과 시장화 과정에 대해 분석하였다.

북한에서 지금 진행되고 있는 많은 변화의 중심에는 시장이 있다. 시장이 활성화되면서 주민들의 사유재산권 고취와 시장경제 체제에 대한 인식, 외부 정보 유입을 통한 가치관의 변화가 일어났으며, 또 북한 내부의 출신성분과 계급제도에도 변화가 일어나고 있다.

이 연구의 목적은 시장이 활성화되면서 북한 사회에 나타나고 있는 북한 주민들의 가치관 변화를 구체적으로 파악하는 것이다. 그래서 특별히 북한 시장화가 주민들의 결혼관, 출산, 전통 관습과 출신성분·계급제도에 미친 가치관 변화를 알기 위해 각 항목으로 나누어 연구 조사하였다.

연구 방법으로는 본 연구의 목적에 부합하는 선행연구 자료들과 북한 자료 외에도 관련된 통계와 연구보고서 등을 참조하였다. 그리고 북한 내부의 상황을 파악하는 것이 현실적으로 불가능하기 때문에 북한에 살다가 탈북하여 남한에 입국한 탈북민 31명을 대상으로 2019년 10월에 심층 면담하였고, 2010년 이후에 탈북하여 남한에 입국한 장마당 세대(20~35세)인 탈북민 20명의 면담자료를 본 논문을 위한 최종 표본 자료로 사용하였다. 또한 북한 시장 활성화가 북한 주민들에게 미친 영향을 조사하기 위해 탈북민 173명을 대상으로 2019년 3월에 실시한 설문조사 자료를 사용하였다.

선행연구로는 북한의 시장 이해를 위해서 정정길·정창곤(2000)이 북한 농민시장의 실태를 분석하였고 임강택(2009)이 북한경제 시장화 실태에 관해

연구를 하였다. 정형권·김병연 외(2012)은 북한의 시장화와 경제체제의 변화를 연구했고, 곽인옥(2013)은 북한시장 실태분석과 변화의 방향성에 관해 예측하였다. 강동완·박정란(2014)은 북한 주민의 통일의식을 조사 연구하였다. 양문수(2016)는 2015년에 북한 시장 동향과 향후전망을 발표하였다. Kim Byungyeon·Kim Seonghee(2016)는 탈북민들의 남한 경제활동 적응에 대한 연구결과를 발표하였다. 정상돈(2016)은 김정은 시대의 사회통제 정책을 발표하였고, 이용희(2017)는 장마당의 개혁 개방적 역할에 대해 연구하였다. 김병연·김다울(2018)은 탈북민의 비공식 경제활동과 자본주의 지지도를 연구했고, 정동준(2018)은 북한주민 의식조사를 발표했다. 박영자·조정아 외(2018)는 김정은 시대 북한 경제사회 8대 변화에 대하여 연구하였으며, 채경희(2018)는 북한의 '장마당세대' 의식에 대하여 조사하였다. 이용희(2018)는 장마당이 북한 계급제도와 체제에 미치는 영향에 대해서 연구하였고, 이인정(2019)은 시장화가 북한 가족윤리 변화에 미친 영향을 발표하였다.

본 연구는 시장화가 북한주민들의 가치관 변화와 함께 다가올 통일에 미칠 영향도 고려하였다. 시장경제체제의 남북한 경제통합을 가정한다면 북한의 시장화가 진전될수록 향후 남북한 경제통합과 통일에 매우 긍정적인 기여를 하게 될 것으로 전망한다.

Ⅱ. 북한의 시장화 과정과 현황

북한에서 시장에 대한 용어는 인민시장, 농촌시장, 농민시장 등으로 변경되어 사용되었다. 북한은 농민시장을 "자본주의적인 잔재를 가지고 있는 뒤떨어진 상업형태"로 정의하고 있다.[1] 북한 정권은 비공식적인 민간시장이 주

---

1 사회과학원 주체경제학경제연구소, 『경제사전 Ⅰ』(평양: 사회과학출판사, 1985), p.367.

민들에게 자본주의 사상과 배금주의를 일으키고, 개인주의를 부각시켜 공산주의 체제를 손상시킬 수 있다고 우려했다. 그럼에도 불구하고 주민들의 모든 필요를 정부가 공급하지 못하는 상황 속에서 주민들의 개인적 필요들을 충족시키기 위해 농민시장을 수용했다고 볼 수 있다. 1990년대 이후 북한에서 확산되고 있는 시장화 현상은 공산주의 경제가 몰락하면서 정부 배급이 중단되자 발생한 특별한 상황이라고 볼 수 있다.

"1994년 김일성이 사망하였고 95년부터는 이른바 '고난의 행군' 시기가 시작되면서 수많은 아사자가 발생하였다. 1994년 북한에서는 평양을 제외한 전 지역에서 배급이 중단되었고, 북한 당국은 주민들에게 식량 문제를 스스로 해결하도록 지시하였다."[2] 정부의 배급이 멈추자 주민들 대부분은 직장이나 협동농장 같은 공적인 경제활동보다는 텃밭·자경지 농사와 부업과 장사 등 비공식 경제활동에 총력을 기울였다. 이와 함께 장마당이라고 불리는 농민시장이 급증하였다.

북한 당국은 2002년 「7·1 경제관리 개선조치」와 후속 조치로 2003년 3월에 농민시장인 장마당을 수용하여 합법화하였고 종합시장으로 확대 개편하였다.

2009년 11월 30일 북한 정권은 화폐개혁을 단행하였다. 그러나 이 화폐개혁은 곧 이어진 약 100배의 물가 상승으로 생산과 거래 활동을 현저하게 위축시켰고 그 결과로 사회적으로도 많은 부작용이 발생했다.

아래의 〈표1〉은 1945년 해방 이후 2010년까지 북한에서의 민간시장 발전 과정을 요약해서 보여주고 있다.

---

2 이상만 외, 『북한 시장화 지원방안: 내수 자영업 육성을 중심으로』(서울: 통일준비위원회, 2015), p.21.

<표1> 북한 경제체제 내의 시장의 변천

일시	조치(법)	내 용
1945	인민시장	상설시장(도시), 3일 또는 5일장(농촌)
1947.02-03	인민시장법	인민시장의 운영 규정으로 인민시장이 국가의 통제에 들어감을 의미
	개인상점 허가제	개인상점은 북한 정부당국의 허가 하에 운영된다는 내용으로 사유기업을 국가의 통제하에 두겠다는 의미
1950.01	농민시장 개설에 관한 결정서	한국전쟁을 앞두고 시장의 역할 변화를 꾀함. 매일장(도시), 3일 또는 5일장(농촌)
1958.08	내각결정 140호	국유화의 완성으로 농민시장의 품목을 개인 텃밭에서 생산한 농산물로 제한
1969	전국상업 일꾼 열성자회의	10일장 전환(매월 1,11,21일) 암시장 생성 도시 농민시장 폐쇄, 1군에 1개소씩 개설허용
1969.03	"사회주의 경제의 몇 가지 리론 문제에 대하여"	농민시장은 사회주의 체제에서의 과도기적인 상업형태이고 주민들에게 이롭기 때문에 허용해야 한다(김일성)
1982		농민시장 상설화 / 특별시에도 농민시장 생성
1987		농민시장 주일장 전환
1989		농민시장 3일장으로 회귀 비허가 시장 폐쇄 시도(실패)
1992	비사 그루빠 활동	시장에서의 비사회주의적 판매 감시 강화
1993		매일장(상설장)으로 전환 농민시장/장마당 기능이 급격히 강화 쌀, 옥수수 등 곡물과 공산품 등 각종 제품 판매 허용
2003	2002.7.1. 경제관리 개선조치와 관련 후속조치	종합시장으로 전환 곡물 및 공업품 판매 허용

2007.04		전국 농민시장 정돈사업 (남자 및 40세 이하 여성 판매 금지) 20만 원 이상 시장에서 판매 금지
2008.11	시장 억제조치	종합시장 폐쇄 예고(미시행)
2009.05-06		150일 전투, 100일 전투 동원으로 시장접근 제한 평성시장 폐쇄 (나머지 시장들은 폐쇄 안함)
2009.11		화폐개혁 실시, 시장 통제 강화
2010.02		김영일 내각총리 화폐개혁 공식 사과 장마당 이전처럼 운영

출처: 이용희, "장마당이 북한 계급제도와 체제에 미치는 영향", 『통일전략』, 제18권 제4호(한국통일전략학회, 2018). p.116-117.

김정은 정권이 시작되면서 시장 활동에 대한 직접적인 통제는 없었다고 볼 수 있다. 북한 정권은 시장 건물을 현대식 건물로 지은 후 노상에서 장사하던 사람들에게 국가납부금과 시장사용료를 받고 새 건물에서 장사하게 했고, 시장을 합법적으로 사용할 수 있는 권한을 주었다. 북한 정권은 시장을 폐쇄한다는 것이 현실적으로 매우 어렵다는 것을 체험했다. 따라서 시장을 폐쇄할 수 없는 상황 속에서 오히려 장마당과 돈주들을 활용하여 조세 수입을 증가시키고 북한경제 활성화를 추진하고 있다고 볼 수 있다.

김정은 정권은 새롭게 부각된 돈주들에게는 국가를 위해 거액의 기부금 경쟁 등을 유발시켜서 수령에 대한 충성심 경쟁을 하도록 유도하고 있다. 그리고 많은 국가적인 프로젝트들을 돈주들의 자금을 활용하여 추진하고 있다. 현 정권은 신흥 자본가층인 돈주들과는 피차의 이익을 추구하며 공생관계에 있다고 사료된다.[3]

---

3 이용희, "장마당이 북한 계급제도와 체제에 미치는 영향", 『통일전략』, 제18권 제4호(한국통일전략학회, 2018), p.118.

Ⅲ. 시장화가 북한 주민 가치관에 미친 영향

북한의 시장화가 북한 주민들의 가치관에 미친 영향을 심층적으로 조사하기 위해 2019년 10월에 탈북민 31명을 대상으로 면담을 실시하였다. 연구 대상자들은 장마당을 경험하였으며 비교적 최근에 탈북하여 남한에 입국한 탈북민들로 선정하였다.

전체 면담자 31명 중에서 나이가 20~35세(장마당 세대)이며 2010년 이후 북한에서 탈북한 탈북민 20명만을 연구 대상자로 선정하여 본 연구의 목적인 북한 시장화가 주민의 가치관 변화에 미친 영향을 살펴보았다. 최종 연구 대상자로 선정된 20명은 평양시 4명, 양강도 4명, 함경남도 3명, 함경북도 7명, 평안북도 1명, 황해도 1명이다.

〈표2〉 탈북민 면담자의 인적사항

이름	성별	나이(만) (2019년기준)	탈북년도	입국년도	출신 지역	연구 대상자
사례1	여	20	2018	2018	양강도	○
사례2	남	24	2016	2016	양강도	○
사례3	남	24	2016	2016	평양	○
사례4	남	24	2015	2015	함경북도	○
사례5	여	24	2012	2013	함경북도	○
사례6	여	24	2011	2011	함경북도	○
사례7	여	26	2014	2014	함경북도	○
사례8	여	26	2014	2015	함경북도	○
사례9	남	27	2011	2011	함경남도	○
사례10	여	27	2012	2019	평안북도	○
사례11	여	28	2012	2017	양강도	○
사례12	여	28	2017	2017	평양	○

사례13	남	28	2014	2014	함경북도	O
사례14	남	28	2011	2011	함경남도	O
사례15	여	28	2010	2010	함경북도	O
사례16	남	29	2016	2017	양강도	O
사례17	남	32	2016	2016	함경남도	O
사례18	여	33	2010	2015	황해도	O
사례19	여	34	2012	2013	평양	O
사례20	여	35	2012	2012	평양	O
사례21	여	28	2007	2017	함경북도	
사례22	여	29	2009	2017	강원도	사례 인용
사례23	여	29	2009	2014	함경북도	
사례24	남	33	2008	2009	함경북도	
사례25	남	33	2009	2009	함경북도	
사례26	여	35	2008	2012	함경북도	사례 인용
사례27	남	39	2012	2012	함경남도	사례 인용
사례28	여	49	2014	2015	양강도	사례 인용
사례29	여	50	2011	2014	강원도	사례 인용
사례30	여	53	2012	2016	양강도	
사례31	남	61	2014	2014	평양	사례 인용

또한 북한 시장 활성화가 북한 주민들에게 미친 영향을 조사하기 위하여 탈북민 173명을 연구 대상자로 하여 2019년 3월에 실시된 설문조사 결과를 인용하고자 한다.[4] 본 설문조사에서는 장마당의 활성화가 출산, 전통 관습, 출신성분·계급제도, 통일의식에 미친 영향을 파악하기 위하여 7가지 문항

---

4 이용희·김광중, "북한 시장 활성화가 북한 가족사회와 소속집단에 미치는 영향", 가천대학교 산학협력단 연구보고서 (미래사회연구소, 2019).

을 173명의 탈북민에게 질문하였다. 〈표3〉, 〈표4〉, 〈표5〉는 173명의 설문조사 대상자의 남녀구성비와 연령분포도, 출신 지역을 나타낸 표이다.

〈표3〉 탈북민 설문조사 대상자 173명의 성비 분포표

	남자	여자	합계
인원	62	111	173
비율(%)	35.8	64.2	100

〈표4〉 탈북민 설문조사 대상자 173명의 연령 분포표

	20대	30대	40대	50대	60대 이상	합계
인원	39	37	36	36	25	173
비율(%)	22.5	21.4	20.8	20.8	14.5	100

〈표5〉 탈북민 설문조사 대상자 173명의 출신 지역

	인원	비율(%)		인원	비율(%)
평안남도	10	5.8	강원도	7	4
평안북도	15	8.6	양강도	32	18.5
함경남도	25	14.5	자강도	5	2.9
함경북도	61	35.3	평양시	9	5.2
황해남도	2	1.2	개성시	1	0.6
황해북도	3	1.7	남포시	3	1.7
합계	116	67.1	합계	57	32.9

1. 결혼에 대한 가치관 변화

〈표6〉 탈북민 면담대상자의 결혼관에 대한 질문 응답결과

	혼전순결	연애/중매결혼	결혼조건
사례1	무시함	중매	경제력
사례2	갈수록 약화됨	연애	성분 계급
사례3	무시함	중매	경제력
사례4	한류의 영향으로 자유로움	연애	경제력
사례5	무시함	중매	경제력
사례6	자유롭지만 한국보다 순결 중시	비슷함	상류층 성분 계급, 서민층 경제력 우선
사례7	자유로움	비슷함	상류층 성분 계급, 서민층 경제력 우선
사례8	무시함	연애	상류층 경제력, 돈주 출신성분
사례9	한류 영향으로 2010년 이후 깨짐	연애	경제력
사례10	의미 없음	시골은 중매, 연애 증가	경제력
사례11	무시함	연애	경제력, 돈 있는 사람끼리
사례12	사람마다 다름. 당국 순결 강조	연애	경제력
사례13	순결 중시	중매	경제력
사례14	순결 중시	중매	부모 의견따라
사례15	무시함	연애	상류층 계급우선/서민층 돈 우선
사례16	무시함	비슷함	경제력
사례17	무시함	하층민 연애, 중도층 이상 중매	성분 계급

사례18	시골 순결 중시	중매	경제력
사례19	거의 없음	중매	경제력
사례20	중요하지 않음	서민 연애/ 특권층 중매	경제력

(1) 혼전순결에 대한 가치관 변화

　1990년대 정부의 배급이 끊어지고 고난의 행군이 시작되면서 장마당이 활성화되었고 이것은 북한 사회 전반에 큰 변화를 갖고 왔다. 나라의 가장 근간이 될 수 있는 북한 주민들의 결혼 및 가족관의 변화가 일어났다. 세부적으로 살펴본다면 결혼에 앞서 젊은이들의 연애관도 바뀌었는데 이전에는 남녀 간의 연애도 사람들의 눈에 띄지 않게 하는 것이 일반적이었는데, 요즘은 대중 앞에서 거리낌 없이 데이트한다. 특별히 평양 같은 대도시의 경우 손을 잡거나 팔짱을 끼는 등 스킨십이 늘어나고 있다.

> "이전에는 직장 동료랑 데이트한다고 하면 주로 공원이나 직장에서 만나서 하든지 출근할 때나 퇴근할 때 만났죠. 데이트할 장소가 별로 없었어요. 그런데 최근에는 공개적으로 데이트를 하죠. 옛날에는 안 했는데, 요즘은 팔짱 끼고 손잡는 경우도 있어요. 스킨십이 늘어나고 있죠." (사례26 여 35세)

　데이트의 양상은 평양 같은 대도시와 시골의 경우 매우 다르다고 할 수 있다. 평양의 경우는 데이트 장소로 영화관, 노래방, 수영장, 볼링장, 탁구장, 당구장, 스케이트장 등 다양하고 남녀가 함께 술을 마시는 모습도 쉽게 볼 수 있다.[5] 반면에 지방의 소도시나 시골의 경우 마땅히 데이트할 만한 장소가 별로 없다. 그래서 데이트할 때 돈 쓸 일도 없다고 한다.

> "지방이나 시골에서는 데이트 비용이라는 것이 따로 없어요. 데이트할 장소도 마땅치 않고요. 그냥 만나서 대화하니까 돈 쓸 일이 없는 것 같아요." (사례7 여 26세)

데이트 비용에 대해서는 예전에는 남자들에게 경제권이 있어서 주로 남자들이 돈을 내는 것이 상례였는데, 요즘은 상황에 따라 여자가 내기도 하고 남자가 내기도 한다. 또 더치페이를 하는 경우도 있다.

> "요즘은 여자들이 장마당에서 돈을 벌기 때문에 데이트 비용도 돈 많은 여자들이 낼 때가 있고요. 소개팅일 경우에는 더치페이를 하는 경우도 있어요." (사례20 여 35세)

북한에서 전통적인 윤리였던 혼전순결은 장마당 세대가 생겨나면서 매우 약화되고 있다는 것이 탈북민 장마당 세대의 전반적인 의견이다. 부모세대의 영향을 받아 아직까지 혼전순결을 중요하게 생각한다는 일부의 의견도 있다.

> "부모세대에서는 혼전순결이 중요하게 지켜졌지만, 젊은 세대에서는 많이 문란해졌습니다. 젊은이들에게 혼전순결은 중요하게 간주되지 않아요." (사례20 여 35세)
>
> "아직도 중요하게 여겨지는 것 같아요. 왜냐하면 부모님의 영향을 받아

---

[5] 박영자 외, 『김정은 시대 북한 경제사회 8대 변화』, KINU 정책연구시리즈 18-01 (통일연구원, 2018), p.229.

서요. 시골에서는 더욱 그렇고요." (사례21 여 28세)

응답자 19명 중 15명이 혼전순결에 거의 의미를 두지 않는다고 답했으며 이 중에는 장마당을 통해 유입된 한류의 영향이라고 대답한 경우들도 있다. 시골일수록 혼전순결을 중시하는 풍토가 남아있다고 생각되며 혼전순결에 대해서는 개인차가 있을 수 있다. 그러나 북한당국에서는 공식적으로 청소년들에게 혼전순결을 강조하는 입장이라고 한다.

"중국을 통해서 한국드라마나 영화를 많이 보게 되면서 한류 영향으로 혼전순결이 많이 무너졌죠. 혼전순결은 이전처럼 중요하지 않게 생각해요." (사례4 남 24세)

"하루하루 먹고살기 힘드니까 이성 관계에 관심 가질 일이 없었어요. 결혼 전에 관계를 맺거나 하는 건 없어요. 또 내가 살던 마을(시골)에서는 나이가 먹으면 남자한테 결혼하러 가기 때문에 혼전순결은 당연히 지키는 것이었어요." (사례18 여 33세)

"혼전순결에 대해서는 옛날 사람부터 요새 사람들까지 전부 다 생각하는 게 틀려요. 북한당국이 원하는 것은 순결을 지키는 거죠." (사례12 여 28세)

(2) 연애결혼 vs. 중매결혼

북한의 경우 고난의 행군 이전에는 중매결혼이 많았다고 볼 수 있는데, 최근에는 젊은 남녀 연애가 보편화되면서 연애결혼이 더 많아지는 추세라고 볼 수 있다. 특별히 서민층에서는 더욱 그러하다.

"옛날에는 중매가 많았는데, 요새는 연애결혼이 많아요. 자녀들이 부모에게 사귀는 사람을 데리고 와서 결혼을 허락해달라고 하면 부모는 '너희가 좋은 대로 결혼해라. 그러나 나중에 부모를 원망하지 말라'고 해요."

(사례28 여 49세)

그렇지만 특권층의 경우 아무하고나 결혼할 수 없어서 중매결혼이 비교적 더 많은 편이라고 볼 수 있다.

"고위층 같은 권력 있는 집안에서는 일반적으로 성분, 계급을 따져서 중매해서 결혼을 하고요, 일반 서민들은 연애 결혼하는 게 보편적이에요."
(사례20 여 35세)

(3) 결혼 조건

장마당 세대의 결혼 조건은 부모 세대와는 다른 추세이다. 이전에는 출신성분과 토대와 신분 계급이 중요한 조건이었는데, 요즘은 돈과 경제력이 가장 중요한 조건이라는 것이 탈북민들의 보편적인 의견이다.

"요즘 젊은이들에게 결혼 조건은 성분이나 계급보다는 돈이나 경제력이 더 우선입니다. 남자가 여자를 고를 때도 여자의 경제력과 돈이 중요하지요."(사례27 남 39세)

그러나 특권층 같은 경우에는 아직도 출신성분과 계급을 더 중요시하는 경향이 있으며 그렇기 때문에 중매를 통해서 서로의 계급에 걸맞은 배우자를 모색한다고 한다.

"결혼 조건으로 돈도 중요하긴 한데요. 북한에서는 지위가 있는 사람일수록 그러니깐 계급이 높은 사람일수록 더 계급을 따지죠. 토대 같은 것을 잘 따지고 그러니까요."(사례22 여 29세)

최근에는 결혼을 통한 정경유착의 경우도 있다고 한다. 출신성분은 좋은데 돈이 없어서 출세를 못하는 집안이나 개인의 경우에는 장마당에서 돈을 많이 버는 돈주 집안에서 배우자를 찾고, 또 돈을 많이 벌어서 신흥 자본가(돈주)가 되었지만 출신성분이 나빠서 권력의 뒷받침이 필요한 집안이나 개인일 경우에는 정략적으로 출신성분이 좋고 권세 있는 집안이나 개인을 배우자감으로 물색한다는 것이다. 남한에서 돈 많은 집안이 정략적으로 고시에 합격한 인재들을 사위감으로 물색하는 경우가 있듯이 이와 비슷한 경우로 볼 수도 있다.

"출신성분이 좋은 사람은 돈이랑 경제력 있는 사람을 원하고요, 돈주들은 성분이나 계급 높은 사람들을 원해요." (사례8 여 26세)

2. 출산에 대한 가치관 변화

〈표7〉 탈북민 면담대상자의 출산에 대한 질문 응답결과

이름	저출산	이름	저출산
사례1	경제적 이유로 1명 선호	사례11	장사로 바쁘고, 육아의 어려움으로 1명 선호
사례2	경제적 이유로 1명 선호	사례12	교육비 이유로 못 사는 사람 1명, 잘 사는 사람 2명 선호
사례3	경제적 이유로 1명 선호	사례13	경제적 이유로 출산 안하려 함
사례4	경제적 이유로 1~2명 선호(국가가 출산 장려)	사례14	2명 이상
사례5	경제적 이유(교육비 증가)로 2명 선호	사례15	경제적 이유로 1명 선호 (여아선호)
사례6	경제적인 이유로 2명 선호	사례16	경제적인 이유로 1명 선호
사례7	저출산 추세 1명 선호	사례17	경제적 이유로 1명 선호

사례8	경제적인 이유로 2명 선호	사례18	2명 이상
사례9	경제적, 한류 이유로 저출산 추세. 2명 선호	사례19	1명 선호
사례10	모르겠음	사례20	경제적 이유로 1명 선호

UN인구기금과 북한 중앙통계국이 공동으로 시행하여 "DPRK Socio-Economic, Demographic and Health Survey 2014 (북한의 사회경제, 인구, 건강조사, 2014)"라는 보고서가 발표되었다. 이 자료 중 특별히 출산율에 대한 통계를 북한의 인구일제조사가 있었던 1993년과 2008년의 조사결과와 합계출산율의 추세를 아래 〈표8〉에서 살펴볼 수 있다.

〈표8〉 북한 도시 · 농촌별 합계출산율[6]

년도	1993년	2008년			2014년		
		도시	농촌	전체	도시	농촌	전체
합계 출산율	2.20	1.89	2.19	2.01	1.84	1.97	1.89

※ 합계출산율: 한 여자가 가임기간(15~49세)에 낳을 것으로 기대되는 평균 출생아 수 (통계청 통계표준언어)

북한도 갈수록 저출산이 심각해지는 상황이다. 〈표8〉에서 볼 수 있듯이 북한의 합계출산율은 1993년 2.20에서 2008년 2.01로 줄어들었고 2014년도에는 1.89까지 떨어졌다. 특별히 농촌보다는 도시가 더 출산율이 낮은 것을 볼 수 있다. 1993년은 북한 경제가 몰락하고 정부의 배급이 끊어지기 시작하면서 장마당이 활성화되는 시점이었다. 1993년 합계출산율 2.20이 계속적으로 떨어져서 2014년에는 1.89까지 떨어진 이유로 첫째, 90년대 중후반 국가

---

[6] DPRK Central Bureau of Statistics, "Democratic People's Republic of Korea Socio-Economic, Demographic and Health Survey 2014," (2015), p.51.

적인 경제 몰락과 식량 부족으로 인한 대규모 아사(餓死) 사태 등을 단기적 요인으로 볼 수 있다. 당장 먹고살기도 어려우니 출산을 기피하는 것이 당시의 추세였다고 한다.

> "하루 벌어 하루 먹고 살기 힘든 상황에 아이를 낳는 건 온 가족의 생계를 위협하는 상황에 이를 수 있다…(중략)…여자들도… 돈 벌기에 나서면서 아이 낳기를 점점 꺼려한다."[7]

둘째로는 이러한 상황 속에서 진행된 장마당의 활성화를 꼽을 수 있다. 2003년 장마당이 정부로부터 공식적으로 종합시장으로 인정받고 전국적으로 확장되면서 여자들의 시장에서의 상거래 활동은 더욱 확대되어갔다. 여자들이 적극적으로 시장에 나가서 하루 종일 장사를 하며 가족의 생계를 꾸려나가는 상황이 되자 가임여성들은 임신, 출산도 어려운 형편이 되었고, 출산 후에도 자녀 양육 자체가 여자들에게 큰 부담이 되었다. 따라서 북한의 전국적인 시장화로 인한 여자들의 경제 활동 증가가 장기적으로 저출산을 유발시킨 요인이 되었다.

> "이제 일단 여자들이 나가서 장사를 해야 하니까. 애를 낳고 집에 앉아 있으면 좋은데 장사해야 되니 집에 앉아있지를 못하고, 그리고 또 애를 키우는 데 있어서 남자들은 별로 육아를 잘 못하는데, 여자들은 나가서 장사도 해야 되고… 남자가 나가서 잘 벌어들여오면 괜찮겠지만, 여자가 장마당에 나가야 되는 경우에는 아기를 낳는 것이 어렵죠." (사례11 여 28세)

저출산의 세 번째 요인으로는 북한의 사교육비에 대한 부담을 들 수 있다.

---

7 이데일리, "애 낳으면 미련 곰탱이… 저출산에 골치 않는 북한", https://news.naver.com/main/read.nhn?mode=LSD&mid=sec&sid1=102&oid=018&aid=0004234960 (검색일: 2019.11.21).

평양 같은 경우 남한에서와 같이 자녀들을 여러 학원에 보내는 경우가 많아서 이에 따른 사교육비가 부담이 되고 있으며 면담을 한 대부분의 탈북민들은 북한에서 자녀 교육비가 저출산에 중요한 요인이라고 대답하고 있다. 장마당 세대인 탈북민 20명 중 11명이 자녀 1명을 선호한다고 응답했다.

> "이젠 못살고 잘살고를 떠나서 '하나를 낳아도 잘 기르자' 주의에요. 학원도 여러 개 다니면서 자녀 교육비도 부담되고, 자식도 힘들고 자기도 힘드니까요." (사례12 여 28세)
> "2명보다는 1명을 낳아요. 먹고살기 힘드니까요. 학교도 무상교육인데 뒤에 정당한 요구조건으로 내야하는 돈이나 물질들이 많아서…." (사례3 남 24세)

네 번째 요인으로는 장마당을 통해 유입된 한류의 영향을 들 수 있다. 장마당을 통해서 선진국 영화나 한국 드라마들을 많이 볼 경우 자연히 서구와 한국의 저출산 추세를 쉽게 받아들일 수 있다. 장마당 세대는 부모세대와는 달리 자녀들을 위하여 큰 희생을 하기보다는 자신들의 삶의 안락과 행복을 우선적으로 추구하겠다는 면모도 볼 수 있다고 생각한다.

> "최근에는 아무래도 장마당을 통해서 외부 문화, 한류가 들어가면서 출산율에도 영향을 미치는 것 같더라구요. (젊은 여자들이) 많이 안 낳는다는 이야기도 많이 하는데…" (사례9 남 27세)

낮에 장사하고 밤에 집에 가서는 집안일을 하고 아이들을 양육해야 하는데, 출산과 양육에 대한 사회적, 국가적 배려와 혜택이 별로 없는 상황 속에서 여자들은 자연히 저출산을 선택할 수밖에 없다는 것이다. 또 여자들의 출산에 대한 가치관의 변화도 저출산에 영향을 주고 있다. 장마당을 통해서 접하게 된 정보들 그리고 특별히 한류 등을 통하여 남한의 저출산 문화를 접하면서 북한 여자들의 출산에 대한 인식도 변화되었다고 볼 수 있다.

'자유아시아방송'(RFA)은 "북한 당간부 상당수가 간부승진에 아이가 많은 사람을 우선 고려하라는 김정은의 방침이 내려진 적도 있지만 승진을 위해 아이를 더 낳겠다는 '신세대 부부들'을 만나 본 적이 없다"고 전했다.[8]

이에 대하여 남한에 입국한 탈북민들 173명을 대상으로 2019년 3월에 시행된 설문조사의 결과는 아래와 같다.

〈표9〉 시장이 활성화되면서 북한 사회에서 사교육비용이 더 증가하였다고 생각하십니까?

	매우 그렇다	그렇다	보통이다	아니다	매우 아니다	합계
응답인원	84	42	18	14	15	173
비율(%)	48.6	24.3	10.4	8.1	8.7	100

〈표10〉 시장이 활성화되면서 자녀의 출산계획에 있어 긍정적인 영향을 미쳤다고 생각하십니까?

	매우 그렇다	그렇다	보통이다	아니다	매우 아니다	합계
응답인원	7	11	63	73	19	173
비율(%)	4	6.4	36.4	42.2	11	100

〈표9〉에서 보았듯이 시장의 활성화는 사교육비용을 증가시켰다는 의견은 72.9%(매우 그렇다 48.6%, 그렇다 24.3%)이며 아니라는 의견은 16.8%(매우 아니다 8.7%, 아니다 8.1%)에 불과하다. 북한에서 장마당을 경험한 탈북민들의 전반

---

8 위의 글.

적인 의견은 시장의 활성화가 사교육비용을 증가시킨다는 것이다. 사교육비 증가는 결국 북한의 출산율에 부정적인 영향을 줌으로 시장의 활성화는 북한의 출산에 부정적인 영향을 준다고 볼 수 있다.

〈표10〉은 북한에서 시장의 활성화와 자녀 출산 계획과의 관계를 직접적으로 묻고 있다. 결과는 긍정적이다가 10.4%(매우 그렇다 4%, 그렇다 6.4%), 아니다가 52.2%(매우 아니다 11%, 아니다 42.2%)로 나왔다. 부정적 의견이 긍정적 의견의 약 5배이다. 장마당을 경험한 탈북민들은 시장이 활성화되면서 자녀를 출산하기는 더 어려운 상황이 됐다는 것을 시사하고 있다.

이와 같은 탈북민 173명에 대한 설문결과는 심층면담을 했던 탈북민 장마당 세대 20명과의 결과와도 일치한다고 볼 수 있다.

장마당이 활성화되면서 사회적으로 문제시된 저출산 추세에 상응하여 북한 당국은 출산 장려에 역점을 두고 있다. 아이들이 있어야 웃음이 있고, 아들딸들을 많이 낳아 잘 키우는 것이 애국사업이며 조국의 미래를 준비하는 것이라고 정부에서 발행한『조선녀성』를 통해 선전하고 있다.

> "-아이를 많이 낳아 훌륭히 키워가고 있는 녀성로력영웅들과 나눈 이야기- 위대한 령도자 김정일동지께서는 다음과 같이 지적하시였습니다. ≪녀성들이 아들딸들을 많이 낳아 훌륭히 키우는 것은 조국의 미래를 가꾸는 애국사업입니다.≫ 경애하는 김정은 원수님의 선군혁명령도따라… 리금순: 제가 자식들을 많이 낳아 키울 결심을 한 것은 근 20년 전입니다."[9]
> "(속담) 아이들이 있어야 웃음이 있다."[10]
> "자식들을 많이 낳아 훌륭히 키우는 것은 녀성들이 조국과 민족 앞에 지닌 본분이며 애국 위대한 령도자 김정일동지께서는 다음과 같이 교시하

---

9 『조선녀성』, 제5호(2013), p.33.
10 『조선녀성』, 제9호(2013), p.41.

시였다. ≪녀성들이 아들딸들을 많이 낳아 훌륭히 키우는 것은 조국의 미래를 가꾸는 애국사업입니다.≫"[11]

북한의 출산율은 남한보다는 높은 편이지만 북한과 비슷한 수준의 경제력을 가진 다른 나라들보다는 현저히 낮은 수준이다. 샬럿 그린바움 정책분석가는 "북한이 확실히 평균적으로 다른 개발도상국에 비해 출산율이 낮다", "북한과 비슷한 경제 규모의 국가의 합계출산율이 평균 4.7명인 것과 비교하면 이례적으로 낮은 수준"임을 지적했다.[12]

3. 전통 관습에 대한 가치관 변화

〈표11〉 탈북민 면담대상자의 전통 관습에 대한 질문 응답결과

	남존여비/가사		남존여비/가사
사례1	여자들이 장사하고 남자들이 집안일을 하게 됨	사례11	남편 가사 동참 증가
사례2	여자들이 밖에서 돈을 벌고 남자들이 집안일을 함	사례12	남녀 구분 없이 먼저 퇴근한 사람이 집안일 함
사례3	남편 가사 동참 돈 못 버는 사람이 집안일을 함	사례13	여자들이 밖에서 돈을 벌고 남자들이 집안일을 하게 됨
사례4	많이 바뀜 남편 가사 동참 증가	사례14	남편 가사 동참 증가
사례5	남편 가사 동참 증가	사례15	한류 영향으로 많이 바뀜 남편 가사 동참 증가
사례6	변화 없음	사례16	남편 가사 동참 증가

---

11 『조선녀성』, 제6호(2019), p.50.
12 이데일리, "애 낳으면 미련 곰탱이… 저출산에 골치 앓는 북한", https://news.naver.com/main/read.nhn?mode=LSD&mid=sec&sid1=102&oid=018&aid=0004234760(검색일: 2019.11.21).

사례7	남편도 가사/육아 동참	사례17	남편 가사 동참 증가 농촌은 아직 남존여비 강함
사례8	여자가 장사하면서 남자 가사 동참	사례18	남편 농사일로 여자가 집안일 전담
사례9	어느 정도 변했지만 아직도 남자가 주도권을 가짐	사례19	남편 가사 동참 증가
사례10	남편 가사 동참 증가	사례20	남편 가사 동참 증가

1990년 이후에 태어난 장마당 세대의 경우 전통적인 윤리관에서도 장년 세대와 다른 가치관을 갖고 있다. 부모 세대가 결혼 전 순결을 중요시했다면 최근 젊은 세대는 혼전순결에 대하여 의미를 부여하지 않으며 성적으로 개방적이다. 북한에서 고위관직에 있다가 탈북한 탈북민은 면담에서 아래와 같이 밝혔다.

"고난의 행군 시기에 북한에서 제일 먼저 없어진 게 정조 개념이다. 젊은 이들은 물론이고 당 간부들조차도 성적 문란이 만연해지자 김정일은 간 부들의 부화방탕에 대해 처벌하지 않도록 지시했다." (사례31 남 61세)

북한 가정은 전통적으로 가부장적인 남존여비가 강하고 남아선호사상이 심했다. 하지만 고난의 행군 시기를 거치면서 배급이 끊어지고 남편들이 직장에 가서도 생계를 이어갈 만한 월급을 받지 못하니 자연히 여자들이 장마당에 나가 돈을 벌게 되었고 경제적 주도권을 갖게 되었다. 여자들의 경제적 주도권이 가정 내에서의 발언권으로, 그리고 발언권이 가정 내에서의 주도권으로 이어지면서 가정 내의 힘의 중심이 남자에서 여자에게로 옮겨지게 되었다. 북한에서 대부분의 남자들은 낮에 장마당에서 장사할 수 없는 처지이며 여자가 하루종일 장마당에서 일을 해야 하는 상황이 되면서 남자들이 집안일에 동참하는 경우가 늘어나고 있다.

"예전에는 남편에게만 흰쌀밥을 주고, 아내는 잡곡밥을 먹어야 했어요. 요즘에는 여자들이 가정을 먹여 살리는 상황이어서 남존여비 사상이 무너졌고, 아내들이 장마당에 나가서 온종일 일하니 남편도 가사에 동참하는 것이 추세이죠." (사례20 여 35세)

북한당국에서도 고난의 행군과 시장의 확산으로 여자들의 경제적 주도권이 높아지자 과거의 부부 관계나 성 역할에 대하여 국민들을 교육할 때도 변화된 면모를 보이고 있다. "고생 속에서 맺어진 부부는 특별히 다정하다"고 선전하며 고난의 행군 시기를 거쳐 생활고를 이겨나가는 가정이 되도록 독려하고 있다.[13] 부부 관계도 이제는 가부장적인 지배와 복종의 관계가 아닌 부부 간의 평등하고 협력하는 관계, 즉 양성평등을 강조한다. 그래서 전통적인 남편 위주의 가치관이 바뀌는 상황이다.

남한 내 탈북민들의 설문조사 결과도 일치하는 경향을 보이고 있다.

〈표12〉 시장의 활성화가 가족 내 남존여비 관습에 영향을 미쳐 남,녀 평등에 긍정적으로 기여했다고 생각하십니까?

	매우 그렇다	그렇다	보통이다	아니다	매우 아니다	합계
응답인원	28	57	42	33	13	173
비율(%)	16.2	32.9	24.3	19.1	7.5	100

〈표12〉에 의하면 시장 활성화가 남존여비 관습을 타파하고 남녀평등에 긍정적으로 기여했다는 의견이 49.1%(매우 그렇다 16.2%, 그렇다 32.9%), 아니라는 의견은 26.6%(매우 아니다 7.5%, 아니다 19.1%)임으로 시장 활성화가 양성평등에 기여했다는 의견이 아니라는 의견보다 약 2배 정도 높은 것을 볼 수 있다.

---

13 『조선녀성』, 제12호(2013), p.41.

시장의 활성화는 부부관계만이 아니라 자녀 출산의 선호도에도 영향을 미쳤다고 볼 수 있다. 과거에는 남성중심 사회였기 때문에 아들을 선호했었다. 그러나 최근 가정에서 돈을 버는 여성의 경제적 주도권이 강해지면서 딸들이 아들보다 부모에게 더 잘하기 때문에 젊은 부부들 사이에서는 남한에서와 같이 아들보다 딸을 선호하는 경우도 있다고 한다.

> "한 명이라도 낳아서 잘 키우자라는 얘기가 많이 있고, (아이를 낳을 때) 남자 선호보다는 여자 선호를 많이 했던 것 같아요. 남자애들은 결혼해서 자기 여자밖에 모른다 해서 여자를 많이 선호했거든요." (사례15 여 28세)

김정일 정권의 초기에만 해도 자녀 교육의 의무는 주로 어머니의 몫이었다. 그러나 장마당이 활성화되고 대부분의 여자들이 장마당에서 생계를 벌어나가기 때문에 집안에 있는 남자들의 가사 분담이 늘어나기 시작했고 육아도 함께 담당하게 되었다. 그래서 김정은 시기에는 자녀교양을 '부모' 모두의 의무로 확대했으며 특별히 아버지의 자녀양육 책임에 대해서 강조하고 있다. 이전에는 자녀들의 학교에서 열리는 학부형회의에 할머니나 어머니가 참석하는 것이 보편적이었는데 이제는 당국에서 이 같은 행태를 비판하며 아버지도 학부형회의에 참석하는 것이 마땅한 도리라고 계몽하고 있다.[14]

---

14 이인정, "북한의 시장화와 가족윤리의 변화", 『윤리교육연구』, 제51집(한국윤리교육학회, 2019), p.519.

4. 출신성분·계급제도에 대한 가치관 변화

<표13> 탈북민 면담대상자의 출신성분 · 계급제도에 대한 질문 응답결과

	돈으로 신분 · 계급 변화		돈으로 신분 · 계급 변화
사례1	군입대, 대학진학, 입당 가능	사례11	가능
사례2	군입대, 대학진학 가능. 근본적인 계급 변화는 불가능	사례12	군입대, 대학진학, 입당, 계급 변화 가능
사례3	군입대, 대학진학, 입당, 계급 변화 가능	사례13	가능
사례4	80%까지 신분 변화 가능	사례14	군입대, 대학진학, 입당 가능
사례5	군입대, 대학진학, 입당 가능	사례15	군입대 가능. 계급 변화 불가능
사례6	군입대, 대학진학, 입당 가능하나 고위급 간부까지는 어려움	사례16	다 가능
사례7	가능	사례17	농장 출신은 한계가 있음
사례8	가능하나 특권층까지는 어려움	사례18	불가능(뇌물시 돈 대신 식량으로 대체 가능)
사례9	가능	사례19	가능
사례10	모르겠음	사례20	가능

(1) 북한사회의 계급정책

북한은 모든 주민에 대하여 가계의 역사와 출신성분, 정치적 성향과 계급적 배경, 개인적인 사회 활동 등을 파악하고 있다. 이를 근거로 하여 주민들을 각각의 계급·계층에 할당하여 소집단으로 분류하였고, 이를 효과적으로 관리, 통제할 수 있는 계급 및 성분정책을 시행해 왔다.

김일성은 1953년 휴전협정 이후 북한 내부에서 6.25전쟁에 대한 책임론이 일어나자 김일성에 대항하는 연안파와 소련파 등 정치세력들을 대대적으로 숙청하였고 김일성 1인 독재체재를 구축하였다.

김일성은 종파분자, 불순적대분자, 간첩 등을 색출한다는 명분으로 1958년부터 주민등록사업을 실시했고, 이를 근거로 주민들의 성분을 분류했다. 1966-69년까지는 주민재등록 사업을 실행했으며 이 자료를 토대로 1970년대 초반에 북한 전 국민을 핵심계층, 동요계층, 복잡계층의 3계층과 51개 부류로 나누어서 관리 통제하였다.

핵심계층은 북한체제의 통치 계급이며, 이들 가운데 김일성 김정일 김정은 일가와 친척들, 그리고 혁명애국열사 유가족들로 구성된 특별계층은 전체 인구의 약 1-2%에 해당된다. 인구분포는 특별계층을 포함한 핵심계층이 28%, 기본계층은 45% 그리고 복잡계층은 27%로 구성된다.

북한 핵심계층인 지배계층에 해당하는 주민들은 신분이 세습된다. 그 자녀들은 출생에 의해 특혜를 받는데, 거주와 배급, 의료혜택, 군 입대, 진학, 승진 등 전 영역에서 특혜를 받는다고 할 수 있다. 반면 복잡계층에 해당하는 주민들과 그 자녀들은 아무리 학업이 우수하여도 4년제 대학교에 입학할 자격이 없으며 군 장교, 공산당 입당 등의 자격 또한 주어지지 않는다. 관련된 자료들을 정리하여 〈표14〉로 재구성하였다.

⟨표14⟩ 북한주민의 3계층 51개 부류의 직업 및 대우

구분	핵심계층/지배계층	기본계층/동요계층	복잡계층/적대계층
인구	643만 명(28%)	1,033만 명(45%)	619만 명(27%)
51개 부류	노동자, 고농(머슴), 빈농, 사무원, 노동당원, 혁명유가족(반일투쟁에서 희생된 자의 유가족), 애국열사유가족(6·25 비전투원으로 희생된 자의 유가족), 혁명인텔리(8·15 이후 북한이 양성한 인텔리), 6·25 피살자 가족, 6·25 전사자 가족, 후방가족(인민군 현역장병의 가족), 영예가족(6·25 부상한 상이군인)	중·소상인, 수공업자, 소공장주, 하층접객업자, 중산층접객업자, 무소속 남한출신, 월남자 가족(제1, 2, 3부류), 중농, 민족자본가, 중국귀환민, 8·15이전 인텔리, 안일 부화방탕한자, 접대부 및 미신 숭배자, 유학자 및 지방유지, 경제사범	8·15 이후 중소기업가 부농 상공업자에서 전락된 노동자, 부농, 지주, 친일 친미행위자, 반동관료배, 천도교청우당원, 입북자, 기독교신자, 불교신자, 천주교신자, 출당자, 철직자, 적기관복무자, 체포 투옥자가족, 간첩관계자, 반당 반혁명 종파분자, 처단자 가족, 출소자, 정치범, 민주당원, 개인재산을 완전 몰수당한 자본가
직업	·당·정 고위간부, 군관 등	·하급간부, 기술자, 노동자, 농민, 하전사 등	·중노동, 유해직종 종사자 등
대우	·타 계층과 분리 ·특혜(진학/승진/배급/거주/진료) ※ 특별계층: 김일성 일가 및 친족, 혁명열사유가족, 애국열사유가족(1~2%)	·각종 하급 간부 및 기술자 진출 ·극소수 핵심 계층으로 승격	·유해 중노동에 종사 ·입학, 진학, 입당 봉쇄 및 탄압 ·제재, 감시, 포섭 대상으로 분류 -제재: 강제이주 격리수용 -감시: 지정하여 항시 동태 감시 -포섭: 집중적 교양교육

출처: 통일연구원, 『'95 북한개요』(1995), p.268.; 최의철 외, 『북한인권백서 2001』(통일연구원, 2001), p.41.; 최민혁, "북한 장마당이 경제와 체제에 미친 영향에 대한 실증분석 연구", (가천대학교, 2016), p.50.

복잡계층으로 분류된 주민들은 북한 내에서 3D업종에 해당되는 힘들고 위험한 중노동에 종사하게 된다. 또 복잡계층으로 판별되면 즉시 강제이주를 시켜 격리 수용하며 거주지역도 오지 탄광지대나 중노동 지역으로 배치된다.

북한 사회안전부(현 인민보안성)에서 1993년에 발간한 북한 내부 자료인 『주민등록사업참고서(절대비밀)』가 2000년대 이후 알려지게 되었다.[15] 이 자료에서는 북한 주민들의 계층 및 성분을 기본군중, 복잡군중, 적대계급잔여분자로 3대 계층 및 56개 부류로 분류했고 또 별도의 25개 성분으로 분류했다.

(2) 장마당 활성화가 북한의 계급제도에 미치는 영향

북한은 표면상으로는 모든 인민의 평등을 주장하는 공산주의 국가이지만 실제로는 차등적이고 철저한 계급사회이다. 자신의 계급에 따라 주민들이 사는 지역도 결정된다. 지배계층인 핵심계층과 정부가 허락한 주민이 아니면 평양에서 살 수 없다. 평양에 사는 사람들도 집안의 잘못된 과거가 드러날 경우 곧바로 오지나 아오지 탄광지대 같은 변방 지역으로 추방된다. 출신성분과 계급은 군입대, 대학진학, 노동당 입당, 결혼, 직장, 승진, 출세 등 모든 영역에서 결정적인 요인이 된다.

그러나 최근 장마당을 통해서 신흥자본가 계층인 '돈주'가 출현했고, 뇌물만 주면 대부분의 제약들이 해결될 뿐 아니라 출신성분과 계급의 벽도 상당 부분 넘어설 수 있게 되었다.

면담한 탈북민들의 의견을 수렴해볼 때 북한에서 시장화가 전국적으로 진전되면서 돈이면 신분과 계급도 어느 정도까지는 변화가 가능하다는 의견이 지배적이다. 면담했던 연구대상자 탈북민 20명 중에서 17명이 모두 돈으로 신분 변화가 가능하다고 대답하였다. 출신성분 및 계급이 좋지 않더라도

---

15 김상선·이상희, 『주민등록사업참고서(절대비밀)』(평양: 사회안전부출판사, 1993).

뇌물을 바치면 노동당에 입당할 수 있다는 증언들이 많이 있다.

"돈이면 신분계급 변화 가능하다. 돈 벌면 당 일꾼도 가능하다." (사례31 남 61세)
"어떤 지역에서는 돼지 1~2마리를 헌납하면 입당이 가능하다고 한다. 반면 토대와 상관없이 요즘에는 돈이 없으면 입당 자체가 어렵다는 증언도 있다."[16]

그러나 돈으로 입당을 하고 당 일꾼이 가능할 수는 있지만 근본을 완전히 바꿀 수는 없고 또 특권층으로 진입하는 것은 어렵다는 증언도 있다.

"돈으로 입당할 수 있고, 그러나 하위권이 중위권까지는 가지만 특권층까지 가기는 어렵다." (사례27 남 39세)
"돈으로 80% 정도는 성분과 계급을 바꿀 수는 있다고 생각한다." (사례4 남 24세)

북한에서는 출신성분과 계급에 의하여 대학진학에 대한 차별이 이루어지고 있다. 김일성종합대학, 평양외국어대학, 인민경제대학 등과 같은 중앙대학과 지방 일반대학 사이에 차별이 있다. 당 조직 및 권력 핵심기관의 등용문으로 사용되는 중앙대학 진학의 경우 성분 및 계급에 의한 차별의 벽이 높아서 출신성분이 좋아야지만 입학할 수 있고, 성분이 나쁠 경우 4년제 대학 입학은 불가능했다. 북한 내 시장이 활성화되고 뇌물이 만연하면서, 뇌물을 주면 4년제 대학도 입학이 가능해졌다.

"돈이면 출신 성분에 상관없이 4년제 대학에도 들어갈 수 있어요." (사례

---

16 김수경 외, 『북한인권백서 2019』(서울: 통일연구원, 2019), p.194.

29 여 50세)

출신성분이 나쁘거나 가족 중 탈북자가 있을 경우에 군대에 입대하는 것이 원칙적으로는 불가능하다. 그러나 요새는 돈만 주면 출신성분이 나쁘고 가족 중 탈북자가 있어도 군에 갈 수 있다고 한다.

> "돈이면 출신성분에 상관없이… 군대에도 갈 수 있어요." (사례29 여 50세)
> "2016년에 수집된 증언에 따르면, 이 증언자의 친가에 남한으로 탈북한 사람이 있었기 때문에 지속적인 차별을 받았는데… 증언자의 오빠는 뇌물을 준 후 군대 입대가 가능했다."[17]

정상돈[18]은 경제적 관점에서 북한 사회의 계층구조를 새롭게 고찰하였고, '북한의 사회 계층'을 3계층 51개 부류나 3계층 56부류와 25성분 대신 주민의 부와 소득을 기초로 한 5계층으로 새롭게 분류하였다. 특권층 0.1%, 상층 10%(고위간부, 엘리트, 신흥자본가, 군 장성 등), 중간계층 20%(공무원, 대학교수, 경찰 및 정보 기관원 등), 하층 60%(서민계층: 노동자, 농민 등), 극빈곤층 9.9%이다.

채경희[19]에 의하면 장마당 세대는 시장 활동을 통해서 경제적으로 성공한 부자들을 선망하며, 명예보다 실리를 추구하고, 조선노동당 외곽조직 같은 정치조직에 대해서는 신뢰가 낮다. 그리고 출신성분이나 계급제도에 대해서는 부정적으로 평가하고 있다.

남한 내 탈북민들 173명의 설문조사 결과도 이와 일치하는 경향을 보이고 있다.

---

17 도경옥 외, 『북한인권백서 2017』(서울: 통일연구원, 2017), p.198-200.
18 정상돈, "김정은 시대의 사회통제 정책 평가", 『세계북한학 학술대회 자료집』, (북한연구학회: 2016), p.156.
19 채경희, "북한의 '장마당세대' 의식 특성에 관한 연구", 박사학위논문 (북한대학원대학교, 2018), p.148.

<표15> 장마당에서 주민들 사이에 유통되는 정보들(외국 소식, 한류 등)이 북한 체제 유지에 부정적인 영향을 미친다고 생각하십니까?

	매우 그렇다	그렇다	보통이다	아니다	매우 아니다	합계
응답인원	85	57	15	2	14	173
비율(%)	49.1	32.9	8.7	1.2	8.1	100

　<표15>에 의하면 장마당에 유입된 외부 정보들과 한류 등이 북한 체제에 부정적인 영향을 미친다는 의견은 82%(매우 그렇다 49.1%, 그렇다 32.9%), 아니라는 의견은 9.3%(매우 아니다 8.1%, 아니다 1.2%)이다. 대부분의 탈북민들이 시장이 활성화될 경우에 현행 북한체제 유지에 부정적인 영향을 미친다고 보고 있다.

　또한 장마당 세대는 시장경제 체제를 선호하며, 돈과 물질을 가장 중요하게 여기는 물신주의를 신봉하고 있다.[20]

　"최근 북한 여성들이 선호하는 최고의 신랑감은 노동당원이 아니고 돈 많은 사람이라고 한다. 대학의 인기학과도 이전에 정치경제학부에서 돈을 많이 벌 수 있는 외국어 학과나 컴퓨터 학과로 바뀌었다고 한다."[21] 북한의 시장화가 확장되면서 이전의 성분 및 계급제도도 변하고 있으며 이제는 돈 많은 사람들이 젊은이들에게 선망의 대상이 되고 새로운 상류층으로 부각되는 상황이다.

20　위의 글, p.148.
21　이용희, "장마당이 북한 계급제도와 체제에 미치는 영향", 『통일전략』, 제18권 제4호(한국통일전략학회, 2018).

Ⅳ. 북한 시장화가 가치관에 미친 변화에 대한 종합적 고찰

　북한에서의 시장은 매우 중요한 역할을 하고 있다. 첫째는 배급이 끊어졌을 때 북한 주민들이 살아갈 수 있는 생계의 수단으로 사용되었고, 시장이 활성화되면서 주민들은 사유재산에 대한 의식이 고취되고 이와 함께 시장경제를 배우게 되었다. 또 시장화에 따른 영향력으로 종전의 성분 및 계급제도에도 새로운 변화가 나타나고 있다. 장마당은 경제적인 기능 이외에도 정보가 차단되었던 북한 주민들에게 각종 외부 정보와 남한 TV드라마와 K-Pop 등 한류를 전달하는 유통통로가 되고 있다. 시장 활동을 통하여 시장경제를 체득했고 또 시장에서 얻은 정보와 한류를 통해 남한의 실상을 알게 된 북한 주민들은 남한에 대해서도 많은 지식을 갖고 있는 상황이다.

　본 연구에서 살펴본 북한의 시장화에 따른 결혼관, 출산율, 전통 관습, 성분·계급제도에서의 변화를 고찰해볼 때 공통된 한 가지 특징은 그 변화의 추세가 이미 시장경제 제도가 뿌리를 내린 남한 사회와 일치하는 방향으로 가고 있다는 것이다.

　남북한을 모두 경험한 탈북민 173명의 설문조사 결과도 이를 잘 나타내고 있다.

〈표16〉 장마당이 활성화될수록 남, 북한의 사회, 문화, 경제적 격차가 줄어들 것이라고 생각하십니까?

	매우 그렇다	그렇다	보통이다	아니다	매우 아니다	합계
응답인원	87	48	16	12	10	173
비율(%)	50.3	27.7	9.2	6.9	5.8	100

　〈표16〉에 의하면 장마당이 활성화될수록 남한과 북한의 사회, 문화, 경제

적 격차가 줄어들 것이라는 의견은 78%(매우 그렇다 50.3%, 그렇다 27.7%)가 되어 아니다 라는 의견 12.7%(매우 아니다 5.8%, 아니다 6.9%)보다 6배 이상 높다. 대부분의 탈북민들이 북한의 시장화가 진행될수록 북한 사회는 먼저 시장화된 남한 사회와 비슷한 유형으로 변화하고 있으며 남북한 사회가 균질화되고 있다고 생각하고 있음을 알 수 있다.

이와 함께 북한의 시장화는 북한 주민들에게 남한에 대한 긍정적인 인식 변화를 일으키고 있다고 볼 수 있다.

〈표17〉 장마당에 유입된 정보나 한류(드라마, 가요, 영화 등)를 통해 북한 주민들은 남한 사회에 대한 인식이 이전보다 좋아졌다고 생각하십니까?

	매우 그렇다	그렇다	보통이다	아니다	매우 아니다	합계
응답인원	73	82	4	7	7	173
비율(%)	42.2	47.4	2.3	4	4	100

〈표17〉에 의하면 장마당을 통해 접한 남한의 정보와 드라마나 가요, 영화 등은 북한 주민들에게 남한에 대해서 좋은 인식을 갖게 됐다는 의견이 무려 89%(매우 그렇다 42.2%, 그렇다 47.4%)이고, 아니다 라는 의견은 8%(매우 아니다 4%, 아니다 4%)에 불과하다. 남한에 대해 좋은 인식을 갖게 됐다는 의견이 아니라는 의견보다 무려 11배 이상 높다. 장마당을 통한 한류 유통은 폐쇄된 사회에서 살면서 남한에 대해 왜곡된 정보를 가지고 있었던 북한 주민들에게 남한에 대한 바른 이해를 제공하였으며 선진화되고 윤택한 남한의 생활상을 보면서 남한에 대해 좋은 인식을 하도록 만들었다고 볼 수 있다.

남북한의 사회, 문화, 경제적 격차가 줄어들고 북한 주민들의 남한에 대한 인식이 좋아지면서 자연스럽게 북한주민들의 남북통일에 대한 지지도 더 높아지고 있다고 볼 수 있다.

<표18> 시장이 활성화될수록 북한 주민들이 남·북한 통일을 이전보다 더 지지할 것이라고 생각하십니까?

	매우 그렇다	그렇다	보통이다	아니다	매우 아니다	합계
응답인원	69	55	30	9	10	173
비율(%)	39.9	31.8	17.3	5.2	5.8	100

<표18>은 시장이 활성화될수록 북한 주민들이 남·북한 통일을 더 지지할 것이라는 의견이 71.7%(매우 그렇다 39.9%, 그렇다 31.8%), 아니다 라는 의견이 11%(매우 아니다 5.8%, 아니다 5.2%)로, 통일에 대한 지지의견이 아니라는 의견보다 6.5배 이상 높다. <표16>, <표17>, <표18> 관점에서 볼 때 북한에서 진행되는 시장의 활성화는 결국 남북통일의 견인차 역할을 하게 될 것을 예측할 수 있다.

또한 Kim Byungyeon·Kim Seonghee는 탈북민이 북한에서 장마당 등을 통해 시장경제를 많이 체험했을수록 남한사회와 직장생활에 더 잘 적응한다는 연구 결과를 발표했다. 이 논문은 북한 사람들이 남한 사회에 성공적으로 그리고 빨리 정착할 수 있는 역량을 갖추는 것이 통일비용을 현저하게 줄이는 길이라고 언급하고 있다. 그래서 탈북민들이 남한에 잘 정착하는 것은 남북한 두 나라의 경제통합과 복지증진을 위하여 중요하다고 지적한다.[22]

이 연구 결과에 의하면 북한에서 비공식 부분 경제활동(장마당 거래활동, 자경지 경작, 가축사육, 생필품 생산, 수선 및 수리, 밀수 등)에 참여했던 기간이 길면 길수록 그리고 남한에서의 정착 기간이 길면 길수록 남한에서의 직업의 안정성과 소득에 긍정적인 영향을 미치고 있음을 보여준다. 반면에 북한에서 받

22　Kim Byungyeon·Kim Seonghee, "Effects of Human Capital on the Economic Adjustment of North Korean Defectors,"『Seoul Journal of Economics』, Vol.29 No.4(The Seoul National University Economic review, 2016), p.505-528.

앉던 교육은 탈북민이 남한 사회의 경제활동에 적응하는 일에 별 도움이 되지 않음을 보여주고 있다. 그리고 북한에서의 실제로 시장경제 활동을 했던 기간과 남한에 입국하여 남한 사회 속에서 살아갔던 기간은 각각 남한에서의 경제활동에 적응해나가는 데 실질적인 도움이 된다고 밝히고 있다.[23]

북한에서의 시장은 시장경제를 북한 주민들에게 가르쳐 주었을 뿐 아니라 더 나아가서 시장경제 체제인 남한과의 통일을 앞두고 북한 주민들에게 실질적인 교육의 장(場)을 제공하고 있다고 사료된다.

V. 맺음글

90년대 중반 북한 정부의 배급이 끊어지자 민간시장인 장마당이 주민들의 생존 수단으로 활용되었다. 장마당은 전국적으로 확대되었고, 북한 주민들은 장마당에서의 모든 거래활동을 통해서 시장경제원리를 터득했다고 볼 수 있다. 장마당을 통해서 얻은 외부 정보들과 한류의 영향은 주민들의 가치관에 많은 변화를 일으켰다. 북한의 젊은 세대인 장마당 세대는 결혼관에 있어서 부모 세대와는 많은 차이를 보인다. 그리고 자녀 출산, 전통 관습, 출신성분과 계급제도에 대한 가치관도 시장화로 인하여 상당 부분 바뀌었다고 볼 수 있다.

앞에서 살펴본 바와 같이, 시장에서 습득한 시장경제 원리 그리고 시장에 유입된 남한과 외부사회 정보를 통한 북한 주민들의 의식 변화는 첫째, 남북한 사회의 사회, 문화, 경제적 격차를 줄이고 있으며 둘째, 남한 사회에 대한 긍정적인 인식을 갖게 하고 셋째, 남북 간 통일에 대한 북한 주민들의 국민적인 지지를 높이는 역할을 하고 있다고 사료된다. 따라서 시장경제 체제의

23　위의 글, p.505-528.

남북한 경제통합과 통일을 가정한다면, 북한의 시장화가 진전될수록 이는 향후 남북한 경제통합과 통일에 대해 매우 긍정적인 기여를 하게 될 것으로 예측한다.

참고문헌

강동완 · 박정란, "김정은 시대 북한사회 변화 실태 및 북한주민 의식조사", 『북한학보』, 39집 2호, 2014.
_____, 『사람과 사람, 김정은 시대 '북조선 인민'을 만나다』, 서울: 너나드리, 2015.
곽인옥, "북한 시장의 실태분석 및 변화 방향성 예측에 관한 연구", 통일부, 2013.
김병연 · 김다울, "탈북민의 비공식경제활동과 자본주의 지지도", 『비교경제연구』, 제25권 제1호, 서울: 한국비교경제학회, 2018.
김수경 외, 『북한인권백서 2019』, 서울: 통일연구원, 2019.
김재한, "민주주의와 한반도 평화", 『통일전략』, 제17권 제3호, 서울: 한국통일전략학회, 2017.
김창희, "김정은의 정치리더십에 관한 연구", 『통일전략』, 제17권 제2호, 서울: 한국통일전략학회, 2017.
남성욱 외, "북한 여성과 통일한국의 양성평등 과제", 『통일전략』, 제17권 제3호, 서울: 한국통일전략학회, 2017.
도경옥 외, 『북한인권백서 2017』, 서울: 통일연구원, 2017.
박광득, "북한의 제7차 노동당대회 이후 북핵문제와 한반도 통일에 관한 연구", 『통일전략』, 제16권 제3호, 서울: 한국통일전략학회, 2016.
박영자 외, 『김정은 시대 북한 경제사회 8대 변화』, KINU 정책연구시리즈 18-01, 통일연구원, 2018.
배영애, "김정은 현지지도의 특성 연구", 『통일전략』, 제15권 제4호, 서울: 한국통일전략학회, 2015.
양문수, "북한의 시장화: 추세와 구조 변화", 『KDI 북한경제리뷰』, 2013년 6월호, 한국개발연구원, 2013.
_____, "2015년 북한 시장화 동향과 향후 전망", 『KDI 북한경제리뷰』, 2016년 1월호, 한국개발연구원, 2016.
이상만 외, 『북한 시장화 지원방안: 내수 자영업 육성을 중심으로』, 서울: 통일준비위원회, 2015.
이용희 · 김광중, "북한 시장 활성화가 북한 가족사회와 소속집단에 미치는 영향", 가천대학교 산학협력단 연구보고서-미래사회연구소, 2019.
이용희, "북한 내 한류가 통일에 미치는 영향", 『통일문제연구』, 제26권 제2호, 서울: 평화

문제연구소, 2014.

_____, 『북한 장마당의 개혁 개방적 역할에 대한 고찰』, 서울: 자유와 생명, 2017.

_____, "장마당이 북한 계급제도와 체제에 미치는 영향", 『통일전략』, 제18권 제4호, 서울: 한국통일전략학회, 2018.

이인정, "북한의 시장화와 가족윤리의 변화", 『윤리교육연구』, 제51집, 대구: 한국윤리교육학회, 2019.

임강택, 『북한경제의 시장화 실태에 관한 연구』, KINU 연구총서 09-04.

조정아·최은영, 『평양과 혜산, 두 도시 이야기: 북한 주민의 삶의 공간』, KINU 연구총서 17-11, 통일연구원, 2017.

정경환, "북한인권문제와 보수이념", 『통일전략』, 제17권 제1호, 서울: 한국통일전략학회, 2017.

정상돈, "김정은 시대의 사회통제 정책 평가", 『세계북한학 학술대회 자료집』 서울: 북한연구학회, 2016.

정정길·전창곤, "북한 농민시장의 실태 분석", 『농촌경제』, 제23권 제2호, 전남: 한국농촌경제연구원, 2000.

정동준, "북한주민 의식조사: 통일인식", 『2018 북한사회변동과 주민의식』, 서울대 통일평화연구원, 2018.

정형곤·김병연·이석, 『북한의 시장화 현황과 경제체제의 변화전망』, 연구보고서 12-26, 대외경제정책연구원, 2012.

채경희, "북한의 '장마당세대' 의식 특성에 관한 연구", 북한대학원대학교 박사학위논문, 2018.

최민혁, "북한 장마당이 경제와 체제에 미친 영향에 대한 실증분석 연구", 가천대학교 박사학위논문, 2016.

최의철 외, 『북한인권백서 2001』, 서울: 통일연구원, 2001.

통일연구원, 『95 북한개요』, 서울: 통일연구원, 1995.

Kim Byungyeon·Kim Seonghee, "Effects of Human Capital on the Economic Adjustment of North Korean Defectors," 『Seoul Journal of Economics』, Vol. 29 No. 4, 2016.

〈북한 자료〉

김일성, "사회주의경제의 몇 가지 리론 문제에 대하여", 『김일성저작집23』, 평양: 조선로동당출판사, 1983.

김상선·이상히, 『주민등록사업참고서(절대비밀)』, 평양: 사회안전부출판사, 1993.
사회과학원 주체경제학경제연구소, 『경제사전 Ⅰ』, 평양: 사회과학출판사, 1985.
『조선녀성』. 2003년 제9호; 제12호.
『조선녀성』. 2013년 제5호; 제9호.
『조선녀성』. 2019년 제6호.
DPRK Central Bureau of Statistics, "Democratic People's Republic of Korea Socio-Economic, Demographic and Health Survey 2014," 2015.

〈인터넷 자료〉

이데일리. "애 낳으면 미련 곰탱이… 저출산에 골치 않는 북한", https://news.naver.com/main/read.nhn?mode=LSD&mid=sec&sid1=102&oid=018&aid=0004234960(검색일: 2019.11.21).

Abstract

The Influence of Marketization in North Korea on the Change of Residents' Values

After the food distribution of the North Korea government ceased, Jangmadang served as means of survival for the residents. Jangmadang spread throughout the nation and the people of North Korea has gained the understanding of market economy principles through the transactions at the marketplace. External information and influence of Korean pop culture through the marketplace have been changing the values of the North Korean people. The values of the young generation which is the marketplace generation on marriage, child birth, traditional morality and class system are very different from those of the parent generation. The values of North Korean residents changed rapidly due to the marketisation. The formation of capitalistic lifestyle and profit-driven values obtained from the market principles is closing the gap of social and economic awareness between South and North Korea. The change of values of the people of North Korea through the marketisation will contribute to the economic integration and unification between South and North Korea.

[Key Words]

marketplace, market economy, marketisation, change of values, economic integration between South and North Korea

The Impact of North Korean Marketization on North Korean Residents' Awareness and Unification Capacity

I. Introduction
II. The Process of North Korean Marketization
III. Impact of North Korean Marketization on North Korean Residents' Awareness
IV. Impact of North Korean Marketization on North Korean Residents' Unification Capacity
V. Conclusion and Outlook

I. Introduction

This study is to analyze the evolution process of North Korea's marketization and to understand the impact of marketization on the change of people's awareness and the enhancement of unification capacity in North Korea.

Through the process of marketization in North Korea, the market economy system is deeply penetrating into North Korean awareness.

The marketization made North Koreans aware of private property rights and prefer the market economy system. External information and the Korean wave(Hallyu) brought in through the market made North Koreans think well of South Korean Society and raised expectations for unification. Such changes in the values of North Koreans have been narrowing the gap between North and South Koreans, and enhancing the unification capacity of North Koreans.

This study referred to the precedent research papers, reports, statistics, and North Korean materials. In particular, The survey on North Koreans staying in China and North Korean defectors staying in South Korea were used because it is practically not possible to investigate an actual situation inside North Korea. The used research data are as follows:

1) the result of the survey on the 100 North Korean residents who were staying in China(staying in China with legitimate visa and not North Korean defectors), conducted by Kang, Dongwan et al.(2014;2015);

2) the research for the impact of informal economic activities(market activities) on North Korean defectors' settlement and work life in South, studied by Korea Kim, Byungyeon and Kim, Seonghee(2016);

3) the result of survey on North Korean defectors by the Institute for Peace

and Unification Studies at Seoul National University, published by Jeong, Dongjun(2018).

This paper comprehensively utilized and referred to the results of the above three surveys. It also utilized North Korea's internal materials, including Kim Ilsung Works and North Korean Economic Dictionary, and domestic data in order to appropriately understand the North Korean situation.

Precedent researches include: Jeong, Jeonggil et al.(2000) published "Survey on the Current Situation of North Korean Farmers' Markets." Oh, Sehyuk(2010) studied on "Sociological Studies on the Changes of North Korean Economy System—Centering on the creation and development of Jangmadang." Yang, Moonsoo(2013) analyzed "Marketization in North Korea." Oh, Kyungsup(2013) researched on "Creation and Development of Markets in North Korea." and Kang, Dongwan et al.(2014;2015) surveyed North Korean residents' awareness on unification. Kim, Byungyeon and Kim, Seonghee(2016) studied the impact of informal economic activities(market activities) on North Korean defectors' settlement and work life in South Korea. Lim, Eulchul(2016) published "An Analysis of the Determinants of Rich—Poor Gap between Regions in North Korea." Park, Chanhong(2016) researched on the impact of North Korean marketization on North Koreans' awareness. Lee, Yong Hee(2017) published "Consideration on the Reform and Opening Roles of Jangmadang in North Korea." Chae, Kyunghee(2018) studied on the characteristics of Market generation's consciousness in North Korea." Jeong, Dongjun(2018) researched on North Koreans' consciousness of the unification.

This study is focusing on the impact of marketization on North Korean residents' awareness and unification capacity. It also examines how the marketization contributes to upcoming unification in the Korean Peninsula.

From the perspective of the market economy system, it is predicted that the marketization of North Korea and the change of people's awareness will contribute positively to reduce the cost of unification and the period of unification adaptation between the two Koreas.

Ⅱ. The Process of North Korean Marketization

1. Marketization in North Korea

Markets have always existed as a place to exchange goods in human history. Even when communist countries made the market system illegal, necessary goods have been traded through informal black markets. Marketization recently spreading in North Korea is known as a special situation that occurred after cessation of the food ration by the government due to the collapse of the North Korean economy.

Karl Marx argued that a communist society does not need a market.[1] Although there is a market in a communist society because it produces goods, it is fundamentally different from a capitalist market.

In North Korea, farmers' market is defined as a "backward commercial form with the vestiges of capitalism."[2] Realistically, however, Kim Ilsung mentioned that "farmers' market is not allowed as long as there are "Cooperative Management" and individual sideline production under the socialist

---

1　Choi, Yonghwan · Kim, Soyeon, "Marketization in North Korea and the Birth of Kleptocratic State," 『Journal of Contemporary North Korea Studies』, Vol. 20, No. 3(2017), p.9.
2　Juche Economic Research Center at Academy of Social Sciences, 『Economic Dictionary Ⅰ』(Pyeongyang: Social Science Publishing House, 1985), p.367.

economic system."³ The North Korean regime concerned that an informal private market could instigate capitalism and mammonism for its residents and promote individualism, undermining collectivism. Nevertheless, it can be seen that the North Korean government has inevitably accepted farmers' market so as to meet the individual needs of its residents in a situation where the government was not able to supply what the residents needed.

Park, Chanhong summarized the contents of North Korean literature on farmers' market as follow:⁴ first, farmers' market is the vestige of capitalism and a backward commercial form; second, the characteristics of farmers' market is that prices are determined by demand and supply, regardless of the state's plan and that goods are traded between producers and consumers directly. While farmers' market helps improve the life of the residents by supplementing the state commerce during the transition period of the socialist economy, it should be under the control of the state; and third, farmers' market disappears once socialism is completed and plays a role to supplement the function of supplying goods in the transition period.

2. The development process of the Private Market in North Korea

North Korea has changed laws and institutions under the Japanese colonial rule into the communist system. North Korea's Communist Party confiscated and nationalized lands and major industrial facilities such as banks,

---

3 Kim Il-sung, "About Several Theories of Socialist Economy,"『Kim Il Sung Works 23』(Pyeongyang: Workers Party of Korea Publishing House, 1983).
4 Park, Chanhong, 『Impact of North Korean Marketization on North Koreans' Awareness』(Center for North Korean Human Rights-Ministry of Unification, 2016), p.10-11.

companies, factories and etc. The North Korean government distributed the confiscated farmlands to its residents so that they could cultivate the lands, and soon conducted the agriculture collectivization measure. Then the government started the socialist rationing system to ration out food and daily necessities to the residents.

Since 1945 the North Korean government encouraged its farmers to utilize private vegetable gardens and livestock breeding as their sidelines, resultant products could be traded without any restriction in rural markets.

As the agriculture collectivization is completed in North Korean rural areas in 1958, however, the North Korean government changed the term, 'the rural market', into 'farmers' market' and restricted items that could be traded in farmers' markets to vegetables and subsidiary foods. This was an action taken by the North Korean government to strengthen its socialist system. In 1969, the North Korean government instructed each county to operate only one farmers' market and shut down the market in cities.

Due to North Korea's economic downturn since the end of 1970s, the lack of daily necessities became serious, the North Korean government established farmers' markets again to resolve such problems in the early 1980s and allowed special cities to re-open farmers' markets in 1985.

As the Soviet Union collapsed with economic downfall in the end of 1980s, the North Korean economy which was dependent on the Soviet Union has become more difficult.

When 'the Arduous March' began in 1995, the food ration ceased and a lot of people starved to death. Then the North Korean government directed its residents to solve food problems by themselves. As the government's food ration stopped, most residents focused their energy into the cultivation of their private farmlands(vegetable gardens) and their own business activities in farmers' markets, called 'Jangmadang'. Not only rice and corns but also all products including industrial products were traded in Jangmadang.[5] The number of Jangmadang increased sharply during this period. It was said that there were about 300-350 farmers' markets around North Korea in the end of 1990s.

Jeong, Jeonggil et al summarized the names of farmers' market by periods and the change of market operation methods as below.[6]

⟨Table 1⟩ Names of Farmers' Market by Periods and Change of Market Operation Methods

Period	Name	Frequency of Opening
Liberation (1945) -1950	People's Market	Permanent market(city), three or five-day interval market(rural area)
1950-1958	Rural Market	Everyday market(city), three or five-day interval market(rural area)
1958-1969	Farmers' Market	10-day interval(1st, 11th 21th of each month)
1969-1982	Farmers' Market	10-day interval(rural area) Markets in major cities have been shut down and each county operates only one farmers' market. (moved to suburban areas)
1982-1987	Farmers' Market	Turn into permanent markets(1982) The number of markets increased from May 1985.

---

5   Lee, Yong Hee, 「Consideration on the Reform and Opening Roles of Jangmadang in North Korea」 (Seoul: Freedom and Life, 2017).
6   Jeong, Jeonggil · Jeon, Changgon, "Analysis on the State of Farmers' Market in North Korea," 「Journal of Rural Economic」, Vol. 23, No. 2(2000), p.105.

1987- the early 1990s	Farmers' Market (Jangmadang)	Turned into once-a-week markets and then into 10-day interval markets.
1993- as of 2000	Farmers' Market (Jangmadang)	Turned into everyday markets(permanent markets)(1993) The function of farmers' market Jangmadang was dramatically strengthened as the economic difficulties accelerated in the mid 1990s.

ibid, p.105. Reconstituted and added by the writer

Since mid of 1990s smuggling has increased rapidly along the national border between North Korea and China. Various kinds of a products, including grain such as rice and corns, have flowed from China and been traded in Jangmadang. Professional merchants, so called 'Donju', the new rich who accumulated wealth through the trade in Jangmadang emerged and capitals started to be accumulated through markets. North Korean residents started to learn the market economy system through trade in Jangmadang.

By the '7.1 Economic Management Improvement Measures' of 2002 and its follow-up measures in 2003, Jangmadang was legalized. The trades of grains as well as industrial products were allowed in Jangmadang. Jangmadang was reorganized and expanded to general markets by the government.

On November 30 2009, the North Korean government conducted the 5th currency reform. The purpose of the currency reform was to strengthen the government control over its residents and Jangmadang in the process of power hereditary succession from Kim Jongil to Kim Jongun. The Kim Jongil government tried to paralyzed the capitals accumulated by 'Donju', the new rich class. With sharp inflation, however, the currency reform remarkably decreased production as well as trading activities, causing various side effects in the society.

North Korean residents strongly opposed the currency reform which threatened their survival. In a situation where the North Korean government could not owe its residents a living, the control power of the government has become limited, leading to the failure of the currency reform.[7]

Park, Chanhong divided the periods as follow by considering the market policies of the North Korean government:[8] 1) 'Market Growth Period(1990-1990s)', when the black markets grew under the existing socialist economic system; 2) 'Market Expansion Period(2000-2004)', when North Korean residents' experiences in markets rapidly increased and the general market system was implemented after the Arduous March; 3) 'Market Suppression Period(2005-2011)', when the anti-market policy was implemented in a situation where North Korean residents' experiences in markets continued to increase; and 4) 'Second Expansion Period(2012-present/2016)', when the emphasis was put on the vitalization of economic sectors such as '6.28 Measure' and '5.30 Measure' after the hereditary succession of power by Kim Jongun, maintaining the basis of the market-friendly policy. These were shown in Figure 1 as below.

⟨Figure 1⟩ Periods by Development of Market Policies

Market Growth Period	Market Expansion Period	Market Suppression Period	2nd Market Expansion Period
1990-1999	2000-2004	2005-2011	2012-present

ibid, p.20. Reconstituted and redesigned by the writer

---

7   Lee, Yong Hee, 『Consideration on the Reform and Opening Roles of Jangmadang in North Korea』 (Seoul: Freedom and Life, 2017).
8   Park, Chanhong, 『Impact of North Korean Marketization on North Koreans' Awareness』(Center for North Korean Human Rights-Ministry of Unification, 2016), p.20.

The period when informal markets could officially exist along with the state-owned sectors began from March 2003, when the government established the general markets to absorb Jangmadang. The North Korean government has learned a lesson from its failure of the 2009 currency reform that it is practically very difficult to shut down markets, and therefore intends to use markets to obtain the most profits if it cannot shut them. Marketization has made progress under the Kim Jong-un government.

III. Impact of North Korean Marketization on North Korean Residents' Awareness

1. Promoting the awareness of Private Property Rights

North Korea government under the socialist economy system that pursues co-production and co-distribution suspended its rationing system after its economy collapsed in the mid of 1990s. The North Korean economy system has been paralyzed and the Jangmadang, an informal private market, has been activated nationwide for the survival of its residents. Once the country suspended the rationing system, a large number of people have starved to death. Witnessing their family members or close relatives dying from starvation, North korean residents have had painful experiences and trauma. They have realized that they could die from starvation if they only depend on the government. They also realized that not all people have died of starvation equally, but only common people have starved to death. They had to find their own way to survive and Jangmadang has become a breakthrough for their survival.

In recent days, many North Korean residents do not go to work. It has become common that they bribe their managers to avoid punishment at work and cultivate their private farmlands(vegetable gardens), sell things and run their own business in order to earn food and money. They earn their living mainly through market activities. The residents became aware that they should accumulate wealth not only to prepare for disasters such as Arduous March, but also to live a decent and abundant life. North Korean residents' trust in the government has sharply dropped. The North Korean government has been recognized not as a government that protects its people and conducts the rationing system to solve food, clothing and shelter problems, but as a corrupt government that made unfair profits from common people's hard-earned money and received various bribes.[9] In a survey on the North Korea's current situation, about 90% of North Korean residents responded that they have given bribes to government officials.[10]

The currency reform in November 2009 is an example that shows such situation. During the currency reform period, cashes were exchanged for 100 to 1. The exchange limit per household was the maximum of 200,000 won and the limit per capita was 50,000 won. Accordingly, cashes possessed by North Korean residents but exceeding the government's exchange limit have rendered useless. By paralyzing capitals circulating in Jangmadang and the money of 'Donju', the emerging rich class, the government tried to make

---

9 Lee, Yong Hee, 「Consideration on the Reform and Opening Roles of Jangmadang in North Korea」 (Seoul: Freedom and Life, 2017).
10 Kang, Dongwan·Park, Jeongran, "Political-social change and North Korean peoples consciousness in Kim Jong-un Era Focusing on the North Korean refugees' consciousness," 「Journal of North Korea Studies」 Vol. 39, No. 2(2014), p.135.

them lose their influence. Large-scale inflation has been caused as the North Korean government raised the nominal wage by around 100 times right after the currency exchange, and prices rose about 100 times accordingly. As a result, the value of wealth accumulated in the previous currency has reduced to 1/100.

After the currency reform, North Korean residents strongly protested against the government, thinking that wealth collected by their own effort was taken away by the government. Things that no one could even imagine before have happened. In order to avoid the further worsening of such situation, the Kim Jong-il government let the Prime Minister of the cabinet to make an official apology about the currency reform policy to the representatives of the people. This apology was also aired on TV. The official apology of the North Korean government is an ample example to show that North Korean people were clearly aware of private property rights. It also showed the results of North Korean residents' strong response when their properties had been unfairly taken way.

After the currency reform, North Korean people distrusted the North Korean currency(won), leading to the use of the dollar and the Chinese yuan, and the dollarization, whose main trading centered on the dollar, proceeded rapidly within the market. As a result, North Korean people began to accumulates their wealth in dollars and the dollarization trend has prevailed in North Korea.[11]

Communist countries had not allowed private property rights on lands and buildings, etc. Therefore, many communist countries implemented the

---

11 Lee, Yong Hee, 「Consideration on the Reform and Opening Roles of Jangmadang in North Korea」 (Seoul: Freedom and Life, 2017), p.85.

economic reform & opening policy while at the same time, conducting the enlightenment activity and national education in order to public awareness on the market economy and private property rights. As North Korean people used Jangmadang for their own survival for a long time after the food ration ceased, however, they utilized markets not only as a place for simple trade, but also as a means of accumulating wealth. In other words, market activities have naturally raised North Korean residents' awareness on private property rights.

2. Preference for the Capitalism Market Economy System

The survey by the Institute for Peace and Unification Studies(IPUS) at Seoul National University(SNU) showed that the marketization rate of North Korea exceeded 83%. It was estimated that out of 17.37 million North Koreans aged 16 and over, about 14.48 million participated in market activities. While there was temporary marketization for the survival of residents in the mid of 1990s, commercial and market activities for pursuing profits have been common and institutionalized as such situation has become a long-term trend since 2000.[12]

As the bottom-up marketization is in progress in the North Korean society, the Labor Party, Army and authorities are also competitively establishing their own companies to make money, putting their effort to maximize profits. In the first place, they ran their business activities for economic self-sufficiency, but now try to maximize profits to pursue power

---

12 Kim, Taehwan, "'Double Change' in North Korea," 『Unification Policy Studies』(Korea Institute for National Unification, 2015), p.101.

and wealth. The bottom-up marketization did not end with merely common people, rather now it has been developed into 'the marketization of the Party' and 'the Marketization of the Army', even into 'the Marketization of Law and Order.'[13]

Kang, Dongwan et al drew the survey data through face-to-face interviews with the 100 North Korean residents staying in China in 2014.[14] The singularity of this survey is that the interviewees were not North Korean defectors, but North Korean residents. Kang, Dongwan and Park, Jeongran conducted their interview for North Korean residents who stayed with legitimate visa in China to visit their relatives or on business. Out of various questions in the survey, the below table shows the result of the question, "Which one do you support more, the socialist economy(planned economy) or the capitalist economy(market economy, private ownership)?"

⟨Table 2⟩ Which one do you support more, the socialist economy(planned economy) or the capitalist economy(market economy, private ownership)?

Support the capitalist economy much more	60
Support the capitalist economy slightly more	9
Support the both equally	11
Support the socialist economy much more	11
Support the socialist economy slightly more	9
Total	100

ibid, p.120. Reconstituted by the writer.

13　ibid, p.103.
14　Kang, Dongwan · Park, Jeongran, "Political-social change and North Korean peoples consciousness in Kim Jong-un Era Focusing on the North Korean refugees' consciousness," 『Journal of North Korea Studies』 Vol. 39, No. 2(2014), p.120.

The subjects of the survey are North Korean residents who live a normal and stable life enough to get a formal visa to visit China. In order to understand the realities of North Korea, it is should be noted that their preference for the capitalist economy is 69%(support much more 60%, support slightly more 9%) and their preference for the socialist economy is 20%(support much more 11%, support slightly more 9%). If 69% of normal North Korean residents support the capitalist market economy and private ownership, it means that most North Korean residents have already been influenced by marketization. This shows that market activities in North Korea are not just for common people any more, and the market economy and private ownership have now also become important for the middle and upper classes.

A recent study by Kim, Byungyeon et al.[15] is consistent with the study result of Kang, Dongwan et al.[16] in the above ⟨table 2⟩. Using the survey data on 654 North Korean defectors conducted from 2014 to 2016, they analyzed a correlation between market activities in North Korea and support for capitalism. The result showed that market activities in North Korea enhanced support not only for capitalism but also for competition, private ownership rights and incentives which are the sub-categories of market activities. That is, market activities in North Korea have had positive impact on overall components of capitalism.

According to the above study results, the longer North Korean residents participated in market activities, the higher the support for capitalism

---

15 Kim, Byungyeon · Kim, Dawool, "Informal Economic Activities and Support for a Market Economy of North Korean Refugees," 「Comparative Economic Review」, Vol. 25, No. 1(2018), p.25.
16 Kang, Dongwan · Park, Jeongran, "Political-social change and North Korean peoples consciousness in Kim Jong-un Era Focusing on the North Korean refugees' consciousness," 「Journal of North Korea Studies」 Vol. 39, No. 2(2014), p.120.

became. Therefore, this analysis suggests that as marketization become more common and active in North Korea, the residents' support for capitalism would be further enhanced, creating conditions favorable for the economic integration between South and North Korea based on the market economy system in the future.

Ⅳ. Impact of North Korean Marketization on North Korean Residents' Unification Capacity

According to the interview conducted by Kang, Dongwan et al.[17] in China, out of the 100 North Korean residents, 95(95%) responded that they need unification to the question that "Do you think unification is needed?" For the 95 respondents answering that they need unification, the question that "Why do you think unification is needed?" was given and their responses are as shown in the below table.

⟨Table 3⟩ Why Unification is Needed

To develop more economically	48(50.5%)
The same ethnic roots should be reunited.	24(25.3%)
To improve the life of both South and North Korean residents	16(16.8%)
To remove the pain of separated families	6(6.3%)
To prevent a war between the South and North	1(1.1%)

---

17 Kang, Dongwan · Park, Jeongran, 『People and People, Meet 'North Korean People' in the Kim Jong-un era』(Seoul: Neonaduri, 2015), p.34.

Total	95(100%)

ibid, p.34. Reconstituted by the writer.

When regarding the 100 respondents in the above ⟨Table 3⟩, not as North Korean defectors but as North Korean residents living a normal and stable life, it is very high that 95% want unification. In addition, ⟨Table 3⟩ shows that the biggest reason why the North Korean residents want unification was 'to develop more economically(50.5%)'. What is most needed for North Korean residents can be seen as economic development that could solve the problems of their livelihood. The North Korean residents believe that unification is in line with such economic development. Second 25.3% chose the same ethnic root as the reason for unification. Out of the North Korean residents, only 1.1%(one person) chose the prevention of a war.

According to the data of the IPUS at SNU published by Jeong, Dongjun in 2018[18], a survey on North Korean defectors now living in South Korea showed that 95.4% responded that they want unification(very needed 90.8%, slightly needed 4.6%). Coincidently, there was almost no difference in the percentages in the responses both by the North Korean residents staying in China and the North Korean defectors in South Korea to the question about the need of unification(as high as 95% of the both said they want unification). The below ⟨Table 4⟩ shows the responses of the North Korean defectors living in South Korea about the reason why unification is needed.

18　Jeong, Dongjun, "A Study on North Koreans' Consciousness of the Unification: Awareness on Unification," 『2018 Change of North Korean Society and North Korean's Consciousness』(Institute for Peace and Unification Studies at Seoul National University, 2018), p.81.

⟨Table 4⟩ When you lived in North Korea, what did you think was the biggest reason why unification is needed?

Same ethnic roots	41.4%
For North Korean residents to be better off	29.9%
To remove the threat of a war	13.8%
To make North Korea more advanced	5.7%
To solve the pain of separated families	4.6%
Total	95.4%

ibid, p.75. Reconstituted by the writer.

There is a little difference in the reasons of unification. While ⟨Table 3⟩ shows that out of the 100 North Korean residents who have a North Korean citizenship, over 50% have chosen an economic reason, ⟨Table 4⟩ shows that the largest percentage(41.4%) of North Korean defectors living in South Korea have responded to the same question from the ethnic perspective. The economic reason was responded by the second highest percentage of respondents, as 29.9% answered as 'for North Korean residents to be better off' and 5.7% answered as 'to make North Korea more advanced'(35.6% in total). In total of both surveys, the largest number of respondents answered that they wanted unification for the economic reasons. However, the percentage of North Korean residents(50.5%) with a North Korean citizenship who chose economic reasons was higher than that of North Korean defectors(35.6%) with a South Korean citizenship. It shows that the economic problem is a more pressing problem for North Korean residents, and most North Korean people who responded to both surveys recognized that unification would greatly contribute to the economic development of North Korea.

⟨Table 5⟩ **Where do you want to live after unification?**

North Korea	41(41.4%)
South Korea	32(32.3%)
It depends on my situation.	23(23.2%)
Foreign country	3(3.1%)
Total	99(100%)

Kang, Dongwan · Park, Jeongran, 「People and People, Meet 'North Korean People' in the Kim Jong-un era」(Seoul: Neonaduri, 2015), p.119. Reconstituted by the writer.

In addition, North Korean residents have more specific ideas about unification. This is because as shown in ⟨Table 5⟩, the second highest percentage(32.3%) of the 100 North Korean residents having a North Korean citizenship and staying in china said that they want to live in South Korea, and third highest percentage (23.2%) answered that they would choose either the South or the North depending on their situation. If half(11.6%) of the 23.2% choose South Korea to live in at the time of unification, about 43.9% of North Korean residents could want to move to South Korea after unification. According to this result, experiencing the capitalist market economy through market activities and recognizing the current situation of South Korea through information they got from markets as well as the Korean Wave, so-called Hallyu, North Korean residents already have a lot of knowledge about South Korea and many of them prefer to live in South Korea after unification.

When comparing the recent economic activity rate and unemployment rate of North Korean defectors in South Korea with those of the past, their settlement rate is much higher than that of the past.

⟨Table 6⟩ Economic Activity Rate and Unemployment Rate of North Korea's defectors and South Korean residents [19]

year	Economic Activity Rate(%)		Unemployment Rate(%)	
	North Korean Defectors	South Korea	North Korean Defectors	South Korea
2007	47.9	62.2	22.9	3.2
2008	49.6	61.7	9.5	3.2
2009	48.6	61.0	13.7	3.6
2010	42.6	61.1	9.2	3.7
2011	56.5	61.3	12.1	3.4
2012	54.1	61.6	7.5	3.2
2013	56.9	61.7	9.7	3.1
2014	56.6	62.7	6.2	3.5
2015	59.4	62.8	4.8	3.6
2016	57.9	62.9	5.1	3.7
2017	61.2	63.2	7	3.7
2018	64.8	63.1	6.9	3.8

Economically active population among those aged 15 and over. Reconstituted by the writer.

According to ⟨Table 6⟩, the economic activity rate of North Korean defectors rose by 16.9% for 11 years from 47.9% in 2007 to 64.8% in 2018. As for the economic activity rate in 2018, the economic activity rate of North Korea's defectors is rather 1.7% higher than that of South Korean residents. When considering that the gap with South Korean residents was 13.9% in 2007, 11 years ago, the economic activity rate of North Korean defectors has

---

19　National Statistical Office, "Economically Active Population by Ages," http://kosis.kr(Date of search: 2019.10.22.); Ministry of Unification, "Current Status of North Korean Defectors' Economic Activities," http://www.unikorea.go. kr(Date of search: 2019.10.22)

very rapidly increased compared to that of South Korean residents.

In addition, the unemployment rate of North Korean defectors decreased by as much as 16% from 22.9% in 2007 to 6.9% in 2018. At this rate, it can be said that gradually North Korean defectors adjust to the South Korean economy well. As Jagmadang has become more common and active nationwide in North Korea recently, most North Korean defectors got familiar with the market economy system and competitive society, which enabled them to more easily adjust to the South Korean market economy system and work life after escaping from the North Korea.

"Informal economic activities(market activities) conducted in North Korea exert significant and positive influences on economic adjustment in the South."[20] According to the study by Kim, Byungyeon and Kim, Seonghee, the more North Korean defectors engaged in market activities in North Korea, the better they adjusted to economic activities in South Korea. The study also showed that the longer they engaged in market economic activities when they were in North Korea, the more stably they worked in the South Korea. The study of Kim Byungyeon et al.[21] helps understand ⟨Table 6⟩, the trend of the economic activity rate and unemployment rate of the recent North Korean defectors in South Korea.

In the survey on North Korean defectors' familiarity with South Koreans, 84% answered as 'familiar' and 12% as 'felt somewhat familiar'. This shows that 96% of respondents feel familiar with South Koreans.[22] In fact, this

---

20 Kim, Byungyeon·Kim, Seonghee, "Effects of Human Capital on the Economic Adjustment of North Korean Defectors,"『Seoul Journal of Economics』, Vol. 29, No. 4(2016), p.524.
21 ibid.
22 Kang, Dongwan·Park, Jeongran, "Political-social change and North Korean peoples consciousness in Kim Jong-un Era Focusing on the North Korean refugees' consciousness,"『Journal of North Korea Studies』Vol. 39, No. 2(2014).

means North Korean residents think South Koreans are nice thanks to South Korean TV dramas, Hallyu.

Recently, I have participated in the North Korean defectors program and had a group meeting with 7 young North Korean defectors(5 males and 2 females) who just completed the education course of Hanawon (Settlement Support Center for North Korean Refugees). Back then, I was impressed when a female North Korean defector told that she had escaped from the North Korea to marry a South Korean man. She told that she wanted to marry a South Korean man because she was moved by South Korean TV dramas in which South Korean men were so kind and nice to women. Spreading nationwide through Jangmadang, Hallyu has played an important role in communicating information about South Korea to North Korean residents.[23]

Jangmadang has not only taught North Korean residents the market economy, but also been regarded as a venue of education and training that helped North Korean residents to prepare for the unification with the market economy system in advance. The inflow of information about South Korea through markets has brought about North Koreans' wishes for unification, on the point of the market economy system, enhancing unification capacity, in North Korea.

---

23 Lee, Yong Hee, 「Consideration on the Reform and Opening Roles of Jangmadang in North Korea」 (Seoul: Freedom and Life, 2017).

IV. Conclusion and Outlook

The Kim Ilsung government regarded a private market as inappropriate in the socialist economy but later unavoidably acknowledged it, and the Kim Jongil government conducted the market control policy in order to prevent the expansion of Jangmadang in 2007 and attempted the currency reform in November 2009 but failed. Kim Jongil criticized, "Markets are becoming a hotbed of anti-socialism",[24] but had to accept it under the circumstances where markets could not be controled. Learning lessons from the failure of the market control policy and currency reform, the Kim Jongun government is maximizing national interests by collecting taxes from markets, rather than by being opposed to the marketization phenomenon.

In North Korea, markets are playing a very important role. First, when the rationing system ceased, North Korean residents used markets as a means of living and learned the capitalist market economy with their awareness on private property right. In addition to economic functions, Jangmadang has served as a channel of distribution, helping communicating various external information to North Korean residents for whom otherwise information had been blocked so far. Through such channel, North Korean residents have met South Korea's Hallyu and wished for unification while watching South Korean TV dramas. According to the survey, 95% of the North Korean residents therefore want unification.

In many communist countries, governments have taken a lead in conducting the reform and opening policy for the recovery of their collapsed

---

24 Yang, Moonsoo, "Marketization in North Korea: Trend and Structural Change," Korea Development Institute. 『KDI North Korean Economy Review』, No. 6(2013), p.60.

economy. However, North Korea was an exception. This is because there has been 'bottom-up marketization' at the private market level nationwide, rather than the government-led reform. Markets expanded nationwide and most people traded necessary goods through markets and accumulated wealth by carrying on various trades. Engaging in trading activities in markets for survival, they got familiar to the market economy system, and now it can be said that most people prefer the market economy. If the marketization in North Korea continues, it could make both South and North Korea residents homogenized in terms of the market economy and enhance the unification capacity of North Koreans. It also contributes to promoting the economic integration in the Korean Peninsula.

Accordingly, if we assume that the upcoming unified Korea is based on market economy system, the marketization in North Korea will reduce the adjustment period and unification costs between South and North Korea.

Reference

Chae, Kyunghee, "A Study on the Characteristics of Market generation's Consciousness in North Korea," Ph. D Dissertation, University of North Korean Studies, 2018.

Choi, Minhyuk, "An Empirical Study on the Effects of Jangmadang on the Economy and System of North Korea," Ph. D Dissertation, Gachon University, 2016.

Choi, Yonghwan · Kim, Soyeon, "Marketization in North Korea and the Birth of Kleptocratic State," 『Journal of Contemporary North Korea Studies』, Vol. 20, No. 3, 2017.

Gwak, Inok, "Analysis on the Realities of North Korean Markets and Study on the Estimation of Change Directions," Ministry of Unification, 2013.

Im, Kangtaek, 『Study on The Current Situation of Marketization in North Korea』, Korean Institute for National Unification, 2009.

Jeong, Dongjun, "A Study on North Koreans' Consciousness of the Unification: Awareness on Unification," 『2018 Change of North Korean Society and North Korean's Consciousness』, Institute for Peace and Unification Studies at Seoul National University, 2018.

Jeong, Hyunggon et.al, 『The Current Situation of Marketization in North Korea and Prospects for Change of its Economic System』, Korea Institute for International Economic Policy, Vol. 26, No. 48, 2012.

Jeong, Jeonggil · Jeon, Changgon, "Analysis on the State of Farmers' Market in North Korea," 『Journal of Rural Economic』, Vol. 23, No. 2, 2000.

Kang, Dongwan · Park, Jeongran, "Political-social change and North Korean peoples consciousness in Kim Jong-un Era Focusing on the North Korean refugees' consciousness," 『Journal of North Korea Studies』 Vol. 39, No. 2, 2014.

_____, 『People and People, Meet 'North Korean People' in the Kim Jong-un era』, No. 34, Seoul: Neonaduri, 2015.

Kim, Kang-Nyeong, "Tasks of the South and North Korean Governments for Overcoming of the Division System in Korean Peninsula," 『Unification Strategy』, Vol. 15, No. 3, 2015.

Kim, Byungyeon · Kim, Seonghee, "Effects of Human Capital on the Economic

Adjustment of North Korean Defectors," 『Seoul Journal of Economics』, Vol. 29, No. 4, 2016.

Kim, Byungyeon · Kim, Dawool, "Informal Economic Activities and Support for a Market Economy of North Korean Refugees," 『Comparative Economic Review』, Vol. 25, No. 1, 2018.

Kim, Changhee, "A Study on Kim Jong Un's Political Leadership: Focusing Tucker's Functional Approach," 『Unification Strategy』, Vol. 17, No. 2, 2017.

Kim, Taehwan, "'Double Change' in North Korea," 『Unification Policy Studies』, Korea Institute for National Unification, 2015.

Kim, Yeongyoon, "Realities and Outlook of North Korea's Energy Problems," 『Current Status and Outlook of North Korea's Economic Difficulties』, North Korea Research Laboratory, Seoul: Korea Institute for National Unification, 1997.

Lee, Jinsuk, "Settlement Support Policy of North Korean Defectors: From Protection to Self-Supporting," 『Unification Strategy』, Vol. 18, No. 4, 2018.

Lee, Yong Hee, "Jucheisms Effect on the Economy of North Korea," 『The Journal of Unification Studies』, Vol. 25, No. 2, 2013.

_____, 『Accurately Perceiving North Korea』, Seoul: Freedom and Life, 2014.

_____, "The effects of Korean Wave(Hallyu) in North Korea on The Unification of South and North Korea," 『The Journal of Unification Studies』, Vol. 26, No. 2, 2014.

_____, 『Consideration on the Reform and Opening Roles of Jangmadang in North Korea』, Seoul: Freedom and Life, 2017.

_____, "The Deification of the Kim Il-Sung Family and Three Generation Hereditary Dictatorship in North Korea," 『Unification Strategy』, Vol. 18, No. 3, 2018.

_____, "Influence of Jangmadang on the class system of North Korea and North Korean regime," 『Unification Strategy』, Vol. 18, No. 4, 2018.

Lim, Eulchul, "An Analysis of the Determinants of Rich-Poor Gap between Regions in North Korea," 『The Korean Journal of Unification Researches』, Vol. 28, No. 2, 2016.

Oh, Kyungsup, "Creation and Development of Markets in North Korea: centering on the characteristics of marketization and political consequences," 『Sejong Policy Studies』, No. 22, 2013.

Oh, Sehyuk, "Sociological Studies on the Changes of North Korean Economy System—Centering on the creation and development of Jangmadang," Master's Thesis, Seoul: Korea University, 2010.

Park, Chanhong, 「Impact of North Korean Marketization on North Koreans' Awareness」, Center for North Korean Human Rights—Ministry of Unification, 2016.

Park, Jiyoun, "Economic Statecrafts toward North Korea," 「Unification Strategy」, Vol. 19, No. 1, 2019.

Park, Sangwook, "The Difference Analysis of Portion Recognition and Age Classification on Basic Direction Unification Preparation," 「Unification Strategy」, Vol. 15, No. 4, 2015.

Unification Preparatory Committee, 「Support for Marketization in North Korea—Centering on nurturing self-employed people for domestic demand」, Korea Development & Cooperation Institute, 2015.

Yang, Moonsoo, "Marketization in North Korea: Trend and Structural Change," Korea Development Institute. 「KDI North Korean Economy Review」, No. 6, 2013.

_____, "Trend and Outlook of North Korean Marketization in 2015," Korea Development Institute,「KDI North Korean Economy Review」 No. 1, 2016.

Yoo, Ho-Yeol, "Characteristics of North Korean Political Socialization Through North Korean Refugees' awareness," 「Unification Strategy」, Vol. 15, No. 3, 2015.

uche Economic Research Center at Academy of Social Sciences, 「Economic Dictionary I 」, Pyeongyang: Social Science Publishing House, 1985.

Kim Il-sung, "About Several Theories of Socialist Economy,"「Kim Il Sung Works 23」, Pyeongyang: Workers Party of Korea Publishing House, 1983.

Ministry of Unification, "Current Status of North Korean Defectors' Economic Activities," http://www.unikorea.g .kr Date of search: 2019.10.22).

National Statistical Office, "Economically Active Population by Ages," http://kosis.kr(Date of search: 2019.10.22.).

장마당이 북한 계급제도와 체제에 미치는 영향

I. 머리말
II. 장마당의 생성과 발전과정
III. 북한의 계급제도에 대한 고찰
IV. 장마당의 활성화가 북한 체제에 미치는 영향
V. 맺음글

국문요약

본 연구는 1945년 8월 15일 해방 이후 북한 민간시장의 생성과 변천과정을 정리하였다. 특히 90년대 중반 북한에서 배급제도가 중단되면서 주민들 사이에서 활성화 되었던 장마당에 대해 연구 분석하였다. 동시에 북한의 계급과 성분제도에 대해서도 연구하였다. 북한은 전 주민을 3대 계층과 56부류로 분류하여 관리하고 있다. 출신성분과 가족배경 등을 중심으로 계층과 부류를 결정하고 각 계층에 따른 차별대우가 심각하다. 본 논문은 장마당이 활성화 되면서 북한의 계급제도에 미치는 영향에 대하여 분석하였고 더 나아가서 장마당이 북한 체제에 미치는 영향력과 전망에 대해서도 고찰하였다.

[주제어]

장마당, 시장경제, 계층과 부류, 계급제도, 북한 체제

* 2018년 4월 〈통일전략〉 제18권 4호에 실린 논문.

Ⅰ. 머리말

장마당은 많은 북한 주민들이 굶어 죽었던 1990년대 '고난의 행군' 시기에 부각되었던 북한 민간시장의 이름이다. 사회주의 경제에서는 시장체제를 인정하지 않는다. 그러나 정부의 공식적인 배급이 끊어진 상황 속에서 북한 주민들은 장마당을 통해서 식량과 물품 등을 거래하며 살아갈 수밖에 없었고, 북한 정권도 주민들의 생존을 위해 장마당을 유지시킬 수밖에 없는 상황이었다.

본 연구는 해방 이후 북한의 민간시장의 생성과 변천과정을 정리하였고, 특히 90년대에 북한에서 배급제도가 무너지면서 주민들 사이에서 활성화되었던 장마당에 대해 연구 분석하였으며 동시에 북한의 계급과 성분제도에 대해서도 연구하였다. 그리고 장마당이 북한의 계급사회에 미치는 영향에 대하여 분석하였다.

장마당은 북한사회에 많은 변화를 일으키고 있다. 그 변화의 구체적인 예로는 주민들에게 사유재산에 대한 의식 고취, 자본주의 시장경제 인식, 계급 및 성분제도에 대한 인식 변화 등을 들 수 있고, 이것은 북한 체제에도 영향을 미치고 있다.

이 연구의 목적은 장마당이 장기간 활성화되면서 특별히 북한의 계급제도에 미치는 영향과 더 나아가서 북한 체제에 미치는 영향을 분석하는 데 있다.

연구 방법으로는, 북한 민간시장인 장마당의 생성과 발전과정을 연구하기 위해 선행연구 자료들과 국가기관 연구보고서 그리고 북한 자료 등을 참조하여 분석하였다. 그러나 장마당이 북한 사회에 미치는 영향을 연구하기 위해서 북한 내부 실황을 파악하는 것이 현실적으로 어렵기 때문에 탈북민과 북한 주민들을 대상으로 북한 실태 파악을 위한 설문조사 자료들을 사용하였다. 1. 최민혁(2016)이 실시한 탈북민 100명에 대한 설문조사 (장마당세대 50명, 장년세대 50명) 2. 강동완·박정란(2014)이 실시한 중국에 체류 중인 북한 주민들 100명에 대한 설문조사 (북한에서 합법적으로 비자를 받고 중국에 방문하여 체류 중인 북한 주민들이며 탈북민이 아님), 3. 채경희(2018)가 실시한 북한의 장마당세대 탈북민 200명에 대한 설문 및 연구조사를 인용하였다.

3개의 설문조사 이외에도 탈북민을 대상으로 한 개인 면접조사 내용을 북한 주민 의식 분석을 위해 인용하였다. 그리고 북한 상황을 바르게 파악하기 위해서 국내 자료들과 함께 북한 내부 자료들을 활용하였다.

선행연구로는 북한의 장마당에 관련하여 임강택(2009)이 북한 경제 시장화 실태에 관한 연구 발표를 하였고, 정정길·정창권(2000)은 북한 농민시장 실태를 분석하였다. 정형권·김병연·이석(2012)은 북한 내의 시장화 현황과 경제체제 변화를 연구하였다. 곽인옥(2013)은 북한 시장 실태분석과 변화의 방향성에 대해 분석하였다. 오경섭(2013)은 북한 시장의 형성과 발전 그리고 시장화의 특성과 그 정치적 결과를 분석하였다. 양문수(2016)는 2015년에 북한 시장 동향과 향후 전망을 발표하였다. 최민혁(2016)은 북한 장마당이 북한 경제와 체제에 미친 영향에 대해 분석하였고, 정상돈(2016)은 김정은 시대 사회 통제 정책과 새로운 경제적 관점에서의 북한 사회 계층 구조를 연구하였다. 김근식·조재욱(2017)은 북한 시장화 실태와 시장 권력 관계를 분석했으며 채경희(2018)는 북한의 장마당세대 의식 특성에 대해 연구 발표하였다.

본 연구는 장마당이 활성화되면서 북한의 계급 성분제도에 미친 영향에 대해 초점을 맞추어 차별화하였고 더 나아가서 장마당이 북한 체제에 미치는 영향력과 전망에 대해서도 고찰하였다.

Ⅱ. 장마당의 생성과 발전과정

1. 북한에서 민간 시장의 생성과 변천

우리나라는 1945년 8월 15일 일본 식민 치하에서 해방되면서 북위 38도 선을 기준으로 남한은 미국 군정이 관리 통치하였고, 북한은 소련 군정이 김일성을 내세워 북한을 간접 통치하였다.

북한은 1945년부터 공산주의 체제로 국가를 운영하였으며 일본식민 치하에 있었던 제도와 사회구조를 공산주의 체제로 변모시켜 나갔다. 이를 위해 북한 공산당은 토지, 주요 산업시설, 기업, 공장들을 몰수하여 국유화하였다.[1] 북한 정권은 먼저 농지개혁을 단행했고 몰수한 농지들을 주민들에게 배분하여 경작하게 했으며 농업 집단화 조치를 실시했다. 북한이 사회주의 경제체제로 전환하면서 1946년부터 노동자들에게 식량을 배급했고, 47년부터는 생활필수품과 공산품을 배급하였다.[2]

사회주의 경제체제가 이론적으로 완벽하게 운영될 경우에는 국가가 국민에게 필요한 모든 것들을 직접 배급하기 때문에 민간시장이 필요 없다. 하지만 현실적으로 국가가 국민들이 필요한 모든 재화를 직접 공급해 줄 수 없는 상황 속에서는 비공식적이지만 민간시장이 허용되었다.

북한의 경우에는 민간시장인 농민시장을 합법적으로 허용했다. 그래서 1945년부터 50년까지, 기왕에 있었던 재래시장을 인민시장이라고 명칭하였고 실제적으로 시장 역할을 하도록 하였다. 시·군에서는 인민시장을 매일 개장했으며 모든 품목이 다 유통됐다. 농촌의 경우에는 3일장 혹은 5일장으로 열렸다.[3] 1947년에 북한 정권은 인민시장법을 제정했고 인민시장을 사용

---

1 이용희, 『남북한경제』(서울: 법경사 21C, 2010), p.89.
2 오경섭, "북한시장의 형성과 발전: 시장화 특성과 정치적 결과를 중심으로", 『세종정책연구』, 2013-22(성남: 세종연구소, 2013), p.16.
3 임강택, "북한경제의 시장화 실태에 관한 연구," 연구총서, 09-04(서울: 통일연구원, 2009),

하는 사람들에게 시장세를 징수했다. 이를 통해 시장에 대한 통제는 물론이고 인민시장의 이익을 조세화하여 국가 수입으로 삼았다.[4] 1950년 북한 정권은 인민시장을 농촌시장으로 명칭을 변경하였다.

1958년 이전에는 북한 정권이 농민들에게 부업으로 가축사육과 개인 텃밭을 활용하여 수확을 얻도록 권장하였기에 이로 인한 생산물들이 농촌시장에서 거래될 수 있었다. 주민들 중에 정부 배급을 통해서 필요를 다 채울 수 없는 경우에는 농촌시장을 통해 필요한 품목들을 구입하였다.

1958년 북한 정권은 농업 협동화가 완료되자 농촌시장을 농민시장이라고 이름을 변경하였다. 농민시장에서 거래가 가능한 품목은 채소와 부식물뿐이고, 공산품과 쌀, 옥수수 등 곡식은 거래가 금지되었다. 이는 사회주의 경제 체제를 강화하기 위해 북한 정권이 취한 조치이다.

북한 정권이 1958년에 농촌시장을 농민시장으로 변경하면서 거래 품목을 제한하자 곧이어 암시장이 발생하였다. 북한 정부는 전쟁 준비를 위해 경공업보다는 군수산업에 도움을 주는 중공업 위주로 경제정책을 추진했기 때문에 국민들에게 필요한 생필품과 소비재를 충분히 다 공급할 수 없었다. 국민들은 허용된 텃밭과 가축사육을 통해서 생산된 농축산물의 잉여분을 암시장에서 거래함으로 자신의 생필품들을 구했다.

북한에서는 농민시장을 "자본주의적인 잔재를 가지고 있는 뒤떨어진 상업형태"[5]라고 보고 있다. 그럼에도 불구하고 1969년 당시 김일성은 「사회주의경제의 몇 가지 리론 문제에 대하여」[6]에서 "사회주의 경제체제 하에서 협동경리[7]와 개인부업 생산이 있는 이상 농민시장이 없을 수 없다"라고 말했

---

    p.101.
4 정형곤·김병연·이석, "북한의 시장화 현황과 경제체제의 변화전망," 『KIEP 정책연구 브리핑 연구보고서』 12-26(세종: 대외경제정책연구원, 2012), p.48.
5 사회과학원, 『경제사전 Ⅰ』, 주체경제학경제연구소(평양: 사회과학출판사, 1985), p.367.
6 김일성, "사회주의경제의 몇 가지 리론 문제에 대하여", 『김일성저작집 23』(평양: 조선로동당출판사, 1983).
7 『표준국어대사전』북한어, 협동 단체들이 생산 단을 함께 소유하면서 이를 경제적으로 경영하고 관리하는 활동, http://stdweb2.korean.go.kr/search/List_dic.jsp (검색일: 2018.11.1).

다. 북한 정권은 공산주의 사회 내에서 비공식적인 민간시장의 존재가 인민들에게 자본주의 사상을 일으키고, 또 집단주의를 손상시킬 수 있다고 우려하였다. 하지만 현실적으로 국가 배급이 완벽하지 못한 상황이기에 인민들의 개인적 필요를 채우기 위해서는 어쩔 수 없이 농민시장을 허용할 수밖에 없었다. 1969년 농민시장을 축소하기 위해 김일성은 도시에서는 농민시장을 폐쇄하였고, 지방에서는 각 군에 한 개의 농민시장만을 운영하도록 지시하였다.

1976년 북한은 전 세계적으로 발생한 제2차 오일쇼크로 인한 경제난관을 극복하지 못했고 결국 모라토리움(Moratorium)[8]을 선언했다. 이로 인해 북한은 국제적으로 차관이나 경제협력을 받을 수 없는 상황이 되었고, 북한 경제는 갈수록 침체되었다. 북한 경제가 갈수록 어려워지면서 주민들에게 공급되는 생필품은 더욱 부족하게 되었다. 따라서 생필품을 얻기 위해 주민들은 암시장을 이용할 수밖에 없었다. 이러한 상황을 수용하기 위해 북한 정권은 1982년 농민시장을 상설하였고, 또 1985년에는 도시에서 폐쇄시켰던 농민시장을 특별시에 다시 허용하였다.

계속되는 경제 악화로 주민 배급량이 줄어들게 되자 주민들은 스스로 텃밭 농사 등 자구책을 강구하였다. 이로 인해 농민시장의 거래량은 큰 폭으로 증가하였다. 이렇게 농민시장이 점점 확대되자 이를 억제하기 위해, 1987년 북한 정권에서는 상설시장을 주일 장으로 전환시켜 일주일에 하루만 개설하도록 했고, 1989년에는 농민시장을 3일장으로 다시 변경시켰다. 그럼에도 불구하고 농민시장에 대한 실질적인 수요 증가로 인해 이 정책은 성공하지 못했다. 오히려 정부의 통제가 암시장을 더욱 활성화시키는 결과를 낳았다.

---

8 『매일경제용어사전』. 한 국가가 경제·정치적인 이유로 외국에서 빌려온 차관에 대해 일시적으로 상환을 연기하는 것을 말한다. 모라토리엄은 상환할 의사가 있다는 점에서 지급거절과 다르다. 그러나 외채를 유예 받는다고 하더라도 국제적으로 신용이 하락하여 대외거래에 갖가지 장애가 뒤따른다. 또한 환율이 급등하고 신용경색으로 인해 물가가 급등하여 전반적으로 심각한 경제적 혼란을 겪게 된다. https://terms.naver.com/entry.nhn?docId=4165&cid=43659&categoryId=43659 (검색일: 2018.10.30).

2. 배급제 중단과 생존 수단으로서의 장마당

계속되는 경제 침체 상황임에도 불구하고 북한은 1989년 13차 세계청년학생축전을 개최하였고 이 국제행사를 위해 대외 국가선전용으로 과도한 재정을 지출했다. 이로 인해 북한 경제는 큰 타격을 받았고 이에 따른 후유증은 1990년대 초반까지 계속되었다. 북한과 소련간의 무역은 1990년 당시 북한 전체 무역량 중에서 53%로 가장 큰 비중이었다. 그리고 북한은 구상 무역 결제방법을[9] 통해 소련으로부터 국제시세의 50% 가격으로 석유를 구입했었다.[10] 그런데 1991년 소련이 붕괴하자 북한은 더 이상 싼 가격에 석유를 수입하기가 어려워지면서 에너지난이 시작되었다. 이러한 에너지난은 곧 전기부족을 유발시켰고, 전력부족은 전국적인 공장 가동률을 40% 이하로 떨어뜨렸다. 이에 따라 북한의 대외무역은 급격하게 줄었고, 90년대 중반에는 경제 상황이 더욱 악화되어 국유기업의 가동률이 20-30%에 그쳤다.[11]

1994년 7월 김일성이 사망하였고, 다음 해인 95년부터는 '고난의 행군' 시기라고 불리는 '식량대란'이 시작되면서 수많은 아사자가 발생하였다. 1994년 북한 정권은 평양을 제외한 전 지역에 배급을 중단시켰고, 주민들에게 스스로 식량 문제를 해결하도록 지시하였다.[12] 배급이 갑자기 멈추자 주민들은 자신들이 속했던 직장이나 협동농장 같은 국가적인 경제활동보다 자신들이 경작하는 텃밭 농사와 자경지[13] 농사 그리고 부업과 장사에 온 힘을

---

9 『한경 경제용어사전』, 돈의 사용 없이 상품이나 재화를 교역하는 물물교환을 말한다. 구상무역이라고도 불리는 바터무역은 상품의 수출과 수입을 하나의 교환방법으로 상호 결부시키는 무역형태다. 이러한 바터무역에서는 수출액과 수입액이 균형을 이루도록 하기 위해 통제가 행해진다. https://terms.naver.com/entry.nhn?docId=20746 66&cid=42107&categoryId=42107 (검색일: 2018.11.1).
10 정형곤 외, '앞의 글', p.59.
11 김영윤, "북한 에너지난의 실상과 전망", 『북한 경제난의 현황과 전망』, 제25회 국내학술회의 (97.11.24) 발표논문집(서울: 민족통일연구원, 1997), p.37.
12 통일준비위원회, 『북한 시장화 지원방안』(서울: 한반도개발협력연구소, 2015), p.21.
13 정부로부터 받은 30평의 텃밭을 넘어서서 농가 주위에 있는 평지와 산간 지대를 밭으로 개간하여 불법적으로 직접 농사짓는 소토지를 의미한다. 경작하는 인구수는 북한 전체 인구의 50-60% 정도로 추정할 수 있다. 이용희, 『북한 장마당의 개혁 개방적 역할에 대한 고찰』(서울: 자유

기울였다.

　북한 경제의 몰락으로 국유 기업의 가동이 멈추고 생필품이 조달되지 않으므로 중국과의 국경 지역 밀무역이 발달하였고, 식량을 포함하여 다양한 중국 제품들이 장마당에 유입되어 거래되었다. 거래가 활발해지고 규모가 커지면서 전문적인 장사꾼들이 출현하였고, 교환 가치 및 부가가치 등 시장경제 원리를 북한 주민들은 터득하기 시작했다. 장마당을 통해 부를 축적한 신흥 부자들인 '돈주'들이 생겨났고 갈수록 자본이 축적되기 시작했다. 90년대 이후 주민 가계 소득을 살펴볼 때, 월급 및 배급을 통한 공식소득의 비율은 12.5%에 불과했고 반면 비공식소득의 비율은 87.5%라는 연구결과가 나왔다.[14] 이렇게 계속 확장되어 가던 장마당은 2002년 북한 당국의 「7·1 경제관리 개선조치」 및 후속 조치들에 의해 양성화·합법화되었다. 북한 정권은 장마당에서 쌀과 옥수수 등 곡식 판매를 공식적으로 허용하였고, 2003년 3월에는 공산품 거래도 허용하였다. 그리고 장마당/농민시장을 확대 개편하여 종합시장으로 개설하였다.

　장마당이 활성화 보편화 되면서 북한사회에서는 자본주의적인 사회 현상들이 나타나기 시작했다. 배금주의, 개인주의 그리고 뇌물 등 각종 부패가 번져가기 시작하자 2005년 북한 정권은 본격적으로 장마당을 통제하고 단속하였다. 2007년에는 그루빠[15] 검열을 실시하여 장마당 내 불법거래들을 단속했고, 또 2009년 1월부터 종합시장을 폐쇄시키고 10일장으로 복귀하려고 했지만 이런 정책은 현실적 상황을 고려하지 못하였고, 이에 따른 주민들의 반발로 시행되지 못했다.

　　　와 생명, 2017), p.121.
14　곽인옥, "북한시장의 실태분석 및 변화과정에 관한 연구", 『2013 북한 및 통일관련 신진연구 논문집』(서울: 북한자료센터, 2013), pp.27-28.
15　『북한정보포털』, 북한은 1980년 말 소련과 동유럽 사회주의 국가들의 붕괴 이후 외부사조의 유입 증가로 주민들의 이탈행위가 빈발함에 따라 이를 검열·단속하기 위해 비사회주의 그루빠를 조직·운영하고 있다. http://nkinfo.unikorea.go.kr/nkp/term/termDica ryPrint.do?dicaryId=108&menuNm=NKknwldgDicary (검색일: 2018.11.3).

2009년 11월 30일 북한 정권은 제5차 화폐개혁을 단행하였다. 주된 목적은 장마당이 활성화되면서 발생하는 전국적인 자본주의의 영향력을 축출하고, 장마당을 통하여 새롭게 부상하는 신흥 부호인 '돈주'들의 부(富)와 영향력을 무력화하고 통제함으로, 김정은 세습을 앞두고 김일성 일가 3대 세습 권력 기반을 확고하게 하기 위함이었다. 그러나 이 화폐개혁으로 물가가 100배 정도 갑작스럽게 상승하였으며[16] 거래와 생산 활동이 현저하게 축소되고 경제적으로 많은 부작용을 야기시켰다. 이로 인해 '돈주'들은 물론이고 수많은 북한 주민들의 원성이 높아져 갔다.

자신들의 생존을 위협하는 화폐개혁에 대하여 주민들은 강력하게 반발했으며, 주민들의 생계와 민생을 책임지지 못하는 북한 정권의 통제력은 한계에 부딪혔다. 화폐개혁 실시 후 약 2달이 지난 2010년 2월 5일, 김영일 내각 총리가 인민간부들과 인민반장들 앞에서 잘못된 화폐개혁에 대해 사과하였다. 인민들 앞에서 내각 총리가 공식적으로 사과한 일은 북한에서는 역사상 최초였다. 그리고 화폐개혁을 담당했던 박남기 계획재정부장(남한의 기획재정부장관에 해당됨)을 평양에서 총살시켰다.[17] 해방 이후 북한에서 시장의 발전과정을 다음의 표와 같이 정리하였다.

---

16 이용희, 『북한 장마당의 개혁 개방적 역할에 대한 고찰』(서울: 자유와 생명, 2017), p.40.
17 장용훈, "화폐개혁 희생양, 북한 박남기 총살", 『연합뉴스』, http://www.yonhapnews.co.kr/politics/2010/03/18/0511000000AKR20100318085100014.HTML(검색일 2018. 11. 8).

〈표1〉 북한 경제체제 내의 시장의 변천

일시	조치(법)	내 용
1945	인민시장	상설시장(도시), 3일 또는 5일장(농촌)
1947.2–3	인민시장법	인민시장의 운영 규정으로 인민시장이 국가의 통제에 들어감을 의미.
	개인상점 허가제	개인상점은 북한 정부당국의 허가 하에 운영된다는 내용으로 사유기업을 국가의 통제하에 두겠다는 의미.
1950.1	농민시장 개설에 관한 결정서	한국전쟁을 앞두고 시장의 역할 변화를 꾀함. **매일장(도시), 3일 또는 5일장(농촌)**
1958.8	내각결정 140호	**국유화의 완성으로 농민시장의 품목을 개인 텃밭에서 생산한 농산물로 제한**
1969	전국상업 일꾼 열성자회의	10일장 전환(매월 1,11,21일) 암시장 생성 도시 농민시장 폐쇄, 1군에 1개소씩 개설 허용
1969.3	"사회주의 경제의 몇 가지 리론 문제에 대하여"	**농민시장은 사회주의 체제에서의 과도기적인 상업 형태이고 주민들에게 이롭기 때문에 허용해야 한다(김일성)**
1982		농민시장의 상설화 특별시에도 농민시장 생성
1987		농민시장의 주일장 전환
1989		농민시장의 3일장으로 회귀 비허가 시장 폐쇄 시도(실패)
1992	비사 그루빠 활동	시장에서의 비사회주의적 판매 감시 강화
1993		매일장(상설장)으로 전환 **농민시장/장마당 기능이 급격히 강화** 쌀, 옥수수 등 곡물과 공산품 등 각종 제품 판매 허용
2003	2002.7.1. 경제관리 개선조치와 관련 후속조치	종합시장으로 전환 곡물 및 공업품 판매 허용
2007.4		전국 농민시장 정돈사업 (남자 및 40세 이하 여성 판매 금지) 20만 원 이상 시장에서 판매 금지

2008.11	시장 억제 조치	종합시장 폐쇄 예고(미시행)
2009. 5-6		150일 전투, 100일 전투 동원으로 시장접근 제한 평성시장 폐쇄(하지만 나머지 시장들은 폐쇄 안함)
2009.11		화폐개혁 실시, 시장 통제 강화
2010.2		김영일 내각총리 화폐개혁 공식 사과, 장마당 이전처럼 운영

출처: 정형곤·김병연·이석, "북한의 시장화 현황과 경제체제의 변화전망", 『KIEP 정책연구 브리핑 연구보고서』 12-26(세종: 대외경제정책연구원, 2012), pp.49, 51, 55, 62, 71; 정정길·전창곤, "북한 농민시장의 실태분석", 『농촌경제』, 제23권 제2호(전남: 한국농촌경제연구원, 2000), p.106. 저자 종합 정리 후 재구성.

김정은 정권하에서는 장마당에 대한 직접적인 통제는 없었다. 북한당국은 시장을 현대식 건물로 지은 후 여기저기 노상에서 장사를 하던 사람들을 건물로 들어오게 하고 장사하는 사람들이 국가납부금과 시장사용료를 내면 합법적으로 시장을 사용할 수 있는 권한을 부여하였다. 북한당국은 2009년 화폐개혁 실패의 경험을 통해 장마당 폐쇄가 현실적으로 매우 어렵다는 것을 경험했고, 장마당을 폐쇄할 수 없다면 오히려 이를 적극적으로 활용하여 최대의 이익을 얻고자 한다고 볼 수 있다. 현 김정은 정권은 장마당의 활성화를 통해서 조세 수입을 증가시키고 북한 내부 경제 활성화를 추진하고 있다고 볼 수 있다. 특별히 돈주들에 대해서는 거액의 기부금 경쟁 등을 통하여 수령에 대한 충성심 표현을 유도하고 있으며, 정치권력과 돈주들이 결탁하여 국가적으로 추진해야 될 프로젝트들을 돈주들의 자금을 활용하여 추진하고 있다. 김정은 정권은 장마당과 장마당에서 발생된 신흥 자본가 층 돈주들과의 공생관계로 볼 수 있다.

Ⅲ. 북한의 계급제도에 대한 고찰

지난 10월 31일, 북한의 인권 실황을 알리며 개선을 촉구하는 내용의 새로운 유엔 결의안이 UN 총회 인권담당인 제3위원회에 제출됐다. 상정된 북한인권결의안은 전체 유엔 회원국에 회람됐으며 제3위원회를 통과하면 12월 UN 총회 본회의에 상정된다. 유엔의 북한인권결의안은 2005년부터 해마다 채택되었으며 올해로 14년째를 맞고 있다.[18]

1948년 유엔에서 발표된 세계인권선언문 제7조에 의하면 "모든 사람이 법 앞에 평등하고 아무런 차별 없이 동등하게 법률의 보호를 받을 자격을 가진다"고 규정되어 있다. 차별받지 않을(Non-discrimination) 권리는 인권보호의 기본원칙을 구성한다.[19]

세계인권선언문에서 언급된 차별금지와 국제인권규범에 대한 내용을 정리하면 다음과 같다.

〈표2〉 차별금지에 관한 국제인권규범

세계 인권선언 제7조	모든 사람은 법 앞에 평등하고, 어떠한 차별도 없이 법의 평등한 보호를 받을 권리를 가진다. 모든 사람은 이 선언을 위반하는 어떠한 차별이나 그러한 차별의 선동에 대하여도 평등한 보호를 받는다.
사회권규약 제2조 제2항	이 규약의 당사국은 이 규약에서 선언된 권리들이 인종, 피부색, 성, 언어, 종교, 정치적 또는 기타 의견, 민족적 또는 사회적 출신, 재산, 출생 또는 기타의 신분 등에 의한 어떠한 종류의 차별도 없이 행사되도록 보장할 것을 약속한다.

---

18 박종환, "북한 인권결의안 유엔 3위원회에 상정…'14년 연속' 채택 시도", 『노컷뉴스』, http://www.nocutnews.co.kr/news/50542 15(검색일 2018. 10. 31).
19 북한인권연구센터, 『북한인권백서 2018』(서울: 통일연구원, 2018), p.191.

자유권규약 제2조 제1항	이 규약의 각 당사국은 자국의 영토 내에 있으며, 그 관할권 하에 있는 모든 개인에 대하여 인종, 피부색, 성, 언어, 종교, 정치적 또는 기타의 의견, 민족적 또는 사회적 출신, 재산, 출생 또는 기타의 신분 등에 의한 어떠한 종류의 차별도 없이 이 규약에서 인정되는 권리들을 존중하고 확보할 것을 약속한다.
자유권규약 제26조	모든 사람은 법 앞에 평등하고 어떠한 종류의 차별도 없이 법의 평등한 보호를 받을 권리를 가진다. 이를 위하여 법률은 모든 차별을 금지하고 인종, 피부색, 성, 언어, 종교, 정치적 또는 기타의 의견, 민족적 또는 사회적 출신, 재산, 출생 또는 기타 신분 등의 어떠한 이유에 의한 차별에 대하여도 평등하고 효과적인 보호를 모든 사람에게 보장한다.

출처: 북한인권연구센터, 「북한인권백서 2018」(서울: 통일연구원, 2018), p.191.

북한도 헌법 제65조에서 "공민은 국가사회생활의 모든 분야에서 누구나 다 같은 권리를 가진다"[20]라고 규정했다. 헌법 내용대로라면 국제인권규범에 부합하며 모든 북한 주민들은 차별 없는 평등한 권리를 갖는 것처럼 보인다.[21] 그러나 북한은 모든 주민을 출신성분별로 분류하는 작업을 통해 전 주민에 대하여 가족의 역사와 계급적 배경, 정치 성향, 사회 활동을 파악하고 있다. 이를 토대로 하여 주민들을 여러 계급·계층에 해당하는 소집단으로 분류하여 관리, 통제를 하는 계급 및 성분정책을 시행해 왔다.

1. 북한사회의 계급정책

김일성은 1945년 해방 이후 북한 내 정치권력을 장악하였으며 1950년 6.25전쟁을 일으킨 후 1953년 휴전협정을 체결하였다. 전쟁 이후 6.25전쟁에 대한 책임론이 북한 내부에서 일어나기 시작하자 1956년도 말부터 1960년대 초까지 김일성에 대항하는 정치세력들인 연안파와 소련파 등을 대

---

20 『21세기 정치학대사전』, 정치학대사전편찬위원회 https://term.naver.com/entry.nhn?docId=727520&cid=42140&cateforyId=42140(검색일: 2018.11.2).
21 『북한인권백서 2018』 앞의 책, p.192.

대적으로 숙청하였고, 김일성 1인 독재체재를 구축하였다.

　김일성은 1958년부터 불순적대분자, 종파분자, 간첩 등을 색출한다는 명분하에 주민등록사업을 시행했고, 이를 토대로 주민들의 성분을 분류했다. 이어서 1966-69년까지 주민재등록 사업을 실시했고 이 자료를 근거로 북한 전 주민을 핵심계층, 동요계층, 복잡계층의 3계층 51개 부류로 나누어서 관리하며 통제하였다.

　출신성분은 본인이 출생한 이후 사회에서 직업을 가질 때까지 부모의 직업 가운데에서 가장 오래 근무했던 직업에 따라 규정된다. 부모가 가졌던 직업이 다양하며 그 기간도 비슷한 경우에는 자녀들의 가치관, 국가관 형성에 가장 큰 영향을 주었다고 간주되는 직업에 따라 출신성분을 규정하고 있다. 사회성분은 본인이 근무했던 직업 가운데서 가장 오래 근무했던 직업에 의해 규정된다. 만약 본인이 다양한 직업을 가졌는데 근무기간이 비슷할 경우에는 본인의 가치관, 국가관 형성에 가장 큰 영향을 주었다고 간주되는 직업에 의해 사회성분을 규정한다. 1970년대 초반에 형성된 31계층 51개 부류는 다음 표와 같이 정리하여 볼 수 있다.

〈표3〉 3계층 51개 부류

3계층	51개 부류
핵심군중 (28%)	노동자, 고농(머슴), 빈농, 사무원(당정 행정기관에 근무하는 자), 노동당원, 혁명유가족(반일투쟁에서 희생된 자의 유가족), 애국열사유가족(6·25 당시 비전투원으로 희생된 자의 유가족), 혁명 인텔리(8·15 이후 북한이 양성한 인텔리), 6·25 당시 피살자 가족, 6·25 당시 전사자 가족, 후방가족(인민군 현역장병의 가족), 영예가족(6·25 당시 부상한 상이군인)
기본군중 (45%)	중·소상인, 수공업자, 소공장주, 하층접객업자, 중산층접객업자, 무소속 남한출신, 월남자 가족(제1부류), 중농, 민족자본가, 월남자 가족(제2부류), 월남자 가족(제3부류), 중국귀환민, 8·15이전 인텔리, 안일 부화방탕한자, 접대부 및 미신 숭배자, 유학자 및 지방유지, 경제사범

복잡군중 (27%)	8·15 이후 중소기업가 부농 상공업자에서 전락된 노동자, 부농, 지주, 친일 친미행위자, 반동관료배, 천도교청우당원, 입북자, 기독교신자, 불교신자, 천주교신자, 출당자, 철직자, 적 기관 복무자, 체포 투옥자 가족, 간첩관계자, 반당 반혁명 종파분자, 처단자 가족, 출소자, 정치범, 민주당원, 개인재산을 완전 몰수당한 자본가

출처: 통일연구원(편), 『1995 북한개요』(서울: 통일연구원, 1995), p.268.

핵심계층은 북한체제의 통치 계급으로 볼 수 있다. 이들 가운데에서도 특별히 전체 인구의 약 1~2%에 해당되는 특별계층을 분류해 본다면 그들은 김일성 김정일 김정은 가족 및 친척들과 이를 중심으로 한 혁명애국열사 유가족들로 구성된다. 인구분포를 볼 때 핵심계층은 특별계층을 포함하여 약 28%, 기본계층은 약 45% 그리고 복잡계층은 약 27%로 구성된다.

북한 지배계층인 핵심계층 주민들의 신분은 세습된다. 그래서 자녀들은 출생에 의한 특혜를 받게 되고 배급, 거주, 의료혜택, 진학, 군 입대, 승진 등 모든 분야에서 특혜를 받는다. 반면에 복잡계층의 주민들과 그 자녀들은 아무리 공부를 잘해도 4년제 대학교에 입학할 수 없고 군 장교, 공산당 입당 등의 자격이 주어지지 않는다. 북한인권백서를 중심으로 요점을 다음 표와 같이 정리하였다.

〈표4〉 북한주민의 계층별 직업 및 대우

구분	핵심계층 (지배계층)	기본계층 (동요계층)	복잡계층 (적대계층)
비율	28%	45%	27%
인구	643만 명	1,033만 명	619만 명
직업	·당·정 고위 간부, 군관 등	·하급 간부, 기술자, 노동자, 농민, 하전사 등	·중노동, 유해 직종 종사자 등

대우	· 타 계층과 분리 · 특혜 조치(진학, 승진, 배급, 거주, 진료) ※ 특별계층: 혁명열사유가족, 애국열사 유가족(1~2%)	· 각종 하급 간부 및 기술자 진출 · 극소수 핵심 계층으로 승격	· 유해 중노동에 종사 · 입학, 진학, 입당 봉쇄 탄압 · 제재, 감시, 포섭 대상으로 분류 −제재: 강제이주 격리수용 −감시: 지정하여 항시 동태 감시 −포섭: 집중적 교양교육

출처: 최민혁, 「북한 장마당이 경제와 체제에 미친 영향에 대한 실증분석 연구」(가천대학교일반대학원 박사학위 논문, 2016), p.50; 북한인권센터, 『북한인권백서 2001』(서울: 통일연구원, 2001), p.41. 저자 재구성.

    복잡계층으로 분류된 주민들은 북한사회의 모든 분야에서 차별대우를 받는다. 이들은 북한 내에서 3D업종에 해당되는 위험하고 힘든 중노동에 종사하게 된다. 또 복잡계층으로 판별될 경우 즉시 강제이주를 통해 격리 수용되며 거주지역도 전국의 시에 거주하는 비율은 매우 낮고 오지 탄광지대나 중노동 지역으로 배치되어 살아가게 된다.

    북한정권은 복잡계층을 또 다시 3개의 대상으로 구별하여 관리하고 있다. 첫째, 집중적인 교양학습 등을 통해 정신을 개조하여 북한 체제에 순응적으로 변모시키려고 하는 '포섭 및 교양대상'이 있고, 둘째, 일반군중 속에 살지만 항상 동태를 감시당하는 '고립대상', 셋째, 북한체제 전복세력으로 간주되어 일반주민들과 분리된 특수지역으로 강제 이주시켜 관리하는 '독재대상'이다.[22]

    일반적으로 국내에서 북한의 계급사회에 대해 언급할 때 보통은 핵심계층, 기본계층, 복잡계층인 3대 계층 51부류로 알려져 있었다. 그러나 2000년대 들어서면서 북한 사회안전부(현 인민보안성)가 1993년에 발간한 북한 내부 자료 『주민등록사업참고서(절대비밀)』가 알려지게 되었다.[23] 이 자료에 의하

---

22 북한인권센터, 『북한인권백서 2001』(서울: 통일연구원, 2001), p.42.
23 김상선·이상희, 『주민등록사업참고서(절대비밀)』(평양: 사회안전부출판사, 1993).

면 북한의 계층 및 성분에 대한 분류는 기본군중, 복잡군중, 적대계급잔여분자의 3대 계층과 56개 부류 그리고 이와 함께 별도의 25개 성분으로 분류한 것이 확인되었다. 이 자료에 기초하여 기존의 3계층 51부류가 아닌 3대 계층 56부류에 대한 연구를 현인애(2008)가 "북한의 주민등록제도에 관한 연구"라는 논문에서 발표하였다.[24]

현인애의 연구결과가 1970년대 초에 분류된 3대 계층과의 차이가 있다면 최근 분류에서는 핵심계층이 없어졌다는 것이다. 이전에 핵심계층으로 분류되었던 혁명가 부류 등이 기본군중에 포함되었으며 기본군중의 범위가 이전보다 확대된 것을 볼 수 있다. 이렇게 성분과 계층을 규정하는 목적은 "극소수 적대분자들을 철저히 고립시키고 광범한 군중을 쟁취"하는 데 있다.[25]

이와 같은 계층 및 성분 분류에 따라 북한 정권은 주민들을 철저히 관리한다. 계층 간 이동도 매우 폐쇄적이다. 한 주민이 탁월한 공적을 세웠을 경우에도 적대계급잔여분자 계층에서 복잡한군중 계층으로는 상승할 수가 있어도 적대계급잔여분자 계층이나 혹은 복잡한군중 계층에 있는 주민이 기본군중 계층으로 상승하는 것은 거의 불가능한 구조이다. 그리고 적대계급잔여분자나 복잡한군중으로 분류된 주민들은 고용·교육·주거·의료혜택 등 모든 사회생활의 영역에서 차별적 대우를 받는다. 북한 정권은 성분 또는 토대에 근거해서 개인의 가치를 결정한다.

이러한 북한 사회의 계급과 성분에 의한 차별적 대우의 문제점은 그 기준이 주민들의 가족사에 기초하여 수직적으로 그리고 수평적으로 엮는 연좌제[26]의 형태로 되어 있다는 것이다. 북한 주민의 계층을 분리하고 계층에 따라 주민들을 차별대우하는 것은 UN에서 발표된 세계인권규범의 자유권규약과

---

24 현인애, 『북한의 주민등록제도에 관한 연구』(이화여자대학원 북한학과 석사학위논문, 2008).
25 『북한인권백서 2018』 앞의 책', p.193.
26 『한국민족문화대백과사전』, 범죄자와 일정한 친족관계가 있는 자에게 연대적으로 그 범죄의 형사책임을 지우는 제도. https://terms.naver.com/entry.nhn?docId=581612&cid=46625&categoryId=46625(검색일: 2018. 11. 3).

사회권규약에 규정된 평등권에 심각하게 위배되는 사안이다.

2. 장마당 활성화가 북한의 계급제도에 미치는 영향

북한은 표면상 모든 인민의 평등을 주장하는 공산주의 사회이지만 실제적으로는 철저하게 불평등한 계급사회라고 할 수 있다. 북한 주민들은 자신의 계급에 따라 사는 지역도 결정된다. 핵심계층(지배계층)과 정부로부터 허락된 주민이 아니면 평양에 거주할 수 없다. 평양 거주민들도 집안의 잘못된 과거가 폭로되었다든지 계급에 영향을 줄 만한 범죄행위를 하여 신분과 계급에 변화가 생길 경우, 곧바로 오지나 변방 지역으로 추방되게 된다. 군입대, 대학진학, 결혼, 직장 선택, 승진, 출세 등에 계급과 성분은 결정적인 요인이 된다.

북한 주민들은 대부분 자신의 성분을 주어진 운명으로 알고 이를 수용하는 자세로 살아갔었다. 그러나 최근 장마당을 통해 신흥 자본가인 '돈주'가 출현하고, 돈을 통해 개인의 삶의 질이 윤택해지는 것은 물론이고, 뇌물만 주면 많은 제약들이 해결되고 더 나아가 계급과 성분의 벽도 넘어설 수 있는 것을 알게 되면서, 돈만 있으면 계급과 성분도 바뀔 수 있다는 생각이 북한 사회에 번져가기 시작했다.

〈표5〉 출신성분이 나빠도 돈으로 실질적인 계층변화를 가질 수 있습니까?

	있다	없다	계
장마당세대	39 (78%)	11 (22%)	50 (100%)
장년세대	32 (64%)	18 (36%)	50 (100%)
계	71 (71%)	29 (29%)	100

출처: 최민혁, 『북한 장마당이 경제와 체제에 미친 영향에 대한 실증분석 연구』
(가천대학교일반대학원 박사학위논문, 2016), p.121.

최민혁이 2016년에 20-30대인 장마당 세대 50명 그리고 40대 이상 장년 세대 50명 총 100명을 대상으로 실시한 탈북민 설문조사에 의하면 〈표5〉에서 알 수 있듯이 응답자 71%가 출신성분이 나빠도 돈으로 계급 변화가 가능하다고 대답했다. 특별히 장마당 세대라고 불리는 젊은 세대들은 78%가 돈으로 계급 변화가 가능하다고 표현했다.

수집된 증언에 의하여 관련 사례들을 살펴보면 다음과 같다.

[뇌물을 주고 군대 입대한 사례]
"가족 중 탈북자가 있을 경우 군대 입대가 원칙적으로 불가능하다고 한다. 이 증언자의 친가에 남한으로 탈북한 사람이 있었기 때문에 지속적인 차별을 받았는데, 증언자의 오빠는 뇌물을 준 후 군대 입대가 가능했다."

[뇌물을 주고 대학에 진학한 사례]
"한 증언자는 해방 후 신의주 폭동에 참여한 할아버지 때문에 토대문제로 결혼에 실패한 경험까지 있었지만, 뇌물을 통해 대학 입학을 할 수 있었다고 증언하였다."

[뇌물을 주고 노동당에 입당한 사례]
"2000년대 중·후반 이후부터 성분 및 계층이 좋지 않더라도 뇌물을 바치면 입당할 수 있다는 증언들이 나오기 시작했다."
"2017년에 수집된 한 증언에 따르면 토대가 나쁘더라도 동상을 세우는 데 투자하는 '김일성기금'을 내면 입당하는 경우도 있다고 한다."

출처: 북한인권연구센터, 『북한인권백서 2017』(서울: 통일연구원, 2017), pp.198, 200; 북한인권연구센터, 『북한인권백서 2018』(서울: 통일연구원, 2018), p.197.

김정일 정권하에서는 약 70% 이상의 북한 주민이 장마당을 통해서 생계를 유지했던 것으로 추정된다.[27] 장마당이 장기간 활성화되면서 북한 주민들에게 의식의 변화가 발생했다. 이념 중심적 사고와 집단주의적 가치는 쇠퇴

---

27 정상돈, "김정은 시대의 사회통제 정책 평가," 『세계북한학 학술대회 자료집』, 3권(북한연구학회, 2016), p.149.

하고 대신 배금주의, 영리주의, 개인주의가 확산되었다. 노동자와 농민들도 스스로 돈을 벌어야만 살아갈 수 있는 상황 속에서 '돈이 제일이다'라고 생각할 정도로 주민들의 의식이 바뀌기 시작했다.[28]

반동분자인 월남자 가족들도 장마당을 통해 부를 축적하면서 돈주인 신흥자본가 계층으로 영향력을 행사했고, 과거 핵심계층에 속했던 전사자와 피해자 가족들도 '시장화'에 도태되어 빈곤층인 하층민으로 몰락하는 경우도 생겼다.[29]

정상돈(2016)은 정치적 관점이 아닌 경제적 관점에서 새롭게 북한 사회 계층구조를 고찰하였고, 2016년을 기준으로 '시장 활동 인구분포도'와 '북한의 사회 계층'을 다음과 같이 발표하였다.

[그림1] 북한의 시장 활동 인구 분포도와 경제적 관점에서 본 사회계층 구조

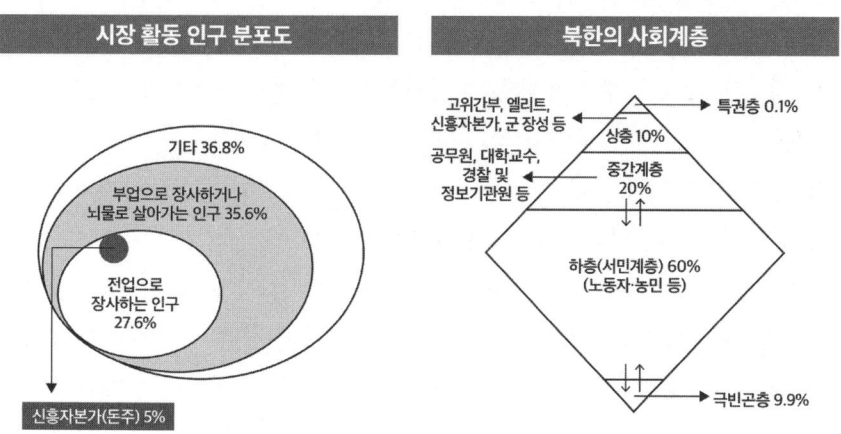

출처: 정상돈, "김정은 시대의 사회통제 정책 평가," 『세계북한학 학술대회 자료집』, 3권(북한연구학회, 2016), p.156.

---

28 정상돈, '앞의 글', p.148.
29 '위의 글', p.149.

[그림1]에서 보면 정상돈은 북한 전체 인구 2,500만 중에서 전업으로 장사하는 인구는 690만 명(27.6%)이며 이 중에서 신흥 자본가 층(돈주)은 5%로 보았다. 부업으로 장사하거나 뇌물로 살아가는 인구는 890만 명(35.6%), 기타 920만 명(36.8%)으로 인구분포를 설명했다.

북한의 사회 계층에 대해서는 이전의 3계층 51개 부류나 3대 계층 56부류와 25성분 대신에 주민의 경제소득을 기초로 해서 새롭게 5계층으로 다음과 같이 분류하였다. 특권층 0.1%, 상층(고위간부, 엘리트, 신흥자본가, 군 장성 등) 10%, 중간계층(공무원, 대학교수, 경찰 및 정보 기관원 등) 20%, 하층(서민계층: 노동자, 농민 등) 60%, 극빈곤층 9.9%이다.

최근 북한 여성들이 선호하는 최고의 신랑감은 노동당원이 아니고 돈 많은 사람이라고 한다. 대학의 인기학과도 이전에 정치경제학부에서 돈을 많이 벌 수 있는 외국어 학과나 컴퓨터 학과로 바뀌었다고 한다. 이전의 계급구조가 무너지고 돈 많은 사람들이 새로운 상류층으로 부각되는 상황이다.

채경희(2018)가 발표한 '북한의 장마당세대 의식 특성에 관한 연구'에 의하면 "장마당 세대는 수령에 대한 신성의식, 계급 및 반제반미 의식, 주체사상 및 당·국가에 대한 신뢰 의식, 우리식 사회주의 및 집단주의 의식에 있어 기성세대와 차이가 있다"[30]고 하여 젊은 세대가 기성세대인 장년층과 비교해 볼 때 정치의식이 희박함을 보여주고 있다.

이 연구에 의하면 장마당세대는 시장을 통해서 경제적으로 성공한 계층을 선망의 대상으로 삼으며, 명예보다는 실리를 추구하고, 조선노동당의 외곽조직 등에 대해서는 신뢰가 낮으며, 그리고 사회적 신분이나 계급 성분(토대)에 대해서 부정적으로 평가하고 있다. 이외에도 장마당세대는 시장경제 시스템을 선호하고 있으며 또 돈과 물질을 최고로 여기는 물신주의를 신봉하고 있음이 드러났다.[31]

---

30 채경희, 『북한의 '장마당세대' 의식 특성에 관한 연구』(북한대학원대학교 박사학위논문, 2018), p.147.
31 채경희, '앞의 책', p.148.

장마당을 통하여 자본주의 시장경제 시스템이 확산되고, 이에 따른 신흥 자본가층과 돈의 영향력이 확대되면서 물질만능주의, 배금주의 등 새로운 풍조가 북한 주민들 가운데 만연하며 그들의 가치관에도 큰 변화를 일으키는 것을 알 수 있다. 장마당을 통해 들어온 자본주의 시장경제는 시간이 경과할수록 기존의 사회 계급과 성분 제도를 무너뜨리고 있으며, 반면에 돈을 가장 선호하는 젊은 20-30대 장마당 세대가 새로운 사회변화를 일으키고 있다. 이러한 변화는 과거에 적대 계층이나 성분이 좋지 않은 주민들에게는 새로운 희망이 되었다. 이들은 과거에 받았던 차별과 피해를 만회하고 신분 상승을 위해서 시장 경제활동에 더욱 몰입하여 부(富)의 축적을 추구하게 되었다. 북한 정권은 체제 유지를 위하여 계급과 성분 제도를 도입하였지만 장마당의 활성화에 따른 자본주의 시장경제의 유입은 북한사회 계급제도의 근간을 흔드는 상황이 되었다. 이제는 주민들이 소유한 부(富)에 따라 새로운 사회 계층이 형성될 수 있음을 시사하고 있다.

Ⅳ. 장마당의 활성화가 북한 체제에 미치는 영향

1. 시장화가 체제 변화에 미치는 영향

코르나이는 사회주의 국가에서의 시장화가 급속한 체제변화로 이어진다고 주장했다. 코르나이에 의하면 '시장화 → 사유화 → 자유화 → 민주화'의 4단계를 거쳐서 사회주의체제가 변화한다고 보았다. 시장화와 사유화는 경제개혁으로 간주되고 자유화와 민주화는 정치적인 개혁으로 볼 수 있다. 과거 공산주의 국가들의 체제 전환과정을 살펴보면 시장화가 진행됨에 따라 국가정치체제에 영향을 미쳤다. 시장화가 체제 위협 요인이 될 수 있음을 다음과 같이 정리해 볼 수 있다.[32] 김근식·조재욱(2017)은 코르나이의 시장화를 통한 체제변화에 대하여 다섯 가지로 정리하였으나 본 논문에서는 네 가지로 재정리하였다.[33]

첫째, 정부의 통제력이 약화된다. 시장화가 되면서 자원배분이 정부의 계획경제가 아닌 시장에 의해서 결정됨으로 정부의 통제력은 줄어들게 된다.

둘째, 시장활동에서 축적된 부를 통해 신흥 자본가가 생성되고 자금력을 통하여 기존 정치체제에 영향력을 미친다. 시장이행론(market transition theory)에 따르면 시장화가 진행되면서 기존 정치 권력층이 소유했던 경제 권력이 점진적으로 신흥 자본가들에게 옮겨지게 된다. 시장화가 되면 국가의 독점적인 공급이 없어지고 시장에서 이루어지는 분배과정을 신흥 자본가들이 실질적으로 관리하기 때문에 신흥 자본가들의 시장 권력은 더욱 확대된다.[34]

그러나 반대로 신흥 자본가층이 기존의 정치체제에 크게 영향을 못 미친다는 주장도 있다. 권력지속론(power persistence theory)에 의하면 시장화가 진전되어도 권력층은 자신들의 권력을 이용하여 계속 경제적 기득권을 차지하고 유지한다.[35] 정치 권력층들은 이익 추구를 위하여 신흥 자본가들과 결탁할 것이고, 신흥 자본가들도 정치 권력층들의 권력의 후원을 힘입어 지속적으로 부를 축적하기 위해 서로 결탁해서 기존의 정치체제를 유지하려고 할 것이다.

셋째, 사회주의 체제하에서의 시장화는 시장 권력을 중심으로 뇌물 등 부정부패를 양산하게 된다. 이러한 각종 부패들이 점차 사회로 확대되어 기존

32　Kornai, János, *The Socialist System: The Political Economy of Communism*(New Jersey: Princeton University Press, 1992).
33　김근식·조재욱, "북한의 시장화 실태와 시장권력 관계 고찰: 향후 북한 정치 변동에의 함의," 『한국과 국제정치』, 33권 3호(서울: 경남대학교 극동문제연구소, 2017), pp.169-172.
34　Nee, Victor, "A Theory of Market Transition: From Redistribution to Markets in State Socialism," *American Sociological Review*, Vol. 54, No. 5(Washington, D.C. :American Sociological Association, 1989), pp.663-681.
35　Róna-Tas, Akos, "The First Shall Be Last? Entrepreneurship and Communist Cadres in the Transition from Socialism," *American Journal of Sociology*, Vol. 100, No. 1(Chicago: The University of Chicago Press, 1994), pp.40-69.

정치체제에 부정적인 영향을 주게 된다.

넷째, 시장화의 확산은 사회주의 권력체제에 대항하는 저항체를 만들어낸다. 또 시장화가 진전되면 개인 간의 빈부격차가 생기며 사회 불균형 구조를 만들게 된다.[36] 빈부격차가 심화될수록 악화된 민심은 부정부패가 만연한 권력층과 사회주의 체제에 대한 불만을 갖게 된다. 그래서 불만 계층과 지식층이 결합하여 아래로부터 변화를 추구하는 체제 저항 세력으로 등장한다.[37]

코르나이 이론에서 살펴본 바와 같이 시장화가 기존 정치체제에 어떠한 영향을 미칠지는 여러 의견들이 있다. 그러나 1980년대 말부터 시작된 공산주의 체제의 붕괴는 사회주의 경제의 몰락으로부터 시작되었다. 사회주의 경제의 핵심인 배급 제도를 더 이상 유지할 수 없을 정도의 경제 쇠퇴는 결국은 많은 공산주의 국가들이 개혁개방과 함께 시장경제를 도입하게 만들었다. 그러자 시장경제 활동을 통해서 많은 공산주의 국가 국민들에게 사유재산에 대한 인식을 갖게 했으며 부의 축적을 위하여 시장활동에 적극적인 노력을 기울이게 만들었다.

코르나이가 언급한 것처럼 많은 공산주의 국가들에서 시장화는 사유화, 자유화, 민주화의 방향으로 영향을 미치게 하였지만, 국가별 상황에 따라서 그 영향력은 차이가 있음을 보게 된다. 북한의 경우 장마당을 통한 시장화가 사유화, 자유화, 민주화 등을 통한 체제 변화에는 어떠한 영향을 미치고 있는지 또 앞으로 어떻게 영향을 미치게 될 것인지 다음 단원에서 고찰해보기로 한다.

2. 장마당 활성화가 북한체제에 미치는 영향과 전망

최민혁(2016)의 조사에 의하면 장마당을 경험한 주민들은 북한체제가 변화

---

36 Skocpol, Theda, *States and Social Revolutions: A Comparative Analysis of France, Russia, and China*(New York: Cambridge University Press, 1979).
37 이용희, '앞의 책', pp.154–156.

되고 있다고 느끼고 있다.

〈표6〉 장마당을 통해 북한 체제가 변화되고 있다고 생각하십니까?

	변화되고 있다	변화되고 있지 않다	계
장마당세대	40 (80%)	10 (20%)	50 (100%)
장년세대	46 (92%)	4 (8%)	50 (100%)
계	86 (86%)	14 (14%)	100 (100%)

출처: 최민혁, 「북한 장마당이 경제와 체제에 미친 영향에 대한 실증분석 연구」
(가천대학교일반대학원 박사학위논문, 2016), p.126.

〈표6〉에 의하면 젊은 장마당 세대인 20-30대는 80%, 장년층은 92%가 장마당을 통해 북한 체제가 변화되고 있다고 대답했다. 변화에 대해서 젊은층보다 장년층이 더 높게 응답한 이유는, 장년층은 90년대 장마당이 활성화되기 이전부터 살아 온 세대이기 때문에 과거에 경험한 체제와 비교해 볼 때 장마당 이후의 변화의 폭이 더 크게 체감됐으리라고 생각한다. 장마당 세대는 어렸을 경험한 장마당을 경험하며 자랐기 때문에 사회적 변화에 대한 체감이 장년세대와 비교해 볼 때 적다고 볼 수 있다.

장마당이 활성화되면서 북한경제의 시장화 현상은 북한경제에 긍정적으로 기여했다고 볼 수 있다. 시장이 활성화되지 않았던 시기인 1990년대 주민들에게 배급이 갑자기 중단되자 고난의 행군 시기에 수많은 북한 주민들이 굶어 죽었다. 그러나 최근에는 이전처럼 정부배급이 중단된 상황이지만 주민들은 장마당을 통하여 스스로의 생계를 꾸려가고 있다. 주민들은 텃밭과 자경지를 최대한 경작하며 각종 시장 경제활동을 통하여 각자가 의식주의 문제를 해결하고 있다. 장마당은 1990년대 이후 몰락한 북한경제의 새로운 출구를 열었다고 볼 수 있다. 향후 장마당의 활성화가 북한체제에 어떠한 영향을 미칠 것인지 중요하게 고려해야 할 것이다.

북한의 경우 장마당이 활성화되면서 부정부패와 범죄가 증가하자 김정일 정권에서는 장마당에 대해 강력한 통제를 추진하기도 했었다. 장마당이 활성화되면서 주민들 사이에서는 국가 공동체적 가치관을 파괴하는 배금주의와 개인주의가 팽배해지고 있다고 간주되었다. 그래서 김정일은 2008년 연설에서 장마당에 대해 "비사회주의 현상과 자본주의적 요소의 본거지이며 온상"이라고 비판하였다.[38]

반면에 김정은 정권에서는 장마당을 통하여 형성된 신흥자본가들을 인정하였고 오히려 돈주들을 활용하여 국가기관에서 재정 부족으로 할 수 없는 프로젝트들을 추진해 나가는 것을 볼 수 있다. 즉 국가기관과 돈주들이 피차간에 이용하며 유익을 추구하는 공생관계를 형성하는 것이다. 북한경제에서 장마당이 계속 활성화되며 돈주들이 자유롭게 경제활동을 할 수 있는 것은 김정은 정권이 돈주를 공식적으로 인정하고 있기 때문이다. 김정은은 "개인이 가지고 있는 돈에 대한 출처를 따지지 말고, 투자하게 하되 이윤도 최대한 보장해 주도록 하라."고 교시하였다.[39]

강동완과 박정란(2014)은 중국 현지에서 2014년 100명의 북한 주민들을 개인별 면접 조사를 통해서 연구한 자료를 발표하였다.[40] 이 조사의 특이점은 직접 면접에 응한 조사자들 모두가 탈북민들이 아니었고 중국에 사업차 왔거나 친지 방문을 위해 합법적으로 비자를 받아서 중국에 체류 중인 북한 주민이라는 것이다. 여러 설문 내용이 있었지만 그 가운데 "귀하는 사회주의 경제(계획경제)와 자본주의 경제(시장경제, 개인소유경제) 중 어느 것을 더 지지하십니까?"에 대한 결과를 다음의 표로 정리하였다.

---

38 Haggard, Stephan and Jaesung Ryu, "Kim Jong Il on the Market," *Peterson Institute for International Economics*, https://piie.com/blogs/north-korea-witness-transformation/kim-jong-il-market, (검색일 2018. 11. 4).
39 정영·조수민, "특집: 김정은 경제개혁 3년을 해부, (3)활기 띠는 시장경제",『자유아시아방송』, https://www.rfa.org/korean/special-programs/ecoreform-06112015101950.html (검색일 2018.11.7).
40 강동완·박정란, "김정은 시대 북한사회 변화 실태 및 북한주민 의식조사",『북한학보』, 제39집 2호(북한학회, 2014), p.120.

⟨표7⟩ 귀하는 사회주의 경제(계획경제)와 자본주의 경제 (시장경제, 개인소유경제) 중 어느 것을 더 지지하십니까?

자본주의 경제 훨씬 더 지지	60%	사회주의 경제 훨씬 더 지지	11%
자본주의 경제 약간 더 지지	9%	사회주의 경제 약간 더 지지	9%
두 가지 모두 비슷하게 지지	11%	합 계	100%

출처: 강동완·박정란, "김정은 시대 북한사회 변화 실태 및 북한주민 의식조사", 『북한학보』, 제39집 2호(북한학회, 2014), p.120. 참조, 저자 재구성

　설문조사 대상이 북한에서 정식으로 비자를 받고 중국에 올 수 있을 정도의 안정되고 정상적인 생활을 하는 북한 주민들이라고 간주할 수 있고 또한 이들은 북한에서 장마당도 체험했고 중국에 머물면서 중국식 개혁개방을 통한 시장경제도 인식하고 있는 사람들로 볼 수 있다.

　이들의 의식 가운데 사회주의 경제 선호도는 20%(훨씬 더 지지 11%, 약간 더 지지 9%)인데 반하여 자본주의 경제 선호도는 3.5배 정도 더 높은 69%(훨씬 더 지지 60%, 약간 더 지지 9%)로 나왔다는 것은 북한의 현 상황을 이해하는데 유념해야 할 정보라고 생각한다. 자본주의 경제 선호도 69%에 자본주의와 사회주의 경제 모두 비슷하게 지지한다는 11%까지 합하면 응답자들의 약 80%가 자본주의 경제 즉 시장경제와 개인소유 경제를 수용할 마음이 있다는 뜻이다. 자본주의를 선호한다고 답변한 북한 주민들의 인터뷰 사례는 다음과 같다.

> **[자본주의를 더 지지한다는 응답 사례]**
> "자본주의 그게 실지 생활에서 나아 보이더라구… 사회주의는 고저 죽도록 일해두 딱 같이 나누는데, 나눌 게 없잖아" (사례 24)
> "내 중국에 오니까, 내 마음이 쏙 달라져. 자본주의 사회가 좋더라구… 방송도 보고…" (사례 43)
> "자본주의는 그만큼 노력하면, 가질 수 있으니까. 그런데, 우리는 그저 뭐 내가 그만큼 해도 그런 거 못 받으니까요. 그래서 자본주의를…" (사례 78)
> "자본주의는 인간의 창의성을 발휘할 수 있도록 하잖아요… 그러니까 자유경제가 좋지."(사례 84)
> "사회주의는 장사도 못하게 하고, 통제가 너무 많아요" (사례 97)

출처: 강동완·박정란, "김정은 시대 북한사회 변화 실태 및 북한주민 의식조사", 『북한학보』, 제39집 2호(북한학회, 2014), p.120. 참조.

장마당이 활성화되면서 폐쇄된 정치체제인 북한에서 뇌물 수수와 같은 부정부패가 양산되었다. 북한에서 시장화 초기단계에서는 하급관리들의 생계형 부패가 만연하였다. 그리고 시장화가 진전되면서 관료와 돈주 간의 결탁형 부패가 증가했다. 이러한 부패가 구조적으로 장기화되자 국가의 통제력이 약해지기 시작했다.

북한 체제에서의 부정부패는 장마당이 활성화되기 이전부터 존재했었다. 그래서 뇌물 수수 등 부정부패가 권력집단과 주민들과의 관계를 연결시키고 또 긴장을 완화하는 작용을 한다는 주장도 있다. 간부들의 부패를 통해서 장마당이 활성화될 수 있는 토양이 만들어졌다는 것이다.

주민과 권력집단 사이에서는 '뇌물 상납과 보호'라는 상호간에 공생관계가 유지되고 있다.[41] 김정은 정권은 돈주들 사이에서 수령과 국가와 당에 대한 충성경쟁을 유발하기 위해 돈주간에 기부금 경쟁을 유도하고 있다. 그리고 돈주들에 대해서도 정권에 충성을 하는 부류와 충성을 하지 않는 부류로 분류해서 충성심이 부족하다고 간주되는 돈주들에 대해서는 표적수사를 통해 재산 몰수 등 처벌하는 것으로 알려졌다.[42]

---

41 김근식 외, '앞의 글', pp.182-183.
42 정영, "북, 돈주 재산 노리고 '표적수사'," 『자유아시아방송』, https://www.rfa.org/korean/in_

김정은 정권은 장마당의 활성화와 돈주들의 부를 적극 활용하려는 입장이다. 그러나 시장화 현상이 김일성 일가 3대 세습 독재체제에 위협적으로 느껴지거나[43] 또 돈주들이 협력과 공생관계를 지속하지 않을 때는 강력하게 처단할 가능성도 있다.

북한사회에서 장마당 체제는 북한 정권이나 특정인에 의해 기획되고 추진된 것이 아니었다. 북한 주민들이 살아남기 위해 장마당을 장기간 이용할 수밖에 없었고, 이제는 장마당을 단순히 생존을 위한 거래 활동만이 아닌 부(富)의 축적 수단으로도 활용하고 있다. 장마당 체제는 자연스럽게 북한 주민들에게 사유재산에 대한 의식을 갖게 했다고 볼 수 있다. 북한 주민 대다수는 장마당을 통해 사유재산권에 대한 인식이 분명해지면서, 일반 서민들도 돈을 벌고 부를 축적하는 일에 능동적인 노력을 기울이게 되었다.

장기적으로 볼 때는 북한의 장마당이 활성화될수록 정부의 주민 통제 능력은 약화될 것이며, 주민들의 국가공동체적 사회주의 국가관은 균열될 것이고, 빈부격차로 인한 양극화 현상으로 일반 서민들의 불만은 갈수록 커질 수 있다. 그리고 장마당을 통한 시장화가 계속적으로 장기간 진행될 경우, 주민들에게 자본주의적 사고방식이 확산되고 개인의 사유재산권 의식이 더욱 고취될 것이며 마침내는 체제의 전환으로 이어질 것이다.

---

focus/ne-jy-05252016162618.html(검색일 2018. 10. 26).
43 이용희, "김일성 神格化와 북한의 3대 세습독재," 『통일전략』 제18권 제3호(한국통일전략학회, 2018), p.240.

V. 맺음글

　1990년대 북한 정권의 식량 배급이 중단되자 주민들은 생존을 위해 각자가 가지고 있던 금, 은, 패물, 가구, 가전제품, 옷, 이불 등 각종 물건을 팔아서 농민시장인 장마당에서 식량을 구입했다. 이와 같은 상황이 장기화 되자 장마당은 이제 북한사회에서 사회주의 경제의 보조적인 수단으로서의 시장이 아니라 주민들의 생존을 위한 직접적인 생계수단이 되었다. 장마당을 통한 시장활동은 북한 주민들의 의식을 변화시켰고, 사유재산권에 대한 의식이 고취되면서 다수의 주민들이 자본주의 시장경제 체제를 선호하게 되었다.
　주민들의 의식 변화는 단순히 재산권과 시장경제에 대한 인식을 넘어서서 사회적 성공과 출세에 대한 가치관에도 많은 변화가 생겼다. 김일성 종합대학을 졸업하고 당 간부가 되어도 정부가 주는 급여만으로 살 수 없는 체제 속에서 아무리 성분과 계급이 좋아도 돈이 뒷받침되지 않으면 실제적인 삶의 윤택함을 누릴 수 없다는 인식을 갖게 되었다. 북한 주민들은 젊은 층은 물론이고 기성세대인 장년층들도 대부분의 주민 의식에 있어서 돈을 최우선의 가치로 여기고 있으며 북한의 불안정한 정치·경제적 상황을 고려하여 북한 원화보다는 미국 달러와 중국 위안화로 부(富)를 축적하고 있다. 이제 북한 주민들은 안락한 삶의 질은 계급과 성분이 보장해주는 것이 아니라 돈이 보장해준다고 인식하고 있으며, 젊은 세대에서는 돈이 곧 성공과 출세의 기준으로 부각되고 있다. 따라서 장마당의 활성화는 북한 주민들의 의식 변화를 통해 기존의 성분 및 계급제도를 붕괴시키고 있으며, 북한 사회 내에서 자본주의 시장경제 가치관에 따른 새로운 신분 계급들이 형성되고 있음을 볼 수 있다. 최근 북한 사회구조는 정상돈(2016)의 연구 발표와 같이 개인이 소유한 부에 따른 새로운 사회 계층 구조로 변화되고 있는 분위기이다.
　장마당세대로 불리는 1980년 이후 출생자들은 1990년대 경제 몰락과 함께 공교육의 혜택을 제대로 받지 못한 세대들이다. 북한의 다음세대인 장마당세대의 경우 기성세대들이 받았던 주체사상 교육의 영향력이 상대적으로 약할 뿐 아니라 자본주의 시장경제에 대해 어렸을 때부터 장마당을 통해 익숙한 세대이다. 앞으로 10년 후인 2028년이 되면 북한의 장마당 세대가 전체 인구의 70% 이상을 차지하게 된다.[44] 장마당세대가 북한 사회에서 기성세대의 다수를 차지할 경우 장마당세대들의 인식변화로 인한 사회 및 체제의 변화는 광범위하게 일어날 것이다.

    북한에서의 장마당 활성화는 앞으로 통일을 위해서도 긍정적으로 기여한다고 볼 수 있다. 장마당을 통해 북한의 시장화가 지속적으로 진행될 경우, 북한의 계급제도와 체제 변화가 점진적으로 진행될 것인지 아니면 정치적 모멘텀에 의해 획기적으로 진행될지는 북한 내부와 외부의 정치 · 경제적 환경에 의하여 좌우될 것이다.

---

44 채경희, '앞의 책', p.151.

참고문헌

강동완·박정란, "김정은 시대 북한사회 변화 실태 및 북한주민 의식조사", 『북한학보』, 제39집 2호, 북한학회, 2014.
고경민, "통일교육의 지방화와 지역 통일교육 거버넌스 구축 방안", 통일전략』 제17권 제1호, 한국통일전략학회, 2017.
곽인옥, "북한시장의 실태분석 및 변화과정에 관한 연구", 『2013 북한 및 통일관련 신진연구 논문집』, 서울: 북한자료센터, 2013.
김근식·조재욱, "북한의 시장화 실태와 시장권력 관계 고찰: 향후 북한 정치 변동에의 함의", 『한국과 국제정치』, 33권 3호, 서울: 경남대학교 극동문제연구소, 2017.
김상선·이상히, 『주민등록사업참고서(절대비밀)』, 평양: 사회안전부출판사, 1993.
김일성, "사회주의경제의 몇 가지 리론 문제에 대하여", 『김일성저작집23』, 평양: 조선로동당출판사, 1983.
김영윤, ""북한 에너지난의 실상과 전망", 『북한 경제난의 현황과 전망』, 제25회 국내학술회의(97.11.24) 발표논문집, 서울: 민족통일연구원, 1997.
김창희, "김정은의 정치리더십에 관한 연구", 『통일전략』 제17권 제2호, 한국통일전략학회, 2017.
박범종, "대학생의 통일과 북한 인식에 관한 연구", 『통일전략』 제18권 제2호, 한국통일전략학회, 2018.
박종환, "북한 인권결의안 유엔 3위원회에 상정…'14년 연속' 채택 시도", 『노컷뉴스』, 2018년 11월 1일자.
사회과학원, 『경제사전Ⅰ』, 주체경제학경제연구소, 평양: 사회과학출판사, 1985.
송기돈, "유엔체제 '보호책임(RtoP)'의 제도화 특성과 북한인권 문제의 분석적 함의", 『통일전략』 제17권 제1호, 한국통일전략학회, 2017.
양문수, "2015년 북한 시장화 동향과 향후 전망", 『KDI 북한경제리뷰』 제18권 제1회, 세종: 한국개발연구원, 2016.
오경섭, "북한시장의 형성과 발전: 시장화 특성과 정치적 결과를 중심으로", 『세종정책연구』, 2013-22, 성남: 세종연구소, 2013.
이용희, 『남북한경제』, 서울: 법경사 21C, 2010.
이용희, 『북한바로알기』, 서울: 자유와 생명, 2014.
이용희, "북한 내 한류가 통일에 미치는 영향", 『통일문제연구』, 제26권 2호(통권 제62호),

평화문제연구소, 2014.
이용희, 『북한 장마당의 개혁 개방적 역할에 대한 고찰』, 서울: 자유와 생명, 2017.
이용희, "김일성 神格化와 북한의 3대 세습독재", 『통일전략』 제18권 제3호, 한국통일전략학회, 2018.
임강택, "북한경제의 시장화 실태에 관한 연구", 연구총서, 09-04, 서울: 통일연구원, 2009.
장용훈, "화폐개혁 희생양, 북한 박남기 총살", 『연합뉴스』, 2010년 3월 18일자.
정경환, "북한인권문제와 대북정책 간의 상관성에 관한 연구", 『통일전략』 제15권 제1호, 한국통일전략학회, 2015.
정상돈, "김정은 시대의 사회통제 정책 평가", 『세계북한학 학술대회 자료집』, 3권, 북한연구학회, 2016.
정영·조수민, "특집: 김정은 경제개혁 3년을 해부, (3)활기 띠는 시장경제", 『자유아시아방송』, 2015년 6월 11일자.
정영, "북, 돈주 재산 노리고 '표적수사'", 『자유아시아방송』, 2016년 5월 25일자.
정정길·전창곤, "북한 농민시장의 실태 분석", 『농촌경제』, 제23권 제2호, 전남: 한국농촌경제연구원, 2000.
정형곤·김병연·이석, "북한의 시장화 현황과 경제체제의 변화전망", 『KIEP 정책연구 브리핑 연구보고서』 12-26, 세종: 대외경제정책연구원, 2012.
최민혁, 『북한 장마당이 경제와 체제에 미친 영향에 대한 실증분석 연구』, 가천대학교 박사학위논문, 2016.
채경희, 『북한의 '장마당세대' 의식 특성에 관한 연구』, 북한대학원대학교 박사학위논문, 2018.
북한인권센터, 『북한인권백서 2001』, 서울: 통일연구원, 2001.
북한인권연구센터, 『북한인권백서 2017』, 서울: 통일연구원, 2017.
북한인권연구센터, 『북한인권백서 2018』, 서울: 통일연구원, 2018.
통일연구원(편), 『1995 북한개요』, 서울: 통일연구원, 1995.
통일준비위원회, 『북한 시장화 지원방안』, 서울: 한반도개발협력연구소, 2015.
현인애, 『북한의 주민등록제도에 관한 연구』, 이화여자대학원 석사학위논문, 2008.

매일 경제용어사전.
북한정보포털 북한지식사전.

표준국어대사전.
한경 경제용어사전.
한국민족문화대백과사전.
21세기 정치학대사전.

Kornai, János, The Socialist System: The Political Economy of Communism, New Jersey: Princeton University Press, 1992.

Nee, Victor, "A Theory of Market Transition: From Redistribution to Markets in State Socialism," American Sociological Review, Vol. 54, No. 5, Washington, D.C. :American Sociological Association, 1989.

Róna-Tas, Akos, "The First Shall Be Last? Entrepreneurship and Communist Cadres in the Transition from Socialism," American Journal of Sociology, Vol. 100, No. 1, Chicago: The University of Chicago Press, 1994.

Skocpol, Theda, States and Social Revolutions: A Comparative Analysis of France, Russia, and China, New York: Cambridge University Press, 1979.

Haggard, Stephan and Jaesung Ryu, "Kim Jong Il on the Market," 『Peterson Institute for International Economics』, 2011년 8월 18일자.

Abstract

Influence of Jangmadang on the class system of North Korea and North Korean regime

This study summarizes the process of creation and evolution of the private market in North Korea after the liberation on Aug. 15, 1945. In particular, this research was conducted on Jangmadang, a local marketplace which was activated as the distribution system by the North Korean regime collapsed since the mid 90s. At the same time, this paper studied the hierarchical system of North Korea. North Korea classifies all residents into three classes and 56 categories. Discrim ination based on each class is serious. In this paper, we analyze the impact of the Jangmadang on the class system of North Korea, and further examined the influence and prospects of Jangmadang on the North Korean regime.

[Key Words]

Jangmadang(local marketplace), Market economy, Class and Category, Class system, North Korean regime

김일성 일가 신격화와 북한의 3대 세습독재

- Ⅰ. 머리말
- Ⅱ. 김일성 일가 신격화
- Ⅲ. 김일성 일가 신격화를 통한 3대 세습 독재 정당화와 후계자론
- Ⅳ. 김일성 일가 신격화가 직면한 딜레마
- Ⅴ. 맺음말

국문요약

본 논문은 김일성, 김정일, 김정은 일가의 신격화에 대해 사례를 중심으로 분석했다. 구체적으로 1. 사상적, 헌법적 토대 위에서의 신격화, 2. 종교적, 교조적 접근을 통한 신격화, 3. 북한의 공교육을 통한 신격화, 4. 언론매체를 통한 신격화에 대하여 분석하였다. 특별히 김일성 일가 신격화의 사상적인 토대가 되었던 김일성 주체사상에 대해 설명하고 김일성 주체사상이 세계 10대 종교로 선정된 이유를 조사했다. 또 김일성 일가 신격화는 김일성 주체사상의 후계자론과 김일성, 김정일, 김정은에 이어지는 3대 세습 독재를 정당화하는 근거가 되고 있으며 동시에 북한 독재 권력에 대한 김일성 일가의 배타적 독점권을 주고 있다. 김일성 일가 신격화가 3대 세습 독재를 하는 데는 결정적인 도움을 주었지만 반면에 북한 경제 몰락을 극복하기 위한 개혁개방 정책을 추진할 수 없게 하는 장애물이 되었음을 밝혔다. 끝으로 북한의 3대 세습 독재 정권의 전망에 대해 고찰하였다.

[주제어]
김일성, 김정일, 김정은, 신격화, 주체사상, 3대 세습 독재

* 2018년 3월 〈통일전략〉 제18권 3호에 실린 논문.

I. 머리말

　북한이 국가경제가 심각하게 몰락했음에도 개혁개방을 하지 않고 지금까지 체제를 고수할 수 있었던 것은 김일성 일가의 신격화와 김일성 주체사상이 근간이 되었다고 볼 수 있다.
　그런데 최근 김일성 일가 신격화가 심각하게 흔들리는 정황이 있다. 북한 정권은 국민들을 외부사회 정보로부터 차단시킨 채 어린 시절부터 시작하여 노년에 이르기까지 평생 세뇌교육을 통해 김일성, 김정일, 김정은을 신격화 하였고 이를 근거로 하여 3대 세습 독재를 이어갈 수 있었다. 그러나 최근 북한 주민들이 이용하는 장마당이 활성화되면서 북한 정권은 더 이상 북한 주민들을 외부정보와 한류로부터 차단할 수 없는 상황이 되었고 주민들은 북한의 실상에 눈뜨기 시작했다. 이제 북한 정권이 이러한 상황을 해결할 수 있는 새로운 변화를 추구하지 않는다면 3대 세습 정권의 유지는 불가능할 수도 있다.
　본 연구는 북한 3대 세습 독재를 가능하게 했던 김일성 일가 신격화와 이에 대한 사상적 근거인 김일성 주체사상에 대해 분석하였다. 그래서 북한 주민들에게 주입되고 있는 김일성 일가 신격화 교육에 대한 실체를 파악하고 이에 기반을 둔 3대 세습 독재가 현재 직면하고 있는 한계 상황을 객관적으로 파악하는데 이 연구의 목적이 있다.
　본 논문은 김일성, 김정일, 김정은 일가의 신격화에 대해 사례를 중심으로 분석했다. 구체적으로 1. 사상적, 헌법적 토대 위에서의 신격화, 2. 종교적, 교조적 접근을 통한 신격화, 3. 북한의 공교육을 통한 신격화, 4. 언론매체를 통한 신격화에 대하여 분석하였다. 또한 북한 권력에 대해 김일성 일가의 독점권을 부여한 김일성 후계자론을 설명하고 있다. 본 연구의 후반부에는 북한 내에서 김일성 신격화가 직면하는 위기 상황을 분석했다.
　4가지 영역을 연구함에 있어서 1. 사상적, 헌법적 토대 위에서의 신격화의 경우, 당의 유일사상확립 10대 원칙을 중심으로 분석하였다. 2. 종교적,

교조적 접근을 통한 신격화의 경우, 김일성 주체사상의 종교성을 분석함에 있어서는 북한 자료(태백출판부)를 주 자료로 사용했고 동시에 외국 종교전문 통계사이트의 발표 자료를 인용했다. 3. 북한의 공교육을 통한 신격화의 경우, 북한 교과서를 중심으로 대표적 사례들을 선발하여 분석하였다. 4. 언론매체를 통한 신격화의 경우, 주요 언론(로동신문과 조선중앙통신)과 인터넷 언론(우리민족끼리)에서 사례들을 선발하여 조사하였다.

선행연구로는 북한 소학교 국어교과서를 중심으로 북한의 정치사상교육을 연구한 이정원(2011)과, 동일하게 북한 소학교 교과서를 중심으로 김일성, 김정일 우상화에 대하여 연구한 임창호(2012)가 있다. 김정원, 김지수, 한승대(2015)는 2013년 발표된 북한의 교육과정안을 이전과 비교하여 분석하였다. 김일성, 김정일, 김정은 신격화에 대한 실제 사례 연구 자료로는 북한의 소학교, 초급중학교, 고등중학교 교과서 내용과 교수참고서, 조선청년사, 로동신문, 조선중앙통신, 우리민족끼리 등이 있다. 그리고 정민섭(2014)은 김일성과 김정일의 우상화를 비교 연구하였다. 김일성 일가 신격화와 맥락을 같이하는 김일성 주체사상에 대해서는 북한 자료인 태백출판부(1989)와 주체사상의 종교성을 연구한 김병로(2001)가 있다. 김일성 주체사상의 경제적 비용에 대해서는 이용희(2013)의 연구가 있고 북한경제의 개혁개방에 관해서는 장형수(2012)의 연구가 있다. 북한 사회 내 외부정보와 한류 유입에 대한 연구로는 진행남(2011)의 연구가 있으며 탈북민들의 한류 체험에 대한 설문조사로는 이용희(2014)의 연구가 있다.

Ⅱ. 김일성 일가 신격화

북한에서 김일성 일가의 신격화는 정치, 사상, 법, 경제, 역사, 교육, 문화, 예술 등 모든 분야에서 종합적으로 오랜 기간에 걸쳐 진행되었다. 김일성의 증조부인 김응우부터 우상화 작업에 들어갔고 이를 위해서는 조선역사를 왜곡하는 사례를 남겼다. 본 연구에서는 김일성 일가 신격화에 있어서 핵심적인 역할을 했던 4가지 분야인 1. 사상 및 법, 2. 종교, 3. 공교육, 4. 언론매체에 대해 구체적으로 신격화의 내용을 분석해 보고자 한다.

1. 사상적, 헌법적 토대 위에서의 신격화

김일성 일가의 신격화는 북한에서 가장 중요한 사상적 토대인 김일성 주체사상과 맞물려있다. 김일성 주체사상은 북한의 최고 통치 이념이다. 북한에서 '김일성 주체사상'은 다른 어떤 사상이나 이념보다 최우위에 있으며 사회의 모든 영역을 구속하는 초법적인 힘을 가지고 있다.[1] 김일성 주체사상은 북한의 정치, 외교, 경제, 사회, 교육, 문화, 군사 등 모든 분야를 관할하는 유일한 지도 이념이다.

김일성 주체사상은 김일성의 일인 평생 독재에 대해 사상적인 뒷받침을 하고 있으며, 아들인 김정일을 후계자로 옹립하는 일에 정통성을 부여했고, 더 나아가 김일성의 손자인 김정은의 3대 세습을 정당화하는 북한의 핵심사상이다.

1970년 황장엽은 12년에 걸쳐 김일성 주체사상을 집대성하였고, 1972년 제정된 북한헌법은 주체사상을 공식 통치이념으로 규정하였다. 북한에서는 김일성 주체사상을 국가의 중심사상으로 헌법에 명기함으로써 헌법적 토대 위에서 온 주민이 주체사상을 신봉하게 하였다. 그리고 1974년 당의 '유일사상 체계 확립의 10대원칙'[2]을 모든 생활에서 북한 주민들을 규율하는 최고의 규범으로 발표함으로써 수령 중심의 사상체계를 확립하였다.

---

1 이명재, 『북한문학사전』(국학자료원, 1995).
2 김정일, "전당과 온 사회에 유일사상 체계를 더욱 튼튼히 세우자: 중앙당 및 국가, 경제기관, 근로단체, 과학, 교육, 문화예술 일군에게 한 연설 (1974년 4월 14일)", 『주체혁명의 위업의 완성을 위하여 3』(평양: 조선로동당출판사, 1987).

〈표1〉 당의 유일사상 체계 확립의 10대 원칙

10대 원칙	주요세칙
1. 위대한 수령 김일성 동지의 혁명사상으로 온 사회를 일색화하기 위하여 몸 바쳐 투쟁하여야 한다.	① 당의 유일사상체계를 세우는 사업을 끊임없이 심화시키며 대를 이어 계속해 나가야 한다. ⑤ 전 세계에서의 주체사상의 승리를 위하여 끝까지 싸워 나가야 한다.
2. 위대한 수령 김일성 동지를 충성으로 높이 우러러 모셔야 한다.	② 한순간을 살아도 오직 수령님을 위하여 살고 청춘도 생명도 기꺼이 바치며 어떤 역경 속에서도 수령님에 대한 충성의 한마음을 변함없이 간직하여야 한다.
3. 위대한 김일성 동지의 권위를 절대화하여야 한다.	⑥ 수령 김일성 동지의 초상화, 석고상, 동상, 초상휘장, 수령님의 출판물, 미술작품, 현지교시판, 당의 기본구호들을 정중히 모시고 철저히 보위하여야 한다.
4. 위대한 수령 김일성 동지의 혁명사상을 신념으로 삼고 교시를 신조화 하여야 한다.	① 위대한 수령 김일성 동지의 혁명사상, 주체사상을 자기의 뼈와 살로, 유일한 신념으로 만들어야 한다. ⑦ 보고, 토론, 강연을 하거나 출판물에 실릴 글을 쓸 때에는 언제나 수령님의 교시를 인용하여 내용을 전개하며 그와 어긋나는 일이 없어야 한다.
5. 위대한 수령 김일성의 교시 집행에서 무조건성의 원칙을 철저히 지켜야 한다.	② 경애하는 수령 김일성 동지의 심려를 덜어드리는 것을 최상의 영예로 신성한 의무로 간주하고 모든 것을 다 바쳐 투쟁하여야 한다.
6. 위대한 수령 김일성 동지 중심으로 하는 전당의 사상 의지적 통일과 혁명 단결을 강화하여야 한다.	④ 개별적 간부들에 환상을 가지거나 아첨아부하며 우상화하거나 무원칙하게 내세우는 현상을 철저히 반대하여야 하며, 선물을 주고받는 일을 없애야 한다.
7. 위대한 수령 김일성 동지를 따라 배워 공산주의적 풍모와 혁명사업 방법을 소유하여야 한다.	② 계급적 원쑤들에 대한 비타협적 투쟁정신과 확고한 혁명적 원칙성, 불요불굴의 혁명정신과 필승의 신념을 가지고 혁명의 한길로 억세게 싸워나가야 한다.
8. 위대한 수령 김일성 동지께서 안겨주신 정치적 생명을 귀중히 간직하며 충성으로 보답해야 한다.	⑤ 2일 및 주 조직생활 총화에 적극 참여하여 수령님의 교시와 당 정책을 자로 하여 자기의 사업과 생활을 높은 정치사상적 수준에서 검토총화하며 비판의 방법으로 사상투쟁을 벌려야 한다.
9. 위대한 수령 김일성 동지의 유일적 령도 밑에 전당 전국, 전군이 한결같이 움직이는 강한 조직 규율을 세워야 한다.	② 모든 사업을 수령님의 유일적 령도 체계에 의거하여 조직 진행하며 정책적 문제들은 수령님의 교시와 당 중앙의 결론에 의해서만 처리하는 강한 혁명적 질서와 규율을 세워야 한다.

10. 위대한 수령 김일성 동지께서 개척하신 혁명 위업을 대를 이어 끝까지 계승하며 완성해 나가야 한다.	④ 자신뿐 아니라 온 가족과 후대들도 위대한 수령님을 우러러 모시고 수령님께 충성을 다하며 당 중앙의 유일적 지도에 끝없이 충실하도록 해야 한다.

출처: "김일성과 김정일의 우상화 정책 비교 연구", 정민섭, 『박사학위논문』(경남대학원, 2014) p.67.

유일사상 10대 원칙에서 볼 수 있듯이 김일성은 북한에서 노동당 규약이나 헌법 등 그 어느 것보다 더 우위에 있다. 주체사상이 인간중심의 사상이라고 천명했음에도 불구하고 유일사상 10대 원칙은 모든 북한 주민들을 김일성의 사상적 노예로 만드는 도구가 되었다.[3] 유일사상 10대 원칙은 김일성을 절대화함으로 신격화할 뿐 아니라 북한 주민들이 생명을 바쳐 수령에게 충성하도록 규정하고 있다. 전 노동당 국제 담당비서 황장엽은 북한 주민들에 대해 다음과 같이 말했다.

> "자주적인 사상을 가지지 못한 사람은 자주적 인간이 아니다. 사람의 행동을 규정하는 첫째 요인이 사상이다. 사람의 사상을 지배하게 되면 사람 자체를 지배하게 되는데 김정일이 10대 원칙을 통해 인민들의 사상을 지배하고 인민들을 사상적 노예로 만들어 놓은 것이다. 북한인민들은 삶의 목적은 수령에게 충성과 효성을 다하는 것이라고 강요당한다."[4]

또 유일사상 10대 원칙은 김정일의 세습도 명문화하였다. 유일사상 10대 원칙 중 10조 4항과 5항은 "자신뿐만 아니라 온 가족과 후대들도 위대한 수령님을 우러러 모시고 수령님께 충성을 다하며 당 중앙의 유일적 지도에 끝없이 충실하도록 하여야 한다. …당 중앙을 목숨으로 사수해야 한다."[5]라고

---

3 "김일성과 김정일의 우상화 정책 비교연구", 정민섭, 『박사학위논문』(경남대학원, 2014), p.67.
4 "수령 우상화의 실상", 김봉기 외, 『영원히 우리와 함께 계신다』(서울: 판문점트레블센타, 2008), pp.255-257.
5 "전당과 온 사회에 유일사상 체계를 더욱 튼튼히 세우자: 중앙당 및 국가, 경제기관, 근로단체, 과

명시함으로써 모든 주민들은 김일성에게 충성하고 또 혁명의 대를 이어 당 중앙인 김정일에게도 충성하도록 가르치고 있다.

2. 종교적, 교조적 접근을 통한 신격화

김일성 주체사상은 한마디로 김일성주의이다. 김일성 주체사상은 수령의 유일적 영도체제를 주장하며 '김일성 수령 유일 지배체제' 확립에 구체적인 사상적 근거를 제공하고 있다. 1986년에 사회정치적 생명론, 1991년에는 우리식 사회주의[6]가 추가되면서 김일성 주체사상은 더욱 체계화되고 보완되어 갔다. 김일성 주체사상에 대한 북한자료의 설명은 아래와 같다.

> 경애하는 수령 김일성 동지께서는 역사상 처음으로 사람에게는 개인의 육체적 생명과 구별되는 사회정치적 생명이 있다는 것을 밝혀주셨습니다. 영생하는 사회정치적 생명은 수령·당·대중의 통일체인 사회정치적 집단을 떠나서는 생각할 수 없습니다. 사회정치적 집단은 많은 사람들로 이루어져 있는 만큼 거기에는 사회적 집단의 생명활동을 통일적으로 지휘하는 중심이 있어야 합니다. 사회정치적 생명의 중심은 이 집단의 최고 뇌수인 수령입니다. 수령을 사회정치적 집단의 최고 뇌수라 하는 것은 수령이 바로 이 생명체의 생명활동을 통일적으로 지휘하는 중심이기 때문입니다.[7]

김일성 주체사상은 개인에게 '육체적 생명'과 '사회정치적 생명'이 있다고

학, 교육, 문화예술 일군에게 한 연설 (1974년 4월 14일)," 김정일, 『주체혁명의 위업을 완성을 위하여 3』(평양: 조선로동당출판사, 1987), p.117.
6   "1980년대 말 이후 북한은 동유럽 사회주의권과 소련의 붕괴라는 위기에 직면하여 체제생존의 위협을 느끼고 이를 극복하기 위해 주체사상의 논리적 보강을 통해 북한식 사회주의의 우월성을 강조하는 '우리식 사회주의'를 제시하였다." 『2016 북한이해』(통일교육원, 2016), pp.40-41.
7   "주체사상 교양에서 제기되는 몇 가지 문제에 대하여," 『주체사상연구』(태백편집부, 1989).

설명한다. '사회정치적 생명'은 '영생'하며 뇌수인 김일성 수령으로부터 부여된다고 가르친다. 인민에게 영생불멸하는 '사회정치적 생명'을 부여하는 김일성 수령에 대해 절대적인 지위를 부여하며, 모든 인민은 절대자인 수령에게 충성과 복종을 다하여야 한다는 것이 주체사상이 종교적이라고 평가되는 이유이다.

2007년 5월 7일 어드히어런츠닷컴(종교전문 통계사이트)[8]에서는 김일성 주체사상을 세계 10대 종교 중 하나로 발표하였다. 종교의 3요소는 교주, 교리, 교인이다. 북한의 김일성 주체사상교는 교주: 김일성·김정일, 교리: 김일성 주체사상, 교인: 북한 전 주민(1,900만 명)이라고 어드히어런츠닷컴은 설명하였다. 김일성 주체사상교는 타종교에 대해 가장 배타적이다. 타종교를 몰래 믿는 자들이 발각될 경우 공개처형이나 정치범수용소에 수감되는 등 세계에서 가장 극심하게 탄압받고 있으며[9], 김일성 주체사상교가 신도들인 북한 전 주민에게 끼치는 영향력은 절대적이라고 평가되고 있다.

주체사상이 북한주민들에게 '영생'하는 '사회정치적 생명'을 주는 종교로 자리매김 되면서 김일성은 교조(敎祖)로서 신격화되었고, 김정일은 대를 잇는 2번째 교주(敎主)로서 신격화되었으며 3대 교주라고 볼 수 있는 김정은의 신격화가 최근 진행되고 있다. 김일성 신격화는 단순히 국가 정치지도자의 혈통이 아니고 국가 전체 종교를 창시한 신적 존재인 교조의 혈통으로 간주된다.

3. 북한의 공교육을 통한 신격화

북한의 경우 초등학교 시절부터 초급중학교, 고등중학교에 이르기까지

---

[8] 『어드히어런츠닷컴』 "Discussion of why Juche is classified as a major world religion," (검색일: 2017.10.10).

[9] 미주 중앙일보, "북한 15년 연속 기독교 박해 국가 1위", http://www.koreadaily.com/news/read.asp?art_id=4934862 (검색일: 2017.10.17).

교과서에서 김일성, 김정일, 김정은의 어린 시절, 혁명활동, 혁명력사 등에 대해 정규 과목으로 채택되어 학습을 하고 있다. 이러한 과목들을 통해서 김일성 일가에 대한 구체적인 신격화 교육이 진행되고 있다. 이외에도 북한의 공교육에서 국어 과목은 매우 중요한 전략적 과목이다. 소학교 교사를 양성하는 교원대학 국어교수법 교재에서는 국어교육의 목적을 아래와 같이 기술하고 있다.

> "소학교 국어교육의 목적은 사회주의 건설의 모든 분야에서 힘 있는 무기로 되고 있는 우리말과 글을 통하여 학생들을 우리 당의 혁명사상 주체사상으로 튼튼히 무장시키고 그들에게 혁명적 정서와 사고력을 키워주며 우리말과 글에 대한 기초적인 지식과 기능을 갖추어줌으로써 그들을 자주성과 창조성을 가진 주체형의 혁명인재, 수령결사옹위의 참된 투사들로 키우는 데 있다."[10]

공교육 내용 중 김일성 김정일 김정은의 신통력을 표현하는 대표적인 신격화 사례들은 아래와 같다.

우리 우리 남녘 땅에 새전설 생겼대. 구두닭이 소년들, 껌팔이 소녀들, 골목골목 모여서 귀속말로 소곤소곤. 김일성 장군님은 축지법을 쓰시더니, 위대한 령도자 김정일 원수님은 시간을 주름잡는 축시법을 쓰신대.

신기한 축시법 한번만 쓰셔도 바다가 잠간새에 뭍으로 변하고, 백년 걸려 할 일을 한해에 제낀대. 신기한 축시법 또 한번 쓰시면 땅 속의 금은보화 줄줄 실려 나오고, 높고 높은 새 집들이 수풀처럼 솟아난대.

이제 이제 조국통일 축시법만 쓰시면, 콩크리트 장벽도 모래처럼 무너지고, 통일의 큰 경사가 우리 앞에 다가온대.[11]

---

10 『국어교수법』(평양: 교육도서출판사, 2004), p.5.
11 『국어』(소학교3학년), (평양: 교육도서출판사, 2009), pp.169-170.

북한 소학교(초등학교) 3학년 학생들은 김일성이 축지법을 쓰고 김정일은 축시법을 썼다고 배운다. 김일성과 김정일이 똑같이 축지법을 썼다고 하지 않고 김정일은 축시법을 썼다고 하는 이유는 부자간의 차별성을 보여주기 위한 것으로 사료된다. 초등학생들에게 이와 같이 김일성과 김정일이 초능력을 가졌고 보통 인간이 아니라는 것을 각인시키는 것이 향후 김일성 일가에 대한 신격화 작업에 기초가 된다고 볼 수 있다.

(1) 김일성 신격화

> **[백두산의 장수별]**
> 김일성 장군이 축지법을 비롯한 전신술, 장신술, 영신술을 마음대로 쓰시고 솔방울로 착탄을 만드시고 모래알로 쌀을 만드시며 가랑잎 한 장을 띄우고 대하를 건너가신다.[12]

이미 1980년부터 북한 청년들에게 김일성은 축지법은 물론 전신술, 장신술, 영신술을 자유자재로 구사했으며 솔방울로 탄알을 만들고 모래알로 쌀을 만들고 가랑잎을 타고 큰 강을 건너가는 신통력을 가졌다고 교육하고 있다.

> 조선인민혁명군부대들의 드센 공격과 인민들의 투쟁에 더는 견딜 수 없게 된 일제는 1945년 8월 15일 무조건 항복하였습니다. 그리하여 우리조국은 해방되고 위대한 수령 김일성대원수님께서 이끄신 항일무장 투쟁은 빛나는 승리로 끝났습니다.[13]

신통력은 물론이고 조국의 해방도 김일성의 업적이라고 중학교 1학년 교

---

12 동경: 조선청년사, 1980, pp.8-11.
13 "위대한 수령 김일성대원수님 혁명활동", 『초급중학교 1학년』(평양: 교육도서출판사, 2013), p.64.

과서에서 가르친다. 제2차 세계대전에서 미국이 일본에 원자폭탄을 투하함으로 일본이 무조건 항복하여 우리나라가 해방되었음을 언급하지 않는다. 따라서 김일성은 조국해방의 주인공이고 모든 인민의 영웅으로 간주된다.

> 장군님, 조선이 정말 주인을 만났다고 생각합니다. 조선을 이끄실 분은 장군님뿐이십니다. (위대한 김일성 대원수님께 드린 神格化 말)[14]

1948년 북한을 방문했던 당시 70대의 김구는 30대의 김일성을 만났다. 그런데 북한 중학교 1학년 교과서에서는 김구가 김일성만이 조선을 지도할 수 있는 유일한 영도자라고 고백했다고 기술하고 있다. 남한에서 존경받고 있는 김구조차도 김일성을 한반도의 유일한 국가지도자로 인정했다는 것이다.

> 설명절은 세배(설인사)를 드리는 것으로부터 시작되었다. 오늘 우리 인민은 설날아침에 경애하는 수령 김일성대원수님과 위대한 령도자 김정일 원수님의 초상화 앞에 꽃을 드리고 허리 굽혀 인사를 올리는 것으로부터 세배를 시작한다.[15]

중학교 6학년(고등학교 3학년) 역사교과서에서는 새해 첫날 집집마다 집안에 있는 김일성, 김정일의 초상화 앞에 꽃을 드리고 새해 인사를 드린 후에야 집안 부모님과 어른들에게 세배가 시작될 수 있다는 것을 보여준다. 김일성은 국가적인 면에서 신적 존재이면서 동시에 개인의 가정사에서도 가장 중요한 어른이며 존경과 경배의 첫 번째 대상으로 표현되고 있다.

---

14 "위대한 수령 김일성대원수님 혁명활동",『초급중학교 1학년』(평양: 교육도서출판사, 2013), p.92.
15 "조선력사",『중학교 6』(평양: 교육도서출판사, 2008), p.46.

(2) 김정일 신격화

> 위대한 원수님(김정일)께서는 분한마음을 참을 수 없으시였습니다. 그래서 먹으로 일본땅을 새까맣게 칠해 놓으시였습니다. 그랬더니 이날 일본 땅에는 정말 놀라운 일이 생겼습니다. 갑자기 온 일본 땅이 새까맣게 어두워졌습니다. 그리고 번개가 치고 우레가 울며 오래 동안 세찬 소낙비가 쏟아졌습니다. 이때부터 사람들은 위대한 령도자 김정일 원수님께서는 하늘과 땅도 마음대로 움직이시는 재주를 지니고 계신다고 말하였습니다.[16]

김정일은 1942년에 출생했다. 1945년 8월 15일 이전 일본 식민지시대에 김정일은 세 살 이하의 어린 아이였지만 하늘과 땅을 움직이는 신통력이 있어서 일본 땅에 번개와 우레와 세찬 소낙비를 내리게 했다고 초등학교 1학년 학생들에게 가르치고 있다.

> 그때 우리나라 땅이 흔들린 것은 위대한 령도자 김정일 원수님께서 쪽무이 지도(조각을 모아 큰 한 조각을 만든 지도)를 가지고 지도놀이를 하셨기 때문이였습니다. 함경북도 지도쪽을 쥐시면 함경북도 땅이 흔들리고 평안남도 지도쪽을 만지시면 평안남도 땅이 움씰했다고 합니다. 그 뒤 한해가 지나서 일본놈들은 정말 망하고 말았습니다.[17]

북한 초등학교 2학년 교과서에서는 1944년에 두 살인 김정일이 지도놀이를 하면서 초능력을 발휘하여 함경북도와 평안남도에 지진을 일으켰고, 이런 결과로 1년 뒤인 1945년에는 일본이 실제로 망했다고 가르치고 있다.

> General Kim Jong Il is our father.
> We are sons and daughters of General Kim Jong Il.
> We are very happy.[18]

---

16 "국어", 『소학교1』(평양: 교육도서출판사, 2008), pp.98-99.
17 "국어", 『소학교2』(평양: 교육도서출판사, 2011), pp.109-110.
18 "영어", 『고등중학교2』(평양: 교육도서출판사, 2001), p.3.

북한 고등학교 2학년 영어 교과서에서는 "우리들은 김정일의 아들, 딸이다. 우리는 매우 행복하다"고 가르치고 있다. 김정일은 '현세천국'을 이룬 '하느님'이면서 동시에 북한 주민들의 아버지이다. 종교인들이 신을 아버지라고 표현하며 자신은 하나님의 자녀라고 언급하듯이, 북한에서는 갓난아이부터 노인들까지 수령은 모든 인민의 아버지로 불린다. 그래서 탁아소에서부터 수령님은 아버지로 교육을 받는다.

(3) 김정은 신격화

> 2012년 6월 어느 날 새벽 함경남도 신흥군의 인풍지구에 갑자기 무더기비가 내려 산사태가 밀려들었다. 이때 한현경 동무(14세)는 지체 없이 벽에서 위대한 대원수님들의 초상화를 정중히 내려 모시고 두겹세겹으로 감싼 다음 창밖으로 나갔다. 물에 잠기지 않은 산턱을 불과 몇 자국 앞에 두고 그는 산사태에 휘말려들고 말았다. 그러나 그는 숨이 지는 마지막 순간까지 백두산절세위인들(김일성, 김정일, 김정은)의 초상화를 안전하게 보위하였다.
>
> 우리는 한현경 학생이 높이 발휘한 수령결사옹위 정신의 모범을 본받아 경애하는 원수님을 받드는 길에서 자기의 본분을 다해 나가야한다. 나어린 우리들도 자신의 전우로, 동지로 불러주시는 경애하는 김정은 원수님의 값 높은 믿음을 가슴에 새기고 경애하는 김정은 원수님을 결사옹위하는 천겹만겹의 성새, 방패가 되어야한다.[19]

김정일이 죽은 이후 김정은의 우상화와 신격화는 가속화되고 있다. 2013년 교과서를 살펴볼 때 '대원수님들'의 반열에 김정은이 올랐음을 볼 수 있다. 구체적으로 백두혈통임을 보여주기 위해 고등학교 1학년 교과서에서는 '백두산절세위인들'이라는 용어를 사용하며 김일성, 김정일, 김정은 3대가 함께 백두산 위인임을 기술했다. 김정은의 위상은 김일성, 김정일의 후계자이며 동시에 김일성, 김정일과 대등한 국가최고통치자의 위상으로 선전되고 있다. 이제 조선인민들의 인생관인 '수령결사옹위'의 대상은 김정은이며

---

19 "사회주의 도덕과 법", 『고등중학교 1학년』(평양: 교육도서출판사, 2013), pp.27-28.

김정은의 초상화를 산사태 속에서도 보전하기 위해 생명을 바친 한현경 학생은 국가적인 영웅으로 칭송되고 있다.

> "Let's Become True Sons and Daughters of the Respected General Kim Jong Un!"[20]

김정일 생전에는 고등중학교 2학년 영어교과서에서 "We are sons and daughters of General Kim Jong Il."이라고 기술하였는데 김정은 시대가 시작되면서 동일한 의미인 "Sons and Daughters of the Respected General Kim Jong Un"이라는 표현이 중학교 1학년 영어교과서에 쓰이고 있다. 이제 북한 주민들의 아버지는 죽은 김정일이 아니고 살아있는 김정은이라는 뜻이다. 김정은이 30대의 어린 나이이지만 국가원수이며 아버지 김정일과 대등한 위상인 모든 인민의 아버지임을 부각시키고 있다.

> 경애하는 김정은 원수님께서는 일찍이 10대에 보통 인간으로서는 도달할 수 없는 높은 경지에서 정치와 경제는 물론 철학, 력사와 같은 사회과학과 수학, 물리학과 같은 자연 과학 그리고 군사와 외교 등 모든 부문에 정통하시고 폭넓고 해박한 지식을 소유하고 계시였다.
>
> 3살 때 총을 쏘았고, 9세 때는 3초 내에 10발의 총탄을 쏘아 목표를 다 명중시키고 100% 통구멍을 냈다. 사격선수들도 명중사격과 속도사격에서 원수님을 따르지 못한다. 3살 때부터 운전을 시작해 8살도 되기 전에 굽이와 경사지가 많은 비포장도로를 몰고 질주했다. 시속 200km의 초고속 배를 몰아 외국 보트회사 시험운전사와 경주에서 두 번이나 이겼다.[21]

김정은 우상화와 신격화의 특성은 김일성과 김정일처럼 축지법과 축시법을 사용할 수 있다고 표현하는 대신에 21세기 상황에 맞게 각색되었다는 것이다. 세 살 때부터 총을 쏘기 시작해서 9세에 명사수가 되었고, 세 살 때

---

20 "영어 교과서," 『초급중학교 1학년』 (평양: 교육도서출판사, 2013), p.1.
21 『경애하는 김정은 원수님 혁명활동 교수참고서』 (평양: 교육도서출판사, 2014).

부터 운전을 시작해서 어린아이 시절 이미 운전에 능통했고 또 보트를 시속 200km로 몰아서 경주에서 이겼다고 선전을 하고 있다.

김일성 일가 신격화의 중요한 키워드는 '태양'이다. 김일성은 북한 내에서 '원조 태양'으로서 '인류의 태양'으로 표현되고, 김일성 생일인 '태양절'은 북한 최대의 명절이다. 후계자인 김정일도 '21세기 태양'으로 표현되었고 최근 김정은은 '선군조선의 태양'으로 선전되고 있다. 북한 땅 전역에서 건물 꼭대기에는 '선군조선의 태양 김정은 장군 만세'라고 크게 쓴 선전문구 간판을 쉽게 찾아볼 수 있다.

〈표2〉 북한의 김일성 · 김정일 시대 충성심 함양방법

김일성 시대 충성심 함양방법			김정일 시대 충성심 함양방법		
구분	남자	여자	구분	남자	여자
학교교육	45	50	학교교육	45	65
	52.9%	27.0%		52.9%	33.3%
현지지도	15	40	현지지도	5	50
	17.6%	21.6%		5.9%	25.6%
선물지급	5	20	선물지급	10	10
	5.9%	10.8%		11.8%	5.1%
생활총화	5	25	생활총화	5	30
	5.9%	13.5		5.9%	15.4%
사상통제/처벌	15	50	사상통제/처벌	20	40
	17.6%	27.0%		23.5%	20.5%

출처: "김일성과 김정일의 우상화 정책 비교 연구", 정민섭, 『박사학위논문』(경남대학원, 2014) p.84, 141.

〈표2〉는 2014년 정민섭이 탈북민 280명을 대상으로 그들이 북한에 있을 때 김일성 · 김정일에 대한 충성심을 효과적으로 함양시켰던 방법들에 대한

설문조사 결과이다. 〈표2〉에서 볼 수 있듯이 김일성 · 김정일에 대한 충성심 함양 방법 중 가장 효과적인 것은 남녀 모두 학교교육(공교육)인 것을 볼 수 있다. 북한 정권은 공교육을 통해서 다음세대 전체에게 김일성 일가에 대한 신격화 교육을 시켰고, 이것은 결과적으로 국민전체가 김일성 일가에 대한 충성심을 함양하는 가장 결정적인 역할을 하였다.

4. 언론매체를 통한 신격화

조선로동당 기관지이며 북한의 대표 언론이라고 할 수 있는 로동신문, 조선중앙통신, 인터넷 매체 등을 통하여 김일성 김정일 김정은 신격화 작업과 선전은 활발하게 진행되고 있다.

언론매체들을 통한 김일성 김정일 김정은의 대표적인 신격화 사례들은 아래와 같다.

(1) 김일성 신격화

〈그림1〉 로동신문 주체94(2005년 11월 12일)

북한『로동신문』 2005년 11월 12일자 보도문

> 지난 10월 어느 날 저녁이었다. 사무실을 나서던 김재경 동무는 눈이 둥그레졌다. 광산 가까운 곳에 있는 농장원들의 살림집들에 불이 났던 것이다. 불길은 점점 세차게 번지기 시작하였다. 사람들과 함께 그곳으로 달려간 김재경 동무는 주저 없이 불길 속에 뛰여들어 위대한 수령님과 경애하는 장군님의 초상화들을 안전하게 모셔 내였다. 그가 한 농장원의 아내의 생명을 구원하기 위해 다시 불길에 휩싸인 집안으로 뛰여들었던 그 순간 그만 지붕이 내려앉았다. 이렇게 김재경 동무는 동지들의 곁을 떠나갔다. (중략)[22]

로동신문은 북한의 대표적인 대중신문이며 주체사상과 수령을 선전하는 목적으로도 사용되는 조선로동당 기관지이다. 2005년 11월 12일 로동신문에는 '불길속에 서슴없이 뛰여들어'라는 제목으로 자신의 목숨을 걸고 김일성 김정일 초상화를 불길 속에서 꺼내온 김재경 동무의 행적을 자세히 설명하고 김동무의 죽음을 애도하고 미화하며 영웅시하고 있다. 김재경 동무의 수령결사옹위 정신을 온 인민에게 선전하고 있으며 동시에 신적 존재인 수령은 그 초상화까지라도 생명을 걸고 지킬 가치가 있다는 것을 널리 표방하고 있다.

〈그림1〉 로동신문 날짜 표기에서 '주체94'라는 것을 볼 수 있다. '주체'는 김일성이 출생한 1912년을 세계역사의 새로운 출발점으로 보고, 1912년부터 새롭게 연도를 계산하는 북한만 사용하는 특별한 연호이다. 즉 '인류의 태양'인 김일성이 출생한 해가 세계역사의 출발점이 된다는 것이다. 전 세계가 예수의 탄생을 기점으로 B.C.(Before Christ)와 A.D.(Anno Domini)로 구별하여 통일된 연호를 사용하고 있지만 북한은 모든 공문서와 출판물에서 '주체' 연호를 A.D. 연도 앞에 쓰도록 되어 있다. 북한에서 세계역사의 기준점은 예수가 아닌 김일성이다. 주체 연호를 통해서도 주체사상이 김일성 신격화의 결정적인 역할을 하고 있음을 알 수 있다.

---

22 로동신문, 2005년 11월 12일자.

> 이번에 피해 지역에서 물이 빠진 다음 흙과 모래에 묻힌 사람들이 발견되었다. 그런데 그들의 품속에서 나온 것은 하나같이 물 한점 스며들지 않게 비닐로 싼 초상화였다. 이것이 바로 오늘 자기의 존재도, 값 높은 존엄과 행복도, '수령결사옹위'의 길에서 찾는 조선 인민의 인생관이다.[23]

이 조선중앙통신 기사는 조선 인민들의 수령결사옹위 정신은 수령을 지키기 위하여 자기의 생명을 바치는 것을 넘어서 수령의 초상화의 보존을 위해서도 기꺼이 생명을 바칠 수 있는 충성임을 보여주고 있다.

> **김일성 생일인 태양절(4월 15일)에 북한을 방문한 외신 기자들에 대한 평양 봉수교회 리성숙 목사 인터뷰;**
>
> "기독교인이니까 교회에 오는데 교회에 와서 나의 마음속에 있는 하나님, 그건 곧 김일성 주석님이다.",
> "김일성 주석님을 하나님과 같은 분으로 생각한다는 것이죠.",
> "하나님은 곧 김일성 주석님이다."라고 밝혔다.[24]

2011년에 해외 언론에 의해 발표된 북한 봉수교회 리성숙 목사의 외신 기자들과의 인터뷰에 의하면 북한 기독교 목사인 리성숙은 본인이 기독교인이라 교회에 나오지만 자신이 믿는 하나님은 곧 김일성 주석이라고 밝혔다. 즉 김일성이 하나님이라는 공식적인 신앙고백이다. 리성숙 목사는 태양절 행사 취재를 위해 방문한 해외 언론들 앞에서 "하나님은 곧 김일성 주석님이다"라고 단정적으로 표현함으로써 북한사회가 김일성 신격화를 국제적으로 표방하였으며 많은 인민들이 김일성을 하나님으로 신봉하고 있음을 시사했다.

---

23 조선중앙통신, 2007년 9월 7일자.
24 미국의 소리(VOA), "북한 그리스도연맹 결성 65주년으로 본 북한 기독교", 2011년 11월 29일자, https://www.voakorea.com/a/article----65----134630018/1344927.html (검색일: 2017.11.30).

(2) 김정일 신격화

북한의 인터넷 선전 매체인 '우리민족끼리'에서는 김정일의 출생부터 신격화 작업을 하고 있다. 김정일이 출생한 1942년 2월 16일은 '성탄일'이라고 신성시하고 있다. 옥황상제가 특별히 김정일 출생일로 2월 16일을 지정한 이유는 김일성이 태어난 1912년 4월 15일이 3번째 월요일이었기 때문에 김일성의 뒤를 이을 김정일도 동일하게 3번째 월요일인 2월 16일로 정했다는 것이다. 또 김일성이 북한에서 '인류의 태양'으로 표현되고, 김일성 생일은 '태양절'이라고 명명되기에 후계자인 김정일도 '21세기 태양'으로 표현되고 있다.

옥황상제가 김정일 출생일을 결정하자 백옥루의 선녀들이 일시에 합창하며 이 경사일을 하늘땅과 온 우주에 알렸다고 기록하고 있다. 예수 탄생시에 하늘에서 천군천사가 찬송했다고 성경에 기록되어 있듯이[25], 김정일 출생 시에 하늘에서 선녀들이 합창했다는 것은 김정일을 예수의 반열에 올리는 신격화 작업으로 간주될 수 있다.

> 이북이 현세 천국이고 이북 민중이 현세 천국의 향유자, 주인공이라고 볼 때 하느님이 있는 곳은 이북이며 현세 천국의 창업을 이루어 놓으신 김정일 령도자님은 정녕 이 땅 위에 계시는 하느님이시다.[26]

1996년은 수많은 북한주민들이 굶어 죽었던 이른바 '고난의 행군' 시기 (1995-97)에 해당된다. 그럼에도 불구하고 1996년 2월 18일 로동신문에서는 북한이 이 땅의 천국이고 북한주민들은 천국을 누리고 사는 복 받은 사람들이며 이러한 천국은 김정일이 만들었다고 선전하고 있다. 특별히 북한을 천

---

25 누가복음 2장 13,14절
26 로동신문, 1996년 2월 18일자.

국으로 만든 영도자 김정일은 이 땅에 살아있는 '하느님'이라고 로동신문은 선전했다.

〈그림 2〉 로동신문 주체100(2011년 12월 22일)

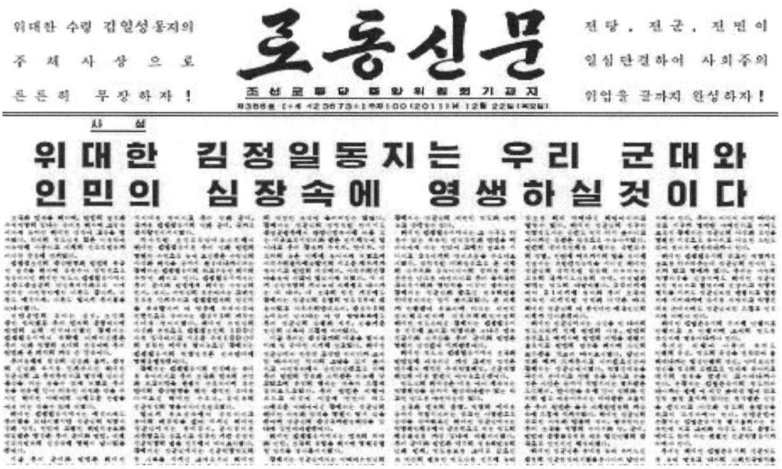
위대한 수령 김일성동지의 주체사상으로 튼튼히 무장하자!

로동신문

조선로동당 중앙위원회 기관지

전당, 전군, 전민이 일심단결하여 사회주의위업을 끝까지 완성하자!

사설

위대한 김정일동지는 우리 군대와 인민의 심장속에 영생하실것이다

북한『로동신문』2011년 12월 22일자 보도문

2011년 12월 17일 김정일 사망 후에 로동신문은 김정일은 "인민의 심장속에 영생하실 것이다"라고 기사 제목을 달았다. 특별히 종교적인 의미를 주는 '영생'이라는 단어를 사용함으로 '현세천국을 이룬 하느님'[27]이라고 표현되었던 김정일은 육신이 사망해도 인민과 함께 영생하는 신적 존재임을 강조했다.

김정일은 출생부터 신격화되었고, 어린아이 때에 이미 신적인 능력을 발휘했고, 1994년 김일성이 죽은 후에는 '현세천국'을 창업한 살아있는 '하느님'으로 선전되었고, 죽은 후에는 모든 인민들의 마음속에서 '영생'하는 영원

27 로동신문, 1996년 2월 18일자.

불멸의 존재로 기록되었다.

북한의 대표 언론인 로동신문, 조선중앙통신 그리고 인터넷 매체인 '우리 민족끼리'에서 살펴보았듯이 북한 언론매체에서는 김일성 김정일 신격화가 북한 교과서의 표현보다 더 직설적이고 선전적인 것을 볼 수 있다. 교과서에서는 김정일이 '하느님'이라는 표현은 찾아볼 수 없는데 언론매체에서는 이런 표현을 과감하게 사용하고 있다. 봉수교회 리성숙 목사도 태양절에 방문한 외신기자들과의 인터뷰에서 김일성은 '하나님'이라고 표현했기 때문에 외신에 김일성은 '하나님'이라는 표현이 말한 그대로 보도되었다. 외신에 기사화 될 것을 감안해서 외국 언론매체들을 이용한 김일성 신격화 선전활동이라고 볼 수 있다. 그러므로 북한 정권이 김일성 일가 신격화를 위해서 가장 적극적으로 활용하고 있는 수단은 언론매체임을 알 수 있다.

Ⅲ. 김일성 일가 신격화를 통한 3대 세습 독재 정당화와 후계자론

1. 김일성 일가 신격화의 필요성

북한은 더 이상 공산주의 국가라고 할 수 없다. 1917년 볼셰비키 공산주의 혁명이 성공한 이후 어느 공산주의 국가에서도 정권이 세습된 나라는 없다. 마르크스 레닌주의에 위배되는 일이다. 김일성이 죽고 김정일이 후계자가 되었을 때, 북한의 최대 명절인 태양절을 맞아 김정일이 국가원수로 취임하면서 평양 김일성 광장에 있는 마르크스 레닌의 초상화를 제거했다. 그 이유는 공산주의에서 세습은 용인될 수 없기 때문이다. 이때부터 북한은 공산주의에서 이탈하여 왕정국가라고도 불리고, 또 전체주의 국가로 간주되고 있다. 그리고 한걸음 더 나아가 종교국가로 탈바꿈하였다고 분석하는 국제

정치학자들이 있다.

　김일성은 자신의 정치적인 후견인이면서 가장 강력한 지지자였던 스탈린이 1953년 사망한 이후 소련에서 스탈린 격하 운동이 일어나는 것을 보고 크게 충격을 받았다. 레닌, 스탈린, 모택동 등 모두 자신들이 집권했을 때는 우상화 정책을 통하여 권력을 1인 지배체제로 구축하여 장기간 강력한 독재 권력을 행사하였지만, 그들이 사망하였을 때 개인 우상화 정책은 끝났고 스탈린 같은 경우에는 다음 후계자에 의해서 스탈린 격하 운동이 일어나는 상황까지 발생하였다.

　스탈린과 모택동의 사망과 그 이후 정치적 상황을 목도한 김일성은 북한 내에서 1인 우상화 체제는 본인이 사망할 경우에 '개인 우상화'가 계승되지 않는다는 것을 파악하였다. 그리고 정치권력이 반대파에게 넘어갈 경우 김일성 자신도 스탈린과 같은 실패를 반복할 수밖에 없다고 생각하였다. 그래서 김일성은 자신의 사후에도 본인에 대한 격하운동을 벌이지 못하도록 아들을 후계자로 지목하기로 결정하였다. 이때 "효도만한 충성이 없다"[28]라는 말을 남겼다고 한다. 김일성은 집권하는 기간 중에 다음 후계자를 김정일로 지명하였고 일정 기간을 권력승계를 위한 준비기간으로 갖게 했으며 지명된 후계자인 김정일도 함께 우상화 작업에 포함시켰다. 이것이 김일성 일가를 우상화하고 신격화하는 출발점이 되었다. 이와 같은 패턴은 김정일-김정은 후계 구도에서도 동일하게 이어졌다.

　김일성 신격화 작업이 스탈린과 모택동의 수준을 넘어서서 절대자, 신, 교주의 자리까지 이르게 된 것은 스탈린이나 모택동의 영향력보다 더 강력하고도 지속적인 영향력을 김일성 사후에도 발휘하기 위한 것이며 또 김일성 일가 세습권력을 대대로 공고히 하는 작업이었다.

28　자유아시아방송(RFA), "김일성과 김정일과의 권력갈등", 2014년 8월 12일자, https://www.rfa.org/korean/weekly_program/ c7a5c9c4c131c758-babbb2e4d55c-c774c57cae30/co-jj-08122014100338.html (검색일: 2018. 1. 12).

2. 김일성 일가 3대 세습 독재 정당화

김일성 일가 신격화는 김일성, 김정일, 김정은 3대 세습 독재의 정당성에 결정적인 힘을 실어주었다.

먼저 김일성의 신격화는 김일성 유일지배체제를 확고하게 구축하게 했으며 김일성의 평생 독재를 가능하게 하는 밑받침이 되었다. 김일성의 독립운동을 통해 일본이 패망하고 조선이 광복을 얻었다고 선전했기 때문에 김일성은 국가를 구한 불세출(不世出)의 영웅이 되었다. 그리고 김일성은 어렸을 때부터 전신술, 장신술, 영신술, 축지법을 사용하였으며 솔방울로 수류탄을 만들어서 일본군을 공격했다고 하니 김일성이 살아있는 동안에는 어떤 정치인도 김일성을 대체할 수 없는 상황이 되었다.

북한 정권은 김일성 수령이 온 국민들에게 영원불멸의 사회정치적 생명을 주는 절대자라고 세뇌교육을 함으로써 북한 주민들에게 김일성은 국가지도자일 뿐 아니라 '영생'을 주는 김일성 주체사상교의 교조라고 인식시켰다. 그래서 이제는 북한 주민만이 아니라 온 인류에게 영생을 주기 위해 김일성 주체사상교를 전 세계에 포교하는 것이 북한 주민들의 사명이 되었다. 이 과업을 이루기 위해서는 김일성 수령의 대를 이어갈 후계자가 필요하고, '신의 아들' 김정일 이외에는 누구도 절대자인 수령의 지위를 감당할 수 없다고 인민들은 자연스럽게 생각하게 되었다. 그래서 김정일의 세습에 대해 일말의 반대도 없이 만장일치로 통과됐으며 심지어 수많은 사람들이 집중적으로 굶어 죽었다고 하는 1990년대 후반 고난의 행군시기에도[29] 특별한 국민적 저항이 없었다.

2011년 12월 17일 김정일이 급사한 후에 당시 29세인 김정은이 정권을 계승했지만 북한 내에서는 아무도 이의를 제기하지 않았다. 강력한 철권통치

---

[29] "황장엽은 1997년이 끝날 무렵에 기아로 인한 사망자 수가 약 250만 명에 이를 것이라고 하였다." 나초스(Andrew S. Natsios) 저 · 황재옥 역, 북한의 기아, (서울: 다할미디어, 2003). p.273.

하에 있었기 때문에 누구도 반대 의사를 내는 것은 쉽지 않은 부분도 있지만 무엇보다 전 국민들의 태도는 수용적이었다.

3. 후계자론

김일성 일가 신격화와 김일성 주체사상은 3대 세습 독재에 대한 정당성을 부여한 것만이 아니고 김일성 일가에게 북한 권력에 대한 독점권도 부여했다고 볼 수 있다. 김일성 주체사상의 후계자론에 의하면 김일성 수령의 후계자 요건으로 다음과 같은 5가지 조항이 있다.

수령 후계자론

(1) 혁명계승론: 수령의 혁명위업은 대를 이어 완수되어야 한다.
(2) 세대교체론: 새로운 세대 후계자는 영도자로서의 풍모를 지니고 새 세대를 대표하는 인물이어야 한다.
(3) 혈통계승론: 수령의 핏줄에 속한 자가 후계자가 될 수 있다.
(4) 준비단계론: 후계자는 수령의 사상과 논리, 영도력을 배우고 전수 받을 역사적 준비 기간이 필요 하다.
(5) 김일성 화신론: 김일성의 절대적인 능력과 덕성을 그대로 지닌다.

출처: 이용희, 『북한바로알기』(서울: 자유와생명, 2014). p.18.

위와 같이 김일성 수령 후계자 조건 가운데 '혈통계승론'이 포함되어 있기 때문에 김일성 일가가 아니고는 누구도 북한 권력을 넘볼 수 없는 상황이 되었다. 그래서 북한 내에서 김일성 주체사상체제가 유지되는 상황 속에서는 권력 찬탈은 김일성 일가 내의 경합이지 김일성 핏줄이 아닌 사람들에게는 해당되지 않는 주제가 되었다.

김정은이 2017년 2월 14일 말레이시아에 있는 김정남을 죽인 것도 그가 김일성의 장손으로서 자신의 권력유지에 가장 위협적인 존재라고 생각했기 때문이다. 중국이나 주변 국가들이 북한의 현 정권이 붕괴되거나 급변사태가 발생할 경우 정권교체를 위해 김일성 혈통 중에서 한 명을 간판으로 내세울 생각을 하는 것은 이런 연유라고 볼 수 있다.

결론적으로 김일성 주체사상체제 속에서 김일성 일가 신격화는 현재 전 세계에서 유일하게 강력한 3대 세습 독재를 북한에서 가능하게 했고, 동시에 독재 권력이 김일성 일가에만 독점될 수밖에 없는 정치체제를 구축할 수 있었다.

IV. 김일성 일가 신격화가 직면한 딜레마

1987년 소련 경제가 붕괴하기 시작하면서 소련과 동유럽의 많은 국가들이 공산주의 경제의 한계를 극복하기 위하여 개혁개방을 시도하였고, 시장경제제도를 도입하기 시작하였다. 중국의 경우 이보다 앞서서 1978년 등소평이 정권을 잡으면서 적극적인 개혁개방을 시도하였다. 그래서 중국의 경우 정치는 사회주의를 표방하면서 경제는 시장경제를 운영하고 있다.

북한의 경우 중국의 경제발전 모델을 자국에 적용하기 위해 2002년 대대적인 경제개혁정책인 7.1 조치를 시행하였다. 북한으로서는 최초의 국가적인 개혁개방정책이라고 할 수 있다. 물가와 환율을 현실화하였고 중국의 경제특구정책을 본받아서 북한 내에서도 나진·선봉, 신의주, 금강산, 개성을 경제특구지역으로 지정하였다.[30] 그러나 중국의 경제특구가 성공적이어서 중국 전체 경제를 견인해 나갔던 것과는 대조적으로 북한의 경제특구는 매우 제한적이었고, 어려운 정치적 상황들을 극복하지 못하여 결국 금강산과 개성 특구는 모두 폐쇄 되고 말았다.

중국의 개혁개방을 주도했던 등소평의 경우 경제특구를 통해 선진국의

---

30 이용희, 『북한바로알기』(서울: 자유와 생명, 2014), pp.62-63.

기업들이 자유롭게 중국에 들어옴으로 자본유입과 함께 선진국의 기술력과 지식 그리고 경영 노하우도 이전될 수 있도록 선진국 기업체 사람들과 중국인 고용자들 간에 자유로운 교류를 권장했었다.[31] 그러나 북한의 경우 경제특구를 통해 자본주의 사상과 외부 정보가 유입되지 못하도록 철저히 통제하였다. 그래서 경제특구 내에 있는 남한기업 근로자들과 고용된 북한 근로자들 간에 사적인 교류를 차단하였다. 북한 최초 경제특구였던 나진·선봉 지역은 철조망으로 울타리를 만들어서 북한 주민들의 출입을 통제하였다. 그래서 중국의 경제특구는 성공했지만 북한의 폐쇄적 경제특구는 북한 경제에 큰 도움이 되지 못했다.

대부분의 공산국가들은 개혁개방을 실시하고 시장경제를 도입해도 공산당 독재를 유지하는데 어려움이 없었다. 그러나 북한의 경우 공산당 독재가 아닌 김일성 일가 독재이고 교과서, 신문, 방송, 인터넷 매체 등을 총동원하여 김일성 일가를 신격화했기 때문에 개혁개방을 통해 북한 주민들이 외부세계를 바르게 알게 되고 또 김일성 일가 신격화가 허구였다는 것을 깨닫게 되면 북한 정권은 루마니아의 독재자 차우셰스쿠(Nicolae Ceausescu) 정권처럼 붕괴될 수 있기 때문이었다.[32]

개혁개방을 통해 국가경제를 살리느냐 아니면 김일성 일가 독재를 보존하기 위해 피폐된 국가경제를 앞으로도 계속 방치할 것인가—이것이 바로 북한 정권 리더십의 딜레마라고 할 수 있다. 결국 김일성 일가 신격화와 김일성 주체사상 체제의 가장 큰 경제적 기회비용은 '개혁개방 정책 추진 불가와 이에 따른 경제 몰락'이라고 할 수 있다.

---

31 "북한의 경제특구정책과 실패요인", 이용희, 『동북아경제연구』(대전: 한국동북아경제학회, 2013), pp. 294-295.
32 루마니아의 정치가. 1967년 국가평의회 의장(대통령)이 된 이후로 4선 대통령이 되었다. 1989년 반(反)정부시위에 무자비한 유혈진압을 강행하다 임시정부에 의하여 체포되어 처형되었다. 『두산백과』(검색일: 2017.4.9)

V. 맺음말

1980년대 후반부터 전 세계 공산주의 국가들이 경제가 몰락하자 개혁개방을 시도했지만 북한만은 유일하게 체제변화를 시도하지 않고 있다. 북한은 엄밀하게 볼 때 공산주의 국가라고 할 수 없고 김일성 일가 신격화와 3대 세습 독재를 통해 왕정국가 혹은 신정국가로 변질되었다고 볼 수 있다.

김일성 일가 신격화는 3대 세습 독재에 대해 정당성을 부여하는 역할을 했고 또 김일성 핏줄이 아닌 다른 사람들이 감히 정권 찬탈을 생각할 수 없게 함으로 결국 국가 권력에 대한 독점권을 김일성 일가에게 부여하였다. 그러나 몰락한 국가경제를 재건하기 위해 중국처럼 개혁개방정책과 시장경제를 도입해야만 하는 북한 상황에서 김일성 일가 신격화는 큰 난관에 봉착하게 됐다.

북한 당국이 주민들에게 배급을 줄 수 없게 되자 주민들의 자생시장인 장마당이 활성화되기 시작했고 장마당에서 유통되기 시작한 외부정보와 한류 등은 이미 정부로서는 통제 불가능한 상황이 되었다. 최근 탈북민 설문조사에 의하면 북한 주민 거의 대부분이 한류를 접한 상태라고 볼 수 있다.[33] 그리고 남한에 정착한 3만여 명의 탈북민들이 지속적으로 북한 내 가족들에게 송금하면서 가족들과 휴대폰 통화를 통해 송금 확인과 함께 소식을 나누면서 각종 정보가 북한 주민들에게 유입되고 이 정보들이 북한 사회에서 빠르게 유통되고 있는 것이다.

북한 주민들에 대한 정보 차단이 불가능한 상황 속에서 지속적인 김일성 일가 신격화 세뇌교육은 실효가 없고 이에 근거한 3대 세습 독재도 정당성을 상실하고 있다. 북한 정권은 이런 국면에서 새로운 출구를 모색해야만 할 때이다.

---

33 "북한 내 한류가 통일에 미치는 영향," 이용희, 『통일문제연구』(서울: 고려문화사, 2014), '최근 북한 내 외부정보와 한류유입', 5장 2절. 설문결과 참조.

김일성 일가 신격화를 현 상황에 맞게 어떻게 변모시킬 것인가? 북한 교과서 교육내용부터 대대적인 전환이 필요하고 북한 주민들이 수용할 수 있는 수준으로 개편되어야 할 것이다. 그렇지 않으면 3대 세습 독재 정권에 대한 불신이 갈수록 높아짐으로 정부의 국민 장악력이 현저하게 떨어지게 될 것이다. 이런 상황에서는 작은 국가적인 위기에도 민심이 이반되어 급변사태로 진전될 수 있고 이는 정권붕괴로 이어질 수도 있다.

장기적으로는 몰락한 국가경제 회복을 위한 경제개혁개방 조치를 추진해야 할 것이다. "개혁개방과 3대 세습 독재가 병존할 수 있는 체제 변화를 과연 이끌어 낼 수 있겠는가?" 여기에 김정은 정권의 존폐가 달려있다고 사료된다.

참고문헌

강동완·박정란, 『한류 통일의 바람』, 서울: 명인문화사, 2012.
김병로, 『북한사회의 종교성: 주체사상과 기독교의 종교양식 비교』, 서울: 통일연구원, 2000.
김봉기 외, 『영원히 우리와 함께 계신다』, 서울: 판문점트레블센타, 2008.
김정원·김지수·한승대, "북한 초·중등 교육과정 및 교과서 정책 변화 방향", 『한국교육개발원』, Vol.42, No.4, 2015.
김창희, "김정은의 정치리더십에 관한 연구", 『통일전략』, 제17권 제2호, 부산: 한국통일전략학회, 2017.
나츠스(Andrew S. Natsios) 저·황재옥 역, 『북한의 기아』, 서울: 다할미디어, 2003.
박찬석, "북한 교육에서의 행복에 관한 논의", 『통일전략』, 제13권 제1호, 부산: 한국통일전략학회, 2013.
박창언·박상욱·최호, "통일대비 북한 초·중등학교 교육과정 관련 법 규정과 교육과정의 과제", 『통일전략』, 제14권 제4호, 부산: 한국통일전략학회, 2014.
박창언·박상욱, "북한 교육법의 교육기관, 교육과정을 통해 살펴본 교육통합의 과제", 『통일전략』, 제16권 제2호, 부산: 한국통일전략학회, 2016.
이용희, 『동북아경제』, 서울: 두남, 2010.
이용희, 『남북한경제』, 서울: 법경사21C, 2010.
이용희, 『북한바로알기』, 서울: 자유와생명, 2014.
이용희, "주체사상의 경제적 비용에 대한 고찰", 『통일문제연구』 제25권 2호(통권 제60호), 서울: 고려문화사, 2013.
이용희, "북한의 경제특구정책과 실패요인", 『동북아경제연구』 제25권 제2호, 대전: 한국동북아경제학회, 2013.
이용희, "북한 내 한류가 통일에 미치는 영향", 『통일문제연구』 제26권 2호(통권 제62호), 서울: 고려문화사, 2014.
이윤규, "북한 김정은 독재체제에서의 우상화", 『전략연구』 제21권 제3호, 2014.
이정원, "북한소학교 국어교과서에 나타난 정치사상교육 연구", 이화여자대학교대학원 석사학위논문, 2011.
임창호, "북한 소학교 국어교과서에 나타난 김일성 부자의 우상화 개념과 서술에 관한 연구", 『기독교교육논총』 제30집, 2012.

오일환, "북한 노동당 제7차 대회와 김정은 당 유일영도체계 확립 전략", 『통일전략』, 제16권 제3호, 부산: 한국통일전략학회, 2016.

장형수, "북한경제의 개혁·개방 촉진을 위한 개발협력 추진 과제와 전망", 『수은북한경제』 9(3), 2012.

정민섭, "김일성과 김정일의 우상화 정책비교 연구", 경남대학교대학원 박사학위논문, 2014.

진행남, "북한의 한류현상과 독일통일 과정에서의 방송매체의 영향", 『제주평화연구원 연구사업보고서』11-01, 2011.

통일부, 『2016 북한이해』, 통일교육원, 2016.

〈인터넷자료〉

국학자료원, "주체사상", 이명재, 『북한문학사전』, 1995. https://terms.naver.com/entry.nhn?docId=1692266&cid=60594&categoryId=60594

두산백과, "차우셰스쿠(Nicolae Ceausescu)", http://terms.naver.com/entry.nhn?docId=1145396&cid=40942&categoryId=33476 (검색일: 2017.11.9).

미국의 소리(VOA), "북한 그리스도연맹 결성 65주년으로 본 북한 기독교", 2011년 11월 29일자, https://www.voakorea.com/a/article----65----134630018/1344927.html (검색일: 2017.11.30).

미주 중앙일보, "북한 15년 연속 기독교 박해 국가 1위", 2017년 1월 17일자, http://www.koreadaily.com/news/read.asp?art_id=4934862 (검색일: 2017.10.17).

어드히어런츠닷컴, "Discussion of why Juche is classified as a major world religion", http://www.adherents.com/largecom/Juche.html (검색일: 2017.10.10).

자유아시아방송(RFA), "김일성과 김정일과의 권력갈등", 2014년 8월 12일자, https://www.rfa.org/korean/weekly_program/c7a5c9c4c131c758-babbb2e4d55c-c774c57cae30/co-jj-08122014100338.html (검색일: 2018.1.12).

〈북한자료〉

『경애하는 김정은 원수님 혁명활동 교수참고서』, 평양: 교육도서출판사, 2014.

『국어교수법』, 평양: 교육도서출판사, 2004.

『국어(소학교1학년)』, 평양: 교육도서출판사, 2008.

『국어(소학교2학년)』, 평양: 교육도서출판사, 2011.

『국어(소학교3학년)』, 평양: 교육도서출판사, 2009.
 동경: 조선청년사, 1980.
『사회주의 도덕과 법(고등중학교 1학년)』, 평양: 교육도서출판사, 2013.
『영어(고등중학교 2학년)』, 평양: 교육도서출판사, 2001.
『위대한 수령 김일성대원수님 혁명활동(초급중학교 1학년)』, 평양: 교육도서출판사, 2013.
『영어(초급중학교 1학년)』, 평양: 교육도서출판사, 2013.
『주체혁명의 위업의 완성을 위하여 3』, 평양: 조선로동당출판사, 1987.
『조선력사(중학교 6학년)』, 평양: 교육도서출판사, 2008.
태백편집부, "주체사상 교양에서 제기되는 몇 가지 문제에 대하여", 『주체사상연구』, 1989.

로동신문, 1996년 2월 18일자.
로동신문, 2005년 11월 12일자.
로동신문, 2011년 12월 22일자.
우리민족끼리, 2014년 2월 15일자.
조선중앙통신, 2007년 9월 7일자.

Abstract

The Deification of the Kim Il-Sung Family and Three Generation Hereditary Dictatorship in North Korea

This article analyzes the deification of Kim Il Sung, Kim Jung Il, Kim Jung Un family with detailed examples. Especially, this research analyzes the four areas of 1. deification on ideological and constitutional grounds, 2. deification through religious and doctrinal approaches, 3. deification through public education in North Korea, and 4. deification through media. The ideological foundation of Kim Il-Sung family's deification, Juche Idea, is explained and the reason Kim Il Sung Juche Idea was selected among the top ten world religions is studied. Additionally, the Succession Theory has been the justifying reasoning for the hereditary dictatorship of Kim Il Sung, Kim Jung Il, Kim Jung Un family and provides exclusive right to the dictatorial power of North Korea. This article illuminates that though the deification of Kim Il Sung family offered essential support for the three generation hereditary dictatorship of Kim Il Sung family, it hindered the economic reformation necessary to overcome the collapsing North Korean economy. Lastly, this article presents the outlook of the three generational hereditary dictatorship of North Korea.

[Key Words]
Kim Il Sung, Kim Jung Il, Kim Jung Un, Deification, Juche Idea, Three Generation Hereditary Dictatorship

북한 노동자 외국 파견 정책의
추이와 전망

- I. 서론
- II. 북한 노동자 외국 파견정책의 변천과정
- III. 북한 노동자 외국 파견 국가별 현황
- IV. 외국 파견 북한 노동자의 인권과 임금구조의 문제점
- V. 북한 노동자 외화획득의 채산성 검토
- VI. 전망과 결론

국문초록

북한의 계속되는 핵실험으로 유엔의 대북경제제재는 강화되고 있고 국제적으로 북한 경제의 고립은 심화되고 있다. 장기적인 경제 침체 속에 있는 북한 정권은 최근 북한 노동자 외국 파견을 통해 새로운 돌파구를 찾고 있다.

본 논문은 북한 노동자 외국 파견 정책의 변천과정을 조사하고 김일성, 김정일, 김정은으로 이어지는 지도자 집권 시기에 따른 정책 변화를 정리했다.

북한 노동자들의 각국 파견현황을 정확히 파악하고자 노력하였고, 이와 함께 노동자 파견을 통한 외화 획득 총액의 규모를 파악하기 위해 외국 파견 경험이 있는 탈북자 증언과 현지 노동자 임금 정보 등을 통해 추정치를 계산하였다. 그리고 국제적으로 문제가 되고 있는 노동자 인권유린과 임금 착취 구조의 문제점과 함께 북한 노동자들이 벌어들이는 외화 수익의 채산성도 검토해 보았다. 향후 통일한국 시대에 남한 내에 유입돼 있는 해외 근로자들이 북한 노동력으로 대체될 경우, 남북한의 경제적인 수익과 효과도 분석했다.

결론으로 향후 북한 노동자 외국 파견 정책의 전망과 그 요인에 대해 기술하였다.

[주제어]
북한 노동자 외국 파견 정책, 외화 획득액, 북한 노동자 외국 파견의 문제점과 전망

* 2016년 〈국제통상연구〉에 실린 논문.

I. 서론

북한의 계속되는 핵실험으로 유엔의 대북경제제재는 강화되고 있다. 국제적인 대북경제제재는 북한 경제의 고립을 초래하였고 장기적인 경기 침체 속에 있는 북한 정권은 최근 북한 노동자 외국 파견에 대해서 새로운 돌파구를 찾고 있다. 본 논문은 최근 부각되고 있는 북한 노동자 외국 파견 정책의 추이에 대하여 분석하고 전망하고자 한다.

이 주제와 관련하여 다음의 자료들을 사전 연구 조사하였다. 이영형(2007)은 러시아 지역의 북한 노동자 파견현황에 대하여 러시아 극동지역의 현지조사와 관련 문헌을 통해 분석했다. 조명철, 김지연(2007)은 북한 노동자의 외국진출 요인, 형태 등의 추이를 분석했고 향후 남북한의 새로운 경제협력 가능성을 언급했다. 장형수(2013)는 구소련이 해체된 이후 1991년부터 2012년까지 북한의 외화획득 상황을 추정하였고, 1997년 이후 북한 노동자 외국 파견을 통한 외화획득에 대해 분석했다. Sheena Chestnut Greitens(2014) 연구보고서는 북한 정권의 불법 경제활동을 통한 외화획득과 그 변화 과정을 분석했고, 이러한 불법 경제활동을 통해서 상당한 외화획득을 했다고 주장했다. 김승철(2014)은 전 세계 40여 개국에 파견된 북한 노동자들의 실황과 인권문제에 대해 연구했고, 임금 착취와 열악한 노동 환경을 지적했다. 윤여상, 이승주(2015)는 외국에 파견된 북한 노동자 현황과 근무 실태 및 인권에 관하여 조사했고, 실제로 외국에 파견된 경험을 가진 탈북민들의 증언을 정리해서 증거 자료로 첨부했다. 오경섭(2016)은 전 세계 북한 노동자들의 파견 규모와 인권 현황에 대해서 조사하였으며 이종석(2016)은 중국의 각 지역별로 파견된 북한 노동자들의 숫자와 업종에 대하여 설명하고 있다.

본 논문은 위의 앞선 연구 자료들을 토대로 북한 노동자 외국 파견 정책의 변천과정을 조사하고 김일성, 김정일, 김정은으로 이어지는 지도자 집권 시기에 따른 정책 변화와 노동자 외국 파견 규모를 정리했다.

현재 발표된 많은 연구 자료들 간에 북한 노동자 파견 규모와 외화획득 총액에 대해 일치하지 않고, 큰 차이를 보이고 있다. 본 논문에서는 가급적 많은 정보를 동원하여 북한 노동자들의 각국 파견현황을 정확히 파악하고자 노력하였고, 이와 함께 노동자 파견을 통한 외화 획득 총액의 규모를 파악하기 위해 외국 파견 경험이 있는 탈북자 증언과 현지 노동자 임금 정보 등을 통해 추정치를 계산하였다. 1회의 연구 논문을 통해 완벽한 자료를 만들어 내기에는 어려움이 있지만 앞으로 해마다 북한 노동자 각국 파견 실황과 임금 변화에 대해 추적하여 조사하고 이를 취합해 나간다면 머지않아 정확한 통계를 얻게 될 것이다.

그리고 국제적으로 문제가 되고 있는 노동자 인권유린과 임금 착취 구조의 문제점에 대한 설명과 함께 북한 노동자들이 벌어들이는 외화 수익의 채산성도 검토했고 외화 수익 증진을 위한 효과적인 방법을 제안했다.

향후 통일한국 시대에 남한 내에 유입돼 있는 해외 근로자들이 북한 노동력으로 대체될 경우, 남북한의 경제적인 수익과 효과도 분석했다. 결론으로 향후 북한 노동자 외국 파견 정책의 전망과 그 요인에 대해 기술하였고, 북한 노동자 외국 파견 실황에 관해 통일을 대비하는 남한 정부가 해야 할 일에 대해 언급하였다.

II. 북한 노동자 외국 파견정책의 변천과정

북한이 외화획득을 하는 주 수입원은 지하자원이나 수자원(해산물) 수출, 노동자 외국 파견, 관광사업, 무기 거래, 남한과 외국 거주 탈북자 송금 등이 있다.[1]

---

1 장형수(2013), "북한의 외화수급 추정과 분석:1991-2012", 통일정책연구, 제22권 2호.

위와 같은 정상적인 거래 외에도 외화획득을 위한 북한의 국제 불법거래로는 술, 담배 등 밀거래, 마약 거래, 위조지폐(미국 달러) 발행, 불법 사이트 운영 등이 있다. 이러한 불법거래는 종종 국제적인 문제를 발생시켰다. 1976년 북한 외교사절단이 스웨덴에서 불법 물품을 거래(술, 담배 밀거래)하다가 발각되어 추방당했다. 노르웨이, 핀란드, 덴마크에서도 북한 외교관들이 불법 물품 거래로 추방되었다. 마약 거래의 경우, 2010년 북한 무역국 통역 담당 임모 씨가 중국 단둥에서 마약거래 혐의로 체포됐다. 2015년 중국 신화통신은 단둥에서 대규모의 북한 마약 밀매조직이 적발됐다고 보도했다.[2] 위조지폐(미국 달러)에 관해서는 러시아, 루마니아, 몽골, 베트남 등지에서 북한 외교관들과 관리들이 달러 위조지폐 거래로 적발되어 언론에 보도되었다.[3] 불법 사이트 운영으로는, 2014년 북한인 15명이 캄보디아 프놈펜에서 불법 사이트를 운영한 혐의로 체포돼 구치소로 보내졌다.[4] 이외에도 북한 정권은 각종 다양한 불법 거래를 통해 외화획득에 힘을 기울였지만 최근 이러한 불법 거래들이 빈번하게 적발되면서 세계적인 지탄을 받고 있다.

이러한 상황 가운데 100달러 위조지폐 발행, 마약거래, 불법 사이트 운영 등에 대해 국제적인 감시가 북한에 집중되면서 이전처럼 불법거래를 통한 외화획득이 어렵게 되었다. 또 정상적인 수출입 거래도 UN대북경제제재로 제한받게 되자 북한 노동자 외국 파견을 통한 외화획득은 북한에서 외화 수입원으로 가장 중요하게 간주되고 있다.

본 장에서는 북한 정권의 노동자 외국 파견 정책의 변천 과정을 통치자 집권 시기별로 정리해 보았다. 북한 노동자 외국 파견 규모는 김일성, 김정일, 김정은 집권으로 이어지면서 더욱 확대되고 있는 추세이다.

---

2 "중국 공안, 북한 접경 단둥서 대규모 마약조직 적발", 연합뉴스, (2015.3.23).
3 "위폐유통, 北 '외교관' 여권 특별조심", DailyNK, 2005.12.29.
4 "해외 불법 도박사이트 운영 북한인 적발", YTN, 2014.7.2.

1. 김일성 집권 시기

김일성 정권 하에서 1948년 소련에 최초로 북한 노동자를 파견하였다. 이 시기에는 외화획득 보다는 정치적인 목적으로 파견한 경우가 많았다. 1967년 소련과 상호우호협정을 맺은 후 북한은 범죄자들을 중심으로 1만 5000여 명의 벌목공들을 소련에 파견했다[5]. 이를 시작으로 노동자들의 외국 파견은 확대되었다. 북한은 전통적인 우방국인 소련으로부터 많은 원조를 받았고 이에 대한 보상으로 노동자들을 소련에 파견했다.

1970년대에는 북한은 무상으로 아프리카 마다가스카르의 대통령궁, 중앙아프리카공화국의 의사당 건물 등을 건설해 주었다. 미국에 대한 반감이 있는 아프리카 여러 국가들에게 대통령궁 등을 무상으로 지어주고 이 나라들과 국제사회에서 정치적 동맹관계를 형성해 나갔다. 이때부터 범죄자가 아닌 북한 정권에서 직접 선발한 노동자들을 파견했다. 노동자들에 대한 관리는 국가가 직접 하였고, 또 임금을 받을 경우 임금의 대부분은 북한 정권에 귀속되었다. 1990년대 러시아의 푸틴 정권 시대에는 러시아에 파견된 북한 노동자들의 임금이 러시아 업체에 귀속되었다. 이것은 러시아로 파견된 북한 노동자들 임금이 러시아에 대한 채무를 탕감하기 위해 직접 사용되었기 때문이다.

2. 김정일 집권 시기

외화획득을 목적으로 하는 노동자 외국 파견은 김정일 정권 하에서 본격적으로 이루어졌다고 볼 수 있다. 이 시기에는 정치적인 이해관계보다는 외화획득만을 위한 노동자 외국 파견이 대부분이었다. 소련 붕괴 이후에도 러시아에 지속적으로 벌목노동자들을 파견하였고 전통적 우방국인 중국, 러

---

5 북한전략센터(2013), 『북한 해외 근로자 인권개선 방안』.

시아뿐만 아니라 외화획득을 위해서 약 45개 국가로 노동자들을 파견하였다. 파견 분야도 단순 노동인 벌목과 건설 등에서 요식, 수산, 봉제, 호텔업, IT, 의료 등 다방면의 분야로 넓혀 나갔다. 외국 파견 노동자들에 대한 관리는 정부가 주도하였고,[6] 노동당 소속 부서에서 관할하였다. 노동자 파견규모가 확대되면서 파견인의 선발기준이 점차 낮아졌고 뇌물 등의 로비를 통하여 파견 노동자로 선발되는 경우가 빈번해졌다. 이 시기에는 전통적인 우방국이나 사회주의국가가 아닌 제3국으로도 노동자들을 파견했다. 앞서 언급했듯이 김정일 정권 하에서는 정치적인 이해관계보다는 경제적인 목적인 외화획득이 더 중요하게 작용했다는 것을 볼 수 있다.

3. 김정은 집권 시기

2011년 12월 김정일의 갑작스러운 사망 이후 김정은 정권 하에서 노동자 외국 파견은 더욱 확대되었다. 김정일 시기에 노동자 파견이 체계적이지 않고 산발적이며 많은 국가들을 대상으로 했다면, 김정은 시기에는 이러한 파견양상이 바뀌었다. 정부 주도로 노동자를 관리하여 외국으로 파견하던 외화획득 사업이 이제는 정부 산하기관 각각의 개별주도로 바뀌어져 갔다. 또 산발적이던 노동자 외국 파견도 이제는 김정은의 지시에 의해 집중적인 중요 국가추진 사업으로 변했다. 김정은은 파견 노동자들 중에서 소수가 외국 근로현장에서 혹 탈북할지라도 개의치 말고 파견 규모를 더욱 늘리라고 지시하였다.[7] 따라서 김정일 집권 시기보다 김정은 시기에 북한노동자 외국 파견 규모는 눈에 띄게 신장되었다. 노동자 파견 사업은 산하기관 개별주도로 바뀌었다고 하지만 파견 노동자들의 외화수입이 북한 당국에 귀속되는 것만큼은 바뀌지 않았다. 갈수록 파견 분야는 다양해졌다. 예전에 없었던 태권도

---

6 이영형(2007), "북한 노동자의 러시아 극동지역 진출현황 및 그 역할 분석", 『국제정치연구』 제10권 2호, pp.51-75.
7 "김정은, '한두 명 탈북해도 상관없어' 노동자 해외 파견", DailyNK, 2015.7.17.

교관, 군 관리 업무자, 디자인 전문가 등 전문 인력들도 파견하였다.

　김정일과 김정은 집권 시기에 노동자 외국 파견 규모가 확대된 이유를 다음과 같이 정리해 볼 수 있다. 첫째, 북한의 계속되는 핵실험으로 UN의 대북한 경제제재가 강화되어 국제사회로부터 고립되었고 이로 인해 세계 많은 나라들과 정상적인 경제교류를 통한 외화 획득이 어렵게 되었다. 둘째, 천안함 사태 이후 남한정부의 5.24조치 그리고 올해 초 4차 핵실험 이후 개성공단이 폐쇄됨으로 남한으로부터의 외화획득이 어렵게 되었다. 셋째, 중국경제가 발전함에 따른 중국 내 노동자 임금의 가파른 상승은 북한의 저렴한 노동력에 대한 수요를 증가시켰다. 넷째, 러시아도 극동개발을 추진 중에 3D 업종에 대한 제3국 파견 노동자들의 공급이 감소되면서 북한의 노동력에 대한 수요가 증가되었다.

　위에서 살펴본 김일성, 김정일, 김정은 집권시기별 북한 노동자 외국 파견에 대한 내용들을 표로 정리하면 아래와 같다.

〈표 1〉 북한 지도자 집권 시기별 노동자 외국 파견 현황

구분	김일성 집권 시기 1948년~1994년	김정일 집권 시기 1994년~2011년	김정은 집권 시기 2011년~현재
주목적	① 소련과의 정치적인 이해관계, ② 아프리카 국가들과의 우호증진, ③ 러시아 채무에 대한 보상	① 전통적인 우방국과는 정치적인 목적과 외화획득의 목적. ② 이외의 국가에 대해서는 외화획득을 위한 목적	외화획득
파견규모	① 1948년 소련에 25,000여명, ② 1967년 소련에 15,000여명, ③ 1970년대 아프리카에 건설인력 파견	2007년 기준 약 45,000명 근로자 파견	2016년 기준 약 116,600명[8]

8　오경섭(2016), "북한 해외노동자들의 인권현황", 『북한 해외노동자의 인권』 p.19.

| 파견국 | 러시아와 아프리카 국가들 | 45개국[9] | 23개국[10] |

자료: 이용희(2015), "북한 노동자 외국 파견을 통한 외화획득"『자유와 생명』, p.45와 관련 정보 종합 재구성

Ⅲ. 북한 노동자 외국 파견 국가별 현황

 최근 북한의 노동자 외국 파견은 주로 중국과 러시아에 집중되어있다. 중국과 러시아 이외에도 중동지역의 쿠웨이트, 아랍에미리트(UAE), 카타르, 오만, 아시아지역의 몽골, 말레이시아, 미얀마, 유럽의 독일, 폴란드, 아프리카의 앙골라, 리비아, 나이지리아, 알제리, 적도기니, 에티오피아 등이 일정 규모 이상 북한 노동자들이 파견된 나라들이다.

 외국에 파견된 북한 노동자들의 숫자에 대해서는 연구 발표에 따라 차이가 있다. 신빙성 있는 연구발표들을 살펴보면, 아산정책연구원은 2013년 기준으로 외국 파견 북한 노동자 숫자를 5만 여명으로 추정하였다.[11] 2015년 미국 ABC뉴스는 북한 노동자가 40여 개국에 약 9만 명 정도 파견되었다고 하였으며[12] 2016년 오경섭 부센터장(북한 해외노동자의 인권, 2016, p.19.)은 "북한 해외노동자들의 인권현황"에서 북한 노동자수를 약 12만 명 정도로 추정하고 있다.

---

9   김정일 집권 시기 파견국: 러시아 중국 몽골 아랍에미리트 카타르 쿠웨이트 사우디아라비아 예멘 체코 헝가리 슬로바키아 루마니아 불가리아 우크라이나 태국 미얀마 라오스 캄보디아 말레이시아 리비아 이집트 남아프리카공화국 나미비아 앙골라 세네갈 나이지리아 알제리 미주공고 적도기니 외.
10 김정은 집권 시기 파견국: 러시아 중국 몽골 쿠웨이트 아랍에미리트연합 카타르 앙골라 폴란드 몰타 말레이시아 싱가포르 인도네시아 캄보디아 태국 오만 리비아 라오스 미얀마 네팔 모잠비크 나미비아 나이지리아 세네갈 알제리 적도기니 에티오피아 콩고민주공화국.
11 신창훈·고명현(2015), "UN 북한인권조사위원회 보고서와 그 이후의 북한인권",『서울:아산정책연구원』pp.21-22.
12 Sneha Shankar 저, 이원기 역(2015), "북한 해외 근로자의 노예노동",『뉴스위크』, 제25권 29호, p.24.

필자는 북한 노동자 파견 숫자에 대한 최근의 자료들을 종합하여 현재 세계 각국에 파견된 북한 노동자 숫자를 조사해 보았다. 전체 116,600명으로 파악이 되었지만 실제 확인되지 않은 소규모 파견 노동자들을 감안한다면 116,600명 보다 조금 더 많은 노동자들이 파견되었다고 추정할 수 있다.

〈표 2〉는 전 세계 23개국에 파견된 북한 노동자들의 숫자를 보여주고 있다. 중국과 러시아 두 나라에 파견된 숫자는 약 100,000명으로 전체 116,600명의 86%에 해당한다.

〈표 2〉는 북한 노동자 숫자가 많은 나라들 순서대로 정리하였고 중동, 아시아, 유럽, 아프리카 등 대륙별로 각국 상황을 정리하였다. 중국과 러시아의 경우는 숫자가 현저하게 많으므로 대륙별로 넣지 않고 별도로 집계했다.

김정은 집권 시기에 들어서면서 북한 노동자 외국 파견의 국가 수는 김정일 집권 시기보다 줄었지만, 노동자 파견 숫자는 오히려 크게 늘어난 양상을 보이고 있다.

〈표 2〉 국가별 파견된 북한 노동자 수

(단위: 명)

국가 및 대륙명		파견 노동자 수(명)
1)중국		70,000
2)러시아		30,000
3)중동		9,100
	①쿠웨이트	5,000
	②아랍에미리트	2,000
	③카타르	1,800
	④오만	300
4)아시아 (중국 제외)		3,500
	①몽골	3,000
	②말레이시아	300
	③미얀마	200

5)유럽		2,000
	①독일	1,500
	②폴란드	500
6)아프리카		2,000
	①앙골라	1,000
	②리비아	300
	③나이지리아	200
	④알제리	200
	⑤적도기니	200
	⑥에티오피아	100
		총계:116,600

자료: 윤여상, 이승주(2015), "북한 해외노동자 현황과 인권실태", 북한 인권정보센터, 오경섭(2016), "북한 해외 노동자들의 인권현황", 『북한 해외노동자의 인권』, p.19, 최신언론보도(M.A.D. Newswire, 연합뉴스 등), 저자 재구성.

1. 중국

중국은 북한의 전통적인 우방국으로 북한 정부 수립부터 현재까지 정치적, 경제적으로 북한과 가장 밀접한 관계에 있다. 중국에 파견된 북한 노동자수는 김정일 집권 시기부터 증가하기 시작했고, 김정은 집권 시기에는 더 많이 증가되었다. 중국은 북한과 접경 지역이므로 지리적으로 볼 때 북한 노동자 파견이 제일 쉬우며 육로 이동이 가능하다. 또 중국은 역사적으로 북한과 6.25 혈맹국으로서 지금까지도 북한의 병풍 같은 역할을 하고 있다. 중국은 현지 북한 노동자들이 탈출(탈북)했을 때 중국 공안이 직접 개입하여 탈북자들을 색출하며 잡힌 북한 노동자들을 강제 북송시키고 있다. 이러한 점도 북한이 중국에 많은 노동자를 보내는 요인 중에 하나이다.

중국은 국가중점사업인 장지투(장춘, 길림, 도문) 개발 사업을 포함하여 여러 북-중 경제협력사업들을 북-중 국경지역에서 현재 진행하고 있다. 그래서 북한과 가까운 동북 3성에서는 북한 노동자 고용이 급속하게 늘어나고 있는 상황이다. 중국 내 임금이 가파르게 상승하면서 중국 내부에서 저임금 노동력을 구하기 어려운 현실이므로 동북3성 인근에 있는 값싼 북한 노동자들을 대체인력으로 사용하고 있다.[13]

중국에서 북한 노동자가 제일 많은 곳은 단둥시이며 상주하는 북한 인력은 약 3만 명이다. 두만강 유역인 투먼시는 조선투자합영위원회와 북한 노동자 2만 명 고용계약을 맺었다. 훈춘은 북한 노동자 3천 명을 고용했고, 옌지는 북한 IT 기술력 1,380명을 신청했다. 이외에도 중국 내 많은 지역에서 북한 노동자들이 파견 나와 근무하고 있다. 공식적으로 파악할 수 있는 북한 노동자 수가 최소 7만 명이고, 파악되지 않은 인원수를 감안하면 실제 파견 인력은 그 이상으로 추정되며, 이 추세대로 나간다면 곧 10만 명이 넘어설 것으로 예상된다.[14] 본 논문에서는 파악이 가능한 숫자만을 인정하는 것으로 하여 중국에 파견된 북한 인력을 7만 명으로 간주하여 계산하고자 한다.

2. 러시아

북한은 1948년 최초로 소련에 노동자를 파견했고, 1967년 소련과 상호우호협정을 맺은 이후 김일성 집권 시기에는 가장 많은 노동자를 소련에 파견하였다. 북한이 김일성, 김정일, 김정은 정권에 이르기까지 계속적으로 많은 노동자들을 파견한 이유는 크게 지리적 인접성, 전통적 우방국, 극동개발로 볼 수 있다. 지리적으로 북한과 접경지역이기에 북한에서는 노동자들을 파견시키기에 쉽고 파견 비용도 저렴하다. 육로로 파견이 가능한 것이 큰 이점이라고 볼 수 있다. 또 극동개발은 러시아 정부가 역점을 두고 있는 개발추진사업으로 현재 북한이 러시아에 많은 노동자를 파견할 수 있는 배경이 되

---

13 한국무역협회(2014), "중국내 북한 노동자의 입국 현황과 시사점".
14 이종석(2016), "국경에서 본 북-중 경제교류와 북한 경제 실상", 정책브리핑, [No. 2016-21], p.10.

었다. 러시아는 극동개발을 위해 많은 나라의 노동자들을 받아들이고 있다. 최근 인건비가 상승하고 또 혹한의 열악한 근무 환경 속에서 제3국 노동자들의 숫자는 줄어드는 상황이다. 따라서 임금이 저렴하고 통제가 용이하며 양질의 노동력을 대량으로 공급할 수 있는 북한 노동자들에 대한 수요는 계속적으로 늘어가고 있다. 2015년 4월 러시아의 극동개발부 차관인 셰레이킨은 "북한은 러시아에 노동자 파견을 무제한으로 제공할 준비가 되어있다"[15]고 발표했다. 그는 "북한 노동자들은 임금이 낮은데다 규율이 잘 잡혀 있고 북한 당국의 관리를 받고 있어 통제가 쉽다"[16]고 언급함으로 향후 중국, 인도 등 외국 노동자들의 감소에 대한 대체인력으로 북한 노동자를 사용할 계획이 있음을 시사했다.

러시아 노동사회보장부 자료에 의하면 2015년 노동사회보장부가 러시아 기업들에게 배당한 북한 노동자 쿼터는 47,279명이다. 그런데 러시아 연방이민청 자료에 의하면 2015년 러시아 체류 중인 북한 국적자의 숫자는 34,020명이고 이들 중에 18세 이상은 33,682명이다. 그러므로 본 논문에서는 러시아에 현재 체류 중인 북한 노동자는 최소 3만 명 이상으로 예상하며, 러시아 파견 북한 인력은 3만 명으로 간주하기로 한다.[17]

3. 중동 (쿠웨이트, 아랍에미리트, 카타르, 오만)

북한은 김정일 집권 시기부터 노동력 수요가 많은 중동지역에 외화 획득을 목적으로 노동자 파견을 시작했다. 현재 김정은 정권 하에서 쿠웨이트, 아랍에미리트, 카타르, 오만 네 나라에 약 9,100명의 북한 노동자들이 파견되어 있다. 각 나라별로는 쿠웨이트 약 5,000명, 아랍에미리트 약 2,000명,

---

15 "북한, 러시아 극동지역 노동력 대폭 늘릴 계획", 연합뉴스, 2015.4.11.
16 "15)와 상동".
17 오경섭(2016), "북한 해외노동자들의 인권현황", 북한 해외노동자의 인권, p.18.

카타르 약 1,800명, 오만 약 300명이 파견되어 일하고 있다.[18] 중동지역에서 북한 노동자들이 일하는 분야는 대부분 건설업이다. 카타르 같은 경우 건설 분야 이외에 군 관련 분야에도 북한 노동자들이 일하고 있다.

중동 지역에서는 북한 외국 파견 노동자들의 각종 불법행위가 적발된 바 있다. 아랍에미리트에서는 건설현장에서 북한 노동자들이 구리를 절도하였고, 또 쿠웨이트와 카타르에서는 밀주를 제조해 현지에서 중개상을 통해 판매하다 적발되었다 (중동에 있는 국가들은 종교가 이슬람이기 때문에 국가에서는 술 판매가 법으로 금지되어 있음). 불법행위로 적발당한 북한 노동자들은 월급의 대부분을 북한당국에서 가져가기 때문에 가족들에게 송금하는 돈을 따로 마련하기 위해 불법을 행했다고 말했다.[19]

4. 아시아

김정일 집권 시기부터 아시아 여러 나라들의 소규모 건설업에 북한 노동자들을 파견하였다. 말레이시아를 시작으로 점차 북한 노동자 파견을 확대시켜 나갔다. 현재 확인된 나라는 몽골, 말레이시아, 미얀마이며 그 규모는 약 3,500명이다. 싱가포르와의 교역은 확인이 되었지만 매우 작은 규모이고 업종도 파악하기 힘들어서 본 연구에서는 제외한다. 아시아에 파견된 북한 노동자들 대부분은 건설업, 요식업, 의료업종 등에 종사 중이다. 특히 몽골의 경우 북한 파견 근로자가 아시아 국가 중 월등히 많은데, 이는 몽골이 북한과 3,000명 규모의 노동자 파견 계약을 맺었기 때문이다.[20] 몽골은 북한 정부수립 이후 수교국이었으며 북한과는 전통적인 우호 국가이므로 노동자 파견도 용이했다.

---

18 윤여상 · 이승주(2015), "북한 해외노동자 현황과 인권실태", 북한 인권정보센터.
19 KOTRA(2015), "북한의 대 UAE 및 중동 인력송출 현황과 시사점".
20 "Ulaanbaatar's Ger District Residents to Temporarily Populate Chinese Ghost Town of Ordos, only to be replaced by workers from Pyongyang", M.A.D. newswire, 2014.

5. 유럽 (독일, 폴란드)

과거 냉전시대에는 소련, 중국, 동유럽 국가들을 중심으로 사회주의 국가들이 서방국가들에 대치하여 단합하였다. 같은 사회주의 국가인 북한은 김정일 집권 시기부터 동유럽 국가들에게 노동자들을 파견하였다. 체코, 루마니아, 폴란드, 불가리아 등 여러 국가에 파견을 했었지만 UN 북한 인권결의안이 통과되고 각종 국제사회의 대북제재 속에서 2000년대 중반 이후 북한 노동자의 파견은 중단되기 시작되었다. 체코의 경우 2000년대 초반까지는 북한 노동자들을 받아들였다. 그러나 북한이 파견한 보위부원들이 체코에서 일하는 북한 노동자의 임금을 착취하고 노동자들의 자유를 심각하게 통제하는 것이 드러나면서 2007년부터 체코 정부는 북한 노동자의 고용을 전면 금지했고, 북한 노동자에 대한 더 이상의 비자발급을 중단하였다. 실제로 체코에서 신발기술합작회사 사장으로 있다가 탈북을 한 김태산의 증언에 의하면 북한 노동자들은 자신이 받는 임금이 얼마이고, 북한 당국이 체코 현지 기업으로부터 얼마를 가로채는 지를 전혀 모르고 있었다고 했다.[21] 2007년 이후, 루마니아, 불가리아 등도 같은 이유로 북한 노동자의 고용을 금지했고 최근 2016년 7월부터는 몰타도 북한 노동자 비자발급을 금지했다.[22]

현재 폴란드에서는 약 500명의 북한 노동자들이 파견돼 있다.[23] 최근 미하우 코워지에이스키 폴란드 외무부 아태국장은 독일에 1,500명의 북한 노동자가 고용되었다고 발표했다.[24] 이 발표를 사실로 받아들인다면 독일을 포함해서 유럽에는 약 2,000명의 북한 노동자들이 파견되어 있다.

---

21 "탈북자 김태산-체코 내 북한 여성 노동자들의 근로 환경 실태", Voice Of America(VOA), 2006.6.9.
22 "몰타 "7월 후 '북 노동자' 고용허가 없어"", 자유아시아방송(RFA), 2016.10.13.
23 김규남(2016), "유럽의 북한 해외 노동자: 폴란드 사례를 중심으로", 북한 해외노동자의 인권, p.38.
24 "폴란드 외교당국자 '北노동자 비자발급 중단…강한 의미 전달'", 연합뉴스, 2016.6.29.

6. 아프리카 (앙골라, 리비아, 나이지리아, 알제리, 에티오피아, 적도기니)

아프리카에 북한 노동자들을 파견하기 시작한 것은 김일성 정권 하에서였다. 현재는 약 2,000명 규모로 6개국에 파견되어 있다. 6.25전쟁을 일으켰던 김일성은 미군과 UN군의 개입으로 무력적화통일에 실패하자 반미국가와의 연대를 시도했다. 1970년대에 반미감정이 높은 아프리카 국가들을 대상으로 무상으로 북한 노동자를 파견하는 등 우호적인 관계를 맺어갔다. 일부 아프리카 국가들의 국회의사당과 대통령궁, 기념비 등을 지어주면서 정치적 우호관계를 만들어갔다. 대표적인 예로는 북한이 리비아에 무상으로 혁명박물관을 건설해주었으며 이에 대한 대가로 북한은 UN에서 리비아의 정치적 지지를 확보했고, 후에 원유도 제공받을 수 있었다. 2014년 UN총회에서 북한 인권결의안에 기권이나 반대를 표명했던 앙골라, 리비아, 나이지리아, 알제리, 에티오피아, 적도기니, 짐바브웨, 모잠비크, 수단 등의 아프리카 국가들은 과거에 북한의 노동자들이 파견되었거나 현재 파견되어 있는 국가라는 공통점을 가지고 있다. 북한 입장에서는 무상으로 노동자를 파견하여 정치적인 목적을 이루었다고 볼 수 있다. 최근 대표적인 수교국이었던 리비아의 경우 계속되는 내전으로 인해 향후 북한의 노동자 파견은 어려운 상황이 되었다. 또 2015년 6월에는 리비아에 전문가로 파견됐던 북한 의사 6명이 금과 의약품, 현금 등을 밀반출하려다 체포되었기 때문에 당분간 추가적인 파견은 어려울 것으로 보인다.[25] 그러나 김일성 정권 이후, 김정일 집권부터 아프리카에 북한 노동자들을 파견하는 목적이 바뀌기 시작했고, 최근에는 무상원조를 통한 정치적인 지지확보 보다는 외화획득의 실리를 위한 경우가 대부분이다.[26]

---

25 "북한 의사 6명, 리비아서 금 밀반출하려다 체포", 연합뉴스, 2015.6.12.
26 최근 외화획득 실리추구를 위한 아프리카 노동자파견 사례: 2010년 6월 기준(나마비아: 대통령궁전-4,900만 달러, 영웅릉- 523만 달러, 군사박물관 180만 달러, 독립기념관-1,000만 달

IV. 외국 파견 북한 노동자의 인권과 임금구조의 문제점

1. 북한 노동자의 인권문제

외국에서 일하는 북한 노동자의 권익 문제가 국제적으로 대두되고 있다. 대표적인 사례들로는 북한 노동자의 여권 회수, 기본권 침해, 비정상적인 계약구조 등이 있다. 모든 노동자는 파견국에 도착한 직후 곧바로 여권을 회수 당하고 전체가 군대 병영생활과 같은 공동생활을 한다. 북한 노동자들은 외출이 제한되며 보위원의 승인 후에 상점 정도만 갈 수 있다. 이는 북한 노동자들의 탈출을 방지하기 위한 북한당국의 조치이다. 탈북자 김태산은 북한 노동자들은 17, 18세기 노예만도 못한 삶을 살고 있다고 증언했다.[27]

북한 노동자들은 노동 중에 각종 재해를 당해도 치료를 제대로 받지 못한다. 오히려 북한 당국은 현지 치료비가 많이 들기 때문에 부상당한 노동자들을 강제귀국 시키고 있다. 그래서 부상당한 노동자들이 강제귀국을 피하기 위해 몰래 자비로 현지에서 치료를 받거나 아니면 참고 계속 일하다가 더 악화되어 결국은 강제귀국 되는 사례가 빈번하다.[28] 파견국에서 노동 중에 발생한 사고에 대한 상해 보상금은 북한당국이 직접 수령한다.[29] 실제로 쿠웨이트 건설현장에서 작업 중에 북한 노동자가 사망했는데, 보상금인 5만 KWD(약 1억8천만 원)을 북한 당국에서 수령했고 유족들에게는 2천 달러(220만 원)만 전달했다.[30]

러, 앙골라: 평화 기념비-150만 달러, 아고스띠뉴 네토 박사문화센터-4,000만 달러, 까빈다공원-1,300만 달러, 민주콩고: 농구경기장 1,200만 유로, 스포츠아카데미-400만 유로, 세네갈: 아프리카르네상스기념탑-1,000만 유로 등) '북한의 외화벌이, 해외착취노동' 림일 토론문 중.

27 윤여상·이승주(2015), "북한 해외노동자 현황과 인권실태", 북한 인권정보센터.
28 "위의 책", p.68.
29 림일(2014), "북한의 외화벌이 해외착취노동", 물망초 인권연구소.
30 "북한, 해외 파견 노동자 사망 위로금도 '꿀꺽'", 연합뉴스, 2015.3.10.

가장 큰 문제점은 파견국 현지 업체와 북한 노동자가 직접 노동계약을 맺지 않고 대신 현지 북한 대표부와 계약을 맺는 것이다. 현지 북한 대표부는 북한 노동자의 임금이나 노동조건 등에 대해 아무런 설명이나 동의 없이 북한 노동자들에게 강제로 일을 시키고 있다. 이것은 국제노동조약 위반사항이다. 또한 북한 노동자들을 받아들인 당사국에서도 북한 노동자들의 과도한 노동시간과 열악한 노동환경은 현지 노동법에 위반된다.

2. 임금구조의 문제점

파견국가 현지 회사에서 북한 노동자들의 임금 100%를 현지 북한 대표부에 지급하면 북한 대표부는 북한 노동자들 임금의 70%를 공제한 후 남은 30%를 북한 노동자들에게 지급한다. 그런데 임금의 남은 30% 마저도 북한 노동자들의 현지 숙식비와 충성자금, 혁명자금, 당 자금, 북한 보위부원에게 줄 뇌물 등으로 약 20%가 지출되므로 실제 북한 노동자들은 임금의 약 10%만 받게 된다.[31]

〈그림 1〉 외국 파견 북한 노동자들의 임금 수령 구조

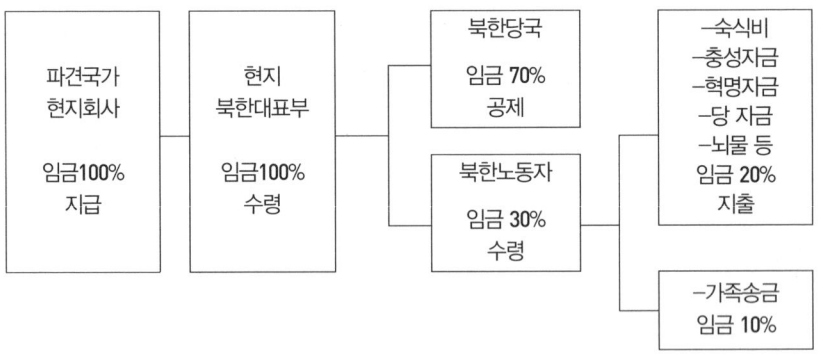

---

31 윤여상 · 이승주(2015), "북한 해외노동자 현황과 인권실태", 북한 인권정보센터.

자료: 윤여상·이승주(2015), 『북한 해외노동자 현황과 인권실태』, 북한 인권정보센터, p.77. 최근 관련 언론보도 반영 저자 재구성.

북한 노동자들이 본국 가족들에게 송금할 수 있는 금액은 임금의 약 10%이므로 이 돈으로 북한의 민간경제를 크게 활성화시키기에는 부족하다고 본다. 북한 당국에서 외국 파견 노동자들 임금의 70%를 일방적으로 공제하여 벌어들인 외화는 경제 활성화를 위한 공적자금으로 사용되기보다 핵과 미사일 개발비, 국방비[32], 고위 집권층들의 호화사치품 수입[33] 등으로 대부분 사용된다고 볼 수 있다.

북한은 노동자 외국 파견을 통해 상당금액의 외화획득을 했지만 실질적으로 북한 주민들에게는 그 혜택이 일부분에 그쳤다. 그럼에도 불구하고 수많은 북한 주민들이 외국 파견 노동자로 선출되기를 고대하고 있다. 파견국가에서 각종 명목으로 임금이 공제되어 전체 임금의 10%만 본인이 수령한다고 해도 이 금액은 북한 내부에서 본인이 받는 월급과 비교할 수 없는 큰 금액이기 때문이다. 북한 노동자의 월평균 임금은 3,000~5,000원이며 최근 장마당에서 미화 1달러는 8,000원에 환전되고 있다. 즉 북한 대부분 노동자의 월급은 1달러에 못 미친다. 외국에 노동자로 가서 매월 임금의 10%인 약 50달러만 받는다고 가정해도, 북한에서 받는 임금의 약 100배가 된다. 그래서 많은 북한주민들이 뇌물을 주면서까지 외국 파견 노동자로 선발되기 위해 노력하고 있다.

---

32 국방부(2014), 국방백서 기준 수치.
33 북한의 사치품 규모는 2008년 2억7214만 달러, 2009년 3억2253만 달러, 2010년 4억4617만 달러, 2011년 5억8482만 달러, 2012년 6억 4,586만 달러, 2013년에 6억4429만 달러에 달한다고 추정된다. 윤상현(2014), "북한의 사치품 수입실태", 윤상현 의원실 자료.

V. 북한 노동자 외화획득의 채산성 검토

1. 북한 노동자 외국 파견과 남한 노동자 중동 파견의 외화획득액 비교

〈표 3〉 북한 근로자의 파견국별 연평균 임금수준 및 총임금 합계

(단위: 명, 달러)

파견 지역	파견 근로자 수	연평균 임금	총 임금
중국	70,000	3,840	268,800,000
러시아	30,000	9,840	295,200,000
중동	9,100	9,000	81,900,000
아시아	3,500	7,800	27,300,000
유럽	2,000	10,200	20,400,000
아프리카	2,000	3,840	7,680,000
총계	116,600	(가중평균) 6,014[34]	701,280,000

자료: 탈북 노동자들의 증언 토대 및 관련 언론자료 저자 정리[35]

북한은 1948년 정부수립 이후 노동자들을 끊임없이 외국에 파견했으며 2016년 현재 116,600명의 노동자들이 전 세계 23개국에서 일하고 있다. 이

---

34 각 파견 지역별 연평균 임금의 가중평균으로 계산.
35 윤여상·이승주(2015), "북한 해외노동자 현황과 인권실태", 북한 인권정보센터 외 각종 언론 탈북민 인터뷰 종합 및 북한 파견 노동자 관련 외신자료: *러시아는 러시아 측 자료기준으로 월평균 820달러로 연평균 임금 산출 *중국은 동북삼성에서 근무하는 노동자기준 월평균 320달러로 산출 *중동은 건설업 위주의 파견이므로, 카타르 건설현장 임금 기준 월평균 750달러로 산출 *아시아는 3,500명 중 몽골이 3,000명을 차지하므로 몽골에서 받는 임금 기준으로 월평균 650달러로 산출 *아프리카는 정확한 수치가 없어, 중국에 준하는 월평균 임금 320달러로 산출 *유럽은 동유럽국가 파견 증언자 증언 기준 월평균 850달러로 산출.

들이 획득한 외화임금을 탈북자들의 증언과 현지 임금 기준을 토대로 하여 조사하였다. 지역에 따라 편차가 크지만 1인당 약 연 3,840달러부터 많게는 약 10,200달러까지 임금을 받았으며, 가중평균으로 연평균 임금을 계산했을 때 약 6,014달러이다. 북한은 약 116,600명의 외국 파견 노동자들의 임금으로 연간 약 701,280,000달러 규모의 외화 수입을 올렸다.

북한의 최근 정부 예산인 약 70억 달러에 대해[36] 북한 외국 노동자들의 총 임금 약 7억 달러 규모의 외화수입은 북한 정부 예산의 약 10%에 해당되며, 2015년 북한의 총 수출액인 약 27억 달러에 대해서는[37] 약 26%에 해당되며, 2015년 북한의 GDP 약 291억 달러에 대해서는[38] 약 2.4%에 해당된다. 이와 같이 북한 노동자들이 외국에서 벌어들이는 총 임금은 북한경제 규모를 감안할 때 매우 큰 금액이며 중요한 외화수입원임을 알 수 있다. 그럼에도 불구하고 약 11만 6천 명이 해외에 나가서 벌어들인 금액에 대한 채산성을 검토해 본다면 노동자 파견 인원 대비 수익성이 높다고 보기는 어렵다.

〈표 4〉 남한 노동자 중동 파견 상황과 외화획득액

(단위: 명, 백만$)

연도별	구분	파견인력	외화 획득액
1978		83,380	7,982
1979		104,666	5,958
1980		127,323	7,819
1981		153,699	12,674
1982		160,000	11,392

---

36 통일부(2016), "북한이해", p.199.
37 KOTRA(2015), "대외무역동향", KOCHI 자료 16-008, p.3.
38 2015년 북한 GDP 341,367억 원을 2015년 12월 31일 환율 (US$/원) 1,173원으로 환산하여 약 291억 달러 산출(한국은행).

1983	150,115	9,023
1984	118,880	5,911
1985	91,013	4,285
1986	56,260	1,242
합계	1,045,338	74,280
평균	116,149	8,253

자료: 조수종(1987), "中東建設 輸出에 대한 再照明", 한국중동학회논총, 8권, 표3-1, 3-5 저자 재구성

본 장에서는 특별히 남한 노동자의 중동파견과 북한 노동자 외국 파견의 외화획득액을 각각 비교하고자 한다.

1970년대 남한에서 건설 붐이 일어났을 당시 대규모의 남한 근로인력이 중동 건설현장으로 파견되었다. 〈표 4〉에 의하면, 남한 근로자(단순노동자와 전문 인력)가 가장 많이 파견되었던 78년부터 86년까지 9년 동안 연평균 116,149명의 노동자를 중동에 보냈고, 같은 기간 대략 연평균 약 82억5천만 달러의 외화를 벌어들였다. 이것은 남한이 한강의 기적이라고 일컫는 경제 발전을 이루는 데 뒷받침이 되었다.

공교롭게도 남한에서 중동파견이 가장 많았던 시기에 연평균 남한 근로자 숫자(116,149명)와 2016년 북한의 외국 파견 노동자 숫자(116,600명)가 거의 차이가 없다. 그러나 당시 남한의 외화획득액 82억 5천만 달러와 북한의 외화 획득액 7억 달러를 비교해 볼 때 약 11.8배의 차이가 난다. 그런데 남한이 중동에서 획득한 외화는 70년대와 80년대 달러 금액이며 이 달러 총액의 가치를 현재 달러 가치로 환산하였을 때 실질적인 가치는 지금보다 훨씬 더 클 것이다.

GNP deflator를 이용해서 〈표4〉의 조사기간인 1978-1986년의 중간지점인 1982년과 2015년 달러가치 변화를 살펴본다면, 1982년의 1달러는

2015년 기준으로 약 2.13배의 실질가치가 있음을 보여주고 있다.[39] 따라서 남북한 외화획득총액의 차이는 11.8배 보다 더 큰 차이인 25.1배가 될 것이다.

이러한 격차의 주요 원인은 북한은 인력을 파견하지만 대부분 단순 노동부분과 3D업종에 대해서 노동자를 파견하였기 때문에 현지 임금도 낮았고 사업 당 부가가치도 크지 않았기 때문이다. 반면에 남한 기업들은 중동지역의 건설사업 입찰에 참가하였고, 필요한 자본과 각종 건설장비 공급 그리고 전문 인력이 투입된 기술력을 바탕으로 경쟁력을 높임으로 입찰 경쟁에서 대규모 공사들을 수주 받을 수 있었다. 따라서 남한은 중동지역에서 사업 당 매우 큰 부가가치를 낼 수 있었다.

남북한 노동자 외국 파견에 있어서 또 하나의 큰 차이는 남한의 경우 중동 파견 노동자들에게 현지 임금이 전액 직접 전달되었고, 노동자들은 받은 임금의 대부분을 고국에 있는 가족들에게 송금하였다는 것이다. 이로 인해 남한 내의 민간 소비가 크게 창출되었고, 이에 따른 공급이 함께 증가하여 국내경제가 매우 활성화되었고 결과적으로 국가경제발전에 크게 기여하였다. 반면에 북한 노동자들의 현지 임금은 대부분 북한당국에 귀속되었고, 가족들에게 송금할 수 있는 부분은 전체 임금의 약 10% 정도였다. 그러므로 파견 노동자 가족 송금으로 인해 북한 내 민간소비가 증가한 부분은 남한만큼 높지 않았고 북한경제에 끼친 영향력도 남한에 비해 미약했다고 볼 수 있다. 그럼에도 불구하고 가족들에게 송금된 임금 10%가 북한의 민간경제와 장마당에 활력을 주고 있다고 탈북자들은 얘기하고 있다.[40]

39　https://www.measuringworth.com/uscompare/result.php?year_source=1982&amount=1&year_result=2016
40　탈북자 대담. 2016.11.10.

〈표 5〉 연도별, 직업별 파독 인력송출 현황 (남한)

(단위: 명)

	광부	간호인력	기능공	계
1963	247	1,043 (독일병원협회 추산)	–	247
1964	806		–	806
1965	1,180		–	1,180
1966	286	1,227	–	1,513
1967	7	421	–	428
1968	3	91	–	94
1969	10	837	–	847
1970	1,305	1,717	–	3,022
1971	982	1,363	476	2,821
1972	71	1,449	208	1,728
1973	842	1,182	152	2,176
1974	1,088	1,206	92	2,386
1975	–	459	3	462
1976	314	62	–	376
1977	795	–	–	795
계	7,936	11,057	931	19,924

출처 : 윤용선(2014), "1960-70년대 파독 인력송출의 미시사: 동원인가, 선택인가?", 고려대학교 역사연구소 사총 제81집, p.433.

<표6> 파독근로자 송금액이 GNP에서 차지하는 비중

(단위: 천 달러)

연도	GNP (불변가격)	파독 근로자 송금액	GNP 대비 송금액 비중(%)
1964	2,900,000	112	0.003
1965	3,000,000	2,734	0.09
1966	3,700,000	4,779	0.12
1967	4,300,000	5,791	0.13
1968	5,200,000	2,417	0.04
1969	6,600,000	1,246	0.01
1970	7,800,000	3,338	0.04
1971	9,500,000	6,593	0.06
1972	10,700,000	8,311	0.07
1973	13,700,000	14,162	0.10
1974	19,200,000	24,479	0.12
1975	21,200,000	27,680	0.13
합계		101,372	

출처: 권혁철(2015), "파독의 국가경제적 의미", 자유경제원, p.7.

한국경제발전에 기여했던 노동력 해외 파견은 중동 파견 이전에 60년대와 70년대에 걸쳐 추진되었던 서독파견을 기점으로 한다.

1963년부터 남한은 정부 주도하에 광부와 간호사들을 서독에 파견하기 시작했다. 3년 단기근무 조건으로 파견되었지만 3년이 지난 후에 일부는 귀국하지 않고 서독에 남아서 연장 근무를 하였고 어떤 이들은 서독에 장기체류하며 귀화하기도 하였다.⁴¹ 1964년 서독에 파견된 근로자의 당시 한 달 실수령액이 약 66,360원(789.62 마르크)이었다.⁴² 당시 고정환율로 환산하면 약 260달러에 해당한다. 총임금에서 세금, 연금, 건강보험, 공과금 등 20-25% 정도 공제되었다고 가정할 때 실제 월 임금은 약 340달러이며 연 약 4,080달러로 추정된다. GNP deflator를 이용해서 1964년과 2015년 사이에 달러가치 변화를 살펴본다면, 1964년의 1달러는 2015년 기준으로 약 5.99배의 실질 가치가 있음을 보여주고 있다. 그래서 당시 한국 노동자들의 연봉은 2015년 기준으로 약 24,440 달러가 된다.⁴³

서독의 경우 임금 전액이 한국 노동자들에게 직접 지급되었으며 노동자들은 현지 생활비용을 제외하고는 대부분의 수입을 한국에 송금하였다. 그러나 계약기간 3년 이후에도 독일에 장기체류하며 근무하는 노동자들은 한국에 송금하는 금액이 상대적으로 적어지기 시작했다.

서독파견 인력으로는 1963년부터 1977년까지 15년 동안 연인원 19,924명이 파견되었다. 작은 규모의 노동력이었지만 〈표6〉에서 볼 수 있듯이 이들의 송금액이 1973년부터는 국내 GNP의 0.1%를 상회하고 있다. 그리고 1960년 당시 우리나라의 외환보유액이 2,300만 달러였는데 서독 파견 노동자들이 국내에 송금한 금액이 1965-67년 3년 동안에만 1,330만 달러가 넘어섬으로 우리나라 외환보유고 확보에 지대한 공헌을 했으며 또 이러한 송금액은 당시 남한 총수출액 대비 1.8%에 해당되므로 만성 적자였던 국제수지 개선에도 크게 기여하였다.⁴⁴

북한의 경우와 비교해 볼 때 남한은 노동자 파견 대상국을 선정함에 있어서 선진국 진출이 가능했기에 소규모 노동력으로도 훨씬 많은 외화획득을

---

41 윤용선(2014), "1960-70년대 파독 인력송출의 미시사: 동원인가, 선택인가?", 고려대학교 역사연구소 사총 제81집, p.438.
42 권혁철(2015), "파독의 국가경제적 의미", 자유경제원, p.4.
43 https://www.measuringworth.com/uscompare/result.php?year_source=1982&amount=1&year_result=2016
44 권혁철(2015), "파독의 국가경제적 의미", 자유경제원, p.6.

할 수 있었다.

2. 남한 내 외국인 노동자와 외국 파견 북한 노동자와의 임금비교

〈표 7〉 2015년 월평균 임금수준별 외국인 임금근로자 (남한)

(단위: 천 명, %)

구분	외국인 임금근로자	100만원 미만	100만원 ~200만원 미만	200만원 ~300만원 미만	300만원 이상
외국인 합계	899 (100)	44 (5)	477 (53)	308 (34)	70 (8)

자료: 2015년 통계청 외국인 고용조사

    남한에서 경제활동을 하는 외국인 근로자는 2015년 기준 98만 6천 명이다.[45] 이들 중에서 설문조사가 가능했던 약 89만 9천 명을 대상으로 조사한 결과 1인당 월평균 임금은 약 189만 원이었고 연평균 임금은 약 2,268만 원이다.[46] 2015년 10월 15일 기준 달러환율은 1,127원[47]이고 이 임금을 달러로 환산하면 약 20,124달러이다. 이 금액은 북한의 외국 파견 근로자들의 연평균 임금인 6,014달러의 약 3.3배가 된다. 만약에 북한이 남한에 노동자들을 파견했다면 지금보다 훨씬 많은 외화획득을 했을 것이다. 북한이 노동자들을 여러 나라에 파견할 때 채산성 여부를 검토하고 파견한다면 같은 인력 규모로도 더 많은 외화획득이 가능하리라고 생각한다.
    북한 노동자들이 주로 3D업종에 근무한다고 할지라도 OECD국가들 같

---

45 2015년 통계청 외국인 고용조사에서 국내 상주 15세 이상 외국인 중 경제활동인구는 98만 6천명이다.
46 외국인 월평균 임금액 표 중 100만원 미만(5%)과 300만 원 이상(8%)의 수치는 제외하고 100만원 이상 200만원 미만(53%), 200만 원 이상 300만 원 미만(34%)의 표본만 고려하여 월평균 임금액을 가중평균으로 계산.
47 2015년 10월 15일 달러 매매기준율 1달러=1,127원.

은 선진국에서 근무할 경우 시간당 최저임금이 확보되고, 또 북한 파견 노동자들이 주 평균 60시간 이상 근무하는 상황 속에서 초과노동시간에 잔업수당을 받도록 현지 북한 대표부가 현지 업체와 계약을 맺는다면 남한에서 외국인 근로자들이 받는 수준의 임금을 받는 것도 가능하다. (남한 내 외국인 근로자의 연평균 임금 20,124달러는 초과근무수당이 포함된 금액이다.)

특별히 유럽과 중동으로 파견되는 북한 노동자들의 경우 현지 근로자들의 법적 최저임금과 비교하여 북한 노동자의 임금을 최대한 높일 수 있도록 협상해야 하며 초과노동시간에 대한 수당이 확보되도록 현지 북한 대표부가 계약을 체결해야 한다. 그래야 똑같은 규모의 북한 노동자가 파견된 상황 속에서도 외화획득 총액을 현저하게 증가시킬 수 있다.

남한의 경우 월 최저임금은 약 126만 원이다. 만약에 북한 노동자들이 남한에서 일할 경우 현재 외국에서 노동하듯이 주 40시간 정규 근무시간 외에 주 20시간 초과노동을 한다면 최저임금 시급인 6,030원의 1.5배인 9,045원이 초과노동시간에 대해 적용되므로 월수입은 약 205만 원이 되고 연평균 임금은 약 21,820달러가 된다. 이는 외국 파견 북한 노동자 평균임금의 약 3.6배이다.

통일이 되거나 통일에 준하는 상황이 되어서 남북한의 경제협력이 자유롭게 될 수 있다면, 남한 내의 외국인 노동자에 대한 대체인력으로서 북한 노동자를 활용할 경우 남한과 북한 모두는 많은 경제적 실익을 얻을 수 있다.

남한의 경우, 양질의 저렴한 노동력인 북한 노동인력을 사용함으로 생산성을 더 높일 수 있다. 북한 노동자의 경우 첫째는 언어의 장벽이 없고, 둘째는 외국 노동자보다 남한의 음식, 기후, 문화, 주거환경 등에 더 잘 적응할 수 있으므로 현지 적응 비용도 적게 들 것이다. 셋째로 지리적으로 가장 가깝고 육로를 통해서 남한으로 오갈 수 있기 때문에 이동시간과 비용적인 면에서 가장 경제적이다.

북한의 입장에서도 파견 노동자 임금이 지금보다 약 3.6배 증가되며 현지

적응도 외국보다 쉽고 또 지리적으로 가장 가까우므로 이동비용도 제일 저렴하다. 그리고 남한에 거주하는 외국 노동자 98만 6천 명은 현재 외국에 파견 중인 북한 노동자 116,600명의 약 8.5배이다. 북한에서 파견 가능한 노동자의 수는 충분히 많으므로, 만약에 98만 6천 명이 북한 노동자로 대체된다면 북한에서 얻게 되는 외화수입은 현재 약 7억 달러의 약 30.6배인 214억 2천만 달러가 될 것이다.[48] 이 금액은 북한 정부 1년 예산 (70억 달러)의 약 3배 규모[49]이며, 2015년 북한 총수출액 (27억 달러)의 7.9배이며, 2015년 북한 GDP (291억 달러)의 74%에 해당한다. 이는 북한 경제에 엄청난 재정지원이 될 것이다.

따라서 통일이 되거나 남북한 경제협력이 자유로운 상황이 되어서 남한 내 외국 근로자들이 북한 노동자들로 대체될 경우, 남한과 북한 모두에게 경제적인 유익이 있을 것이지만 북한은 남한보다 훨씬 더 큰 경제실익을 얻게 될 것이다.

Ⅵ. 전망과 결론

1. 북한 노동자 외국 파견에 대한 전망

첫째, 북한 노동자가 파견되는 국가의 수는 줄어들 것이다. 지난 11월 15일 UN총회에서 북한인권개선결의안이 통과되었다. 2005년 이후 12년 연속 통과되었지만 올해 결의안에는 인권유린의 최고책임자 김정은을 국제형사재판소(ICC)에 회부할 것을 명시했고, 그리고 특별히 인권유린의 범주 안에 외국에서 외화벌이 하는 북한 노동자들의 인권유린이 최초로 포함되었

---

48 산출근거: 986,000(명)×20,124(달러)=19,842,264,000(달러)
49 통일부(2016), "북한 이해".

다.[50] 이것은 향후 북한 노동자 해외 파견에 부정적인 영향을 미치게 될 것이다.

또 11월 16일 EU의회에서는 폴란드 내 북한 노동자들의 인권 유린 실태가 EU법률에 위반되며, 폴란드 외 다른 EU회원국에 대해서도 북한 노동자들의 인권유린에 관련하여 사법조치를 촉구하는 발의가 있었다.[51] 이것은 북한이 앞으로 유럽 선진국들에게 노동자들을 파견하여 현지의 높은 임금을 통해 외화획득을 확대하려는 계획에는 큰 차질이 될 것이다. 이와 같이 국제 여론이 악화되면서 북한 노동자의 인권 문제가 국제 사회에서 계속 대두된다면 앞으로 북한이 지속적으로 노동자들을 파견할 수 있는 나라는 UN과 EU와 미국에 큰 영향을 받지 않는 나라들로 제한될 것이다. 즉 북한의 전통적인 우방국인 중국, 러시아, 몽골, 그리고 반미 성향이 강한 중동 국가들과 아프리카 국가들로 국한될 가능성이 높다. 김정일 집권 시기에는 최대 45개 국가에서 현재는 약 23개국 수준이며 앞으로는 10여개 국가로 줄어들 가능성이 높다.

둘째, 외국 파견 북한 노동자 숫자는 증가할 것이다. 북한의 계속되는 핵실험으로 UN대북제재는 갈수록 강화되므로 외국과의 정상적인 거래조차도 매우 제한되고 있으며, 또 이전처럼 불법거래(마약, 위폐발행 등)를 통한 외화획득도 국제적인 감시를 받는 상황 속에서 북한이 외화획득을 할 수 있는 가장 좋은 방법은 북한 노동자 외국 파견이다. 북한의 노동자들은 국가의 직접적인 통제 하에 있고 자본이나 기술력 없이도 외화획득이 가능하므로 현 상황에서 가장 쉬우면서도 확실한 외화획득 수단이다.

북한 경제의 구조적인 장기 침체 속에서 김정은 정권은 북한 노동자를 통한 외화획득을 최선의 해결책으로 결정했다고 볼 수 있다. 그래서 김정은 취

---

50   유엔 북한 인권결의안 채택... '김정은 처벌' 명확화, MBN뉴스, 2016.11.16.
51   EU의원, 북 노동자 관련 폴란드 사법처리 촉구, 자유아시아방송(RFA), 2016.11.16.

임 이후 탈북을 막기 위해 북-중 경계선을 엄중 단속하고 탈북자들을 엄벌에 처했지만 외국 파견 북한 노동자들에 대해서는 김정은이 현지에서 혹 탈북을 하더라도 과감하게 노동자들을 파견하라고 지시했다. 탈북을 막기 위해 노동자 파견을 제한하면 북한 경제를 지탱하기가 어렵고 무엇보다 꼭 필요한 외화 조달을 할 수 있는 다른 방안이 없었기 때문이다. 러시아의 세레이킨 차관이 북한은 무제한으로 노동자 파견을 할 준비가 되어있다고 발표한 것도 이와 같은 맥락이다.

갈수록 국제적으로 고립되고 정상적인 무역거래도 어려워지는 상황 속에서 노동자 파견을 통한 외화획득은 북한의 가장 중요한 외화수입원이며 정책 사업이므로 북한정권은 가능한 최대로 노동자 파견을 늘려갈 것이다.

셋째, 북한은 전문가 외국 파견을 늘려갈 것이며, 노동력과 기술력이 융합된 건설 프로젝트를 입찰하는 등 고부가가치 프로젝트 창출에 노력할 것이다. 단순노동자의 경우 인건비가 저렴하므로 더 많은 외화획득을 위하여 전문가 파견에 힘을 기울일 것이다. 최근 IT 인력들을 중국과 아시아 국가들에 파견하고 있으며 갈수록 숫자가 증가하고 있다. 이외에도 의사, 디자이너, 요리사 등 다양한 직종 종사자들의 파견도 증가할 것으로 예상된다. 그리고 V장에서 보았듯이 중동파견 남한 노동자들과 외국 파견된 북한 노동자들의 외화획득에는 큰 격차가 있었다. 장기적으로 기술력이 높지 않은 중동, 아프리카, 아시아 일부 국가들에 대해서는 단순 노동력 제공만이 아니라 건설 프로젝트 전체를 수주하여 총괄 공사를 맡아서 추진함으로 더 많은 외화획득을 꾀하고자 할 것이다.

2. 남한 정부가 해야 할 일

남한의 입장에서는 북한 경제에서 가장 중요한 외화 수입원으로 부각되는 북한 노동자 파견을 통한 외화획득에 대해서 구체적인 파악과 함께 대책이 필요하다. 지금까지 북한 파견 규모나 이를 통한 외화획득 총액에 대한 연구 발표에 매우 큰 편차가 있었다. 2013년 외교부 국회제출 자료에서 북한 노동자 규모는 약 46,000명이었고, 지난 9월 통일연구원이 공동주최한 국회 세미나에서 발표된 자료에는 약 120,000명으로 추산되었다. 외화획득액의 규모도 작게는 약 2억 달러에서부터 많게는 23억 달러까지 추정치가 다양하다.

통일을 대비하는 정부에서 이렇게 중요한 분야에 있어 정확한 통계를 갖지 못한다면 이는 통일정책에 큰 취약점이 될 것이다. 앞으로 통일부는 전 세계에 나가 있는 KOTRA나 해외 공관을 적극 활용해서 북한 노동자 해외 파견실태를 정확히 파악함으로 파견 규모나 벌어들이는 외화 총액에 대한 구체적인 숫자를 취합한 통계를 발표해야 한다. 해마다 북한 노동자 각국 파견 숫자와 외화획득액에 대한 변화를 조사해 나감으로 그 추세를 정확히 인지할뿐더러 한국 전문가들이 북한을 연구할 때 기초자료가 될 수 있도록 제공해야 한다.

향후 남북한 관계가 통일에 준하는 상황이 되어 남북한 경제협력이 자유롭게 되거나 갑작스러운 통일이 되었을 경우 북한의 노동자 파견은 남한 경제로 집중될 가능성이 높다. 이러한 경우를 대비해서도 현재 진행 중인 북한 정권의 노동자 외국 파견 정책과 그 실황에 대해서 정확히 파악하고 통일 정책을 수립해 나가야 할 것이다.

참고문헌

권혁철(2015), "파독의 국가경제적 의미", 자유경제원, pp.4-7.
국방부(2014), 『국방백서』.
김규남(2016), "유럽의 북한 해외 노동자: 폴란드 사례를 중심으로", 북한 해외노동자의 인권, p.38.
김승철(2014), "북한 해외파견근로자의 인권실태와 개선방안", 물망초인권연구소.
림일(2014), (물망초 인권연구소, 토론문), "북한의 외화벌이 해외착취노동", 북한전략센터 (2013), 『북한 해외 근로자 인권개선 방안』.
신창훈·고명현(2015), "UN 북한인권조사위원회 보고서와 그 이후의 북한인권", 『서울:아산정책연구원』pp.21-22.
오경섭(2016), "북한 해외노동자들의 인권현황", 『북한 해외노동자의 인권』, p.19.
윤상현(2014), "북한의 사치품 수입실태", (윤상현 의원실 자료).
윤여상·이승주(2015), 『북한 해외노동자 현황과 인권실태』, 북한 인권정보센터.
윤용선(2014), "1960-70년대 파독 인력송출의 미시사: 동원인가, 선택인가?", 고려대학교 역사연구소 사총 제81집, pp.433, 438.
이영형(2007), "북한 노동자의 러시아 극동지역 진출현황 및 그 역할 분석", 『국제정치연구』 제10권 2호, pp.51-75.
이용희(2015), "북한 노동자 외국 파견을 통한 외화획득", 『자유와 생명』, p.45.
이종석(2016), "국경에서 본 북-중 경제교류와 북한 경제 실상", 정책브리핑, [No. 2016-21] p.10.
장형수(2013), "북한의 외화수급 추정과 분석:1991-2012", 『통일정책연구』, 제22권 2호.
조명철·김지연(2007), "북한의 해외진출 현황과 시사점", 『KIEP 오늘의 세계경제』 제7권 31호.
조수종(1987), "中東建設 輸出에 대한 再照明", 『한국중동학회논총』8권.
통계청(2015)『외국인 고용조사 보고서』.
통일부, "북한이해", p.199.
한국무역협회(2014), 『중국내 북한 노동자의 입국 현황과 시사점』.
KOTRA(2015), 『북한의 대 UAE 및 중동 인력송출 현황과 시사점』.
KOTRA(2015), 『대외무역동향』, KOCHI 자료 16-008, p.3.
Sheena Chestnut Greitens(2014), "북한 불법 외화벌이 활동의 변화", 『KDI 북한경제리뷰』

제16권 6호, pp. 43-49.
Sneha Shankar 저, 이원기 역(2015), "북한 해외 근로자의 노예노동", 『뉴스위크』, 제25권 29호, p.24.
『연합뉴스』, "중국 공안, 북한 접경 단둥서 대규모 마약조직 적발", 2015.
　　　http://www.yonhapnews.co.kr/bulletin/2015/03/23/0200000000A KR20150323090800097.HTML
　　　＿＿＿, "북한, 러시아 극동지역 파견 노동력 대폭 늘릴 계획", 2015.
　　　http://www.yonhapnews.co.kr/bulletin/2015/04/11/0200000000A KR20150411016951014.HTML
　　　＿＿＿, "북한, 러시아 파견 노동자 4만7천여 명", 2015.
　　　http://www.yonhapnews.co.kr/bulletin/2015/04/30/0200000000A KR20150430019000014.HTML
　　　＿＿＿, "북한 의사 6명, 리비아서 금 밀반출하려다 체포", 2015.
　　　http://www.yonhapnews.co.kr/bulletin/2015/06/12/0200000000A KR20150612037300014.HTML
　　　＿＿＿, "북한, 해외 파견 노동자 사망 위로금도 '꿀꺽'", 2015
　　　http://www.yonhapnews.co.kr/bulletin/2015/03/10/0200000000A KR20150310087500014.HTML
　　　＿＿＿, "폴란드 외교당국자 '北노동자 비자발급 중단…강한 의미 전달'", 2016.
　　　http://www.yonhapnews.co.kr/bulletin/2016/06/29/0200000000A KR20160629164200014.HTML
『자유아시아방송(RFA)』, "몰타 '7월 후 '북 노동자' 고용허가 없어'", 2016.
　　　http://www.rfa.org/korean/in_focus/food_international_org/ nkworkers-10132016143642.html
　　　＿＿＿, "EU의원, 북 노동자 관련 폴란드 사법처리 촉구", 2016.
http://www.rfa.org/korean/in_focus/human_rights_defector/ne-jw-11162016152732. html
『DailyNK』, "위폐유통, 北 '외교관' 여권 특별조심", 2005.
　　　http://www.dailynk.com/korean/read.php?cataId=nk00100&num=16318
　　　＿＿＿, "김정은, '한두 명 탈북해도 상관없어' 노동자 해외 파견", 2015.
　　　http://www.dailynk.com/korean/read.php?cataId=nk05002&num=106528

『MBN뉴스』, "유엔 북한 인권결의안 채택… '김정은 처벌' 명확화", 2016. http://mbn.mk.co.kr/pages/news/newsView.php?category=mbn00008&news_seq_no=3064627

『VOA』, "탈북자 김태산-체코 내 북한 여성 노동자들의 근로 환경 실태", 2006. http://www.voakorea.com/content/a-35-2006-06-09-voa16-91201454/1296138.html

『YTN』, "해외 불법 도박 사이트 운영 북한인 적발", 2014. http://www.ytn.co.kr/_ln/0101_201407022324490053

『M.A.D. newswire』, "Ulaanbaatar's Ger District Residents to Temporarily Populate Chinese Ghost Town of Ordos, only to be replaced by workers from Pyongyang", 2014.

Abstract

Current State and Outlook on North Korea's Policy on Labor Dispatch Abroad

Due to North Korea's recurring nuclear tests, the economic sanction on North Korea by the United Nations has been strengthened and North Korea's economic isolation intensified. After the prolonged economic depression, North Korean regime has been dispatching workers abroad in search for financial breakthroughs.

This article presents research on the transition process of North Korean policy on labor dispatch abroad and summarizes the policy change along the ruling periods of Kim Il-Song, Kim Jung-Il and Kim Jung-Eun. Efforts were made to accurately figure out the number of laborers dispatched to individual nations, and estimate the total foreign income from the dispatched laborers based on information such as local wages provided by North Korean defectors.

In addition, exploitations of labor human right and wage as international issues along with the profitability of foreign income earned by North Korean labors dispatched abroad were considered. Profitability and effects on North and South Korean economy were analyzed for the case when the current foreign laborers in South Korea will be replaced with North Korean labor force for the unified Korea in the future. As a conclusion, outlook on North Korean future policy on labor dispatch abroad and its causes were presented.

[Key words]

North Koreas foreign labor dispatch policy, foreign income, problems and outlook on North Korea foreign labor dispatch

북한 내 한류가 통일에 미치는 영향

- I. 머리말
- II. 북한 내 한류 분석
- III. 한류가 북한 주민 및 통일과정에 미치는 영향
- IV. 동·서독 통일에 있어서 서독미디어의 역할
- V. 통일전략
- VI. 맺음말

국문초록

북한에서 대규모 아사 사태가 있었던 1990년도 중후반부터 많은 북한 주민들이 압록강과 두만강을 넘어 중국으로 탈북하였다. 이때부터 탈북자들과 중국 및 북한의 밀수업자들을 통하여 남한의 한류가 북한으로 유입되기 시작했다.

90년대 말부터 시작한 한류는 갈수록 북한 내에서 더 확산되고 있다. 지금은 북한 젊은이들이 말투, 의복, 노래와 춤에 이르기까지 남한식 유행을 만들어 낼 정도로 광범위해졌다. 본 논문은 이러한 한류의 영향들이 북한사람들의 인식 변화에는 어떠한 역할을 했고, 향후 통일에는 어떠한 영향을 미칠 것인지 연구한다.

특별히 탈북자들 가운데 청소년·청년층 50명, 장년층 50명을 선발하여 전체 100명에 대한 설문조사를 했고, 북한의 한류 영향력을 두 세대로 나누어 비교 조사했다.

또 동서독 통일과정에서 서독 미디어의 영향력이 동독 주민들의 인식 변화와 통일에 주도적인 역할을 했던 것을 비교분석하면서 북한 내 한류가 통일에 미치는 영향과 통일전략에 대해 제안한다.

[주제어]

한류, 북한, 탈북민 설문조사, 미디어와 동서독통일, 통일전략.

* 2014년 〈통일문제연구〉에 실린 논문.

I. 머리말

1. 연구 목적, 내용, 방법

최근 한류가 세계적으로 일어나면서 북한 내에도 한류가 일기 시작했다. 폐쇄적인 사회 속에서 북한 정부의 일방적인 교육을 받아왔던 북한 주민들에게 한류는 큰 문화적인 충격이었다. 한류는 북한 주민들에게 남한과 북한에 대한 인식을 바꾸는데 큰 영향을 끼쳤으며 나아가서 탈북을 실행하는 데에도 영향을 주었다.

본 논문의 목적은 북한 내에서 확산되고 있는 한류가 북한 주민들에게 어떠한 영향을 미치고 있는지를 살펴보고 한류를 통한 효과적인 통일 전략을 제안하는 데 있다.

본 연구의 내용은 먼저 북한 내에 일어나고 있는 한류의 발생과 그 내용들을 살펴보았다. 그리고 실제적인 검증을 위하여 남한에 들어온 탈북민 중 100명을 표본으로 선정하여 한류에 대한 경험 여부와 본인에게 미쳤던 영향, 그리고 한류가 통일에 미치는 영향에 대해서 설문조사를 실시하였다. 또 우리보다 앞서 통일을 이루었던 동서독의 통일을 돌아보면서 서독 방송이 통일에 끼친 영향을 분석하였고 그것이 남북한 상황에서는 어떻게 적용될 수 있을지 살펴보았다. 그리고 한반도의 상황 속에서 한류를 통한 통일전략으로 적절한 방안들을 모색, 제안하였다.

본 논문의 연구 방법은 첫째, 기존의 한류에 대한 연구와 자료들을 검토하고 필요한 내용들을 본 연구 목적에 맞추어서 새롭게 정리하였다. 둘째, 북한의 한류 상황에 대한 실제적인 파악을 위해 탈북민 100명을 선정하여 17가지 문항을 가지고 설문조사를 실시하였다. 특별히 청소년·청년층과 장년층 두 그룹으로 나누어 나이에 따른 세대별 분석을 실시하였다. 그리고 설문 응답자들에게 한류가 통일에 미치는 영향력과 함께 효과적인 한류 전파를 위한 방안들을 단답형으로 기술하도록 하였다. 셋째, 동서독 통일에서의 서독 미디어의 역할을 분석하였고 서독 미디어가 독일 통일에 미친 영향력과 북한 내 한류가 통일에 미치는 영향력에 대해 비교해 보았다. 동시에 남북한 현실에 적합한 통일전략을 제안하였다.

맺음말에서는 장성택 처형 이후 예측하기 어려운 북한 상황 속에서 한류를 통한 통일전략이 왜 중요한지를 언급하였다.

2. 선행연구

1990년대 후반에 북한 주민들에게도 한류가 유입되기 시작했고 2000년대 중반부터는 다양한 언론을 통해 북한 내 한류 상황이 보도되었다. 외부 방송이 북한 내 미치는 영향과 주민 의식변화에 관련된 연구로 이주철(2003)은 1990년대 북한 내부에서 KBS 사회교육방송을 청취하였던 주민들의 의식변화를 연구했다. 박정란·강동완(2010)은 북한에서 남한 영상매체가 비공식적인 다양한 방법과 루트를 통하여 내륙지방까지 널리 확산되었고 이러한 남한의 영상매체를 통해 북한 주민들의 의식에 변화가 생기게 되었다고 해석했다.

윤선희(2011)는 폐쇄적 환경 아래의 북한 청소년들이 한국 미디어 시청을 통해 하위문화의 변화를 이끌며 이를 북한 문화 권력의 도전으로 해석했다. 박정란·강동완(2011)은 북한 내부에서 한류 문화가 유통되는 과정을 통해 공산주의 체제하의 북한 문화에 반하는 하위문화가 형성되는 과정과 현황을 연구했고 이는 남북한 주민의 문화적 통합에 도움이 될 것이라고 해석했다. 오양열(2011)은 북한에서 한류가 특수계층이나 특정 지역을 넘어 대중화되었다고 주장한다. 드라마나 영화를 보는 것을 넘어 일부 젊은이들은 남한 내의 십대 문화를 직접적으로 수용하고 확산시키고 있다고 했다.

정은미(2011)는 지금까지 많은 한류에 관련된 연구를 일별하며 한류의 연구가 부상하게 된 배경과 함께 정형적인 해석으로만 일관해온 기존 연구들을 비판적인 시각으로 분석하여 새로운 시각을 제시하였다. 또한 박정란·강동완(2012)은 특별히 남한의 미디어에 나타나는 선정, 폭력 등의 묘사들을 통하여 남한에 대한 왜곡된 상이 고착되어 역기능적인 영향이 있음을 나타냈다. 전희락, 박종렬(2013)은 북한에서의 한류가 전형적으로 문화 확산모형에 따라 확산되었고 북한 주민들은 한국 문화의 유행을 모방하며 한국 사회를 동경하고 있다고 해석한다.

독일의 통일과정과 현재 남북한의 상황을 비교 분석한 연구도 있다. 이우승(2006)은 독일 통일과정에서 동서독의 방송정책과 주민들의 시청 현황을 분석하며 통일에 어떠한 영향을 미치게 되었는지 연구했다. 진행남(2011)은 서독의 방송 미디어 콘텐츠가 독일이 통일되는데 큰 역할을 했음을 분석했다. 그리고 현재 북한 내 한류의 상황과 독일의 통일과정을 비교하며 한류를 통하여 북한 내에서도 통일의 단초가 될가능성을 시사했다.

본 연구는 현재까지의 연구를 통해 축적되어진 북한 내 한류에 대한 정보와 의견들을 기본적 바탕으로 하여 최근의 한류 현황을 분석하며 더 나아가 통일전략으로서의 한류를 고찰하고 있다. 최근 한류 현황을 분석함에 있어서 탈북민들의 탈북한 시기 순으로 3가지로 구분했으며 특별히 이전 연구와는 차별적으로 청소년·청년과 장년으로 구분하여 연령에 따른 한류 영향의 차이점을 비교해 보았다.

본 연구는 최근에 화두가 되고 있는 통일이라는 주제에 맞추어 동서독 통일이 남북한 통일에 주는 시사점과 함께 한걸음 더 나아가 한류효과 극대화와 탈북민을 통한 통일전략에 주안점을 두었다.

II. 북한 내 한류 분석

1. 한류의 생성과 발전

1999년 베이징청년보(北京青年报)에서 한류(韓流)라는 단어가 처음으로 사용됐다. 이때는 한국의 대중문화와 연예인들에게 심취하는 젊은이들이 한국

풍의 유행을 만들어 내는 것에 대해 경계하기 위해서 이 단어가 사용되었고 부정적인 의미를 내포했다(유상철 외, 2005). 이후 한류로 불리기 시작한 한국의 TV드라마, 영화, 음악 등은 2000년대 중후반을 거치면서 세계 많은 나라에 확산되기 시작했다. 최근에는 싸이의 '강남스타일'이 전 세계를 강타하면서 한류는 미국과 유럽을 포함하여 세계적으로 퍼져나가고 있다. 한류의 발전과정을 3단계로 나누어보면 〈표1〉과 같다(진행남, 2011).

〈표1〉 한류의 발전과정

	한류 1기	한류 2기	한류 3기
시기별 특징	생성기 (1997~2000년대 초반)	확산 및 정체기 (2000년대 중·후반)	신한류기 (2000년대 후반 이후)
주요 지역	중국, 베트남, 대만	일본, 중국, 동남아, 중앙아, 중동, 아프리카	일본, 동남아, 중국, 유럽, 미국, 중남미
대표 콘텐츠	드라마 〈사랑이 뭐길래〉, 음악 H.O.T.	드라마 〈겨울연가〉, 〈대장금〉	아이돌 그룹의 K-Pop

(출처: 진행남, 2011, p4)

2000년대 중반 '겨울연가'가 일본에서 크게 히트를 치면서 일본 중년 여성층에 '욘사마(배용준) 신드롬'이 폭발적으로 일어났으며 일본 내의 한류 열풍으로 이어졌다. 뒤를 이어 TV드라마 대장금은 중국, 동남아, 중동, 아프리카, 유럽 등 세계적으로 한류 열풍을 일으켰으며 전 세계 사람들이 한류에 관심을 갖게 하는 데 결정적인 공헌을 했다. 최근에는 아이돌 그룹의 K-POP이 노래와 춤을 통해 한류를 퍼트리고 있으며 특별히 싸이의 '강남스타일'은 전 세계적인 열기를 불러일으켰다.

2. 북한 내 한류의 전파경로

90년도 중후반에 수많은 북한 주민들이 굶어 죽으면서 수십만 명의 북한 주민들이 압록강, 두만강을 건너 중국으로 탈북하였다. 같은 기간 내에 중국에서는 한류의 바람이 불기 시작했고 중국에 나왔다가 일정 기간 후에 다시 북한으로 들어간 사람들이 90년대 중반 이후 지금까지 수십만 명을 상회하는 것으로 추산되는데 이들이 북한에서 한류를 전하는 역할을 했다. 탈북민들은 중국에서 한류를 접한 후 남한 소식과 함께 한류의 소스가 되는 자료들(CDR, USB, MP3, 노트텔 등)을 북한에 유입시켰다.

둘째로 북한 내 한류가 일어나도록 기여한 사람들은 중국 내 상인들과 이들과 함께 압록강과 두만강을 넘나들며 밀수를 행하는 북한의 보따리장수들, 브로커들을 포함한 상인들이다. 북한은 90년대 중반부터 배급이 중지되자 북·중 간의 보따리 장사 등 밀수를 통한 상거래가 활성화되었고 이것은 장마당의 활성화로 이어졌다. 북중 밀수가 성행하면서 식품, 생활용품, 전자제품 등 각종 물품들이 중국을 통해서 북한 장마당에 쏟아져 나왔다. 이와 함께 비공개적으로 판매되기 시작한 것이 한류를 담은 CDR, MP3, USB 등이었으며 남한 영상과 음악들을 잘 시청하기 위하여 노트텔과 중국TV, 남한TV 등이 장마당에서 활발하게 거래되었다. 한류의 바람은 장마당이 활성화됨에 따라 북한 내의 대도시들은 물론이고 지방 구석구석까지 확산되었다.

이와 같은 비공식 루트 외에도 북한의 최고위 지도층부터 하위 간부들까지도 한류 확산에 기여하고 있다. 최고 지도자였던 김정일과 장성택은 물론이고 김정일의 아들들인 김정남, 김정철, 김정은 모두 한류를 즐겼다. 김정일은 '대장금' 이영애의 열혈 팬이었으며 장성택도 남한TV와 영화를 매우 즐겼다고 전해진다. 김정일의 장남 김정남은 물론이고 차남 김정철, 삼남 김정은 모두 남한 영상물들과 함께 성룡 액션 영화, 007시리즈 등 외국 영상물들까지 섭렵했다고 한다.

2000년대 들어오면서 많은 북한 관료들의 중국 방문이 빈번해지기 시작했다. 탈북민이며 북한전문 기자인 주성하(2014)에 의하면 중국을 방문한 북한 관리들이 20만 명이 넘었다고 하며, 이들이 대부분 중국에서 유행하는 한류들을 접할 뿐 아니라 한류를 담은 재료들을 가지고 북한으로 돌아온다고 한다. 이들은 고위층이기 때문에 검열에도 제외되며 비교적 자유롭게 한류를 접하고 있다.

각 지방의 간부들도 뇌물을 받고 장마당에서 유통되는 각종 한류 물품들을 눈감아 주고 있으며 압수한 물품들은 폐기하지 않고 본인들이 직접 시청하기도 한다. 또 뇌물을 주는 한류 유통업자들이 간부들 집에 가서 함께 남한 영화나 드라마를 시청하는데 이는 간부 집에는 검열이 나오지 않기 때문이다.

북한 내 한류 조성에 기여하는 또 다른 그룹은 남한에 거주하는 탈북민이다. 대부분의 남한 내 탈북민들은 북한의 가족, 친지들에게 송금을 하고 있으며, 송금 후에는 현금 수령 확인 전화를 하면서 북한 가족들에게 본인의 근황과 남한 이야기를 하고 있다. 이런 전화들을 통해 북한 주민들은 한류를 통해 보았던 남한 상황들이 사실임을 확인하게 되고 계속적으로 한류에 빠져들면서 남한, 탈북, 통일 등에 대하여 북한당국이 교육시킨 것과는 다른 각도로 생각하게 된다.

일부 탈북민들은 방송 매체들을 통하여 남한 실황과 함께 북한 지도층들의 부패와 비리 등을 방송하고 있다. 또 다른 탈북민들은 북한에 대북풍선을 날리며 삐라를 통해 남북한 뉴스, 북한의 실체 폭로 등과 함께 CDR, MP3, USB 심지어는 미국의 1달러짜리 지폐까지 풍선에 넣어 보내고 있다. 이것은 예술, 연예, 오락이 아닌 또 다른 종류의 한류를 일으키고 있다.

이 외에도 탈북민 구출 등 대북 사역을 목적으로 하는 NGO들과 종교단체들이 중국 국경 압록강, 두만강을 통해 북한 내 연결자들에게 돈과 식량과 생필품과 남한 물품들을 비밀리에 전달하고 있다. 또 연변 등 북한 주민들이 넘어오기 용이한 조선족 자치구에 탈북민 처소를 마련하고 일정 기간 중국 내 탈북민들을 돌본 후에 본인 의사에 따라 남한이나 미국 등 제3국으로 갈

수 있도록 돕는다. 그러나 이들 중 일부는 북한으로 다시 들어가는 경우도 있다. 이들을 통해서도 남한 소식과 세계 뉴스들이 전달되고 있으며 북한 주민들이 북한당국에 의하여 교육받아왔던 남한과 다른 나라들에 대한 내용들이 실제와 매우 다르다는 것을 깨닫게 된다.

3. 북한 내 한류의 확산과 그 영향력

일반적으로 북한에 들어온 한류를 빠른 시간에 유통시키며 전국적으로 확산시키는 통로는 전국 장마당이다. 한류에 대한 수요가 많고 거래하다가 발각되면 법적 처벌을 받는 위험 품목이기 때문에 마치 마약 판매가 고수익을 창출하는 비밀 거래이듯이 한류에 대한 상거래도 고수익을 동반하는 불법 거래이다. 따라서 CDR, MP3, USB 등 한류 물품들을 거래할 때에는 발각되지 않도록 힘을 쓸 수 있거나 발각되어도 처벌받지 않도록 돌봐줄 수 있는 간부들이 연루되어있다.

많은 경우 안전하고 세력 있는 사람들이 조직적으로 연계되어 중국으로부터 밀수를 주도해 나간다. 한 탈북자의 증언에 의하면 본인이 중국에서 북한으로 물품 운반하는 일을 했고 CDR 1개당 일정액을 받고 모두 넘겨주면 그 이후의 판매는 보위부 간부의 아내가 직접 진두지휘했다고 한다.(강동완·박정란, 2011, p48-49).

북한 내 주민들에게 한류의 영향력은 지대하다고 할 수 있다. 아래 탈북민들의 증언은 이를 뒷받침한다.

"같이 장사하는 동료의 언니네 집이 함흥이었는데 거기에서 남한 드라마를 보았다. 그 집에서는 시간당 돈을 주고 빌려보고 있었다. 거기에서 〈겨울연가〉를 보았는데 너무 재미있어서 3일 연속을 잠도 자지 않고 보았다. 다음 편은 어떻게 될까 하는 마음에서⋯ 한국 드라마는 다음 편을 기대하며 기다리게 한다(탈북민 면접참여자15)" (강동완·박정란, 2011, p41)

"드라마에 나오는 장면 하나 하나가 모두 한국이 발전된 모습을 보여주었다. '정말 살기 좋은 나라구나, 한국에 가야겠다'라고 생각했다. '저들은 생활 수준이 높고 사람다운 생활을 하는데, 같은 땅에 같은 사람인데 우리는 왜 짐승처럼 살아야 하는가'라는 생각이 들었다. 그때부터 한국에 가야겠다고 생각했다. 어린 아들(14살)도 한국에 가야 발전한다고 말했다 (탈북민 면접참여자18)" (강동완·박정란, 2011, p129)

필자가 지난 7, 8월에 3번을 만나서 면담했던 20대 중반의 탈북민 여성 이예림(가명)은 남한 영화와 드라마를 보고 남한 남성들에 대해 동경하는 마음이 생겼다고 했다. 무뚝뚝하고 가부장적이고 심지어는 폭력적이기도 한 북한 남자들과 비교해 볼 때 남한 남자들은 친절하고 여자들을 존중하고 위해주는 모습을 보면서 감동을 받았다고 했다. 그래서 "남한에 가면 남한 남자들과 사귀고 남한 남자와 결혼하는 것을 꿈꿨다"고 말했다. 남성 위주의 사회인 북한에서 여성들은 상대적으로 차별받아 왔다. 또 90년대 이후 배급이 중지되면서 대부분의 남편들이 실직되자 자녀 양육은 물론이고 가정의 생계 유지까지도 여성들이 떠맡아야 했다. 대부분의 북한 여성들은 텃밭을 일구고 장마당에 나가 장사를 하면서 식구들을 먹여 살리고 있다.

이런 상황 속에서 한류 드라마를 통해 "여자들에게 존댓말을 쓰고 또 심지어 여자한테 따귀를 맞고도 맞대응을 하지 않는 남한 남자들의 모습은 가히 충격적이었다"고 대답했다. 그래서 북한에서는 여성들이 남한에 대한 동경이 더 크다는 것을 인지하게 되었고 실제로 남한에 입국한 탈북민들 가운데 약 70%는 여성들이다(통일부, 2014).

그러나 한류의 영향력이 반드시 긍정적인 것만은 아니다. 남한 드라마나 영화 중 불륜, 난잡한 성행위, 동성애 등을 소재로 한 음란물과 잔인한 폭력물에 대해서는 역겨워하는 사람들이 많이 있었다(강동완·박정란, 2012, p251). 그래서 남한은 몹시 부도덕하고 난잡한 사회이며 불륜을 저지르는 사람들이 많다고 생각했는데 막상 남한에 살아보니 자신이 영화로 보았던 것보다는 훨씬 건전하고 질서 있는 사회라고 말했다. 필자가 탈북민들과 대담하는 중 난잡한 성행위나 동성애 등에 대한 주제가 나올 때는 "다 때려죽여야 한다"는 과격한 표현을 탈북 남성들은 물론이고 탈북 여성들을 통해서도 반복적으로 듣게 되었다.[1] 이와 같은 부분들은 북한 주민들이 남한사회에 대해서 퇴폐적인 자본주의의 산물이며 불순한 사회라고 생각하게 하는 요인들이다.

북한 내 한류가 주민들에게 끼치는 구체적인 영향력에 대해서는 다음 장에서 구체적으로 100명의 탈북민 설문조사를 통해 설명하고자 한다.

III. 북한 주민 및 통일과정에 미치는 영향

본 연구는 실제적인 검증과 최근 상황을 조사하기 위해 지난 7월부터 9월까지 2달여에 걸쳐 탈북민들과의 개별 면담, 소그룹 좌담회 그리고 100여 명의 탈북민들을 대상으로 17가지 항목에 대한 설문조사를 실시했다.

북한 내 한류가 북한 주민들에게 미친 영향력을 이해하기 위해서 가장 바람직한 방법은 실제 북한에 살고있는 주민들을 대상으로 설문조사를 하는 것이다. 그러나 이것이 현실적으로 불가능한 상황 속에서 차선으로 남한에 입국한 탈북민 100명을 선정하여 한류에 대한 의견을 조사하였다.

100여 명의 탈북민들을 선정하는 데 있어서는 표본집단이 한 성향으로 치우치지 않도록 현재 남한 내에서 탈북민 구출 사역과 탈북민 정착을 실제적으로 잘 진행하고 있는 대표적인 4개 단체와 북한/탈북민 사역 전문가들의 협조를 구했다. 대표적으로 탈북민 구출을 많이 하는 국제교류협력기구 탈북민센터와 탈북민 정착 사역을 모범적으로 하고 있는 남북사랑네트워크와 서빙라이프 그리고 탈북한 청년들의 사회봉사모임과 토요스터디모임 등 여

---

[1] 국제교류협력기구의 정기 탈북민 프로그램을 필자가 진행할 때 주제별로 탈북민들의 의견을 직접 들을 수 있었음.

러 기관에 골고루 배분하여 100명이 넘는 탈북민들을 표본집단으로 구성했다. 설문지도 일시에 100명을 소집하여 받은 것이 아니라 기관마다 협조를 구하여 소그룹으로 설문을 받아 100명을 채웠나갔기 때문에 설문조사 기간이 약 2달이 소요되었다.

특별히 청소년과 청년층(16세부터 30세까지) 50명, 장년층(31세부터 57세까지) 50명을 각각 선정하여 100명의 설문조사를 실시하였다. 전체 연령대가 16세부터 57세이며 실제적으로 남한사회에서 활발하게 활동하고 정확한 의사표현을 할 수 있는 연령대로 구성하였다. 또 자유롭게 의사 표현을 할 수 있도록 무기명 설문조사를 실시하였다. 설문조사 후 적합하지 않은 경우에는 표본집단에서 제외하였다.

17개의 질문 가운데는 첫째, 이들의 개인적인 인적 사항을 파악하기 위하여 성별, 나이, 최종 학력과 직업, 북한에서의 거주지, 북한을 떠난 년·월, 한국 입국 년·월 등이 포함되었다.

둘째, 한류에 대한 접촉 여부와 본인이 접했던 한류의 구체적인 내용, 또 이 한류가 본인에게 미친 영향을 세분화하여 1. 한류에 대한 종합적인 소감, 2. 한류를 보고 느낀 문화충격, 3. 북한 정권과 체제에 대한 인식 변화, 4. 남한에 대한 기존의 인식 변화, 5. 한류가 본인의 탈북에 미친 영향에 대해 각각 질문하였다.

셋째, 한류가 탈북민들의 관점에서 향후 통일에 대해 어떠한 영향을 줄 수 있는지 알기 위해 1. 한류가 북한 체제 변화에 촉매가 될 수 있는가?, 2. 북한에 한류가 전파되는 것이 통일을 위하여 바람직하다고 생각하는가?, 3. 어떻게 하면 한류가 북한에 더 잘 전파될 수 있을 것인가? 를 각각 질문하였다.

1. 탈북민 설문 대상자 100명의 표본조사

〈표2〉 응답자 연령대

(단위: 명)

	남자	여자	계
청소년·청년 (만16~30세)	15(30%)	35(70%)	50(100%)
장년 (만31~57세)	17(34%)	33(66%)	50(100%)
합계	32(32%)	68(68%)	100(100%)

〈표3〉 북한에서 거주지는 어디였습니까?

(단위: 명)

	청소년·청년	장년	합계
함경북도	27(54%)	37(74%)	64(64%)
양강도	11(22%)	4(8%)	15(15%)
함경남도	3(6%)	3(6%)	6(6%)
평안남도	2(4%)	2(4%)	4(4%)
강원도	2(4%)	2(4%)	4(4%)
평양	2(4%)	1(2%)	3(3%)
평안북도	1(2%)	1(2%)	2(2%)
황해남도	1(2%)	0	1(1%)
황해북도	1(2%)	0	1(1%)
계	50(100%)	50(100%)	100(100%)

〈표4〉 북한을 떠난 지는 얼마나 됐습니까?

(단위: 명)

	0~5년 미만	5~10년 미만	10년 이상	계
청소년·청년	28(55%)	13(28%)	9(17%)	50(100%)
장년	15(30%)	12(22%)	23(48%)	50(100%)
합계	43(43%)	25(24%)	32(33%)	100(100%)

〈표2〉에서 전체 탈북민 설문 대상자 100명에 대한 남성대 여성의 비율은 32대 68이었다. 2장에서 언급된 것과 같이 북한 주민들의 탈북 상황은 여성이 남성보다 훨씬 많다. 2014년 통일부 자료에 의하면 2014년 6월까지 남한에 입국한 탈북민 전체 숫자는 26,854명이며 남성과 여성 비율은 30대 70이다(통일부, 2014). 그러므로 본 설문조사의 표본집단에 여성 비율이 68%인 것은 탈북민 전체 비율과 비슷한 수준임을 보여주고 있다.

　〈표3〉에서 보면 탈북민들의 거주지는 단연코 함경북도가 가장 많으며 순위는 1. 함경북도 64%, 2. 양강도 15%, 3. 함경남도 6%이다. 2014년 통일부 자료에서 남한 내 전체 탈북민의 거주지 우선순위는 1. 함경북도 64%, 2. 양강도 12%, 3. 함경남도 9%이다. 그러므로 표본집단의 거주지 분포는 전체 탈북민 거주지 분포와 비슷한 수준임을 볼 수 있다.

　특별히 함경북도와 양강도에서 탈북자가 압도적으로 많이 나온 것은 첫째, 함경북도와 양강도 두 지역이 북·중 간의 교류가 가장 활발하여 남한 소식과 중국 소식을 쉽게 접할 수 있으며 한류의 영향을 가장 많이 받는 지역이다. 둘째로는 지리적으로 탈북이 가장 용이한 지역이다. 함경북도의 경우 두만강은 강폭이 좁아서 도강이 용이하며 양강도 또한 압록강 상류·중류에 해당되므로 도강이 가능한 지역이다. 하지만 평안북도는 중국과 접경이지만 압록강 하류 지역이어서 강폭이 넓어 도강이 매우 어려운 현실이다. 셋째로 북한은 거주 이전의 자유와 여행의 자유가 없기 때문에 주민들이 여행증명서를 발급받아야 이동이 가능하다. 함경북도나 양강도에 살지 않는 사람들이 함경북도나 양강도 지역으로 옮겨와서 도강을 하는 것은 쉽지 않으므로 다른 지역 주민들의 탈북 시도는 두 지역에 비해서 매우 어려운 현실이다.

　〈표4〉를 보면 응답자 100명 중에서 북한을 떠난 지 5년 이내는 43%, 5년 이상~10년 미만은 24%, 10년 이상은 33%의 분포였다. 최근에 탈북하여 남한에 입국한 사람들이 가장 많으므로(43%) 이번 설문조사는 북한의 최근 상황을 비교적 잘 보여줄 수 있는 통계라고 생각할 수 있다.

2. 한류가 탈북민들에게 미친 영향

표본집단의 경우 청소년, 청년층과 31세 이상 장년층을 두 그룹으로 각각 50명씩, 전체 100명을 비교, 분석하였다. 질문 내용에 따라 응답자가 응답하지 않은 항목들에 대해서는 해당 항문의 표본집단 수에서 제외함으로 문항에 따라 각각 최대 100명에서 최소 89명이 응답하였다.

〈표5〉 한류를 접한 경험이 있습니까? (단위: 명)

	있다	없다	계
청소년·청년 (16~30세)	49(98%)	1(2%)	50(100%)
장년 (31~57세)	40(80%)	10(20%)	50(100%)
합계	89(89%)	11(11%)	100(100%)

〈표5〉에 의하면 응답자 가운데 한류를 경험한 사람은 89%, 경험하지 못한 사람은 11%이다. 청소년, 청년층은 한류를 경험한 사람이 98%이고, 경험하지 못한 사람이 2%인 반면에 31세 이상 장년층은 80%가 경험을 했고 한류를 경험하지 못한 사람은 20%가 된다. 한류를 경험하지 못한 장년층이 청소년·청년층보다 10배에 이른다. 이것은 청소년·청년층이 문화에 더욱 민감하고 적극적이라는 것을 볼 수 있다. 한류를 미리 경험했다는 것은 남한사회에 대한 간접 체험이 되므로 청소년·청년층이 장년층보다 남한사회에 대한 이해와 적응이 빠르고 쉽게 동화될 수 있음을 뜻한다. 실제적으로 탈북민 정착 상황을 보면 청소년들과 청년들이 장년층에 비해 훨씬 빠르게 적응하는 것을 본다. 물론 나이가 어릴수록 교육과 적응이 용이한 점도 있지만 청소년·청년들의 한류에 대한 체험이 남한 적응에 긍정적인 요인으로 작용하고 있음을 알 수 있다.

〈표6〉 한류를 접한 경험이 있습니까?/북한을 떠난 년수 기준 (단위: 명)

	있다	없다	계
0~5년	43(100%)	0(0%)	43(100%)
5~10년	24(96%)	1(4%)	25(100%)
10년이상	22(69%)	10(31%)	32(100%)
합계	89(89%)	11(11%)	100(100%)

〈표6〉은 북한을 떠난 연수를 기준으로 한류를 경험한 사람들의 비율을 살펴보았다. 최근 5년 이내에 북한에 살았던 사람들 중에는 100% 한류를 경험했고 지난 5~10년 사이에 북한에서 살았던 사람들은 96%, 10년 이전에 북한에서 살았던 사람들은 69%가 한류를 경험했다고 답했다. 이것은 최근에 북한에서 살았던 사람일수록 한류에 대한 경험이 높음을 보여준다. 즉 시간이 지날수록 한류가 북한 내에 더 많이 전파되고 있음을 알 수 있다.

〈표7〉을 보면 전체 100명 중 89명이 한류를 경험했으며 이들 중 한류에 대한 '긍정적인 소감'이 97% (좋았다:94%, 조금 좋았다:3%), '나빴다'가 3%이다. 이는 한류에 대한 탈북민들의 평가가 압도적으로 좋다는 것을 의미한다. 물론 탈북민의 한류에 대한 긍정적 평가가 한류를 경험한 북한 주민 전체의 긍정적인 평가보다 높을 수 있다. 한류에 대한 체험이 남한에 대한 간접 체험이라고 간주할 때 한류에 대해 긍정적인 생각을 가진 사람이 부정적인 생각을 한 사람보다 탈북을 할 가능성이 당연히 높기 때문이다.

〈표7〉 한류를 접하고 난 소감은 무엇입니까? (단위: 명)

	좋았다	조금 좋았다	나빴다	계
청소년·청년	44(90%)	2(4%)	3(6%)	49(100%)
장년	39(98%)	1(2%)	0	40(100%)
합계	83(94%)	3(3%)	3(3%)	89(100%)

〈표8〉은 한류를 경험한 탈북민 89명 중 91%가 '문화충격을 받았다'고 답했으며 문화충격을 받지 않은 탈북민들은 9%에 불과했다. 그러나 청소년·청년층과 장년층을 두 세대로 비교해볼 때 '문화충격이 없었다'고 한 청소년·청년층은 14%로, 장년층 응답율 2%의 7배나 되었다. 탈북민들과의 개별 면담과 그룹 좌담을 통해서 알게 된 것은 한류를 접하고도 문화충격을 받지 않은 사람들의 대부분은 남한에 대해서 선지식이 있거나 북한 체제에 대해 부정적인 생각이 많았던 사람들이라는 것이다.

〈표8〉 한류를 접하고 문화충격이 있었습니까? (단위: 명)

	있었다	조금 있었다	없었다	계
청소년·청년	36(73%)	6(12%)	7(14%)	49(100%)
장년	33(83%)	6(15%)	1(2%)	40(100%)
합계	69(78%)	12(13%)	8(9%)	89(100%)

어린이나 청소년 같은 경우에는 한류를 미리 접했거나 남한에 대해서 지식이 있는 부모들을 통해 남한에 대한 이야기나 설명을 들을 수 있고 또 가족이나 친척 중 남한에 있는 탈북민들을 통해 남한에 대한 소식을 직, 간접적으로 전해 들었을 경우 남한의 영화나 드라마를 볼 때 문화충격이 적어진다. 또 최근 북한 경제 사정이 악화되어 소학교나 중학교 운영이 어려운 지역들이 많이 있다. 이런 경우 학교 교육을 제대로 받지 못한 아이들은 북한교육이나 체제교육을 충분히 받지 못했으므로 어렸을 때부터 주체사상과 반미·반남한 교육을 철저히 받은 사람들보다 한류를 접했을 때 문화충격의 강도나 그동안 받았던 북한 교육과의 괴리감이 적을 것이다.

〈표9〉 한류를 접하고 북한(지도부)에 대한 생각이 부정적으로 바뀌었습니까?

(단위: 명)

	그렇다	조금 그렇다	아니다	계
청소년·청년	27(55%)	12(24%)	10(20%)	49(100%)
장년	29(73%)	5(12%)	6(15%)	40(100%)
합계	56(63%)	17(19%)	16(18%)	89(100%)

한류를 접하고 82% (그렇다 63%, 조금 그렇다 19%)가 북한 체제에 대한 생각이 부정적으로 바뀌었다. 청소년·청년층에서는 약 80%가 장년층에서는 약 85%가 한류 때문에 북한 체제에 대해서 부정적인 시각을 갖게 됐다고 볼 수 있다.

그러나 청소년·청년층의 경우 20%, 장년층의 경우 15%는 아니라고 답했다. '아니다'라고 답한 사람들의 대부분은 북한에 대한 좋은 생각들이 바뀌지 않았다는 말이 아니고 이미 북한에 대해서 부정적인 생각을 가지고 있었기 때문에 한류를 접하고 난 후에도 그 생각이 바뀌지 않았다는 뜻이다. 90년대 중후반 북한의 고난의 행군 시절을 겪으면서 정부로부터 배급이 중단되고 그로 인해 수많은 아사자가 속출하며 극심한 고통을 겪었기 때문에 이미 북한 체제에 대한 부정적인 인식과 함께 더 이상 북한 체제에 대한 기대감이 상실되었다. 그래서 한류를 접했을 때도 북한 체제에 대한 부정적인 입장이 바뀌지 않는다는 것이다.

'아니다'라고 답한 사람들 중의 일부는 북한 체제에 대해서 긍정적이었고 한류를 접하고 난 다음에도 계속 긍정적인 경우이다. 북한 체제의 우월성에 대한 신념이 확고한 경우도 있고 또 한류에 대해서 부정적인 느낌을 갖는 사람들도 있기 때문에 한류를 접했다고 해서 모두가 북한 체제에 대해서 부정적으로 바뀐다고 볼 수는 없다.

<표10> 한류를 접하고 남한에 대한 생각이 긍정적으로 바뀌었습니까?

(단위: 명)

	그렇다	조금 그렇다	아니다	계
청소년·청년	30(61%)	12(24%)	7(14%)	49(100%)
장년	37(93%)	3(7%)	0	40(100%)
합계	67(75%)	15(17%)	7(8%)	89(100%)

<표10>에 의하면 한류를 접하고 남한에 대한 생각이 긍정적으로 바뀐 탈북민들은 92% (그렇다 75%, 조금 그렇다 17%)이다. 그러나 8%의 탈북민들은 남한에 대한 생각이 긍정적으로 바뀌지 않았다. 2장에서 살펴보았듯이 한류를 접하고 나서 남한 사회가 부도덕하고 패륜적이라고 생각하는 사람들도 있으므로 한류를 통해서 북한 사람들의 생각을 100% 바꿀 수 있다고 생각해서는 안 될 것이다.

<표11> 한류가 탈북에 영향을 미쳤습니까?

(단위: 명)

	그렇다	조금 그렇다	아니다	계
청소년·청년	31(63%)	9(18%)	9(18%)	49(100%)
장년	27(68%)	9(22%)	4(10%)	40(100%)
합계	58(65%)	18(20%)	13(15%)	89(100%)

<표11>에 의하면 '한류를 접한 것이 탈북에 영향을 줬다'가 85% (그렇다 65%, 조금 그렇다 20%)이다. <표7>에 의하면 '한류를 접하고 좋았다'가 97%였지만 실제로 탈북에까지 영향을 준 경우는 85%이다. 97%와 85%의 차이에서 탈북이라는 행동이 갖고 있는 위험성과 현실적인 제약을 생각할 수 있다. 탈북이란 목숨을 건 탈출이고 앞날을 확실히 보장 받을 수 없기 때문에 남한에

대한 생각이 긍정적으로 바뀌고 가고 싶은 마음이 생겨도 실제로 탈북을 감행한다는 것은 또 다른 '위험행동'[2]이라는 것을 뜻한다.

3. 한류가 향후 통일에 미치는 영향

〈표12〉 한류가 북한 체제 변화에 촉매가 될 수 있다고 생각합니까?

(단위: 명)

	그렇다	조금 그렇다	아니다	계
청소년·청년	42(84%)	6(12%)	2(4%)	50(100%)
장년	41(93%)	1(2%)	2(5%)	44(100%)
합계	83(88%)	7(8%)	4(4%)	94(100%)

〈표13〉 북한에 한류가 더 전파되는 것이 통일을 위해 바람직하다고 생각합니까?

(단위: 명)

	그렇다	조금 그렇다	아니다	계
청소년·청년	48(98%)	1(2%)	0	49(100%)
장년	48(98%)	1(2%)	0	49(100%)
합계	96(98%)	2(2%)	0	98(100%)

〈표12〉에 의하면 '한류가 북한 체제를 변화시킨다'고 생각한 탈북민은 96%(그렇다 88%, 조금 그렇다 8%)이다. 북한에 살다 온 사람들 중 96%가 '한류가 북한 체제를 변화시킬 수 있다'고 대답한 것에 대해서는 남한 정부와 남북교

---

2 작업행동에 잠재위험성이 농후하고 재해를 일으킬 확률이 대단히 높은 행동을 말한다. (산업안전대사전, 2004.5.10, 도서출판 골드)

류 및 통일정책 관계자들이 유념해야 될 것이다.

〈표13〉에 의하면 '한류가 더 많이 전파되는 것이 통일을 위해 바람직하다'고 답한 사람들이 100% (그렇다 98%, 조금 그렇다 2%)이다. 전체 100명 중에서 북한에서 한류를 경험한 89명은 물론이고 북한에 있을 때 한류를 경험하지 못했던 11명 중 9명이 이 문항에 대답했다. 특별했던 것은 한 명도 예외 없이 한류가 통일에 도움이 된다고 답했다는 것이다.

〈표12〉와 〈표13〉의 통계는 향후 통일정책을 계획할 때 무엇보다도 중요한 시사점을 갖는다. 남한 정부가 통일을 위하여 많은 인력과 재정을 들여 노력하고 있지만 북한에서 실제로 살다 온 사람들이 100% 통일을 위해서 필요하다고 하는 북한 내 한류 확산을 위해서 얼마만큼 인력과 자금과 시간을 들이고 있는지 생각해봐야 할 것이다. 남한 정부가 지향하는 자유민주주의와 평화통일을 이루기 위해서는 김일성 주체사상과 선군정치를 앞세우는 북한 지도부의 큰 변화가 있어야만 한다. 그런데 북한을 누구보다 잘 아는 탈북민들 96% (그렇다 88%, 조금 그렇다 8%)가 한류가 북한의 체제변화를 일으킬 것이라고 대답했다.

그렇다면 전쟁 없는 평화통일을 위해서는 완강한 북한 정권에 대하여 핵 포기를 강요하는 것보다는 남한 정부가 북한 내 한류가 대대적으로 유입되도록 우회 전략을 쓰는 것이 더 적합할 수 있다. 탈북민들의 96%가 대답했듯이 한류가 북한 내부에서 스스로 체제변화를 일으킨다면 북한 내 한류 확산은 남한으로서는 최상의 국가 안보 및 평화통일정책이 될 수 있을 것이다.

〈표14〉 어떻게 하면 한류가 잘 전파될 수 있을까요? (복수응답)

(단위: 명)

	청소년·청년	장년	합계
mp3, cd, usb, 노트북(노트텔)	15(22%)	24(29%)	39(26%)
TV	12(17%)	9(11%)	21(14%)
라디오	7(10%)	9(11%)	16(11%)
종교단체/NGO 대북사역	7(10%)	9(11%)	16(11%)
풍선(삐라)	4(6%)	11(13%)	15(10%)
탈북자	7(10%)	7(9%)	14(9%)
스마트폰(핸드폰)	7(10%)	4(5%)	11(7%)
밀수	7(10%)	4(5%)	11(7%)
남북교류	3(4%)	5(6%)	8(5%)
계	69(100%)	82(100%)	151(100%)

마지막으로 〈표14〉는 북한에서 한류를 경험했던 탈북민들이 효과적인 북한 내 한류 전파를 위한 방안을 기입한 것이다. (객관식이 아니라 단답형 주관식 대답임. 또한 복수 응답 허용) 북한에서 살았었고 지금도 약 80% 이상은 북한에 있는 가족, 친지들과 전화 통화를 하고 있는 탈북민들이 가장 추천하는 방법은 CDR, MP3, USB 등과 이것들을 효과적으로 사용할 수 있는 노트텔[3]을 북한에 유입시키는 것이었다.

두 번째로는 TV를 통한 한류 전파이다. 최근 북한 내에서 남한TV 방송 시청 가능 지역과 실제 시청자 수가 늘어나는 상황이다. 따라서 북한 주민들

---

3 중국에서 제작되어 북한에 저가로 대량 수입됐으며, CD와 DVD 재생뿐 아니라 USB 재생도 가능하다는 장점이 있다.(노트북과 같은 형태로 소형임)

이 더 많이 남한 방송을 볼 수 있도록 구체적인 방안들을 모색해야 할 것이다.

세 번째로는 남한 라디오 방송을 통한 북한 내 한류 전파이다. 실제로 많은 탈북민들이 북한에서 남한 라디오 방송을 듣다가 탈북을 결심했다고 한다. 요덕스토리로 유명한 정성산 감독도 남한 라디오 방송을 청취하다가 발각되어 요덕수용소에 수감됐던 경우다. 어떻게 하면 북한 주민들이 더 많이 남한 라디오 방송을 듣게 할 수 있을지 또 어떻게 하면 손쉽게 남한 라디오 방송을 들을 수 있는 라디오를 북한에 많이 보급할 수 있을지 모색해야 할 것이다.

공동 3위로는 종교단체 및 NGO의 대북사역을 통한 북한의 한류 확산이다. 종교단체들이 선교를 목적으로 종교의 자유가 없는 북한 주민들과 교류하기 시작할 때 자연스럽게 돈, 식량, 생필품 등이 함께 북한에 유입되게 되며 외부세계의 소식이나 문화도 함께 유입되게 된다. 또 NGO나 종교단체들이 중국에 체류 중인 탈북민들을 구출하여 남한까지 가도록 돕고 있다. 이들의 탈북민 구출이 활발하게 되어 남한 내 탈북민들의 숫자가 많아질수록 탈북민들을 통한 북한 내 가족들에게 보내는 대북송금도 늘어날 것이고 이를 통해 장마당과 북한 경제가 더욱 활성화 될 것이다. 또 송금과 함께 북한 내부에 남한 소식도 더 많이 유입될 것이다. 이는 북한 내 한류를 더욱 활성화시키는 데 기여할 것이다.

이와 같이 탈북민 설문조사 결과를 바탕으로 하여 북한 내 한류의 영향력과 통일정책에 주는 시사점들을 고찰해 보았다. 다음 장에서는 동서독 통일에 있어서 서독 미디어의 역할과 한류를 통한 통일전략을 논해보고자 한다.

IV. 동·서독 통일에 있어서 서독 미디어의 역할

앞 장까지 한류가 북한에 어떠한 영향을 미치는지 살펴봤다. 그렇다면 실제로 '이 한류로 북한 체제가 붕괴되고 통일이 될 수 있는가'를 생각해 볼 때, 독일의 사례를 통해 비교해 볼 수 있을 것이다. 현실적으로 우리나라와 독일은 상황이 많이 다르다. 하지만 독일이 통일이 되는 과정에서 서독 방송 미디어가 막대한 영향을 미쳤고 그 영향으로 인하여 통일이 이루어졌다는 것은 누구도 부인하기 힘들 것이다.

1. 동독 주민들이 선호했던 서독TV 방송

세계 2차대전 후에 한국과 마찬가지로 독일도 동서로 분단되고 베를린 장벽이 세워졌다. 서독은 자유민주주의 체제, 동독은 공산주의 체제가 수립되어 서로 왕래가 제한되었다. 동독은 서독과의 교류를 차단했으며 당연히 동독 주민들의 서독TV 시청도 반대했다. 동독 정부는 서독TV 시청을 반대하는 옥센코프 캠페인[4]을 통하여 서독의 방송을 차단하려고 했다. 하지만 동독 주민들은 실내 안테나를 설치하거나 야간 안테나를 사용하여 계속해서 서독TV를 시청했다. 실제로 동독은 서독TV의 시청을 방해하기 위해 전파방해 등으로 수신을 막으려 하였지만 큰 성과를 거두지는 못했다.

동독 정부는 서독 방송의 시청을 금지시키는 것이 사실상 불가능하므로 공공장소에서의 시청만 처벌하는 정책으로 전환했다. 하지만 동독 정부는 교육을 통해서 동독 주민들이 서독TV를 시청하지 않도록 독려했고 이 같은 정책은 통일이 될 때까지 계속되었다.

동독 정부가 동독 주민들이 개인적으로 서독TV 시청하는 것을 처벌하지

---

4   서독방송을 수신하는 동독주민들을 색출하는 캠페인, 송출시설이 있는 옥센코프 지역으로 향한 개인 안테나를 철거하였음

않은 이유는 동독 주민들의 욕구를 수용하여 누적된 불만을 잠재우는 데 있었다. 동서독 분단 이후 동독 주민들의 서독TV 시청 욕구는 계속해서 높았다. 서독 매체는 동독 주민들에게 정치적 정보(뉴스 포함) 제공과 퇴근 이후의 여가 시간에 기분전환과 오락적인 프로그램을 제공하였다. 동독을 탈출하여 서독으로 온 동독인들은 긴장해소, 정보, 오락에 대한 욕구를 충족하기 위해 서독TV를 시청했다고 말했다.

〈표15〉 동독인들의 TV시청률

대상	서독TV	동독TV
매일 시청	82%	10%
가끔 시청	6%	72%

(출처: 진행남, 2011, p59) 재구성

〈표15〉는 TV를 매일 시청하는 동독 주민들의 서독TV와 동독TV 시청비율이 8.2:1임을 보여준다. 즉, 10명 중 서독TV를 보는 사람들은 8명 이상이며 동독TV를 보는 사람은 1명에 불과하다는 통계이다. 그래서 세간에는 "퇴근 후 저녁 8시에는 동서독이 통일된다."는 말이 회자됐다. 각각의 집으로 돌아가서 저녁 식사가 끝난 후에는 동서독 주민들이 다함께 같은 서독TV를 보고 있다는 뜻이다.

반베르크대학 헷세 연구원의 조사를 정리한 〈표16〉은 방송프로그램 종류에 따라 서독TV, 동독TV 시청률을 각각 보여주고 있다. 시청률에 대한 여러 통계자료가 있지만 특별히 동독 주민들이 동독TV보다는 서독TV를 월등하게 많이 보는 방송 프로그램들의 종류와 또 동서독 간의 TV시청에 있어서 큰 차이가 없는 방송프로그램들의 두 종류로 구별해 보았다.

첫 번째 그룹은 뉴스, 정치 매거진, 동독 관련 프로그램으로, 서독TV와 동독TV간의 시청률 비율이 6.1:1, 12.7:1, 12.7:1으로 서독TV 방송 의존도가 약 6~13배까지 매우 높았다. 두 번째 그룹은 영화, 스포츠, 콘서트, 오락, 오페라 등 오락 및 스포츠 예능 프로그램으로 서독TV와 동독TV간의 시청률 비율이 1.2:1, 1.3:1, 1.8:1로 동서독TV 간의 시청률 차이가 크지 않음을 볼 수 있다.

〈표16〉 프로그램별 동독 주민들의 서독TV와 동독TV시청 빈도

	서독TV	동독TV	시청빈도 Index*
뉴스	85%	14%	6.1
정치 매거진	76%	6%	12.7
동독 관련 프로그램	76%	6%	12.7
영화	78%	67%	1.2
스포츠	48%	36%	1.3
콘서트, 연극, 오페라	18%	10%	1.8

*출처: Kurt Rolf Hesse, 1988, p42; 이우승, 2006, p22 재구성
**Index 수치가 높을수록 해당 장르에서 동독TV에 비해 서독TV의 시청 빈도가 높음을 의미함

〈표16〉을 통해 두 그룹의 차이점을 분석해 볼 때, 독일 사람들은 국내외 뉴스와 정보, 정치적 이슈 그리고 동독에 관한 방송프로그램에 있어서는 동독TV 방송을 거의 신뢰하지 않고 서독TV 방송을 전적으로 의지한다는 것이 분명하게 드러났다. 반면에 사실 여부가 문제시 되지 않는 오락, 예능 프로그램 등에서는 동서독TV 방송을 구별 없이 시청하는 것을 보여준다.

2. 독일 통일 과정에서 서독TV 방송의 역할

서독TV 방송은 동독인들의 시청률이 동독TV 방송에 비해 압도적으로 높은 것을 인식하면서부터 프로그램 편성에 있어서 이와 같은 높은 시청률

을 반영하기 시작했다.

첫째, 방송으로서 당연히 시청자들의 구미에 맞는 내용을 제작했다. 동독 사람들의 많은 관심이 정치적 이슈에 대한 사실적이고 객관적인 정보였기 때문에 독일TV에서 다루지 않는 동독에 관한 뉴스들과 사실 보도를 동독 시청자들의 입맛에 맞게 방송하기 시작했고 이것은 폭발적인 시청률을 이끌어 냈다. 서독TV 뉴스 아나운서가 뉴스 도중에 "이 뉴스는 동독TV에서는 다루지 않은 내용입니다."라는 멘트까지 방송되었다. 따라서 동독TV 뉴스의 신뢰도는 더욱 떨어졌고 동독 주민들은 동독의 상황을 서독TV 뉴스를 통해서 알아가는 상황이 되었다.

둘째, 서독TV 방송은 동독 주민들의 자유와 인권의 문제를 부각시킴으로써 간접적으로 통일운동을 일으키는 역할을 하였다. 동독 내에 반체제 운동, 개혁개방을 주장하는 세력들, 각종 시위와 항의 사건들을 공개적으로 방영함으로 음지에 있던 자유와 인권 운동을 공론화시켰다. 또 반체제 지식인들과 종교인들에 대한 핍박과 감금, 비밀경찰들에 의한 감금, 고문 등 심각한 인권유린, 고위층들의 호화 생활과 부정부패 등을 폭로함으로 동독 공산체제의 문제점들을 전체 동독 주민들에게 여실히 드러내었다.

셋째, 탈동독운동을 일으켰다. 특파원들의 취재활동을 통해 동독을 탈출해서 서독으로 넘어오는 동독 주민들의 여정을 다큐멘터리로 방영했다. 헝가리-오스트리아 국경을 넘으면 어렵지 않게 탈출할 수 있다는 것을 방송하였고, 탈출을 시작하는 시점부터 탈출을 성공적으로 마치는 시간까지 모든 과정에서 탈출자들과의 생생한 인터뷰를 방영했다. 또 마지막 국경에 다다른 순간을 생중계로 방영했다. 이것은 결과적으로 동독 사람들에게 동독 탈출을 위해 필요한 많은 정보와 함께 이를 감행할 수 있도록 동기를 부여했다. 따라서 동독 탈출의 물결이 본격화되었고 이는 동독의 붕괴를 가속화시켰다(진행남, 2011).

넷째, 1989년 10월과 11월에 있었던 독일 혁명 과정에 있어서도 서독TV는 중요한 역할을 하였다. 10월 7일, 동독 건국 40주년 행사가 끝난 후에 있었던 사상 최대 규모의 항의 시위를 무력으로 진압한 동독 슈타지(국가안전부)와 경찰의 무차별 폭력과 체포, 시위 대원들에 대한 구타와 구금, 강제해산의 모든 과정들이 서독TV를 통해서 방영되었다. 이러한 과정에서 서독 기자들은 슈타지 요원들과 경찰들에게 온갖 구타를 당하고 체포되었으며 취재 카메라도 파손되었다. 그러나 결과적으로는 전국적으로 대규모 민주화 항쟁을 일으키는 계기가 되었고 각각의 도시마다 시민데모가 크게 일어났다. 결국은 11월 9일 '베를린 장벽 붕괴'라는 역사적인 사건과 함께 독일 통일의 문을 열었다.

V. 통일전략

설문에 응답했던 탈북민들이 한류 전파를 위해서 가장 많이 제안했던 항목들은 기능적인 방법으로는 CDR, MP3, USB, 노트텔 등이고 내용적인 접근으로는 남한TV와 라디오 방송이었다. 그리고 단체 활동으로는 각종 NGO들과 종교단체들의 탈북민 사역을 효과적인 방법으로 제안했다.

동독 주민들처럼 북한 주민들도 남한 TV를 자유롭게 볼 수 있다고 한다면, 동독에서 일어났던 현상이 북한에서도 발생될 수 있다. 지난 8월 6일 하나원과 하나센터에서 교육을 마치고 막 나온 탈북청년들과의 좌담회를 진행하면서 필자는 최근 북한TV 상황에 대해서 여러 탈북 청년들의 이야기를 들었다. 이들의 말을 종합해보면 북한TV 방송의 현 상황은 전력난 때문에 방송 시간도 제한적이고 또 같은 내용을 재방송하는 경우가 많으며 너무 정치적이고 획일적이어서 재미가 없었다고 한다. 반면에 남한TV 방송이나 영화, 드라마의 경우 신기하고 재밌게 시청했었다고 말했다. 이것이 한류가 크게 번져가는 주요 요인이 될 것이다.

그러나 북한에서 남한TV 시청이 가능한 지역은 제한적이다. 또 전기 공급 시간이 지역마다 한정되어 있어서 원하는 시간에 시청이 불가능하다. 그리고 시청 가능한 지역에서도 발각되면 처벌되기 때문에 일반 서민의 경우 자유로운 시청이 어려운 상황이고 본 내용을 이웃과 나누는 것 또한 처벌받을 수 있다. 따라서 서독TV 방송이 주도했던 통일의 바람을 남한TV를 통해서 기대하기는 어려운 상황이다.

이와 같은 상황 속에서 본 논문에서는 TV방송의 대안이 될 수 있는 대북 라디오 방송을 통한 한류 전파와 통일전략을 고찰하고자 한다. 그리고 탈북민들이 실제로 도움을 받아서 남한까지 왔던 NGO들과 종교단체들의 탈북민 구출 사역이 어떻게 한류 전파와 통일전략으로 이어질 수 있을지를 논한다.

1. 라디오 방송을 통한 한류 전파와 통일 준비

2011년 3-4월, 남한에 정착한 탈북민 197명을 대상으로 조사한 결과 북한에서 남한 라디오 방송을 청취한 경험이 있는 사람은 109명(55%)이었다. 이들이 청취했던 남한 라디오 방송들을 청취율이 높은 순서로 정리하면 아래와 같다(김화순, 2011).

1. KBS 한민족방송(38%), 2. 자유아시아방송(16%), 3. 자유북한방송(13%), 4. 극동방송(11%), 5. 국군방송(6%), 6. 열린북한방송(4%), 7. 미국의 소리(4%), 8. 북한개혁방송(2%), 9. 자유조선방송(2%), 10. 자유의 소리(2%) 등이다.

위의 설문조사 결과에 의하면 북한사람들이 관심 있는 프로그램의 순위는 1. 뉴스(38%), 2. 노래(18%), 3. 탈북자 관련 내용(16%)이었다(김화순, 2011).

북한 주민들의 관심은 동독 주민들의 경우와 매우 흡사하다. 동독 주민들이 서독방송을 청취한 가장 큰 이유는 정보와 오락이었는데 북한 사람들의 우선순위도 1. 뉴스(정보), 2. 노래(오락)로 나타났다. 폐쇄되고 억압된 체제 가운데 사는 사람들의 공통된 욕구라고도 생각해 볼 수 있다. 또 동독 사람들도 동독 탈출에 대한 지대한 관심이 있었고 탈출한 동독인들이 서독에서 살아가는 모습에 대해서도 매우 궁금해 하며 관심을 기울였었다. 대북 방송에서 탈북자 관련 내용이 3위를 차지했다는 것은 동독 주민들의 경우와 같은 맥락으로 이해할 수 있다.

청취율이 높은 10개의 방송 중에서 KBS는 국영방송이며 자유아시아방송, 미국의 소리는 미국 국가 재정으로 운영되는 방송이다. 이 3개를 제외한 7개의 민간방송 중에서 탈북민들이 운영하는 대북방송은 자유북한방송과 북한개혁방송 2개이다.

청취율이 13%로 자유북한방송이 민간 부분 1위가 될 수 있었던 것은, 직접 운영하는 김성민 대표가 탈북민으로서 북한 동포들의 취향과 정서와 심리를 잘 알기 때문이라고 볼 수 있다. 또 북한 사람들 입장에서는 북한에서 살았던 사람들이 북한 말투로 뉴스나 북한 이야기를 전해 줄 때 훨씬 더 신뢰감이 갈 것이다. 따라서 자유북한방송의 방송 시간이 매우 제한적(최근 하루 평균 1시간)임에도 불구하고 높은 청취율을 보이고 있다.

탈북민이 운영하는 대북방송은 특별히 북한 체제에 대한 비판과 고위 관리들의 호화 생활상과 부정부패의 실상을 방송하고 있는데 이것이 생각보다 북한 사람들에게 큰 호응을 받고 있다는 것이다. 북한 사람들이 모르는 북한 이야기를 탈북민들이 방송을 통하여 내보낼 때 많은 북한 사람들이 큰 관심을 기울인다는 것을 볼 수 있다. 대북방송을 하는 탈북민들도 계속적으로 북한 내부에 있는 사람들과 전화하며 소식을 주고받기 때문에 북한 사람들의 필요와 관심사를 정확히 파악하고 있다.

KBS는 국가 재정으로 운영이 된다. 자유아시아방송과 미국의 소리도 미국 국가 재정으로 운영되고 있으며 각각 30여 명의 직원과 함께 좋은 시설과 장비를 갖추고 있고 연간예산도 각각 300만 불이 넘는다. 반면에 민간방송 1위인 자유북한방송은 3명의 직원에 열악한 재정과 시설 속에서 방송을 송출하고 있으며 연간 소요 예산은 30만 불도 되지 않는 상황이다. 그럼에도 불구하고 자유아시아방송(16%)과 청취율에서 큰 차이가 없으며 미국의 소리(4%)보다는 월등하게 높다. 투입된 재정 대비 청취율이 국영방송과 비교될 수 없을 정도로 높다.

향후 라디오 방송 대북 청취율을 높이기 위해서는 국영방송보다는 현재 잘 진행 중인 민간방송을 지원하는 것이 투자의 효율성에서 10배 이상의 효과를 가질 수 있다는 것이다. 또 북한 상황에 밝은 탈북민들을 대북 라디오 방송에 투입시킬 때 북한 주민들의 입맛에 맞는 내용을 효과적으로 제작하여 송출할 수 있다. TV와는 다르게 음성만으로 전달되는 라디오의 특성상 북한 말투를 쓰는 탈북민들이 방송할 때 북한주민들에게는 더 친숙할 수 있다.

라디오 방송의 장점은 프로그램 제작비가 적게 들고 북한 주민들도 적은 비용으로 청취가 가능할뿐더러, TV나 드라마 시청에 비해서 적발될 가능성이 적다는 것이다. 그러므로 북한 내 한류를 전파할 때 라디오 방송을 이용하는 것은 매우 전략적이고 효과적이라고 사료된다.

동서독 통일의 경우 1989년 9월부터 베를린 장벽이 무너지는 11월까지 정치적 격동기에 동독 주민들은 정치적 상황에 대한 뉴스를 서독방송뉴스에 전적으로 의지했었다.

북한에서도 만약 급변사태가 발생한다면 북한의 고위 간부를 제외한 대부분의 간부들과 서민층은 국외 뉴스를 통하여 북한의 객관적인 상황과 북한 관련 국제적인 뉴스를 알고자 할 것이다. 왜냐하면 북한 뉴스는 사실을 있는 그대로 보도하지 않을뿐더러 필요시 사실이 아닌 보도도 의도적으로 내보낼 수 있기 때문이다.

북한 주민들은 동독 주민들처럼 서독TV를 자유롭게 시청할 수 없기 때문에 북한의 급변사태 시 북한 주민들이 가장 쉽고 편리하고 비교적 안전하게 청취할 수 있는 것은 라디오 방송이다. 그래서 지금부터 대북라디오 방송을 활성화시킴으로 북한 주민들이 남한 라디오 방송에 익숙하도록 특별한 노력과 투자를 해야 할 것이다. 지금 많은 민간 대북방송들이 재정적인 이유로 단파방송을 임대하여 하루에 1-2시간 정도만을 송출하고 있다. 정부에서는 대북방송들에게 국내 주파수를 배정해야 할 것이다. 이것이 어렵다면 기존의 국내 라디오 방송들과 협조하여 일정시간들을 대북방송으로 사용할 수 있게끔 조정해야 할 것이다. 동시에 북한 주민들이 손쉽게 대북방송을 들을 수 있게끔 양질의 소형 라디오를 북한에 많이 유입시켜야할 것이다. 이를 위해서는 다양하면서도 실제적인 방법들을 모색해야 한다.

그러면 통일을 이룰 수 있는 결정적인 상황이 일어날 때 북한 주민들에게 신속하고 정확한 뉴스 제공과 함께 바른 길잡이 역할을 하게 될 것이다. 또 급변사태가 아닐지라도 점진적으로 남한상황을 바르게 알려나가고 통일을 위해 필요한 지식을 공급하는 국민교육적인 기능도 감당할 수 있다.

2. 탈북민들을 통한 통일전략

각종 NGO와 종교단체를 통한 대북사역이 탈북민들이 3번째로 많이 추천한 한류 전파 방안이었다. 그동안 남한에 들어온 탈북민들의 대부분은 NGO 단체들과 종교단체들의 탈북민 사역의 구체적인 열매들이라고 할 수 있다. 현재 중국 내에 머무르고 있는 탈북민의 숫자는 약 7~20만 명이라고 추산한다. 불법 거주이기 때문에 정확한 통계를 알기 어렵고 여러 단체에서 다양하게 추측하고 있다. 지금까지 남한에 들어온 탈북자는 약 2만 7천 명이다. 2011년 실시된 탈북민 조사 자료에 의하면, 응답자 중 72.1%가 북한과 지속적으로 소식을 주고받고 있다. 탈북 후 북한 소식을 '거의 대부분 접할 수 있었다'가 16.7%, '조금 접할 수 있다'가 54.4%로 발표되었다(김병로, 2012).

남한 탈북민의 약 70%는 북한의 가족, 친지들에게 송금을 하고 있다. 이들이 보내는 돈은 브로커 비용 30%를 제외하고 70%가 곧바로 가족들에게 전달되며 보통은 휴대전화로 확인 통화를 한다(이용희, 2014, p333). 이들이 전화로 통화할 때 단순한 송금 확인을 넘어서서 피차간 안부를 묻고 더 나아가 남북한 상황을 얘기하게 된다. 그래서 탈북민을 통하여 북한 실황이 남한에 유입되며 남한 정보들도 북한에 전달된다. 최근에는 돈 이외에도 중병에 걸린 가족들을 위해서 북한에서 구할 수 없는 약들을 브로커 편에 전달하고 또 상황에 따라서는 특별한 남한 물품들을 전달하기도 한다.

　북한에 가족들이 있는 경우에는 탈북민들이 1년에 1~2번 이상 송금을 하는 경우가 대부분이다. 송금을 받은 가족들은 지역의 당 간부들과 보위부원들에게도 일정 금액을 상납하는 것이 관례이다. 필자가 탈북민들과 개별 면담을 통해서 알 수 있는 것은 이들이 1백만 원을 보내면 4인 가족이 1년을 살 수 있다는 것이다. 송금된 돈들은 장마당 장사 밑천으로 쓰이기도 한다. 장마당 자릿세가 올라서 수지가 안 맞을 경우에는 장사 대신 가축을 길러 일정 기간 사육 후 다시 판다는 이야기도 들었다. 백두혈통이 북한에서 유명했지만 최근에는 남한에서 탈북민들이 보내는 돈을 통해 북한 주민들이 잘살게 되므로 가족이나 친척 중에 남한 내 탈북민이 있는 경우에는 '한라줄기'로 불리는 신조어가 생겼다. 이제 '한라줄기'를 통한 통일전략이 세워져야 할 때이다.

　공식적인 대북지원은 북한 주민들에게 직접 전달되지 않는 경우가 대부분이다. 북한 주민들에 대한 직접지원을 늘리기 위해서는 남한 내 탈북민의 숫자가 증가해야 된다. NGO들과 종교단체들이 진행하는 탈북민 구출 프로젝트를 대대적으로 활성화시킬 필요가 있다. 민간단체 탈북민 구출 운동을 국민적 통일 운동으로 발전시키는 것이다. 국민들에게 탈북민에 대한 관심과 안타까운 마음을 넘어서서 한 핏줄로서 책임 있는 행동을 할 수 있도록 '탈북민 구출 캠페인'을 전개하는 것이 바람직하다. 이를 위해서는 탈북민 구출을 하는 민간단체들을 적극 지원해야 할 것이다.

　탈북민 2만 명이 넘어섰을 때부터 탈북민들이 보내는 가족 송금과 남한 소식들이 북한에 큰 영향을 미치기 시작했다. 남한 내 탈북민 숫자가 4만 명이 넘어선다면 북한에는 커다란 지각 변동이 생길 것이다. 송금 이외에도 탈북민들을 통하여 남한 소식을 전하는 것은 북한에 전파되는 한류의 가장 큰 뒷받침이라고 할 수 있다. 또 탈북민들이 보내주는 송금은 가족들만이 아니고 전체 북한 주민들에게 남북통일에 대한 경제적 기대를 줄 것이다.

　탈북민들을 통한 통일전략을 다음과 같이 제안한다. 첫째, 제3국에 있는 탈북민들이 신속하게 남한으로 들어올 수 있도록 도와야 한다. 둘째, 탈북민들이 남한에 잘 정착하도록 도와야 한다. 셋째, 탈북민들이 북한의 가족들과 친지들에게 가급적 자주 또 많은 금액의 송금을 할 수 있도록 도와야 한다. 넷째, 이들이 한류를 일으키고 있는 라디오 방송, TV 드라마, 영화, 노래 등에 출연할 수 있도록 적극적인 지원이 있어야 한다. 다섯째, 급변사태나 통일의 주요 과도기 그리고 통일의 첫 단계에서 남한 국민과 북한 국민을 연결하는 가교가 될 수 있도록 탈북민들에게 합당한 통일 교육과 리더십 훈련이 필요하다.

VI. 맺음말

　북한 내 한류 전파는 자연스럽게 남북통일에 기여를 할 것이다. 그런데 특별히 한류 전파를 통한 통일전략이 갖는 의미는 무엇일까 생각해 보아야 한다. 장성택 처형 이후 예측 불허한 북한의 내부 상황을 고려할 때 급변사태도 발생 가능한 상황이다. 점진적인 통일과정에서도 한류의 역할이 중요하지만 북한의 급변사태 발생 시 한류의 역할은 더 중요할 수 있다.

　북한 내 실세들의 권력 암투가 장성택 처형 이후에도 계속되고 김정은이 표면적으로만 국가 원수로 있든지, 김정은 자체가 실각되어 또 다른 국가 원수가 세워져야 한다면, 북한은 정치적으로 중요한 기점에 서게 될 것이다. 북한의 경제적인 몰락은 이미 자체적으로는 회복이 불가능한 상황에 이르렀다. 만약 정치적으로도 불안정한 위기 상황이 된다면 새로운 정권은 생존을 위해서라도 중국과 남한 중에 한쪽을 택할 가능성이 매우 높다. 친중파(親中派)가 새 정권을 장악한다면 중국의 우산 속에 들어가게 될 것이고 통일의 가능성은 요원해지게 된다. 반면에 친한파(親韓派)가 새 정권을 장악한다면 남북한의 통일 교류는 급속하게 진전될 것이고 민족적 숙원인 통일을 이룰 수 있을 것이다.

북한 주민들은 이미 북한 지도층에 대한 신뢰가 희박해졌다고 봐야 한다. 특별히 청소년과 청년층의 경우 더욱 그렇다. 지난 7월과 8월 최근 남한에 입국한 탈북 청년들과의 좌담에서 필자가 "전쟁이 나면 참전하겠는가?"라고 질문했을 때 탈북 남성 청년 5명 중 "참전하겠다"고 대답한 청년은 한 명도 없었다. 그들의 대답은 "전쟁은 국가가 할 것이다.", "나는 정치에는 관심이 없다"고 대답했다. 배급도 주지 못하고 교육과 의료혜택도 베풀지 못하고 장마당에서 자릿세만 받아가는 정권에 대해서 더 이상 신뢰도 없고 관심도 없다는 것을 느꼈다. 그 후에도 이 같은 대답을 최근 탈북한 청년들을 통해서 반복적으로 들었다. 이것이 지금 북한에서 일어나고 있는 신세대의 성향인 것이다.

　2009년도 말에 화폐 개혁이 실패하고 주민들의 원성이 심했을 때 북한 김영일 내각총리가 공식 사과를 하고 박남기 재정부장을 총살시킨 것도 신뢰를 잃은 정권이 국민들을 달래기 위한 것이었다. 이런 상황 속에서 새 정권을 장악한 지도층들이 북한 주민들의 마음을 읽는 것은 매우 중요하다. 국민적인 지지가 없는 상황 속에서 급변사태 시 민심이 반대되는 결정을 하는 것은 더 큰 위험을 자초할 수 있기 때문이다. 따라서 북한 주민들의 마음이 중국보다 남한에 더 기울어져 있다면 북한 지도층은 중국보다는 남한 쪽으로 손을 내밀 가능성이 클 것이다.

　한류가 전파되면서 북한 주민들의 남한에 대한 인식이 바뀌고 통일에 대한 기대가 커지고 있다는 것은 주지의 사실이다. 한류가 더 많이 전파되면서 북한 주민들의 마음이 중국과의 연합보다는 남북통일을 선호하게 된다면 이것은 북한정권이 향후 중국과 남한 중에서 선택을 할 때 결정적 영향을 미칠 것이다.

　한류와 함께 북한 주민들의 마음을 남한 쪽으로 돌릴 수 있는 중요한 변수는 탈북민이다. 앞에서 살펴본 바와 같이 남한에 거주하는 탈북민의 대부분은 북한에 송금하고 있다. 만약에 더 많은 탈북민들이 남한으로 입국하고, 이들이 남한 사회에 잘 정착함으로 지금보다 더 많은 금액을 북한의 가족들과 친지들에게 송금한다면 이들이 북한주민들에게 미치는 영향력은 지금보다 훨씬 더 커질 것이다. 남한에 탈북자를 둔 북한 가족들의 남북통일에 대한 바램은 더 증대될 것이고 또 이들의 영향력은 북한 전역으로 확산될 것이다. 또 탈북민들의 살아가는 모습과 이야기들이 남한 TV 드라마나 라디오 방송 등을 통해 북한에 한류로 유입된다면 북한 주민들의 마음은 더욱 남한쪽으로 기울어지게 될 것이다. 따라서 남한 내 탈북민들이 잘 정착할 수 있도록 돕는 일은 통일에 긍정적이며 직접적인 영향을 미치게 될 것이다

예측하기 어려운 북한 실황을 보면서 어떠한 상황 속에서도 최선으로 통일을 추진해 나갈 수 있도록 다양한 종류의 통일 시나리오를 가지고 다가올 통일을 준비해야 할 것이다.

참고문헌

강동완·박정란, 2010, "남한 영상매체의 북한 유통구조와 주민의식 변화", 『통일정책연구』 제19권 2호.
강동완·박정란, 2011, 『한류 북한을 흔들다: 남한 영상매체의 북한 유통경로와 주민 의식 변화』, 서울: 늘품플러스
강동완·박정란, 2012, 『한류 통일의 바람』, 서울: 명인문화사
국가인권위원회, 2011, "북한주민 정보접근권 증진방안 공청회", 2011년 2월 23일 공지자료
김병로, 2012, "탈북자 면접조사를 통해 본 북한사회의 변화", 『현대북한연구』 15권 1호, 39-84
김화순, 2011, "북한주민의 외부방송 접촉실태 및 의식변화", 2011년 제4회 북한전략센터 학술세미나, 서울: 2011년 9월 29일
박영정, 2011, "북한에 부는 한류 열풍의 진단과 전망", 『JPI정책포럼』 NO. 2011-30, 1-17
박정란·강동완, 2011, "북한 주민의 남한 영상물 시청: '하위문화 (Subculture)'의 형성과 함의", 『북한학보』 제36집 1호, 75-108
박정란·강동완, 2012, "북한주민의 남한 미디어 수용과 왜곡된 남한 상(像)", 『통일정책연구』 제21권 1호, 239-270
북한전략센터, 2014, "북한의 외부정보 통제 현황과 우리의 대응", 2014년 북한전략센터 상반기 학술세미나, 서울: 2014년 4월 24일
오양열, 2011, "북한 내 외래문화 유입으로 인한 영향과 전망", 『플랫폼』 26권 (2011년 3.4호), 16-23
유상철·안혜리·정현목·김준술·정강현, 2005, 『한류 DNA의 비밀: 소프트 파워, 소프트 코리아의 현장을 찾아서』, 서울, 생각의 나무
윤선희, 2011, "북한청소년한류읽기: 미디어 수용에 나타난 문화정체성과 사회 변화", 『한국언론학회』 55권 1호, 435-501
이미나·오원환, 2013, "북한 및 제3세계에서의 한류 수용 경험과 한국 문화 적응: 탈북청소년을 중심으로", 『방송통신연구』 2013년 봄호(통권 제82호), 75-101
이용희, 2014, 『북한바로알기』, 서울: 자유와생명
이우승, 2005, "북한 유언비어의 전파 과정과 영향에 관한 연구", 『한국언론학보』 제49권 3호, 181-206

이우승, 2005, 『통일방송론』, 서울: 한울아카데미

이우승, 2006, "방송전파 월경에 따른 동·서독 주민의 시청태도와 방송정책", 『한·독사회과학논총』 제16권 2호, 11-44

이주철, 2003, "북한주민의 남한 방송 수용실태와 의식변화", 『통일문제연구』 제40호, 315-338

전희락·박종렬, 2013, "북한에서의 한류 확산과정에 대한 연구", 『평화학연구』 제14권 4호, 265-290

정은미, 2011, "북한 한류 연구의 배경, 정보순환, 해석에 대한 비판적 고찰", 『북한경제리뷰』 2011년 12월호, 82-102

주성하, 2014, "외부정보 유입을 둘러싼 북한정부와 주민들의 '창과 방패'의 대결 현황", 2014년 북한전략센터 상반기 학술세미나. 서울: 2014년 4월 24일

진행남, 2011, "북한의 한류현상과 독일통일 과정에서의 방송매체의 영향", 『제주평화연구원 연구사업보고서』 11-01

최경희, 2011, "북한사회의 변화와 북한주민의 대남의식", 『북한주민의 통일의식:2008-2011 새터민 의식조사 결과발표』 통일평화연구원, 49-76

하태경, 2011, "북한 주민 한국TV방송 시청 현황과 확산 방안", 제2회 북한인권 개선 공청회: 북한주민의 정보 접근권 증진방안, 서울: 2011년 2월 23일

Hesse, Kurt R. 1990, "텔레비전과 혁명: 동독의 정치적 전환에 미친 서독매체의 영향", 『독일통일과 TV의 역할 관련 독일 연구 논문 자료집』 KBS 2001 통일방송 연구5

KBS, 2011, 『한민족방송 청취실태 조사 보고서』

통일부, 2014, "통계자료 북한이탈 주민 정책"

http://www.unikorea.go.kr/content.do?cmsid=1518(2014/09/20)

Absract

The effects of Korean Wave (Hallyu) in North Korea on The Unification of South and North Korea

In mid 90s mass starvation in North Korea caused many North Koreans to cross over Amnokgang and Tumen River into China.

Since then the Korean Wave from South Korea flowed into North Korea through the defectors and Chinese smugglers. The Korean Wave that started since late 90s has increased its influence in North Korea and now become a popular trend among young people in their conversations, clothes, songs and dance. This paper discusses the role of the Korean Wave in changing the perceptions of the North Koreans, and its influence on the unification of South and North Korea in the future.

Especially, through surveying 100 defectors, consisting of 50 youth and young adults and 50 adults, we researched on the suitable unification strategy through the Korean Wave.

Particularly, this paper considers a positive unification strategy through the Korean Wave in North Korea, by comparing with the media of West Germany which played a leading role in changing the perceptions of the East Germans and unification.

[Key words]

Korean Wave, North Korea, North Korea Defector, The North Korea defectors' Survey, Unification Strategy

주체사상의 경제적 비용에 대한 고찰

Ⅰ. 머리말
Ⅱ. 주체사상의 형성과 변화
Ⅲ. 종교화된 주체사상
Ⅳ. 주체사상의 경제적 비용
Ⅴ. 주체사상 교육의 기회비용
Ⅵ. 주체사상과 개혁개방정책
Ⅶ. 맺음말

국문요약

　북한 체제에 있어서 가장 중심이 되는 사상은 김일성 주체사상이다. 주체사상은 북한의 정치·경제·교육·문화·예술 등 모든 분야의 근간을 이루고 있다. 북한의 공산주의가 독특한 형태로 변모된 것은 주체사상 때문이라고 할 수 있다. 주체사상은 김일성 독재와 우상화 그리고 김일성 사후에는 김정일·김정은으로 이어지는 3대 세습 독재와 가계 우상화를 정당화하고 있다. 본 논문은 김일성 주체사상의 생성과 변화 그리고 주체사상의 종교적 성격에 대한 분석, 주체사상과 함께 진행되는 개인·가계 우상화에 따르는 경제적 비용과 기회비용에 대하여 실제적인 사례를 중심으로 정리하였다. 또, 쿠바와 북한을 제외한 모든 공산주의 국가들이 경제적 난관을 극복하기 위해 개혁개방정책을 시도하였는데, 북한이 개혁개방정책을 시도하지 못하는 이유를 주체사상과 관련하여 설명하였다. 끝으로 주체사상의 경제적 비용이 북한 경제 전체에 미치는 영향과 함께 북한이 현재의 경제적 난관을 돌파하기 위해서 극복해야 할 주체사상의 문제점들에 대하여 고찰하였다.

[주제어]
주체사상, 우상화, 북한 경제, 경제적 비용, 기회비용

---

* 〈통일문제연구〉 2013 하반기(제25권 2호, 통권 제60호)에 실린 논문.

Ⅰ. 머리말

1. 연구 목적, 내용, 방법

북한사회를 이해하는데 가장 중요한 단서는 '김일성 주체사상'이라고 할 수 있다. 남북한의 협상, 경제협력, 통일 등을 논의함에 있어서 주체사상에 대한 연구와 실제적인 이해가 없다면 적합한 대북정책이나 통일정책을 세워 나가기 어려울 것이다.

본 연구는 주체사상의 생성과 변화, 종교화된 주체사상의 실제를 이해할 수 있도록 북한 자료와 함께 국내외 언론 및 연구기관의 발표들을 사용하였다. 동시에 주체사상이 북한 경제에 어떠한 영향을 미치고 있으며 주체사상과 우상화 교육 정책으로 인해 발생되는 경제적 비용과 기회비용이 어떠한지에 대해서 정리하였다.

본 연구는 주체사상에 소요되는 비용을 실례들을 통해 수치화하여 주체사상과 북한 경제의 연관성이 실제적으로 체감되도록 하였다는 점에서 기존의 연구들을 보완하였다. 북한의 특수한 상황으로 인해 정확한 수치를 파악할 수 없는 경우에는 추정치를 사용하거나 언론에 보도된 수치들과 관련된 실례들을 제시함으로써 수치적으로는 오차가 있을지라도 실제적인 연관성이 있음을 보여주고자 하였다.[1]

본 연구는 북한 주체사상과 주체사상의 경제적 비용에 관련된 문헌과 사례연구 및 경제 통계자료를 분석하였다.[2]

---

[1] 북한 관련 자료는 1차 자료 수집이 어렵고 발표된 자료의 경우 신뢰도가 낮아 본 논문에 반영하는 것에는 한계가 있다. 북한의 폐쇄적인 정치·사회 구조로 인해 북한 정부가 공개하는 통계자료는 국제사회에서 검증될 수 없는 경우가 대부분이다. 실제 북한의 인구조차도 북한 정부가 발표한 수치를 국제기구 등에서는 추정치로 받아들이고 있는 실정이다.

[2] 본 논문의 주제와 관련된 선행연구들로는 이상민(1989)의 김일성·김정일에 대한 개인우상화 정책의 전개 과정과 소련의 스탈린, 중국의 모택동의 우상화와 비교 연구, 박성희의 북한의 인민학교 1학년부터 고등중학교 3학년까지의 교육이 북한 청소년들에게 미치는 영향에 대한 연구, 서재진(2001)의 주체사상의 형성과 변화에 대한 연구, 이수원(2011)의 주체사상 학습체계의 종교성 연

주체사상 비용 중 기회비용에 대한 연구를 위해서 북한의 정규교육과정과 전국민평생교육과정 등에 대한 주체사상과 우상화 교육의 시수와 비중을 조사하였는데 북한 소학교, 중학교 교과서 등 북한 내부 자료, 정리된 선행연구 및 정부 발간 자료 등이 주로 사용되었다. 그리고 선행연구들과 정부 발표 자료들을 검증하기 위해 3명의 탈북민들을 대상으로 주체사상교육 시간과 북한 생활에서의 김일성 주체사상의 영향력, 우상화 실상 등에 대하여 심층 면접을 진행하였고, 1명의 탈북민에 대해서는 인터넷 설문 작성과 전화 인터뷰를 통하여 북한 실제 상황들을 알아보았다.

북한의 경제적인 한계 상황을 고려해볼 때 주체사상과 우상화 정책의 문제점을 현실적으로 파악하고 극복하는 것은 향후 김정은 지도부의 존속 여부를 결정짓는 가장 중요한 변수가 될 것이다.

본 논문의 목적은 이러한 주체사상과 우상화 작업을 경제적 비용과 기회비용으로 산출하여 주체사상과 우상화 작업이 북한 경제에 실제적으로 미치는 영향에 대해 이해를 돕고, 이에 따른 문제점을 극복하기 위한 대처방안 모색 및 향후 연구의 방향 등을 제안하는 데 있다.

II. 주체사상의 형성과 변화

주체사상[3]은 북한의 정치, 경제, 사회, 문화, 교육 등 모든 영역의 기초가 되는 유일한 지도이념이다. 북한에서 최고 통치이념인 '김일성 주체사상'은 다른 어떤 이데올로기나 사상보다 우위에 존재하며, 사회의 모든 분야를 구

구에서 북한의 주체사상을 기독교 종교 활동과의 비교 연구, 임창호(2012)의 북한 소학교 국어교과서에 나타난 김일성 우상화에 대해 연구 등이 있다. 또 선행 연구들 중에서 적합한 자료를 본 연구의 자료로 사용하였고 별도의 고찰은 생략하였다.

3 광의의 주체사상은 사상, 이론, 방법을 포괄한다. 이 세 부분은 철학적 원리, 사회역사적 원리, 영도 원리로 설명된다. 이런 관점에서 볼 때 주체사상은 김일성주의와 동일하게 취급된다. 협의의 주체사상은 주체철학을 가리킨다(김병로, 2000, p23).

속하는 초법적인 힘을 가진다.

1. 주체사상의 생성과 발전

1) 형성 배경

1955년 12월, 노동당 선전선동원 대회에서 김일성이 최초로 '주체'를 언급하였다. '사상사업에서 교조주의와 형식주의를 퇴치하고 주체를 확립할 데 대하여'라는 연설에서 '주체'가 최초로 사용된 것으로 받아들여지고 있다.

소련 스탈린의 지지와 도움을 받아 북한을 통치하던 김일성은 6.25전쟁 후 대내외적인 여러 도전에 직면하였고 이를 해결하기 위해 다방면으로 노력을 기울였다. 대외적으로는 소련 및 중국에서 1인 독재체제를 비판하는 스탈린 격하운동이 일어나자 이러한 비판이 북한 내부로 유입되는 것을 차단하고 북한의 1인 독재지배체제를 방어하는 데에 총력을 기울였다. 내부적으로 제국주의 사상과 문화의 침투에 대하여 북한주민이 주체적으로 대응할 것을 강조하는 한편, 김일성은 국내 대립 세력에 대해서는 6.25 패전의 책임을 돌려 정적들을 숙청했고, 소련파·연안파 등 외세 의존적인 세력들은 민족적 자주성을 주장하며 제거했다.

이와 같은 상황 속에서 김일성은 소련과 중국에 의지하지 않는 '사상에서의 주체', 소련의 경제원조에 의존하지 않는 '경제에서의 자립', 외부세력의 정치 간섭을 받지 않는 '정치에서의 자주'를 주장하였다. 또한 1962년 쿠바 미사일 위기가 발생하였을 때 소련이 미국과 타협하는 것을 보며 '국방에서의 자위'를 주장하게 되었다. 이러한 주장들은 이후 주체사상 발전의 중요한 근간이 된다.

2) 주체사상의 발전과정

주체사상의 발전과정은 김일성-김정일로 이어지는 북한의 수령 유일지배체제의 변화와 매우 밀접하게 연관된다. 북한은 '주체'의 개념에 철학적 원리를 접목시켜 주체사상으로 발전시켰고, 1970년 황장엽은 12년에 걸쳐 김일성 주체사상을 집대성하였다. 1970년대부터 김정일 후계구도가 구축되었는데, 주체사상은 김일성의 절대적 독재 권력을 합리화할 뿐 아니라 김정일 후계자 옹립에 정통성을 부여하는 이념으로 활용되었다. 1967년 12월 최고인민회의에서 '당의 유일사상 체계'라는 규정이 선포되었고, 이어 김정일은 1974년 2월 '김일성주의'를 공표하고 이어서 4월에는 '유일사상 체계 확립 10대 원칙'을 발표하며 김일성 주체사상 체계를 확립하였다. 유일사상 10대 원칙은 기독교의 십계명과 같이 김일성 주체사상을 북한주민들에게 교육시키는 데 있어서 구체적인 행동 강령이 되었다. 이후에도 1986년에는 사회정치적 생명론[4], 1991년에는 우리식 사회주의[5]를 추가하며 김일성 주체사상을 체계화하고 보완해나갔다.

〈표 1〉 주체사상 체계의 형성과정

내용	제기 시기	배경
사상에서의 주체	당 선전선동원대회 (1955.12.28.)	• 스탈린 사망 • 당내 남로당파 숙청

---

[4] 주체사상에 의하면 사람은 육체적 생명과 함께 사회정치적 생명을 가진다. 사회정치적 생명은 사회집단에 소속될 때 부여받는 것으로, 이 '사회정치적 생명'은 육체적 생명보다 더 중요하며 집단과 더불어 영생하는 특징을 가진다. 사회정치적 생명의 모체는 '수령·당·인민대중'의 통일체이다. 실제로는 당과 인민대중의 정점에 수령이 존재하므로 수령이 '사회정치적 생명'을 부여하는 주체가 된다(통일교육원, 2013).

[5] 1980년대 후반, 소련과 동구 사회주의 체제가 붕괴되자 북한은 체제 유지에 대한 경각심을 갖게 되었다. '우리식 사회주의'는 소련 및 동구 사회주의 체제에 대하여 북한식 사회주의의 차별성과 우월성을 기술하였고, 체제 붕괴를 야기할 수 있는 북한 내부의 동요를 억제시키는 데 이를 활용하였다(통일교육원, 2013, p40).

경제에서의 자립	당 중앙위원회 전원회의 (1956.12.11)	• 대외원조 감소(5개년 경제계획 수립 차질) • 당내 반 김일성 움직임 고조
정치에서의 자주	당 중앙위원회 확대 전원회의 (1957.12.5.)	• 공산권 내 개인숭배 반대운동 • 당내 연안파, 소련파 타도
국방에서의 자위	당 중앙위원회 제4기 제5차 전원회의(1962.12.10.)	• 중·소 분쟁 심화 • 미·소 공존 모색 • 한국의 5·16 군사 쿠데타
정치에서의 자주	제2차 당 대표자회의 (1966.10.5.)	• 중·소분쟁의 확대 • 비동맹 운동의 발전
유일사상 체계 확립	당 중앙위원회 제4기 제15차 전원회의(1967.5.28.) 당 중앙위원회 제5기 제8차 전원회의(1974.2.12.)	• 김일성 1인 지배체제 확립 • 김일성 개인숭배 운동 전개
온 사회 주체사상화 강화	제6차 당 대회 (1980.10.10.)	• 부자 세습체제 공고화
주체사상, 선군사상의 유일지배이념화	제3차 당 대표자회 (2010.9.28.)	• 3대 세습체제 공식화
김일성-김정일주의의 유일지도사상화	제4차 당 대표자회 (2012.4.11.)	• 김정은 체제 출범

출처: 통일교육원(2013, p29)

〈표 2〉 유일사상체계 확립 10대원칙

1) 위대한 수령 김일성 동지의 혁명사상으로 온 사회를 일색화하기 위하여 몸 바쳐 투쟁하여야 한다.
2) 위대한 수령 김일성 동지를 충성으로 높이 우러러 모셔야 한다.
3) 위대한 수령 김일성 동지의 권위를 절대화하여야 한다.
4) 위대한 수령 김일성 동지의 혁명사상을 신념으로 삼고 수령님의 교시를 신조화하여야 한다.
5) 위대한 수령 김일성 동지의 교시 집행에서 무조건성의 원칙을 철저히 지켜야 한다.
6) 위대한 수령 김일성 동지를 중심으로 하는 전당의 사상의 지적통일과 혁명적 단결을 강화하여야 한다.

7) 위대한 수령 김일성 동지를 따라 배워 공산주의적 풍모와 혁명적 사업 방법, 인민적 사업 작풍을 소유하여야 한다.
8) 위대한 수령 김일성 동지께서 안겨주신 정치적 생명을 귀중히 간직하며 수령님의 크나큰 정치적 신임과 배려에 높은 정치적 자각과 기술로써 충성으로 보답하여야 한다.
9) 위대한 수령 김일성 동지의 유일적 령도 밑에 전당, 전국, 전군이 한결같이 움직이는 강한 조직규율을 세워야 한다.
10) 위대한 수령 김일성 동지께서 개척하신 혁명 위업을 대를 이어 끝까지 계승하며 완성하여 나가야 한다.

출처: 이명재, 1995.

2. 수령론

북한은 북한식 사회주의를 주창하며 수령의 유일적 영도체계를 구축해왔다. 수령론은 '김일성 유일지배체제' 확립을 위한 구체적인 방법론으로 제시되었으며, 주체사상의 가장 핵심적인 내용으로 볼 수 있다. 주체사상은 표면적으로는 역사 발전의 혁명과 건설의 주체를 인민대중으로 규정하고 있다. 그러나 "역사와 혁명의 자주적인 주체가 되기 위해서는 당과 수령의 영도 밑에 하나의 사상에 의하여 통일되어야 한다(정우곤, 1990)"는 선언을 통해 알 수 있듯이 실제로는 수령에게 절대적 지위와 권한을 부여하고 인민대중은 이에 철저히 따르도록 하고 있다.

> 경애하는 수령 김일성 동지께서는 역사상 처음으로 사람에게는 개인의 육체적 생명과 구별되는 사회정치적 생명이 있다는 것을 밝혀주셨습니다. 영생하는 사회정치적 생명은 수령 · 당 · 대중의 통일체인 사회정치적 집단을 떠나서는 생각할 수 없습니다. 사회정치적 집단은 많은 사람들로 이루어져 있는 만큼 거기에는 사회적 집단의 생명활동을 통일적으로 지휘하는 중심이 있어야 합니다. 사회정치적 생명의 중심은 이 집단의 최고 뇌수인 수령입니다. 수령을 사회정치적 집단의 최고 뇌수라 하는 것은 수령이 바로 이 생명체의 생명활동을 통일적으로 지휘하는 중심이기 때

문입니다(태백편집부, 1989).

사회정치적 생명체를 하나의 몸으로 볼 때 김일성은 수령으로서 몸의 뇌수가 되고, 당은 혈관, 인민은 신체의 각 부분이 된다(김병로, 2000). 사람의 인체에서는 뇌가 모든 결정과 지시를 내리는 가장 중요한 역할을 한다. 따라서 이러한 주체사상은 수령에 대한 절대적 지위를 부여하고 인민으로 하여금 수령에 대해 무조건적인 복종과 충성을 하도록 요구하는 기본 전제가 된다. 또 '사회정치적 생명'은 육체적 생명보다 더 중요하며 집단과 더불어 영생불멸하는 특징을 가진다. 수령·당·인민의 통일생명체의 정점인 수령이 '사회정치적 생명'을 부여하는 주체가 된다.

주체사상 혁명은 공산주의 운동을 발전시키고 전 인민과 전 세계가 주체사상화가 될 때까지 계속되어야 하는 것이므로 필연적으로 후계자론을 포괄하게 된다. 후계자는 혁명의 영도자인 수령의 지위와 역할을 계승해야 한다. 수령으로서의 신적인 품격과 자질을 갖추고, 김일성 초대 수령의 사상과 의도를 혁명의 과정에 있어서 철저히 지켜 과업을 완성해야 한다.

후계자론은 다음과 같이 구성되어 있다.

(1) 혁명계승론: 수령의 혁명위업은 대를 이어 완수되어야 한다.
(2) 세대교체론: 새로운 세대에 나오는 후계자는 영도자로서의 풍모를 지니고 새 세대를 대표하는 인물이어야 한다.
(3) 혈통계승론: 수령의 핏줄에 속한 자가 후계자가 될 수 있다.
(4) 준비단계론: 후계자는 수령의 사상과 논리, 영도력을 배우고 전수받을 역사적 준비 기간이 필요하다.
(5) 김일성 화신론: 김일성의 절대적인 능력과 덕성을 그대로 지닌다.

이에 따르면 김일성 수령의 아들인 김정일과 그의 직계 자손들이 최적의 후계자라는 결론이 자연스럽게 도출된다(김병로, 2000).

북한은 수령론을 바탕으로 수령을 우상화·절대화·신격화하였고, '수령(김일성) 유일지배체제'를 이론적으로 정당화하였다. 북한의 수령은 한 개인의 권력자가 아니다. 수령이 바로 북한체제 자체이며 당과 인민 안에 뇌수로 영원히 함께하고 있다. 따라서 김일성 수령은 사망 이후에도 죽지 않고 북한을 움직이는 실체로 존재하고 있다. 그렇기 때문에 북한 전역에서 가장 많이 볼 수 있는 구호는 영생탑에 쓰인 '위대한 수령 김일성 동지는 영원히 우리와 함께하신다.'이다. 2011년 12월 김정일 사망 후에는 영생탑 내용에 김정일 동지가 추가되었다.

III. 종교화된 주체사상

　북한만의 독특한 공산주의 사상으로 선전해왔던 '주체사상'은 실상 개인 우상화·신격화 및 김씨 일가의 세습 정권 정당화를 위한 정치적 도구로 사용되었다고 평가되고 있다. 수령 개인이 절대적 지위를 획득하고 인민대중은 수령에게 철저하게 의존하고 복종하는 '수령 유일지배체제'는 종교적 양상을 보여주고 있다.

> 주체사상은 단순한 이데올로기로 출발하여 종교적 신앙으로 발전되고 있다. 주체사상이 종교적 차원으로 발전한 계기는 '수령론'의 대두였으며…(중략) 수령관과 주체 철학, 사회·정치적 생명체의 출현으로 이어지면서 주체사상 이데올로기는 종교적 신앙으로 진화하였다(김병로, 2000, p2).

　대규모 식량난을 거쳐 배급이 중단되면서 북한정권의 주민통제력이 상당히 약화되었을 것으로 예상되는 최근에도, 김일성 주체사상으로 인해 종교집단화된 북한사회의 실상을 보여주는 사례와 자료들이 여러 매체 등을 통해 알려지고 있다.

1. 세계 10대 종교로 선정된 주체사상

종교 전문 사이트 어드히어런츠닷컴에서는 2007년 5월 7일 북한의 주체사상을 세계 10대 종교로 발표하였다.

〈표 3〉 신자 수 기준 세계 종교 순위

순위	종교	신자 수(명)
1	기독교	21억
2	이슬람교	13억
3	무종교	11억
4	힌두교	9억
5	중국 전통종교	3억 9,400만
6	불교	3억 7,600만
7	원시토착종교	3억
8	아프리카 전통종교	1억
9	시크교	2,300만
10	주체사상(Juche)	1,900만

출처: Adherents (2007)

종교로 구분되기 위해서는 '교주, 교리, 교인'의 3요소가 갖추어져야 한다. 어드히어런츠닷컴(adherents.com)은 북한의 주체사상교에 대하여 1) 교주: 김일성, 김정일, 2) 교리: 김일성 주체사상, 3) 교인: 1,900만 명[6] 북한 전 주민으로 발표하였고, 종교로서의 모든 요건을 충족한다고 보도하였다 (adherents, 2007).

---

[6] 어드히어런츠닷컴에서는 북한이 심각한 기근으로 인해 400만 명이 아사한 것으로 추정하여, 북한 주민 인구 수를 2,300만 명이 아닌 1,900만 명으로 발표하였다.

'주체'와 '김일성이즘'에 관한 어드히어런츠닷컴의 자료에 따르면 주체사상은 세계 모든 타종교를 배척하는 북한정부가 유일하게 인정하는 종교화된 사상이다. 사회학적인 측면에서는 구소련의 스탈린 또는 중국의 모택동 사상보다 훨씬 더 극명하게 종교적인 색채를 나타내며 그 추종자들의 인생에 절대적인 영향을 미치는 것으로 평가되었다(연합뉴스, 2007/5/8).

2. 『로동신문』과 『조선중앙통신』에 보도된 주체사상 신봉자들의 순교 사례

> 로동신문의 사명은 김일성의 혁명사상·주체사상을 지도적 지침으로 삼고, 그의 혁명사상과 노선을 해설·선전하고 구현하여 수령을 정치·사상적으로 옹호·보위하여 위력한 사상적 무기가 되는데 있으며…(하략)
> (이상민, 1989: 142).

『로동신문』은 조선노동당의 기관지로서 위와 같이 주체사상과 수령을 선전하는 목적을 가진다. 따라서 모든 북한주민들이 보는 유일한 대중신문인 『로동신문』에서는 김씨 일가 우상화 내용들이 매우 중요하게 다루어진다.

한 예로, 2005년 11월 12일자 『로동신문』에서는 불길 속으로 서슴없이 뛰어들어 김일성, 김정일의 초상화를 안전하게 꺼내오느라 결국 불길 속에서 목숨을 잃은 김재경 동무의 행적과 내용을 자세히 소개하고 김재경 동무의 죽음을 미화하며 국가 영웅시하였다. 또 『로동신문』은 "위대하신 장군님(김정일)께서는 숭고한 수령결사옹위의 정신을 발휘한 김재경 동무의 소행을 온 나라가 알도록…(로동신문, 2005/11/12)"이라는 지시를 인용하며 '수령 결사옹위' 정신을 온 인민에게 선전했다.

〈그림 1〉 북한 『로동신문』 2005년 11월 12일자 보도문

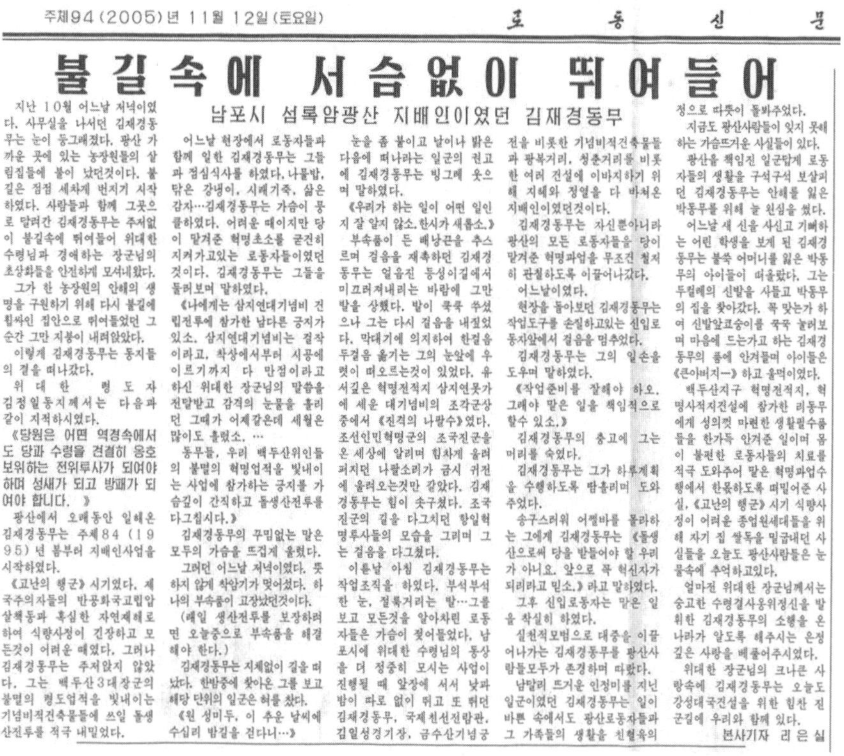

주체94 (2005) 년 11월 12일 (토요일) 로 동 신 문

불길속에 서슴없이 뛰여들어

남포시 섬록암광산 지배인이였던 김재경동무

지난 10월 어느날 저녁이였다. 사무실을 나서던 김재경동무는 눈이 둥그래졌다. 광산 가까운 곳에 있는 농장원들의 살림집들에 불이 났던것이다. 불길은 점점 세차게 번지기 시작하였다. 사람들과 함께 그곳으로 달려간 김재경동무는 주저없이 불길속에 뛰여들어 위대한 수령님과 경애하는 장군님의 초상화들을 안전하게 모셔내왔다.

그가 한 농장원의 안해의 생명을 구원하기 위해 다시 불길에 휩싸인 집안으로 뛰여들었던 그 순간 그만 지붕이 내려앉았다.

이렇게 김재경동무는 동지들의 곁을 떠나갔다.

위대한 령도자 김정일동지께서는 다음과 같이 지적하시였다.

《당원은 어떤 역경속에서도 당과 수령을 견결히 옹호보위하는 전위투사가 되여야하며 성새가 되고 방패가 되여야 합니다. 》

광산에서 오래동안 일해온 김재경동무는 주체84(1995)년 봄부터 지배인사업을 시작하였다.

《고난의 행군》시기였다. 제국주의자들의 반공화국고립압살책동과 혹심한 자연재해로 하여 식량사정이 긴장하고 모든것이 어려운 때였다. 그러나 김재경동무는 주저앉지 않았다. 그는 백두산3대장군의 불멸의 령도업적을 빛내이는 기념비적건축물들에 쓰일 돌생산전투를 적극 내밀었다.

어느날 현장에서 로동자들과 함께 일한 김재경동무는 그들과 점심식사를 하였다. 나물밥, 닭은 강냉이, 시래기죽, 삶은 감자…김재경동무는 가슴이 뭉클하였다. 어려운 때이지만 당이 맡겨준 혁명초소를 굳건히 지켜가고있는 로동자들이였던것이다. 김재경동무는 그들을 둘러보며 말하였다.

《나에게는 삼지연대기념비 건립전투에 참가한 남다른 긍지가 있소. 삼지연대기념비는 걸작이라고, 착상에서부터 시공에 이르기까지 다 만점이라고 하신 위대한 장군님의 말씀을 전달받고 감격의 눈물을 흘리던 그때가 어제같은데 세월은 많이도 흘렀소. …

동무들, 우리 백두산위인들의 불멸의 혁명업적을 빛내이는 사업에 참가하는 긍지를 가슴깊이 간직하고 돌생산전투를 다그칩시다.》

김재경동무의 꾸밈없는 말은 모두의 가슴을 뜨겁게 울렸다.

그러던 어느날 저녁이였다. 뜻하지 않게 착암기가 멎어섰다. 하나의 부속품이 고장났던것이다.

(래일 생산전투를 보장하려면 오늘중으로 부속품을 해결해야 한다.)

김재경동무는 지체없이 길을 떠났다. 한밤중에 찾아온 그를 보고 해당 단위의 일군은 혀를 찼다.

《원 성미두, 이 추운 날씨에 수십리 밤길을 걷다니…》

눈을 좀 붙이고 날이나 밝은 다음에 떠나라는 일군의 권고에 김재경동무는 빙그레 웃으며 말하였다.

《우리가 하는 일이 어떤 일인지 잘 알지 않소. 한시가 새롭소.》

부속품이 든 배낭끈을 추스르며 걸음을 재촉하던 김재경동무는 얼음진 등성이길에서 미끄러져내리는 바람에 그만 발을 상했다. 발이 쿡쿡 쑤셨으나 그는 다시 걸음을 내짚었다. 막대기에 의지하여 한걸음 두걸음 옮기는 그의 눈앞에 우렷이 떠오르는것이 있었다. 유서깊은 혁명전적지 삼지연못가에 세운 대기념비의 조각군상중에서 《진격의 나팔수》였다. 조선인민혁명군의 조국진군을 온 세상에 알리며 힘차게 울려퍼지던 나팔소리가 금시 귀전에 울려오는것만 같았다. 김재경동무는 힘이 솟구쳤다. 조국진군의 길을 다그치던 항일혁명투사들의 모습을 그리며 그는 걸음을 다그쳤다.

이튿날 아침 김재경동무는 작업조직을 하였다. 부석부석한 눈, 절룩거리는 발…그를 보고 모든것을 알아차린 로동자들은 가슴이 젖어들었다. 남포시에 위대한 수령님의 동상을 더 정중히 모시는 사업이 진행될 때 앞장에 서서 낮과 밤이 따로 없이 뛰고 또 뛰던 김재경동무, 국제친선전람관, 김일성경기장, 금수산기념궁전을 비롯한 기념비적건축물들과 광복거리, 청춘거리를 비롯한 여러 건설에 이바지하기 위해 지혜와 정열을 다 바쳐온 지배인이였던것이다.

김재경동무는 자신뿐아니라 광산의 모든 로동자들을 당이 맡겨준 혁명과업을 무조건 철저히 관철하도록 이끌어나갔다.

어느날이였다.

현장을 돌아보던 김재경동무는 작업도구를 손질하고있는 신입로동자앞에서 걸음을 멈추었다.

김재경동무는 그의 일손을 도우며 말하였다.

《작업준비를 잘해야 하오. 그래야 맡은 일을 책임적으로 할수 있소.》

김재경동무의 충고에 그는 머리를 숙였다.

김재경동무는 그가 하루계획을 수행하도록 땀흘리며 도와주었다.

송구스러워 어쩔바를 몰라하는 그에게 김재경동무는 《돌생산으로써 당을 받들어야 할 우리가 아니요. 앞으로 꼭 혁신자가 되리라고 믿소.》라고 말하였다.

그후 신입로동자는 맡은 일을 착실히 하였다.

실천적모범으로 대중을 이끌어나가는 김재경동무를 광산사람들모두가 존경하며 따랐다.

남달리 뜨거운 인정미를 지닌 일군이였던 김재경동무는 일이 바쁜 속에서도 광산로동자들과 그 가족들의 생활을 친혈육의 정으로 따뜻이 돌봐주었다.

지금도 광산사람들이 잊지 못해하는 가슴뜨거운 사실들이 있다.

광산을 책임진 일군답게 로동자들의 생활을 구석구석 보살피던 김재경동무는 안해를 잃은 박동무를 위해 늘 왼심을 썼다.

어느날 새 신을 사신고 기뻐하는 어린 학생을 보게 된 김재경동무는 불쑥 어머니를 잃은 박동무의 아이들이 떠올랐다. 그는 두켤레의 신발을 사들고 박동무의 집을 찾아갔다. 꼭 맞는가 하여 신발앞코숭이를 꾹꾹 눌러보며 마음에 드는가고 하는 김재경동무의 품에 안겨들며 아이들은 《큰아버지—》하고 울먹이였다.

백두산지구 혁명전적지, 혁명사적지건설에 참가한 리동무에게 성의껏 마련한 생활필수품들을 한가득 안겨준 일이며 몸이 불편한 로동자들의 치료를 적극 도와주어 맡은 혁명과업수행에서 한몫하도록 떠밀어준 사실, 《고난의 행군》시기 식량사정이 어려운 종업원세대들을 위해 자기 집 쌀독을 밑굽내던 사실들을 오늘도 광산사람들은 눈물속에 추억하고있다.

얼마전 위대한 장군님께서는 숭고한 수령결사옹위정신을 발휘한 김재경동무의 소행을 온 나라가 알도록 해주시는 은정깊은 사랑을 베풀어주시였다.

위대한 장군님의 크나큰 사랑속에 김재경동무는 오늘도 강성대국건설을 위한 힘찬 진군길에 우리와 함께 있다.

본사기자 리 은 실

출처: 로동신문, 2005/11/12.

〈그림 1〉은 2005(주체 94)년 11월 12일자 『로동신문』이다. 이 『로동신문』에서는 상단 우편 첫 줄에 '주체 94'라고 쓰인 것을 볼 수 있다. '주체'는 김일성이 출생한 해를 기점으로 세계 역사를 계산하는 북한만의 특별한 연호이다. 북한은 김일성이 인류의 태양이라고 가르치며 김일성의 생일을 태양절로 명명하고 가장 중요한 명절로 기념한다. 또 인류의 태양인 김일성의 출생이 세계 역사의 출발점이라고 간주한다. 전 세계가 예수의 출생을 기준으로 통일된 BC(Before Christ)와 AD(Anno Domini) 연호를 사용하나 북한만은 초대 수령인 김일성이 출생한 1912년을 기준으로 역사를 계산하고 있다. 북한에서는

모든 공문서와 달력과 언론에서 주체 연호를 사용하고 있다.

〈그림 1〉 "불길속에 서슴없이 뛰여들어"라는 제목으로 『로동신문』에 소개된 김재경 동무의 순교 사례 내용은 다음과 같다.

> 〈사례 1〉 지난 10월 어느 날 저녁이였다. 사무실을 나서던 김재경 동무는 눈이 둥그레졌다. 광산 가까운 곳에 있는 농장원들의 살림집들에 불이 났던 것이다. 불길은 점점 세차게 번지기 시작하였다. 사람들과 함께 그곳으로 달려간 김재경 동무는 주저 없이 불길 속에 뛰어들어 위대한 수령님과 경애하는 장군님의 초상화들을 안전하게 모셔 내었다. 그가 한 농장원의 안해(아내)의 생명을 구원하기 위해 다시 불길에 휩싸인 집안으로 뛰어들었던 그 순간 그만 지붕이 내려앉았다. 이렇게 김재경 동무는 동지들의 곁을 떠나갔다(로동신문, 2005/11/12).

인민들의 생명보다 김일성, 김정일 수령의 초상화를 더 중요하게 여기는 사례들은 주체사상의 종교성을 확연하게 드러낸다. 타종교의 순교 사례에는 대부분 신앙을 지키기 위한 것이지 주체사상 신봉자들처럼 교주의 초상화를 보존하기 위하여 목숨을 바치는 경우는 찾아보기 어렵다. 이런 면에서 주체사상은 그 어떤 종교보다도 신도들의 충성과 헌신도가 높다고 할 수 있다.

2007년 『조선중앙통신』(평양 2007/9/7)이 보도한 "큰물 피해지역에서 높이 발휘된 수령 결사옹위 정신"이라는 제목의 기사에서도 홍수 사태에서 목숨을 걸고 초상화를 지킨 사례들이 미담으로 소개되고 있다.

> 〈사례 2〉 안해(아내)와 자식을 산사태에 잃으면서도 초상화부터 모셔 내온 갈은 농장 농장원 박종렬(조선중앙통신, 평양 2007/9/7).

> 〈사례 3〉 사람들이 내민 구원의 손길에 초상화를 부탁하고 휩말려 드는 물결 속에서 더는 솟구치지 못한 평강군 정동협동농장 농장원 차향미(조

선중앙통신, 평양 2007/9/7).

〈사례 4〉 물속에서 5살 난 딸애가 등에서 미끄러져 내리는 순간에도 초상화만은 손에서 놓지 않은 이천 기초식품 공장 로동자 강형권을 비롯하여 수령 결사옹위에 생명과 가정을 바친 사람들도 있다(조선중앙통신, 평양 2007/9/7).

〈사례 5〉 이번에 피해 지역에서 물이 빠진 다음 흙과 모래에 묻힌 사람들이 발견되었다. 그런데 그들의 품속에서 나온 것은 하나같이 물 한 점 스며들지 않게 비닐로 싼 초상화였다. 이것이 바로 오늘 자기의 존재도, 값높은 존엄과 행복도, 수령 결사옹위의 길에서 찾는 조선 인민의 인생관이다(조선중앙통신, 평양 2007/9/7).

김일성, 김정일의 초상화가 사람의 생명보다 우선시되는 심각한 우상화 실태는 북한을 방문한 사람들과 탈북자들의 인터뷰를 통해서도 확인할 수 있다. 북한 봉수교회 리성숙 목사는 김일성 생일인 태양절(4월 15일)에 방문한 외신 기자들과의 인터뷰에서, "기독교인이니까 교회에 오는데 교회에 와서 나의 마음속에 있는 하나님, 그건 곧 김일성 주석님이다.", "김일성 주석님을 하나님과 같은 분으로 생각한다는 것이죠.", "하나님은 곧 김일성 주석님이다."라고 밝혔다(미국의 소리, 2011/11/29).

3. 주체사상 학습과 기독교 종교집회 비교

기독교의 예배 모임은 일요일 오전과 오후(혹은 저녁), 수요일 저녁, 금요일 심야기도회, 교회에 소속된 가정을 구역별로 나누어 모이는 구역모임, 학생들과 청소년 모임, 개인예배 모임에 해당하는 QT(Quiet Time), 가족별 모임인 가정예배 등이 있다. 또한 교회의 교육프로그램에 따라 별도의 성경공부를 진행하기도 한다. 〈표 4〉에서 확인할 수 있는 바와 같이 북한의 주체사상 학습을 위한 모임은 기독교의 예배를 위한 모임과 매우 유사한 형태와 주기로 진행된다(김병로, 2000).

〈표 4〉 기독교 집회와 북한의 주체사상 학습을 위한 모임 비교

기독교 집회	집회 시간	주체사상 모임	모임 시간
주일예배	일요일 오전, 오후	생활총화[7]	토요일 내 유동적
수요예배	수요일 저녁	수요강연회	수요일 저녁
구역예배	요일 신축적	인민반회의	주말, 장마당 전날 저녁(농촌지역)
금요기도회	금요일 저녁	금요노동	금요일 저녁
새벽기도회	매일 새벽 5시경	새벽참배	매일 새벽 5시경
QT(경건의 시간)	개인이 편한 시간	아침독보회	근무 전 30분간
가정예배	부분적 시행	가족독보회	부분적 시행
성경공부	정기적	정기학습	정기적
주일학교, 학생회	일요일, 주말	교과과정	매일

출처: 김병로(2000) 내용을 참고하여 저자 재구성.

KAL 폭파사건으로 체포된 김현희는 귀순 과정에서 성경을 읽으면서 성경의 내용이 주체사상의 내용과 매우 흡사하고, 성경의 예수 대신 김일성을 넣어도 될 것 같다는 인터뷰를 한 바 있다(조갑제 · 정호승, 1990, pp71-103). 김일

---

[7] 북한의 정치사상 교육 중 하나인 생활총화는 김일성, 김정일 교시와 말씀을 인용하며 자신을 비판하고(자아비판), 동료를 비판하는(호상비판) 내용으로 진행되며 실시 주기에 따라 일일총화, 주간총화, 월간/분기/연간 총화 등으로 나누어진다. 김병로(2000, p105)는 생활총화를 자기반성적 종교집회로 정의하며 기독교의 예배와 유사한 종교의식이라고 보았다. 기독교의 예배와 같이 엄숙하고 경건한 분위기에서 진행되며 생활총화를 통해 북한주민들의 생활이 규제된다는 부분에서 종교적 기능을 하고 있다고 평가했다.

성 수령은 몸의 뇌수이며 인민대중은 신체의 각 부분이 된다는 사회정치적 생명론은, 예수는 교회의 머리이고 신도들은 몸의 지체이므로 예수와 신도들은 한 몸을 이룬다는 사도바울의 기독교 지체론과 유사하다. 또한 이 사회정치적 생명은 수령에 의해서 부여되고 영원하다는 특성을 갖는다. 기독교는 예수로부터 참 생명을 얻는데, 이 생명은 영원하다고 가르친다. 주체사상에서 김일성, 김정일은 인민으로부터 '하나님'으로 추앙받는 절대자이며 충성과 찬양의 대상이다. 주체사상은 기독교 교리와 유사한 부분이 있으며 다분히 종교적인 면모를 가지고 있다(김병로, 2000).

IV. 주체사상의 경제적 비용

북한은 체제의 근본인 주체사상을 교육·선전하기 위하여 막대한 재정을 투자하고 있다. 지금까지 북한이 주체사상 교육 및 선전, 김일성·김정일·김정은 및 가계 우상화에 얼마나 비용을 소요했는지 정확하게 알 수는 없지만, 북한정부가 주체사상과 우상화 선전물을 위해 국가 예산의 상당 부분을 지출하였다는 것은 예상할 수 있다.

이 장에서는 객관적인 추정이 가능한 공개된 사안들을 가지고 주체사상과 우상화에 대한 경제적 비용들을 추산해보고자 한다. 이러한 비용들에 대한 추정치인 만큼 어느 정도 오차가 있을 수는 있으나, 그럼에도 실제 비용이 북한국가경제에 큰 영향을 줄 만큼의 상당한 규모임을 파악할 수 있다.

1. 주체사상/우상화 선전비용

1980년대 북한이 공식적으로 발표한 60건의 대형 공사 총비용은 약 29조 원이며 건당 평균 공사비는 약 5천억 원으로 추정된다. 이는 정치 선전용 시설과 생산시설 건설이 모두 포함된 비용이다. 이 60건의 공사 중 정치 선전용 시설에 사용된 금액은 총 8조 원으로, 동 기간 내 생산시설 건설에 소요된 약 6조 원의 1.3배나 되는 금액이 주체사상/우상화 선전비용으로 지출되었다(함영준, 1999.9.16, A2).

2007년 미국의 『크리스천 사이언스 모니터』지는 "In a time of famine and poverty, nearly 40 percent of the country's budget is spent on Kim-family deification"라는 제목으로 기근과 가난의 시대에도 북한정권은 김일성 가족의 신격화를 위해 예산의 40%를 지출했다고 밝혔다(Christian Science Monitor, 2007.1.4). 이 기사는 1990년에는 국가 예산의 19%, 2004년에는 두 배 증가한 38.5%, 2007년에는 40%로 점차 더 많은 비용을 우상화 선전물에 지출했다고 보도했다. 이렇게 증가된 예산은 복지, 행정, 심지어 국방비 등 다른 예산의 지출을 줄여 충당한 것으로 설명했다.

김씨 일가를 숭배하는 우상화물은 북한 전역에 약 14만 개에 달한다. 가장 대표적인 우상화물은 김일성 동상으로 전국적으로 약 3만 8천 개가 세워져 있다(김성욱, 2012). 2011년 12월 김정일 사망 후에는 김정일 우상화물도 급속하게 세워지고 있다. 2012년 2월 16일 김정일 생일을 맞아 23m의 김정일 동상을 포함한 총 8개의 대형 동상이 세워졌고 약 550억 원(5,000만 달러)이 지불되었다. 또한 김일성의 이름만 쓰여있던 약 3,200개의 영생탑에 '김정일' 이름을 추가하여 새기는 데 약 275억 원(2,500만 달러)을 투자했다. 김일성·김정일의 초상화를 웃는 모습으로 교체하는 데 약 220억 원(2,000만 달러), 각각의 도·시·군 및 기업소에 김정일의 영생모자이크를 새로 건립하는 데 약 165억 원(1,500만 달러[8])을 지불하였다. 최근 김정일의 우상화를 위하여 약 1,210억 원(1억 1,000만 달러)이 소요된 것이다(조선일보, 2012.12.5).

세워진 우상화물들은 마치 살아있는 사람처럼 예우를 받게 된다. 동상을 운반 시 형상물에 경의를 표시하고 사람과 차량의 이동을 제한한다. 뿐만 아니라 전력난에도 불구하고 일몰 후부터 저녁 10시까지, 그리고 새벽 4시

---

8 1$ = 1,099원(2013년 9월 3일 기준 환율 적용).

부터 일출까지 동상에 점등을 한다. 그리고 주민들은 매일 새벽 5시에 동상에 참배를 하고, 참배 후에는 동상과 그 주변을 정성껏 청소한다. 또한 전쟁이나 우발적인 사고가 발생했을 시 동상뿐만 아니라 다른 우상화물의 보존을 위해 지하에 긴급대피소 건설을 전국적으로 진행했다. 유사시 이들의 우상화물을 철제 상자에 넣고 포장하여 갱도를 통하여 이동시킨다(데일리NK, 2008.4.14).

최근 북한은 체제 선전용 위락시설에 253억 원(2억 3,000만 달러)을 쓴 것으로 알려졌다. 평양 능라인민유원지에 990억 원(9,000만 달러), 함흥 청년놀이공원 건설에 715억 원(6,500만 달러), 그리고 고위 간부만 이용하는 강원도 원산스키장 건설에 715억 원(6,500만 달러)을 지출했다고 보도하였다(동아일보, 2012.12.5).

이런 실례들을 통하여 주체사상과 우상화 비용 그리고 체제선전 비용이 매우 큰 규모이며 90년대 이후 장기간 침체되었던 북한 경제를 더욱 어렵게 하는 주요 요인의 하나가 되었음을 알 수 있다.

주체사상과 우상화 작업을 위한 각종 건설사업과 우상화물 설립에 대해서는 많은 자금과 노동력이 투입되지만 이러한 INPUT이 시장경제에서처럼 고용 창출 등 간접투자 효과를 나타내지는 못하고 있다. 왜냐하면 우상화 사업을 위한 각종 공사에 투입된 인력들에게 별도의 추가 임금이 지출되지 않는 것이 북한의 실정이기 때문이다. 시장경제에서는 일자리가 창출되면 노동자들에게 임금을 지불하게 되고 노동자들은 이 임금을 소비하면서 자금이 순화되며 소비는 투자를 불러일으키므로 경제가 활성화된다. 그러나 북한의 경우 노동력으로 투입된 학생들과 군인들과 주민들에게는 별도의 급여가 지불되지 않으며 군인들이나 주민들도 국가에서 정한 배급과 임금 외에는 받지 못한다.

2. 금수산 기념궁전 비용

북한의 많은 우상화 선전물 중에서 대표적인 것은 김일성 시신 궁전인 금수산기념궁전이다. 이곳은 김일성이 살아있을 당시 주석궁으로 불리며 김일성의 관저로 사용되었다. 하지만 김일성 사후 북한은 1995년부터 1997년까지 3년에 걸쳐 약 1조 원(8억 9천만 달러)을 지출하여 재건축하였고 시신을 보관하는 궁전으로 바꾸었다(자유아시아방송, 2007.7.23).

김일성 시신 궁전이 지어질 당시 북한은 극심한 식량난으로 연간 약 200만 톤씩의 식량이 부족했다. 당시 국제 곡물 시장에서 옥수수 1톤은 약 150달러였으므로, 200만 톤이면 3억 달러에 구입할 수 있었다. 김정일이 약 9억 달러(1조 원)에 달하는 돈을 김일성 시신 궁전을 짓는 대신 매년 3억 달러를 지출해서 3년간 매해 200만 톤의 옥수수를 수입했더라면, 1995년부터 1998년까지 고난의 행군시기에 있었던 북한 주민들의 대규모 아사 사태는 발생하지 않았을 것이라고 전 북한 노동당 비서 황장엽 씨가 망명 후 증언한 바 있다(월간조선, 1999.03).

김일성 시신의 영구 보존을 위해서도 막대한 비용이 들어갔다. 1995년 러시아 기술자들이 진행한 사체 보존 작업에는 약 11억 원(100만 달러)이 소요되었고, 관리 비용으로 매해 약 9억 원(80만 달러)가 소요된다. 1994년부터 17년간 김일성 시신을 보존하기 위해 지출된 비용은 약 160억 원(1,500만 달러)에 이른다. 2011년 12월 김정일이 죽은 후에는 김정일 시신 관리 비용이 추가되어 매년 약 20억 원의 금액이 시체관리비로 투입되고 있다(머니투데이, 2011.12.20). 그 외에도 김일성 시신 궁전 내부에는 김일성·김정일 시신 보관을 위해 수억 달러의 비용을 소요하여 최고급 시설들을 설치하였다(이용희, 2010, p157-158).

3. 태양절 비용

북한에서 1년 중 국가적으로 가장 성대한 행사가 치러지는 날은 태양절로 불리는 4월 15일 김일성 생일이다. 최근 태양절 행사 비용으로는 한 해에 적게는 3억 달러, 특별한 경우에는 8억 달러를 지출했으며, 김일성 탄생 100주년이자 북한이 강성대국 원년으로 정한 2012년 태양절 행사에는 약 2조 2천억 원(20억 달러)을 사용하였다(연합뉴스, 2013.4.10). 북한의 2012년 국가 예산 62.1억 달러(통일교육원, 2013, p167)의 3분의 1에 달하는 비용이 김일성 생일을 기념하는 태양절 행사를 위해 지출된 사례는 북한의 국가 예산 사용이 심각하게 왜곡되어 있음을 보여준다.

2012년 김일성 탄생 100주년 태양절 행사를 맞아 북한 건국 이래 최초로 전국 각 지방 행사장마다 저녁시간에 축포를 쏘며 전 국민이 동원된 전국적인 축하행사를 진행했다(매일경제, 2012.4.18). 또 전 세계 48개국에서 110개 대표단을 평양으로 초청했으며, 전체 사절단 규모는 약 1만 명에 달했다. 이들의 항공비와 호텔 숙박비 등 북한 체류비, 그리고 김일성 100번째 생일을 기념하기 위하여 초청된 1만 명의 손님들 각각에게 나눠준 100가지 선물 비용 등 전체 비용이 10억 달러 이상 지출된 것으로 알려졌다(자유조선방송, 2012.3.20).

북한은 2~3년 전부터 강성대국 원년으로 선포된 2012년 태양절에 맞춰 각종 대규모 건축공사를 진행하였다. 류경호텔, 초고층아파트, 평양민속공원, 만경대 물놀이장, 능라도 곱등어관에 바닷물을 남포에서 평양까지 끌어오기 위한 50Km 수로공사 등 체제선전용 공사를 진행하며 토목공사 비용만 10억 달러 이상이 지출되었다. 이 공사 진행을 위해 북한주민과 군인들과 대학생들이 인력 동원되었다. 북한의 특수부대 폭풍군단과 김정은 친위대 호위사령부 장병들까지 공사현장에 동원되었고, 전국 주요 대학들도 거의 1년(2011년 6월~2012년 4월) 동안 휴교하며 대학생 인력들을 공사에 투입하였다(조선일보, 2012.3.20).

2012년 4월 13일, 태양절을 이틀 앞두고 북한은 강성대국 원년을 기념하여 '광명성 3호'를 발사하였는데, 이를 위해 약 9천 350억 원(8억 5,000만 달러)을 지출했다고 알려졌다(THE KOREA TIMES, 2012.4.13). 이와 별개로 지금까지 북한에서 주체사상 체제를 유지하기 위하여 14년 동안 로켓 개발과 발사에 사용된 돈만 약 1조 9천 100억 원(17억 4,000만 달러)으로 추산된다(한국일보, 2012.12.13).

북한은 2009년부터 태양절 전날 밤 성대한 불꽃놀이를 진행하였으며 2010년도 이후에는 갈수록 불꽃놀이 축제 비용의 규모가 커지고 있다(서울신문, 2010.4.16). 그리고 이 태양절 행사 중 '김일성화(花) 축전'을 준비하기 위해 '김일성화', '김정일화'를 키우라는 지시가 내려졌고, 북한 주민들은 매년 4월 15일이 되면 미화 20달러를 주고 '김일성화'를 사서 전시한다. 미화 20달러는 북한 돈 1만 원(2010년 북한 암거래 환율)으로 북한 노동자 월급 2천 원의 5배에 달하는 금액이다(자유아시아방송, 2010.4.16).

4. 김일성 혁명사상연구소/연구실 비용

북한은 주체사상과 김일성 및 가계 우상화를 위하여 김일성 혁명사상연구소(이하 사상연구소[9])를 전국적으로 건립하였다. 북한은 사상연구소를 전국의 200개 시·군 그리고 이곳에 소속된 리(里) 노동자구에도 만들었다. 200개의 각각의 시·군에는 리와 노동자구가 약 30개가 있으므로 사상연구소는 전국에 걸쳐 약 6천 개가 된다. 사상연구소 운영 인력은 연구실장과 관리직원 등 10여 명이다. 이 연구실의 규모와 건물 상태, 내부 장식 및 그 위용은 북한 내에서 최상급의 건물에 해당된다(데일리NK, 2007.1.5). 또한 소그룹의 주체사상 학습과 모임, 생활총화 등을 위해 전국에 45만 개의 '위대한 수령 김일성 동지 혁명사

---

[9] 주체사상 연구소는 규모에 따라 '김일성 혁명사상연구소'와 '혁명사상연구실'로 구분된다.

상 연구실'을 설치하였다[10]. 혁명사상 연구실은 북한 전 지역의 당 기관, 국가기관, 공장, 기업소, 교육문화 기관, 과학기관, 협동농장, 인민군 부대 및 경비대 등 곳곳에 갖추어져 있다(김병로, 2000, p100).

전국 6천 개의 사상연구소마다 특권층 출신과 김일성 대학 등 북한의 명문대를 졸업한 연구원들을 포함하여 10여 명의 직원들이 있다고 할 때, 총 6만여 명의 근로인력들이 체제유지를 위한 비생산적인 직종에서 근무하고 있음을 보여준다. 더욱이 전국적으로 설치되어 있는 45만 개의 김일성 사상연구실의 관리를 위해서는 별도로 많은 인력이 투입된다. 6천 개의 북한 최고 시설의 사상연구소 건설 및 유지비용 외에도 이를 관리하기 위한 6만여 명의 인건비와 또 45만 사상연구실의 설치 및 유지비용과 이를 관리하는 인력 소모를 비용으로 계산해 본다면 막대한 금액이 산출될 것이다.

또한 북한은 '김일성 주체사상의 세계화'를 위해 전 세계 여러 나라에 1960년대 말부터 주체사상연구소를 세웠나갔다. 1969년 아프리카 말리에 주체사상 연구조직을 최초로 결성한 후 여러 나라에 주체사상 보급 활동을 전개했다. 1978년에는 일본 도쿄(東京)에서 주체사상국제연구소를 출범시켰다. 도쿄의 주체사상국제연구소를 기점으로 라틴아메리카 지역(1978년), 아시아 지역(1980년), 아프리카 지역(1985년), 유럽 지역(1985년) 등 대륙별 주체사상국제연구소와 국가별 주체사상 전국조직 수십여 개, 주체사상 계층별 조직 1천여 개를 전 세계적으로 운영하고 있다(통일뉴스, 2001.7.2).

해외의 주체사상 연구조직이 하는 일은 주로 연구와 선전활동이다. 북한 언론은 해외 주체사상 연구조직원들이 보내온 충성의 시와 편지들을 읽어주면서 외국인들도 주체사상을 열심히 배우며 또 김일성과 김정일을 존경한다고 선전하고 있다. 외국인 조직원들의 연구 모임을 지원하고, 그들을 지도하며 관리할 북한 직원도 파견하며, 국가적인 행사 때마다 평양으로 초청도 하는 등 해외 조직 관리에는 많은 외화가 소요된다(자유아시아방송, 2007.8.6).

---

10   연구실의 개수를 약 10만 개 또는 약 4만 개라고 보는 견해도 있다(이수원, 2011: 318)

해외 주체사상연구소의 활동이 활발하던 시기에는 언론 또는 국제관계 등을 전공하는 많은 대학생 회원들이 참여하였고, 김일성 생일 등에는 각국 대사관에서 별도의 기념 연회를 개최하였다(노컷뉴스, 2008.4.5). 『로동신문』에 발표된 바에 따르면 2002년까지 해외에서 개최된 주체사상토론회는 국제토론회 24회, 지역토론회 33회, 전국토론회 307회에 달한다(한겨레, 2002.2.20). 최근에는 2012년 4월 12~13일, 2일에 걸쳐 김일성 생일 100주년을 기념한 '세계주체사상대회'를 평양에서 개최하였고, 60여 개국에서 해외 주체사상 연구조직 관계자들을 초청하였으며(통일뉴스, 2012.4.13) 항공비, 숙박비, 체류비 등 일체의 경비를 북한 정부가 지불하였다.

위에서 살펴본 바와 같이 김일성 주체사상연구소/연구실에 대한 설립·운영·관리비용 및 전 세계 주체사상 연구조직을 운영·관리하는데 수많은 외화가 소요된다. 전 주체사상연구소장이었던 고(故)황장엽 전 조선노동당 비서는 해외 주체사상연구소와 해외조직 운영자금을 북한주민들의 외화벌이를 통해 충당했다고 증언했다(자유아시아방송, 2007.8.6).

V. 주체사상 교육에 대한 기회비용

북한에서의 주체사상 교육은 탁아소 교육이 시작되는 5세부터 시작되어 늙어서 거동이 불편하기 전까지 계속 진행된다. 이 장에서는 정규학교 교육과정과 직장과 사회생활에서 주체사상 교육을 위해 할애되는 시간들을 계산해보고자 한다. 이 논문에서는 주체사상 교육 시간들이 생산적인 일에 사용되었을 때 개인과 사회가 얻을 수 있는 경제적인 실익은 주체사상 교육 시간들에 대한 기회비용이라고 보았다.

1. 정규교육 과정

북한의 주체사상에 대한 교육은 유치원 전 단계인 탁아소에서부터 시작된다. 북한 어린이들이 탁아소에서 가장 먼저 배우는 말은 '김일성 어버이', '김일성 어버이 고맙습니다.'라는 말이다.

> 이 땅에 태어난 새 세대들이 처음 배우는 말은 어버이 김일성 원수님이라는 영광스런 존함이요, 처음에 배우는 노래는 김일성 장군의 노래입니다. 우리 어린이들은 아침마다 탁아소, 유치원에 나오면 어버이 김일성의 아들, 딸이 되고자 맹세하며 기쁜 일이 생길 때마다 어버이 김일성 수령에게 감사부터 드립니다(국토통일원, 1977).

위의 내용은 1976년 4월, 최고인민회의에서 '어린이보양교양법'이 제정되면서 함께 발표된 연설 내용이다. 말하고 표현하는 법을 배우는 아이들에게 가장 먼저 김일성에게 감사를 표현하는 법을 가르치는 것을 알 수 있다(이계희, 1989).

북한의 의무교육이 시작되는 유치원 과정부터는 정치사상 교육을 목적으로 별도 지정과목이 교육된다. 탈북자 이소영 학생(가명, 19세)[11]은 유치원에서는 정치사상 교육은 한 과목이지만, 유치원 전체 교육 내용 중 약 80%가 김일성·김정일 우상화에 대한 내용이라고 증언하였다.

소학교(초등학교)에서는 김일성·김정일·김정숙의 어린시절, 사회주의 도덕 총 4개의 정치사상 교육 과목을 가르친다. 이는 전체 수업 시간의 17%를 차지한다(통일교육원, 2013, p196).

---

11 현재 대학 입학을 앞둔 탈북 청년으로 북한에서 탁아소, 유치원, 소학교, 중학교 교육을 받았고 본 연구를 위하여 인터뷰에 응했음.

〈표 5〉 북한의 소학교 교육과정

구분	교과명	학년별 주당 수업시간 수			
		1학년	2학년	3학년	4학년
1	경애하는 수령 김일성 대원수님 어린시절	1	1	1	2
2	위대한 령도자 김정일 원수님 어린시절	1	1	1	2
3	항일의 녀성영웅 김정숙 어머님 어린시절				1
4	사회주의 도덕	2	2	1	1
5	수학	6	6	6	6
6	국어	6	6	7	8
7	자연	2	2	2	2
8	위생				1
9	음악	2	2	2	2
10	체육	2	2	2	2
11	도화공작	2	2	1	1
12	영어			1	1
13	컴퓨터			1	1

출처: 통일교육원(2013, p196).

이 외에도 소학교 국어교과서 내용은 80% 이상이 주체사상과 김일성·김정일 우상화 내용으로 구성되어 있다(이정원, 2011). 1996년 개정된 북한 국어교과서 전체 251단원 중 정치사상 교육과 김일성 가계 우상화에 관련된 것은 231단원으로 92%에 달하며 그 중 김일성·김정일 부자와 관련된 것은 105단원으로 전체 내용의 46%를 차지한다(임창호, 2012, p303). 아래 내용은 북한 국어교과서인 '소학교 국어3'에 있는 김일성·김정일 우상화 내용의 예이다.

우리우리 남녘땅에 새전설 생겼대/ 구두닦이 소년들 껌팔이 소녀들/ 골목골목 모여서 귀속말로 소곤소곤/ 김일성 장군님은 축지법을 쓰시더니/ 위대한 영도자 김정일 원수님은/ 시간을 주름잡는 축시법을 쓰신대/ 신기한 축시법 한번만 쓰셔도/ 바다가 잠깐 새에 뭍으로 변하고/ 백년 걸려 할 일을 한 해에 제낀대/ 이제이제 조국통일 축시법만 쓰시면/ 통일의 큰 경사가 우리앞에 다가온대. (교육도서출판사, 2009, p169-170).

이 교과서의 내용에 의하면 남한의 청소년들은 가난 속에서 구두를 닦고 껌을 팔고 있고, 김일성과 김정일은 축시법과 축지법을 사용하는 전능한 인물이다. 국어교과서 외의 다른 과목에서도 주체사상과 김일성 가계 우상화 내용으로 교과서가 기술되어 있다. 다음은 북한의 소학교 음악교과서인 '소학교 음악1'의 내용이다.

제목: 지주놈은 나쁜 놈 원쑤놈이죠
(작사 홍근표 / 작곡 라 옥)
1절.
넓고넓은 논과밭 몽땅 뺏은 놈
피땀흘려 지은 쌀 꿀꺽 삼킨 놈
욕심쟁이 꿀꿀이 지주 놈은요
정말정말 나쁜 놈 원쑤놈이죠
2절.
소를몰아 밭갈때 놀고먹던 놈
뚱기뚱기 쌀보면 달려들던 놈
우리마을 풍년들 빼앗고 싶어
남녘땅에 오늘도 남아있는 놈
(교육도서출판사, 2007, p39)

이러한 내용 구성을 시간으로 환산하여 반영한다면[12], 소학교 전체 교육 시간 중 약 40% 이상이 주체사상과 김일성 가계 우상화 교육으로 진행된다고 볼 수 있다.

중학교에서는 총 7개의 정치사상 교육 과목(혁명력사, 혁명활동, 사회주의 도덕, 현행 당정책)을 가르치며 수업 시간은 전체 교과의 13%를 차지한다(〈표 6〉 참조). 내용 구성 측면에서 볼 때 국어와 력사 과목은 대부분의 내용이 주체사상과 김일성 가계 우상화에 대한 내용으로 구성되어 있다. 따라서 중학교 과정에서 주체사상과 김일성 가계 우상화 교육은 전체과정의 33% 이상을 차지한다고 볼 수 있다.[13] 이는 가장 많은 수업시간을 차지하는 국어(문학, 한문 포함)와 수학, 외국어 과목 각각보다 더 많은 시간이 주체사상과 김일성 가계 우상화 교육에 소요됨을 보여준다.

〈표 6〉 **북한의 중학교 교육과정**

구분	교과명	학년별 주당 수업시간 수					
		1학년	2학년	3학년	4학년	5학년	6학년
1	위대한 수령 김일성 대원수님 혁명활동	1	1	1			
2	위대한 수령 김일성 대원수님 혁명력사				2	2	2
3	위대한 령도자 김정일 원수님 혁명활동	1	1	1			
4	위대한 령도자 김정일 원수님 혁명력사				2	2	2
5	항일의 녀성영웅 김정숙 어머님 혁명력사				1		
6	사회주의 도덕	1	1	1	1	1	1
7	현행 당정책				1주	1주	1주

---

12 정치사상 교육 과목은 수업시간 100%, 국어와 력사는 80%, 기타 과목은 수업시간의 10%를 주체사상과 김일성 가계 우상화 교육 시간으로 반영.
13 중학교 전 과정에서의 비율임. 학년별로는 1학년이 약 38% 이상으로 가장 높다.

8	국어	5	5	4			
9	문학				4	3	2
10	한문	2	2	1	1	1	1
11	외국어	4	3	3	3	3	3
12	력사	1	1	2	2	2	2
13	지리	2	2	2	2	2	
14	수학	7	7	6	6	6	6
15	물리		2	3	4	4	4
16	화학			2	3	3	4
17	생물		2	2	2	3	3
18	체육	2	2	2	1	1	1
19	음악	1	1	1	1	1	1
20	미술	1	1	1			
21	제도				1	1	
22	컴퓨터				2	2	2
23	실습(남·녀)	1주	1주	1주	1주	1주	1주

출처: 통일교육원(2013, p196).
주1: 1996년 3월 개정안을 기준으로 작성.
주2: 1~3학년 50주/년, 4~6학년 40주/년 기준.

대학에서는 전공에 상관없이 주체철학, 혁명역사, 주체정치경제학 등의 정치사상 교육 과목을 필수로 이수하여야 한다. 이 과목들은 김일성·김정일에 대한 충성심 고양을 교육 목표로 한다(통일원, 2013, p200).

북한의 정규교육과정은 소학교와 중학교 과정을 기본으로 하고 있다. 그리고 교육의 목적과 내용 구성에서는 주체사상과 김일성 가계 우상화에 초점을 두고 있음을 알 수 있다.

북한교육의 목적은 사회주의혁명과 건설, 김일성, 김정일 등 김일성 가족에 충성하고 복종할 인재 양성에 있다(통일교육원, 2013, p184).

> 소학교 국어교육의 목적은 사회주의 건설의 모든 분야에서 힘 있는 무기로 되고 있는 우리말과 글을 통하여 학생들을 우리 당의 혁명사상, 주체사상으로 튼튼히 무장시키고 그들에게 혁명적 정서와 사고력을 키워주며 … (중략) 주체형의 혁명인재, 수령결사옹위의 참된 투사들로 키우는 데 있다(교육도서출판사, 2004: 5).

또한 모든 과목 교과서에서는 학생들을 공산주의 혁명과 건설에 적극적으로 헌신된 인재로 키우기 위해 계급의식과 혁명의식을 고취시키는 문장과 단어들이 반복되어 사용된다.

> '인민', '혁명', '투쟁', '원쑤놈', '미제승냥이놈', '원쑤놈의 골통', '피바다', '배때기를 찌르다', '까부시다', '족치다' 등 자극적이고 호전적인 비속어가 교과서에 빈번히 나타나고 있다(박성희, 1994, p194).

북한의 왜곡되고 편향된 정규교육은 이러한 교육을 받은 학생들의 사고체계와 평생의 직업 활동과 삶에 지대한 영향을 미친다. 만약에 주체사상과 김일성 가계 우상화 교육에 투입된 소학교 교과과정의 40% 그리고 중학교 교과과정의 33%에 해당되는 교육시간들이 보다 창의적이고 세계화된 인재 육성을 위한 교과과정으로 대체되었다면 국제사회에서 경쟁력 있고 국가 모든 영역에서 생산성을 높일 수 있는 유능한 인재들이 배출되었을 것이다. 천연자원보다 인적자원이 더 중요시되는 21세기 경쟁사회에 있어서 균형 있고 경쟁력 있는 교육은 향후 국민생산성 향상과 국가 경제 발전의 중요한 토대가 된다. 폐쇄적이고 체제중심적인 주체사상과 우상화 교육은 북한체제를 더욱 폐쇄적으로 만들었고 장기간의 국가 경제 침체를 유인하는 요인이 되었다. 이러한 결과들은 주체사상과 김일성 가계 우상화 교육에 대한 기회비용으로 간주될 수 있다.

2. 전 국민 평생교육

북한 주민들은 전 생애에 걸쳐 주체사상과 우상화 교육을 받으며 이 같은 교육을 일상화하는 삶을 살도록 요구받고 있다. 아래 〈표 7〉에서 확인할 수 있는 바와 같이 거의 매일 주체사상 학습과 적용 훈련 등의 모임이 진행된다. 정규 교육과정을 마친 북한의 전 주민은 정치조직에 소속되어 아래와 같은 모임에 평생 동안 참석해야 한다.[14] 보위부 출신의 탈북자 김지원 씨는(가명, 44세)[15]는 주체사상 교육은 5살 때부터 시작되어 죽을 때까지 계속된다고 증언했다.

〈표 7〉 주체사상 학습 모임 – 탈북민 실제 사례

모임	주기	시간	탈북민 실제 사례	
			탈북민 A 여, 68세 (인민반장[16])	탈북민 B 남, 45세 (직장인)
주체사상학습회/ 월요학습침투	1주 (월 or 토)	2시간	2시간	1시간
화요학습	1주	1시간	2시간	1시간
수요강연회	1주	1시간	1시간	1시간
새벽참배	매일(월-토)	30분	30분	30분

---

14 북한은 소학교 2학년(8살)부터 정치조직 생활을 한다. 연령 및 직장별로 정치조직을 구성하여 북한의 모든 주민은 예외 없이 조직의 구성원이 되도록 한다. 이 조직들은 주체사상 하에 관리, 통제를 받는다(통일연구원, 2013, p238).
15 북한에서 정규교육을 받았고 보위부원으로 활동하다가 탈북하였고, 본 연구를 위해 인터뷰에 응했음.
16 인민반장은 별도의 직업이 없는 사람들이 주로 맡으며, 당의 지침을 받아 인민반을 관리하고 통제하는 역할을 하고 직장 근로자에 비해 학습 및 총화에 투입되는 시간이 높은 편이다.

아침독보회	매일(월-금)	30분	30분	45분
작업총화	매일(월-금)	30분	-	30분
목요기술학습	1주	2시간	2시간	-
금요노동	1주	2~8시간	8시간	2시간
생활총화	1주 (월 or 토)	1시간	2시간	1.5시간
인민반회의	1주	1시간	1시간	-
주민 대상 주체사상과 우상화 평생교육 (1주 기준)		21시간/주	24시간/주	16시간/주

출처: 김병로(2000, p103-114) 내용을 참고하였고,
시간 구성과 탈북민 실제 사례는 탈북자들의 인터뷰 내용을 반영하여 저자 재구성.
주: 새벽참배-주 6회, 아침독보회-주 5회로 실시 횟수 반영.

북한주민들은 직장에 따라 차이는 있으나 보통 아침 7시 또는 7시 30분까지 출근하여 아침독보회 등 정치 사업으로 하루 일과를 시작한다. 『로동신문』 읽기와 토론 등으로 진행되는 독보회는 약 30분간 진행된다. 노동시간은 오전 8시부터 12시까지 4시간, 오후 2시부터 6시까지 4시간 총 8시간이다. 오후 작업이 끝나면 작업총화를 30여 분간 진행하며 일주일에 한 번씩은 생활총화를 한다(통일교육원, 2013, pp236-237). 월요일부터 금요일까지 근무하며 토요일 오전에는 주로 주체사상학습을 위한 시간으로 활용한다.

북한노동자의 평균 노동시간은 주 40시간이며, 생활총화를 제외한 주체사상 학습과 사회노동 등 정치사업은 노동시간 외의 시간에 진행된다. 위의 〈표 7〉과 북한주민의 노동시간을 고려하여 볼 때, 주체사상과 김일성 가계 우상화를 위한 전 국민 평생교육 시간은 북한주민들의 개인차가 있을 수 있으나 평균적으로 주당 약 20시간이 소요됨을 알 수 있다. 직장인이었던 탈북자 B의 경우는 금요노동을 2시간만 하므로 주당 평균 16시간이 소요되었다. 그러나 직장이 없는 탈북자 A의 경우 금요노동이 8시간이므로 주당 평균 24시간이 소요되었다. 주당 평생교육 시간을 산출함에 있어서 왕복 이동시

간은 포함되지 않았으므로 실제로는 더 많은 시간이 소요된다고 사료된다.

북한주민들의 평균 노동시간이 40시간이고, 체제유지를 위한 평생교육 시간이 평균 20시간이라고 한다면, 이는 국가 전체 노동시간의 절반에 상응하는 시간을 비생산적 활동에 투입했다고 볼 수 있다. 만약에 이 노동력이 국가경제를 위하여 생산 활동에 투입되었다면 이때 얻을 수 있는 경제 실익은 주체사상 평생교육에 대한 기회비용으로 간주될 수 있다.

노동시간과 정치사상 교육으로 아침부터 저녁까지 시간을 보내는 북한주민들이 보다 고급인력으로 구비되기 위해 자기계발을 위한 시간을 갖는 것은 매우 어려울 것이다. 또 40시간의 정규 노동시간 이후 계속되는 평생교육 시간 때문에 충분한 휴식을 취할 수 없다면, 정규 노동시간의 생산성도 저하될 수 있다. 국민 생산성을 떨어뜨리는 이러한 요인들도 주체사상 평생교육에 대한 기회비용으로 간주되어야 할 것이다.

VI. 주체사상과 개혁개방정책

대부분의 공산주의 국가들이 국가경제가 침체되면서 개혁개방정책을 통해 시장경제를 형편에 맞게 도입하며 경제발전을 도모하였다. 중국은 덩샤오핑(鄧小平)이 집권하면서 70년대 말부터 개혁개방정책을 성공적으로 추진하였고 소련과 동구권은 80년대 말부터 개방정책을 통해 경제난국을 극복해나갔다. 그러나 중국, 소련, 동구권과 밀접한 경제교류를 가졌던 북한은 90년대 수많은 주민들이 아사하는 '고난의 행군기'에도 개혁개방정책을 채택하지 않았다. 그로 인해 북한 경제는 더욱 고립되었고, 경제 침체는 장기화되었다.

2001년 1월 김정일은 중국을 방문해서 중국의 개혁개방정책에 따른 경제특구정책의 성공사례를 목격한 후 북한에서도 2002년 7월 1일 「7.1경제관리 개선조치」(이하 「7.1조치」)를 발표했다. 이를 통해 국정가격과 농민시장가격의 격차를 없애는 실질적인 개혁조치를 단행하였다. 또 신의주, 금강산, 개성공단을 경제특구로 지정하여 외자도입을 통한 경제수익을 창출하며 악화된 국가경제 상황을 타개하고자 하였다. 그러나 「7.1조치」는 결국 실패로 끝났고 신의주, 금강산 경제특구는 중단되었으며, 개성공단도 166일간의 장기 중단 사태를 겪었다. 이와 같은 북한의 경제개혁조치가 실패한 이유는 그들의 개혁개방정책이 제한적이었고 경제개혁보다는 체제유지가 더 우선시되었기 때문이다.

중국은 적극적인 개혁개방정책을 추진하면서, 경제특구 초기에 많은 외국자본과 전 세계의 공장들이 유치되도록 최선의 국가적인 서비스를 제공하였다. 반면에 북한은 경제특구를 운영함에 있어서 폐쇄적이고 제한적인 '모기장식 개방[17]'을 고수하였다. 북한은 외국인 기업근로자들과 북한주민들과의 사적인 교류를 차단하기 위하여 1991년 최초의 경제특구로 발표했던 나진·선봉지구 일대에 철조망을 두르고 출입을 통제하였다. 자본주의 사상의 유입을 막기 위해 북한은 경제특구를 운영함에 있어서 섬개방식[18] 경제특구 정책을 시행했다.

중국의 경우 경제특구가 일자리 창출과 함께 선진기술을 도입하는 창구가 되었고 중국 전체 경제발전을 선도하는 역할을 감당하였다. 북한의 경우는 경제특구를 통해 외화를 획득함으로 부분적인 국가적 실익은 있었지만 경제특구가 북한 경제발전에 크게 기여하지 못했고 그 영향력도 중국과 비교해볼 때 매우 미미한 수준이라고 볼 수 있다(이용희, 2013).

중국, 베트남, 인도네시아, 인도 등 다른 개발도상국가들에 비교하여 북한의 저렴한 임금과 임대료는 비교우위가 있음에도 불구하고 통치이념과 체제유지가 경제발전보다 더 우선시되었기 때문에 경제특구가 활성화되지 못

---

17 "미국 등 제국주의자들의 부르주아사상·문화 유포책동에 대비해 그 어느 때보다도 모기장을 든든히 쳐야한다."는 모기장 이론(청년전위, 2001.02.22).
18 북한정부는 육지로부터 섬이 고립되어 있는 것 같이 경제특구도 북한 전역으로부터 고립된 경제구역으로 만들었다.

하였다.

북한은 월스트리트저널(Wall Street Journal)과 헤리티지 재단(The Heritage Foundation)이 공동 조사한 2013 Index of Economic Freedom(경제자유지수)에서 177개 국가 중 177위로 최하위를 차지하였다.

〈표 8〉 2013 Index of Economic Freedom (Country Rankings)

순위	국가	점수
1	Hong Kong	89.3
2	Singapore	88.0
3	Australia	82.6
4	New Zealand	81.4
5	Switzerland	81.0
10	United Sates	76.0
20	Taiwan	72.7
24	Japan	71.8
34	South Korea	70.3
136	China	51.9
139	Russia	51.1
177	North Korea	1.5

출처: The Heritage Foundation(2013)이 작성한 보고서를 참고하여 저자 재구성.

이것은 북한에서의 경제활동이 전 세계에서 가장 제약받고 있다는 것을 나타내고 있다.

뿐만 아니라 북한은 영국 경제전문지 Economist의 계열사가 조사한 Democracy Index 2012에서도 167개국 중 최하위인 167위를 차지하였다. 이는 북한의 정치·경제·사회적 환경이 외국 자본과 선진기술과 해외인력을 유치하는 데는 장애요인이 됨을 보여준다.

〈표 9〉 Democracy Index 2012 (Country Rankings)

순위	국가	점수
1	Norway	9.93
2	Sweden	9.73
3	Iceland	9.65
4	Denmark	9.52
5	NewZealand	9.26
20	South Korea	8.13
21	United Sates	8.11
23	Japan	8.08
35	Taiwan	7.57
122	Russia	3.74
142	China	3.00
167	North Korea	1.08

출처: The Economist Intelligence Unit(2013)이 작성한 보고서를 참고하여 저자 재구성.

대부분의 공산주의 국가들이 개혁개방정책과 함께 시장경제제도를 도입하였음에도 불구하고 북한이 개혁개방정책을 추진할 수 없는 근본적인 이유는 주체사상과 김일성 가계 우상화 정책 때문이라고 사료된다. 개혁개방을 통하여 북한사회가 개방되고 전 세계와 문물 및 지식이 교류된다면 북한사람들은 자신들이 세뇌되었음을 깨닫게 되고, 그동안 배워왔던 역사가 심각하게 왜곡되어 있음을 알게 되고, 신격화된 김일성, 김정일은 더 이상 교과서에서 언급된 것 같은 전능자가 아님을 깨닫게 될 것이다. 이렇게 되면 현재의 북한체제가 유지되는 것은 불가능해진다. 따라서 북한 지도부는 개혁개방보다는 체제유지를 선택할 수밖에 없고 이것은 대부분의 북한주민들이 장기간의 경제적인 고통에서 벗어나지 못하게 하는 결과를 초래하고 있다. 따라서 북한이 개혁개방정책을 통한 경제발전을 추구하지 못하는 것은 김일성 주체사상과 우상화 정책에 대한 기회비용으로 간주될 수 있다.

VII. 맺음말

앞 장에서 살펴본 바와 같이 북한은 경제자유화 지수와 민주화 지수에 있어서 세계에서 최하위를 기록하고 있다. 북한주민들의 의식주의 문제와 계속되는 경제난국을 돌파하기 위해서는 특별한 조치가 필요한 상황에 이르렀다. 이러한 특별한 조치는 북한사회 전반을 장악하고 있는 김일성 주체사상과 김일성 가계 우상화 정책에 대한 문제점들을 극복할 때 성공적인 정책이 될 수 있을 것이다.

주체사상의 종교화로 북한은 공산주의 체제를 넘어서서 종교국가적인 특징을 나타내고 있다. 주체사상과 우상화 정책에 소요되는 경제적 비용은 그 규모가 갈수록 커지고 있고 북한 경제 몰락의 주요 원인 중의 하나가 되었다. 또 정규교육과 전 주민 평생교육에 있어서 주체사상과 우상화 교육이 차지하는 비중은 매우 크므로 이것이 교육받는 학생들과 국가의 장래에 큰 영향을 미칠 뿐 아니라 주민들의 삶에도 지대한 영향을 미치고 있다. 문제점은 이러한 교육의 내용들이 왜곡되어 있고 획일적이어서 정치·경제·사회 등 국가 전반을 폐쇄적으로 만들어가는 요인이 되며 국제사회에서도 배타적인 성향을 띠게 한다는 것이다.

주체사상과 우상화 교육 및 정책은 북한 경제를 회생시킬 수 있는 개혁개방정책과 상충된다. 북한정부가 전면적인 개혁개방을 실시하여 전 세계의 문물과 지식이 북한 사회에 유입된다면 주체사상과 김일성 가계 우상화 교육은 유지될 수 없을 것이다. 따라서 북한 정부는 개혁개방정책보다는 체제유지를 선택하였고, 북한이 다른 공산주의 국가들과 같이 개혁개방정책을 실시하지 못한 것이 주체사상과 우상화 정책에 대한 가장 큰 기회비용이었다고 사료된다.

본 연구는 주체사상과 우상화의 경제적 비용에 대한 여러 주제들을 개괄적으로 다루었다. 보다 구체적인 북한 상황에 대한 이해와 논의를 위해서는 본 논문에서 다룬 각각의 목차와 소제목들에 대한 심도 있는 연구가 계속해서 필요하다고 생각된다. 이러한 분야별 연구가 모아져서 종합적으로 정리된다면 북한 연구와 다가올 통일정책 연구에 유용한 자료로 사용될 수 있을 것이다.

참고문헌

국토통일원, 1977, 『북한탁아소제도의 문제점』.
김병로, 2000, 『북한사회의 종교성: 주체사상과 기독교의 종교양식 비교』 서울: 통일연구원.
김성욱, 2012, 『History Making』 서울: 글마당.
서재진, 2001, 『주체사상의 형성과 변화에 대한 새로운 분석』 서울: 통일연구원.
박성희, 1994, "교과서 분석에 의한 북한 청소년 가치관 연구", 『통일문제연구』 제22권, 188-215.
이계희, 1989, "북한의 사상정책과 정치교육", 『통일문제연구』 통권 제23호.
이명재, 1995, "북한문학사전", 『어문논집』 제27집, 483-515.
이상민, 1989, "북한의 정치과정에서의 개인우상화정책-로동신문 등의 내용분석을 중심으로", 『한국과 국제정치』 제9권, 139-177.
이수원, 2011, "북한 주체사상학습체계의 종교성 연구 : 기독교 종교 활동과의 비교를 중심으로", 『통일문제연구』 제23권 제1호, 311-343.
이용희, 2010, 『남북한 경제』 서울: 법경사21C.
_____, 2013, "북한의 경제특구정책과 실패요인," 『동북아경제학술지』 제25권 3호, 267-308.
이정원, 2011, "북한소학교 국어교과서에 나타난 정치사상교육 연구", 이화여자대학교대학원 석사학위논문.
임창호, 2012, "북한 소학교 국어교과서에 나타난 김일성 부자의 우상화 개념과 서술에 관한 연구", 『기독교교육논총』 제30집, 287-316.
정우곤, 1990, "주체사상의 혁명적 '수령론'연구", 『한국과 국제정치』 제11권, 181-201.
조갑제·정호승, 1990, 『김현희의 하느님』.
함영준, 1996, "시신보관 금수산궁전은 수입대리석 장식 주민 1인 하루 6백g 배급 가능 29만평 삼지연별장엔 천억 투입 연 5천억…식량 3백만t 도입분 북 김일성 우상화 공사비 낭비 실태", 『조선일보』(9월 16일), 2.
통일교육원, 2013, 『북한의 이해 2013』.

Adhernts, 2007, "Discussion of why Juche is classified as a major world religion", http://www.adherents.com/largecom/Juche.html (검색일: 2013/10/10)

_____, "Major Religions of the WorldRanked by Number of Adherents", http://www.adherents.com/Religions_By_Adherents.html (검색일: 2013/10/10)

Christian Science Monitor, 2007, "In a time of famine and poverty, nearly 40 percent of the country's budget is spent on Kim-family deification." January 4. http://www.csmonitor.com/2007/0103/p01s04-woap.html (검색일: 2013/10/10)

The Economist Intelligence Unit, 2013, "Democracy index 2012", https://www.eiu.com/public/topical_report.aspx?campaignid=DemocracyIndex12 (검색일: 2013/10/10)

The Heritage Foundation, 2013, "2013 Index of Economic Freedom", http://www.heritage.org/index/ranking (검색일: 2013/10/10)

THE KOREA TIMES, 2012, "Launch poses burden too big to bear", http://www.koreatimes.co.kr/www/news/nation/2012/04/116_108915.html (검색일: 2013/10/10)

『노컷뉴스』, 2008, "북한, 경제난으로 김일성 생일행사 중단, 축소", (4월 5일) http://www.nocutnews.co.kr/show.asp?idx=801459

『데일리NK』, 2007, "北 우상화 예산 40%…김부자 연구실만 수만개" (1월 5일) http://www.dailynk.com/korean/read.php?cataId=nk01300&num=35312

_____, 2008, "김일성 동상도 戰時 긴급대피소 있다", (4월 14일) http://www.dailynk.com/korean/read.php?cataId=nk00500&num=55187

『동아일보』, 2012, "北 미사일-놀이공원에 2조원 펑펑", (12월 5일) http://news.donga.com/3/all/20121205/51315562/1

『매일경제』, 2012, "北주민, 태양절 초라한 명절 공급에 "이게 강성대국의 공급이냐?"" (4월 18일) http://news.mk.co.kr/newsRead.php?year=2012&no=236330

『머니투데이』, 2011, "[김정일 사망] 미리보는 김정일 장례식" (12월 20일) http://www.mt.co.kr/view/mtview.php?type=1&no=2011122014293509173&outlink=1

『미국의 소리』, 2011, "북한 그리스도연맹 결성 65주년으로 본 북한 기독교", (11월 29일) http://www.voakorea.com/content/article-1129-nk-christian-134672823/1344952.html

『서울신문』, 2010, "'배고픈' 北 김일성 생일 축포에 얼마나 썼나", (4월 16일) http://www.seoul.co.kr/news/newsView.php?id=20100417800021

『연합뉴스』, 2007, "'주체사상'은 세계 10대 종교" (5월 8일) http://news.naver.com/main/

read.nhn?mode=LSD&mid=sec&sid1=104&oid=001&aid=0001629483
『연합뉴스』, 2013, "北, '태양절' 앞두고 군사퍼레이드 준비" (4월 10일) http://news.naver.com/main/read.nhn?mode=LSD&mid=sec&sid1=100&oid=001&aid=0006197507
『월간조선』, 1999, "황장엽·신상옥 특별 대담", (3월)
『자유아시아방송』, 2007, "김부자 실체: 김부자 우상화 작업 – 금수산 기념궁전" (7월 23일) http://www.rfa.org/korean/weekly_program/kim_dynasty/kumsusan_memorial_palace-20070723.html
　　　, 2007, "김부자 실체: 김부자 우상화 작업 – 유명무실해진 주체사상연구소조" (8월 6일) http://www.rfa.org/korean/weekly_program/kim_dynasty/joche_idea_institute-20070806.html
　　　, 2010, "북 주민, 5개월치 월급털어 '김일성화' 구입" (4월 16일) http://www.rfa.org/korean/in_focus/ilsong_flower-04162010170055.html
『자유조선방송』, 2012, "광명성 발사와 태양절 비용" (3월 20일) http://www.rfchosun.org/program_read.php?n=5261
『조선일보』, 2012, "미사일(광명성 3호)에 8억5000만 달러, '4·15 파티'에 20억 달러 쓰는 北" (3월 20일) http://news.chosun.com/site/data/html_dir/2012/03/20/2012032000248.html
　　　, 2012, "北, 김정일 우상화 사업에 1억弗 탕진… 러 은행 등서 20~40% 금리 대출 추진" (12월 5일) http://news.chosun.com/site/data/html_dir/2012/12/05/2012120500224.html
『한겨레』, 2002, "'주체사상' 해외보급·선전에 주력하는 북한" (2월 20일) http://legacy.www.hani.co.kr/section-003100000/2002/02/003100000200202200734082.html
『한국일보』, 2012, "북한, 미사일 발사에 17억달러 쏟아 부어" (12월 13일) http://news.hankooki.com/lpage/politics/201212/h2012121302363021000.htm
『통일뉴스』, 2001, "주체사상 연구 해외조직 13개 결성" (7월 2일) http://www.tongilnews.com/news/articleView.html?idxno=8499
　　　2012, "주체사상세계대회 평양에서 12일 개막" (4월 13일) http://www.tongilnews.com/news/articleView.html?idxno=98151

(북한자료)

교육도서출판사, 2009, 『소학교 국어3』
_____, 2007, 『소학교 음악1』
_____, 2004, 『국어교수법』
태백편집부, 1989, "주체사상 교양에서 제기되는 몇가지 문제에 대하여", 『주체사상연구』, 264-265

『로동신문』, 2005, "불길속에 서슴없이 뛰어들어", (11월 12일)
『조선중앙통신』, 2007, "큰물피해지역에서 높이 발휘된 수령결사옹위정신", (9월 7일)
       http://www.kcna.or.jp
『청년전위』, 2001, (2월 22일)

Abstract

Jucheism's effect on the economy of North Korea

The most important ideology of the North Korean regime is Kim Il Sung Jucheism. Jucheism is the basis of every field of the country—politics, economy, education, culture, arts, etc. The communism of North Korea was uniquely transformed because of Jucheism. Jucheism justifies idolization of Kim Il Sung, dictatorship of Kim Il Sung, three-generation hereditary dictatorship after the death of Kim Il Sung, and idolization of genealogy of Kim Il Sung.

This paper analyzes formation and change of Kim Il Sung Jucheism, religious character of Jucheism, and economic cost of idolization of Kim Il Sung and his genealogy based on factual cases. This paper also explains the reason why, due to Jucheism, North Korea can not adopt a reform and open policy while all the other communist countries, except Cuba and North Korea, have implemented the reform and open policy in order to overcome economic difficulties.

Finally, this paper studies the opportunity cost as well as the economic cost of Jucheism, which has affected the whole economy of North Korea. Also it considers problems of Jucheism that should be dealt with to surmount the current economic hardships of the country.

[Key words]
Jucheism, Idolization, Economy of North Korea, Economic cost, Opportunity cost

북한의 경제특구정책과 실패요인
—중국의 경제특구정책과의 비교분석—

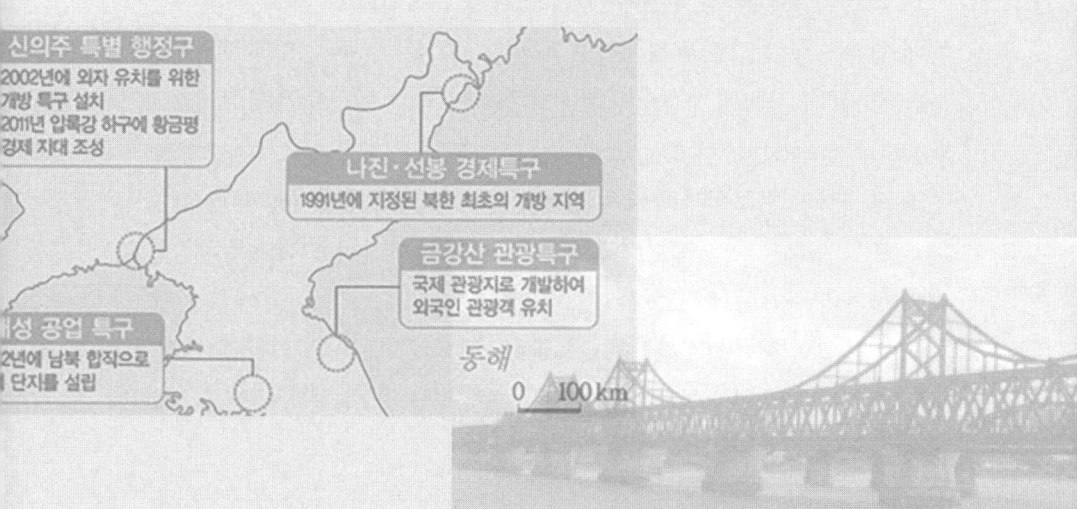

- I. 머리말
- II. 북한 경제특구정책
- III. 중국 경제특구정책과 특징
- IV. 북한 경제특구정책의 실패요인
  - 중국 경제특구정책과 비교분석, 시사점
- V. 맺음말

국문초록

1991년 12월 북한은 최초의 경제특구로 '나진·선봉 자유경제무역지대'를 발표하였다. 이어서 2002년 북한은 신의주와 금강산과 개성을 경제특구로 지정하였다. 그러나 현재 4개의 경제특구는 모두 중단된 상태이다. 반면에 중국의 경제특구정책은 매우 성공적이어서 중국의 고속 경제성장의 근간을 이루었다.

본 논문은 북한의 경제특구정책에 대한 종합적인 이해, 북한 경제특구정책에 영향을 주었던 중국 경제특구정책에 대한 분석, 중국 경제특구정책과 북한 경제특구정책에 대한 비교분석을 통한 각각의 성공요인과 실패요인에 대해 고찰하고 있다.

본 연구에서는 북한과 중국의 경제특구 진행 과정과 결과를 실제적인 사례와 분석 자료를 중심으로 비교하였다. 또한 각 나라의 20여년 경제특구정책의 성과를 비교하여 평가하였다.

끝으로 본 연구는 향후 남북한 경제협력과 최근 북·중 국경지역에서 진행되고 있는 중국 주도하의 나진·선봉 경제특구개발정책에 대한 시사점을 제시하고 있다.

[주제어]
북한 경제특구정책, 중국 경제특구정책, 개혁개방정책

* 2013년 〈동북아경제연구〉 제25권 제2호에 실린 논문.

I. 머리말

1. 연구의 배경

최근 북한은 북·중 국경지역에서 중국의 주도하에 황금평·위화도 경제특구와 나진·선봉 경제특구개발을 추진 중에 있다. 핵실험, 미사일 발사 등으로 인해 국제사회로부터 경제재재와 고립이 심화되고 있는 대외적 상황과 함께 북한은 체재유지에 위협을 느낄 정도로 심각한 경제 위기에 직면해 있다. 이런 정치적, 경제적 상황 속에서 추진되고 있는 북한의 경제특구개발의 성공여부는 북한과 중국, 그리고 동북아시아의 주요한 이슈이다. 특별히 나진·선봉 경제특구는 1990년대 초반 북한의 최초의 경제특구로 지정되었으나 별다른 성과를 거두지 못하고 중단된 후, 약 20년 만에 중국의 주도하에 재개되고 있다.

중국의 경제특구정책은 매우 성공적이었으며 현재 많은 국가들이 중국의 경제특구정책을 경제모델로 삼고 있다. 반면 중국의 개혁개방과 경제특구정책의 영향을 받아서 추진되었던 북한의 경제특구정책은 4개 모두 중단되었다. 최근 중국 주도하에 재개된 북한의 경제특구개발이 또다시 실패하지 않기 위해서는 이전 경제특구 사례들과 문제점들을 분석하여 향후 현실적이며 능동적인 대책을 세워나가야 할 것이다. 또한 중국 독점 투자 및 개발로 인한 북한 경제의 중국 종속화 현상도 점검되어야 한다.

2. 선행연구와 연구의 내용

그동안 북한의 대외개방 정책을 연구한 논문들과, 북한의 경제특구 및 중국의 경제특구 각각을 연구한 논문과 이 둘을 비교 분석한 논문들이 발표되었다.

북한의 대외개방 정책들에 관해서는 정형곤, 김병연, 이석(2012)이 북한의 시장화 현황과 경제체제의 변화를 전망했고, 장형수(2012)는 북한경제의 개혁과 개방을 촉진하기 위한 과제와 전망을 연구하고 발표하였다. 조명철, 김지연, 홍익표, 이종운(2010)은 대외경제정책의 실패요인과 북한체제의 문제점을 분석하였다. 정책적 제약 요인으로는 북한의 폐쇄경제구조, 산업간 불균형을 초래하고 있는 중공업 우선 정책, 군사안보 우선 정책의 결과 편향된 군사비 지출 등이며 제도적 제약 요인으로는 통제 중심의 무역법 제도와 외국인 투자관련 법규, 낙후된 산업 환경 및 인프라, 그리고 중앙집권적 행정체계를 언급하였다.

북한의 경제특구에 관한 연구는 서봉교(2001)가 금강산 관광특구를 통해 북한 관광특구 사업의 성공 조건을 분석하였다. 임강택과 임성훈(2004)은 개성공업지구와 금강산관광특구를 활성화하고 지속적으로 진행하기 위한 전략으로 외자유치를 제안하며 남북한 긴장완화, 통일 여건 조성 측면에서 접근할 것을 주장했다. 조명철(2007)은 나진·선봉과 신의주 경제특구의 실패 요인에 대해 북한의 폐쇄적인 외교정책과 국가주도의 계획경제 시스템, 적절한 배후지 부재, 주변국가와 연계 부족, 백화점식 개발, 당국의 지나친 제한 등을 언급했다. 특구정책이 성공하기 위해서는 산업 인프라 개발이 최우선임을 강조했다.

중국에 관련된 연구는 이상직과 박기성(2003)이 중국경제 성장의 원동력을 경제특구로 분석하며 성공 요인을 발표하였고, 정형곤(2001)은 중국 심천 경제특구를 중심으로 자원분배 매커니즘, 제도, 법 등을 분석하여 심천의 경제특구 운영을 심층 연구했다.

북한과 중국 두 국가의 경제특구 비교에 관련된 연구에는 서봉교(2001)가 성공한 중국의 경제특구와 나진·선봉의 실패 원인을 비교하여 개성공단의 성공 전략을 제안했고, 최상권(2009)은 북한과 중국의 특구 정책들을 정리하였다. 임성훈(2007)은 중국 경제특구의 투자 현황과 개성공단의 현황을 비교하며 개성공단이 성공하기 위해서는 제도적 개선을 위한 법제 정비, 산업 인프라 구축, 남북경제협력이 필요하다고 주장했다.

앞서 살펴본 기존의 연구들은 북한 체제 및 북한과 중국의 각각의 특구에 대한 지엽적이고 독립적인 검토가 주를 이루고 있다. 본 연구에서는 선행연구들의 개별 단위에 대한 연구 및 제언들을 활용하였다. 또한 기존의 연구와는 차별적으로 북한과 중국의 경제특구 진행과정과 결과를 비교 분석함으로써 각 나라의 20여 년 경제특구정책 기간의 성과를 통전·통시적인 관점에서 비교하여 평가하였다. 연구방법은 북한 경제특구와 중국 경제특구에 관련된 문헌과 사례연구 및 경제 통계자료를 중심으로 하였다.[1] 기간은 북한의 경제특구가 시작된 1991년 12월부터 최근까지 약 20년에 걸친 북한의 자료를 분석하였고, 중국의 경우 경제특구가 시행된 1979년도부터 2000년대 초까지 20여 년의 자료를 비교·분석하였다.

3. 연구의 목적

본 연구의 목적은 1) 북한의 경제특구정책에 대한 종합적인 이해, 2) 북한 경제특구정책에 영향을 주었던 중국 경제특구정책과 그 특징에 대한 이해, 3) 북한 경제특구정책과 중국 경제특구정책에 대한 비교분석을 통한 각각의 실패요인과 성공요인에 대한 고찰, 4) 최근에 진행되는 중국 주도형 북중 국경지역 경제특구개발에 대한 시사점 제시 등으로 요약될 수 있다.

---

[1] 북한 관련 자료는 1차 자료 수집이 어렵고 발표된 자료의 경우 신뢰도가 낮아 본 논문에 반영하는 것에는 한계가 있다. 북한의 폐쇄적인 정치·사회구조로 인해 북한 정부가 공개하는 통계 자료는 국제사회에서 검증될 수 없는 경우가 대부분이다. 실제 북한의 인구조차도 북한 정부가 발표한 수치를 국제기구 등에서는 추청지로 받아들이고 있는 실정이다.

Ⅱ. 북한 경제특구정책

1. 도입 배경

1990년대 구소련과 동구권이 붕괴하며 사회주의 국가들 간의 우호무역이 사라지면서, 북한경제는 더 급격하게 쇠퇴하기 시작했다. 공산주의 국가들이 개혁개방정책과 함께 시장경제를 도입하기 시작하자 북한은 국제적으로 고립되었다. 뿐만 아니라 내부적으로 장기간의 경제침체에 자연재해까지 겹쳐 90년대 중후반에는 많은 사람들이 식량이 없어 아사하는 사태가 발생하였다. 심각한 경제난에 부딪친 북한은 새로운 형태의 대외경제정책을 통한 외자유치의 필요성을 느끼게 되었고, 이로 인하여 경제특구정책을 추진하게 되었다.

경제특구는 외국자본 및 선진기술을 유치하기 위해 특정 지역에 한하여 시장경제체제를 허용하며 각종 경제적인 우대조치를 취하여 외국기업이 들어올 수 있도록 개방된 경제구역을 의미한다. 경제특구를 시행하게 되면 특정 지역에 외국자본과 기업들이 들어오고 자본주의 시장경제체제가 도입되기 때문에 경제특구를 통하여 북한 사회에 자본주의 사상이 유입될 수 있다. 이를 방지하기 위해 북한당국은 첫 번째 경제특구인 나진·선봉지역 주위에 철조망을 두르고 외부 출입을 엄격하게 통제하였다. 그래서 북한의 경제특구정책은 '모기장식 개방'[2]정책이라고도 불린다. 모기장에 들어오는 바람처럼 자유주의 시장경제체제에 대해서 필요한 부분은 받아들이지만 체제를 무너뜨리는 요소들은 모기장을 통해 걸러내겠다는 것이다.

북한은 자본주의 사상의 노출을 최대한 막기 위하여 경제특구를 지정할 때 북한의 핵심인 평양에서 거리가 가장 멀리 떨어진 국경 끝부분에 있는 지

---

[2] "미국 등 제국주의자들의 부르주아사상·문화 유포책동에 대비해 그 어느 때보다도 모기장을 든든히 쳐야 한다"는 모기장 이론(청년전위, 2001).

역들을 택했다. 그래서 최북단 나진·선봉과 신의주, 그리고 최남단 동서 끝부분에 있는 금강산과 개성지역의 4개 지역을 선택하여 운영하였다. 북한은 김일성이 주도하여 1991년 12월 나진시와 선봉군 지역을 '나진·선봉자유경제무역지대'로 정하고 경제특구로 발표했다. 그리고 김일성 사후 김정일이 집권하면서 2002년 신의주특별행정구, 금강산관광지구 및 개성공업지구를 경제특구로 개방하였다.

〈그림 1〉 북한의 경제특구

자료: 위클리조선, 2008, "북한의 경제특구", 11월 25일자.

2. 나진·선봉 자유경제무역지대

북한은 1991년 12월 중국과 러시아와의 접경지역인 함경북도 동북부에 위치한 나진시와 선봉군을 '나진·선봉 자유경제무역지대'로 지정하였다. 이 '나진·선봉 자유경제무역지대'는 북한이 법과 제도를 정비하여 개방한 최초의 경제특구로 북한의 다른 지역과 달리 시장경제원리를 일부 적용하였고 정경분리의 원칙을 도입하였다.

〈표 1〉 단계별 개발목표와 중점 프로젝트

단계구분	당면단계(1993~2000)	전망단계(2001~2010)
개발목표	• 국제화물중계기지, 수출가공기지 건설	• 종합적, 현대적인 국제교류 거점도시(제2의 싱가포르)
중점 프로젝트 우선순위	• 나진지구의 경제특구 거점화 • 중국-러시아와의 중계수송망형성(철도, 도로, 통신 등) • 자유무역항들의 하역능력을 3,000만 톤 규모로 확장) • 가공수출 산업기지형 공단의 본격적 조성 • 공업지구별 전문화와 본격적 외자유치를 통한 수출주도형 가공기지 건설 • 지대 및 주변 관광기지 개발	• 자유무역항들의 하역능력을 1억 톤 규모로 확장 • 중계무역, 수출가공, 제조업, 금융서비스, 관광의 제 기능을 종합적으로 수행할 수 있는 지대건설 • 21세기 국제수준에 부응할 수 있도록 지대의 현대화와 정보화 추구
도시건설	• 인구 30만명 규모 • 나진지역 중심으로 개발하고 이를 선봉지역으로 확대	• 인구 100만명 규모 • 후창, 신해 등 나진 외곽지역과 사회, 홍의 등 두만강지역 신흥도시 개발

자료: 조명철, 2007, "북한 경제특구정책의 교훈과 정책과제", 『오늘의 세계경제』 7(42): 5.

북한이 첫 번째 경제특구로 나진·선봉지역을 선정한 이유는 지리적으로 이점이 많았기 때문이다. 중국과 러시아와의 접경지역으로 태평양과 동북아시아 내륙을 잇는 최단거리의 동해 항로를 이용할 수 있어 동해권 유통에 유리했다. 세계 운송의 주요 통로로서의 가능성이 높아 육로와 해로를 통하여 아시아와 북미 대륙의 연계도 용이했다. 또한 나진·선봉지역은 평양과는 거리가 멀리 떨어져 있어 자본주의 사상의 북한 내부 유입을 비교적 손쉽게 차단할 수 있었고, 북한 체제를 유지하며 경제특구를 시범적으로 운영해 볼 만한 가장 적합한 지역으로 검토되어 북한의 첫 경제특구 장소로 지정되었다.

북한은 이 지역을 싱가포르와 같이 현대적이고 종합적인 국제도시로 건립하는 것을 목표로 사업을 진행했다. 2010년까지 인구 100만 명의 규모로 중계무역, 수출가공, 제조업, 금융서비스 등의 역할을 수행할 수 있는 종합적인 거점도시로 건설하고자 했다. 나진·선봉 경제특구의 면적은 746㎢로 1993년부터 2010년까지 무역, 중계 수송, 수출가공, 금융 및 서비스 기지의 지역으로 개발하기 위하여 선정되었다. 북한 초기의 계획으로는 공업에 약 36억 달러, 인프라에 약 9억 달러, 서비스에 약 1억 달러 등 총 47여억 달러 유치를 목표로 하였고 이를 수행하기 위하여 해외 10여 개 국가에서 투자 설명회를 가졌고 나진·선봉 현지에서도 투자포럼 등을 개최하였다.[3]

북한의 이러한 노력에도 불구하고 1997년 12월 말까지 이루어진 외국인 투자 계약 실적은 111건으로 7억 5,077만 달러였고, 실제 투자액은 77건으로 5,791만 달러에 불과했다(조명철, 2007, p4).[4] 아래 〈표 2〉에서 형태별 외국인 투자액과 건수 현황에서 볼 수 있듯이 북한이 기대한 액수에 훨씬 미치지 못하였다. '나진·선봉 자유경제무역지대'가 당초 기대치에 미치지 못한 원인은 북한 내의 열악한 인프라와 예측할 수 없는 북한의 정치 상황 때문이며, 이 같은 요인은 계속적으로 경제특구의 상황을 어렵게 했다.

---

[3] 북한은 초기에 공업, 인프라, 서비스 부문 등에서 해외투자와 기업들을 유치하고자 투자설명회와 나진·선봉시 투자포럼을 국내외적으로 개최함.
최상권, 2009, "북한의 경제특구: 현황과 과제", 『북한학보』, 34(1): 179-210.
[4] 조명철, 2007, "북한 경제특구정책의 교훈과 정책과제", 『오늘의 세계경제』제7권 제42호: 4.

〈표 2〉 해외 북한투자 현황(1997년 12월 31일)

(단위: 만 달러, 건)

	투자액	계약건수
합영기업	2,547	46
합작기업	1,168	14
단독투자	2,076	17
합 계	5,791	77

자료: 조명철, 2007, "북한 경제특구정책의 교훈과 정책과제", 『오늘의 세계경제』 7(42): 4. 자료를 바탕으로 저자 재구성.

특히 1990년대 중반까지 남한과의 관계 악화와 계속되는 핵과 미사일 문제로 미국과의 긴장이 고조되었던 것도 원인으로 꼽히고 있다. 그래서 김일성이 주도하였던 이 '나진·선봉 자유경제무역지대'는 김일성 사망으로 그 추진력을 잃었고 결국 중단되고 말았다.

3. 신의주특별행정구

2001년 북한의 김정일은 중국의 개혁개방 현장을 방문하며 중국의 괄목할 만한 성장에 주목하였다. 김정일은 특별히 중국의 상하이 푸둥 지구를 둘러본 후 천지개벽이라는 말을 하며 놀라움을 표시했다고 한다. 그리고 북한은 2002년 '7·1경제관리개선조치'[5]를 발표하며 일부 시장경제체제를 도입한 새로운 개혁안을 제시하였다. 북한은 2002년 9월 12일 '조선민주주의인민공화국 신의주특별행정구기본법'을 최고인민회의 상임위원회 정령으로 공표하였다. 신의주 특별행정구로는 평안북도 서북부에 있는 신의주를 중심

---

[5] 북한의 김정일이 2001년 1월 중국의 경제특구를 시찰하면서 급성장한 중국의 변화를 보고, 북한의 경제발전을 위해 2002년 7월 1일 발표한 경제조치이다(이용희, 2012, pp.116-117).

으로 의주군, 철산군, 염주군의 일부, 특구면적 132㎢(4,000만평)을 지정하였다.

북한은 2000년 6월 15일 남북정상회담 이후 적극적으로 남한과 경제협력을 추진하였고, 중국뿐만 아니라 일본과 러시아 등 주변국들의 외자유치를 추진하기 위하여 노력하였다. 그래서 신의주경제특구의 경우 홍콩과 같은 발전모형을 계획했다.[6] 북한은 신의주 특별행정구역을 국제적인 금융, 무역, 상업, 공업, 첨단과학, 관광 및 오락 지구로 설치하려고 하였다. 신의주특별행정기본법 제1조와 2조에 의하면 "특별행정구는 북한의 주권이 행사되는 특수행정단위로서 국가는 신의주특별행정구를 중앙에 직할시키고", "입법권, 행정권, 사법권을 부여한다"고 규정되어 있다. 이는 북한 정부의 개입이 최소화되는 1국가 2체제의 모습이며 특히 북한은 특구의 법률제도가 50년간 변하지 않을 것을 명문화하여서 특구의 자율성과 안정성을 보장하였다. 그리하여 50년간의 토지, 생산수단 이용권 허용 및 사유재산권을 보장하였으며 문호를 개방하여 외국인이 요직에 취임할 수 있도록 허용할 뿐 아니라 무비자로 통행할 수 있도록 하였고, 우대관세를 적용하였으며 자유로운 외환 유통을 이루게 했다.(〈표 3〉참조)

〈표 3〉「신의주특별행정구 기본법」의 요지

구분	내용
정치	- 국가는 행정구에 입법권, 행정권 사법권 부여 - 향후 50년간 행정구 법률제도 불변 - 중앙은 외교사업을 제외한 특별행정구 사업에 관여안함 - 행정국 명의로 대외사업, 여권 발급 가능

---

6 주변 강대국과의 경제협력에 역점, 기존 라진·선봉 자유무역지대의 경험과 신의주 지역의 지리적 이점을 활용하여 홍콩과 같은 발전모형을 고려함. 황만익, 2005, 『북한 주요산업지역의 토지이용변화와 개방지역에 관한 연구』, 서울대학교출판부, pp.152-153.

경제	- 국가는 행정구에 토지 개발 · 이용 · 관리권 부여 - 국제 금융, 무역, 상공업, 첨단과학, 오락, 관광지구로 개발 - 행정구 토지 임대기간을 2052년 12월 말까지 - 국가는 행정구에 유리한 투자 환경과 경제활동 조건 보장 - 행정구내 기업은 북한의 노동력을 채용
문화	- 국가는 문화분야의 시책을 실시하여 행정구 주민의 창조노력과 문화정서적 요구를 충족 - 첨단 과학기술 수용, 새로운 과학기술분야 개척
주민 권리 의무	- 주민은 성별, 국적, 민족, 인종, 언어, 재산 신앙에 따라 차별 없음 - 외국인도 주민과 같은 권리와 의무 부여 - 다른지역 및 외국으로의 이주, 여행은 행정구에 위임
기구	- 입법회의가 입법권 가짐 - 입법회의 의원은 주민권을 가진 외국인도 포함 - 입법회의 의장, 부의장은 입법회의에서 선거 - 장관은 행정부의 책임자이자 대표 행정부 및 구검찰소장 인사권 가짐 - 검찰은 구검찰소, 지구검찰소 관할 재판은 구재판소, 지구재판소 관할
구장 구기	- 행정구는 국가의 상징물 외에 독자적인 구장, 구기 사용 - 행정구에는 공화국 국적, 국장, 국기, 국가, 수도, 영해, 영공, 국가, 안전에 관한 법규 밖의 다른 법규를 적용치 않음

자료: 통일부, 2002, 「「신의주 특별행정구」 지정관련 설명자료」, 10월 2일자.
www.unikorea.go.kr

　　북한은 신의주특구 장관으로 북한 역사상 최초로 외국인인 네덜란드 국적 화교 출신의 어우야 그룹(歐亞) 양빈 회장을 임명하였다. 그러나 신의주 경제특구 발표 3일 후인 2002년 10월 26일, 신의주특구장관 양빈은 중국당국에 체포되었다. 중국의 신화통신은 "양빈이 허위투자, 뇌물수수, 사기, 농경 토지 불법 점용 등 경제범죄활동"으로 공안국에 정식으로 체포되었다고 보도하였고 양빈은 2003년 9월 6일 랴오닝성 고급인민법원의 최종심에서 18년 형을 선고받고 선양1감옥에 수감되었다(황의봉 · 정인갑, 2004). 행정특구의 직접적인 설계자였던 당사자가 체포된 후 신의주 행정특구는 추진 동력이 상실되었고 결국 신의주특구정책은 중단되었다. 중국의 동의 없이 북한이 대외경제정책을 추진하는 데 한계가 있음을 보여준 사례이며 양빈이라는 개인 사업가에만 전적으로 의존하여 사업을 추진하였던 것이 실패의 중요한 원인이 되었다.

또한 신의주는 중국의 단둥 지역과 접점지역으로 경쟁체제가 조성될 수밖에 없었는데 단둥 지역에는 이미 5만 톤급의 선박 정박시설을 갖추고 있어 왜소한 항만을 보유한 신의주는 경쟁에서 불리하였다. 그리고 신의주로 진입하기 위해서는 단둥을 반드시 통과해야 하는 입지적인 불리함이 있었다. 또 신의주지역은 SOC 및 인프라의 낙후로 새로운 시설을 위해 막대한 비용을 조달해야 했고 신의주 배후지역은 농촌지역으로 빈곤하여 노동력 제공은 가능하나 구매력은 낮았다는 단점이 있었다. 이 당시 북한은 북쪽에는 신의주, 남쪽에는 개성공단에서 거의 동시에 경제특구사업을 진행했었고, 한국 기업의 관심은 개성지역에 있었기 때문에 신의주에 투자재원이 부족했던 것도 실패의 한 원인이 되었다.

4. 금강산관광지구

북한은 2002년 11월 강원도 동남부에 위치한 금강산의 746㎢에 해당하는 지역을 국제적인 관광지역으로 개발할 목적으로 관광특구로 지정하였다. 북한은 금강산관광산업의 경우 지리적으로 최남단 동해안 휴전선 지역에 위치하고 있으므로 외국 관광객이 온다 할지라도 북한 주민들에게 미치는 영향력은 거의 없고 따라서 북한의 체제가 위협받지 않고 외화를 획득할 수 있는 특별한 경제특구사업이라고 간주했다.

1998년 10월 29일 '김정일 · 정주영, 금강산관광사업 합의'가 성사되었다. 이 사업은 남한 국민들이 금강산을 관광하는 사업으로 1998년 11월부터 추진되었다. 북한은 2002년 11월 13일 '조선민주주의 인민공화국 금강산관광지구법'을 공포하였고, "금강산관광지구는 북한 법에 따라 관리 운영하는 국제적인 관광지역"이며 "관광 지구에서도 관광뿐만 아니라 지구개발, 관광업을 위한 투자와 아울러 소프트웨어 산업 같은 무공해 첨단과학기술부문의 투자도 가능하다"라고 규정하고 있다. 그렇기 때문에 중점적인 사업으로 관광사업을 추진하지만 공업지구 건설을 부차적으로 규정하고 있다는 것은 개성공업지구와 같은 경제특구로도 발전할 수 있다는 것을 시사한다.[7]

금강산관광사업은 1998년 11월 18일 금강산관광선이 첫 출항하며 시작되었지만, 사업진행 과정은 순탄하지 못했다. 1999년 6월 21일에 발생한 민영미 억류사건으로 안전문제가 발생하자 금강산관광산업이 중단되는 등 어려움이 발생하였다. 민영미 억류사건의 경우 정부가 개입하여 「관광세칙」 및 신변안전 관련 합의서를 북한과 체결함으로 다시 관광이 재개될 수 있었다. 2001년에는 한국관광공사가 금강산관광사업에 참여하였고 정부에서는 남북협력기금을 활용하여 금강산관광사업을 지원하였다. 그러나 2008년 7월 11일 남한 관광객인 박왕자씨가 북한 군인에게 피격되어 사망하는 사건이 발생함에 따라 금강산관광사업이 중단되었다. 이 사건에 대하여 남한 정부가 북한 측에 사과와 보상, 그리고 향후 금강산 관광객들에 대한 신변안전 대책을 요구했다. 북한 측은 이를 받아들이지 않았고 남한 측에 잘못을 돌리며 금강산관광사업의 모든 재산과 금강산에 있는 사업자들의 소유 재산을 동결·몰수함으로 사업은 중단되었다. 금강산관광은 2008년 7월 관광이 중단되기 전까지 누적 관광객이 193만여 명에 달하였고, 금강산 관광 매출액은 7천 378억 원이었다.

---

[7] 관광사업을 중점적으로 추진하되 공업지구건설을 부차적으로 규정하고 있다는 점에서 경제특구에 해당된다고 볼 수 있음. 신영호, 2004, "북한의 금강산관광지구법에 대한 검토", 『국민대 법대 남북협력법제연구단 제1회 금강산 포럼 발제문』, 국민대법제연구센터: 15.

<표 4> 금강산 관광객 추이

(단위: 명)

'98	'99	'00	'01	'02	'03
10,554	148,074	213,009	57,879	84,727	74,334
'04	'05	'06	'07	'08(1~7)	합계
268,420	298,247	234,446	345,006	199,966	1,934,662

<표 5> 연도별 관광 대가 지급 추이

(단위: 백만달러)

연도	'99	'00	'01	'02	'03	
관광 대가	206.0	136.0	37.2	21.5	13.1	
연도	'04	'05	'06	'07	'08	합계
관광 대가	15.3	13.5	12.3	20.3	11.4	486.6

자료: 기획재정부(www.most.go.kr), 통일부(www.unikorea.go.kr), 현대아산 (www.hyundai-asan.com) 자료를 바탕으로 저자 재구성.

<표 6> 금강산 관광 매출액

(단위: 억원)

'99	'00	'01	'02	'03	'04	'05	'06	'07	'08 (1~7)
716	942	352	512	369	909	983	853	1,128	614

자료: 기획재정부 (www.most.go.kr), 통일부 (www.unikorea.go.kr), 현대아산 (www.hyundai-asan.com) 자료를 바탕으로 저자 재구성.

이후 북한은 금강산 관광객의 신변안전을 보장하지 않은 상태에서 금강산관광 재개를 주장했다. 남한 측이 이에 응하지 않자 2010년 4월에는 금강산관광지구 내 남한 측 시설과 재산을 몰수했고 체류 인원을 전원 추방했다. 2011년 4월, 현대아산의 독점사업권을 취소했고 5월에는 '금강산 국제관광 특구법'을 발표하여 남한 측의 금강산관광 참여를 배제했으며, 2011년 11월, 중국을 통한 금강산국제관광을 시작했다. 현대경제연구원은 2012년 11월 15일 연구보고서 '금강산관광, 남북관계 개선의 시발점'에서 "지난 2008년 7월부터 2012년 11월까지 4년여간 관광객 수, 매출액, 강원도 지역경제, 관광수지 등을 고려한 금강산 관광 중단에 따른 손실은 총 15억5,000만 달러(약 1조 7,000억)에 달한다."라고 주장했다.[8]

박왕자씨 피살 사건 같은 남북한 간의 갈등 국면이 도출되었을 때 정치적으로 이러한 상황을 극복하지 못함으로 결국 경제특구 중단이라는 결과를 가져왔다. 북한의 경우 경제적 실익보다는 정치적 명분과 국가적 자존심을 더 우선시하였다. 1국가 2체제 수용 등 경제적 실익을 우선시했던 중국의 경제정책과 대비된다.

5. 개성공업지구

2000년 6월 남북정상회담 직후인 2000년 8월, 현대아산의 (故)정몽헌 회장과 김윤규 사장이 김정일과 면담을 가졌고 그 결과 2천만~4천만 평 규모의 공업단지를 개성에 건설하고 개성지역의 육로관광을 시행하기로 합의하면서 개성공업단지 사업이 추진되었다.

북한은 2002년 11월 20일 '조선민주주의 인민공화국 개성공업지구법'을 제정했고 개성을 "북한 법에 따라 관리 운영하는 국제적인 공업, 무역, 상업, 금융, 관광지역"으로 규정하며 공업단지로 조성하였다. 개성공업지구 면적은 66㎢로 황해북도 서남부에 위치하고 있으며 국제적인 공업, 무역, 상업,

---

[8] 금강산 사업은 평화적 개념과 경제적 개념의 편익을 동시에 이룰 수 있는 남북한 경제협력 프로젝트로서 통일의식 제고, 국가 브랜드 제고, 지역경제 활성화 등의 편익이 있음을 주장함. 현대경제연구원, 2012, 『금강산관광, 남북관계 개선의 시발점』: 3.

금융, 관광지역으로 건설하는 것을 목표로 하였다.

2003년 6월에 착공식을 가졌고 2007년 6월, 2차로 183개의 입주 기업들이 계약을 체결했으며 사업 진행은 점차 활발해져 갔다. 이 과정에서 남한 정부가 '개성공업지구 지원에 관한 법률'을 제정했고 법적으로 지원할 수 있는 근거가 되었다. 2008년 11월, 개성공단에서의 누적 생산액이 5억 달러를 초과하였다.

2008년 남북관계가 악화되면서 개성공단사업도 함께 어려움에 맞닥뜨리게 되었다. 북한은 2008년 12월 1일, '12.1조치'를 발표하며 군사분계선 통행 및 체류 인원을 제한했다. 이 조치를 통해 개성공단의 상주 체류 인원을 남한 측 인원 880명으로 제한했으며 남북 간의 통행을 허용하는 시간대와 인원을 대폭 축소했다. 추가적으로 2009년 5월, 북한당국이 일방적으로 개성공단 관련 법규 및 계약에 대한 무효를 발표했으며 같은 해 6월 실무회담을 통해서 근로자 임금 및 토지임대료에 대해 대대적인 인상을 요구했다.[9] 이에 남한정부는 '개성공단 발전 3원칙'을 발표하고 규범 확립, 경제원리 추구, 미래지향적 발전을 표명하며 북한 측 요구를 거부했다.

2009년 8월, 김대중 전 대통령의 장례식 당시 북한 조문단이 청와대를 방문했고, 이와 함께 남북관계의 개선이 있었다. 북한이 '12.1조치'를 해제하였고 이로 인하여 개성공단의 생산 활동이 일시적인 회복세를 보였다. 그러나 2010년 3월, 천안함 사건이 발생하자 개성공단은 다시 침체되기 시작했다. 남한 정부는 개성공단의 체류 인원을 50~60%의 수준으로 조정하는 '5.24조치'를 발표했다.

---

9 북한은 근로자 임금을 기존 50달러 수준에서 300달러로, 기존 연 5%의 임금인상 상한선을 10~20%로 인상을 요구했고 토지임대료에 대해서 이미 납부한 금액에 5억 달러의 추가 지불을 요구했으며, 2014년부터 징수 예정이었던 토지사용료도 2010년부터 평당 5~10달러에 징수하겠다고 요구함.

⟨표 7⟩ 개성공단 가동기업수 및 생산액 현황

(단위: 개, 만달러)

구분	2005	2006	2007	2008	2009	2010	2011	계
가동 기업수	18	30	65	93	117	121	123	-
생산액	1,491	7,373	18,478	25,142	25,648	32,332	40,185	150,649

자료: 통일부, 2013, 『2013 통일백서』: 253-254.

⟨표 8⟩ 개성공단 근로자 현황

(단위: 명)

구분	2005	2006	2007	2008	2009	2010	2011
북측 근로자	6,013	11,160	22,538	38,931	42,561	46,284	49,866
남측 근로자	507	791	785	1055	935	804	776
합계	6,520	11,951	23,323	39,986	43,496	47,088	50,642

자료: 통일부, 2013, 『2013 통일백서』: 254.

⟨표 7⟩에서 볼 수 있듯이 개성공업지구의 가동기업 수와 생산액은 지속적으로 증가하였으나 2008년부터는 그 추세가 현저히 둔화되었다.

⟨표 8⟩에 의하면 개성공단의 전체 근로자 수는 해마다 증가하였으나 2008년부터 남측 근로자는 지속적으로 줄었다. 2010년 7월에는 전체 근로자의 98% 이상이 북한 측 근로자였으며 개성공단 총임금 지급액은 1억 달러를 초과하였다(홍익표, 2011, pp.23-44).[10] 남북한의 긴장관계가 지속되던 상황에서 2013년 2월 12일 북한은 3차 핵실험을 감행하였다. 핵실험으로 인해 북한은 국제사회로부터 규탄과 제재를 받게 되었고 남북한의 정치적 갈등과 긴장은

---

10 홍익표, 2011, "개성공단의 경쟁력 분석 및 활성화 방안", 『북한경제리뷰 2011』: 23-44.

최고조에 달하였다. 이러한 상황 속에서 2013년 4월 3일 개성공단 잠정 폐쇄 조치가 내려졌다.

개성공단이 경제특구로 활성화되기 위해서는 정치적인 영향력이 최대한 배제되도록 운영되어야 할 것이다. 정치적 중립지대로 개성공단사업들이 보호되고 유지되기 위해서는 남북 양측이 합의한 '경제특구 관리위원회'와 같은 기구가 만들어지는 것이 필요하다. 이 같은 기구에서는 진행 중인 경제특구 사업에 남북한 정부가 정치적인 목적으로 개입하지 못하도록 해야 하며 유치된 자본과 기업과 근로자들의 생산 활동과 안전을 보장할 수 있어야 한다.

〈표 9〉 라진·선봉, 신의주, 금강산, 개성 경제특구 비교

구분	라진·선봉	신의주	금강산	개성
성격	북한식 경제특구	홍콩식 특별 행정구	관광특구	공업단지
지정일	1991. 12	2002.9	2002.11	2002.22
위치	함북(동북부)	평북(서북부)	강원(동남부)	황북(서남부)
면적	746㎢	132㎢	746㎢	66㎢
설치 목적	무역 및 중계 수출가공, 금융, 서비스	국제금융·무역, 상업, 공업, 첨단과학, 오락, 관광지구	국제적인 관광지역	국제적인 공업, 무역, 상업, 금융, 관광지역
사업 지도 기관	중앙대외경제기관, 경제무역지대 당국	신의주 특별 행정구 행정기관	중앙관광지구 지도기관	중앙공업지구 지도기관
관세	특별관세	무관세	무관세	무관세
기업 소득세	-결산이윤의 14% -예외적 감면조항	-미정(특혜적인 세율제도, 세율은 특별 행정구가 결정)	개발업자의 관광개발과 영업활동에는 비과세	-결산이윤의 14% -SOC, 경공업, 첨단과학 기술분야는 10%

유통 화폐	북한 원	외화 (독자적 화폐금융정책)	전환성 외화	전환성 외화
외화 반출입	국외 송금 가능	자유 반출입	자유 반출입	자유 반출입
외국인 참여	단독·합영·합작형식으로 기업 설립·운영·투자 허용	행정장관을 신의주 특구 주민으로 구성해 외국인 참여 허용	-관리기구 구성 시 남측 개발업자 추천 -외부인도 참여 가능	-금강산 지구와 동일 -관리기관 이사장에 남측 인사 취임
환경 보호	국가가 정한 환경보호 한계기준을 초과하는 대상 투자 금지·제한 가능	환경오염 방지 명문화	오염물질의 배출기준, 소음, 진동기준 등의 환경보호 보장	환경보호를 저해하는 투자 금지 명시

자치권	범위	행정	입법, 행정, 사법	독자적 지도 및 관리	독자적 지도 및 관리
	입법	-	입법의회	-	-
	사법	-	구재판소, 지구 재판소	-	-
	행정	지대당국	행정부(장관)	지도 및 관리기관	지도 및 관리기관

토지	소유 주체	국가	국가	국가	국가
	개발 주체	지대당국	행정구	개발업자	개발업자
	임차 기간	-구체적 기간 명시 없음 -임대기관의 승인하에 임차기간 연기 가능	-50년 -2052년 12월 31일로 종료 시한 명시	-구체적 기간 명시 없음 (현대아산 앞 50년간 토지 이용증 발급)	-50년 (토지 이용 증 발급일로 부터)
	이용권	관련규정없음.	양도, 임대, 재임대, 저당 가능.	양도, 임대 가능	양도, 임대 가능

비자 여부	무비자 (초청장 필요)	비자 발급	무비자 (출입증명서 필요)	무비자 (출입증명서 필요)
자유 활동 보장	투자가에게 지대 내에서 기업관리와 경영방법의 자유로운 선택권 부여	거주민의 선거권, 노동권과 언론 출판 집회 시위, 신앙의 자유 보장	관광객 개인의 차량 또는 도보 이용한 자유로운 관광 명문화	법에 근거하지 않은 체류자 구속·체포· 가택 수색 금지· 우편·전화· 팩스·자유 이용

출처: 북한연구소, 2004, 『수은북한경제』 여름호, p60.

Ⅲ. 중국 경제특구정책과 특징

1. 경제특구정책

1) 경제특구정책의 발전과정

1979년 당시 중국의 주석이었던 등소평은 대외개방경제정책으로서 경제특구정책을 추진하였다. 등소평은 동남부 연해 4개 지역인 광동성(廣東省)의 선전·주하이·산토우, 푸젠성(福建省) 샤먼과 1983년 성으로 승격한 하이난다오를 경제특구로 지정하였다. 중국은 경제특구제도를 통하여 투자하는 외국 기업들에게 관세와 세금의 혜택을 주었으며 최고 지도자인 등소평과 중앙정부가 적극적으로 외자유치 정책을 시행하였다.

경제특구 중에서도 특히 광동성과 푸젠성 지역 즉 연안개발 전략이 성공을 거두었다. 1984년 연해에 인접한 도시를 개방하고 14개의 개방도시를 경제기술개발구로 지정하여 적극적인 대외경제정책을 펼쳐나갔다. 상하이와 톈진 등은 '신구(신취)'로 분류된다. 그리고 1985년에는 우대지역의 범위를 도시만 지정하지 않고 남부 푸젠성 델타지역과 하천 하류지역으로 전주강 델타, 양쯔강 델타지역을 경제개방지역으로 지정하였고 그 후 이 지역의 경제는 급속도로 발전하였다.

중국의 경제특구는 연해지구의 경제특구로부터 그 범위가 점차 내륙지역으로 확대되어 전 방위 개방이 시행되었다. 이와 같은 점진적인 경제발전 전략을 통해 중국 내 정치이념인 사회주의 사상과 체제는 유지하면서 1980년대 국가경제를 발전시킬 수 있었다.

〈표 10〉 중국내 경제특구와 각종 개발구의 비교

구분	지정연대	대상지역의 특징	주요 인센티브
경제특구	1979~80년 지정, 해남성은 1988년 추가 지정 (점 개방단계)	5개 지역으로 국한, 해남도는 1983년 성으로 승격된 이후 개방도시에서 경제특구로 편입	특구관련법에 의거 법인세 10~15%
연해개방도시	1984년 지정 (선 개방단계)	동부연안의 14개 전통적 무역항 도시, 도시내 경제기술개발구 설치	법인세 12~30%, 경제기술개발구 내는 10~30%
연해경제개방구	1985년 지정 (면 개방단계)	주강, 민강, 장강 삼각주, 요동반도, 산동반도 개방구	법인세 12~30%
고신기술개발구	1988년에 14개 지정, 1990년에는 총 27개로, 1997년 현재 52개로 확대	연해지방 27개, 내륙지방 19개, 변방지역에 9개 등 전국 주요 대도시에 모두 지정	1991~1993년의 고신개발구구 관련 규정, 과학기술촉진법 등에 의거 법인세 15~30%
경제개발구	1980년 중반 이후 각 지방정부들이 경쟁적으로 지정, 1993년 한 때 전국에 2,000개 설치	지방정부 차원의 개발구 육성 추진, 개발구 과열로 중앙정부가 정리하기도 하였음.	지방정부 차원에서 다양한 인센티브 및 지원제도 제공, 법인세 15~30%

보세구	1990~91년 지정	상해 포동, 천진항, 심천, 대련, 광주, 하문, 장자항, 해구, 복주, 청도, 영파, 산두 등 주로 특구 및 연해개방도시 지역에 지정	지정된 보세구역 내에서 보세통관 혜택으로 수출관련 생산, 무역대리, 물류, 금융, 기타 서비스 업무를 허용

자료: 유희문·고정식·김시중·박정동·백권호·서석흥·오승렬·이일영·정영록·한홍석·허홍호, 2000, 『현대중국경제』, 교보문고: 338.

2) 남순강화

1989년 중국에서 발생한 천안문사태와 1991년 구소련의 붕괴로 인하여 중국은 정치적인 이념 갈등과 함께 개혁개방의 노선이 흔들리는 어려움을 겪게 되었다. 이러한 상황 속에서 1992년 등소평은 우한(武汉), 선전(深圳), 주하이(珠海), 상하이(上海) 등 남방경제특구를 순시하면서 지속적인 개방개혁과 시장경제체제 도입을 통한 경제발전 의지를 분명하게 나타낸 담화를 발표하였는데 이를 '남순강화(南巡讲话)'라고 한다.[11] 천안문사태가 있었던 1989년에 8.4%까지 떨어진 경제성장률은 등소평의 남순강화 이후 1992년 12.5%, 1993년 13.8%로 고속 성장을 하였다. 이때부터 중국 경제는 다시 급속도로 발전하기 시작하였다.[12]

3) 점(点)-선(線)-면(面)-전 방위 개방

중국의 대외개방정책은 아래 〈표 11〉과 같이 4단계의 발전과정을 거치며

---

11 등소평의 남순강화는 당시 만연했던 '사회주의의 길이냐 자본주의의 길이냐'는 논쟁에 종지부를 찍었다. 계획경제를 주장하는 사람들에게 일침을 가했고 중국의 개혁개방에 더욱 박차를 가하게 되었다(이용희, 2010: 21).
12 천안문 사태 이후 감소했던 경제성장률은 남순강화를 통해 급격히 성장했으며 등소평의 퇴진 이후에도 개혁개방정책이 계속적으로 추진되었다(박형기, 2007).

진행되었다. 처음 시작할 때는 점(点) 개방단계로, 실험적으로 일부 도시에는 경제특구를 진행하였다. 다음으로는 연해지역의 14개 도시로 개방지역을 확대하며 점에서 선(線)으로 확장 정책이 실행되었다. 그리고 다음 단계에는 연해경제개방구로 선에서 면(面)으로 확대되는 과정을 거치게 되었으며 마지막으로는 전방위 개방이 시행되어 연해, 연강, 연변, 연로의 4연의 개방으로 내륙지역으로 개방지역이 확대되며 사실상 전면적인 개방이 실시된 것이다.

〈표 11〉 대외개방정책의 단계별 변화과정

단계	시일	내용
1단계: 점(点)개방 (1978-1983)	1978.12	대외개방 공식결정, 등소평 체제
	1979.8	4개 경제특구(광동성의 선전, 주하이, 산터우, 샤먼) 설치 결정
	1980.8	광동성 경제특구 조례, 전이대 상무위 승인
2단계: 선(線)개방 (1984-1987)	1984.4	14개 연해개방도시(천진, 상해, 대련, 진황도, 연대, 청도, 연운항, 남통, 영파, 온주, 복주, 광주, 잠강, 북해) 개방
	1985.2	창장, 주장, 민난삼각주 3개 연해개방지대 개방
3단계: 면(面)개방 (1988-1991)	1988.3	산동, 랴오닝반도, 보하이만 경제개방구
	1988.4	하이난다오 성 승격, 경제특구 지정
	1990.4	상하이 푸둥지구 종합개발계획 발표
	1991.4	7기 전인대 4차, 3연개방 천명 (연해, 연변, 연강)
	1991.6	국무원, 변경무역구 지정
4단계: 전 방위 개방 (1992-현재)	1992.1	등소평의 남순강화
	1992.3	국경 경제협력구 개방
	1992.4	국무원 산샤댐 건설 승인
	1992.5	당중앙 4호문건 회람, 전면적 개방 천명

자료: 박번순 · 오승구 · 유진석 · 김득갑, 2001, 『사회주의 개방국가의 초기 외국기업 진출환경 분석과 시사점』, 삼성경제연구소.

1990년대 중국은 점진적으로 계획경제가 해체되는 동시에 시장경제의 체제로 전환되어가는 과정을 거쳤으며 2000년대에는 개혁개방의 틀이 제도적으로 완성되어가고 있음을 볼 수 있다. 특별히 2002년 중국이 WTO에 가입한 후에는 WTO의 규칙에 어긋나는 법률들을 개정했고 시장경제질서를 확립하기 위해 엄격하게 법을 적용하였다.

2. 경제특구에서 개혁개방으로: 성공요인

중국의 경제특구 정책은 큰 성과를 보이며 중국 전체의 경제를 이끌어 갔고, 중국의 개혁개방 정책에 있어서 매우 성공적인 정책으로 평가받고 있다. 이러한 중국의 경제특구가 성공하게 된 특징적 요인들이 있다.

첫째, 국가최고지도자의 강력한 리더십이다. 중국경제를 진두지휘했던 최고지도자 등소평이 개혁개방정책, 특별히 경제특구정책을 적극적으로 추진하였다. 등소평은 "전국은 특구를 지원해야 하고 특구는 전국을 위해 봉사해야 한다"고 선언했다(홍익표, 2001: 66-82).[13] 따라서 중앙정부도 경제특구정책을 최우선시 하며, 가능한 최대의 지원을 하였다. 이는 중국의 경제특구에 투자하는 외국 투자자들로 하여금 중국정부를 신뢰하며 투자할 수 있도록 만들었다. 1992년, 등소평은 남순강화를 통하여 끝까지 중국의 개혁개방정책과 경제특구정책에 대한 지지를 천명했다.

둘째, 경제특구정책을 통한 점-선-면 '경제발전 전국확대정책'이다. 중국 정부의 탁월한 경제특구지역 선정과 경제특구 우선정책을 통하여 경제특구는 성공할 수 있었다. 특별히 등소평은 선부론[先富論]을 주장하며 "능력 있는 사람으로부터 먼저 부자가 되고 그 후에 낙오된 사람들을 돕는 것"을 원칙으로 정책을 진행하였다. 1970년대 중국은 땅이 넓고 규모가 거대하였고,

---

13 홍익표, 2001, "북한의 경제특구 확대 가능성 및 발전 방향, 조사분석", 대외경제정책연구원: 66-82.

중앙집권적인 계획경제의 기반이 약했다. 따라서 등소평은 발전 가능성이 많은 특정 지역을 경제특구로 지정하여 힘과 재정지원을 집중하여 먼저 발전되도록 했다. 이렇게 발전된 경제특구는 전국의 경제발전을 돕도록 했다.

셋째, 중국의 값싸고 풍부한 잉여 노동력과 저렴한 임대료 그리고 정부의 SOC 지원 속에서 외국자본 및 선진기업을 유치한 것이다. 1980년대 농촌 인구는 전체 인구의 80% 이상을 차지하고 있을 정도로 과잉 노동력이 많았고, 이러한 풍부한 노동력은 저렴한 임대료와 함께 노동집약적인 수출가공기업 진출을 유리하게 하였다. 이런 국가적인 상황 속에서 연안도시들을 경제특구로 지정하여 가공무역과 수출입 등이 용이해지자 많은 해외 자본들이 유입되었다. 여러 나라들에서 투자한 수많은 공장들이 경제특구에 세워졌으며 마침내 중국은 세계의 공장이라는 말이 나올 정도로 많은 자본과 공장들이 경제특구를 통하여 중국에 들어오게 되었다.

넷째, 세계 무역 증가 추세 속에서 경제특구정책을 통한 수출 증진이다. 1980년대 이후 냉전시대가 끝나고 중국과 선진국들과의 대외관계가 호전되는 등 국제적인 상황이 중국의 경제발전에 유리하게 전개되었다. 또 중국이 홍콩과의 경제 네트워크를 구축하고 있어 경제특구 내에 홍콩을 통한 자본 투자가 활발하게 진행되었다. FTA가 활성화되며 국제적으로 교역이 증가하는 추세 속에서 수출증진을 도모하는 중국의 경제특구는 전 세계적으로 활용 가치가 높아졌다. 이러한 상황들이 경제특구를 성공적으로 만든 외부 요인이 되었다.

Ⅳ. 북한 경제특구정책과 중국 경제특구정책 비교분석

북한의 경제특구정책 실패요인에 대해서 중국 경제특구정책과 비교하여 시사점을 도출해보고자 한다.

1. 외국자본 및 기업유치

개발도상국가들은 선진국들에 비해서 저렴한 임금과 임대료에서는 비교우위가 있지만, 자본과 생산 기술은 취약한 상황이다. 저렴한 임금과 임대료는 자본과 결합할 때 경제생산력으로 가동시킬 수 있다. 경제특구정책은 경제발전과 생산력 증대를 위해 필요한 자본과 기술을 도입하기 위한 효과적인 정책 중 하나이다. 따라서 외자유치는 경제특구의 성공여부를 결정짓는 요인이 된다.

외자를 유치할 때 1) 외국 민간자본, 2) 국제 공적기금, 3) 해외동포 자본(북한과 중국의 경우 해외 교포들의 자금력이 크고 이들의 투자 비중이 높으므로 외국 민간자본과 구분함) 등으로 분류하여 각각에 적합한 외자 도입 정책을 실시한다.

중국은 외자유치에 있어서 매우 성공적인 경제특구정책을 펴나갔다. 중국은 저렴한 노동력과 임대료, 그리고 대규모 외자유치를 통해 경제 3대 요소인 토지·노동·자본이 잘 결합하여 경제특구개발이 성공적으로 진행되었다. 반면에 북한은 4개의 경제특구 중 나진·선봉과 신의주는 외자유치에 실패하였고 금강산과 개성의 경우 남북한 정부의 대립 속에서 투자기업들과의 지속적인 경제협력이 중단되었다.

첫째, 외국자본 유치에서 중국과 북한의 경제특구정책은 큰 차이를 보였다. 중국은 외자유치에 성공하였다. 외자유치는 계속적으로 증가하여 1983년도 19.8억 달러였던 외국자본이 2000년도에는 593.5억 달러로서 약

30배가 증가하였다. 북한은 1991년에 시작된 최초의 경제특구 나진·선봉 지역에서 총 47억 달러 유치를 목표로 했지만 97년 12월 말까지 외국투자의 계약실적은 7억 5천만 달러였고, 실제 투자액은 1억 달러에도 못 미치는 5,800만 달러였다(최상권, 2009, pp.179-210).[14]

〈표 12〉 중국의 외자도입

(단위: 억 달러, %)

연도	외자사용액 및 비중				GDP에서 차지하는 비중
	합계	대외차관(%)	FDI(%)	기타(%)	
1979-1982	124.6	106.9(85.8)	11.7(9.4)	6.0(4.8)	
1983	19.8	10.7(54.0)	6.4(32.3)	2.8(14.1)	0.7
1984	27.1	12.9(47.6)	12.6(46.5)	1.6(5.9)	0.9
1985	44.6	25.1(56.3)	16.6(37.2)	3.0(6.7)	1.5
1986	72.6	50.1(69.0)	18.7(25.8)	3.7(5.1)	2.5
1987	84.5	58.1(68.8)	23.1(27.3)	3.3(3.9)	2.6
1988	102.2	64.8(63.4)	31.9(31.2)	5.5(5.4)	2.6
1989	100.6	62.9(62.5)	33.9(33.7)	3.8(3.8)	2.2
1990	102.9	65.3(63.5)	34.9(33.9)	2.7(2.6)	2.7
1991	115.6	68.9(59.6)	43.7(37.8)	3.0(2.6)	2.8
1992	192.0	79.1(41.2)	110.1(57.3)	2.8(1.5)	4.0
1993	389.6	111.9(28.7)	275.1(70.6)	2.6(0.7)	6.5
1994	432.1	92.6(21.4)	337.7(78.2)	1.8(0.4)	8.0
1995	481.3	103.3(21.5)	375.2(78.0)	2.9(0.6)	7.0

---

14 최상권, 2009, "북한의 경제특구: 현황과 과제",『북한학보』, 34(1): 179-210.

1996	548.0	126.7(23.1)	417.3(76.1)	4.1(0.7)	6.8
1997	644.1	120.2(18.7)	452.6(70.3)	71.3(11.1)	7.3
1998	585.6	110.0(18.8)	454.6(77.6)	20.9(3.6)	6.3
1999	526.6	102.1(19.4)	403.2(76.6)	21.3(4.0)	5.4
2000	593.5	100.0(16.8)	407.1(68.6)	86.4(14.6)	5.5
1979-2000 합계	5,187.3	1,471.5(28.4)	3,466.3(66.8)	249.4(4.8)	

주 1) 1997년부터 대외발행주식은 대외차관항목에서 제외, 기타 외자항목에 포함.
자료: 중국통계출판사편, 2002, 『중국통계개요』: 155 자료 재편집하여 작성함.

둘째, 국제기구의 국제개발기금 유치이다. 중국은 국제기구의 국제개발기금 등을 유치하는 데에 성공하였다. 중국 정부는 1979년~1998년(20년)까지 국제금융기구(세계은행 등)로부터 국제공적자금 244억 달러를 도입하였고, IBRD(International Bank for Reconstruction and Development)차관은 94억 달러, IDA(International Development Association)차관은 84억 달러, UNDP가 제공한 금액은 6억 달러였다. 막대한 금액을 저리의 차관으로 들여와서 경제개발을 위하여 사용하였다. 중국은 국제기구에 끊임없는 요청과 노력을 통하여 큰 금액의 차관을 확보했으며, 이는 중국 정부가 국내만이 아닌 국제적으로도 경제특구개발과 경제발전을 위하여 지대한 노력을 기울였음을 보여주는 사례이다. 반면에 북한의 경우는 97년 4월 ADB(Asian Development Bank)에 가입을 신청하였으나 미국과 일본의 반대로 가입하지 못하였다. 97년 6월에는 IMF(International Monetary Fund)와 World Bank에 가입 의사를 밝혔고, 같은 해 9월에 IMF가 조사단을 북한에 파견해 실태를 조사하였다. World Bank에서는 98년 2월 선임자문역이 북한을 방문했으나 북한의 무성의한 태도와 답변으로 인해 현재는 상호연락이 두절된 상황이다. 따라서 북한은 개발도상국에게 주어지는 국제 공적기금을 중국처럼 제대로 활용하지 못하고 있다(최상

권, 2010, pp.188-189).[15]

셋째, 해외교포들의 투자유치이다. 중국은 해외동포인 화교들의 교포 투자유치에도 성공적이었다. 중국은 경제특구가 시작된 1979년부터 20년간 화교자본의 비중이 중국 전체 민간인 투자의 60% 이상을 차지하였다. 화교자본의 중국 진출이 활발했던 것은 전 세계 화교들의 자금력과 또 화교들의 중국 국내 경제와의 네트워크가 잘 형성되도록 추진한 중앙정부의 노력이었다. 3포(전 세계 화교동포, 홍콩·마카오 해외동포, 대만동포)들에 대해 자본 우대조치를 취해서 화교들이 적극적으로 투자할 수 있는 환경을 조성하였다(이상직·박기성, 2003. p56).[16] 반면에 북한의 경우 재미동포, 재일동포, 재중동포 등 해외 교포들과 교포기업들의 투자유치도 중국의 화교 교포 투자유치에 비하여 매우 미미한 수준이었다. 해외 동포들의 투자를 끌어들일 수 있는 네트워크가 북한 내부에서 형성되어 있지 않았고 경제특구를 방문했던 교포들조차도 경제특구 내에 시설과 환경이 너무 열악해서 투자를 포기하는 경우들이 많았다.

2. 정치경제의 분리

중국은 개혁개방정책과 경제특구정책을 시행하면서 국민적인 설득을 위해 등소평이 '흑묘백묘론[黑猫白猫論]'을 주장하였다(이용희, 2010: 21). 국가적인 실익과 경제적 발전 그리고 민생을 위하여 정치는 사회주의 체제를 유지하지만 경제는 시장경제를 도입하기로 결정하였고 그것을 명문화하였다.

북한은 정치와 경제가 분리되지 않고 주체사상이라고 하는 정치철학과 선군정치라는 국가의 정책하에서 모든 경제 상황들이 통제를 받고 있다. 통치이념과 체제유지가 경제발전보다 더 우선시 되었으며, 따라서 경제는 정

---

15 최상권, 2010, "북한경제특구의 문제분석과 대안연구", 경기대학교 정치전문대학원: 188-189.
16 이상직·박기성, 2003, "중국 경제특구의 성과와 성공요인"『IDI 연구보고서』, 인천발전연구원, 2003(10): 56.

치의 하부 구조로서 경제 주체들의 자율성과 자유로운 경제활동을 보장받기 어려운 상황이었다(이용희, 2012, pp.10-24). "시장경제면 어떻고, 사회주의 경제면 어떠냐, 인민들만 잘살면 된다"는 중국식 개혁개방정책과는 분명한 대조를 이루고 있다(박형기, 2007).

3. 경제특구의 선진기술, 지식, 경영관리 및 국제협력의 창구 역할

중국은 경제특구의 설립목적을 단순히 단기적인 고용창출과 외화획득으로만 보지 않고 장기적으로 선진기술, 지식, 경영노하우를 도입하고 유치된 외국기업들과의 협력을 통하여 국내기업들의 국제화를 목적으로 하였다. 등소평은 1984년 2월, 중앙지도자들과의 간담회에서 경제특구 설립목적은 중국이 선진국의 기술, 지식, 경영노하우들을 신속하게 받아들이는 창구 역할을 하는 것임을 강조하였다.

중국은 경제특구 내에 많은 국내기업들이 진출하도록 적극적으로 독려하고 경제특구 내에서는 〈표 13〉과 같이 국내기업에도 유치된 외국기업들과 똑같은 세금 감면 혜택과 법적인 혜택을 부여하였다. 이로써 국내기업들이 경제특구 내에서 외국기업들과 상호경쟁만이 아니라 서로 협력관계를 구축하여 국내기업의 국제화를 추진하였고, 또 경제특구 내에서 외국기업들과 연계됨으로 외국에 나가지 않고도 국내에서 선진국 기업들의 기술과 지식, 경영노하우 등을 획득할 수 있는 기회를 제공하였다. 이는 국가적으로 초고속 경제발전을 이루는 데에 크게 이바지 하였다.(〈표 13〉 참조)

<표 13> 경제특구기업 소득세 우대율

(단위: %)

지역	제품수출기업	국가장려기업	생산형기업	비생산형기업
일반지역	15	15	30	30
경제특구	10	15	15	30

주 : 1) 제품수출기업: 생산액의 70% 이상 수출, 외화수지 균형기업
2) 국가장려기업: 각종 투자장려규정에 따른 국가장려 프로젝트
3) 생산형기업: 제조업, 에너지, 농림축어업, 건설업, 교통운수업, 생산기술서비스 등
자료: JETRO, 1996, 「중국경제 데이터 파일」 www.jetro.go.jp

    북한은 모기장식 개방이라는 말에서 볼 수 있듯이 자본주의의 사상과 영향력이 북한 내부에 침투되지 못하도록 방어하는 일에 중점을 두었다. 경제특구에 들어온 외국기업들에 고용된 북한 근로자들이 자본주의 사상에 물들어 북한 체제를 유지하는데 방해가 되지 않도록 경제특구 내에 외국 직원들과 북한 근로자의 관계를 감시하고 통제하였다. 실례로 1999년 6월에는 금강산 특구에서 관광객 민영미씨가 북측 관리원에게 귀순자의 생활에 대해 발언했다는 이유로 북한에 억류되었다. 이 일로 45일 동안 금강산 관광이 중단되기도 했다. 또 2009년에는 개성공단 남측 직원 유성진씨가 북한 종업원에게 탈북을 책동했다는 혐의로 억류되어 137일 만에 풀려났다.
    이와 같은 북한의 상황 속에서 남측 직원들과 북측 고용자들 간의 교류를 통해 선진기술과 지식, 경영 노하우를 전수받는 것은 거의 불가능하다고 볼 수 있다.

4. 경제특구와 국가 전체 경제에 미치는 영향력

    중국의 경제특구는 획기적인 경제발전을 이루면서 전체 중국의 경제발전에 견인차 역할을 하였다. 1979년부터 1999년까지 20년 동안 4개 경제특

구의 GDP 연평균 성장률은 선전 33%, 주하이 24%, 산터우 27%, 샤먼 19%로 4개 특구 평균 성장률은 26%에 달했다. 이는 같은 기간 중 중국 전체평균 성장률 9%보다 약 3배 높은 성장률이다. 대표적 경제특구인 선전시는 최초 인구 3만 명의 소구역이 700만 명의 공업도시로 급속하게 성장했으며, 1인당 GDP도 중국 전체평균의 약 6배에 이르고 있다. 상하이 푸둥 경제특구는 1999년까지 전 세계 500대의 기업 중 98개의 기업을 유치했다. 5개 경제특구의 수출은 경제개혁 초기에는 미미하였지만 갈수록 증가하여 1999년 213억 달러로, 중국 전체 수출의 13%를 차지했다(이상직·박기성, 2003, p56).[17] 중앙정부의 전략적인 점, 선, 면 확대정책을 통한 대외개방정책과 경제특구는 중국 전체의 고도경제성장을 이끌어 갔다. 이것은 등소평의 선부론[先富論]에 의해서 잘 설명되고 있다.

북한 정부는 경제특구가 국가 전체에 미칠 수 있는 직접적인 영향력을 차단시켰다. 실제로 경제특구에 있는 기업들과 외국인 근로자들이 경제특구 내에 거주하는 북한주민들과 사적으로 교류하는 것도 차단되었다. 북한 최초의 경제특구인 나진·선봉지구는 특구일대를 철조망으로 두르고 출입을 통제하였다. 따라서 섬개방식[18] 경제특구라고 불리고 있고 섬이 육지로부터 고립된 것처럼 경제특구는 북한 전역과 고립된 경제구역이 되었다. 경제특구를 통하여 벌어들인 외화를 통한 국가재정의 실익은 있었지만, 경제특구가 북한 전체경제발전에 주도적인 역할들을 하지 못했고 그 영향력도 중국에 비교하면 매우 미미한 수준으로 사료된다.

---

17 이상직·박기성, 2003, "중국 경제특구의 성과와 성공요인" 『IDI 연구보고서』, 인천발전연구원, 2003(10): 56
18 자본주의 사조 유입 차단 노력을 지속하면서 '섬개방 방식'의 제한된 경제특구를 통해 경제만을 회생시키고자 진력해 왔으나, 뜻하지 않는 부분에서 모기가 모기장을 통과하여 자본주의 유입이 되고 있기 때문에 '체제붕괴와 경제회복' 간 큰 딜레마에 봉착해 있는 것이다.

5. 경제특구 내 기업들과 경영인들에 대한 경제자유 및 경영자주권 부여

중국은 '경제특구 관리위원회'를 설치하고 이 위원회에게 경제특구 내에서 외국자본과 기업유치를 위해 필요하다면 과감한 개혁도 할 수 있는 권한을 부여하였다. 경제특구 내의 기업들은 중앙정부로부터 명령적인 지시를 받지 않으며, 경영자주권을 보호받았다. 외국기업 근무자들의 편의를 위하여 특구 내 거주를 위한 외국투자자들 및 근로자들에게는 복수비자를 발급하고 일부 경제특구들에서는 외국인들이 단기간 무비자로 체류할 수 있도록 하였다. 외국인들을 위한 각종 행정·법률·투자서비스 안내, 친척·친지 방문, 관광 등을 편리하게 할 수 있도록 최대한의 편의를 돌보아주었다. 경제특구 내에 경제자유권을 부여한 것과 외국인들에 대한 각종 혜택들은 많은 외국자본과 기업들을 유치하는데 성공적인 요인이 되었다.

북한의 경제특구 내에서조차 경제적인 자유와 신변안전을 보장받기 어려운 여건 속에서 북한의 감시와 통제는 결과적으로 외자유치만 어려운 것이 아니라 금강산 특구의 경우와 같이 경제특구 자체가 폐쇄되는 결과까지 초래했다. 개성공단의 경우 경제특구 내에 근무하는 외국 근로자들에 대한 안전과 편의가 보장, 배려되지 않았다. 3통(통신, 통행, 통관)이라는 말이 나올 정도로 근무자들에 대한 인원 및 공단 출입시간 통제와 각종 까다로운 규정들이 근무자들을 어렵게 만들었다. 이는 남한 근로자들이 경제특구 내의 근무를 선호하지 않게 만드는 부정적인 요인이 되었다.

Heritage 재단과 Wall Street Journal이 공동 조사한 2013 Index(경제자유지수)에 의하면, 북한의 경제자유지수는 1.5로 전 세계 조사국 177개 국가 중 최하위를 기록하고 있다. 중국 경제자유지수는 51.9로 북한보다 경제활동이 35배 자유롭다고 할 수 있다.(남한은 70.3으로 북한보다 47배나 경제활동이 자유롭다고 할 수 있다.) 이와 같이 경제주체들인 기업과 근무자 개인에 대한 경제자유 속박은 외국 민간자본 유치를 실패하게 만드는 근본적인 원인이 되었다.

〈표 14〉 2013 Index of Economic Freedom (Country Rankings)

순위	국가	점수
1	Hong Kong	89.3
2	Singapore	88.0
3	Australia	82.6
4	New Zealand	81.4
5	Switzerland	81.0
10	United Sates	76.0
20	Taiwan	72.7
24	Japan	71.8
34	South Korea	70.3
136	China	51.9
139	Russia	51.1
177	North Korea	1.5

자료: http://www.heritage.org/index/ranking

 이와 같은 북한의 상황은 세계적인 경제전문지인 Economist의 계열사에서 조사하는 The Democracy Index(민주화 지수)를 통해서도 파악될 수 있다. Democracy Index 2012에 의하면 북한의 민주화 지수는 1.08점으로 167개국 중 최하위인 167위를 기록했다. 이는 북한 내부의 정치적·경제적 환경이 외국자본이나 해외 및 남한 인력을 유치하는 데는 장애요인임을 보여준다.

⟨표 15⟩ Democracy Index 2012 (Country Rankings)

순위	국가	점수
1	Norway	9.93
2	Sweden	9.73
3	Iceland	9.65
4	Denmark	9.52
5	NewZealand	9.26
20	South Korea	8.13
21	United Sates	8.11
23	Japan	8.08
35	Taiwan	7.57
122	Russia	3.74
167	North Korea	1.08

자료: http://www.eiu.com The Economist Intelligence Unit Limited 2013

6. 내수시장

중국의 경우 인구 약 14억 명의 거대한 내수시장이 경제특구를 뒷받침 하고 있다. 중국의 경제가 빠르게 발전함에 따라 중국 내수시장의 크기는 급속하게 커져갔고, 경제특구 내 기업들은 수출만이 아니라 중국 내수시장을 통해서도 생산품들을 판매할 수 있었다. 이것은 외국 자본과 기업유치를 지속적으로 활성화 시키는 요인이 되었다.

반면 북한의 내수시장은 장기간 경제침체로 인하여 미비한 상황이었고 또 이런 경제특구 내 생산품들이 북한 전역에서 판매되는 것에 대해 북한 정부가 경계하고 있었기 때문에 내수시장을 개방함으로 경제특구 개발을 촉진시키기는 어려웠다. 만약에 북한이 내수시장을 개방할 뿐만 아니라 남한의 내수시장까지도 연계하여 북한 경제특구 생산품들의 판로를 열었다면 북한의 경제특구는 더욱 활성화되었을 것이다.

7. 정책의 일관성

중국은 개혁개방정책을 표방하면서 그 핵심정책으로 경제특구정책을 시행했다. 1980년도 네 개의 경제특구가 지정된 이후 등소평과 중국 정부는 최대의 지원을 아끼지 않았고, 그의 통치기간 내내 일관성 있게 경제특구정책을 최우선시 하였다. 천안문사태와 구소련 붕괴 등의 정치적 위기와 사상적 갈등 시기에도 남순강화를 통하여 경제특구정책에 대한 정부의 흔들리지 않는 강한 의지를 나타냄으로 국민들에게는 확신을 주었고 외국투자기업들에게도 신뢰감을 주었다. 따라서 경제특구를 통해서 외국자본 유치와 선진기술, 지식, 경영노하우들을 지속적으로 도입할 수 있었으며, 국가 경제발전에 원동력이 되었다.

북한의 경우 신의주는 경제특구 행정장관으로 임명된 양빈의 중국에 의한 구속으로, 금강산은 관광객 피살사건으로, 개성은 핵실험 이후 정치적 갈등과 대립의 고조로 경제특구사업이 중단되었다. 이러한 위기상황들이 발발했을 때마다 등소평의 남순강화처럼 북한 최고지도자나 정부가 경제특구의 문제해결을 위한 특별한 노력을 기울이지 못했다. 북한정부의 이와 같은 태도는 외국투자자들에게 안전감과 신뢰를 주지 못하므로 외국자본이나 기업들의 유치를 어렵게 만들었고, 기존의 투자하고 있는 회사들이나 사람들마저도 지속적인 투자에 대해서 주저하게 만드는 요인이 되었다.

V. 맺음말

1. 중국 주도형 북·중경제협력 - 시사점

최근에 북한은 경제특구정책에 있어서 새로운 국면이 시작되었다. 북·중 경제협력을 통한 압록강 유역의 황금평, 위화도 특구개발과 나진·선봉 경제특구개발이 중국 주도로 진행되고 있다. 또 김정은 정권이 2012년 6.28 새 경제관리체계를 발표하면서 북한의 새로운 경제개혁과 경제특구정책에 대한 관심이 국내외적으로 고조되고 있다. 6.28 조치에 뒤이어서 2012년 8월 장성택 국방위원회 부위원장의 중국방문은 북·중간의 경제협력을 촉진시켰다. 특별히 황금평 특구에 대한 개발이 본격화되기 시작했고 또 북경에서는 황금평·위화도, 나진경제특구 투자설명회가 열렸다(연합뉴스, 2012).

김일성 사후에 중단되었던 나진·선봉경제특구가 최근에 다시 중요한 북·중 경제협력지대로 부상되었다. 2009년 중국에서는 '창지투 개발계획'을 발표했고 창춘, 지린, 투먼, 훈춘과 나진·선봉을 연결하며 장차 한국, 일본, 러시아와 경제협력을 하기 위한 산업단지를 개발하려는 계획을 추진하고 있다.[19] 중국에게는 매우 중요한 의미를 갖는 나진·선봉(나선) 특구는 2010년 1월 4일 나선특별시로 승격되었다. 중국 정부는 2015년까지는 북한 접경지역까지의 인프라 구축과 산업단지를 건설하며 2015년 이후에는 나선특별시와 연결되는 철도와 도로 등 인프라와 산업단지 건설에 주력할 계획이다. 동해 쪽으로 진출할 수 있는 항구가 없는 중국으로서는 나선특별시를 통한 동해진출은 경쟁국인 일본과 미국과의 정치·경제적인 관계에 있어서 향후 매우 중요한 영향을 미치게 될 것이다. 동시에 남한의 입장에서도 중국

19　2009년 8월 중국 국무원이 승인하였다. 창춘, 지린, 투먼을 축으로 해서 2020년까지 GDP 1.9조위안과 도시화율 70%달성을 목표로 하며 동북지역 성장 원동력으로 만들려는 계획 이판용·최희원, 2011, "북·중 경협의 동향과 시사점." 『농협경제연구보고서』.

의 동해진출은 정치·군사·경제적인 면에서 주목해야 할 상황이다.

2013년 1월 4일자 관영 신화통신 계열 주간신문 국제선구도보(國際先驅導報)는 중국이 향후 10년 안에 북한 청진항에 해군기지를 설치할 계획이라도 보도했다(국민일보, 2013). 이는 중국이 청진항을 아시아·태평양 내에서 영향력 극대화를 위한 교두보로 만들겠다는 의지를 표명한 것으로 생각할 수 있다. 중국은 2012년 9월 청진항을 30년간 공동 관리하기로 합의했고, 나진항의 경우 50년 사용권을 이미 확보한 상태이다. 중국이 청진에 해군기지를 건설하여 동해로 진출할 경우 한반도는 미국·중국·일본의 각축장이 될 수 있다. 또 남한은 일본과 미국보다 더 가까운 거리에서 중국으로부터 군사적인 위협을 받을 수도 있다.

북·중 경제협력을 통하여 새롭게 진행되는 북한의 경제특구사업들은 북한의 침체된 경제를 되살릴 수 있는 좋은 기회도 될 수 있지만 동시에 중국의 독점적인 투자와 개발을 통해서 북한 경제가 중국에 더욱 종속될 수 있다는 문제점도 안고 있다(이용희, 2009, p103-123).[20] 2012년 북한의 총무역량 중 중국이 차지하는 비중이 88.3%를 차지한다(남한과의 교역량은 제외). 2001년 북한의 총무역량 중 중국이 차지하는 비율은 27.6%였다. 그런데 중국의 비중이 11년 만에 3배 이상 증가하였고 세관을 통과하지 않은 비공식 교역을 포함하면 북한 경제의 중국 의존도는 90%를 훨씬 상회한다. 이는 북한 경제가 빠른 속도로 중국에 종속되어가고 있음을 보여준다(KOTRA, 2012). 이러한 상황 속에서 북·중 국경지역에서 진행되고 있는 경제특구개발에 대해 남한은 정확히 분석하고 합당하게 대응하여야 할 것이다.

---

20   이용희, 2009, "북한경제의 중국예속화 현상에 대한 이해와 대응", 『국제통상연구』, 14(1): 103-123.

2. 정책적 함의성

중국의 개혁개방정책과 경제특구정책은 인민 전체가 잘살고 경제발전을 하기 위해서 시장경제체제 도입도 불사하는 획기적인 국가정책이었다. 반면에 북한의 경제특구정책은 '모기장식 개방'이라는 단어에서 볼 수 있듯이 체제의 변화는 원치 않으며 외화획득과 특구 내에서의 경제실익을 주목적으로 했다. 결과적으로 중국의 경제특구정책은 중국 전체의 경제발전을 이끄는 견인차 역할을 하였고 북한의 경제특구정책은 4개 특구에서 모두 중단되었다.

특별히 북한의 실패요인을 직접적으로 분석해본다면 1) 김일성주체사상과 공산주의체제를 유지하기 위한 폐쇄적인 정치·외교·경제 정책, 2) 선군정치와 과다한 군사시설 구축 및 군사비 지출로 민간경제가 활성화되지 못하며 산업 불균형 초래, 3) 핵무기 개발로 인한 남북한 긴장관계 고조, 북미관계 악화, UN 등 국제사회의 대북제재 강화로 인한 국제적 고립, 4) 전력부족과 낙후된 시설, 미비한 인프라 등으로 외자유치가 어려움, 5) 투자 자본과 외국 근로자들에 대한 안전이 보장되지 못함 등을 들 수 있다. 이와 같은 북한의 경제특구 실패요인에 대한 이해가 선행될 때, 현실적인 대책이 모색될 수 있을 것이다.

현재 진행 중인 중국 주도형 북중 국경지역 경제특구 개발은 앞으로 남한과 동북아 정세에 중요한 영향을 미칠 것이므로 남한 정부와 학계는 이에 대한 분석과 적극적인 대처가 필요하다. 또 향후 동북아의 요충지가 될 수 있는 나·선특별시 개발은 중국 중심적으로만 개발되지 않고 관련 국가들인 남한, 러시아, 일본 등이 함께 개발에 참여하는 방안을 모색해야 할 것이다. 앞으로 통일한국과 동북아 경제권을 바라보면서 관련국들인 중국, 일본, 러시아 등과도 공동의 연구와 협력체제를 구축하는 것이 필요한 시점이다.

참고문헌

남성욱, 2006, "중국 자본의 대북 투자 급증의 함의와 전망 :동반성장론과 동북4성론", 『평화재단』, 전문가 포럼.
남혁상, 2013, "중, 북 청진항에 해군기지 추진… 아·태지역 영향력 극대화 야욕", 『국민일보』, 1월 8일자.
노재현, 2012, "장성택 방중 2개월…양국 관계 더 밀착", 『연합뉴스』, 10월 14일자.
로동신문, 2001, 3월 29일자.
박번순·오승구·유진석·김득갑, 2001, 『사회주의 개방국가의 초기 외국기업 진출환경 분석과 시사점』, 삼성경제연구소.
박형기, 2007, 『덩샤오핑-개혁개방의 총설계사』, 살림출판사.
북한뉴스레터, 1999, "98 나진·선봉경제무역지대 투자상담회 북한측 기조연설문", 1월호: 20.
서봉교, 2001, "북한 관광특구 사업의 성공조건", LG경제연구원.
송기호, 2008, 『중국경제의 이해』, 청목출판사.
신영호, 2004, "북한의 금강산관광지구법에 대한 검토", 『국민대 법대 남북협력법제연구단 제1회 금강산 포럼 발제문』, 국민대법제연구센터: 15.
유희문·고정식·김시중·박정동·백권호·서석흥·오승렬·이일영·정영록·한홍석·허흥호, 2000, 『현대중국경제』, 교보문고.
이상직·박기성, 2003, "중국 경제특구의 성과와 성공요인" 『IDI 연구보고서』, 인천발전연구원, 2003-10.
이용희, 2009, "북한경제의 중국예속화 현상에 대한 이해와 대응", 『국제통상연구』, 14(1): 103-123.
_____, 2010, 『동북아 경제』, 두남출판사.
_____, 2010, 『남북한 경제』, 법경사21C.
_____, 2012, 『북한바로알기』, 자유와생명.
이판용·최희원, 2011, "북·중 경협의 동향과 시사점", 『농협경제연구보고서』.
이희옥, 2006, "중국의 대북한정책 변화와 함의: 동북4성론 논란을 포함하여", 『현대중국연구』.
임강택, 2001, 『북한의 개혁·개방정책 추진 전망』, 통일연구원.
임강택·임성훈, 2004, 『북한의 경제특구 개발과 외자유치 전략: 개성공업지구와 금강산관광특구를 중심으로』, 통일연구원.
위클리조선, 2008, "북한의 경제특구", 11월 25일자.
장형수, 2012, "북한경제의 개혁·개방 촉진을 위한 개발협력 추진 과제와 전망", 수은북한경제, 9(3): 41-60.
정형곤, 2001, "중국의 경제특구 개발정책에 관한 연구", 『지역발전연구』.
정형곤·김병연·이석, 2012, "북한의 시장화 현황과 경제체제의 변화 전망", 대외경제정책연구원.
조명철, 2007, "북한 경제특구정책의 교훈과 정책과제", 『오늘의 세계경제』7(42).
조명철·김지연·홍익표·이종운, 2010, "북한의 대외경제 제약요인 분석과 정책적 시사점", 대외정책연구원.
중국통계출판사편, 2002, 『중국통계개요』: 155.
청년전위, 2001, 2월 22일자.
최상권, 2009, "북한의 경제특구: 현황과 과제", 『북한학보』, 34(1): 179-210.
_____, 2010, "북한경제특구의 문제분석과 대안연구", 경기대학교 정치전문대학원: 188-189.
황의봉·정인갑 역, 2004, 『김정일과 양빈』, 두우성출판사.
통일부, 2002, "『신의주 특별행정구』지정관련 설명자료", 10월 1일자.
_____, 2009, 『2009년도 남북관계 추진현황』.
_____, 2013, 『2013 통일백서』.
한국무역협회, 1995, 『나진·선봉 자유경제 무역지대 투자환경』.
현대경제연구원, 2012, 『금강산관광, 남북관계 개선의 시발점』.
황만익, 2005, 『북한 주요산업지역의 토지이용변화와 개방지역에 관한연구』, 서울대학교출판부.
홍익표, 2001, "북한의 경제특구 확대 가능성 및 발전 방향, 조사분석", 대외경제정책연구원: 66-82.
_____, 2011, "개성공단의 경쟁력 분석 및 활성화 방안", 『북한경제리뷰2011』, 13(5): 23-44.
JETRO, 1996, 『중국경제 데이터 파일』.
KOTRA, 2012, 『북한의 대외무역현황』.
[i1] http://www.heritage.org/index/ranking 2013-02-15
[i2] http://www.jetro.go.jp (JETRO)

[i3] http://www.hyundai-asan.com (현대아산)
[i4] http://www.kotra.or.kr (KOTRA)
[i5] http://www.unikorea.go.kr (통일부)
[i6] http://www.eiu.com

Abstract

The Failure Factor of North Korea's Special Economic Zone Policy
—Comparative analysis with China's Special Economic Zone Policy—

In December 1991, North Korea announced 'Najin-Sunbong Special Economic Zone' as its initial free trade and economic zone. In 2002, North Korea continually designated 'Shinuiju, Geumgang mountain and Kaesung' as special economic zone. While China's special economic zone(SEZ) policy has been very successful and contributed to the fast economic growth in China, however, North Korea's four special economic zones mentioned above have been suspended.

This paper studied into the general understanding of North Korea's SEZ policy and the analysis on the China's SEZ policy that affected the North Korea's SEZ policy. Lastly, it evaluates success factors of the China's SEZ policy and failure factors of the North Korea's SEZ policy by comparative analysis of the two respectively.

This research compares the process of the SEZ policy in North Korea and that of the SEZ policy in China based on the practical cases and their economic data. It also evaluates the outcome of each country's SEZ policy for around 20 years.

It suggests some implications on the future economic cooperation between South and North Korea and the Najin-Sunbong SEZ project on the China-North Korea border recently initiated by China.

[Key Words]

North Korea's Special Economic Zone policy, China's Special Economic Zone policy, Reformation and Open policy.

북한 경제의 중국 예속화 현상에 대한 이해와 대응

- I. 머리말
- II. 북한의 경제개선 정책과 외자유치
- III. 중국 대 북한 경제협력 현황
- IV. 심화되어가는 북한경제의 대 중국 의존도
- V. 맺음말

국문초록

본 논문에서는 최근에 국제적인 고립 속에서 중국 의존도가 갈수록 높아져가는 북한 경제에 대해서 고찰하여 보았다. 대부분의 공산 국가들이 경제적인 몰락을 개방과 경제 개혁을 통하여 돌파하였지만, 아직도 폐쇄적인 북한은 다른 나라들과의 국제적인 교류가 제한적이다. 더더욱 2006년 10월 핵실험 이후 미국과 일본, EU 등의 경제적인 대북 제재와 봉쇄를 통하여 북한의 경제는 더욱 어려워졌다. 거꾸로 이러한 상황 속에서 중국의 대북 지원은 더욱 늘어났으며, 현재 북한 실물 경제의 거의 모든 영역이 중국의 영향력 아래 있다고 해도 과언이 아니다. 이러한 북한의 중국 의존도가 후에는 정치·경제적인 예속으로 바뀔 수 있는 상황 속에서 남북한 모두 최근의 중국 정부가 주도하고 있는 동북공정에 대해서 바르게 파악하고 합당하게 대처하여야 할 것이다. 또 2009년 간도협약 체결 100주년을 맞으며 이제는 간도 지역 영유권 회복을 위한 국가적인 대응이 시급한 때이다. 그래서 본 논문은 북한과 중국의 경제 교류 현황과 최근에 진행되고 있는 중국의 동북공정 상황을 간도협약 100년을 맞는 현시점에서 올바르게 분석하며 이에 따른 합당한 대응책에 대하여 논의하고자 한다.

[주제어]
북한 경제, 무역, 중국 예속

* 2009년 『국제통상연구』에 실린 논문.

Ⅰ. 머리말

1909년 청나라와 일본의 간도조약에 의해서 북간도 땅은 중국의 손에 넘어갔다. 1905년 을사보호조약으로 인하여 한국이 외교권을 박탈당한 채 국토의 영유권을 중국에게 빼앗긴 지 100년이 지났다. 간도조약 100년을 맞이하는 2009년, 간도 땅을 되찾는 일을 위하여 남북한 모두의 국민적인 관심과 노력이 요청되는 때이다. 때를 같이하여 중국의 동북공정은 더욱 세를 더하여가며, 간도만이 아닌 북한 영토에까지 정치·경제적 영향력을 확대해 나가고 있다. 이러한 상황 속에서 최근에 진행되고 있는 북한 경제의 중국 예속화 과정은 우리에게 경종을 울리는 상황이 아닐 수 없다. 다수의 남한 국민이 가지는 막연한 조국통일에 대한 기대는, 어쩌면 강대국들의 이해관계 속에서, 1900년대 초같이 또 한 번 초강대국들의 국제적인 각축 속에 무너질 수도 있다.

2007년 1월 18일 미국 국회 하원 북한 청문회에서 증인으로 출석한 릴리 전 주한미국대사[1]는 '중국의 속셈'에 대하여 아래와 같이 증언하였다.

> 중국의 속셈 : 릴리는 "중국의 동북공정에 대해 예의주시해야 한다"면서 "중국이 북핵문제 해결에 시간을 질질 끄는 것은 북한이 무너지면 진입하려는 것"이라고 주장했다. 그는 "중국이 동북공정을 통해 북한 지역의 절반 이상을 중국 땅이라고 주장하고 있는 부분에 대해 미국이 눈여겨봐야 한다"고 말했다. 중국이 북한과의 국경 지역에 대규모 군부대를 전진 배치한 것도 북한이 붕괴될 경우 북한 진입을 위한 것이라고 그는 분석했다. 그는 또 "중국이 북한의 신의주 특구 추진을 무산시킨 점도 간과해서는 안 될 대목"이라고 했다. 신의주 특구가 성공할 경우 중국의 동진 정책

---

[1] 릴리 전 주한미국대사 : 중국 칭다오 출생, 예일대 졸업, CIA(미중앙정보국) 근무, 1986-1989 주한미국대사, 1989-1991 주중미국대사

에 차질을 빚기 때문이라는 것이다.[2]

본 논문에서는 갈수록 심해지고 있는 북한 경제의 중국 의존에 대해서 살펴보려 한다. 그리고 올바른 상황 이해와 함께 중국의 동북공정과 북간도 협약에 대해서 상고하고, 마지막으로 남한의 바람직한 정치·경제적인 대응책에 대해서 언급하고자 한다.

Ⅱ. 북한의 경제 개선 정책과 외자 유치

1990년을 전후로 동유럽 공산권과 구소련이 붕괴하면서 시장경제로 돌아서자, 북한은 국제사회에서 고립되었다. 그래서 식량과 에너지를 포함한 많은 자원들을 중국으로부터 수입하기 시작하였고, 정치·경제적으로 중국 의존도가 더욱 높아졌다.

2001년 1월 김정일 국방위원장은 북한의 군부 및 지도층과 함께 중국 상해 등 경제 개혁과 개방을 통한 경제 발전 현장들을 탐사했다. 이 방문은 김정일 위원장에게 북한의 새로운 도약을 위해 결단하는 계기가 되었고, 이례적으로 상해의 경제 발전상을 북한 주민들이 볼 수 있도록 TV 방영을 하였다. 1997년 망명했던 황장엽 전 북한 노동당 비서가 중국식 개혁 개방을 김정일에게 제안하였다가 거절당했다고 증언하였는데, 수년이 지난 후 중국의 경제 발전 현상을 돌아본 김정일은 새로운 용단을 내리게 되었다. 방문 이후 2002년 「7·1 경제 관련 개선 조치」를 취하였으며, 7·1조치로 인하여 국영 상점의 국정 가격을 현실화(평균 26배 인상) 하였고, 임금 인상(18배), 환율 현실

---

2 조선일보, 2007년 1월 20일, 최우석 특파원

화(달러 당 2.2원에서 153원으로 70배 인상) 등 혁신적인 조치를 취하였다.[3] 동시에 공기업의 생산성 향상과 매출 증대를 위하여 부분적으로 인센티브 제도를 도입하였고, 이어서 2002년 9월부터 11월 사이에 신의주, 개성, 금강산 등을 경제특구로 지정하여 전국을 개방하지 못할지라도 경제 특구를 통한 부분적인 개방과 외자 유치를 추진하고자 하였다.

2003년 6월에는 '개혁'이라는 용어가 최초로 북한 공식 언론을 통하여 사용되기 시작했고, 2004년에는 '포전 담당제'(가족 단위 영농제) 실시, 기업부문에서의 경영자 권한 확대, 외국인 투자 환경 개선을 위한 최저임금 조정(월 100달러에서 38달러로 하향 조정) 등 7.1 조치에 이어지는 경제 회복을 위한 개선책들이 북한에서 실시되었다.[4] 위의 내용들을 아래의 표와 같이 정리해 볼 수 있다.

표1) 「2002.7.1 경제 관리 개선 조치」 주요 내용 및 이후의 경제 개선 정책[5]

○ 2002년 7월 : 「7.1 경제 관리 개선 조치」 단행	국정 가격 현실화 (평균 26배 인상), 임금 인상 (18배), 환율 현실화 (1달러당 2.2 북한원 → 153 북한원)
○ 2002년 9월 – 11월 : 경제특구 확대	신의주(9월), 금강산(10월), 개성(11월) 경제 특구 지정
○ 2003년 3월 : 상업 유통 분야 부분적 개혁 조치	농민 시장(비공식) → 종합 시장(공식 부문, 전국 3백여 개)으로 개편하고 국영 기업화, 시장 내 기업 직영점(도매점) 운영 국영 상점 – 기관 및 기업소에 운영권 이양

---

3 정형곤, "김정일 위원장의 訪中과 북한 경제의 개혁·개방 전망", 『KIEP 오늘의 세계 경제』, 대외경제정책연구원, 2006.1.26 (제06-02호).
4 동용승, 이정철, "북한 경제와 남북 경협의 현주소", 『삼성경제연구소』, 2005.6.29 (제507호).
5 동용승, 이정철, "북한 경제와 남북 경협의 현주소", 『삼성경제연구소』 2005.6.29 (제507호)
   조명철, "북한 경제 현황과 남북 경협", KIEP 대외경제정책연구원, 2006 자료: 한국은행

○ 2003년 6월 : '개혁'용어 공식 사용	6월 조선중앙통신, 조선 신보
○ 2004년 : 농업 부문 세부 개혁 조치	협동 농장「포전담당제」(가족 단위 경영 시범 실시 : 토지의 국유화를 전제, 중국의 '가정 책임 경영제'와 유사)
○ 2004년 : 기업 부문의 세부 개혁 조치	기업의 국가 납부금 하향 조정, 현금 보유 한도 확대, 자체 실적에 따른 임금 인상 허용 등
○ 2004년 : 외국인 투자 환경 개선	최저임금-100달러/월→38달러/월 북한 전역에 100% 외국인 투자기업 허용 등

이러한 북한의 경제 개선책과 함께 2003년 이후 중국의 대북 투자는 현저하게 상승하기 시작했다.

Ⅲ. 중국 대 북한 경제협력 현황

1. 북한 대 중국의 교역 증가

표2) 북한의 對중국 교역 실적[6]

	북한의 수출	북한의 수입	무역 총액	무역 수지
2000	37,214	450,839	488,053	-413,625
2001	166,797	570,660	737,457	-403,863
2002	270,863	467,309	738,172	-196,446

---

6 Dick K. Nanto & Emma Chanlett-Avery, Aug 26, 2007, "The North Korean Economy: Leverage and Policy Analysis" p.45, CRS Report for Congress

2003	395,546	627,995	1,023,541	-232,449
2004	582,193	794,525	1,376,718	-212,332
2005	496,511	1,084,723	1,581,234	-588,212
2006	467,718	1,231,886	1,699,604	-764,168
2007	581,521	1,392,453	1,973,974	-810,932

(단위:$1,000)
자료: Chinese (PRC excluding Hong Kong) data as supplied by World Trade Atlas

위의 표2)에서 보면 북한과 중국의 교역이 얼마나 늘어났는지 잘 알 수 있다. 2000년부터 2007년 사이에 무역 총액이 약 4억 9천만 달러에서 19억 7천만 달러로 무려 4배 이상 교역규모가 증가했다. 2002년 7·1조치가 있은 후 2002년 9월부터 11월 사이에 경제특구(신의주, 금강산, 개성)가 발표되었고, 다음 해인 2003년에는 전년 대비 무역 규모 총액의 약 40%가 증가한 약 10억 2천 4백만 달러가 되었다. 2004년도에도 계속되는 증가 추세 속에서 전년도 총액 대비 35%가 증가한 약 13억 7천 7백만 달러가 되었다.

또 표 2)에서 보여주고 있는 무역 수지에 있어서도 중국은 해마다 많은 액수의 무역 흑자(북한의 입장에서는 무역 적자)를 내었으며, 2000년 이후 2007년까지 누적된 무역 흑자는 약 36억달러에 이른다(연평균 약 4억5천만 달러). 북한의 경제 규모를 생각할 때 실로 엄청난 (북한으로부터의) 무역 수익이다.

'7·1 경제 관리 개선 조치' 이후 북한의 중국 수출은 2002년 약 2억 7천만 달러에서 2007년 5억 8천만 달러로 약 두 배 정도 증가했지만, 수입의 경우 2002년 4억 7천만 달러에서 2007년 13억 9천만 달러로 약 세 배 정도 증가했다.

무역 수지 면에서는 2002년도 약 2억 달러의 적자에서 2007년도에는 8억 천만 달러로 약 네 배 이상 무역적자가 증가했다. 북한 경제가 국제적으로 고립된 상황 속에서 이와 같이 큰 규모의 무역 수지 불균형이 중국과의 교역에서 해마다 발생하는 것은 북한 경제가 중국 경제에 예속되고 많은 부분에 있어서 중국의 통제 가운데 들어갈 수밖에 없다는 것을 시사하고 있다. '예속화'라는 뜻은 경제 상황을 넘어서서 정치적인 영향력을 포함하는 것으로, 최근 진행되고 있는 중국의 서남공정(티베트), 서북공정(신장 지역과 위구르족), 동북공정 등의 맥락에서 함께 이해되어야 한다.

북한이 제품을 생산하여 내수시장을 구축하기 전에 중국 제품의 소비지로 전락할 경우 경제 종속은 불가피하다.

자체적인 자본 축적을 통한 생산증가 → 소비증가 → 투자증가 → 자본축적의 경제의 **선순환 발전구조**를 형성하지 못하고 **소비재의 수입대체 → 생산중단 → 자본축적 실패 → 재투자 중단** 등의 **악순환 구조**가 심화되고 있다. 이 경우 북한 경제의 중국 경제 종속은 불가피할 것이다"[7]

표3) 對중국 교역 추이

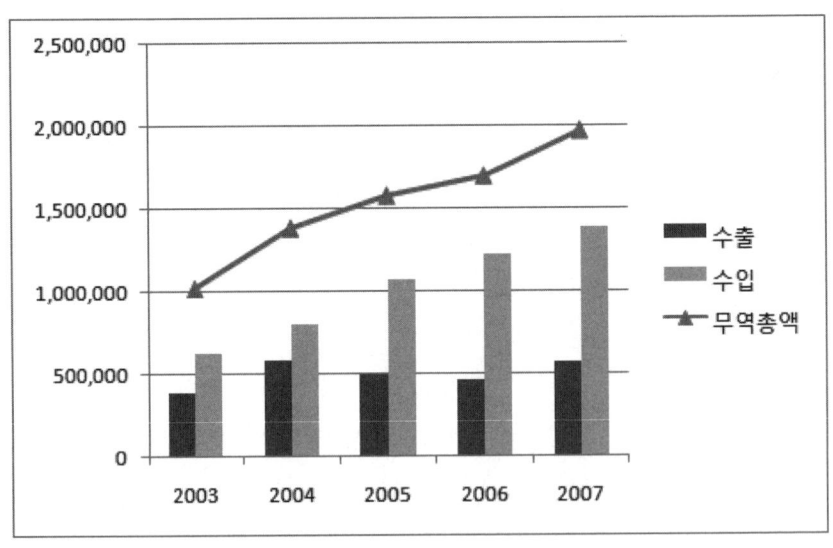

---

7   남성욱, "중국 자본의 대북투자 급증의 함의와 전망 : 동반성장론과 동북 4성론"

표3)은 2002년부터 2007년까지의 북한과 중국 간 교역량(수출, 수입, 수출입 총액)의 가파른 증가 추세를 막대 그래프와 꺾은선 그래프로 각각 보여주고 있다.

2. 중국의 정부주도적 북한 진출

중국의 이와 같은 대북한 교역의 증대는 2001년 김정일 국방위원장과 북한 지도층의 상해 방문, 2002년 7·1 경제 관리 개선 조치와 이어지는 경제 개선 정책, 그리고 북·중 정상 간의 계속되는 상호 방문과 경제 협력을 위한 정상회담(2004년 4월, 2005년 10월, 2006년 1월)과 이에 따르는 실제적인 정책과 입법 등이 효과적으로 수행되었기 때문이다. 중국은 북한과의 교역을 중앙정부 차원에서 총괄하기 위하여 2004년 2월에 북경화려경제문화교류유한공사를 설립하였다. 그리고 정부 차원의 북한의 기간산업(항구 개발, 광산 개발, 제철 공업 등)에 대한 개발 원조를 합의하고, 또 북한투자환경설명회, 북한투자시찰단, 북한투자박람회 등의 행사들을 독려하며 북한과의 교역 증대를 적극적으로 추진하였다. 북한에서도 중국의 대북한 투자가 활성화될 수 있도록 2004년 4월 외국인투자법을 개정하였으며, 2005년 3월에는 '투자 장려 및 보호에 관한 협정'을 맺었다.[8] 세부적인 사항은 아래와 같다.

1) 북한투자환경설명회 : 중국에서는 조선투자환경설명회가 2004년 7월 절강성 온주시, 2004년 11월 요령성 심양시, 2005년 2월 북경 등에서 열렸다.
2) 북한투자시찰단 : 2004년 8월 중국 복건성의 7개 기업이 기업투자시찰단을 구성하여 평양을 방문하였고, 2004년 11월에는 사천성의 32개 기

---

8   배종렬, "북한의 외국인투자법제", 『수은북한경제』, 2006년 봄호, 한국수출입은행

업이 대북투자무역사절단을 구성하여 평양을 방문하였다.
3) 북한투자박람회 : 2006.5.15～18까지 있었던 평양봄철국제상품전시회에 총 217개 기업이 참여하였는데, 179개가 중국 기업이었으며, 특별히 그중 80% 이상은 요령성 기업이었다.

이와 같이 중국의 북한 진출이 활발해지고 있는 가운데, 2006년 7월 북한 미사일 발사와 2006년 10월 핵실험 강행은 핵 문제를 둘러싼 북한과 미국 간의 심각한 갈등을 야기시켰다. 이에 따라 미국과 전 세계 많은 나라, 그리고 UN의 대북제재로 북한은 국제적으로 고립되었으며, 실제적으로 다른 나라들과 경제 교류가 어려운 지경에 들어갔다.

이러한 상황 속에서 북한의 중국 의존도는 더욱 높아졌고, 중국도 이전보다 더 많은 대북 투자와 기업 진출을 꾀함으로써 북한의 실물 경제와 자원 개발, 그리고 기간산업 개발 및 서비스 분야에 이르기까지 거의 모든 분야를 장악하게 되었다.

3. 중국의 다방면(제조업, 자원개발, 인프라 등)에 걸친 북한과의 교역 및 투자

표4) 중국 기업의 북한 자원 개발 내역[9]

진출년도	관심 회사	주요 내용	비고
2004	북경종합화학무역공사	원산 앞바다 어업 생산 제휴 프로젝트 (원양어선 총 18척 투입, 계약 기간 5년, 2009년까지)	북한 상명무역총회사와 합작(입어료의 명목으로 어획고의 25%를 전자제품 등 현물로 영수)

---

9 배종렬, "북한의 외국인투자 실태와 평가", 『수은북한경제』, 2008년 가을호, 한국수출입은행 p.58 참조

시기	기업	내용	비고
2005.8	대련해양어업집단, 주산화응원양어업공사, 주산보타구원양어업공사	동해안 어업 개발 프로젝트(작업시간: 6.1~10.31, 원양어선 총 60척 투입, 계약기간 5년, 2005년 8월 시작)	북한 삼태성무역회사와 합작
2005.10	오광그룹	용등탄광 개발 합영	오의부 총리 방북시 조인 (2005.10)
2005.12	중국 해양석유총공사	황해 유전 개발을 위해 5억 달러 투자	북한 노두철 부총리 방중시 '중조해상석유공동개발협정' 조인 (2005.12)
2006.1	통화강철, 연변천지공사, 중강그룹	무산철광 50년 채굴권 확보를 위해 약 9억 달러(70억 위안) 투자	광산 개발용 기계, 설비 (50억 위안), 통화-무산간 도로, 철도, 송전 시스템 정비 (20억 위안)
2006.1	산동국대황금주식유한공사 (초금집단)	혜산청년동광개발 (등록 자본금 800만 유로, 합영기간 25년)	북한 양강도 광업사와 혜산초금합영회사 설립 (50% 지분), 완하실업집단에 지분매각
2006.5	요령성 격림투자유한공사	문악발전소 건설을 위해 4,500만 달러 투자 (투자금은 전력으로 상환)	설비 용량 4.2만Kw, 연 발전량 1억6천Kw(중국 명칭: 장천발전소)
2006.8	광수집단	몰리브덴 광산 개발을 위해 605만 달러 투자	북한 성천군 용흥광산에 대광합영회사 설립 (65% 지분)
2006.8	진황도림보광산개발유한공사	몰리브덴 광산개발을 위해 201.6만 달러 투자	평양시 소재
2006	길림호용집단유한회사, 중국유색국제광업주식유한공사	금, 은 생산	북한 조선금강총회사와 조선금강광업합영회사 설립
2006.12	완하실업집단	혜산초금합영회사 지분 51% 매입	초금집단의 혜산청년동광 개발

2003년 이후 중국은 북한 투자국 중에서 압도적인 1위를 차지하고 있다. 2004년 북한의 외국 투자 유치액은 5,900만 달러였는데, 이 중 85%에 달하

는 5,000여만 달러가 중국의 투자였다.[10] 이제는 단순한 무역 교류를 넘어서서 지하자원, 수자원, 어업자원 등 국가의 가장 기초적인 자원 개발 분야에 이르기까지 광범위한 투자가 진행되고 있다. 북한은 90년대 중반의 경제 몰락 이후 공장설비의 노후화와 전력 부족 등 에너지 결핍으로 대부분의 공장 가동률이 30%도 안 되는 것으로 알려져 있다. 북한은 스스로 지하자원을 개발하기 어려운 상태이며, 혜산동광과 같이 아시아 최대 매장량을 가진 광산도 가동이 중단된 상태였다.[11] 이와 같은 상황 속에서 중국의 많은 기업들이 광산 개발 등 북한의 지하자원 개발에 뛰어들기 시작했으며, 세부적인 내역은 위의 표 4)에서 살펴볼 수 있다.

중국은 북한의 자원 개발 이외에도 많은 제조업 분야(전기, 전자, 컴퓨터, 건설자재, 가구, 자전거 등)에도 성공적으로 진출하여 북한의 내수 시장을 장악하고 있다. 또 상품 유통 같은 서비스 분야에도 진출하고 있으며, 더 나아가 항만 개발, 도로 건설 등의 인프라 구축 사업에도 진출하고 있다.

한 예로 2006년 2월 중국의 훈춘동림경제무역유한회사와 훈춘변경경제 합작구보세유한회사는 북한의 라선시인민위원회 경제합작회사와 합작하여 라선국제물류합영회사를 50대 50의 지분으로 설립하였고, 나진항의 항만 개발과 라진-원정 간의 도로 건설 사업을 진행하고 있다.[12]

이와 같은 광범위한 중국의 북한경제 진출에 대해서 북한과 중국이 각각 유익을 얻는 '상호 원원(win-win)게임'[13]으로 보는 동반성장론적 시각이 있다.[14] 이러한 주장이 중국 학자들의 보편적인 견해이다. 정부주도적인 중국의 투자는 북한의 중요한 산업의 대부분의 영역에 있어서 이루어지고 있다.

---

10 흑룡강신문, 2005. 6. 3
11 길림신문, 2005. 1. 1
12 배종렬, "북한의 외국인투자 실태와 평가" 『수은북한경제』, 2008년 가을호, 한국수출입은행, p.62 참조
13 윤덕민, "북한은 중국의 위성국가가 되고 말 것인가?", 미래전략연구원, 2006.
14 남성욱, "중국 자본의 대북 투자 급증의 함의와 전망: 동반성장론과 동북4성론", 평화재단 2006년 4월 전문가 포럼

실제로 이와 같은 투자는 북한의 공장 가동률을 증대시키고, 국가적으로 필요한 산업 인프라가 구축되고, 또 기계 설비 등의 현대화 작업과 선진기술을 도입할 수 있는 긍정적인 영향이 있다. 그러나 최근의 경제 상황을 돌아볼 때 대중국 무역 적자가 5년간 네 배 이상 늘어났고, 누적된 대중 무역 적자는 북한 경제의 규모로서는 감당하기 어려운 지경에 이르렀다. 따라서 북한 자체적인 자본 축적이 되지 못하고 있다. 또 중국과의 무역 비중 증가는 북한의 대중 수입 증가가 주요인이다. 최근에 급속하게 늘어난 수입 품목을 살펴보면 생산재 보다는 소비재 수입이 월등하게 증가하고 있으므로 경제 회생이 이루어지지 못하고 있는 상황임을 보여주고 있다.

> 특히 최근 들어 2003년 이전에 80%를 차지하였던 생산재의 비중보다는 소비재의 비율이 (대중 수입에 있어서) 급증하고 있는 점은 경제 종속의 현상으로 분류할 만하다.[15]

이렇게 북한경제의 악순환 구조가 갈수록 심화되고 있는 상황 속에서, 북한경제의 중국 의존도가 증가되고 있는 현황을 '상호 윈윈게임'이라고 보는 것은 모순이라고 할 수 있다. 더욱이 북한 정부는 중국에서 수입한 물자에 대한 결재 방법으로 석탄이나 금 등을 채굴해 가라고 중국에 채굴권을 넘겨주고 있는 현실이다. 나진항의 50년 조차권 등도 중국 투자에 대한 북한의 부득이한 대응이었다고 볼 수 있다. 이러한 상황이 계속 진행될 경우 북한은 경제 주권을 점차적으로 상실하게 되며, 중국의 북한에 대한 정치·경제적 영향력과 구속력은 증대하게 되어 문자 그대로 중국에 예속되는 상황이 발생할 수 있다.

특별히 김정일 중병설과 같이 예측 불허하고 급변할 수도 있는 남북한 대

---

15   남성욱, "중국 자본의 대북 투자 급증의 함의와 전망: 동반성장론과 동북4성론", 평화재단 2006년 4월 전문가 포럼

치 상황 속에서, 앞에서 언급했던 릴리 전 주한미국 대사의 미국 국회 청문회 증언같이, 유사시에는 북한의 치안 안정 및 중국 투자 보호라는 명목으로 중국군의 북한 진입 가능성도 예상할 수 있는 것이다.

이런 상황 속에서는 가까운 시일 안에 혹 남북한이 통일이 된다 해도 북한 땅에 대한 중국의 중장기 경제 개발권이 통일한국의 종합적인 개발 계획에 어려움을 줄 것이다.

VI. 심화되어가는 북한 경제의 對 중국 의존도

표 5) 북한의 10대 무역 대상국

(단위: 미$천)

국가명	북한의 수출		북한의 수입		수출입계		점유율	
	2006	2007	2006	2007	2006	2007	2006	2007
중국	467,718	581,521	1,231,886	1,392,453	1,699,604	1,973,974	56.7%	67.1%
태국	147,329	36,199	226,920	192,469	374,249	228,668	12.5%	7.8%
러시아	20,076	33,539	190,563	126,068	210,639	159,607	7.0%	5.4%
인도	71,915	90,620	44,587	35,768	116,502	126,388	3.9%	4.3%
브라질	-	33,996	-	33,504	-	67,500	-	2.3%
싱가포르	6,564	1,025	60,048	54,649	66,612	55,674	2.2%	1.9%
독일	17,000	14,470	59,294	36,795	76,294	51,265	2.5%	1.7%
네델란드	10,318	12,100	21,853	15,764	32,171	27,864	1.1%	0.9%
대만	2,776	3,268	21,602	21,669	24,378	24,937	0.8%	0.8%
알제리	-	19,516	-	0	-	19,516	-	0.7%
10대국합계	743,696	826,254	1,856,753	1,909,139	2,600,449	2,735,393	86.8%	93.0%

| 기타 | 203,099 | 92,517 | 192,255 | 113,167 | 395,354 | 205,684 | 13.2% | 7.0% |
| 총계 | 946,795 | 918,771 | 2,049,008 | 2,022,306 | 2,995,803 | 2,941,077 | 100.0% | 100.0% |

자료: 2008 KOTRA 해외무역관 수집 정보
주: 10대 무역국은 2007년 수출입 합계를 기준으로 작성

표 5)는 북한의 10대 무역 대상국들에 대한 무역 통계이다. 이 통계에는 남한의 교역 내용은 포함되어 있지 않다. 그 이유는 정부의 방침에 따라 남북한의 교류는 대외무역에 포함되지 않는 민족 내부간의 거래로 간주되기 때문이다. 그래서 별도 항목으로 분리하여 사용하고 있다.[16] 우리가 한눈에 볼 수 있는 것은, 북한의 대외 교역이 지나치게 중국 의존적이라는 것이다.

2007년 북한의 총 무역액 29억 4천만 달러 중에서 중국과의 무역액은 총 19억 7천만 달러로 전체 무역액에서 차지하는 비중은 67.1%가 된다. 한 나라가 북한 전체 무역액의 3분의 2 이상을 차지한다는 것은 국제화되고 다변화되어가는 세계 흐름에 맞지 않고 무역 거래가 지나치게 편중되어있다는 것을 나타낸다. 두 번째로 무역량이 많은 태국의 경우 무역 점유율이 7.8%이다. 1위국인 중국의 교역량은 2위국인 태국의 9배에 이른다. 중국에 대한 무역 의존도는 갈수록 더욱 가파르게 심화되고 있다. 아래의 표 6)은 이와 같은 상황을 잘 나타내주고 있다.

표 6) 북한 무역에서 중국의 점유율

	북한의 수출	북한의 수입	무역 총액	무역 수지	무역 점유율
2002	270,863	467,309	738,172	-196,446	32.7%
2003	395,546	627,995	1,023,541	-232,449	42.8%

---

16 KOTRA, "2007년 북한의 대외무역동향", p3, 2008.6

2004	582,193	794,525	1,376,718	−212,332	48.5%
2005	496,511	1,084,723	1,581,234	−588,212	52.6%
2006	467,718	1,231,886	1,699,604	−764,168	56.7%
2007	581,521	1,392,453	1,973,974	−810,932	67.1%

자료: KOTRA 북한의 대외무역동향 각호

　위에서 본 바와 같이 북한무역에서 중국의 점유율은 최근 5년 사이 2002년 32.7%에서 2007년 67.1%로 두 배 이상 증가하였다. 이는 역으로 많은 무역대상국들의 북한에 대한 교역량이 지난 5년 동안에 현저하게 줄었다는 것을 보여주고 있다. 이와 같은 상황은 2006년 7월 북한의 미사일 발사와 동년 10월 북한의 핵실험으로 인한 미국, 일본, EU 등 기존 주요 무역국들의 대북 경제 제재조치의 결과이기도 하다. 그러나 이러한 국제정치적인 요인만으로는 이와 같은 상황을 다 설명할 수 없다. 왜냐하면 표 6)에서 보는 바와 같이 국제적인 대북 경제 제재가 있었던 2006년 이전에도 북한무역에서의 중국점유율은 급속하게 증가하고 있었기 때문이다. ('02년 32.7%에서 '03년 42.8%, '04년 48.5%, '05년 52.6%로 증가하여 3년 사이에 무려 약 57%의 증가율을 보였다.)

　앞에서 살펴보았듯이 북한과 중국의 교역량 증가는 양국 정상들 간의 합의와 긴밀한 협력 가운데서 진행되어왔다는 것이다. 또 북한의 폐쇄적이면서도 이념 중심적인 사회를 수용하면서 경제협력을 해 나가기에는, 같은 사회주의 체제이며 지리적으로 인접해있고 경제적으로도 급성장하고 있는 중국이 적절한 조건들을 갖추고 있다고 하는 것이다.

　이 외에도 중국은 양국이 서로 부합하는 정치적인 목적이 있다는 것을 생각해볼 수 있다. 중국은 북한이 몰락하여 남한에 흡수 통일되는 것이 그들을 위해 최선이 아니라고 생각할 수 있다. 남한이 흡수통일 이후 강국으로 성장하여 민주주의를 표방하는 한·미·일 동맹으로 연합될 경우 중국에는 상당한 부담일 수 있다. 또 남한 주도로 통일이 되는 경우 주한미군이 휴전선을 지키는 것이 아니라 압록강과 두만강 유역으로 이동하여 중국과의 국경 지역에서 중국군과 미국군이 대치하는 상황도 일어날 수 있기 때문이다. 북한의 집권층 입장에서도 정치적, 군사적 긴급사태가 발생할 경우를 대비해서 6.25 전쟁 때부터 자신들을 지지하고 도왔던 중국과의 견고한 정치·경제적인 결속을 유지하는 것이 필요한 일이므로, 중국과의 긴밀한 경제협력관계를 추구하고자 할 것이다.

표 7) 북한의 연도별 곡물(HS 10류) 도입 실적[17]

구분	96	97	98	99	00	01	02	03	04	05	06	07
중국	54.7	86.7	28.8	23.8	28.3	43.6	21.9	34.9	9.0	32.7	7.9	13.6
시리아	14	3.4	10.4	6.1	–	0.5	–	–	–	–	–	–
태국	3	3.8	–	–	28.4	–	20	9.5	18.4	10	0.2	21.2
캐나다	–	–	–	–	–	–	–	5.1	–	1.4	–	0.1
일본	13.2	–	5.9	–	10.6	50	–	–	–	–	–	–
EU	–	11.5	8.2	2	4	2.2	–	1	0.3	1.5	–	–
기타	20.1	57.6	57.9	75.1	51.2	43.7	58.6	30.4	30.4	40.8	1.9	3
총계	105	163	111.2	107	122.5	140	101	80.9	58.1	86	10	37.9

자료: KOTRA 북한의 대외무역동향 각호

---

17 국제기구와 제 3국의 북한 곡물 지원량 포함. 현대경제연구원 "2008 북한 곡물 조달부담 급등과 정책적 시사점" (08.5.9) 참조

표8) 북한의 원유 수입 추이

(단위: 만톤)

구분	2000	2001	2002	2003	2004	2005	2006	2007
중국	38.9	57.9	47.2	57.4	53.2	52.3	52.4	52.3
태국	—	—	—	—	8.1	—	—	—
리비아	—	—	—	—	—	—	—	—
예멘	—	—	—	—	—	—	—	—
이란	—	—	—	—	—	—	—	—
러시아	—	—	12.5	—	—	—	—	—
시리아	—	—	—	—	—	—	—	—
총계	38.9	57.9	59.7	57.4	61.3	52.3	52.4	52.3

자료: KOTRA 북한의 대외무역동향 각호

표 9) 남한의 대북 식량 지원

(단위:만 톤,억 원)

연도			2002년	2003년	2004년	2005년	2007년(추정)
규모			쌀 40만톤 -국내산 40	쌀 40만톤 -국내산 40	쌀 40만톤 -국내산 10 -태국산 30	쌀 50만톤 -국내산 40 -태국산 10	쌀 40만톤 -국내산 15 -외국산 25
소요비용	협력기금	양곡대금	1,266	1,262	1,299	1,553	1,444
		부대경비	244	248	60	234	186
		소계	1,510 ($126,411,213)	1,510 ($126,817,269)	1,359 ($123,444,115)	1,787 ($172,532,458)	1,630 ($171,538,947)
	양특회계	양곡대금 차액	6,057	6,180	1,343	6,198	2,050
		부대비 (조직비 등)	461	464	101	528	202
		소계	6,518	6,664	1,444	6,726	2,252
	계		8,028	8,154	2,803	8,513	3,882

자료 : 통계청 (2008)
자료: KOTRA 북한의 대외무역동향 각호

표 7)과 표 8)은 북한에 있어서 기본적으로 가장 중요한 식량과 원유의 교역대상국에 관한 조사이다. 식량과 원유에 있어서 중국 의존도가 증가하지는 않았다. 그것은 원유의 경우 사용량이 해마다 큰 변동이 없으므로 증가되지는 않았지만, 최근 3년간 100% 중국에만 의지하였다. 식량의 경우 1995년부터 2007년까지 12년간 중국이 가장 중요한 수입국으로 자리매김되어 왔다. 그러나 표9)에서 볼 수 있듯이 최근 5년의 통계를 평균해서 볼 때는 남한이 북한의 최대 식량 지원국이었다.

2006년 북한의 핵실험 이후 중국을 제외한 국제사회는 대북지원(식량지원 포함)을 줄였으며, 남한의 경우 정권교체와 함께 2008년부터는 북한에 대한 식량지원이 중단되었다. 이와 같은 상황 속에서 중국도 대북 식량 수출을 줄여가고 있는 추세여서 북한의 식량 문제는 더욱 어려워졌다. 최근 북한은 남한으로부터의 식량지원이 단절된 상태 속에서 이러한 상황이 지속된다면, 국제적으로 고립된 북한으로서는 더욱 중국 의존적이 될 수밖에 없을 것이다.

위의 통계들은 (표 7, 8, 9) 가장 중요한 두 기초 분야에 있어서 북한이 중국 의존적임을 보여주고 있다. 이렇게 중요한 두 부문에 있어서 북한이 수입 다변화를 꾀하지 않고 중국 한 나라에 집중하는 것은 어떤 면에서는 국제적으로 긴급한 상황에서 중국을 병풍으로 삼겠다는 정치적인 결정일 수도 있다는 것을 고려해야 한다.

표 10)은 지난 18년간 북한과 가장 교역량이 많았던 3개국의 교역량 추세를 보여준다.

표10) 북한의 대남한 · 대중국 · 대일본 의존도 추이

(단위: 억 달러 / 의존도: %)

	1990	1995	2000	2002	2004	2005	2006	2007
총 무역액	41.7	20.5	19.7	22.6	28.6	30.0	43.46	47.39

북중간 (의존도)	4.82 11.5%	5.50 23.5%	4.88 20.4%	7.38 25.4%	13.85 39.0%	15.80 38.9%	17.00 38.1%	19.75 41.7%
북일간 (의존도)	4.76 11.4%	5.95 25.4%	4.64 19.4%	3.68 12.7%	2.52 7.1%	1.94 4.8%	1.21 2.8%	1.21 2.6%
남북간 (의존도)	0.13 0.3%	2.87 2.2%	4.25 17.8%	6.42 22.1%	6.97 19.6%	10.56 26.0%	13.50 31.1%	17.98 37.9%

자료: KOTRA 북한의 대외무역동향 각호

표11) 주요국(한국, 중국, 일본) 무역 비중 변화 추이

자료: KOTRA 북한의 대외무역동향 각호

1990년의 경우, 북한의 무역 비중은 중국이 11.5%, 일본은11.4%로 거의 대등하며, 남한의 경우는 0.3%로 아주 미미함을 볼 수 있다. 95년에는 일본이 25.4%, 중국이 23.5%로 오히려 일본의 비중이 중국보다 더 큰 것을 알 수 있고 남한은 2.2%로 북한과의 교역이 서서히 증가됨을 보여준다. 2000년까지도 중국과 일본의 대북한 무역 비중이 거의 비슷하고, 이때 남한의 비중은 17.8%로 중국과 일본에 근접하게 된다. 그러나 2002년부터 일본이 차지하는 무역 비중은 현저하게 줄어들기 시작하여 5년 후인 2007년에는 미미한 영향력인 2.6%에 머물게 된다. 반면에 남한의 비중이 늘어나기 시작하여 중국 다음으로 비중 있는 북한의 교역대상국이 되었다.

한때는 대북한 무역 비중이 가장 높았던 일본이 북한과의 주요 무역대상국에서 이탈된 데에는 일본 국민 납북 등의 인권적인 문제로 인한 양국 간의 정치적 갈등 심화, 북한의 핵개발 문제로 인한 미국과 일본의 북한경제 봉쇄정책에 그 원인이 있다고 볼 수 있다. 일본의 무역 비중이 현저하게 줄어들면서 북한의 중국 의존도가 더욱 높아졌으며, 남한과의 교역 비중도 증가되었다. 이와 같이 국제적인 북한 고립 정책은 무역대상국이 제한적인 북한의 중국 의존도를 더욱 높여주는 결과를 초래했다.

표10)에서 볼 수 있는 2007년 남북한 교역 37.9%는, 무역이라기보다는 보세/가공무역의 성격이 강한 개성단지 등의 남북한 경제협력을 표현하는 것이다. 실지로 개성공단에서 만들어지는 모든 제품은 대부분 북한으로 반입되지 않고 다시 남한으로 돌아와서 내수와 수출로 공급된다. 그러므로 남한 경제나 남한제품들이 북한의 생산업자들과 소비자들에게 미치는 영향력은 미미한 수준이다.

> 북한 주민이 선호하는 5장(이불장, 양복장, 책장, 식장, 신발장) 6기(텔레비전 수상기, 냉장기, 녹음기, 세탁기, 재봉기) 중에서 80% 이상이 중국산인 셈이다.[18]

그 외의 북한 소비재도 거의 대부분 중국산이다. 이희옥 교수는 "북한의 중국에 대한 산업 의존도가 90% 이상을 차지하고 있는 상황"[19]이라고 자신의 논문에서 언급하였다. 그렇다면 북한의 실제 중국 경제·산업 의존도는 2007년 통계로서의 무역 지표인 67.1%를 훨씬 넘어섰다고 볼 수 있다.

---

18 남성욱, "중국 자본의 대북 투자 급증의 함의와 전망: 동반성장론과 동북4성론" 평화재단 2006년 4월 전문가 포럼
19 이희옥, "중국의 대북한정책 변화와 함의 : 동북4성론 논란을 포함하여" 현대중국연구, 2006.

북한이 스스로의 힘으로 경제 회복을 이루기 어려운 상황 속에서 외부의 지원과 투자 유치는 북한 경제의 회생에 결정적으로 중요하다고 할 수 있다. 현재 중국은 가장 비중 있게 북한 경제 속에 진출하고 있다. 북한의 식량과 에너지 조달, 각종 제조업, 지하자원 개발, 인프라 구축 등 거의 모든 부문을 중국이 장악하고 있다고 볼 수 있으며, 북한 경제의 모든 영역에 있어서 가장 큰 영향력을 행사하고 있다. 그리고 표6)에서 살펴본 바와 같이, 북한 경제의 對중국 의존도는 계속 가속화되고 있다.

V. 맺음말

앞에서 살펴본 바와 같이 정치·경제적 관점에서 북한과 중국의 관계는 더욱 밀착되어가고 있다. 따라서 북한 경제의 중국 의존도는 더욱 높아질 것이고, 이것은 북한 경제가 중국의 영향력과 통제 가운데 들어가게 되는 과정이 될 수 있다.

북한과 중국의 경제 협력이 확대되고 중국의 자본과 기술이 북한 경제 발전에 좋은 영향을 미칠 수 있다면 한편으로는 북한 개발을 위한 남한 측의 경제 지원을 대신하는 효과를 가져올 수도 있다.

또 중국의 북한 진출과 경제 협력이 북한의 개방과 개혁을 촉진하고 경제를 회생시켜, 북한을 지속적으로 어렵게 했던 빈곤과 기아의 문제가 해결될 수 있다면 남북한 전체의 관점에서 매우 바람직한 일이라고 할 수 있다.

그러나 현재 중국의 광범위한 영역에서의 북한 진출과 북한에 대한 강력한 정치적 영향력이 국제 정치적으로 2009년에 제기될 수 있는 북간도의 영유권 문제를 잠재우고, 동북공정의 일환으로서 전략적으로 추진되고 있는 일이라면, 남북한 모두 경성하고 바르게 대처하여야 할 것이다.

서남공정을 통해서 티베트를 흡수하고 서북공정을 통하여 위구르족을 중국에 편입시킬 뿐 아니라 위구르족의 역사를 중국 역사에 포함시키려고 하고, 동북공정을 통해서 고구려사, 발해사를 중국 역사에 편입시키려고 하는 중국의 소수 민족 정책에 대해서 우리는 바르게 이해해야만 할 시점에 서 있다.

2002년 2월부터 공식적으로 출범한 동북공정은 1,500만 위엔(한화 약 22억 원)을 들여 5년에 걸쳐 중국 정부에 의해 시행되었다. 최근 동북아 지역의 정치·경제적 중요도가 상승한 반면, 조선족의 한류 현상, 대량 탈북 사태 등으로 국가적 정체성이 불안한 지역 상황에서, 영토권과 주민들의 민족적 정체성을 공고히 하여 정치적·사회적 안정을 꾀하기 위해, 중국 영토 내와 인근 지역에서 이루어진 역사를 중국사 내로 편입시키려는 일을 추진한 것이다. -이들은 고조선, 고구려, 발해 등 한국의 고대 국가를 중국에 속한 소수 민족 지방 정권으로 편입시키려는 의도로 이 프로젝트를 진행했음을 변강사지연구중심 홈페이지를 통해 밝혔다.[20] 또한 유사시 북한을 포함한 한반도에 개입하기 위한 여지를 마련하며 중국이 영유권을 차지한 지 100년이 되는 2009년과 통일 후에라도 발생할 수 있는 간도 지역 영유권 분쟁을 사전에 방지하기 위한 의도가 포함되어 있음도 간과할 수 없다.

북한 경제 발전을 위한 중국의 독점적 개입을 막기 위해서는 국제기구 기금들을 포함한 많은 외국 자본들이 북한으로 유입될 수 있도록 남한 정부는 다각도로 노력해야 할 것이다. 아직 북한이 IMF와 세계은행과 아시아개발은행에 가입하지 못한 상태에서 UNDP와 NGO들을 포함한 국제적인 구호 협력 기구들이 북한을 도울 수 있도록 북한을 위한 프로젝트나 기금 유치에 힘써야 할 것이다. 또 1990년대 초반에 추진되었던 UNDP의 두만강개발프로그램과 같이 한국과 북한과 러시아 등을 포함하는 다각적인 국제 프로젝트를 추진하는 것이 전략적으로 필요하다. 그래서 북한 개발에 있어서 국경을 접하고 있는 러시아가 동참할 수 있도록 초청함으로 중국의 일방통행을 제어하고 동시에 남한, 러시아, 일본, 동남아 국가들 등을 통한 북한 경제협

---

20   이인철, "동북공정의 진행 경과와 우리의 대응", 월간 동북아역사문제, 2007.5. 동북아역사재단

력의 채널을 다원화하는 것이 필요하다.

    남북한의 경제 협력은 전략적으로 매우 중요하다. 북한 경제에 있어서 남한의 몫이 줄어들수록 그 영역은 중국에 의해 대체될 수 있기 때문이다. 이와 같은 경우는 일본의 북한에 대한 영향력 축소가 중국의 영향력 확대로 대치되는 것을 경험했다. 지난 2008년 11월에 남북관계가 정치적으로 경색되자 북한은 일방적으로 "북한 적십자 판문점 경유 남북 직통 전화 단절"[21]을 선포했다. 이런 상황에서 많은 기업들은 남북 간의 경제협력 자체가 단절될까봐 우려하게 된다. 그래서 남북 간의 관계에 있어서 정치는 정치대로, 경제는 경제대로 진행되도록 하는 패턴을 확보하는 것이 중요하다. 남북한 경제 협력은 대부분의 경우에 있어서 북한에게 분명하게 득이 되는 일이므로 이 부분을 전략적으로 잘 풀어나가야 한다. 북한도 전쟁을 도발할만한 상황이 아니라면 자신의 경제에 분명하게 도움이 되는 남북한 경제협력을 끊으려고 하지 않을 것이다. 그러므로 정치적인 파도를 타지 않고 남북한 경제 협력이 꾸준하고 안정적으로 진행될 수 있도록 지속적인 노력이 필요할 것이다. 그리고 남북한 경제협력이 현재와 같이 특정 지역과 특정 부문에만 제한되지 않고 여러 지역과 여러 부문으로 확장될 수 있도록 협의해 나가야 할 것이다. 정치적인 경색 국면이 경제협력의 대화를 단절시키지 못하도록 정부 외교와 함께 민간 외교를 잘 발전시켜 나가는 것도 전략적으로 필요하다.

    우리 모두는 북한 경제의 중국 예속화가 가속화되는 현 상황을 바르게 이해해야 한다. 지금은 더 늦어지기 전에 범국민적 각성과 정부의 합당한 대응책이 절실히 요청되는 때이다.

---

21 『평양 조선중앙통신=연합뉴스』 2008.11.12, 한승호

참고 문헌

고광현, "중국 정치 권력의 미란다와 크레덴다", 외교안보연구원, 2004.
김광진, "북한 외화관리 시스템의 변화와 외화 의존도의 증대", 수은북한경제, 2008.
김석진, "북한경제의 성장과 위기:실적과 전망", 서울대학교 경제학부 박사학위논문, 2004.
김수일, 『통일과정에서 남북경제협력의 효과』국제지역연구 제11권 2호, 2007.
김지연·조명철, "북한의 해외진출 현황과 시사점", 대외경제정책연구원, 2007.
김현숙, "한중 역사 문제에 대한 북한의 반응과 입장", 동북아역사재단, 2008.
남성욱, "중국 자본의 대북 투자 급증의 함의와 전망: 동반성장론과 동북4성론", 평화재단 2006년 4월 전문가 포럼
동용승·이정철, "북한 경제와 남북 경협의 현주소", 삼성경제연구소 제507호, 2005.
박석삼, "북한의 사경제부문 연구",
배종렬, "북한의 외국인투자법제", 수은북한경제, 한국수출입은행, 2006.
배종렬, "북·중 경제관계의 특성과 변화전망", 수은북한경제, 한국수출입은행, 2006.
배종렬, "북한의 외국인 투자 실태와 평가", 수은북한경제, 한국수출입은행, 2008.
신희석, 『동북아 국제정치경제와 한반도』박영사, 2005.
안충영·이청재, 『동북아 경제협력』박영사, 2003.
유상철, "중국의 대북한 영향력에 대한 연구", 2006.
윤덕민, "북한은 중국의 위성국가가 되고 말 것인가?", 미래전략연구원, 2006.
이동률, "중국의 대북한 영향력에 대한 실증연구", 「중국의 대내외 정치환경의 변화와 한국의 대응전략」전국경제인연합회, 2005.
이남구, 『글로벌 지역 경제』무역경영사, 2008.
이인철, "동북공정의 진행 경과와 우리의 대응", 동북아역사재단, 2007.
이장훈, "북한 비상사태에 대비하라 미·중·러·일 작전 개시!", weekly chosun 2038호, 2009.
이재기, 『신 동북아 경제론』신론사, 2007.
이희옥, "중국의 대북한정책 변화의 함의: 동북4성론 논란을 포함하여", 현대중국연구, 2006.
임금숙, "중국기업의 대북한 투자에 관하여", 통일정책연구 514권 1호.
정형곤, "김정일 위원장의 訪中과 북한 경제의 개혁·개방 전망", KIEP 오늘의 세계 경제-

대외경제정책연구원, 제06-02호 2006.

장형수, "북한과 국제금융기구", 수은북한경제, 2008.

조명철, "북한 경제 현황과 남북 경협", KIEP 대외경제정책연구원, 2006.

조영조, "북한의 외화 관리 제도", 수은해외경제, 2002.

주재우, "중국의 WTO 가입과 중-북무역관계에 대한 시사점", 미래전략연구원, 2004.

김원웅, "간도 백서: 간도 영유권에 관한 역사적, 국제법적 논거를 중심으로", 2004.

국회회의록, "간도 협약의 원칙적 무효 확인에 관한 결의안", 2004.9.3.

『길림신문』 2005.1.1.

『통계청』 2008

『평양 조선중앙통신=연합뉴스』 2008.11.12

『흑룡강신문』 2005.6.3.

『2002년 북한의 대외무역 동향』 KOTRA, 2003.

『2005년 북한의 대외무역 동향』 KOTRA, 2006.

『2006년 북한의 대외무역 동향』 KOTRA, 2007.

『2007년 북한의 대외무역 동향』 KOTRA, 2008.

Dick K. Nanto & Emma Chanlett-Avery, 2007.

"The North Korean Economy: Leverage and Policy Analysis" CRS Report for Congress

Abstract

Understanding & Counterplan to the North Korea's Surbodination to Chinese Economy

The thesis will focus on the recent status of the North Korean economy which continues to increase its reliance on China while enhancing its level of isolation from the international society. While most communist governments have overcome economic collapse via opening up to the market economy and economic reforms, the tightly closed North Korea still has extensively limited trade with other countries. To make matters worse, the United States, Japan, EU etc. have further isolated the North Korean economy with economic sanctions after the nuclear tests of North Korea on October 9, 2006. On the other hand, China's support of North Korea has increased, making it's support a dominant influence on almost all areas of North Korean economy. In a situation where economic dependency could lead to political-economic subordination, both North and South Korean governments must have a clear assessment of the China's Northestern Asia Project led by the Chinese government, and take the necessary measures of response. Also, as we reach the 100th anniversary of Gando agreement, a national solution concerning the sovereignty issue over Gando has become a pressing matter. Therefore, we have objectively analyzed the current economic interaction between North Korea and China and the recent China's Northestern Asia Project proceedings in retrospect of the 100th anniversary of the Gando agreement, and discuss a plausible solution.

[Key Words]

North Korean Economy, Trade, Subordination to China